最高人民法院

# 指导性案例裁判规则理解与适用

## 合同卷二

（合同订立、效力、解释、变更与转让、时效、管辖）

第二版

江必新　何东宁
朱 婧　唐 艳　肖 芳
著

中国法制出版社
CHINA LEGAL PUBLISHING HOUSE

# 作者介绍

**江必新** 男,汉族,1956年9月出生,湖北枝江人。西南政法学院法学学士、中国法制史硕士,北京大学宪法与行政法学博士。现兼任中国法学会副会长、中国行为法学会会长、中南大学、中国政法大学、国家法官学院教授。1999年被评为“全国十大杰出中青年法学家”、2009年被评为“当代中国法学名家”,2015年获中国行政法学“杰出贡献奖”、2016年获第二届“金平法学成就奖”。在《中国社会科学》《求是》《中国法学》《法学研究》等刊物发表论文200余篇。

**何东宁** 男,湖南慈利人,法律硕士,中国政法大学兼职教授。合著有:《民法总则与民法通则条文对照及适用提要》《民商审判疑难问题解析与典型案例指导》《新民事诉讼法配套规则适用指引》《新民事诉讼法再审程序疑难问题解答与裁判指导》等三十部著作。在《判解研究》等刊物上发表论文二十多篇。

**朱婧** 女,湖南湘乡人,中国人民大学民商法学博士。著有《公司并购中劳动者权益保护问题研究》《最高人民法院指导性案例裁判规则理解与适用》合同卷二、房地产卷。参与撰写《最高人民法院审理矿业权纠纷司法解释理解与适用》《最高人民法院矿产资源案件审判思路与裁判方法》《最高人民法院民事申请再审案件裁判标准》等书。在《政治与法律》《人民司法》《判解研究》以及《立案工作指导》《审判监督指导》《执行工作指导》等刊物上发表论文数十篇。

**唐艳** 女,湖南省株洲人,法学硕士。合著《最高人民法院指导性案例裁判规则理解与适用》(合同卷二),《论WTO争端解决机制下的“法律”适应》被收入湖南师范大学2005年研究生优秀论文集,曾在《人民法院报》等刊物发表论文多篇。

**肖芳** 女,毕业于中国人民大学,获法学硕士学位。合著《最高人民法院指导性案例裁判规则理解与适用》(合同卷二)(婚姻家庭卷)(物权卷),参与撰写《侵权责任法审判前沿问题与案例指导》《民事诉讼制度专题实证研究》《诉讼费用制度专题实证研究》,先后在《法律适用》《检察日报》等刊物发表学术论文十多篇,多篇论文曾获全国性法学学术论坛征文一等奖、二等奖和三等奖。

# 第二版说明

2017年3月15日，第十二届全国人民代表大会第五次会议审议通过了《中华人民共和国民法总则》（以下简称《民法总则》），国家主席习近平于当日签发第66号主席令，自2017年10月1日起施行。《民法总则》获此次大会审议通过，民法典编纂工作已正式迈出第一步，宣示着中国离"民法典时代"更近一步。编纂民法典是对现行民事法律规范进行系统整合，以形成一部适应中国特色社会主义发展要求，符合我国国情和实际，具有中国特色、体现时代精神，体例科学、结构严谨、规范合理、内容协调一致的法典。编纂民法典不是制定全新的民事法律，而是对现行的民事法律规范进行科学整理；也不是简单的法律汇编，而是要对已经不适应现实情况的规定进行必要的修改完善，对社会经济生活中出现的新情况、新问题作出有针对性的新规定。《民法总则》以《中华人民共和国民法通则》（以下简称《民法通则》）为基础，采取"提取公因式"的办法，将民事法律制度中具有普遍适用性和引领性的规定写入其中。《民法总则》是民法典的总纲，正所谓"纲举目张"，不仅可以增进民法典的体系性，而且有利于整合并完善整个私法体系，发挥着辐射、统帅、指引的作用。《民法总则》作为统领整个民法典并且普遍适用于民商法各个部分的基本规则，是民法典中最基础、最原则、最通用的部分。《民法总则》分为11章共206条，包括基本规定、自然人、法人、非法人组织、民事权利、民事法律行为、代理、民事责任、诉讼时效、期间的计算、附则等部分。尽管《民法总则》吸收了《民法通则》规定的民事基本制度和一般性规则，其主要内容或是对《民法通则》的保留，或是从合同法、物权法、侵权责任法等法律中抽取出来，但《民法总则》根据经济社会发展的新情况作了诸多补充、完善和发展，对一些社会热点问题、难点问题进行了回应，有许多创新，许多规定是首次写入。主要体现在：第一，在基本规定方面，一是进一步明确了民事主体的人身权利、财产权利以及其他合法权益受法律保护，任何组织或者个人不得侵犯。二是增加绿色原则为基本原则，规定民事主体从事民事活动，应当有利于节约资源、保护生态环境。三是处理民事纠纷，应当依照法律；法律没有规定的，可以适用习惯，但是不得违背公序良俗即公共秩序和善良习俗。四是其他法律对民事关系有特别规定的，依照其规定。第二，在自然人制度方面，一是增加了保护胎儿利益的规定,在遗产继承、接受赠与等方面要保护胎儿的利益,胎儿被视为具有民事权利能力。二是下调了限制民事行为能力的未成年人的年龄标准。将限制民事行为能力人的年龄下限标准由《民法通则》规定的“十周岁”降到“八周岁”。三是完善了监护制度。针对监护领域的突出问题,比如针对农村留守儿童问题、老龄化问题,在监护制度上作了完善,以家庭监护为基础,社会监护为补充,国家监护为兜底,明确了父母子女间的抚养、赡养等义务,扩大了被监护人的范围,强化了政府的监护职能,尤其是强化失能老人的保护,并完善了监护撤销制度。第三,在法人制度方面,按照法人设立目的和功能的不同,首先,将法人分为营利法人和非营利法人;其次,将难以纳入营利法人和非营利法人的组织,专设特别法人,将机关法人、农村集体经济组织法人、基层群众性自治组织法人、合作经济组织法人规定为特别法人。第四,在民事权利方面,一是增加了对自然人个人信息保护的规定;二是增加了对数据、网络虚拟财产保护的规定。第五,在民事法律行为和代理方面,一是扩充了民事法律行为的内涵,既包括合法的法律行为,也包括无效、可撤销和效力待定的法律行为。二是增加了意思表示的规则,对其作出方式、生效和撤回等作了规定。三是完善了民事法律行为的效力规则,在规定民事法律行为有效条件的同时,对重大误解、欺诈、胁迫、显失公平等行为的撤销,恶意串通行为的无效等分别作了修改补充。第六,在民事责任和诉讼时效方面,一是为匡正社会风气,鼓励见义勇为的行为,规定因自愿实施紧急救助行为造成受助人损害的,救助人不承担民事责任。因保护他人民事权益而使自己受到损害的,由侵权人承担民事责任,受益人可以给予适当补偿。没有侵权人、侵权人逃逸或者无力承担民事责任,受害人请求补偿的,受益人应当给予适当补偿。二是将原为二年的一般诉讼时效期间延长至三年;三是增加了未成年人遭受性侵害后诉讼时效的特殊起算点。

笔者根据《民法总则》规定对全书所有涉及的相关内容进行了修订。由于《民法总则》通过后并没有废止《民法通则》,待民法典分编内容进行系统整合,编纂工作完成后再予以废止;《民法总则》与《民法通则》的规定不一致的,在《民法通则》废止之前,根据新法优于旧法的原则,适用《民法总则》的规定。在民法典的合同编、物权编、侵权责任编等各分编的编纂工作完成前,《合同法》、《物权法》、《侵权责任法》等民事单行法的规定与《民法总则》规定不一致的,根据新法优于旧法的原则,适用《民法总则》的规定。因此,在进行修订时,不是简单地将法律规定的条文进行替换,而是保留《民法通则》、《合同法》等法律和相关司法解释规定的内容,并根据《民法总则》制定的原则、依据以及背景,重点突出《民法总则》对《民法通则》相关内容修改、补充的比较，重点突出《民法总则》所修改、补充条文涉及内容的理解，重点突出《民法总则》修改、补充内容在司法实践中的把握，以便于读者全面对全书所涉及《民法总则》相关内容的整体理解和把握。

作者

2017年12月

# 序

随着中国特色社会主义法律体系的形成，人民群众对司法的要求和期待也越来越高，对人民法院的关注也空前强烈，这必然要求人民法院更加注重依法办案，正确履行宪法和法律赋予的审判职责，真正做到有法必依，执法必严，并积极完善司法工作机制，全面发挥司法功能，确保中国特色社会主义法律体系得到贯彻落实。

“徒善不足以为政，徒法不足以自行。”法律的生命在于实施，而法律实施的核心在于法律的统一适用，同等情况同等对待不仅是我国法制统一的题中之意，也是法治的重要原则。案例指导制度在统一法律适用标准、指导下级法院审判工作等方面具有重要的作用，然而应当充分认识到我国案例指导制度与西方国家判例法存在着本质的区别。在英美法系国家，“判例”以法源的地位而存在，被称之为判例法，具有创制、借鉴以及遵循判例等一整套法律制度或者法律体系，其根本原则是“遵循先例”。绝大多数大陆法系国家，“判例”不是正式的法律渊源，只是被推定具有约束力或具有事实上的约束力。遵循先例或受先例拘束与指导，不是西方国家所特有的法律现象，而是实现法制统一的一般要求和基本路径。我国的“案例指导制度”在两大法系中均不存在，是我国司法实践特定历史阶段的产物。我国案例指导制度的构建，不仅符合我国的基本政治制度，而且适合我国的司法现状。案例指导制度无论在称谓（案例而非判例）、制度定位、法律依据，还是效力设定、机制构建等方面都与我国的政治语境相适应。指导性案例作为“动态法典”，既将抽象的、一般的静态法典的条文规范通过具体案件的法律适用演变成“活法”；又通过总结提炼法官审判经验、思维方法和价值追求，形成蕴涵着丰富的法律精神和法学理念的“裁判规则”，从而发挥规范类似案件裁判的作用，进而实现法律调整机制的静态与动态的相洽、刚性与柔性的协调、法律体系与社会变迁的相互融合。这是我国司法机关在既有的制度框架下和现行的司法体制基础上所进行的一项体现中国特色并顺应世界两大法系相互融合发展大趋势的法律适用上的机制创新。

当下，随着社会主义法治实践不断深入，社会主义法治理念牢固树立，人们对司法公正越来越关心和渴望。心理学关于公平理论早已证实，公正是社会比较的结果，人们关注的不是其所得到结果的绝对值，而是与他人对比的相对值。“同案同判”的要求是缘于“同样的事情同样对待，相似的事情相似对待”的自然法思想，它是人们最直观、最朴素的正义观在司法领域的直接反映。相反，如果同案不同判，当事人往往就会觉得自己受到了不公正的待遇，就会怀疑、动摇对司法和法律的信任和信仰。指导性案例既可以为相同或类似案件提供统一的司法标准，约束和规范法官自由裁量权的行使，又可基于案例的公开性、可预测性和可比性，阻断“暗箱操作”“违法断案”。因此，案例指导制度具有实现公平正义的特殊功能。

第一，具有对法律规范内涵明确化的宣示功能。成文法典抽象性法言法语容易产生多种理解和解释，指导性案例是人民法院将抽象的法律适用于具体案件的产物，是将具体案件融于法律条款的智慧结晶。实行指导性案例制度，有利于人们通过案件理解法律，通过法律评价案件，从而架起法律与案件之间的桥梁，使法律规范更加明确化、具体化，为实现法律条文的可操作性提供范例。

第二，具有对制定法漏洞的补充功能。社会发展已经证明，包罗万象、有求必应、尽善尽美的法律只能是人们纯真而完美的梦想。成文法不可能详尽无遗地囊括社会生活的全部现象，其条文式的表述不可避免地在实现法律的普遍性、稳定性和确定性的同时，又在很大程度上牺牲必要的特殊性、适应性和灵活性，存在模糊性、僵化性、时滞性等缺陷，甚至不少领域存在空白或法律漏洞，难以适应实践中出现的新情况、新问题。指导性案例结合具体案例演绎法律条文，在法律许可的范围内，充分发挥司法的能动性、灵活性而有针对性地及时弥补成文法的漏洞，从而确保法网疏而不漏。

第三，具有对法官自由裁量权运用的约束功能。实行指导性案例制度，引导法官认同并借鉴案例中归纳出的法律原则或裁判规则，为法官办案提供明确、具体的指引，有效克服法官的主观臆断和任意擅断，规范法官的自由裁量权，能使相同或相似案件得到基本相同的裁判，更好地维护司法的公平公正，增强司法裁判的权威性。

第四，具有提升案件裁判质量和效率的促进功能。实行指导性案例制度，有利于充分挖掘法官群体的司法智慧和裁判经验，为法官办案提供裁判理念、思维方式、办案思路、解决问题的法律方法和价值衡量等方面的指引。既可以减少法官不必要的重复劳动，节省时间和精力，缩短审判周期，又可以建立起解决同类或相似问题的正确思维模式，保证裁判的精准度，统一司法适用，提高司法效率。

第五，具有排除不当干扰的防御功能。由于影响司法公正信赖和司法裁判权威的因素很多，实行指导性案例制度，遵循先例进行裁判，以机会公正、待遇公正、尊严公正、结果公正等体现出法律可预期性的要求，以及“同样情况同样对待”的公平原则，在一定程度上可以弥补法律公正在逼近自然公正中遭遇的困窘和无奈；在一定程度上可以杜绝、避免和减少除法官能力、学识和认识等原因之外的徇私枉法现象，从而限制一些企图通过枉法裁判牟取私利法官的“玩法空间”；在一定程度上可以发挥上级人民法院对下级人民法院的审判监督作用，抵制和排除法院外部的干扰和法院内部的不规范行为，遏制司法腐败，实现司法公正。

第六，具有对社会主体的教育功能。指导性案例的公布，使得司法裁判效力的影响得以延伸，一个个生动的指导性案例无疑是一个个鲜明的标准，既可以让当事人直观、生动、具体地了解指导性案例的裁判思路，更好地预测诉讼风险，采取更加理性的诉讼行为，从而减少司法资源的浪费，也可以增强社会公众近距离接触法律的机会，通过每个鲜活的案例，感受司法的公正与客观，有效地引导社会主体的行为。

第七，具有促进法学研究和推动立法完善的辅助功能。理论必须源于实践，法学作为一门应用学科更应如此。社会变化的必然性是以特殊性、偶然性为基础的，只注重对抽象的法律规范的研究，就难以把握法律运行的多样性和复杂性。研究法律离不开指导性案例，它既是定性研究的重要对象，又为量化分析提供了丰富的素材。作为联结实践与理论、问题与规则的桥梁，指导性案例本身所蕴含的法治信息，所提出的前沿命题，往往成为法学研究创新和理论发展的重要源泉。同时，司法审判活动作为法律发展的重要原动力之一，法律出台的实证基础往往来源于具体的案件，指导性案例涵盖了社会现实中存在的主要热点和难点问题，案例的积累为立法建议和司法解释的制定提供了有针对性和代表性的素材，增强了说服力和可信度，促使法律发展更能契合社会现实需要。

虽然指导性案例具有宣示、补充、约束、促进、防御、教育、辅助等多种功能，但要充分发挥好这些功能，在适用指导性案例时要采取“类比”“类推”的方法，“有条件地适用”“经过审查后适用”，充分运用归纳推理，使法官依据法律的精神和固有价值进行合理的取舍，使归纳结论符合法律的正义要求并具有可接受性。具体适用指导性案例应当注意以下一些问题：

第一，指导性案例不应具有普遍性的约束力。在我国立法体制下，建立案例指导制度的目的，不是要创制新的法律规则，而是要建立一个有利于准确适用法律的司法工作机制，为案件的审理提供具体、规范的参照。按照《关于案例指导工作的规定》明确要求，最高人民法院发布的指导性案例，各级人民法院在审判类似案件时应当参照。以规范性文件的形式赋予了指导性案例一定的效力，这种参照的效力是一种“事实上的拘束力”，这种拘束力表现为指导性案例不具有正式的法律效力，不属于正式的法律渊源，而主要体现为指导性、说服性、参考性，应当参照指导性案例所运用的裁判方法、裁判规则和法律思维。

第二，建立和完善适用指导性案例的识别和引用规则以及保障机制。识别规则就是做好指导性案例裁判规则的总结工作，进一步明确类似案件的判断标准，方便法官尽快寻找到最佳合适的指导性案例。引用规则与指导性案例的效力有着密切的联系。指导性案例不具有普遍性的约束力，不能被裁判文书直接援引，但并不能排除裁判文书的合理引证。保障机制就是要建立起指导性案例遵循的审级监督和社会监督制度、责任追究制度、培训考核机制以及适用的服务体系。

第三，准确把握指导性案例的适用条件。一是现行法律没有明文规定、规定不明确或存在漏洞，司法实践中主要包括拟裁判的民商事、行政案件没有明确的法律依据或法律存在漏洞，以及法律虽然有规定，但比较原则，易产生歧义等情形；二是存在可以比照的指导性案例规则；三是存在相似的案件事实。

第四，正确运用指导性案例的适用程序。一是案情对比，重点是案件的事实，选择事实组合最相类似的指导性案例；二是情势权衡，主要包括政策权衡、价值权衡、利益权衡和功能权衡，保障案件裁判的形式公正与实质公正、程序公正与实体公正、个案公正与社会公正的统一；三是案例遴选，以“主要问题”为中心展开，分析案件事实，明确诉争焦点，列出问题要点，搜索最佳指导性案例；四是规则适用，重点是在法庭审判和法院判决中的适用，既可以作为律师或检察官在法庭辩论时的理由，也可以作为法官阐释裁判的理由，还可以吸收到司法裁判的推理中，以增强裁判的说理性和权威性；五是案例排除适用原则，当指导性案例与拟裁判案件之间存在案件事实差别，以及指导性案例所确定的裁判规则存在与法律原则相冲突，或含混、模糊、宽泛等缺陷时，可以排除指导性案例规则的适用。

指导性案例是法律与实践结合的产物，是司法经验和智慧的结晶。它既包含着对立法精神的理解和阐发，又包含着司法智慧的创造与探索；既包含了实体性规则，又包含了程序性规范；既包括字面上的法律，又包括案例中当事人及司法人员心目中所理解的法律；既包括法官所适用的法条，又包括法律适用活动本身对法律的生动解释。理论界和实务界对指导性案例应当具有“指导效力”已形成共识。为了更好地提高案例的指导性，增强指导性案例的适用价值，充分发挥其功能，让“纸上的法律”真正变成社会中“活的法律”，虽然有赖于诸多因素，但其中行之有效的方法之一就是从法学方法论的立场去阐释蕴涵于个案的裁判规则。这正是我们组织编写出版这套《最高人民法院指导性案例裁判规则理解与适用》丛书的目的和出发点所在。丛书中所选案例是以最高人民法院指导性案例、公报案例为主，同时，还精选了部分最高人民法院直接裁判的具有指导性的案例。《最高人民法院公报》是国家最高审判机关公开介绍我国审判工作和司法制度的重要官方文献，是最高人民法院对外公布司法解释、司法文件、裁判文书、典型案件及其他有关司法信息资料的法定刊物。《最高人民法院公报》案例的最大的特点就是以《公报》为载体，公开、客观地记录和反映具体案件正确适用具体法律的裁判过程，是唯一以最高人民法院官方名义发布的案例，无论案例是哪一级法院审结的案件，但所涉及的法律适用和理解、司法价值取向等都得到了最高人民法院的正式确认，直接体现最高人民法院的司法观点，具有极强的权威性、指导性和典型性。本丛书分民商事、行政、刑事和综合（年卷）四大类，每大类中按不同案件类型编排成卷，如民商事类可分为担保卷、公司卷、合同卷、婚姻家庭卷、房地产卷等。通过对指导性案例、公报案例等进行梳理，然后编定成卷每年定期出版，奉献给大家。

本丛书突破了传统法律案例类图书的“要点提示、案情、法院审判、裁判要旨、评析”等写作模式；在编写体例上，采取了【裁判规则】、【规则理解】、【拓展适用】、【典型案例】的体例。以裁判规则为主线，在内容和体例上都具有一定的独创性，突出强调不仅要关注公报案例等指导性案例本身，而且要关注指导性案例所形成规则的理解与适用，侧重于弥补法律漏洞以及阐释实务中如何正确理解与适用法律，致力于为读者迅速查找指导性案例和把握裁判规则提供最为便捷有效的途径。

所有的【裁判规则】都是通过对案件争议焦点所涉及的法律问题进行评析后形成的并为裁判结论所确立的法律性质规则，属于法律规则或者原则范畴，是案例的核心内容、灵魂所在。指导性案例裁判规则一般是非特定的、非个体的，对法官在同类案件中认定事实、适用法律具有启发、引导、规范和参考作用。从一定意义上讲，指导性案例的指导作用更多地体现为，从案件事实认定和法律适用中提炼出来的裁判规则或者裁判要旨的指导。针对部分公报案例裁判摘要中存在法条构成要件重述、内容不明确等问题，我们对该部分案例的裁判规则进行了重新归纳和提炼。其目的正如美国大法官卡多佐在《司法过程的性质》中所言，在判决案件时，“所做的第一件事就是将他眼前的案件同一些先例加以比较，无论这些先例是贮藏在他心中还是贮藏在书本中……先例的背后是一些基本的司法审判概念，他们是司法推理的一些先决条件；而其后面的是生活习惯、社会制度，那些概念正是在它们之中才得以生成。通过一个互动过程，这些概念反过来修改着这些习惯与制度……如果先例清楚明了并且契合案件，那么法官就无需做更多的事了。”揭示了指导性案例裁判规则的意义所在。

裁判规则不是书面写就的，而是解读而成的。正如德国法学家拉伦茨在《法学方法论》中所言，“制作司法先例的法官首先考虑的是他所裁判的事件，这些要旨不过是裁判理由中蒸馏出来的结晶，与案件事实密切相关，在很大程度上本身也需要解释。”如何将写在纸上的裁判规则，适用于此后千变万化的类案，诠释规则所蕴含的公平与正义精神，是我们法官的重要任务。然而，由于各级法院、各地法院的法官们，在年龄、知识结构、社会阅历、审判经验等方面存在差异，对于裁判规则的理解、运用等都会有不同的结果。因此，我们认为有必要也坚持将指导性案例中所提炼裁判规则的【规则理解】作为本丛书核心内容，突出对所提炼裁判规则解读的指导意义，以超越个案审判的视野，对法律适用进行理性思考，研究案例所体现的法律规则、法律原理、法律精神以及裁判方法、裁判理念等核心价值。虽然指导性案例裁判规则源于个案，但不仅仅局限于个案，而是通过对规则的理解以及适用规则中应当注意问题的把握，达到将裁判规则适用于类案的效果，从而使所提炼的裁判规则中蕴涵的内在价值能够在更广的范围内、更深的层次上得以被发现、被接受、被适用。虽然目前还没有明确规定指导性案例的裁判规则可以在类案的裁判文书中直接援引，但不容置疑的是它的基本精神完全可以渗透于裁判文书的说理部分，可以作为法官裁判的理由、检察官或律师法庭辩论的理由。对于全国各级法院法官及其他法律工作者来说，准确理解和掌握指导性案例裁判规则，有助于统一司法理念、统一法律适用和统一裁判尺度，促进人们对法律的尊重与信仰。

为了防止因裁判规则的抽象性以及所固有的僵化、不周延等成文规范的弊端而导致理解不准，削弱指导性案例的价值和作用，我们对指导性案例的裁判规则进行了【拓展适用】，目的是对与裁判规则相关联的理论问题进行系统梳理和深入探讨，以期能够较为全面地阐释裁判规则的精髓，从而推动相关法学研究向纵深发展，拓宽人民法院、法官发现问题、解决问题的渠道，又能够为立法和司法解释提供新的思路和视角，从而形成实践丰富理论、理论指导实践、实践发展与理论发展互为条件、司法实践与理论研究良性互动的局面，提升司法应对现实的能力。

通过对《最高人民法院公报》【典型案例】等指导性案例进行分类梳理，一方面是对指导性案例进行连续性和系统性的汇编，方便各地各级法院的法官以及检察官、律师和其他法律界人士检索和援引。另一方面是更全面、更客观、更系统、更立体地展现了指导性案例所依附的案件事实、证据以及裁判说理等的真实风貌，更直观、更清晰、更准确地理解裁判规则的涵义，指导同类案件的法律适用，特别是裁判论证和说理过程，使抽象的审判指导概念更具明确性、更具形象化、更具可操作性。

对指导性案例裁判规则进行全面、系统的解读和阐释，是作者的一次尝试。我们深知，本套丛书所涉及的法学理论博大精深，各种研究文献浩如烟海，有许多未知的领域仍需作深入细致的研究。我们深知法学理论对审判实践有着巨大的指导作用，特别是在法律规定不明确的情况下，具有扎实深厚的理论功底，及时掌握理论界研究的最新成果就显得更为重要。正基于此，我们不敢懈怠，时刻关注理论发展的最新动态，时刻关注理论研究的最新成果，时刻关注审判实践中的典型案例和实践经验，结合我们的实际工作，深入思考，产生自己的一些想法和结论，但其中不乏对一些法律或司法解释已有明确规定，或审判实践中已形成了一定处理规则的问题，从研究的角度提出了一些不同的看法和意见，只能算作是个人的学术见解，并不代表任何组织和机构，甚至与我们个人的身份都无关联。当然，这些观点和意见的正确与否，不仅要接受理论界的评判，而且要接受实践的检验。希望借此丛书的出版，使我们能够与理论界的学者、实务界的同仁进行深入交流探讨，以期共同推动我国案例指导制度的完善和案例研究的深化、细化和体系化。

是为序。

江必新

二〇一六年十月十二日

# 凡　例

为使行文方便，本书对相关法律、法规和司法解释等规范性法律文件的名称做了缩略。

《民法总则》:《中华人民共和国民法总则》

《民法通则》:《中华人民共和国民法通则》

《民法通则意见》:最高人民法院《关于贯彻执行〈中华人民共和国民法通则〉若干问题的意见(试行)》

《合同法》:《中华人民共和国合同法》

《合同法司法解释一》:《最高人民法院关于适用〈中华人民共和国合同法〉若干问题的解释(一)》

《合同法司法解释二》:《最高人民法院关于适用〈中华人民共和国合同法〉若干问题的解释(二)》

《公司法》:《中华人民共和国公司法》

《公司法司法解释一》:《最高人民法院关于适用〈中华人民共和国公司法〉若干问题的规定(一)》

《公司法司法解释二》:《最高人民法院关于适用〈中华人民共和国公司法〉若干问题的规定(二)》

《公司法司法解释三》:《最高人民法院关于适用〈中华人民共和国公司法〉若干问题的规定(三)》

《担保法》:《中华人民共和国担保法》

《担保法司法解释》:最高人民法院《关于适用〈中华人民共和国担保法〉若干问题的解释》

《物权法》:《中华人民共和国物权法》

《民事诉讼法》:《中华人民共和国民事诉讼法》

《民事诉讼法意见》:《最高人民法院关于适用〈中华人民共和国民事诉讼法〉若干问题的意见》

# 总　目　录

## 第一章　合同订立

**规则 1　（要约与要约邀请的正确区分）**挂牌出让国有土地使用权公告属于要约邀请 / 1

**规则 2　（签章行为与合同成立）**当事人的盖章与签字一样可以产生合同成立的法律效力 / 18

**规则 3　（缔约过失责任成立的限制）**当事人在订立合同的过程中无故意隐瞒或虚假陈述的行为,对方当事人亦未遭受损失,应认定未发生缔约过失 / 37

**规则 4　（格式合同）**格式合同提供一方应当承担合同约定不明的责任 / 53

**规则 5　（缔约过失责任的确定）**国有土地使用权出让方因撤销公告后造成竞买人在缔约阶段发生信赖利益损失的,应对竞买人的实际损失承担缔约过失责任 / 64

**规则 6　（格式合同效力的确定）**格式合同的条款只有具有法律规定的无效情形时,才能被宣告无效 / 75

## 第二章　合同效力

**规则 7　（签章行为与合同效力）**当事人在合同书上的签字、盖章,具有使合同相对人了解交易对方的身份状况,从而确信合同当事人的作用 / 91

**规则 8　（合同欺诈的认定）**当事人所持合同文本内容不同,一方主张另一方存在故意欺诈的情形的,应当提供证据予以证明 / 106

**规则 9　（合同撤销权）**当事人未在撤销权行使期限内申请变更或者撤销合同,但以对方当事人欺诈为由拒绝履行合同义务的,不予支持 / 128

**规则 10** （**债权人撤销权与第三人侵害债权**）债务人恶意低价与他人置换股权，对债权人造成损害的，债权人有权依据《合同法》第 74 条行使撤销权 / 141

**规则 11** （**合同欺诈与可撤销合同**）股权转让合同转让方法定代表人虚构身份采取欺诈手段骗取受让方的信任，使受让方作出错误的意思表示签订股权转让合同，系可撤销合同 / 166

**规则 12** （**备案合同**）备案合同未变更或取代合同的约定条款，在双方当事人之间不构成新的权利义务关系 / 182

## 第三章　合同解释

**规则 13** （**文义解释**）判断合同当事人真实意思表示的首要方法是文义解释 / 207

**规则 14** （**目的解释**）对合同约定不明条款进行目的解释，应按照与合同无利害关系的理性第三人通常理解的当事人共同的合同目的进行 / 219

**规则 15** （**合同解释中的诚实信用原则**）当事人对合同词语的理解产生分歧的，应对当事人订立合同时的真实意思表示作出判断，根据诚实信用原则加以解释 / 237

## 第四章　合同变更与转让

**规则 16** （**合同变更的认定**）一方当事人在盖章时对部分协议条款修改，另一方当事人未提出异议的，应视为同意 / 254

**规则 17** （**债权转让通知**）债权转让双方在公开广泛发行的报纸上登报通知债务人及担保人，应认定债权人已将债权转让的事实告知债务人及担保人 / 268

**规则 18** （**债权的让与**）债权人转让权利未通知债务人的，不影响债权转让人与受让人之间债权转让协议的效力 / 288

**规则 19** （**债权转让后的效力**）债权转让后，原债权人即丧失向债务人主张该权利的资格 / 310

**规则 20** （**债务转让**）债权人对债务转移承诺书未予接受，亦未在债务转移协议书上签章的，应认定债权人未同意债务转让 / 331

**规则 21** （**孳息的变动**）除法律有特别规定或者当事人有特别约定外，取得孳息的权利随着主物所有权的转移而转移 / 349

## 第五章　诉讼时效、管辖

规则 22　**（诉讼时效）** 商业秘密权利人在检察机关侦查终结前并不知晓权利被侵犯，此后对泄露商业秘密人提起民事诉讼，应认定未超过诉讼时效 / 371

规则 23　**（合同无效的诉讼时效）** 当事人请求确认合同无效的，不应受诉讼时效期间的限制 / 386

规则 24　**（合同撤销权的诉讼时效）** 当事人以显失公平为由要求撤销协议，已经超出时效的，依法不予保护 / 406

规则 25　**（《民法通则》第 137 条规定的“特殊情况”）** 海峡两岸长期隔绝历史的原因，致使当事人在法定诉讼时效内不能行使请求权，属《民法通则》第 137 条规定的“特殊情况” / 421

规则 26　**（违约金的诉讼时效）** 按日累计的违约金属于一个整体的合同权利，不能按违约时间分别计算诉讼时效 / 434

规则 27　**（补充协议与约定管辖）** 当事人在合同中明确约定由合同签订地法院管辖，虽然又在其他地方签订补充协议，但未修改原约定管辖条款，合同中约定管辖的条款仍具有约束力 / 449

规则 28　**（转让合同与协议管辖）** 多次转让的债权转让合同，当事人未重新约定管辖法院，亦未排除之前合同对管辖权的约定，可以认定之前合同中解决纠纷的约定继续有效 / 460

## 第六章　其他

规则 29　**（代位权）** 债务人在债务到期后与次债务人签订协议延长履行债务期限，明显损害债权人的合法权益，属于怠于行使到期债权 / 470

规则 30　**（涉外民事案件当事人适用法律的选择规则）** 涉外民事案件当事人在协议选择适用法律时，必须符合我国法律对涉外民事案件法律适用顺序作出的强制性规定 / 487

规则 31　**（不当得利）** 金融企业违反规定向当事人收取工本费以外的费用，构成不当得利 / 502

# 目　录

Contents

## 第一章　合同订立

**规则** 1（**要约与要约邀请的正确区分**）挂牌出让国有土地使用权公告属于要约邀请 / 1

【规则理解】

一、要约 / 1

（一）要约的概念 / 1

（二）要约的法律性质 / 1

二、构成要约的条件 / 2

（一）要约必须具有缔结合同的目的 / 3

（二）要约原则上必须向特定的相对人发出 / 3

（三）要约的内容必须具体确定 / 3

（四）要约必须到达受要约人 / 3

三、要约的法律效力 / 3

（一）要约对要约人的法律效力 / 3

（二）要约对受要约人的法律效力 / 4

四、要约邀请 / 4

（一）要约邀请的概念 / 4

（二）要约邀请的法律意义 / 4

五、国有土地招标拍卖挂牌出让公告性质的理解 / 5

（一）国有土地使用权出让的方式 / 5

（二）招标、拍卖、挂牌出让公告的性质 / 6

【拓展适用】

一、要约与要约邀请的区分 / 6

(一)根据意思表示的目的进行区分 / 6
(二)根据法律的规定进行区分 / 7
(三)根据相对人是否特定予以区分 / 7
(四)根据内容进行区分 / 7
(五)根据交易习惯进行区分 / 8
二、对几种具体行为的认定 / 8
(一)寄送的价目表 / 8
(二)拍卖公告 / 8
(三)招标公告 / 9
(四)商业广告 / 10
(五)标价陈列商品 / 10
【典型案例】时间房地产建设集团有限公司与玉环县国土资源局土地使用权出让合同纠纷案 / 11
**规则 2 (签章行为与合同成立)** 当事人的盖章与签字一样可以产生合同成立的法律效力 / 18
【规则理解】
一、合同成立的内涵和要件 / 19
(一)合同成立的概念 / 19
(二)合同成立的意义 / 19
(三)合同成立的要件 / 20
二、当事人签字与盖章对合同成立的法律意义 / 20
三、签章系伪造、变造情形下效力的认定 / 21
(一)签字系伪造情形下效力的认定 / 21
(二)印章系伪造、变造情形下效力的认定 / 22
【拓展适用】
一、借用印章的法律效力 / 23
二、盗盖印章的法律效力 / 24
(一)印章所有人的民事责任 / 24
(二)盗盖印章人的民事责任 / 25
三、超越职权使用单位公章与他人订立合同的效力 / 25
(一)法定代表人或负责人超越职权使用单位公章与人订立合同的效力 / 25

（二）普通职员超越权限订立合同的效力 / 26
四、当事人一方未盖章合同的效力 / 27
（一）当事人一方签字但未盖章的效力 / 28
（二）当事人一方未签字和盖章的效力 / 29
【典型案例】中国出口商品基地建设总公司与中国建设银行上海市浦东分行、上海中益国际贸易发展有限公司借款合同纠纷案 / 29
规则3（缔约过失责任成立的限制）当事人在订立合同的过程中无故意隐瞒或虚假陈述的行为，对方当事人亦未遭受损失，应认定未发生缔约过失 / 37
【规则理解】
一、缔约过失责任的内涵及构成要件 / 37
（一）缔约过失责任的内涵 / 37
（二）缔约过失责任的构成要件 / 38
二、缔约过失责任的法律属性及保护的利益 / 40
【拓展适用】
一、缔约过失责任类型之一：假借订立合同，恶意进行磋商 / 40
二、缔约过失责任类型之二：故意隐瞒与订立合同有关的重要事实或者提供虚假情报 / 41
三、缔约过失责任类型之三：泄露和不正当使用商业秘密并给对方造成损失 / 42
四、缔约过失责任类型之四：其他违背诚实信用原则产生缔约过失责任的情形 / 43
（一）合同不成立时的缔约过失责任情形 / 43
（二）合同无效和被撤销时的缔约过失责任情形 / 43
（三）违反强制订约义务 / 47
【典型案例】吴卫明诉花旗银行上海分行储蓄合同纠纷案 / 48
规则4（格式合同）格式合同提供一方应当承担合同约定不明的责任 / 53
【规则理解】
一、格式合同的内涵和特征 / 53
（一）格式合同的内涵 / 53
（二）格式合同的法律特征 / 54
（三）不属于格式合同的情形 / 55
二、格式合同价值与弊端 / 55

【拓展适用】
一、对格式合同进行规制的原则 / 56
(一)特别保护原则 / 56
(二)打破垄断、保持竞争原则 / 57
二、对格式合同进行规制的模式 / 57
三、对格式合同进行规制的方法 / 58
(一)按照通常理解予以解释的原则 / 58
(二)对格式合同提供者作不利解释的原则 / 59
(三)非格式条款优于格式条款的解释原则 / 59
(四)严格解释的原则 / 60
【典型案例】海林国际有限公司与晓星物产香港有限公司购销合同纠纷案 / 60
**规则 5(缔约过失责任的确定)** 国有土地使用权出让方因撤销公告后造成竞买人在缔约阶段发生信赖利益损失的,应对竞买人的实际损失承担缔约过失责任 / 64
【规则理解】
一、要约邀请与要约的内涵及区别 / 65
(一)要约邀请与要约的内涵 / 65
(二)要约邀请与要约的区分 / 65
二、缔约过失责任的法律特征 / 66
(一)缔约过失责任是合同生效前产生的一种民事责任 / 66
(二)缔约过失责任是违反先契约义务的民事责任 / 66
(三)缔约过失责任是一种弥补性的财产责任 / 67
(四)缔约过失责任是一种过错责任 / 67
三、缔约过失责任的确定 / 67
(一)缔约过失责任的保护对象 / 68
(二)缔约过失责任的承担方式 / 68
(三)缔约过失损害赔偿的范围 / 69
【拓展适用】
一、承担缔约过失责任的主体 / 70
(一)缔约当事人 / 70
(二)缔约当事人之外的相关第三人 / 70
二、缔约过失责任与违约责任之比较 / 72
(一)两者责任性质不同 / 73

(二)两者责任产生的前提不同 / 73
(三)两者责任产生的时间不同 / 73
(四)两者责任的主体不同 / 73
(五)两者责任方式不同 / 73
(六)两者赔偿范围不同 / 73
(七)两者归责原则不同 / 73
(八)两者免责条件不同 / 73
(九)两者责任与损害后果的关系不同 / 73
(十)两者法律对责任的限制不同 / 74
三、缔约过失责任与侵权责任之比较 / 74
(一)两者责任形态不同 / 74
(二)两者责任产生的前提不同 / 74
(三)两者违反义务的性质不同 / 74
(四)两者注意义务要求的标准不同 / 74
(五)两者构成要件不同 / 75
(六)两者保护的利益范围不同 / 75
(七)两者损害行为与损害结果的关系不同 / 75
【典型案例】时间房地产建设集团有限公司诉浙江省玉环县国土局土地使用权出让合同纠纷案 / 75
**规则 6 (格式合同效力的确定)** 格式合同的条款只有具有法律规定的无效情形时,才能被宣告无效 / 75
【规则理解】
一、格式合同的法律性质 / 76
二、格式合同的效力形态 / 77
(一)可撤销的格式合同 / 77
(二)无效的格式合同 / 78
(三)免责情形 / 80
【拓展适用】
一、判断格式合同效力应考虑的因素 / 81
(一)列入“黑名单”、“灰名单”与否 / 81
(二)违反强行法与否 / 81
(三)违反民法及合同法的基本原则与否 / 82

(四)合同当事人双方交涉力量对比 / 82
(五)相对人接受程度 / 82
二、格式合同的最终解释权 / 82
三、格式合同的告知义务 / 83
(一)现行法律对格式合同提供人告知义务的规定 / 83
(二)现行法律规定格式合同告知义务的不足 / 84
(三)格式合同提供人履行告知义务的界定及完善 / 85
【典型案例】成路诉江苏省无锡轻工大学教学合同纠纷案 / 86

## 第二章　合同效力

**规则 7 (签章行为与合同效力)** 当事人在合同书上的签字、盖章,具有使合同相对人了解交易对方的身份状况,从而确信合同当事人的作用 / 91
【规则理解】
一、签章的内涵及作用 / 91
(一)确认法律行为的作用 / 91
(二)识别行为主体的作用 / 91
(三)区别主体身份的作用 / 92
(四)代表代理权限的作用 / 92
二、签字与盖章的联系与区别 / 92
(一)两者主体不同 / 92
(二)两者实施主体不同 / 92
(三)两者法律效力的来源不同 / 92
(四)两者证明力不同 / 92
三、签字、盖章的法律意义 / 93
(一)签字、盖章与合同成立 / 93
(二)签章与合同生效 / 95
【拓展适用】
一、不同种类印章的法律效力 / 95
二、印章与代表权 / 96
三、签章与代理权 / 97
(一)签章与有权代理 / 97

（二）签章与表见代理 / 97
（三）签章与无权代理 / 98
四、签章行为的完善 / 99
（一）自然人签章的完善 / 99
（二）法人或非法人组织签章的完善 / 100
【典型案例】河北胜达永强新型建材有限公司与中信银行股份有限公司天津分行、河北宝硕股份有限公司银行承兑汇票协议纠纷案 / 101
**规则 8（合同欺诈的认定）** 当事人所持合同文本内容不同，一方主张另一方存在故意欺诈的情形的，应当提供证据予以证明 / 106
【规则理解】
一、欺诈的概念及其效力 / 106
（一）欺诈的概念 / 106
（二）欺诈行为的法律效力 / 107
二、欺诈的认定 / 108
（一）欺诈方欺诈的主观意图 / 108
（二）欺诈的行为 / 109
（三）欺诈的行为与相对人错误意思表示之间的因果关系 / 110
（四）欺诈行为具有的违法性 / 111
【拓展适用】
一、损害结果是否成为因欺诈而订立合同的构成要件 / 112
二、第三人欺诈能否构成合同欺诈的民事行为 / 113
（一）《民法总则》关于第三人欺诈的规定 / 113
（二）对《民法总则》关于第三人欺诈规定的理解 / 113
（三）受第三人欺诈行为的构成要件 / 114
（四）受第三人欺诈行为与受相对人的欺诈行为以及行为人与相对人恶意串通损害他人合法权益行为之间的区分 / 115
三、欺诈与重大误解 / 115
（一）两者法律效果不完全相同 / 116
（二）两者意思表示瑕疵的原因不同 / 116
（三）两者主观心态不同 / 116
（四）两者错误认识的程度不同 / 117
四、欺诈与虚假表示 / 117

(一)两者的内心意思与表示行为是否一致不同 / 117
(二)两者对表示发生法律效力是否希望不同 / 117
(三)两者的法律效果不同 / 117
五、合同欺诈与合同诈骗罪 / 118
(一)合同欺诈与合同诈骗的相似之处 / 118
(二)合同欺诈与合同诈骗之区别 / 118
【典型案例】中国农业银行长沙市先锋支行与湖南金帆投资管理有限公司、长沙金霞开发建设有限公司借款担保合同纠纷案 / 119
**规则 9（合同撤销权）** 当事人未在撤销权行使期限内申请变更或者撤销合同,但以对方当事人欺诈为由拒绝履行合同义务的,不予支持 / 128
【规则理解】
一、合同撤销权的性质及法律特征 / 128
(一)合同撤销权的性质 / 128
(二)合同撤销权的法律特征 / 129
二、合同撤销权的行使 / 129
(一)合同撤销权行使的要件 / 130
(二)合同撤销权行使的方式 / 131
(三)合同撤销权的消灭 / 131
(四)合同撤销权行使的效果 / 133
【拓展适用】
一、民事权利及其行使期限 / 134
(一)支配权与取得时效 / 134
(二)请求权与诉讼时效 / 134
(三)抗辩权与请求权的行使期间 / 135
(四)形成权与除斥期间 / 135
(五)合同撤销权行使期限的定性及完善 / 135
二、合同中的撤销权辨析 / 137
(一)效力待定合同中善意相对人的撤销权 / 137
(二)可撤销合同中表意瑕疵当事人的撤销权 / 138
(三)合同保全制度中的债权人撤销权 / 138
(四)赠与合同中的撤销权 / 139
(五)四种撤销权的比较 / 140

【典型案例】中国农业银行长沙市先锋支行与湖南金帆投资管理有限公司、长沙金霞开发建设有限公司借款担保合同纠纷案 / 141

**规则** 10 (**债权人撤销权与第三人侵害债权**) 债务人恶意低价与他人置换股权,对债权人造成损害的,债权人有权依据《合同法》第 74 条行使撤销权 / 141

【规则理解】

一、债权人撤销权的内涵及法律特征 / 141

(一)债权人撤销权的内涵 / 141

(二)债权人撤销权的法律特征 / 142

二、债权人撤销权的行使要件 / 143

(一)债权人对债务人享有合法有效的债权 / 143

(二)债务人实施了有害债权的行为 / 143

(三)债务人与第三人有偿转让时主观上具有恶意 / 145

【拓展适用】

一、债权人撤销权制度与合同无效制度的选择适用与区分 / 147

(一)债权人撤销权制度与合同无效制度的选择适用 / 147

(二)债权人撤销权制度与合同无效制度的区分 / 147

二、债权人撤销权行使的法律效果 / 148

(一)“绝对无效说”与“相对无效说”之争 / 148

(二)我国立法规定 / 148

(三)撤销权行使的具体效力 / 149

三、第三人侵害债权制度 / 149

(一)第三人侵害债权制度概述 / 149

(二)债的相对性与不可侵犯性 / 150

(三)第三人侵害债权的构成要件 / 151

(四)第三人侵害债权的责任承担 / 152

【典型案例】国家开发银行与沈阳高压开关有限责任公司、新东北电气(沈阳)高压开关有限公司、新东北电气(沈阳)高压隔离开关有限公司、沈阳北富机械制造有限公司等借款合同、撤销权纠纷案 / 152

**规则** 11 (**合同欺诈与可撤销合同**) 股权转让合同转让方法定代表人虚构身份采取欺诈手段骗取受让方的信任,使受让方作出错误的意思表示签订股权转让合同,系可撤销合同 / 166

【规则理解】
一、合同欺诈的内涵及法律特征 / 166
(一)合同欺诈的内涵 / 166
(二)合同欺诈的法律特征 / 167
二、合同欺诈的法律后果 / 167
(一)因欺诈而成立的合同性质 / 167
(二)合同欺诈的法律后果 / 168
【拓展适用】
一、《民法总则》、《民法通则》与《合同法》关于欺诈的不同规定及其适用 / 170
(一)合同欺诈的行为性质争议 / 170
(二)可撤销合同制度与无效合同制度比较 / 170
(三)司法适用中应当注意的问题 / 171
二、合同欺诈与合同诈骗罪的行为界限 / 172
(一)合同欺诈与合同诈骗罪的行为类型 / 172
(二)合同欺诈与合同诈骗罪的界分 / 173
(三)责任竞合时的司法适用 / 175
【典型案例】广东黄河实业集团有限公司与北京然自中医药科技发展中心一般股权转让侵权纠纷案 / 176
**规则12（备案合同）** 备案合同未变更或取代合同的约定条款,在双方当事人之间不构成新的权利义务关系 / 182
【规则理解】
一、"阴阳合同"概述 / 183
(一)"阴阳合同"的内涵 / 183
(二)"阴阳合同"的特征 / 183
二、"阴阳合同"与合同变更之比较 / 184
三、"阴阳合同"的效力认定 / 185
(一)探究当事人的真实意思表示 / 186
(二)判断是否违反法律法规的强制性规定 / 186
【拓展适用】
一、房地产买卖"阴阳合同"的认定 / 189
二、建设工程"阴阳合同"的认定 / 190
(一)依法必须招投标的建设工程 / 190

(二)不属于依法必须招投标的建设工程 / 192
三、公司资产或股权转让“阴阳合同”的认定 / 192
四、劳动关系“阴阳合同”的认定 / 193
【典型案例】山西嘉和泰房地产开发有限公司与太原重型机械(集团)有限公司土地使用权转让合同纠纷案 / 193

## 第三章 合同解释

**规则** 13 (**文义解释**) 判断合同当事人真实意思表示的首要方法是文义解释 / 207
【规则理解】
一、文义解释的特征和起因 / 207
(一)文字的多义性 / 208
(二)文字的概括性 / 208
(三)文字意义的变化性 / 208
(四)当事人对文义理解的局限性 / 208
(五)当事人对文义理解的差异性 / 209
二、文义解释的主体 / 209
三、文义解释的对象 / 209
四、文义解释的具体来源 / 210
(一)词句的辞典含义 / 211
(二)词句的习惯含义 / 211
(三)词句的新含义 / 211
【拓展适用】
一、文义解释的方法 / 211
(一)对字词的解释 / 212
(二)对数字的解释 / 212
(三)对标点符号的解释 / 213
二、合同解释方法的适用规则 / 213
(一)文义解释的适用 / 214
(二)整体解释的适用 / 214
(三)目的解释的适用 / 215
(四)习惯解释的适用 / 215

（五）诚信解释的适用 / 216

【典型案例】淄博万杰医院与中国银行股份有限公司淄博博山支行、淄博博易纤维有限公司、万杰集团有限责任公司借款担保合同纠纷管辖权异议案 / 217

**规则 14（目的解释）** 对合同约定不明条款进行目的解释，应按照与合同无利害关系的理性第三人通常理解的当事人共同的合同目的进行 / 219

【规则理解】

一、目的解释概述 / 219

（一）合同解释的含义 / 219

（二）目的解释的内涵及意义 / 220

二、合同目的的探求 / 222

三、目的解释的规则 / 222

（一）促使合同成立、有效的原则 / 223

（二）按具体合同目的解释合同内容 / 223

（三）以目的解释为补充 / 223

【拓展适用】

一、合同解释与法律解释 / 224

（一）法律解释与合同解释的联系 / 224

（二）法律解释与合同解释的区别 / 225

二、合同解释与合同漏洞的填补 / 225

（一）协议补充 / 226

（二）依据合同的有关条款或者交易习惯确定 / 227

（三）依据法律规定填补法律漏洞 / 227

（四）依据诚实信用原则填补合同漏洞 / 228

【典型案例】枣庄矿业（集团）有限公司柴里煤矿与华夏银行股份有限公司青岛分行、青岛保税区华东国际贸易有限公司联营合同纠纷案 / 228

**规则 15（合同解释中的诚实信用原则）** 当事人对合同词语的理解产生分歧的，应对当事人订立合同时的真实意思表示作出判断，根据诚实信用原则加以解释 / 237

【规则理解】

一、合同解释的内涵 / 237

（一）合同解释的主体 / 238

（二）合同解释的客体 / 238

二、合同解释的基本规则或方法 / 239

（一）文义解释 / 239
（二）整体解释 / 239
（三）目的（性质）解释 / 239
（四）交易习惯解释 / 239
（五）诚实信用解释 / 239
三、合同解释的原则、目的 / 239
四、合同解释规则的选择适用 / 240
【拓展适用】
一、诚实信用原则的含义、功能及限制 / 241
（一）诚实信用原则的含义 / 241
（二）诚实信用原则的功能 / 241
（三）适用诚实信用原则的限制 / 242
二、整体解释规则的必要性及方法 / 243
（一）整体解释规则的必要性 / 243
（二）整体解释规则的方法 / 243
三、合同漏洞的填补 / 244
（一）合同漏洞的内涵 / 244
（二）合同漏洞填补的适用规则 / 244
【典型案例】厦门东方设计装修工程有限公司与福建省实华房地产开发有限公司商品房包销合同纠纷案 / 246

## 第四章 合同变更与转让

**规则 16（合同变更的认定）** 一方当事人在盖章时对部分协议条款修改，另一方当事人未提出异议的，应视为同意 / 254
【规则理解】
一、合同变更的内涵及法律特征 / 254
（一）合同变更的内涵 / 254
（二）合同变更的法律特征 / 255
二、合同变更的要件 / 256
（一）存在有效的合同关系 / 256
（二）不存在法律规定的无效情形 / 256

(三)符合相应的条件 / 257
(四)遵循法定的程序和方式 / 257
三、合同变更的种类 / 257
(一)协议变更与请求变更 / 257
(二)约定变更与法定变更 / 258
四、合同变更的效力 / 258
【拓展适用】
一、合同变更与合同解除之比较 / 259
(一)两者效力不同 / 259
(二)两者条件不同 / 259
(三)两者程序不同 / 260
二、合同变更与“黑白合同”之比较 / 260
(一)当事人意思表示是否真实不同 / 260
(二)合同内容是否合法不同 / 261
(三)当事人的目的能否实现不同 / 261
(四)涉及合同实质内容是否变化不同 / 261
(五)变更适用的程序不同 / 261
三、涉及第三人利益的合同变更 / 262
【典型案例】吉林冶金设备厂诉烟台冶金研究所加工承揽合同纠纷案 / 263
**规则 17（债权转让通知）债权转让双方在公开广泛发行的报纸上登报通知债务人及担保人，应认定债权人已将债权转让的事实告知债务人及担保人 / 268**
【规则理解】
一、债权让与通知及其性质 / 268
(一)债权让与通知的立法目的 / 268
(二)债权让与通知的性质 / 269
二、债权让与通知的构成 / 269
(一)通知主体 / 269
(二)通知对象 / 270
(三)通知时间 / 270
(四)通知形式 / 270
(五)通知内容 / 271
三、债权让与的公告通知 / 271

(一)个别通知与公告通知 / 271
(二)公告通知的有效性 / 271
【拓展适用】
一、债权让与通知的立法体例 / 273
(一)关于债权让与通知的国内外立法例 / 273
(二)我国关于债权让与通知的现行规定 / 273
二、债权让与通知与诉讼时效 / 274
三、债权让与通知的撤销 / 275
四、几种特殊债权让与中的通知 / 276
(一)债权表见让与中的通知 / 276
(二)债权重复让与中的通知 / 276
(三)债权依次让与中的通知 / 278
【典型案例】东营市海科化学工业有限责任公司与何荣兰、东营水泥制品厂、东营市黄河口建材开发总公司清偿债务纠纷案 / 278
**规则** 18 (**债权的让与**) 债权人转让权利未通知债务人的,不影响债权转让人与受让人之间债权转让协议的效力 / 288
【规则理解】
一、债权让与的内涵和法律特征 / 288
(一)债权让与的内涵 / 288
(二)债权让与的法律特征 / 289
二、债权让与的性质 / 289
三、债权让与的有效要件 / 290
(一)债权让与协议的生效要件 / 290
(二)债权让与对债务人生效的要件 / 292
【拓展适用】
一、债权让与制度中的利益衡量与保护 / 292
二、债权的表见让与 / 293
(一)债权的表见让与涵义与法律特征 / 293
(二)表见让与和表见代理的区别 / 294
三、债权的重复让与 / 295
(一)债权的重复让与的定义与性质 / 295
(二)债权的重复让与的处理 / 295

四、证券化债权的让与 / 296
(一)可让与性更强 / 296
(二)无需让与通知 / 297
(三)抗辩权受限 / 297
(四)遵循无因性规则 / 297
【典型案例】佛山市顺德区太保投资管理有限公司与广东中鼎集团有限公司债权转让合同纠纷案 / 298
**规则** 19(**债权转让后的效力**) 债权转让后,原债权人即丧失向债务人主张该权利的资格 / 310
【规则理解】
一、债权让与的对内效力 / 310
(一)债权让与合同的生效 / 310
(二)债权让与对受让人的效力 / 311
(三)债权让与对让与人的效力 / 313
二、债权让与的对外效力 / 314
(一)债权让与的通知 / 314
(二)债权让与对债务人的效力 / 314
(三)债权让与对其他第三人的效力 / 315
【拓展适用】
一、债权的可转让性 / 316
(一)债权让与制度的历史沿革及立法目的 / 316
(二)可让与的债权类型 / 317
(三)不得让与的债权类型 / 318
二、债权的可分性 / 320
(一)债权的可分性判断标准 / 320
(二)债权的部分让与 / 321
【典型案例】大连远东房屋开发有限公司与辽宁金利房屋实业公司、辽宁澳金利房地产开发有限公司国有土地使用权转让合同纠纷案 / 322
**规则** 20(**债务转让**) 债权人对债务转移承诺书未予接受,亦未在债务转移协议书上签章的,应认定债权人未同意债务转让 / 331
【规则理解】
一、债务承担的法律内涵 / 331

(一)债务承担的含义 / 331
(二)债务承担的产生与发展 / 332
二、债务承担的有效要件 / 332
(一)债务有效存在 / 332
(二)债务具有可移转性 / 333
(三)债务承担合意的达成 / 333
(四)符合合同形式要件 / 336
【拓展适用】
一、并存的债务承担与部分债务的承担 / 336
二、债务承担与履行承担 / 337
(一)债务承担与履行承担的内涵 / 337
(二)债务承担与履行承担的区别 / 337
三、法定的债务转移 / 338
(一)法定债务转移的内涵 / 338
(二)法人法定债务转移的情形 / 338
(三)自然人法定债务转移的情形 / 339
四、债务承担的法律效果 / 340
(一)第三人取得债务人地位 / 340
(二)抗辩权随之转移 / 340
(三)从债务随之转移 / 340
(四)从权利随之转移 / 341
(五)求偿权的产生 / 341
(六)诉讼时效中断 / 341
【典型案例】中国工商银行股份有限公司三门峡车站支行与三门峡天元铝业股份有限公司、三门峡天元铝业集团有限公司借款担保合同纠纷案 / 342
**规则 21 (孳息的变动)** 除法律有特别规定或者当事人有特别约定外,取得孳息的权利随着主物所有权的转移而转移 / 349
【规则理解】
一、利息与利息之债 / 350
(一)利息的内涵及法律特征 / 350
(二)利息之债及其性质 / 350
二、利息之债的变动 / 351

（一）利息之债的发生 / 352
（二）利息之债的变更 / 352
（三）利息之债的转让 / 353
（四）利息之债的消灭 / 354
【拓展适用】
一、利息之债在民事借贷与商事借贷中的不同规则 / 355
二、法定利息之债 / 356
（一）迟延利息 / 356
（二）垫费利息 / 357
（三）拟制利息 / 357
（四）返还利息 / 357
三、利息之债的计算 / 358
（一）债权本金 / 358
（二）借贷期间 / 360
（三）利率 / 362
【典型案例】福州商贸大厦筹备处与福建佳盛投资发展有限公司借款纠纷案 / 364

## 第五章　诉讼时效、管辖

**规则 22（诉讼时效）** 商业秘密权利人在检察机关侦查终结前并不知晓权利被侵犯，此后对泄露商业秘密人提起民事诉讼，应认定未超过诉讼时效 / 371
【规则理解】
一、诉讼时效类型 / 372
（一）普通诉讼时效 / 372
（二）特别诉讼时效 / 372
（三）最长诉讼时效 / 373
二、诉讼时效期间的起算 / 374
（一）诉讼时效期间起算的意义 / 374
（二）我国法律关于诉讼时效期间起算点的原则性规定 / 374
（三）我国法律关于诉讼时效起算点的其他规定 / 375

【拓展适用】
一、关于诉讼时效起算的立法例 / 376
(一)自请求权产生时起算 / 376
(二)自权利人知道或者应当知道权利受侵害时起算 / 376
(三)自请求权可行使时起算 / 377
二、对不同立法例的评析 / 377
(一)诉讼时效期间自请求权产生时起算 / 377
(二)诉讼时效期间自权利人知道或应当知道权利受侵害时起算 / 377
(三)诉讼时效期间自权利人能行使权利时起算 / 378
三、诉讼时效完善的设想 / 378
四、请求权可行使的认定 / 379
(一)请求权的存在 / 379
(二)请求权可行使应当考虑的因素 / 379
【典型案例】罗定市林产化工厂、刘显驰与株洲选矿药剂厂技术秘密侵权纠纷案 / 382
规则23(合同无效的诉讼时效) 当事人请求确认合同无效的,不应受诉讼时效期间的限制 / 386
【规则理解】
一、无效合同适用诉讼时效的立法现状与主要争议 / 386
(一)无效合同适用诉讼时效的立法现状 / 386
(二)无效合同适用诉讼时效的主要争议 / 387
二、确认合同无效与诉讼时效规则的适用 / 387
(一)时效制度的客体决定确认合同无效不应适用诉讼时效规定 / 387
(二)无效合同的性质决定确认合同无效不应适用诉讼时效规定 / 388
(三)时效制度的功能决定确认合同无效不应适用诉讼时效规定 / 389
三、合同确认无效后,请求返还财产及赔偿损失与时效规则的适用 / 390
【拓展适用】
一、债权请求权与诉讼时效规则的适用 / 391
二、物权请求权与诉讼时效规则的适用 / 391
三、人身权与诉讼时效规则的适用 / 394
【典型案例】广西北生集团有限责任公司与北海市威豪房地产开发公司、广西壮族自治区畜产进出口北海公司土地使用权转让合同纠纷案 / 396

**规则 24（合同撤销权的诉讼时效）** 当事人以显失公平为由要求撤销协议，已经超出时效的，依法不予保护 / 406

【规则理解】

一、显失公平的合同 / 406

（一）显失公平合同的法律特征 / 406

（二）显失公平合同的效力 / 407

二、可撤销合同的撤销权 / 407

（一）合同撤销权概述 / 407

（二）可撤销合同撤销权的性质 / 408

（三）合同撤销权的行使主体 / 409

三、可撤销合同撤销权的行使期间 / 410

【拓展适用】

一、合同撤销权行使期间的性质 / 411

二、除斥期间与诉讼时效期间的比较 / 413

（一）立法目的不同 / 413

（二）法律效果不同 / 413

（三）适用对象不同 / 414

（四）构成要件不同 / 414

（五）起算点不同 / 415

（六）是否可变不同 / 415

（七）长短不同 / 415

三、可撤销合同撤销权行使期间与其他合同法上撤销权行使期限之比较 / 415

【典型案例】三和贸易有限责任公司诉中国平安保险股份有限公司南宁办事处水路运输货物保险合同纠纷案 / 417

**规则 25（《民法通则》第 137 条规定的“特殊情况”）** 海峡两岸长期隔绝历史的原因，致使当事人在法定诉讼时效内不能行使请求权，属《民法通则》第 137 条规定的“特殊情况” / 421

【规则理解】

一、诉讼时效的概念与法律效力 / 422

（一）诉讼时效的概念 / 422

（二）诉讼时效的法律效力 / 422

二、诉讼时效期间 / 423

（一）诉讼时效期间的内涵 / 423
（二）诉讼时效期间的特征 / 423
三、诉讼时效期间的延长 / 425
（一）诉讼时效期间延长的概念、事由及特点 / 425
（二）诉讼时效延长的适用范围 / 426
四、房屋典权回赎权行使期限 / 426
【拓展适用】
一、诉讼时效的中止 / 427
（一）诉讼时效中止的条件 / 427
（二）诉讼时效中止的法律效力 / 429
二、诉讼时效的中断 / 429
（一）诉讼时效中断的法定事由 / 429
（二）诉讼时效期间重新起算的理解 / 432
（三）诉讼时效中断的法律效力 / 432
三、诉讼时效中止、中断、延长的区别 / 432
（一）发生的时间不同 / 432
（二）发生的事由不同 / 433
（三）法律效果不同 / 433
【典型案例】李金连、李娜萍诉柯杰生房屋典当回赎纠纷案 / 433
**规则 26（违约金的诉讼时效）** 按日累计的违约金属于一个整体的合同权利，不能按违约时间分别计算诉讼时效 / 434
【规则理解】
一、违约金的法律特征与确定方式 / 435
（一）违约金的法律特征 / 435
（二）违约金的确定方式 / 435
二、按日累计的违约金适用诉讼时效规则之争议 / 436
（一）实践中的主要做法及理由 / 436
（二）对实践中主要做法的评析 / 437
三、按日累计的违约金与诉讼时效规则的适用 / 438
【拓展适用】
一、未规定履行期限合同债权与诉讼时效规则的适用 / 439
二、分期履行合同之债与诉讼时效规则的适用 / 441

(一)与按日累计违约金的差异 / 441
(二)分期履行之债的诉讼时效 / 442
三、按期支付债务与诉讼时效规则的适用 / 443
(一)按期支付债务与按日累计的违约金之债的差异 / 443
(二)按期支付债务与分期履行之债的差异 / 443
(三)按期支付债务的诉讼时效 / 443
**【典型案例】**泛华工程有限公司西南公司与中国人寿保险(集团)公司商品房预售合同纠纷案 / 444
**规则 27(补充协议与约定管辖)** 当事人在合同中明确约定由合同签订地法院管辖,虽然又在其他地方签订补充协议,但未修改原约定管辖条款,合同中约定管辖的条款仍具有约束力 / 449
【规则理解】
一、补充协议的内涵 / 450
(一)补充协议以生效合同存在为前提 / 450
(二)补充协议须经双方当事人协商一致 / 450
(三)补充协议必须遵循法律规定的程序 / 450
(四)补充协议必须遵循法律规定的方式 / 450
(五)补充协议必须符合法律规定的生效要件 / 451
二、补充协议的效力 / 451
(一)对原合同内容的补充 / 451
(二)对原合同内容的变更 / 451
三、协议管辖与管辖的协议变更 / 452
【拓展适用】
一、补充协议中当事人真实意思的确定 / 453
(一)意思表示的解释对象 / 453
(二)协议或补充协议不明解释方法的确定 / 454
(三)补充协议解释的特殊之处 / 455
二、解释方法不能确定时补充协议内容之确定 / 455
(一)履行标的 / 456
(二)履行地点 / 456
(三)履行期限 / 457
(四)履行方式与履行费用 / 457

【典型案例】德国亚欧交流有限责任公司与绥芬河市青云经贸有限公司合作协议纠纷案 / 457

**规则 28（转让合同与协议管辖）** 多次转让的债权转让合同，当事人未重新约定管辖法院，亦未排除之前合同对管辖权的约定，可以认定之前合同中解决纠纷的约定继续有效 / 460

【规则理解】

一、关于协议管辖的内涵及其目的 / 461

（一）协议管辖的内涵 / 461

（二）协议管辖的目的 / 461

二、关于协议管辖适用的条件 / 461

（一）在审理级别上，协议管辖仅适用于第一审民事案件 / 462

（二）在管辖类型上，协议管辖限于非专属管辖的诉讼 / 462

（三）在表现形式上，协议管辖为要式行为，必须采用书面形式 / 462

（四）在案件类型上，协议管辖只限于因合同或者其他财产权益纠纷提起的诉讼，对合同或者其他财产权益纠纷以外的其他民事案件和特殊合同纠纷不适用协议管辖 / 463

（五）在内容确定性上，协议管辖必须是确定的选择 / 463

三、关于债权转让协议对协议管辖的影响及注意的问题 / 463

【拓展适用】

一、关于担保纠纷案件管辖确定的原则 / 465

二、关于债权人单独起诉担保人作为被告的案件管辖问题 / 465

三、债务人与担保人必须作为共同被告案件的管辖问题 / 465

四、关于担保合同与反担保合同协议管辖选择法院不同，担保人起诉时管辖法院的确定问题 / 466

五、关于主合同协议仲裁管辖的效力能否及于从合同中的保证人问题 / 466

【典型案例】中国昊华化工（集团）总公司与中企国际投资有限公司借款保证合同纠纷案 / 468

## 第六章 其他

**规则 29（代位权）** 债务人在债务到期后与次债务人签订协议延长履行债务期限，明显损害债权人的合法权益，属于怠于行使到期债权 / 470

【规则理解】
一、债权人代位权的内涵及法律特征 / 470
（一）债权人代位权的内涵及法律特征 / 470
（二）债权人代位权的法律特征 / 470
二、代位权行使的要件 / 471
（一）债权人对债务人拥有合法有效的债权 / 471
（二）债务人迟延履行到期债务和怠于行使到期债权 / 472
（三）具有债权保全的必要性 / 473
三、代位权行使的法律效果 / 474
（一）对债权人的效力 / 474
（二）对债务人的效力 / 475
（三）对次债务人的效力 / 476
（四）对其他债权人的效力 / 476
【拓展适用】
一、债权人代位权与撤销权制度的结合运用和区分 / 476
（一）代位权与撤销权制度的运用 / 476
（二）代位权与撤销权制度的区分 / 477
二、代位权行使的客体范围 / 478
（一）我国代位权行使的客体限于债权 / 478
（二）代位权行使的客体主要是具有金钱给付内容的债权 / 479
（三）代位权行使的客体应当是合法且到期的非专属性债权 / 480
三、代位权行使的抗辩 / 480
（一）债务人的抗辩 / 480
（二）次债务人的抗辩 / 481
【典型案例】中国农业银行汇金支行诉张家港涤纶厂代位权纠纷案 / 481
**规则 30（涉外民事案件当事人适用法律的选择规则）** 涉外民事案件当事人在协议选择适用法律时，必须符合我国法律对涉外民事案件法律适用顺序作出的强制性规定 / 487
【规则理解】
一、国际民商事法律关系中法律适用的概述 / 487
二、我国涉外合同选择适用法律的立法概况 / 488
（一）全国人民代表大会及其常务委员会立法 / 488

（二）司法解释 / 490
三、当事人选择适用法律的限制 / 491
（一）当事人选择法律范围的限制 / 491
（二）公共秩序保留条款的限制 / 491
（三）强制性规定的限制 / 492
四、我国涉外合同适用法律顺序的原则 / 493
【拓展适用】
一、当事人选择有效法律的规则 / 494
二、当事人选择法律适用的方式 / 495
三、当事人选择法律适用的时间 / 496
四、排除当事人选择适用外国法的合同 / 497
（一）中外合资经营企业、中外合作经营企业、外商独资企业股份转让合同的法律适用 / 497
（二）外国自然人、法人或者其他组织承包经营在中华人民共和国领域内设立的中外合资经营企业、中外合作经营企业合同的法律适用 / 498
（三）三类外资并购合同的法律适用 / 498
【典型案例】陆红诉美国联合航空公司国际航空旅客运输损害赔偿纠纷案 / 498
**规则** 31（**不当得利**） 金融企业违反规定向当事人收取工本费以外的费用，构成不当得利 / 502
.【规则理解】
一、不当得利的内涵及历史地位 / 502
（一）不当得利的内涵 / 502
（二）不当得利的历史地位 / 502
二、不当得利返还请求权的构成要件 / 503
（一）必须是一方获得利益 / 503
（二）必须是致他人受损害 / 504
（三）必须是受利与受损害之间存在因果关系 / 505
（四）得利必须无法律原因 / 505
三、不当得利请求权的主体、客体和返还范围 / 506
（一）不当得利请求权的主体 / 506
（二）不当得利请求权的客体 / 507
（三）不当得利请求返还范围 / 507

【拓展适用】
一、不当得利的类型 / 508
二、不当得利“合法依据”的判断 / 508
（一）给付性不当得利“合法依据”的讨论 / 509
（二）非给付性不当得利“合法依据”的讨论 / 510
三、对“合法依据”的举证责任分配 / 510
（一）给付型不当得利“合法依据”的举证责任 / 511
（二）非给付型不当得利“合法依据”的举证责任 / 512
【典型案例】喻山澜诉中国工商银行北京市宣武支行、中国工商银行北京市分行不当得利纠纷案 / 513

# 第一章　合同订立

**规则1（要约与要约邀请的正确区分）挂牌出让国有土地使用权公告属于要约邀请**

——时间房地产建设集团有限公司与玉环县国土局土地使用权出让合同纠纷案[①]

**【裁判规则】**

刊登于报纸上的挂牌出让公告与拍卖公告、招标公告相同，是向不特定主体发出的以吸引或邀请相对方发出要约为目的的意思表示，其实质是希望竞买人提出价格条款，其性质应认定为要约邀请。合同法对要约邀请的撤回未作条件限制，在发出要约邀请后，要约邀请人撤回要约邀请，只要没有给善意相对人造成信赖利益的损失，要约邀请人一般不承担法律责任。要约邀请不形成合同关系，撤回要约邀请不产生合同上的责任。

**【规则理解】**

**一、要约**

（一）要约的概念

我国《合同法》第14条第1款规定，要约是希望和他人订立合同的意思表示。据此，要约是一方当事人以缔结合同为目的，向对方当事人所作的意思表示，发出要约的人为要约人，接受要约的人则称为受要约人、相对人或承诺人。[②] 在商业活动及对外贸易中，要约还常被称作发价、发盘、出盘、报价等。[③]

（二）要约的法律性质

关于要约的法律性质，传统的大陆法观点认为，要约是一种意思表示。如有学者

---

① 《中华人民共和国最高人民法院公报》2005年第5期，最高人民法院（2003）民一终字第82号民事判决书。

② 王利明：《合同法》，中国人民大学出版社2002年版，第44页。

③ 崔建远：《合同法总论》（上卷），中国人民大学出版社2008年版，第98页。

所言:“要约者乃以缔结契约为目的,而唤起相对人承诺之一种意思表示也。”①而英美法学者则认为:“要约实际上是要约人做什么事或不做什么事的一种许诺。”②我国还有学者认为要约是附条件的法律行为,认为当要约人申明的合同关系的成就条件完全具备时,合同关系成立。③ 我国学者大都采纳“意思表示说”,理由主要有如下几点:④第一,要约不同于事实行为。由于要约是一种意思表示,具有法效意思,从而与不具备法效意思的事实行为,特别是与要约邀请在性质上是有区别的。第二,“意思表示说”能将要约与民事法律行为区分开来。根据英美法,既然合同是一项或数项允诺,如要约也是一项允诺,则很难将要约与合同在性质上区分开,而“意思表示说”则能将要约与法律行为区分开来:要约是单方意思表示,而作为法律行为的合同是双方行为;意思表示可以是合法的,也可以是非法的,而法律行为则都是合法的。要约既然不是法律行为,当然也不是附条件的法律行为。第三,“意思表示说”为要约人违反有效的要约所应负的民事责任提供了依据,当要约人发出要约后违反有效的要约,致使他人信赖利益损失的,应承担缔约过失责任。

要约应是一种意思表示。所谓意思表示,是指表意人将其期望发生某种法律效果的内在意图以一定的方式表现于外部的过程,是法律行为最基本的要素。⑤ 意思表示中的“意思”是指设立、变更、终止民事法律关系的内心意图;意思表示中的“表示”,是指将内心意思以适当的方式向适当的对象表示出来的行为。意思表示的构成要素包括目的意思、效果意思和表示行为。目的意思是指明民事行为具体内容的意思要素,它是意思表示据以成立的基础;⑥效果意思是指当事人欲使其目的意思发生法律上效力的意思要素;⑦表示行为是指行为人将其内在的目的意思和效果意思以一定的方式表现于外部,为行为相对人所了解的行为要素。⑧ 从意思表示的概念及构成要素来看,要约应是一种意思表示,我国合同法关于要约的规定也采纳了“意思表示说”。

## 二、构成要约的条件

一项要约要发生法律上的效力,必须具备如下条件:

---

① 郑玉波:《民法债编总论》,台北三民书局1993年版,第43页。

② [英]P.S.阿蒂亚:《合同法概论》,程正康译,法律出版社1982年版,第41页。

③ 参见孙乃伟等:《论要约》,载《政治与法律》1991年第4期。

④ 参见王利明:《合同法研究》(第一卷),中国人民大学出版社2002年版,第205~206页。

⑤ 参见彭万林主编:《民法学》,中国政法大学出版社2002年版,第112页。

⑥ 参见董安生:《民事法律行为》,中国人民大学出版社1994年版,第227页。

⑦ 王利明:《民法》,中国人民大学出版社2000年版,第102页。

⑧ 王利明:《民法》,中国人民大学出版社2000年版,第103页。

(一)要约必须具有缔结合同的目的

根据《合同法》第 14 条第 1 款的规定:“要约是希望和他人订立合同的意思表示……”正因为要约具备订立合同的目的,才能经由相对人的承诺而成立合同。

(二)要约原则上必须向特定的相对人发出

要约发出后,一经相对人承诺,则合同在要约人与相对人之间成立,故要约应表明其对合同相对人的选择。一旦要约人确定了要约的相对人,这样一经过对方的承诺就不需要约人再做任何行为,合同就可以成立。① 但是,如果要约人愿意向不特定的人发出要约,并承担相应的后果,法律也未禁止。如《联合国国际货物销售合同公约》第 14 条第 2 款规定,如果提出建议的人明确地表示相反的意向,也可以使向不特定的人发出的订约提议具有要约的效力,所以要约人可以从选择订约伙伴、广泛参与市场竞争的需要出发,而向不特定的人发出要约。

(三)要约的内容必须具体确定

根据《合同法》第 14 条第 1 款第 1 项规定,要约的内容必须具体确定,这是因为要约发出后,经由相对人的承诺则合同成立,而合同成立必须建立在双方对合同的主要条款达成合意的基础上,故要约必须表示合同的主要条款,并且具体明确,否则双方合意的内容无法确定,合同不能成立。

(四)要约必须到达受要约人

《合同法》第 16 条第 1 款规定:“要约到达受要约人时生效。”要约只有到达受要约人,受要约人才能知悉要约人订立合同的意图及希望订立合同的具体内容,从而决定是否做出承诺。在要约到达受要约人之前,要约尚未生效,要约人可以撤回要约。

以上是要约生效的条件,必须具备以上四个条件,方可构成有效的要约。

**三、要约的法律效力**

要约的法律效力体现在,要约一经受要约人承诺,则可成立合同,而依法成立的合同,自成立时生效,任何一方违反合同约定,不履行合同义务,将承担相应的违约责任。具体而言,要约对要约人和受要约人均有一定的拘束力。

(一)要约对要约人的法律效力

要约对要约人的拘束力体现在要约一经生效,要约人即受到要约的拘束,不得随意撤销要约或对要约随意加以限制、变更和扩张。② 当然,根据《合同法》第 17 条、第 18 条的规定,符合一定条件下,要约可以撤回和撤销。但是,根据《合同法》第 19 条的规定,要约在以下情况下不得撤销:一是要约人确定了承诺期限或者以其他形式明

---

① 参见徐炳:《买卖法》,经济日报出版社 1991 年版,第 78 页。

② 王利明:《合同法》,中国人民大学出版社 2002 年版,第 53 页。

示要约不可撤销;二是受要约人有理由认为要约是不可撤销的,并已经为履行合同做了准备工作。

(二)要约对受要约人的法律效力

承诺是受要约人同意要约的意思表示。要约对受要约人的法律效力体现在,要约一旦到达受要约人,受要约人即取得经他承诺则成立合同的法律地位。受要约人可以承诺,也可以不承诺,但受要约人一旦承诺,则合同成立,如果受要约人拒绝承诺,在承诺期限内未作出承诺,或对要约的内容做出实质性变更,则要约失效。

**四、要约邀请**

(一)要约邀请的概念

根据《合同法》第15条第1款的规定,要约邀请是希望他人向自己发出要约的意思表示。要约邀请又称引诱要约,它具有以下特点:第一,它是指一方邀请对方向自己发出要约;①第二,从法律性质上看,它是一种缔约的准备行为,也就是说,要约邀请是当事人订立合同的预备行为,在发出要约邀请时,当事人仍处于订约的准备阶段;②第三,要约邀请只是引诱他人发出要约,它既不能因相对人的承诺而成立合同,也不能因自己作出某种承诺而约束要约人。③

(二)要约邀请的法律意义

尽管要约邀请不能因相对人的承诺而成立合同,但是要约邀请并非毫无法律意义。在合同法中,要约邀请具有如下法律意义:第一,要约邀请是双方缔约过程的预备阶段,表明双方为了签订合同开始进行磋商,如果发出要约邀请的人并非出于订立合同的目的而发出要约邀请,而是假借订立合同,恶意进行磋商,或者有其他违背诚实信用原则的行为导致相对人信赖利益的损失,发出要约邀请的人应当承担缔约过失责任。第二,如果在要约邀请中提供虚假陈述,相对人与之订立合同时因信赖该陈述而与之订立合同的,合同成立后,相对人可以以订立合同时存在欺诈情形为由请求人民法院或者仲裁机构变更或者撤销合同。第三,要约邀请的内容可能转化为合同的内容。如果双方在以后的合同中约定以前的往来函件作为合同的附件,则要约邀请的内容可直接转化为合同内容。第四,在合同约定不明确时,要约邀请的内容可作为解释合同的依据之一。

---

① 参见王家福主编:《民法债权》,法律出版社1991年版,第283页。

② 参见苏惠祥主编:《中国当代合同法论》,吉林大学出版社1992年版,第72页。

③ 王利明:《合同法研究》,中国人民大学出版社2002年版,第212页。

## 五、国有土地招标拍卖挂牌出让公告性质的理解

### (一)国有土地使用权出让的方式

根据《招标拍卖挂牌出让国有土地使用权规定》(以下简称《规定》),我国国有土地出让有三种方式,即招标出让、拍卖出让、挂牌出让。

1. 招标出让国有土地使用权

招标出让国有土地使用权,是指市、县人民政府土地行政主管部门(以下简称出让人)发布招标公告,邀请特定或者不特定的自然人、法人和其他组织参加国有土地使用权投标,根据投标结果确定土地使用者的行为。根据《规定》第7条、第8条、第9条的规定,出让人应当根据招标出让地块的情况,编制招标出让文件,包括招标出让公告、投标或者竞买须知、宗地图、土地使用条件、标书或者竞买申请书、报价单、成交确认书、国有土地使用权出让合同文本,并至少在投标开始日前20日发布招标公告,公布招标出让宗地的基本情况和招标的时间、地点。其中招标公告应当包括下列内容:出让人的名称和地址;出让宗地的位置、现状、面积、使用年期、用途、规划设计要求;投标人的资格要求及申请取得投标、竞买资格的办法;索取招标出让文件的时间、地点及方式;招标时间、地点、投标挂牌期限、投标和竞价方式等;确定中标人的标准和方法;投标、竞买保证金;其他需要公告的事项。

依据《规定》第13条的规定,投标、开标依照下列程序进行:(1)投标人在投标截止时间前将标书投入标箱。(2)出让人按照招标公告规定的时间、地点开标,邀请所有投标人参加。(3)评标小组进行评标。(4)招标人根据评标结果,确定中标人。

2. 拍卖出让国有土地使用权

拍卖出让国有土地使用权,是指出让人发布拍卖公告,由竞买人在指定时间、地点进行公开竞价,根据出价结果确定土地使用者的行为。和招标出让国有土地使用权一样,出让人应当根据拍卖出让地块的情况,编制拍卖出让文件,包括拍卖出让公告、投标或者竞买须知、宗地图等,并至少在拍卖开始日前20日发布拍卖公告,公布拍卖出让宗地的基本情况和拍卖的时间、地点。

关于拍卖会的程序,《规定》第15条进行了详细的规定,具体包括:(1)主持人点算竞买人;(2)主持人介绍拍卖宗地的位置、面积、用途、使用年期、规划要求和其他有关事项;(3)主持人宣布起叫价和增价规则及增价幅度,没有底价的,应当明确提示;(4)主持人报出起叫价;(5)竞买人举牌应价或者报价;(6)主持人确认该应价后继续竞价;(7)主持人连续三次宣布同一应价而没有再应价的,主持人落槌表示拍卖成交;(8)持人宣布最高应价者为竞得人。

3. 挂牌出让国有土地使用权

挂牌出让国有土地使用权，是指出让人发布挂牌公告，按公告规定的期限将拟出让宗地的交易条件在指定的土地交易场所挂牌公布，接受竞买人的报价申请并更新挂牌价格，根据挂牌期限截止时的出价结果确定土地使用者的行为。挂牌出让国有土地使用权时，出让人应当根据挂牌出让地块的情况，编制挂牌出让文件，包括挂牌出让公告、投标或者竞买须知、宗地图等，并至少在挂牌开始日前20日发布挂牌公告，公布挂牌出让宗地的基本情况和挂牌的时间、地点。

根据《规定》第17条的规定，挂牌依照以下程序进行：(1)在挂牌公告规定的挂牌起始日，出让人将挂牌宗地的位置、面积、用途、使用年期、规划要求、起始价、增价规则及增价幅度等，在挂牌公告规定的土地交易场所挂牌公布；(2)符合条件的竞买人填写报价单报价；(3)出让人确认该报价后，更新显示挂牌价格；(4)出让人继续接受新的报价；(5)出让人在挂牌公告规定的挂牌截止时间确定竞得人。

(二)招标、拍卖、挂牌出让公告的性质

通过招标、拍卖、挂牌方式确定中标人、竞得人后，根据《规定》第20条第1款、第21条的规定，出让人应当与中标人或竞得人签订成交确认书，并按照成交确认书约定的时间，与出让人签订《国有土地使用权出让合同》。

从以上程序可以看出，包括招标、拍卖、挂牌出让公告在内的出让文件是向不特定的公众发出，其目的在于说明出让人的名称和地址，出让宗地的位置、现状、面积、使用年期、用途、规划设计要求等事项，吸引他人参与投标、竞拍、报价，并最终根据招标文件拟定的规则选择中标人，签订出让合同，而不是直接与参与投标、拍卖、报价的任何人签订合同，更不是经由不特定人报价即成立合同。故招标、拍卖、挂牌出让公告的性质应为要约邀请，而不是要约，投标人、竞买人投标或者报价的行为为要约，出让人选中中标人、竞得人的行为则为承诺，此时合同成立，签订书面合同的行为是对双方合同内容的确认。

**【拓展适用】**

**一、要约与要约邀请的区分**

因为要约与要约邀请在法律意义上有很大的差别，如果为要约，则一经承诺，一般情况下合同成立并生效，如果一方违反合同，将承担违约责任。而相对人对要约邀请的认可仅能作为要约，并不直接导致合同成立，也不涉及违约责任的问题，在司法实践中，双方当事人常就行为性质是要约还是要约邀请产生争议。笔者认为，对于要约和要约邀请，又从以下方面进行区分：

(一)根据意思表示的目的进行区分

要约是希望与他人缔结合同的意思表示，而要约邀请是希望他人向自己发出要约的意思表示。通常情况下,首先根据当事人的目的来区分要约与要约邀请,只有在当事人的意思无法确定时,才能以法律的规定作为补充的标准来区分要约与要约邀请。① 很明显,要约的目标很明确,希望得到相对人的承诺从而成立合同,而要约邀请尚只能表示希望他人与自己来协商订立合同事宜,而不足以表明只要有人与之联系,就确定与之订立合同,当要约邀请发出后,相对人向行为人发出要约,行为人仍可选择是否承诺。如当事人明确其意思表示为要约,或者表明他人同意该内容则合同成立,则为要约。

(二)根据法律的规定进行区分

根据《合同法》第15条的规定,寄送的价目表、拍卖公告、招标公告、招股说明书、商业广告等为要约邀请,但商业广告的内容符合要约规定的,视为要约。据此,以上几种情形,应当依据法律的规定,认定为要约邀请,而不是要约。同样,与以上几种情形的类似情形,可以认定为要约邀请,而不是要约。如刊登于报纸上的挂牌出让公告与拍卖公告、招标公告相同,亦是向不特定主体发出的以吸引或邀请相对方发出要约为目的的意思表示,其实质是希望竞买人提出价格条款,其性质应认定为要约邀请。

(三)根据相对人是否特定予以区分

要约原则上应对特定的相对人做出,而要约邀请可以向不特定的主体发出。合同只能在特定的主体之间成立,而一经相对人承诺则合同成立,故要约原则上只能对特定的相对人做出,而要约邀请则不因相对人是否发出要约而成立或不成立合同,故要约邀请可以向不特定的相对人做出,供他人选择是否向其发出要约,如果相对人向其发出要约,则其取得承诺人的地位。

(四)根据内容进行区分

要约的内容应当具体确定,包含合同的主要条款,而要约邀请并非必须包含合同的主要条款。要约一经承诺则合同成立,而合同成立必然要求双方对合同的主要内容达成一致,故要约应当包含合同的主要条款,而要约邀请仅需表明其希望有人向其发出要约的意思,对合同的内容和合同的主要条款并不要求具体确定。如《最高人民法院关于审理商品房买卖合同纠纷案件适用法律若干问题的解释》第3条规定,"商品房的销售广告和宣传资料为要约邀请,但是出卖人就商品房开发规划范围内的房屋及相关设施所作的说明和允诺具体确定,并对商品房买卖合同的订立以及房屋价格的确定有重大影响的,应当视为要约……",以上规定即是根据内容来认定是否构成要约。

---

① 参见王泽鉴:《债法原理》(第一册),中国政法大学出版社2001年版,第157页。

（五）根据交易习惯进行区分

习惯是指在一定地域或者行业范围内长期为一般人确信并普遍遵守的民间习惯或者商业惯例。《最高人民法院关于适用〈中华人民共和国合同法〉若干问题的解释（二）》第七条规定："下列情形，不违反法律、行政法规强制性规定的，人民法院可以认定为合同法所称'交易习惯'：（一）在交易行为当地或者某一领域、某一行业通常采用并为交易对方订立合同时所知道或者应当知道的做法；（二）当事人双方经常使用的习惯做法。对于交易习惯，由提出主张的一方当事人承担举证责任。"交易习惯常常体现了缔约人的意愿，可作为区分要约和要约邀请的一种因素考虑，例如，出租车停在路边招揽乘客，如果根据当地的规定和习惯，出租车司机不能拒载，则为要约，如果可以拒载，则为要约邀请。①

司法实践中，以上五点可以作为区分要约与要约邀请的依据和标准，但是以上标准并非绝对不变，具体案件中，必须综合全部案情客观认定。

## 二、对几种具体行为的认定

（一）寄送的价目表

生产者或者销售者为了推销、宣传其商品，经常向不特定的人寄送商品价目表，在该价目表上，一般包含商品的名称、价格，甚至包括商品的简要说明及图片，尽管从该价目表的内容来看，包含了买卖合同最主要的条款即商品名称及价款，但是，一般情况下，寄送价目表只能认定为要约邀请，而不是要约。理由是：其一，生产者或者销售者寄送价目表的主要目的仅在于使他人了解商品的名称及价格，从而引发他人向其发出订货或者购买商品的要约，而不在于经由他人承诺即订立合同；其二，价目表经常是向不特定的人寄送，而不是向特定相对人寄送，寄送人通常不具备与所有不特定对象订立合同的意思。

尽管法律规定寄送的价目表为要约邀请行为，但如果寄送价目表的行为符合以下几种情形，仍然应当认定为要约。第一，价目表上明确表示该行为为要约，任何人同意以价目表上的价格购买商品，则合同成立；第二，价目表仅向与其有业务往来的特定相对人派发，而根据派发人与相对人之间的交易习惯，可以认定派发人寄送价目表的行为构成要约。

（二）拍卖公告

根据《拍卖法》第3条的规定，拍卖是指以公开竞价的形式，将特定物品或者财产权利转让给最高应价者的买卖方式。拍卖一般须经如下程序：拍卖的表示，即拍卖人

---

① 王利明：《合同法研究》，中国人民大学出版社2002年版，第216页。

发出的对标的物进行拍卖的意思表示，包括拍卖公告和拍卖师在拍卖开始时所作的拍卖表示；应买的表示，即参加竞买的竞买人发出的购买的意思表示；卖定的表示，即拍卖人以拍板或其他惯用的方式所作的拍定表示。①

从拍卖的阶段看，拍卖公告仅是拍卖的表示阶段。根据《拍卖法》第45条、第46条、第47条的规定，拍卖人应当通过报纸或者其他新闻媒介于拍卖日七日前发布拍卖公告，并在拍卖公告中载明下列事项：（一）拍卖的时间、地点；（二）拍卖标的；（三）拍卖标的展示时间、地点；（四）参与竞买应当办理的手续；（五）需要公告的其他事项。拍卖公告应为要约邀请，因为拍卖公告是拍卖人向不特定的相对人做出的希望他人应价的意思表示，而不是希望直接与对方签订合同的意思表示，且拍卖公告中并不包括合同成立的主要条件，特别是不包括价格条款。

尽管拍卖公告属于要约邀请，但仍具备十分重要的法律意义：第一，拍卖公告是拍卖人在接受委托人委托拍卖之后发出的，根据《拍卖法》第29条的规定，委托人如在拍卖公告发出后拍卖开始以前撤销委托，要向拍卖人支付约定的费用，未作约定的，应当向拍卖人支付为拍卖支出的合理费用；第二，拍卖公告中所载明的拍卖时间、地点、拍卖标的等，对拍卖人具有法律约束力，拍卖人只能按公告中许诺的条件进行拍卖，这是拍卖的基本规则，而竞买人根据拍卖公告与拍卖人所办理的参与竞买的手续是付出了代价的，从而取得竞买权。②

（三）招标公告

招标投标买卖合同，是指由招标人向数人或公众发出招标通知或招标公告，在诸多投标中选择自己最满意的投标人并与之订立的买卖合同。③ 招投标买卖合同的订立，一般分为如下几个阶段：第一，招标，即招标人采取招标通知或招标公告的形式，向不特定的数人或公众发出的投标邀请；第二，投标，即投标人按照招标文件的要求，在规定的期间内向招标人提出报价的行为；第三，开标、验标，其中开标是指招标人在召开的投标人会议上，当众启封标书，公开标书内容的行为，验标是指验证标书的效力；第四，评标、定标，对有效标书进行评审，选择自己满意的投标人，决定其中标；第五，签订合同，即中标人在接到中标通知书后，与招标人签订合同书。④ 在以上过程中，发出招标公告旨在对不特定的数人或者公众表明其希望通过招标方式出卖某商品或者某服务，并简要介绍该商品或服务的主要情况，希望他人进行投标，而非一旦

① 参见王利明等著：《合同法》，中国人民大学出版社2002年版，第338～339页。

② 包哲钰：《要约邀请的比较研究》，载《兰州商学院学报》2002年第2期。

③ 参见崔建远主编：《合同法》（修订本），法律出版社2000年版，第366页。

④ 参见王利明等著：《合同法》，中国人民大学出版社2002年版，第337页。

有人投标即与之订立合同，且招标公告中也不包含合同的价格条款，不能经由投标人的投标而使合同的主要内容确定并成立合同，故招标公告属于要约邀请而不是要约，投标人的投标才是要约，招标人决定中标为承诺。

根据《招标投标法》第16条第2款的规定："招标公告应当载明招标人的名称和地址、招标项目的性质、数量、实施地点和时间以及获取招标文件的办法等事项。"招标公告虽为要约邀请，但如果招标人在招标公告中作虚假陈述，或者因故撤销招标，造成投标人信赖利益损失的，仍应承担缔约过失责任。

(四)商业广告

根据《合同法》第15条的规定，商业广告是要约邀请，但商业广告的内容符合要约规定的，视为要约。商业广告究竟在何种情况下为要约邀请，何种情况下为要约是司法实践中的难点问题。

商业广告一般情况下为要约邀请，而不是要约，理由是：①商业广告的目的是宣传并向他人推荐其产品或服务，引起他人与之订立合同的意向，而非直接与他人订立合同；②商业广告的内容一般没有明确提供商品或服务的具体内容或价款，因此，商业广告不包括合同的主要条款；③商业广告是向不特定的群体提供，而不是向特定人提供，而合同必须与特定相对人订立；④发出商业广告的人并不知道会有多少人看到广告，也不知道会有多少人因为看到广告而想与他签订合同。如果商业广告为要约，则商业广告的提供者将承担任何人承诺而产生的法律后果，即任何人一经承诺则合同成立，如果广告人无法履行合同，将承担违约责任。如此一来，发出商业广告的风险势必过大。

但是，如果商业广告符合要约的要求，也可视为要约。一般而言，如果商业广告符合下列条件，可构成要约：①商业广告中明确注明为要约；②商业广告包含了合同的主要条款，并表明了广告人希望与他人订立合同的意思表示，如在商业广告中载明"任何人同意广告中的价款即可订立合同"或"备货……欲购从速，先买先得"等字样。

(五)标价陈列商品

标价陈列商品的行为究竟为要约邀请还是要约的问题具有十分重要的意义。商场购物时，买受人选定商品去收银台交款，交款后，商场再交付商品，如果买受人不交款，是合同不成立，还是合同不履行？如果出卖人以缺货为由拒绝接受货款是拒绝订立合同，还是违约？以上问题的解决有赖于标价陈列商品的行为性质的确定。

英美普通法认为，一般而言，在商店橱窗内标定实价的陈列物，旨在吸引顾客做出要约的表示，原则上属于要约邀请，而非要约本身。[①] 而与之不同，瑞士民法、中国

---

① 参见杨祯：《英美契约法》，北京大学出版社1997年版，第41页，转引自崔建远：《合同法总论》(上卷)，中国人民大学出版社2008年版，第101页。

台湾地区“民法”均认定货物标定卖价陈列者，视为要约，其目的在于使商人不至于先用低价诱惑顾客上门，而后托词拒绝以标定的卖价出售货物。[1]

笔者认为，买受人在商场购买商品一般包含以下几个步骤：出卖人标价陈列商品——买受人选定商品——出卖人打印销售清单——买受人持销售清单去收银台交款——商场接受付款并确认付款——买受人凭支付凭证取走商品。根据交易习惯，买受人在付款之前均可反悔，其持有销售清单可以选择付款取走商品，也可选择不付款，放弃买卖。在买受人放弃买卖的情形下，商场并不知道买受人的具体情况，也不可能追究买受人的责任，故在此情形下，买受人并不需要承担合同责任。因此，根据交易习惯，出卖人标价陈列商品的行为应为要约邀请，而非要约，而买受人选定商品的行为则为要约，买受人凭销售清单付款时要约的通知到达出卖人，商场则通过接受付款的行为表明承诺，此时合同成立，买受人付款后，如果出卖人无法交付商品，则应承担违约责任。

**【典型案例】**

**时间房地产建设集团有限公司与玉环县国土资源局土地使用权出让合同纠纷案**

上诉人（原审原告）：时间房地产建设集团有限公司。

法定代表人：李卫军，该公司董事长。

被上诉人（原审被告）：玉环县国土资源局

法定代表人：王伍勇，该局局长。

**〔基本案情〕**

浙江省高级人民法院审理查明：2002年11月7日，玉环县国土资源局（以下简称国土局）在《玉环报》上刊登了《玉环县国土资源局国有土地使用权挂牌出让公告》（以下简称《挂牌出让公告》），主要内容：经玉环县人民政府批准，国土局定于2002年11月21日8时到同年12月4日15时，在玉环县地产交易窗口挂牌出让下列一宗国有土地使用权：1. 该地块位于玉环县珠港镇坎门鱼港花礁岩填海开发工程区域，开发编号为2002—005号，面积25.9434公顷，用途为混合住宅用地（商住混合），土地使用年限为70年；容积率不大于1.5，绿化率不少于35%，日照间距为1：1.1以上，建筑密度在30%以下，在取得土地使用权之日起5年内完成建设；2. 该地块挂牌起拍价为4300万元，成交地价在成交后付40%，余额在合同中约定付清；3. 凡具有资金实力，并能在规定时间完成建设的中华人民共和国境内外的公司、企业和其他组织均可参加竞买；4. 报名时间：2002年11月1日至同年11月20日15时止；报名地点：玉环县地产交易窗口；报名需带资料：注册资本在1亿元（注册到位5000万元）以上的营业执照副本原

---

① 崔建远：《合同法总论》（上卷），中国人民大学出版社2008年版，第102页。

件，加盖公章的法定代表人证明书；5. 参加竞买者在报名时须交纳保证金2000万元；6. 挂牌时间：2002年11月21日8时始至同年12月4日15时；挂牌地点：玉环县地产交易窗口。《玉环县国土资源局国有土地使用权挂牌出让须知》（以下简称《挂牌出让须知》）第十三条载明："挂牌期限届满，按照下列规定确定是否成交：（1）在挂牌期限内只有一个竞买人报价，且报价高于底价并符合其他条件的，挂牌成交；（2）在挂牌期限内有两个或两个以上的竞买人报价的，出价最高者为竞得人；报价相同的，先提交报价单者为竞得人，但报价低于底价者除外；（3）在挂牌期限内无应价者或竞买人的报价均低于底价或均不符合其他条件的，挂牌不成交；（4）在挂牌期限截止时仍有两个或两个以上的竞买人要求报价的，出让人可以决定实行现场竞价，也可另行确定时间实行拍卖竞价，出价最高者为竞得人。2002年11月20日，国土局收到时间房地产建设集团有限公司（以下简称时间公司）的"挂牌出让竞买申请书"，该申请书载明："经认真审阅贵局国有土地使用权挂牌出让文件，我们愿意遵守国有土地挂牌出让文件的要求和规定，决定申请参加贵局2002年11月21日至同年12月4日在玉环县地产交易所窗口进行的国有土地使用权挂牌出让竞买"。同日，时间公司依约汇入玉环县土地储备中心2000万元，国土局出具了浙江省行政事业单位往来收据一份，确认收到该笔款项。次日，时间公司向国土局提供了"挂牌出让竞买报价单"，报价为5000万元。

2001年12月14日，浙江渝汇置业有限公司（以下简称渝汇公司）与国土局签订《国有土地使用权出让草签合同》，该合同第四条、第七条约定："本合同项下出让宗地的用途为《浙江省玉环县坎门湾风景区总体开发规划（草案）》一期投资的海景花园小区"；"本合同项下宗地的土地使用权出让金为每平方米人民币165元，总额为4400万元"。同年12月18日，渝汇公司汇入浙江省玉环县坎门渔港开发中心100万元，该中心确认收到该笔款项；2002年10月17日，渝汇公司汇入玉环县财政局1120万元；同日，渝汇公司又汇入玉环县财政局200万元；次日，渝汇公司汇入玉环县财政局300万元；同年11月14日，渝汇公司向国土局提供了《关于将应退土地转让金转为土地挂牌保证金的报告》，要求将上述款项直接转为挂牌竞买保证金；同年11月18日，国土局法定代表人王伍勇书面同意转为保证金；同年11月20日，渝汇公司汇入玉环县土地储备中心280万元，同日，国土局出具收到该笔款项的收据；同年11月22日，该款项进入玉环县土地储备中心账户；同年11月21日，渝汇公司向国土局提供了"挂牌出让竞买报价单"，报价为5100万元。

2002年11月20日，国土局将"玉环海滨新城金港湾（即2002－005号海域开发宗地）挂牌出让底价为5700万元，计人民币伍仟柒佰万元整"的底价函保存在玉环县公证处。

2002年11月20日，浙江省国土资源厅接到举报称国土局在当日坎门渔港金海湾土地挂牌出让中有不规范、暗箱操作行为后，查明该宗土地正在上报审批而未获批准，要求国土局在未经依法批准前停止挂牌。同年11月22日，国土局分别向时间公司、渝汇公司发出了《关于对 2002 - 005 号海域开发宗地停止挂牌出让的通知》,该通知载明:“根据浙江省国土资源厅意见,玉环海滨新城金港湾,即开发编号为 2002 - 005 号海域开发宗地,未经省厅批准前,不得进行挂牌出让。故本局停止对 2002 - 005 号海域开发宗地的挂牌出让,若重新挂牌,另行公告”。同日,国土局将 2000 万元退还给时间公司。时间公司收到上述通知和款项后,于同年 12 月 6 日发给国土局《关于对 2002 - 005 号海域开发宗地停止挂牌出让通知的复函》,认为“贵局的发布公告及接受挂牌押金和我公司挂牌报价的行为是民事法律行为,对双方都具有法律约束力,贵局擅自停止挂牌的行为已违反了我国的有关法律规定,应属无效行为。我公司现要求贵局恢复挂牌,将该幅土地依法出让。若贵局一意孤行,我公司将依法要求贵局双倍返还挂牌押金,并赔偿相应的经济损失。请贵局在收到函后于五个工作日内给予答复,否则,我公司将依法对贵局提起诉讼”。

另:一审法院根据时间公司的申请,于 2003 年 5 月 22 日委托浙江省高级人民法院司法鉴定处(以下简称司法鉴定处)对下列事项进行鉴定:1. 2002 年 11 月 20 日挂牌出让底价为 5700 万元的函件的真实性,即该函件上的打印字体及函件上国土局的印章是否系 2002 年 11 月 20 日或在此以前所写、所盖;2. 2002 年 11 月 21 日“挂牌出让竞买报价单”上打印字体、书写字体和渝汇公司的印章是否在 2002 年 11 月 21 日或在此以前所写、所盖。2003 年 6 月 27 日,司法鉴定处发了退卷函,结论为“样本材料不足,且鉴定技术条件限制,故无法作出鉴定结论”。双方对该函件无异议,但时间公司认为应送更权威部门进行鉴定,故再次提出申请。

**〔一审裁判理由与结果〕**

一审法院认为,关于 2000 万元是保证金还是定金的问题,根据担保法第九十条规定“定金应当以书面形式约定。当事人在定金合同中应当约定交付定金的期限。定金合同从实际交付定金之日起生效”。而从本案的证据来看,双方当事人之间没有签订过任何形式的定金合同或定金条款。从双方挂牌出让的有关文件来看,只约定了 2000 万元的保证金。而《最高人民法院关于适用〈中华人民共和国担保法〉若干问题的解释》(以下简称担保法若干问题解释)第一百一十八条规定“当事人交付留置金、担保金、保证金、订约金、押金或订金等,但没有约定定金性质的,当事人主张定金权利的,人民法院不予支持”,从该规定来看,时间公司主张定金权利,缺乏法律依据。约定,是指双方当事人之间意思表示一致,而台州市政府令是独立于当事人意思表示之外的行政规章,据此,时间公司认为台州市政府令的内容就是双方当事人之间意思表示的内容的理由,不能成立。关于双方当事人之间国有土地使用权出让合同是否成立的问题,合同法第十五条第一款明确规定“要约邀请是希望他人向自己发出要约的意思表示。寄送的价目表、拍卖公告、招标公告、招股说明书、商业广告等为要约邀请”。据此,本案的挂牌公告系要约邀请,而非要约。时间公司诉称本案系要约的理由不能成立。2002 年 11 月 21 日,时间公司的报价系要约。根据中华人民共和国国土资源部

2002年5月9日颁布的《招标拍卖挂牌出让国有土地使用权规定》第十九条的规定“挂牌期限届满,按照下列规定确定是否成交:(一)在挂牌期限内只有一个竞买人报价,且报价高于底价,并符合其他条件的,挂牌成交;(二)在挂牌期限内有两个或两个以上的竞买人报价的,出价最高者为竞得人;报价相同的,先提交报价单者为竞得人,但报价低于底价者除外;(三)在挂牌期限内无应价者或竞买人的报价均低于底价或均不符合其他条件的,挂牌不成交。在挂牌期限截止时仍有两个或两个以上的竞买人要求报价的,出让人应当对挂牌宗地进行现场竞价,出价最高者为竞得人”。而本案国土局在未经依法批准前,擅自挂牌出让国有土地使用权,浙江省国土资源厅责令停止挂牌,在此情况下,既没有确定时间公司为中标人,也没有与其签订确认书,国土局尚未作出承诺,据此,双方之间的合同关系尚未成立。时间公司诉称双方之间已形成合同关系的理由不能成立。鉴于2002年11月20日挂牌出让底价为5700万元的函件及2002年11月21日“挂牌出让竞买报价单”非本案主要证据,对其认定与否对本案实体处理没有影响,故对时间公司要求对上述两份证据再次申请鉴定,不予支持。关于双方之间的国有土地使用权出让合同是否有效的问题,双方之间的国有土地使用权出让合同关系尚未成立,因此,不存在国有土地使用权出让合同的效力问题。至于本次挂牌出让行为的效力问题,《土地管理法》、《中华人民共和国城市房地产管理法》(以下简称城市房地产管理法)、《中华人民共和国土地管理法实施条例》、《城市房地产开发经营管理条例》等法律法规对土地出让的权限范围均未作规定,但浙江省人大常委会颁布的于2000年7月5日施行的《浙江省实施〈中华人民共和国土地管理法〉办法》第二十一条规定“在已批准的农用地转用范围内和原有建设用地范围内,具体建设用地按照下列规定办理审批手续:(一)二公顷以下的建设项目用地,由县(市)人民政府土地行政管理部门审核,报同级人民政府批准,并报设区的市和省人民政府土地行政主管部门备案;(二)二公顷以上五公顷以下的建设项目用地,由设区的市人民政府土地行政主管部门审核,报同级人民政府批准,并报省人民政府土地行政主管部门备案;其中杭州、宁波两市人民政府可以批准二公顷以上六公顷以下的建设项目用地;(三)杭州、宁波两市六公顷以上、其他设区的市五公顷以上的建设项目用地,由省人民政府土地行政主管部门审核,报省人民政府批准。具体建设项目需要占用土地利用总体规划确定的国有未利用地的,按照前款规定办理审批手续。法律、行政法规另有规定的除外”。讼争地块达25.9434公顷,依据上述规定,应报省政府批准,而国土局在挂牌出让公告以前,未报经省政府批准,这种挂牌行为也是无效的。综上,一审法院认为,国土局的挂牌出让行为未经浙江省人民政府批准,该挂牌出让行为是无效的;在挂牌过程中,经浙江省国土资源厅制止,国土局停止了挂牌出让行为,未确认时间公司为中标单位,对时间公司的报价行为未作出承诺,双方之间的合同关系尚未成立,时间公司要求判决双方继续履行合同,将讼争地块出让给时间公司的诉讼请求,缺乏法律依据,不予支持;双方之间也未约定时间公司所交2000万元为定金性质,据此,时间公司要求双倍返还定金的诉讼请求,不予支持。根据合同法第十五条、担保法第九十条、担保法若干问题解释第一百一十八条、《中华人民共和国民事诉讼法》第六十四条①之规定,判决:驳回时间公司的诉讼请求。案件受理费360010元,由时间公司负担。

〔当事人上诉及答辩意见〕

时间公司不服一审判决,向最高人民法院提起上诉称:一审判决认定事实不清,证据不足,适用法律错误,请求撤销一审判决,依法支持时间公司起诉请求并判令国土局承担本案诉讼费用。主要事实和理由是:(一)一审判决基本事实认定错误。时间公司应为本次挂牌竞买唯一合法竞买人,国土局虚拟了案外人渝汇公司参与本次挂牌竞买的事实。本次挂牌交易不存在底价,国土局串通地方公证处出具了虚假底价证明。国土局在挂牌公告前已就涉案土地与渝汇公司签订出让合同,挂牌公告系为渝汇公司"量身定做"。(二)一审判决适用法律不当。1. 一审判决混淆了挂牌出让法律关系与国有土地使用权出让法律关系。2. 时间公司与国土局之间挂牌出让合同关系已经形成,国土局国有土地使用权挂牌出让行为应为有效。合同法第十五条第一款并没有排除挂牌公告作为要约的情形,本案挂牌公告明确表示将与出价最高者订立合同,符合合同法关于构成要约的全部要件。时间公司是唯一具备资格的竞买人,且其报价5000万元高于起拍价4300万元,在没有继续竞价的情况下,该报价是针对国土局要约的有效承诺。浙江省国土资源厅的电话通知属国土资源行政系统内部非规范行政行为,不影响双方当事人之间挂牌出让法律关系的效力。根据城市房地产管理法的规定,本案讼争宗地应由玉环县人民政府批准,国土局具体实施出让,因此,国土局是唯一有权组织讼争宗地实施出让的政府机构,符合有关土地使用权出让主体的法律规定。根据《最高人民法院关于适用〈中华人民共和国合同法〉若干问题的解释(一)》第四条的规定,一审法院将浙江省人大常委会颁布的地方性法规作为法律依据确认国土局所实施的挂牌出让行为无效显属不当。3. 在通过有效挂牌行为确定了交易对象和交易价格后,双方国有土地使用权出让合同已经成立,未经有关部门批准属效力待定。一审法院关于讼争宗地必须经有关部门批准才能挂牌出让以及双方国有土地使用权出让合同未成立的观点于法无据。4. 时间公司在挂牌交易过程中向国土局缴纳的2000万元保证金在法律上应认定为立约定金,一审判决认为其不是定金,定性不当。依据台州市政府令第二十九条之规定,在台州市国有土地使用权出让活动中保证金的性质属于定金,这是台州市政府在此类活动中作为平等民事主体的公开、真实的意思表示,非一审法院所认定的是政府颁布行政规章的行为。根据担保法若干问题解释第一百一十八条之规定,时间公司缴纳的2000万元保证金在性质上属于定金,应当适用担保法关于定金罚则的相关规定。国土局要求时间公司缴纳该2000万元的目的是为防止时间公司在竞标成功后不按规定订立出让合同并支付相应价款,同时,根据《中华人民共和

① 对应2017年《民事诉讼法》第一百七十条。

国招标投标法》第六十条之规定，如果中标人拒绝签订土地出让合同，该保证金是不予退还的，显然该笔保证金在本案中具有担保正式订立合同的立约定金性质，因此，国土局应当继续履行合同，否则，应承担双倍返还定金的责任。

国土局答辩称：一审判决认定事实清楚，适用法律正确，请求驳回上诉，维持原判。主要事实和理由是：1. 时间公司不是本次挂牌出让唯一合法的竞买人，且同样符合竞买人条件的渝汇公司所提的报价明显高于时间公司报价。时间公司将政府有关部门提供的原始凭证、出具的证明说成“伪造”，没有依据。2. 本次挂牌存在底价。《挂牌出让须知》第十三条和国土局存于玉环县公证处内的底价原件充分说明在挂牌前双方已明确了本次挂牌存在底价且底价不可能为事后虚构。3. 依法律规定，挂牌公告为向不特定的人所发出的要约邀请，国土局不可能对时间公司未达底价的报价进行承诺，也不可能与时间公司签订确认书，故时间公司关于合同已成立的诉讼请求，缺乏事实和法律依据，不能成立。4. 本次挂牌为国土局作为政府职能部门严格按照行政规章的规定进行国有土地使用权出让活动的举措，不存在时间公司所称的为渝汇公司“量身定做”的问题。国土局与渝汇公司草签出让合同是在国土资源部发布《招标拍卖挂牌出让国有土地使用权规定》之前。5. 时间公司所支付的2000万元保证金不能解释为带有担保性质的定金，不应双倍返还。挂牌公告只规定2000万元为履约保证金，双方之间没有对保证金作过定金性质的约定，也从未订立过任何专门的定金合同或定金条款。台州市政府令第二十九条因不具立法权限、内容性质迥然等原因不能作为处理本案的法律依据。6. 本案事实不符合效力待定合同法定情形。国土局未经有权机关批准而将讼争土地挂牌出让，违反了土地管理法和合同法的规定，其挂牌行为应当认定无效。

〔最高人民法院查明的事实〕

最高人民法院二审查明，至二审庭审结束时止，玉环县珠港镇坎门鱼港花礁岩填海开发工程区域即开发编号为2002－005号的国有土地使用权出让仍未获浙江省人民政府批准。

二审期间，时间公司当庭提交一份新证据，即玉环县人民政府常务会议纪要(〔2003〕4号)，以证明国土局在本案尚未了结的情况下，就准备将涉案土地继续以协议方式出让给渝汇公司，缺乏履行挂牌义务的起码诚意。国土局认为该份证据已过举证时限，不予发表质证意见。

最高人民法院二审查明的其他事实与一审法院查明的事实基本相同。

二审庭审结束后，时间公司递交书面申请，请求对渝汇公司的报价单和国土局的底价单的真实性进行重新鉴定，对渝汇公司是否实际交纳2000万元保证金等进行调查取证。

〔最高人民法院裁判理由与结果〕

最高人民法院认为，时间公司与国土局之间国有土地使用权出让合同关系是否已成立的问题，是时间公司请求继续履行合同的前提，也是国土局承担合同责任的基础。对这一问题的判定应综合挂牌出让公告的法律性质、本案是否存在承诺、国土局承担责任的法律根据等三方面内容进行确定。关于挂牌出让公告的法律性质是要约邀请还是要约的问题，其区分标准应首先依照法律的规定。合同法第十五条载明拍卖公告和招标公告的法律性质为要约邀请，本案刊登于报纸上的挂牌出让公告与拍卖公告、招标公告相同，亦是向不特定主体发出的以吸引或邀请相对方发出要约为目的的意思表示，其实质是希望竞买人提出价格条款，其性质应认定为要约邀请。时间公司于2002年11月21日所作的报价应为本案要约。时间公司诉称挂牌出让公告即为要约的主张缺乏法律依据，不能成立。合同法对要约邀请的撤回未作条件限制，在发出要约邀请后，要约邀请人撤回要约邀请，只要没有给善意相对人造成信赖利益的损失，要约邀请人一般不承担法律责任。要约邀请不形成合同关系，撤回要约邀请亦不产生合同上的责任。因此，时间公司要求国土局继续挂牌并与之签订国有土地使用权出让合同的主张于法无据，不予支持。关于本案是否存在承诺的问题，2002年11月22日，即时间公司与渝汇公司虽已报价但未开始竞价的次日，浙江省国土资源厅以“未经依法批准，擅自挂牌出让国有土地使用权”为由，责令国土局停止挂牌，从而使正在进行中的缔约行为因事实原因的出现而发生中断，此时，挂牌出让程序中的竞价期限尚未届满，国有土地使用权出让合同的主要条款即讼争宗地使用权的价格未能确定，国土局尚未对时间公司的报价作出承诺，双方关系仍停留于缔结合同过程中的要约阶段，因此，本案合同因尚未承诺而没有成立，双方当事人之间没有形成合同关系。时间公司主张存在有效承诺，双方之间已形成合同关系的理由不能成立。因本案合同未成立，故时间公司认为其与国土局之间存在效力待定合同的主张，亦不予支持。关于国土局承担责任的法律根据问题，本案正在进行中的国有土地使用权挂牌交易，不仅于挂牌之时未获审批且至最高人民法院二审庭审结束时止该宗国有土地使用权出让仍未获浙江省人民政府批准，从而造成时间公司期待缔结国有土地使用权出让合同的目的不能实现，国土局对此存在过错，应承担相应的缔约过失责任。在缔约阶段所发生的信赖利益的损失，必须通过独立的赔偿请求予以保护。本案二审期间，虽然国土局同意承担缔约过失的赔偿责任，但时间公司直至二审庭审结束前仍坚持要求国土局承担继续履行合同或双倍返还保证金的责任，未就国土局缔约过失致其损失提出赔偿请求，限于当事人的诉讼请求和二审案件的审理范围，对此问题，最高人民法院不予审理。鉴于本案当事人之间的合同关系尚未成立，一审判决驳回时间公司要求国土局承担合同责任的诉讼请求，适用法律并无不当。至于《挂牌出让公告》和《挂牌出让须知》所规定的2000万元保证金是否为定金的问题，该2000万元在本案《挂牌出让公告》中载明为“保证金”，双方并未约定为定金。担保法及担保法若干问题解释中规定了定金和保证金的界定标准，即当事人主张保证金为定金的前提是双方有明确约定。时间公司所引用的台州市政府令第二十九条将保证金作为定金处理的规定，因其既不是双方当事人的约定，又不符合法律的相关规定，该政府令不能作为本案认定2000万元保证金为定金的法律依据。一审判决认定本案2000万元保证金不是定金，适用法律正确。时间公司关于该2000万元保证金应为担保正式订立合同的立约定金，国土局应予以双倍返还的主张，缺乏事实和法律依据，最高人民法院不予支持。时间公司在二审期间提出的对渝汇公司的报价单和国土局的底价单的真实性进行重新鉴定，对渝汇公司是否实际交纳2000万元保证金的事实进行调查的请求，因对最高人民法院认定双方当事人之间的合同并未成立没有影响，故不予同意。综上，一审判决认定事实清楚，适用法律正确。根据《中华人民共和国民事诉讼法》第一百五十三条第一款第（一）项①之规定，判决如下：驳回上诉，维持原判。

二审案件受理费360010元，由时间公司负担240010元，国土局负担120000元。

**规则2（签章行为与合同成立）当事人的盖章与签字一样可以产生合同成立的法律效力**

——中国出口商品基地建设总公司与中国建设银行上海市浦东分行、上海中益国际贸易发展有限公司借款合同纠纷案②

**【裁判规则】**

1. 当事人的签字，包括自然人本人或其委托代理人签字，企业法人或者其他经济组织的法定代表人、负责人或其委托代理人签字。根据《民法通则》第38条和第43条规定，企业的法定代表人签字的合同代表了企业的意思表示，可以产生合同成立的法律效果。同样，盖章也可以产生合同成立的效果。合同书上盖章的意义在于证明该合同书的内容是印章记载当事人的意思表示，此时合同书上的印模具有证据的作用。加盖真实印章的合同，其权利义务由该当事人承受。

2. 有争议的合同文本经司法鉴定认定，一方当事人的签名系伪造，印章系变造，且经当事人举证和人民法院查证，均不能证明变造的印章为该当事人自己加盖或授意他人加盖，也不能证明该当事人有明知争议合同文本的存在而不予否认，或者在其他业务活动中使用过变造印章，或者明知他人使用变造印章而不予否认等情形，不能认定或推定争议合同文本为该当事人真实意思的表示。

---

① 对应2017年《民事诉讼法》第一百七十条。

② 《中华人民共和国最高人民法院公报》2004年第7期，最高人民法院（2001）民二终字第155号民事判决书。

**【规则理解】**

## 一、合同成立的内涵和要件

### (一)合同成立的概念

在我国,合同一词早在2000年前即已存在,但一直未被广泛采用。[①] 合同在英文中称为"Contract",有学者认为,合同的本意即"共相交易"。[②] 我国《民法通则》第85条规定,合同是当事人之间设立、变更、终止民事关系的协议。《民法总则》第119条规定:"依法成立的合同,对当事人具有法律约束力。"《合同法》第2条规定:"本法所称合同是平等主体的自然人、法人、其他组织之间设立、变更、终止民事权利义务关系的协议。"据此,可以认为,合同是一种合意或协议。该合意或协议应具备以下法律特点:①合同是一种民事法律行为;②合同是两方以上当事人的意思表示一致的民事法律行为;③合同是以设立、变更、终止民事权利义务关系为目的的民事法律行为;④合同是当事人各方在平等、自愿的基础上产生的民事法律行为。[③]

### (二)合同成立的意义

从合同本身的概念及法律特征上看,合同成立至少应当表明合同当事人设立、变更、终止民事权利义务关系的意思表示已达成一致,否则无所谓合同。因此,合同当事人设立、变更、终止民事权利义务关系的意思表示达成一致即为合同成立。合同成立在合同法上具有十分重要的意义,具体表现为如下两方面:①合同成立是确定合同当事人、合同内容、合同生效时间的重要依据。本人或通过代理人参与合同订立、在合同成立时做出意思表示并就合同内容达成一致的人为合同当事人,享有该合同的权利,承担相应的合同义务;合同成立时,各方当事人意思表示一致的内容即为合同的权利义务,因此合同成立是确定合同当事人之间权利义务的基础;根据我国《合同法》的有关规定,依法成立的合同,自成立时生效,故一般情况下,合同成立的时间即为合同生效的时间。②合同成立是承担合同责任的前提条件。合同成立后才产生合同生效与否的问题,如果合同没有成立,则不存在合同效力认定、合同履行、违约责任等问题。如果合同未依法成立,则各方之间权利义务关系并未建立,当事人不享有合同权利,亦不存在合同义务,一方在缔约过程中造成对方信赖利益的损失应承担的是缔约过失责任,而不是违约责任,只有在合同成立的基础上,当事人之间才存在合同权利与合同义务,如一方不履行合同义务除法定免责外,一般应当承担违约责任。

---

① 参见周林彬主编:《比较合同法》,兰州大学出版社1989年版,第99页。
② 参见王家福主编:《中国民法学·民法债权》,法律出版社1991年版,第286页。
③ 参见崔建远:《合同法总论》(上卷),中国人民大学出版社2008年版,第3页。

(三)合同成立的要件

关于合同的成立,我国民法学理论界认为合同成立必须具备以下一般要件:

1. 订约主体存在双方或多方当事人。合同是当事人之间的合意,所谓合意,表明至少有双方以上的意思表示存在,因此,订约主体必须存在双方或多方当事人。

2. 订约当事人就合同主要条款达成合意。何为合同主要条款,应当依据合同性质而定。根据我国《合同法》第12条第1款规定:"合同的内容由当事人约定,一般包括以下条款:(一)当事人的名称或者姓名和住所;(二)标的;(三)数量;(四)质量;(五)价款或者报酬;(六)履行期限、地点和方式;(七)违约责任;(八)解决争议的方法。"该条属倡导性条款,欠缺以上内容的合意并不必然导致合同不成立。合同成立要求的主要条款应根据合同的性质及当事人的约定予以认定。如担保合同中,担保的意愿及担保的债权应当属于合同的主要条款。

3. 合同的成立应具备要约和承诺两个阶段。有学者认为:"合同是从合同当事人之间交涉开始,由合同要约和对此的承诺达成一致而成立。"①我国《合同法》第13条规定:"当事人订立合同,采取要约、承诺方式。"可见,合同的成立应具备要约和承诺两个阶段。

此外,按照大陆法的传统理论,合同成立要件还包括合同标的的可履行性,也即在订立合同的时候合同标的是可以履行的,②但也有学者认为,在实践中区分合同标的在订约时不能履行或订约后不能履行是十分困难的,且无多大的实际意义,合同标的问题应归属于合同效力问题中。③ 笔者认为,合同成立仅是事实判断问题,即解决双方或多方主体是否就合同主要内容达成合意,合同是否可以履行不影响合同的成立。

**二、当事人签字与盖章对合同成立的法律意义**

在我国,民事主体包括自然人、法人、其他组织和国家等。④《民法总则》将我国民事主体概括为自然人、法人、非法人组织等。合同当事人签字应包括自然人的签字或法人的法定代表人以及非法人组织的负责人的签字,盖章则包括自然人的姓名章及法人或非法人组织的印章。我国《合同法》第32条规定:"当事人采用合同书形式订立合同的,自双方当事人签字或者盖章时合同成立。"因此,当事人签字或盖章即表明要约与承诺的完成,当事人对合同书所证明的合同内容予以认可,双方就合同的权

---

① 北川善太郎:《中国的合同法与模范合同法》,王晨译,载《外国法学》1987年第3期。

② 参见周林彬主编:《比较合同法》,兰州大学出版社1989年版,第101页。

③ 参见王利明:《论不能履行》,载杨振山主编:《罗马法·中国法与民法法典化》,中国政法大学出版社1995年版,第407~425页。

④ 王利明主编:《民法》,中国人民大学出版社2000年版,第42页。

利义务达成合意，其直接法律效力即为确定合同的成立。

在我国，自然人姓名章的使用在订立合同时尚不普遍，自然人从事法律行为主要通过签名的形式进行。而法人或非法人组织作为拟制主体，不具备自然人的物理特征，无法进行自然人所进行的签字，因此，法人或非法人组织同意订立合同的意思表示通过盖章予以确定。公章即是法人或非法人组织的标志，法人或非法人组织的盖章即等同于法人或非法人组织的意思表示，具备和自然人签字一样的法律效力。此外，《民法通则》第34条第2款规定："合伙人可以推举负责人。合伙负责人和其他人员的经营活动，由全体合伙人承担民事责任"；第38条规定："依照法律或者法人组织章程规定，代表法人行使职权的负责人，是法人的法定代表人"；第43条规定："企业法人对它的法定代表人和其他工作人员的经营活动，承担民事责任"。《民法总则》第61条规定："依照法律或者法人章程的规定，代表法人从事民事活动的负责人，为法人的法定代表人。法定代表人以法人名义从事的民事活动，其法律后果由法人承受。"据此，可以认定，法人的法定代表人和非法人组织的负责人的签字可代表单位或其他组织的意思表示，具备和盖章同等的法律效力。

### 三、签章系伪造、变造情形下效力的认定

司法实践中，经常出现一方当事人对其签字或盖章的真实性不予认可的情形，此时，根据谁主张谁举证的原则，应由其承担举证责任。

#### （一）签字系伪造情形下效力的认定

签字包括自然人、法人的法定代表人、非法人组织的负责人的签字。签字必须是以上人员亲笔所书写，否则不能直接证明其签字的文书上所载内容为其真实意思表示，亦不能直接证明其签字的合同成立。因此，一般情形下，应当要求本人当面亲笔书写本人名字。但是，现实生活中，代他人签名、假冒他人签名的情形时有发生。此时，如何认定签字的效力成为司法适用中的难点问题。

1. 如果书写签名的人以自己的意思表示订立合同，但签署他人的姓名，而合同相对人并不知情，被假冒签名的人亦不知情。此时，因为设定合同的权利义务的意思表示系实际签名人所做出，而不涉及被签署姓名的人，故应当认定书写签名的人为合同的当事人，书写签名的人与合同相对人之间合同成立。

2. 如果书写签名的人代理他人订立合同，并签署被代理人的名字，而不是代理人本人的名字，合同相对人与被代理人均知情或者应当知情，此时，虽然签名不是被代理人所书写，但根据民事代理的相关规定，应认定合同系被代理人的意思表示，合同的效力归属于被代理人，被代理人不能以签名不真实或不是本人签名为由否认合同成立，并拒绝履行合同义务。

（二）印章系伪造、变造情形下效力的认定

由于印章的实际控制者与印章所有人①可以分离，且随着科学技术的发展，印章伪造、变造的可能性及仿真性越来越大，司法实践中亦经常出现当事人对印章的真实性提出异议的案例。此时，如果经司法鉴定认定，一方当事人的印章系伪造、变造，则不能当然认定合同在当事人之间成立。但是，也存在例外情形：

1. 虽然印章系伪造、变造，但对方当事人能够证明该印章为印章所有人或者其代理人加盖或授意他人加盖，此时，应当认定合同系印章所有人的真实意思表示。由于印章管理和使用的需要，在签订合同的过程中，并非所有合同均是印章所有人当面直接在合同书上使用，而可能是一方先盖章或签字，另一方将合同带回盖章，或者在异地签订合同时，一方先予签字盖章并将合同寄交其他当事人盖章，之后再将书面合同寄回，更何况，即使印章所有人当面加盖印章，亦有可能使用伪造、变造的印章。对于印章所有人或其代理人自行加盖或授权他人加盖的印章，相对人有理由相信为真实印章。并且，如果印章所有人自行使用伪造、变造印章的不利后果由相对人承担明显不公平，且如果允许印章所有人自行使用伪造、变造的印章并借此逃避合同责任，有悖于诚实信用原则与公平正义原则。因此，印章所有人加盖印章的行为本身即说明其对合同的确认，并可证明合同的成立。

2. 印章所有人明知争议合同文本存在而不予否认，或者明知他人使用仿造、变造印章而不予否认，此时，应当推定合同系印章所有人的真实意思表示，合同在印章所有人与合同相对人之间成立。《民法通则》第 66 条第 1 款规定："……本人知道他人以本人名义实施民事行为而不作否认表示的，视为同意。"《民法总则》第 172 条规定："行为人没有代理权、超越代理权或者代理权终止后，仍然实施代理行为，相对人有理由相信行为人有代理权的，代理行为有效。"《合同法》第 49 条规定："行为人没有代理权、超越代理权或者代理权终止后以被代理人名义订立合同，相对人有理由相信行为人有代理权的，该代理行为有效"。因此，如果印章所有人明知争议合同文本存在而不予否认，或者明知他人使用变造印章而不予否认，相对人有理由相信行为人的盖印行为符合印章所有人的真实意思，可视为印章所有人认可他人以其名义订立合同，盖印行为视为对合同的认可，此时，合同在相对人与印章所有人之间成立。

3. 印章所有人在其他地方使用过伪造、变造的印章，则该情形可以作为相对人相信其所使用的印章为真实印章的理由之一。但是，印章所有人在其他地方对盖有伪造、变造的印章的合同文本予以认可，应当视为印章所有人对该合同的追认，不能当然地认定其对其他所有盖有该伪造、变造印章的合同予以追认。事实上，印章所有

---

① 本文指印文所载名称指示的个人或单位。

人在其他地方使用过伪造、变造的印章可以作为认定该印章为印章持有人自行加盖或印章所有人认可该合同的间接证据，其证明效力应结合其他证据综合认定。

综上，有争议的合同文本经司法鉴定认定，一方当事人的签名系伪造，印章系变造，且经当事人举证和人民法院查证，均不能证明变造的印章为该当事人自己加盖或授意他人加盖，也不能证明该当事人有明知争议合同文本的存在而不予否认，或者在其他业务活动中使用过变造印章，或者明知他人使用变造印章而不予否认等情形，不能认定或推定争议合同文本为该当事人真实意思的表示。

**【拓展适用】**

**一、借用印章的法律效力**

《最高人民法院关于审理经济合同纠纷案件中具体适用〈经济合同法〉的若干问题的解答》第 2 条曾规定："对借用其他单位的业务介绍信、合同专用章或者盖有公章的空白合同书签订的经济合同，应当确认为无效合同。出借单位与借用人对无效合同的法律后果负连带责任……借用人与出借单位有隶属关系或者承包关系，且借用人签订合同是进行正当的经营活动，则可不作为无效合同对待。但出借单位应当与借用人对合同的不履行或不完全履行负连带赔偿责任。"但是，该司法解释已被最高院明令废止，故该条不再适用。[①]《民事诉讼法解释》第 65 条规定："借用业务介绍信、合同专用章、盖章的空白合同书或者银行账户的，出借单位和借用人为共同诉讼人。"这是诉讼法的规定。我国法律法规并未对借用公章的实体法律效果予以明确规定。

笔者认为，一般情况下，印章所有人应妥善保管、依法使用其印章，其将印章借予他人应当视为其同意他人代其签订合同并甘冒印章被滥用的危险，且在经济活动中，很多合同并非由法定代表人或负责人直接签订，而是由其他工作人员，甚至委托代理人签订，相对人无从具体识别该人员的地位、身份，如果具体签订合同的人员持有印章，相对人因信赖该单位印章的效力而与之签订合同的，即使印章所有人并未授权他人订立合同，从保护善意第三人及维护交易安全的角度出发，并根据《民法总则》第 172 条、《合同法》第 49 条关于表见代理的规定，应当认定该合同是印章所有人的真实意思表示，合同在印章所有人与相对人之间成立。

但是，如果相对人明知或应当知道签订合同的人虽然持有印章，但并无签订合同的授权，则不符合表见代理的要求，不能认定合同是印章所有人的意思表示，对印章

---

① 见法释[2000]20 号《最高人民法院予以废止的 1999 年底以前发布的有关司法解释目录(第三批)》。

所有人无拘束力，且相对人与合同签订人恶意串通，损害印章所有人的利益的，依据《民法通则》第66条第3款的规定，“代理人和第三人串通，损害被代理人的利益的，由代理人和第三人负连带责任”。《民法总则》第164条规定：“代理人不履行或者不完全履行职责，造成被代理人损害的，应当承担民事责任。代理人和相对人恶意串通，损害被代理人合法权益的，代理人和相对人应当承担连带责任。”至于如何认定相对人明知或应当知道实际持有印章的人没有得到授权则应根据案件具体情况综合认定。笔者认为，以下情况可以认定相对人明知或者应当知道实际持有印章的人并无授权：1. 印章所有人已通知相对人实际持有印章的人没有授权；2. 相对人明知实际持有印章的人是因其他事项而借用印章；3. 实际持有印章的人超越单位经营范围签订合同。

**二、盗盖印章的法律效力**

盗盖印章是指盖章人采取秘密手段在单位不知情的情况下偷盖印章，甚至采取非法手段盗走印章并使用。①

盗盖印章的法律责任，理论上存在两种观点：一种观点认为：盗盖印章的，盖章人之行为已触犯了刑律，构成了犯罪，应受到刑法的处罚，至于被盗印章一方，因其本身没有过错，不应承担合同责任。② 另一种观点认为：应根据被代理人对其所有的印章是否有过失的情况，分别适用不同的法律制度来认定合同的效力，从而公平地保护各方当事人的合法权益。③ 笔者认为，盗盖印章的行为如果构成犯罪，应受到刑事处罚，但这并不影响盗盖印章人及印章所有人依据民法的有关规定承担相应的民事责任。

（一）印章所有人的民事责任

印章所有人是否应对盗盖印章的人的行为承担民事责任，要看印章所有人对印章被盗盖是否存在过失。一般认为，印章是印章所有人的标志，盖章的行为即代表印章所有人的意思表示，因此，印章所有人必须妥善保管印章，防止印章被盗用，且在印章丢失的情况下应当采取必要的措施避免损害的发生。如果印章所有人未尽相应的注意义务，导致印章被盗盖，且在印章丢失后未采取有效措施防止损害的发生，导致盗用印章的人以印章所有人的代表人或代理人的身份与第三人签订合同，而该第三人属善意，并因信赖印章的效力而与盗盖印章的人签订合同的，印章所有人应当承担相应的责任。如果印章所有人对印章的丢失没有过错，并且在印章丢失后采取了向

---

① 马强：《合同盖章问题研究》，载《法律适用》1999年第11期。

② 同上。

③ 吴永科、王颖：《合同盖章的效力探析》，载《北京联合大学学报》（人文社会科学版），2006年第12期。

有关业务单位发出通知、登报公告等必要的措施防止损害发生,则不承担责任。

(二)盗盖印章人的民事责任

盗盖印章的人除了承担相应的刑事责任外,还应承担民事责任,具体可能有如下几种情形:

1. 盗盖印章人以印章所有人的代表人或代理人的身份与善意第三人签订合同,第三人不知情。在此情形下,第三人如果有理由相信行为人有代理权,则应适用《民法总则》第 172 条、《合同法》第 49 条关于表见代理的规定,代理行为对第三人与印章所有人有效,但是,印章所有人因此受到损失的,可以要求盗盖印章人承担民事责任。

2. 盗盖印章的人以印章所有人的代表人或代理人的身份与第三人签订合同,第三人知情。第三人明知实际持有印章的人并非印章所有人的代表人或代理人,亦明知该印章为盗用,仍然与之签订合同的,如果符合《民法总则》第 153 条或者《合同法》第 52 条的规定,则应认定合同无效。如不符合合同无效的规定,也因为第三人明知其合同相对人为盗盖印章的人,而不是印章的所有人,可见,合同是盗盖印章人与第三人的真实意思表示,合同对盗盖印章的人与第三人有效。

**三、超越职权使用单位公章与他人订立合同的效力**

在现实生活中,与借用印章与盗盖印章的情形相比,法人或其他组织的职员超越职权用公章与他人订立合同的情形更为常见。

(一)法定代表人或负责人超越职权使用单位公章与人订立合同的效力

法人或非法人组织的法定代表人或负责人的行为应等同于法人或非法人组织本身的行为。《合同法》第 50 条规定:"法人或者其他组织的法定代表人、负责人超越权限订立的合同,除相对人知道或者应当知道其超越权限的以外,该代表行为有效"。《民法总则》第 61 条第 2、3 款规定:"法定代表人以法人名义从事的民事活动,其法律后果由法人承受。法人章程或者法人权力机构对法定代表人代表权的限制,不得对抗善意相对人。"第 170 条规定:"执行法人或者非法人组织工作任务的人员,就其职权范围内的事项,以法人或者非法人组织的名义实施民事法律行为,对法人或者非法人组织发生效力。法人或者非法人组织对执行其工作任务的人员职权范围的限制,不得对抗善意相对人。"以上规定明确了法定代表人或负责人越权行为有效的条件:第一,行为人为法人的法定代表人或非法人组织的负责人。第二,法定代表人或负责人超越权限订立合同。超越权限应当包括超越法人或非法人组织的经营范围从事活动,或超越公司章程或公司内部其他管理制度规定的职务范围从事活动,否则,法定代表人或负责人使用公章的行为当然视为公司真实意思表示。第三,相对人为善意的相对人,其不知道或不应当知道该法定代表人或负责人超越职权。如果法定代表人或者负责人的行为不符合以上要件,则代表行为无效。如果法定代表人或负责人持有公章签订合同,应直接推定相对人为善意,如果法人或非法人组织以相对人明知或应当知道法定代表人或负责人超越权限,或未按单位章程经股东大会或董事会同意为由,否定合同的成立与生效,应由该法人或非法人组织承担举证责任。如果法定代表人或负责人与相对人恶意串通,损害法人或非法人组织的利益的,则合同无效,行为人与相对人还应对法人或非法人组织的损失承担相应的责任。应当注意的,《民法总则》第61条第3款规定:“法人章程或者法人权力机构对法定代表人代表权的限制,不得对抗善意相对人。”旨在保护相对善意相对人的权益,保护交易安全,上述规定的实质内容与《合同法》第50条规定相同,从两者规定的内容来看,有着不同的规范目的,民法总则的上述规定是对内管理的角度进行的规范,《合同法》第50条是从对外从事民事法律行为的角度进行的规范,两者规定的法律精神是一致的,内在逻辑上是相互支撑、相互牵连,《民法总则》的上述规范是《合同法》第50条规范的逻辑前提,《合同法》第50条是《民法总则》的上述规范的逻辑结果。

(二)普通职员超越权限订立合同的效力

在单位之间的往来中,很多情况下都不是法定代表人或负责人亲自签订合同,而是由单位的其他职员,如分管某部门工作的副总经理、部门负责人或其他经办人员出面磋商,并最终签订合同,加盖单位公章。此时,如果具体签订合同的工作人员超越职权,合同是否成立及效力如何?根据案件的具体情形,可以有如下三种法律效果:

1. 代理行为有效

在单位职员持有单位印章签订合同时,考虑到该人员为单位工作人员,且持有单位印章,应当首先推定单位职员具备签订合同的授权,并依据《合同法》第49条关于“行为人没有代理权、超越代理权或者代理权终止后以被代理人名义订立合同,相对人有理由相信行为人有代理权的,该代理行为有效”的规定,以及《民法总则》第170条规定:“执行法人或者非法人组织工作任务的人员,就其职权范围内的事项,以法人或者非法人组织的名义实施民事法律行为,对法人或者非法人组织发生效力。法人或者非法人组织对执行其工作任务的人员职权范围的限制,不得对抗善意相对人。”认定合同成立。如果单位以职员不具备权限为由主张合同不成立或无效的,应由单位举证证明相对人知道或者应当知道职员没有权限。司法实践中,以下情形可以作为相对人明知或应知职员没有权限的证据之一:①该职员订立的合同超出该公司或其他组织的经营范围或工作范围;②该职员订立的合同与其所在部门的职能不符;③该职员订立的合同明显与其身份、地位不符。以上情形下,如果没有其他证据表明该职员的行为得到法人或非法人组织的授权,相对人不能仅以职员持有印章为由相信职员具备相应授权。应当注意的是,《民法总则》第170条第2款规定:“法人或者非法人组织对执行其工作任务的人员职权范围的限制,不得对抗善意相对人。"法人或者非法人组织对其执行职责的工作人员负有一定的职权范围。有的情况下是对社会公开的,相对人可以知晓,但有的情况下,相对人是难以知道该职权的具体范围,只能依据公开的信息或者交易习惯来判断。如果相对人是善意的,即对法人或者非法人组织对其执行职责的工作人员负有一定的职权范围的限制,不知道或者不应当知道,那么应当保护这种合理信赖利益,以维护其合法权益。

2. 代理行为效力待定

效力待定合同是指合同虽已成立,但因其主体资格的欠缺,其有效或无效需第三人行使形成权(包括追认权与拒绝权)加以确定的合同。[①]《合同法》第 48 条规定:"行为人没有代理权、超越代理权或者代理权终止后以被代理人名义订立的合同,未经被代理人追认,对被代理人不发生效力,由行为人承担责任。相对人可以催告被代理人在一个月内予以追认。被代理人未作表示的,视为拒绝追认。合同被追认之前,善意相对人有撤销的权利……"《民法总则》第 171 条规定:"行为人没有代理权、超越代理权或者代理权终止后,仍然实施代理行为,未经被代理人追认的,对被代理人不发生效力。相对人可以催告被代理人自收到通知之日起一个月内予以追认。被代理人未作表示的,视为拒绝追认。行为人实施的行为被追认前,善意相对人有撤销的权利。撤销应当以通知的方式作出。行为人实施的行为未被追认的,善意相对人有权请求行为人履行债务或者就其受到的损害请求行为人赔偿,但是赔偿的范围不得超过被代理人追认时相对人所能获得的利益。相对人知道或者应当知道行为人无权代理的,相对人和行为人按照各自的过错承担责任。"据此,如果职员的行为不符合表见代理的规定,则其行为应是无权代理,但是,该行为并不必然不对单位发生法律效力,而是效力待定。其是否发生法律效力取决于单位是否对其行为进行追认,如果单位对其行为予以追认,则该合同在单位与相对人之间成立并生效。

3. 代理行为无效

法人或其他组织的职员超越职权使用公章与他人订立的合同在以下情形下无效。①不符合表见代理的规定,且法人或其他组织不予追认。②在法人或其他组织追认之前,相对人以通知的方式撤销合同。为了保护善意第三人的合法权利,《合同法》第 48 条第 2 款规定了第三人的撤销权,如果第三人依法行使撤销权,则合同被撤销以后,将导致合同自始无效。

**四、当事人一方未盖章合同的效力**

双方当事人就合同条款达成一致,但一方当事人未在合同书上签字、盖章,具体

---

① 何志编:《合同法原理精要与实务指南》,人民法院出版社 2008 年版,第 138 页。

分为两种情况:①一方当事人仅在合同书上签字,但未盖章。②一方当事人既未在合同书上签字,又未盖章。

(一)当事人一方签字但未盖章的效力

法人或其他组织不具备自然人的属性,无法签字,但其可以通过法定代表人、负责人或者委托代理人签字订立合同。在我国,人们往往更加重视公章的作用,而忽略法定代表人、负责人或者委托代理人签字的作用,认为签字是个人行为,而盖印则代表法人或其他组织的行为,于是,在经济活动中,人们更多地要求在合同书上加盖印章,而并不在意是否签字。

事实上,由于印章是与人身相分离的人造物,并且所有者既可以自己刻制印章,也可以委托他人为自己刻制印章,印章与其所有者之间的联系完全是社会学意义的判断,签名则与之不同,签名与签名行为人之间的联系既有社会学上的依据也有生物学上的依据,因而,签名与签名行为人之间联系的确定性要远远高于印章与其所有者之间联系的确定性。[①] 而且,根据我国《民法通则》第43条的规定,企业法人对法定代表人的经营活动,承担民事责任;根据《民法通则》第63条第2款的规定,被代理人对代理人的代理行为,承担民事责任。《民法总则》第61条第2款的规定,"法定代表人以法人名义从事的民事活动,其法律后果由法人承受。"第162条规定:"代理人在代理权限内,以被代理人名义实施的民事法律行为,对被代理人发生效力。"

故法定代表人、负责人或代理人的签字,完全可以代表法人或其他组织的真实意思表示,具备与公章同等的法律效力。

司法实践中,在仅有法定代表人或负责人签字的合同中,人们对该签字究竟是代表个人,还是代表法人或其他组织极易产生争议。如建设施工合同纠纷中,在施工过程中,施工方法定代表人在建设方借款的借条上签字,究竟是法定代表人的个人借款,还是施工单位的借款?笔者认为,判断法定代表人或者负责人是代表其个人签名,还是其所在的法人或其他组织的签名,要看其从事的行为与所在单位的业务有无关联,及相对人是否善意。如果该法定代表人或负责人的行为属于单位的业务范围,则应推定其是代表法人或其他组织签字,如果不属于单位业务范围,则推定其是个人签字,但是,在法人或其他组织业务范围之内,如果法人或其他组织有证据证明相对人知道或者应当知道签字并非代表法人或其他组织的,该签字代表个人。如前述借款纠纷中,因建设方与施工方有建设施工合同关系在先,且借款发生在施工过程中,应推定签字代表的是公司,但如果公司有证据证明相对人明知该款项并非用于公司,而是用于个人,则应认定签字代表个人。

---

① 陈甦:《印章的法律意义》,载《人民法院报》,2002年8月23日。

（二）当事人一方未签字和盖章的效力

双方当事人约定采用合同书形式订立合同，并对合同书所载权利义务达成一致意见，但是一方当事人最终未在合同书上签字和盖章的情形经常出现。其原因可能有以下几种：①异地签订合同时，当事人一方将已签字、盖章的合同书寄交相对人，而相对人未在合同上签字或盖章，未将合同书寄回；②单位职员经手签订合同，相对人要求职员将合同带回加盖公章，而后因为单位不同意合同书所载条款而未盖章；③当事人一方签字、盖章后，另一方当事人反悔，不愿签字、盖章；④当事人一方恶意磋商，并无意订立合同。虽然《合同法》第32条规定："当事人采用合同书形式订立合同的，自双方当事人签字或者盖章时合同成立"，但根据当事人一方未签字、盖章的情形不同，合同成立与否及当事人的责任不能一概而论。

第一，当事人一方虽未签字、盖章，但是，一方履行合同主要义务，对方接受的，根据《合同法》第37条，合同成立。故一方当事人虽未签字，但其接受对方履行主要义务，或者其履行主要义务对方接受的，合同已成立，该方当事人必须接受合同的拘束，如果未按合同全面履行义务，则应承担相应的违约责任。

第二，当事人一方不同意经办人员签订的合同或因交易条件发生变化，不愿意在合同书上签字、盖章，也不愿意履行合同义务的，则合同不成立。但是，如果未签字一方当事人属假借订立合同，恶意进行磋商；或有其他违背诚实信用原则的行为，导致相对人信赖利益的损失的，依照《合同法》第42条的规定，应当承担缔约过失责任，具体包括：因信赖对方要约邀请和有效的要约而与对方联系、赴实地考察以及检查标的物等所支出的各种合理费用；因信赖对方将要缔约，为缔约做各种准备工作并为此所支出的各种合理费用；为支出上述各种费用所失去的利息。①

**【典型案例】**

**中国出口商品基地建设总公司与中国建设银行上海市浦东分行、上海中益国际贸易发展有限公司借款合同纠纷案**

上诉人（原审被告）：中国出口商品基地建设总公司。住所地：北京市丰台区方庄芳星园三区16－17号楼。

法定代表人：薛钊，该公司董事长。

委托代理人：赵子鹤，该公司职员。

委托代理人：潘修平，北京市海拓律师事务所律师。

被上诉人（原审原告）：中国建设银行上海市浦东分行。住所地：上海市浦东新区银城东路201号。

---

① 参见王利明等著：《合同法》，中国人民大学出版社2002年版，第77～78页。

负责人：谢平，该行行长。

委托代理人：黄翔，该行职员。

委托代理人：叶杭生，上海市广庭律师事务所律师。

被上诉人（原审被告）：上海中益国际贸易发展有限公司。住所地：上海市浦东崂山西路120号。

法定代表人：王天觉，该公司总经理。

委托代理人：管晓伟，中益国际集团有限责任公司职员。

委托代理人：韩方生，中益国际集团有限责任公司职员。

**〔基本案情〕**

上海市高级人民法院一审查明：1. 1996年8月19日，中国建设银行上海市浦东分行（以下简称建行浦东分行）与上海中益国际贸易发展有限公司（以下简称上海中益公司）签订一份外汇借款合同。约定：由建行浦东分行向上海中益公司提供流动资金贷款450万美元；贷款期限自1996年8月19日起至1997年8月18日止；贷款年利率为中国建设银行一年期外汇流动资金贷款利率，按六个月浮动；每年3月20日、6月20日、9月20日、12月20日为付息日；若上海中益公司不能按约偿还该合同项下的任何到期款项，则建行浦东分行将向上海中益公司就逾期款项部分，从应付之日起到实际支付之日止计收逾期利息，利率为该合同贷款利率（指逾期发生时的贷款利率）的1.3倍。当日，建行浦东分行依约将450万美元划入上海中益公司账户。嗣后，上海中益公司除向建行浦东分行支付自借款日至1996年12月23日止的利息和于1998年1月25日，又支付利息12万美元外，余款拖欠至今。截至1998年1月20日，上海中益公司尚欠建行浦东分行本金450万美元、利息（包括期内息和逾期息）307330.08美元。2. 中国出口商品基地建设总公司（以下简称中基公司）为本案系争贷款向建行浦东分行出具《不可撤销担保书》一份。该担保书载明，担保金额为450万美元以及贷款项下所发生的利息和相关费用；中基公司保证归还上海中益公司在借款合同项下不按期偿还的全部或部分到期借款本息及相关费用，并保证在接到建行浦东分行的书面通知后14日内代为偿还上海中益公司所欠借款本息和费用；该担保书是一种连续担保和赔偿的保证，自签订日起生效，直至担保金额已由上海中益公司或中基公司全部偿还为止。该担保书上有薛钊的签章并且加盖有中基公司的公章。3. 上述担保书上所盖的中基公司公章与中基公司预留在国家工商局备案的公章印文样式不相一致。4. 上海中益公司系中基公司与案外人中益国际经济集团有限责任公司（以下简称中益集团）于1995年共同投资设立。在办理上海中益公司设立登记手续时，中基公司作为投资股东之一，在向上海市浦东新区工商行政管理局（以下简称浦东工商局）递交的有关设立登记材料上多处使用了本案系争担保章。另外，中基公司在荷兰商业银行上海分行（以下简称荷兰银行）的两笔打包贷款业务中亦使用了本案系争担保章。

为了追索欠款，建行浦东分行于1998年2月28日向上海市高级人民法院提起诉讼,要求上海中益公司偿还全部借款本息,并根据不可撤销的担保书的约定要求中基公司对上述债务承担连带担保责任。上海市高级人民法院受理后,于1999年3月10日作出(1998)沪高经初字第10号民事判决,判令上海中益公司归还建行浦东分行450万美元借款本息,中基公司对此债务承担连带清偿责任。中基公司不服该民事判决,向最高人民法院提起上诉,最高人民法院受理后,于2001年2月3日作出(1999)经终字第179号民事裁定,认为上海市高级人民法院(1998)沪高经初字第10号民事判决认定事实不清,证据不足,裁定将本案发回上海市高级人民法院重审。

**〔一审裁判理由与结果〕**

上海市高级人民法院经重审认为,本案系借款合同纠纷,建行浦东分行与上海中益公司签订的外汇借款合同合法有效,双方均应按约履行。建行浦东分行依约向上海中益公司放贷后,上海中益公司未能依约还本付息,显属违约,理应承担相应民事责任。上海中益公司有关减免该公司就本案贷款利息部分所应承担的责任的辩称因缺乏法律依据,不予支持。本案所涉担保书上所盖的公章虽与中基公司预留在国家工商行政管理局的公章印文不相一致,但因中基公司在其他的业务活动中亦多次使用了该公章,故应认定中基公司对该公章是认可的,为本案系争贷款提供担保是中基公司的真实意思表示。中基公司作为本案系争贷款的保证人亦应按约承担相应的保证责任。鉴于本案所涉担保书对保证方式约定不明,故中基公司应按连带责任保证承担保证责任。中基公司承担保证责任后,依法有权向上海中益公司追偿。上海中益公司有关该公司从未请中基公司为本案系争贷款提供担保的辩称主张以及上海中益公司与中基公司有关本案所涉担保书上的公章系郄小平用其变造的中基公司公章所盖的辩称,缺乏事实依据,该院不予采信。经该院审判委员会讨论决定,依照《中华人民共和国民法通则》第八十四条、《中华人民共和国经济合同法》第四十条第二款和《中华人民共和国担保法》第六条、第十八条第二款、第十九条、第二十一条、第三十一条的规定判决:一、上海中益公司应在判决生效之日起10日内,向建行浦东分行偿还借款本金450万美元;二、上海中益公司应在判决生效之日起10日内,向建行浦东分行偿还借款利息307330.08美元(计算至1998年1月20日止)。1998年1月20日以后发生的逾期利息按合同约定计付,直至付清;三、中基公司对上海中益公司上述第一、二项付款义务承担连带清偿责任。中基公司在承担相应保证责任后,有权向上海中益公司追偿。案件受理费人民币209021.45元,由上海中益公司、中基公司共同负担。

**〔当事人上诉及答辩意见〕**

中基公司不服上海市高级人民法院上述民事判决,向最高人民法院提起上诉称:1. 中基公司对本案贷款担保一事毫不知情,建行浦东分行提供的担保书中所盖中基公司的公章系假章,不是中基公司的真实意思表示,该公司不应承担担保责任;2. 建行浦东分行对上海中益公司发放贷款时,未按中国人民建设银行的有关规定进行核保,其在本案借款过程中,也有相应的过错;3. 本案中假章多次出现根本不能说明中基公司对假章是认可的;4. 邬小平变造公章骗取银行贷款的行为已构成严重的金融诈骗,应将此案移交有关司法机关进行刑事侦查。请求二审法院改判中基公司不承担担保责任。

建行浦东分行答辩称:1. 虽然本案所涉担保书上所盖公章与中基公司预留在国家工商行政管理局备案的公章印文样式不一致,但因中基公司在该公司的其他业务活动中多次使用了该公章,而且中基公司用所谓假公章向荷兰银行申请的贷款,已经打入中基公司在中国农业银行北京分行的账户,中基公司不但使用了这笔贷款,并且还归还了这笔贷款。故中基公司对该公章是认可的,为本案争议贷款提供担保是中基公司真实意思表示,中基公司作为担保人应承担担保责任;2. 建行浦东分行经办人对本案争议的担保合同进行了核保,而且是否核保不影响中基公司应承担的担保责任;3. 中基公司没有证据证明担保书上公章是邬小平伪造的,本案属于经济纠纷,没有必要移送其他司法机关进行刑事侦查。请求驳回中基公司上诉请求,维持原判。

**〔最高人民法院查明的事实〕**

最高人民法院确认原审判决查明的第1、3项事实、第2项关于不可撤销担保书内容的事实、第4项关于系争担保章多次使用的事实。但关于变造印章为中基公司所使用的事实不能予以认定。最高人民法院查明的事实如下:建行浦东分行为主张中基公司应对上海中益公司的借款承担担保责任向原审法院提供一份《不可撤销担保书》,该担保书第3页所载"法定代表人"栏目中书写有"薛钊"二字;在"担保人"栏目中加盖有印文为"中国出口商品基地建设总公司"的印章。根据中基公司的申请,最高人民法院二审期间委托中华人民共和国公安部对《不可撤销担保书》上印文内容为"中国出口商品基地建设总公司"的印章以及"薛钊"签名的真实性进行司法鉴定。该部向最高人民法院出具了(2002)公物证鉴字0331号《物证鉴定书》。该《物证鉴定书》载明:1.《不可撤销担保书》上"中国出口商品基地建设总公司"印文与"中国出口商品基地建设总公司贸易发展部"印文是同一枚印章盖印形成的。2.《不可撤销担保书》"薛钊"签名与中基公司法定代表人薛钊当庭留取的签名不是同一人书写的。据此可以认定,《不可撤销担保书》上"薛钊"签名不是中基公司法定代表人薛钊本人的签字,该担保书上所盖"中国出口商品基地建设总公司"印文系由"中国出口商品基地建设总公司贸易发展部"印章遮盖"贸易发展部"进行变造盖印形成的。本案一审期间,建行浦东分行经办上述贷款业务的经办人金士萍、袁晶曾向原审法院出具书面证明称:1996年7月底、8月初,曾由邬小平陪同到中基公司,时间是下午5时30分左右,中基公司法定代表人已经离去,该公司办公室主任章志忠接待了她们,并当她们的面在贷款合同上盖章,并称晚上将合同带给薛钊签字。在原审法院1998年11月18日公开开庭审理此案时,中基公司对上述陈述予以否认,并要求金士萍、袁晶当庭辨认章志忠本人,金士萍、袁晶均称时间已长,无法辨认。

另查明,1994年1月19日,中基公司与中贸国际企业集团有限公司(后变更为中益集团)签订《合作经营进出口贸易的协议》,约定由中基公司成立贸发部(以下简称中基公司贸发部),并交由中益集团承包经营,中益集团对中基公司贸发部及其人员所从事的各项经营活动负责,中基公司贸发部在经营活动中发生的商务风险和债权、债务均由中益集团自行承担。中基公司贸发部的印章由中益集团严格掌握使用。1994 年 1 月 24 日,中基公司制发《关于成立中国出口商品基地建设总公司进出口部、贸易发展部的通知》,载明:中基公司总公司办公会议研究决定成立中基公司贸发部,并规定该部自主经营,独立核算,自负盈亏。有关刻制印鉴、设立账户等事宜,由中基公司贸发部同有关部门联系解决。2001 年 4 月 5 日,中益集团董事长张力军向北京市海淀区检察院陈述,中基公司贸发部成立后,由中益集团经营,张力军同时兼任中基公司贸发部总经理。中基公司贸发部刻制的"中国出口商品基地建设总公司贸易发展部"印章,由中基公司贸发部掌管使用。2002 年 3 月 3 日,中益集团向最高人民法院出具书面情况说明,载明该公司自 1994 年起承包经营中基公司贸发部,中基公司贸发部的印章自 1994 年至 1997 年一直由该公司使用。另外,中基公司有关公章备案档案也载明中基公司贸发部印章于 1997 年 3 月 7 日才上交中基公司办公室。

又查明,1995 年 12 月 19 日,中基公司贸发部曾向荷兰商业银行申请总额为 710990 美元的打包贷款,在申请人栏目中加盖有印文内容为"中国出口商品基地建设总公司贸易发展部财务专用章"的公章和张力军的名章。但在该打包贷款申请文件宣告栏目中(其主要内容为盖章者同意银行在不预先通知的情况下,可以将盖章账户内的资金抵偿盖章者对银行的负债),加盖有变造的中基公司印章。1995 年 12 月 22 日,荷兰银行曾向中国农业银行北京市分行(以下简称农行北京分行)汇款 710990 美元,该款最终被农行北京分行下辖的青年湖分理处转入在该分理处申请开户的 14801103019 账户。最高人民法院二审期间,经向农行北京分行查询,该账户申请开户资料包括"账户开户申请书"一式三份、预留印鉴卡一式三份以及中基公司企业法人营业执照复印件一份。在上述开户申请书和预留印鉴卡上载明的开户单位为"中国出口商品基地建设总公司贸易发展部",单位地址为"朝阳区静安里 30 号楼",上级主管部门审核意见空白。预留印鉴卡上加盖的印鉴为"中国出口商品基地建设总公司贸易发展部财务专用章"。在收款同日,中基公司贸发部又将该款转入在同一分理处开户的中益集团公司账户,在信汇凭证上加盖的印鉴为预留的"中国出口商品基地建设总公司贸易发展部财务专用章"。

1995 年 10 月,中基公司与中益集团共同向上海市浦东新区工商行政管理局申请设立上海中益公司,并共同委托中益集团职工陈拱辰为代理人办理设立登记事宜。在上海市浦东新区工商行政管理局有关上海中益公司的设立登记材料中,以中基公司名义提交的有关申请设立公司的报告、股东会决议、公司章程等全部文件上,加盖的均是变造的中基公司印章。最高人民法院二审公开开庭审理此案时,中基公司代理人当庭陈述:中基公司同意并投资设立上海中益公司,但对设立登记事宜的代办人使用变造的中基公司印章不知情。1997年2月4日,上海中益公司作出该公司第一届第三次股东会决议,议题为中基公司将其所持51%的股份全部转让给天津中益海运公司,在该股东会决议以及次日中基公司、中益集团向浦东新区工商行政管理局递交的股权转让申请书上均加盖有中基公司印章,该印章印模样式与中基公司在国家工商行政管理总局备案的印模样式一致。

对于上述使用变造的中基公司印章的事实,建行浦东分行在接受《不可撤销担保书》时,并不知情。直至本案发生争议时,建行浦东分行通过调查取证,方获悉上述事实。

还查明,1998年9月29日,山西省长治市公安局因邬小平涉嫌诈骗、挪用巨额资金对其执行逮捕,并将本案争议的450万美元是否属于邬小平伪造中基公司公章的诈骗行为列为侦查范围。2001年3月29日,北京市海淀区检察院也立案侦查邬小平涉嫌犯罪案,其中亦包括本案争议的贷款问题。2000年1月28日山西省长治市公安局还签发了一份对金士萍的拘留证。后因邬小平和金士萍脱逃,上述涉嫌犯罪案未得到证实。2000年3月15日,长治市公安局对邬小平进行网上通缉,目前仍未捕获。

上海中益公司收到建行浦东分行450万美元贷款后,在约定的还款期限内仅支付了自借款日至1996年12月23日的利息,此后于1998年1月25日又归还建行浦东分行利息12万美元,截至1998年1月20日,上海中益公司尚欠建行浦东分行本金450万美元和利息307330.08美元。

**〔最高人民法院裁判理由与结果〕**

最高人民法院认为,建行浦东分行与上海中益公司签订的外汇借款合同,内容不违反法律规定,合同上有双方加盖的单位公章,且建行浦东分行按照合同约定将款项交付上海中益公司后,上海中益公司使用了全部款项,并向建行浦东分行支付了部分利息,据此应确认该借款合同合法有效。建行浦东分行按该合同约定向上海中益公司发放贷款,履行了合同义务,上海中益公司却没有按约定向建行浦东分行偿还借款本息,应依法承担相应的民事责任。原审判令上海中益公司向建行浦东分行偿还450万美元借款及相应利息并无不当,且上海中益公司对该判项未提起上诉,对此最高人民法院依法予以维持。

本案二审争议的焦点是《不可撤销担保书》是否成立。《中华人民共和国合同法》(以下简称合同法)第三十二条规定:“当事人采用合同书形式订立合同的,自双方当事人签字或者盖章时合同成立。”该条规定表明,当事人的签字或盖章都可以使合同成立。

当事人的签字,包括自然人本人或其委托代理人签字,企业法人或者其他经济组织的法定代表人、负责人或其委托代理人签字。《中华人民共和国民法通则》第三十八条规定:“依照法律或者法人组织章程规定,代表法人行使职权的负责人,是法人的法定代表人。”第四十三条规定:“企业法人对它的法定代表人和其他工作人员的经营活动，承担民事责任。”企业的法定代表人签字的合同代表了企业的意思表示，可以产生合同成立的法律效果。本案讼争《不可撤销担保书》系法定代表人的签字，不存在委托代理人代理行为，但是对该法定代表人薛钊的签字系他人伪造，薛钊不应对不是由其签名的行为负责，也不能据此认定《不可撤销担保书》的内容反映了中基公司的意思。因此，伪造的签名不能使本案讼争的《不可撤销担保书》成立生效，中基公司不因伪造的法定代表人签字而产生民事责任。

盖章也可以产生合同成立的效果。合同书上盖章的意义在于证明该合同书的内容是印章记载当事人的意思表示，此时合同书上的印模具有证据的作用。加盖真实印章的合同，其权利义务由该当事人承受。本案讼争的《不可撤销担保书》，加盖的是以中基公司贸发部的印章变造后的中基公司印章，不是中基公司的正式印章，《不可撤销担保书》并不当然代表中基公司的意思，当然也不代表中基公司贸发部的意思。

中基公司是否应当依据该《不可撤销担保书》承担担保责任，需要根据本案的相关事实综合判定。如果加盖变造印章的行为是中基公司本人所为，则该印章虽为变造，但仍能代表中基公司的意思表示，中基公司应当承担担保责任。但是，中基公司贸发部的印章在出具《不可撤销担保书》时为中益集团持有，建行浦东分行经办业务人员虽称《不可撤销担保书》是交给中基公司办公室主任章志忠、由该公司盖章，但在原审庭审过程中不能辨认章志忠，其所称的《不可撤销担保书》上的变造印章系由中基公司加盖的事实不能得到印证。因此，建行浦东分行所称《不可撤销担保书》加盖变造印章系中基公司所为没有证据佐证。

原审判决在无证据证实的情况下，认定中基公司在其他业务活动中多次使用了变造后的中基公司公章不当。中基公司贸发部向荷兰银行申请打包贷款的时间发生在中基公司贸发部由中益集团公司经营管理期间，该打包贷款系以中基公司贸发部的名义申请的，该笔贷款后来汇入的14801103019账户也是由中基公司贸发部申请开立的，而且在该贷款转账凭证上加盖的也是中基公司贸发部财务章。无证据表明该笔打包贷款申请和划转过程与中基公司有直接联系。虽然在上述14801103019账户开户资料中包含有一份中基公司企业法人营业执照复印件，但由于一个企业的营业执照复印件可以从工商部门、税务部门以及企业本身等多个渠道获取，因此，单就中基公司贸发部持有中基公司企业法人营业执照复印件这一事实，不能认定该复印件就是由中基公司向中基公司贸发部提供的。而且，即使认定该复印件是由中基公司提供的，因当时中基公司贸发部由中益集团公司独立经营管理，仍不能认定中基公司对中基公司贸发部设立该14801103019账户是知情的，也不能认定中基公司对中基公司贸发部向荷兰商业银行上海分行申请710990美元打包贷款是知情的，更不能认定中基公司对上述打包贷款申请文件中使用了变造的中基公司章一事是知情的。即使中基公司知道在某一交易中他人使用变造印章，并对该交易行为予以认可，也是就该交易中他人的代理行为予以认可，其效力仅及于该项代理事务。中基公司在转让上海中益公司部分股权时,使用了合法的印章,该行为可以认为是对成立上海中益公司的行为的追认。如果无此行为或其他追认行为,该变造印章仍不能代表中基公司的意思。而在农行北京分行的开户和与荷兰银行上海分行的信用证交易中,无证据表明中基公司知道变造印章的使用并且追认上述行为。因此,他人多次使用变造中基公司的印章,并不产生该变造印章在每项交易中均能代表中基公司意思的效果。建行浦东分行辩称中基公司用所谓假公章向荷兰商业银行上海分行申请的贷款已经打入中基公司在中国农业银行北京市分行的账户,中基公司不但使用了这笔贷款,并且还归还了这笔贷款,与事实不符,最高人民法院不予采信。

建行浦东分行主张其相信变造印章可以代表中基公司的理由一是盖章的过程,二是该变造印章的多次使用。如上所述,建行浦东分行不能证明系中基公司加盖的变造印章,而变造印章的多次使用本身并不产生当然代表中基公司意思表示的效果,况且,建行浦东分行在接受《不可撤销担保书》时,并不知道该印章曾多次被使用,该行是在争议发生后,才收集到有关证据。可见,建行浦东分行在接受《不可撤销担保书》时,并未将该印章的多次使用作为其相信该印章可以代表中基公司意思表示的理由。建行浦东分行作为专业性的金融机构,在从事金融业务时,本应尽到谨慎的注意义务,但其经办人员疏于履行职责,接受加盖变造印章的担保,对此,中基公司无过错,不应承担《不可撤销担保书》项下的义务。

综上所述,经最高人民法院委托司法鉴定认定建行浦东分行《不可撤销担保书》上中基公司法定代表人签名系伪造、公章系由其他公章变造盖印形成的,且经当事人举证和最高人民法院查证均不能证明该变造的中基公司章系中基公司自己加盖或者授意他人加盖的,不能证明中基公司明知该担保书的存在而不作否认表示,也不能证明中基公司自己在其他业务活动中使用了该变造的中基公司章或者明知他人使用该变造的中基公司章而不作否认表示,《不可撤销担保书》上的签名和变造的中基公司章均不能认定或者依法推定为中基公司真实意思表示,因此该《不可撤销担保书》不成立,中基公司不应承担上海中益公司对建行浦东分行450万美元借款本息的担保责任。中基公司关于其不应承担本案担保责任的上诉有理,最高人民法院依法予以支持。原审判决关于上海中益公司应承担民事责任的判决事实清楚、适用法律正确,应予维持;但关于中基公司应承担连带保证责任的判决事实不清,适用法律错误,应予撤销。

最高人民法院依照《中华人民共和国民事诉讼法》第一百五十三条第一款第(一)、(二)、(三)项之规定,判决如下:

一、维持上海市高级人民法院(2001)沪高经重字第2号民事判决主文的第一项、第二项;

二、撤销上海市高级人民法院(2001)沪高经重字第2号民事判决主文的第三项;驳回中国建设银行上海市浦东分行要求中国出口商品基地建设总公司承担担保责任的诉讼请求。

一审案件受理费人民币 209021.45 元，由上海中益国际贸易发展有限公司承担。二审案件受理费人民币 209021.45 元，由中国建设银行上海市浦东分行承担。（二审案件受理费已由中国出口商品基地建设总公司预交，最高人民法院不再退回，由中国建设银行上海市浦东分行直接给付中国出口商品基地建设总公司。）

**规则 3（缔约过失责任成立的限制）** 当事人在订立合同的过程中无故意隐瞒或虚假陈述的行为，对方当事人亦未遭受损失，应认定未发生缔约过失

——吴卫明诉花旗银行上海分行储蓄合同纠纷案①

***【裁判规则】***

在订立合同过程中，当事人因实施违反诚实信用原则的行为给对方造成损失后应承担法律责任。没有证据证明一方当事人在订立合同的过程中有故意隐瞒或虚假陈述的行为，也没有证据证明另一方当事人在订立合同过程中因此遭受损失的，应认定在订立合同过程中未发生缔约过失。

***【规则理解】***

**一、缔约过失责任的内涵及构成要件**

（一）缔约过失责任的内涵

罗马法中已存在保护信赖利益损失的制度，但缔约过失理论直到 1861 年才由德国学者耶林提出。耶林所主张学说的最大贡献在于，肯定了当事人因缔约行为而产生了一种类似契约的信赖关系，此种关系属于法定债的关系，从而完善了债法理论。②耶林的理论尤其是提出了当事人在合同的订立阶段，彼此应负有相互注意和照顾的义务，为当事人从事交易活动确定了新的义务规则，以弘扬诚信，保护交易安全。该理论产生后对大陆法系和英美法系均产生了深远的影响。我国对缔约过失理论的研究起步较晚，直至《合同法》于 1999 年 10 月 1 日实施，才真正将缔约过失责任制度纳入我国的法律体系。《合同法》第 42 条规定，当事人在订立合同的过程中有假借订立合同，恶意进行磋商的或故意隐瞒与订立合同有关的重要事实或者提供虚假情况的或有其他违背诚实信用原则的行为，给对方造成损失的，应当承担损害赔偿责任。

---

① 《中华人民共和国最高人民法院公报》2005 年第 9 期。

② 王利明：《合同法研究》（第一卷），中国人民大学出版社 2002 年版，第 303 页。

《合同法》第43条规定:“当事人在订立合同过程中知悉的商业秘密,无论合同是否成立,不得泄露或者不正当地使用。泄露或者不正当地使用该商业秘密给对方造成损失的,应当承担损害赔偿责任。”关于缔约过失责任的概念,学者们有不同的理解。笔者认为,缔约过失责任是在合同订立的过程中,一方因违背诚实信用原则所产生的义务,而致另一方信赖利益损失,由此应承担的损害赔偿责任。[①] 该概念言简意赅,抓住了缔约过失的基本特征。

(二)缔约过失责任的构成要件

缔约过失责任成立需具备四个方面的条件:

1. 缔约过失产生于缔约过程中,是合同生效前产生的民事责任。缔约过失责任不同于违约责任,违约责任是基于双方当事人之间已成立了合法有效的合同;缔约过失责任的成立是基于双方有订立合同的意图,但合同尚未成立,或合同虽然成立但不符合法定的生效要件而被确认为无效或被撤销时,才有可能成立的一种责任。一般而言,此种责任发生在缔约过程中而不是发生在合同成立以后。但有一些国家的法律规定缔约过失责任也可以在合同成立后产生,如《希腊民法典》第198条规定,缔约过失“纵契约未成立亦然”。契约成立并不能排斥缔约过失责任。根据我国《合同法》第42条的规定,缔约过失仅发生在缔约过程中。缔约过失责任发生在合同缔约阶段,表明当事人之间已经基于为订立合同而开始了一定的联系,即为缔结合同,一方实施了具有某种法律意义的行为如发出要约或要约邀请,并受该行为的约束,而另一方对此行为将产生合同能够成立的合理信赖。关于缔约过程的起止时间,不同学者间有不同的认识。关于缔约过程的开始时间,一般认为始于要约生效,但有人认为始于有效的要约邀请。对于缔约过程的终点是止于合同成立还是合同生效有争议,由于合同义务是基于当事人的约定而生的法律义务,其效力自合同生效始发生,合同成立后生效前合同义务并未发生,故合同生效前,均属于缔约过程,均可能发生缔约过失责任。

2. 缔约人存在违反先契约义务的行为。法律义务是法律责任存在的前提。缔约过失作为一种责任形态,它是依据诚实信用原则而产生的一种合同附随义务。民事主体一旦进入缔约过程,当事人之间就产生一种特殊的信赖关系。此时,一方对另一方负有依据诚实信用原则产生的先合同义务,如协助、保护、告知、说明、保密等义务。诚实信用原则要求当事人在缔约过程中负有共同尽量促成契约缔结的义务,在缔约过程中会出现许多导致合同最终不能成立的情况,如发现新伙伴,提出新条件和要求,不断修改协议导致合同谈判无限地拖延,要求对方出让更多利益或承担更多义

① 王利明:《合同法研究》(第一卷),中国人民大学出版社2002年版,第310页。

务,等等。[①] 根据合同自由原则,当事人有订立、不订立合同的自由,但是明知不能或根本无意缔约的情况下,恶意磋商或恶意终止谈判的,就违反了协助义务;在订约过程中一方当事人应尽保护义务而使对方身体健康免遭损害,因一方的过错致他方的生命健康遭受损害时,属于未尽保护义务;告知义务是指向对方提供真实情报的义务。包括合同订立前重要事项的告知义务,使用方法的告知义务,瑕疵的告知义务,不向对方做出错误的意思表示的义务;在缔约谈判过程中知悉的对方的个人身份、财产状况、商业秘密等信息,不得泄露或使用。在缔约谈判过程中,双方当事人为达成缔约一致往往会提供给对方一些局外人不可能了解的情况,而当合同最终不能签订时,该秘密很可能被对方利用,从而给当事人造成不公正的损失。[②] 缔约一方当事人违反上述行为给他方造成损失时,应承担缔约过失责任。

3. 缔约一方违反先合同义务的行为使相对人遭受信赖利益的损失。民事责任一般以损害事实的存在为构成要件。损害事实的发生亦是缔约过失责任的构成要件之一。同时该条件亦强调违反先合同义务的行为与损害事实之间有因果关系。信赖利益又称为消极利益或消极的契约利益,是指因信赖无效的法律行为有效而所受的损害。[③] 信赖利益与债权人就契约履行时所获得的履行利益或积极利益是完全不同的,信赖利益赔偿的结果是使当事人达到合同谈判从未发生的状态,而履行利益赔偿的结果是使当事人达到合同完全履行时的状态。[④] 笔者认为,缔约过失责任中所说的信赖利益,是指一方基于其对另一方将与其订约的合理信赖,为促成订约、甚至为履行双方磋商的协议所支付的各种费用和合理开支。信赖利益的损失是指因另一方的缔约过失行为使合同不能成立或生效,导致信赖合同将成立的一方当事人所支付的各种费用或其他损失不能得到弥补。有学者认为,受到法律保护的信赖利益,必须是基于合理的信赖产生的利益,此种合理的信赖意味着,当事人虽处于缔约阶段,但因为一方的行为已使另一方足以相信合同能够成立或生效,而另一方的缔约过失破坏了缔约关系,使信赖人的利益丧失。倘若从客观的事实中不能对合同的成立产生信赖,即使已经支付了大量的费用,也不能视为信赖利益的损失。[⑤] 缔约过失造成的是他人的信赖利益的损失,是一种弥补性的财产责任——赔偿责任。

4. 违反先契约义务的一方主观上有过错。将过错作为缔约过失的主观要件,其

---

① 刘鸿君:《缔约过失责任的适用条件之管见》,载《学术交流》1999 年 3 期。

② 叶建丰:《缔约过失制度研究》,载梁慧星主编:《民商法论丛》第 19 卷,法律出版社 2001 年版,第 518 页。

③ 李双元、温世扬主编:《比较民法学》,武汉大学出版社 1998 年版,第 749 页。

④ 王利明:《合同法研究》(第一卷),中国人民大学出版社 2002 年版,第 315 页。

⑤ 参见王利明:《合同法研究》(第一卷),中国人民大学出版社 2002 年版,第 315 ~ 316 页。

含义有三：其一，表明缔约过失责任的归责原则仍为过错原则；其二，该过错包括过失和故意两种形态；其三，过错发生在缔约阶段。不发生在缔约阶段的过错，不构成缔约过失上的过错。[①] 缔约过失方之所以赔偿对方损失，是因为其主观上有过错，即有可归责之处。如果没有过错，则无需承担责任。

**二、缔约过失责任的法律属性及保护的利益**

关于缔约过失是否为一项独立的请求权，以及该请求权的基础是什么，学界存在不同的观点。归纳起来，主要有法律行为说、侵权行为说、法律规定说、诚实信用说。有学者认为，缔约过失责任是一种法律直接规定的债，与不当得利、无因管理、侵权行为、合同之债共同构成债的体系。笔者认为，缔约过失责任与侵权责任、违约责任明显不同，采用“法律规定说”解释缔约过失责任的请求权基础较为妥当。缔约过失行为侵害的法益是意欲与之缔约的相对方的信赖利益，缔约过失责任所保护的对象是对方的信赖利益。侵权行为侵犯的不特定当事人的固有利益，侵权责任所保护的是物权、人身权等绝对权。违约行为成立的前提是合同双方当事人之间的合同合法有效，违约责任保护的是当事人之间履行合同可得的期待利益。虽然基于缔约过失责任是存在一项独立的请求权，但仍是辅助违约和侵权责任而创立的一种制度。一般说来，如果能够适用合同上的请求权或侵权上的请求权，则不必适用缔约过失请求权。从损害赔偿的范围看，缔约过失责任仅仅只赔偿信赖利益的损失，既不包括履行利益的损失，也不能包括全部损失。其赔偿范围不及违约责任和侵权责任广泛，受害人从自身利益考虑，首先会提出合同上的请求权或侵权上的请求权，只有在上述两种请求权不成立时或不能更有效保护其利益时，才应当采用缔约过失的请求权。[②]

**【拓展适用】**

根据我国《合同法》第 42 条、第 43 条，缔约过失责任主要有如下几种类型：

**一、缔约过失责任类型之一：假借订立合同，恶意进行磋商**

所谓“假借”就是根本没有与对方订立合同的目的，与对方进行谈判只是借口，目的是损害对方或他人的利益。[③] 所谓恶意是指一方当事人明知自己无意或无力缔结合同，仍然进行谈判或继续谈判，导致另一方当事人基于该恶意参与订约的一方当事人的行为产生的合理信赖和缔约之善意而徒费时间、金钱、精力，甚至丧失与他人订约的机会，由此产生的损失应由恶意订约人承担损害赔偿责任。恶意必须包括两个

---

① 参见王培韧：《缔约过失责任研究》，人民出版社 2004 年版，第 131 页。

② 参见王利明：《合同法研究》（第一卷），中国人民大学出版社 2002 年版，第 317 页。

③ 参见胡康生主编：《合同法实用问答》，第 137 页，转引自王利明：《合同法研究》（第一卷），中国人民大学出版社 2002 年版，第 323 页。

方面的内容：一是行为人主观上并没有订约的意图；二是行为人主观上具有给对方造成损害的动机和目的。

恶意是此种缔约过失行为构成的最核心的要件，因此成立该种类型的缔约过失责任具有严格的限制。即受损害一方必须证明另一方具有假借订约进行磋商和谈判的恶意，才能使另一方承担缔约过失责任。作出这种限制的原因在于合同自由原则以及《国际商事合同通则》明确了当事人有自由谈判和是否订立协议的自由，缔约过失责任的承担不能妨害当事人享有的谈判自由。如果双方进入谈判后，经过反复的磋商不能达成一致，一方提出终止谈判且未提出合理的理由，并不必然需要承担缔约过失责任，除非其进行谈判和终止谈判出于恶意，且另一方有足够的证据证明终止谈判一方具有恶意。"恶意"不能等同于无正当理由，否则将妨害当事人的谈判自由，从而使合同自由原则难以真正实现。当然，如果谈判过程中，一方向另一方做出允诺，而另一方已对此作出信赖，如一方突然中断谈判，则构成缔约过失。但该行为已不属于本类型，属于后文中将讨论的其他违背诚实信用原则的一种行为。

**二、缔约过失责任类型之二：故意隐瞒与订立合同有关的重要事实或者提供虚假情报**

所谓欺诈是指一方当事人故意实施某种欺骗他人的行为，使他人陷于错误认识并作出将与之订立合同的合理信赖。《民法通则意见》第 68 条规定："一方当事人故意告知对方虚假情况，或者故意隐瞒真实情况，诱使对方当事人作出错误意思表示的，可以认定为欺诈行为。"故该类型的缔约过失责任可以归结为因欺诈而产生的缔约过失责任。

该类型缔约过失责任的成立，应当具备三个方面的条件：①欺诈者主观上有恶意，即欺诈一方明知自己告知对方的情况信息是虚假的，会使他人被欺诈陷于错误认识，而希望或放任这种结果发生的心理状态。欺诈方告知虚假情况无论是否导致自己或第三人牟利，均不影响该恶意的构成。但如果欺诈者意识到该欺诈行为会使自己或第三人获利，导致对方当事人遭受损害的，则可认为其主观恶意较大。如果一方当事人对其陈述事实的真伪不能做出准确判断，仍向他人做出陈述，以致对方因该虚假陈述陷于错误，行为人主观上是否有欺诈的恶意，值得探讨。有学者认为应认定该行为人具有欺诈的恶意，除非行为人能够证明自己没有欺诈的意图，即必须证明自己的行为是出于过失或主观上是出于善意的[1]。②欺诈方客观上实施了欺诈行为。所谓欺诈行为是指欺诈方将其欺诈故意表示于外部的行为，具体指一方当事人对其依

① 参见王利明：《合同法研究》（第一卷），中国人民大学出版社 2002 年版，第 325 页。

据诚实信用原则在订立合同的过程中应履行重要事实的告知义务包括财产状况、履约能力、瑕疵、性能和适用方法等予以隐瞒或故意告知对方虚假情况。③被欺诈一方陷于错误,在欺诈的情况下,导致对方因欺诈陷于错误的认识。但对此应注意两点:第一,欺诈人提供的虚假信息与合同内容有密切联系,如果与合同内容并无联系,不能认为欺诈行为与错误认识之间有因果关联。第二,受害人基于虚假的情况而对合同内容发生了错误的认识。如果在被欺诈以后,受欺诈一方并未陷于错误或者所发生的错误并非欺诈所导致,则不构成缔约过失上的欺诈。[①]

**三、缔约过失责任类型之三:泄露和不正当使用商业秘密并给对方造成损失**

《反不正当竞争法》第10条规定,商业秘密是指不为公众所知悉、能为权利人带来经济利益、具有实用性并经权利人采取保密措施的技术信息和经营信息。根据《合同法》第43条,不论合同是否成立,参与合同磋商谈判的当事人对缔约过程中相互基于信赖关系所知悉对方的商业秘密都负有保密义务,如果泄露或不正当使用此商业秘密,损害了对方的信赖利益,则应承担损害赔偿责任。当然,要成立缔约过失上的泄露秘密,必须符合以下条件:第一,当事人必须知道披露的信息属于商业秘密。这包括披露信息的一方当事人明确声明某项信息属于商业秘密并要求对方不予泄露;或者披露信息方虽未明确禁止对方泄露,但只要一方接触、了解另一方的信息后,知道或应当知道该信息属于商业秘密的,应依据诚实信用原则负有保密义务,不得向外泄露或作不正当使用。第二,泄露或不正当使用商业秘密。所谓泄露是指将商业秘密透露给他人,包括在对方要求保密的条件下向特定人、少部分透露商业秘密,以及将不正当的手段获取的商业秘密向他人泄露,其披露当然是违背权利人的意思的。[②]所谓不正当使用是指未经授权而使用该秘密或将该秘密转让给他人。无论行为人是否因此而获取一定的利益,都可能构成缔约过失责任。第三,泄露和不正当使用商业秘密给商业秘密的所有人造成损失。至于行为人主观上出于故意或过失则在所不问。

依据我国反不正当竞争法和侵权责任法,都可以对侵犯商业秘密的行为予以制裁。然而,在缔约过程中,泄露和不正当使用商业秘密是构成侵权还是构成缔约过失,《合同法》并未明确规定。但从该行为的特征分析,该行为既构成缔约过失,又构成侵权,而侵权责任较之缔约过失责任对受害人的保护更为有利,对于此种竞合情形,可由当事人在侵权和缔约过失责任中选择。

---

① 王利明:《合同法研究》(第一卷),中国人民大学出版社2002年版,第326页。
② 参见孔祥俊:《合同法教程》,中国人民公安大学出版社1999年版,第150页。

**四、缔约过失责任类型之四：其他违背诚实信用原则产生缔约过失责任的情形**

除上述三种类型以外的其他各种违反诚实信用原则、造成他人信赖利益损失的缔约过失行为在实践中主要包括：

（一）合同不成立时的缔约过失责任情形

1. 违反初步的协议或许诺。双方当事人如果在协商过程中已就合同主要条款达成初步意向，但双方合意并未以书面形式记载下来，而依据法律、行政法规规定应采用书面形式达成合同，或一方要求签订确认书，或者虽然双方达成了书面协议但基于法律的规定还须依法报请批准的情形，虽然合同并未成立，但双方已建立信赖关系，如一方违反其向对方做出的允诺，造成对方信赖利益损失，则应承担缔约过失责任。

2. 违反有效的要约邀请。要约邀请只是引诱他人向自己发出要约的一种事实行为。一般情况下，要约邀请不会因相对人的承诺而成立合同，也不会因自己做出某种承诺而产生约束自己的法律效力。但在特殊的情况下，要约邀请的内容足以使相对人产生合理的信赖，相对人为此发出要约并支付了一定费用，若因要约邀请人的过失甚至恶意行为导致相对人的损失，要约邀请人应承担缔约过失责任。如招标人发出招标文件后又违反招标文件的规定，导致投标人损失，如符合缔约过失责任的构成要件，则应由招标人承担缔约过失责任。又如开发商在售楼广告宣传中作出某种允诺，使他人形成合理的信赖，并基于此种信赖欲与开发商签订买卖合同，如果开发商事后违反其允诺，造成他人信赖利益损失的，开发商应承担缔约过失责任。

3. 要约人违反有效要约。我国《合同法》第 18 条规定："要约可以撤销。撤销要约的通知应当在受要约人发出承诺通知之前到达受要约人。"同时《合同法》第 19 条规定两种情况下不得撤销要约：一是要约人确定了承诺期限或者以其他形式明示要约不可撤销；二是受要约人有理由认为要约不可撤销并已经为履行合同做了准备工作。对此，笔者认为在合同法规定不得撤销要约的两种情形下，由于一方当事人意欲撤销要约的行为不会产生如期的法律效果，在对方当事人承诺的情况下，合同即告成立，不会产生缔约过失责任。如要约方反悔，应承担相应的违约责任。在当事人可以依法撤销要约的情况下，该撤销要约的行为如果造成对方当事人的信赖利益损失，则可能承担缔约过失责任。

（二）合同无效和被撤销时的缔约过失责任情形

对于合同无效和被撤销，我国《合同法》第 58 条规定，有过错的一方应赔偿对方因此所受到的损失，双方都有过错的，应当各自承担相应的责任。该损害赔偿责任的请求权基础是缔约过失、侵权行为还是合同，对此法律并没有作出规定。司法实践中往往并没有对此做出区分，均认可这是一种过错责任。但因为请求权基础不同，赔偿的范围也就不同,缔约过失责任仅赔偿信赖利益损失,而侵权责任赔偿全部实际损失,基于合同请求权还涉及履行利益的赔偿问题。我国台湾学者王泽鉴认为在合同被宣告无效或被撤销的情况下应适用缔约过失责任。[①] 一般来说,在合同被宣告无效或被撤销的情况下,导致合同无效的原因主要是违反了法律和社会公共道德,而不是违反基于诚信原则产生的先契约义务。但在特殊情况下,当事人的行为也可能既违反法律,又违反了诚信原则,如一方欺诈另一方。尤其需要指出的是,《合同法》第52条、第54条所提到一方实施欺诈行为与《合同法》第42条第2项所规定的"故意隐瞒与订立合同有关的重要事实或者提供虚假情况"两者之间具有同一性,这就是说在缔约过程中因为一方的欺诈而导致合同不成立与在缔约过程中因为一方的欺诈导致合同被宣告无效或者被撤销,都应当由欺诈的一方负缔约过失责任。[②] 当然,无效合同当事人因订立和履行无效合同造成他人损害时,有可能要依法承担民事侵权、行政的甚至刑事的责任。

1. 合同无效时缔约过失责任情形

合同无效,是指当事人所缔结的合同因严重欠缺生效要件,在法律上不按当事人合意的内容赋予效力。[③] 因此合同无效,仅仅是指不按当事人合意的内容赋予效力,而非不发生任何效力。我国法律规定,民事行为(合同)部分无效,不影响其他部分的效力的,其他部分仍然有效。对合同无效部分,也适用缔约过失责任。具体来说,合同无效时缔约过失责任的损害赔偿,包括以下几种情形:

(1)自始客观给付不能。所谓自始客观给付不能,是指于契约订立时,其给付即为任何人所不能提出。[④]《德国民法典》第307条规定:"当事人在订立以不能的给付为标的的契约时,已知或应知其给付为不能者,对因相信契约为有效致受损害的他方当事人,负损害赔偿的义务,但其赔偿不得超过他方当事人在契约生效时享有的利益的价额";"他方当事人已知或应知其不能者,不发生赔偿义务"。

(2)无权代理人所订立的合同。无权代理可分为表见代理和狭义的无权代理。表见代理虽然也是无权代理的一种情形,但其法律效果被视为与有权代理相同,因此,表见代理并不导致缔约过失责任。狭义的无权代理是指行为人既没有代理权,也没有使相对人确信其有代理权的理由,而以他人名义所为民事行为。狭义的无权代理下,有存在缔约过失责任的可能。

---

① 参见王泽鉴:《民法学说与判例研究》(第1册),中国政法大学出版社1998年版,第99页。

② 王利明:《合同法研究》(第一卷),中国人民大学出版社2002年版,第332页。

③ 韩世远:《合同法总论》,法律出版社2004年版,第188页。

④ 王泽鉴:《民法学说与判例研究》(第1册),中国政法大学出版社1998年版,第398页。

我国《合同法》第 48 条规定:“行为人没有代理权、超越代理权或者代理权终止后以被代理人名义订立的合同,未经被代理人追认,对被代理人不发生效力,由行为人承担责任。相对人可以催告被代理人在 1 个月内予以追认。被代理人未作表示的,视为拒绝追认。合同被追认前,善意相对人有撤销的权利。撤销应当以通知的方式作出。”《民法总则》第 171 条规定:“行为人没有代理权、超越代理权或者代理权终止后,仍然实施代理行为,未经被代理人追认的,对被代理人不发生效力。相对人可以催告被代理人自收到通知之日起一个月内予以追认。被代理人未作表示的,视为拒绝追认。行为人实施的行为被追认前,善意相对人有撤销的权利。撤销应当以通知的方式作出。行为人实施的行为未被追认的,善意相对人有权请求行为人履行债务或者就其受到的损害请求行为人赔偿,但是赔偿的范围不得超过被代理人追认时相对人所能获得的利益。相对人知道或者应当知道行为人无权代理的,相对人和行为人按照各自的过错承担责任。”基于上述规定,可分三种情形:一是被代理人追认,合同有效,无权代理人不负责任。二是被代理人不追认,善意相对人亦未撤销,或相对人因非善意而无撤销权,合同有效,但对被代理人不发生效力,由代理人履行合同或承担违约责任。三是善意相对人行使撤销权,合同无效,若给相对人造成损害,相对人可基于缔约过失责任请求赔偿。许多学者曾认为,无权代理责任是侵权责任,行为人应依据侵权行为规定负赔偿责任。但在实践中,依据侵权行为的规定并不能充分地保护受损害方的利益,因为其所受的损害可能只是信赖行为人有代理权而遭受的信赖利益的损失,此种损失难以通过侵权行为法获得补救。那么,受损害方能否基于合同要求行为人负继续履行的责任呢?笔者认为,相对人不能基于合同要求行为人负继续履行的责任。因为在无权代理人以被代理人名义订立的合同被宣告无效以后,该合同已经不复存在,无权代理人也不可能代被代理人继续履行已经被宣告无效的合同,否则也与无效合同不得继续履行的规则相矛盾。在因无权代理引起的纠纷中,只能依据缔约上的过失行为追究行为人的无权代理责任。因为无权代理人在没有代理权、超越代理权或者代理权终止后以被代理人名义与相对人订立合同,表明无权代理人在订约过程中存在着过错,而相对人对其具有代理权也存在着一定的信赖,由于合同不能成立也使其信赖利益遭受损失,因此,可以基于缔约过失而要求其赔偿损失。当然,相对人对无权代理人具有代理权虽然存在着一定的信赖,但信赖程度仍然是有限的。如果达到了合理信赖的程度,则无权代理可以转化为表见代理。

(3)无权处分人所订立的合同。该情形是指无处分权人处分他人财产权而订立的合同。《合同法》第51 条规定:“无处分权的人处分他人财产,经权利人追认或者无处分权的人订立合同后取得处分权的,该合同有效。”《最高人民法院关于审理买卖合同纠纷案件适用法律问题的解释》第 3 条规定:“当事人一方以出卖人在缔约时对标的物没有所有权或者处分权为由主张合同无效的,人民法院不予支持。出卖人因未取得所有权或者处分权致使标的物所有权不能转移,买受人要求出卖人承担违约责任或者要求解除合同并主张损害赔偿的,人民法院应予支持。”上述规定分两种情形:一是权利人追认或事后取得处分权,合同有效。二是权利人未追认或无处分权人事后未取得处分权,合同不发生效力,给相对人造成损害的,相对人可基于缔约过失责任请求损害赔偿。

(4)在实践中,担保无效亦可能发生缔约过失责任。担保无效以后,担保之债自始不产生效力,担保人亦不负担保责任。但是,从缔约过失角度来看,债权人因信赖担保的有效成立而与主债务人缔结合同,因担保之债无效造成一定的信赖利益的损失,担保人若有过失,应负缔约过失责任。

2. 合同被变更或撤销时的缔约过失责任情形

合同被变更、被撤销时的赔偿责任是指由于一方或双方当事人在订立合同时有过错,致使合同被宣告无效或被撤销时所承担的缔约过失赔偿责任。这种过错发生在缔约阶段,而不是发生在合同订立后的阶段。包括以下几种情形:

(1)因重大误解、显失公平致使合同被变更、被撤销。《德国民法典》、我国台湾地区都将因意思表示错误导致合同被撤销作为缔约过失责任的一个重要情形。意思表示错误,是指表意人因某种原因未能准确表达其内心意愿,或表达出来的意思与其内心真意不符。《民法总则》第147条规定:“基于重大误解实施的民事法律行为,行为人有权请求人民法院或者仲裁机构予以撤销。”第151条规定:“一方利用对方处于危困状态、缺乏判断能力等情形,致使民事法律行为成立时显失公平的,受损害方有权请求人民法院或者仲裁机构予以撤销。”《民法通则意见》第71条规定:“行为人因对行为的性质、对方当事人、标的物的品种、质量、规格和数量等的错误认识,使行为的后果与自己的意思相悖,并造成较大损失的,可以认定为重大误解。”显失公平,是指一方当事人利用自己的优势或利用对方没有经验,致使双方的权利义务明显违反公平、等价有偿原则。《合同法》第54条规定:“下列合同,当事人一方有权请求人民法院或者仲裁机构变更或者撤销:(一)因重大误解订立的;(二)在订立合同时显失公平的。”合同因此而被变更或撤销,由于当事人一方的过错致对方损失,应负赔偿责任。一般情况下,因重大误解或显失公平订立的合同被撤销时,责任的承担者是行使撤销权的误解方。应当注意的是,民法总则较民法通则而言,最大的变化是没有规定对该民事法律行为可予以变更,只规定了撤销。

(2)因欺诈、胁迫、乘人之危致使合同被变更、被撤销及无效。《民法总则》第148条规定:“一方以欺诈手段,使对方在违背真实意思的情况下实施的民事法律行为,受欺诈方有权请求人民法院或者仲裁机构予以撤销。”欺诈是一种故意违法行为,是一方当事人故意实施某种欺骗他人、诱使他人陷入错误的行为。《民法总则》第150条规定："一方或者第三人以胁迫手段，使对方在违背真实意思的情况下实施的民事法律行为，受胁迫方有权请求人民法院或者仲裁机构予以撤销。"胁迫以将来要发生的损害或以直接施加危害相威胁，使对方产生恐惧的行为。可见，胁迫行为包含两种情况：一是以将要发生的危害相威胁；二是胁迫者以直接面临的损害相威胁。在我国司法解释上，以给公民及其亲友的生命健康、荣誉、名誉、财产等造成损害或者以给法人的荣誉、名誉、财产等造成损害为要挟，迫使对方作出违背真实的意思表示的，可以认定为胁迫行为。通常认为，不问危害是否属于重大，只要使受胁迫人达到发生恐惧的程度就符合其构成要件。《民法通则意见》第70条规定："一方当事人乘对方处于危难之机，为牟取不正当利益，迫使对方作出不真实的意思表示，严重损害对方利益的，可以认定为乘人之危。"一方以欺诈、胁迫、乘人之危等手段，使对方违背真实意思而订立的合同，相对方享有请求变更或撤销的权利，由此而遭受的损失，由有过错的一方承担赔偿责任。我国《合同法》将一方以欺诈、胁迫手段订立的合同分两种情况：一类是一方以欺诈、胁迫的手段订立的合同，若损害国家的利益，应宣告合同无效；另一类是一方以欺诈胁迫的手段使对方违背真实意思的情况下订立的合同，若损害的不是国家利益，受损害方则有权请求人民法院或仲裁机构予以变更或撤销。不论是无效还是被变更、被撤销，由于一方当事人的过错致使对方遭受损失，对方均可要求其承担缔约过失之赔偿责任。

（三）违反强制订约义务

我国《合同法》第289条规定："从事公共运输的承运人不得拒绝旅客、托运人通常、合理的运输要求。"即从事公共运输的承运人不得拒载。《合同法》第38条也规定："国家根据需要下达指令性任务或者国家订货任务的，有关法人、其他组织之间应当依照有关法律、行政法规规定的权利和义务订立合同。"违反强制订约义务是否构成违约？有学者认为：尽管违反了强制订约义务，但合同并没有订立，不能认为当事人已构成违约，但当事人可能构成缔约过失，其原因在于：一方面，违反强制订约义务发生在缔约阶段；另一方面，违反强制订约义务也会造成信赖利益的损失。因为一方有理由信赖另一方会遵守法律规定的订约义务而订约，因此信赖订约是正当的。因为信赖对方要订约而支付的各种费用，完全可以要求对方赔偿。当然，这并不是说，违反任何法定义务都会导致缔约过失责任的发生，在这里，所违反的只是法定的订约义务，因此违反强制订约义务，可以构成缔约过失责任。[1] 与其他情形相比较，对于违反强制订约义务的责任承担方面，法官和仲裁机构有权依据法律的规定，强制当事人缔

---

① 王利明：《合同法研究》（第一卷），中国人民大学出版社2002年版，第333页。

结合同;而在其他情况下,仅对信赖利益的损失予以赔偿,而不能强制当事人订约。

综上,由于行为人违反了诚实信用原则,造成他人信赖利益损失,构成缔约过失。只有行为人一方给另一方造成损失后,才应承担缔约过失责任。此种损失的确定是基于另一方因信赖合同的成立和有效,但由于合同不成立和无效的结果蒙受的不利益,在法律上又称为“信赖利益的损失”。在一般情况下,此种损失主要表现为费用的支出不能得到补偿。信赖利益的损失不应包括因合同的成立和生效所应获得的各种利益(如利润),该种损失属于违约损害赔偿的范围,而不属于缔约过失责任范围。

**【典型案例】**

**吴卫明诉花旗银行上海分行储蓄合同纠纷案**

原告:吴卫明,男,30岁,上海市汇锦律师事务所工作人员,住上海市吴兴路。

被告:花旗银行上海分行,住所地:上海市浦东新区。

代表人:黄晓光,该分行行长。

〔基本案情〕

原告吴卫明因与被告花旗银行上海分行(以下简称上海花旗银行)发生储蓄合同纠纷,向上海市浦东新区人民法院提起诉讼。

原告诉称:原告到被告处办理个人外币储蓄手续时,得知存款额要高于5000美元;低于5000美元的,必须接受被告提供的个人理财服务,并向其缴纳相应服务费。原告表示只办储蓄,不要个人理财服务,不愿支付服务费,但被被告拒绝,以至双方不能缔结储蓄合同。为不特定社会公众提供储蓄服务,是商业银行的法定义务。银行从事储蓄业务,是对社会不特定公众的要约;储户持币开户,已构成承诺。银行没有限制储户必须存款多少的权利。被告利用优势地位以5000美元划线,强迫低于此数的储户接受其提供的个人理财服务,实际是变相搭售,剥夺原告对金融服务的选择权,并以服务费方式变相剥夺储户获取利息的权利,有违诚实信用原则。被告这种行为是对小额储户的歧视,给原告造成了一定心理伤害。依照《中华人民共和国合同法》(以下简称《合同法》)第四十二条规定,被告在缔约过程中的这一行为,侵犯了原告的合法权利,应当对因缔约过失给原告造成的损害承担赔偿责任。请求判令被告赔礼道歉,赔偿原告为此次储蓄而支出的往返路费34元(以下未另外注明的货币单位均为人民币)。

原告提交以下证据:

1. 浦西支行营业大厅门口的监控录像,用以证明吴卫明为存款曾到上海花旗银行下属的浦西支行;

2. 浦西支行的柜台业务说明、柜台宣传资料以及浦西支行理财顾问的名片,用以证明因浦西支行以理财服务费为名收取不合理费用,吴卫明未办理储蓄;

3. 面额分别为14元和20元的出租车车费发票两张,用以证明吴卫明的损失;

4. 2002年4月12日、18日《新闻晨报》、2002年4月18日《南方周末》的报道,用以证明上海花旗银行应于2002年4月18日知道其已被起诉。

被告辩称：浦西支行营业大厅门口的监控录像，仅能证明原告进入浦西支行大门，而浦西支行大门除通向营业大厅，还通向ATM取款机，不能以此推定原告进入浦西支行大门后的唯一目的是到被告处存款；原告可以公开得到被告的宣传资料，也可以在其他场合取得理财顾问的名片。原告提交的证据，不能证明其曾于2002年4月8日下午至浦西支行办理个人外币储蓄手续时被拒绝的事实，其诉讼请求没有事实根据。被告没有提供过可独立于储蓄以外的个人理财服务，更没有因强行向客户搭售这种服务而收取服务费。储蓄本身是一种理财行为，收取服务费与储蓄有关。对日平均总存款额低于5000美元的客户，被告每月确实要收取6美元或者50元的服务费，这是符合《外资金融机构管理条例》规定的行为，且已到中国人民银行备过案。原告与被告之间没有储蓄合同，不存在违约的前提。被告也没有向原告搭售任何可独立于储蓄以外的个人理财服务，不存在缔约过失。向日平均总存款额低于5000美元的客户收取服务费，适用于所有此类存款客户，不是单独针对原告，不存在歧视。被告没有侵害原告的任何合法权益，应当驳回原告的诉讼请求。

被告提交以下证据：

1. 中国人民银行上海分行办公室的回函，用以证明上海花旗银行已就收取服务费事宜向金融主管部门备案；

2. 浦西支行个人银行部总经理朱亚明的证言，用以证明上海花旗银行的存款业务流程及存款服务费性质；

3. 中国银行、中国工商银行网页资料，用以证明储蓄通常被理解为一种理财行为；

4. 2002年3月22日《北京青年报》、2002年3月23日《文汇报》和《经济日报》、2002年4月1日《新民周刊》的报道，用以证明在2002年4月8日前，上海花旗银行收取服务费已成为公知的事实。

经庭审质证，被告对原告提交证据1、2的真实性没有异议，认为证据3缺乏与本案的关联性，证据4超过了举证期限，且对本案实体处理不产生影响。原告认为被告提交证据2中的证人，没有事先申请就出庭作证，这个证言已超过举证期限；证据3与本案无关，对证据1、4也有异议。法庭认为，因被告对原告提交证据1、2的真实性没有异议，予以确认；原告的证据3可得到原告提交的其他证据印证，予以确认；原告提交的证据4因超过举证期限，得不到被告质证，且该证据对本案实体处理不产生影响，故不予确认。原告虽然对被告提交的证据1有异议，但未能以证据反驳，故对被告的证据1予以确认；被告提交的证据2，在证据交换时曾以书面证词形式出现，故原告以证人未事先申请就出庭作证为由对该证据提出的异议，不能成立，被告的证据2应予确认；被告提交的证据3确实与本案缺乏关联性，不予确认；被告提交的证据4，比较客观地反映了被告开始吸收公众存款时的情况，予以确认。

经质证、认证，上海市浦东新区人民法院确认以下事实：

2002年3月29日,经中国人民银行及国家工商行政管理总局批准,被告上海花旗银行开始经营吸收公众存款的外汇业务。上海花旗银行规定,对日平均总存款额低于5000美元的客户,每月收取6美元或者50元的服务费;对日平均总存款额等于或高于5000美元的客户,免收此项服务费。4月4日,上海花旗银行向中国人民银行上海分行上报了《花旗银行个人银行服务》报告,其中含有上述收费内容,中国人民银行上海分行办公室于4月28日确认收到该报告。由于上海花旗银行此项规定与内资银行的传统做法不同,众多媒体相继进行了报道,引起广泛关注。

2002年4月8日下午,原告吴卫明支付车费20元,乘出租车到达被告上海花旗银行所属的浦西支行。进入浦西支行大门后,吴卫明在营业厅内获取了上海花旗银行介绍上述收费内容的"货币理财组合"宣传资料,并与上海花旗银行的理财顾问邵肃洽谈了个人外汇存款事项,但未办理存款手续即离开浦西支行,由他处乘出租车返回,支付车费14元。

**〔一审裁判理由与结果〕**

上海市浦东新区人民法院认为:从双方提交的证据看,可以证明2002年4月8日下午,原告吴卫明到过被告上海花旗银行所属的浦西支行营业大厅。从递交诉状到庭审陈述期间,吴卫明虽然一再声称其此行目的是为办理外币存款,但一直未提及其欲存的外币币种和数额,故无法确认其此行是办理外币存款,还是进行理财咨询,或者为其他目的。

设若原告吴卫明此行是办理外币存款,也确实是因不同意向被告上海花旗银行支付小额外币存款的服务费而没有缔结外币存款合同。在这种情况下,上海花旗银行是否需要向吴卫明承担缔约过失的赔偿责任,取决于上海花旗银行是否存在缔约过失。

被告上海花旗银行是依照《中华人民共和国商业银行法》(以下简称《商业银行法》)和《外资金融机构管理条例》的规定,经中国人民银行批准,在中国境内设立的外国商业银行分行,是吸收公众存款、发放贷款、办理结算等业务的企业法人。作为企业,商业银行必然以效益性、安全性、流动性为其经营原则,实行自主经营,自担风险,自负盈亏,自我约束。商业银行依法开展业务,不受任何单位和个人的干涉。《商业银行法》第八十八条①规定:"外资商业银行、中外合资商业银行、外国商业银行分行适用本法规定,法律、行政法规另有规定的,依照其规定。"《外资金融机构管理条例》第二十二条规定:"外资金融机构的存款、贷款利率及各种手续费率,由外资金融机构按照中国人民银行的有关规定确定。"对外资金融机构在办理小额存款时能否收取服务费,中国人民银行至今尚无专门规定。上海花旗银行在法律、法规和规章没有明确禁止规定的情况下,决定对小额储户收取服务费,并及时向主管部门备了案。是否准许该行向小额储户收取服务费,宜由主管部门根据形势的发展,特别是我国加入世界贸易组织后的相关规则和商业惯例作出相应规定。在相应规定没有出台前,不能认定上海花旗银行此举违法。

---

① 对应2015年《商业银行法》第九十二条。

《合同法》第四十二条规定，在订立合同过程中，当事人只有存在“假借订立合同，恶意进行磋商；故意隐瞒与订立合同有关的重要事实或者提供虚假情况；有其他违背诚实信用原则的行为”等情形之一，给对方造成损失的，才应当承担缔约过失的损害赔偿责任。由于被告上海花旗银行对小额储户按月收取服务费与内资银行的传统做法明显不同，因此事前有众多媒体进行了报道，引起市民广泛关注。作为一名关心社会热点问题的法律专业人士，原告吴卫明在上海花旗银行开展个人外币存款业务不久即赶至该行营业场所。尽管吴卫明声称其事先对上海花旗银行的这一收费标准并不知悉，但在吴卫明进入上海花旗银行营业场所后，该行工作人员向其讲解了小额存款的收费标准，吴卫明也获取了上海花旗银行对这一收费标准印制的宣传材料。吴卫明从上海花旗银行处得知的收费标准，与该行事先公布的标准完全相同。《合同法》第三条规定：“合同当事人的法律地位平等，一方不得将自己的意志强加给另一方。”第四条规定：“当事人依法享有自愿订立合同的权利，任何单位和个人不得非法干预。”在缔结外币储蓄合同一事上，上海花旗银行与吴卫明的法律地位平等。该行不存在恶意进行磋商、故意隐瞒与订立合同有关的重要事实或者提供虚假情况等行为，收费行为也不构成对小额储户的歧视。上海花旗银行没有垄断外币储蓄业务，办理外币储蓄业务不是只此一家银行。吴卫明对该行收取服务费的办法不满意，完全可以选择到其他金融机构办理，没必要非与该行缔结外币储蓄合同，也不得将自己的意志强加给该行。吴卫明关于上海花旗银行违背诚实信用原则的诉讼主张，缺乏事实根据；关于上海花旗银行收费行为是对小额储户歧视且给其造成一定心理伤害的诉讼主张，缺乏法律依据。故对吴卫明关于判令上海花旗银行赔礼道歉、赔偿损失的诉讼请求，难以支持。

据此，上海市浦东新区人民法院依照《中华人民共和国民事诉讼法》（以下简称《民事诉讼法》）第六十四条第一款的规定，于 2002 年 10 月 10 日判决：原告吴卫明的诉讼请求不予支持。案件受理费 50 元，由原告吴卫明负担。

**〔当事人上诉及答辩意见〕**

一审宣判后，吴卫明不服，向上海市第一中级人民法院提出上诉，理由是：存款有息是《商业银行法》对商业银行规定的原则。被上诉人向小额储户收取服务费的行为，违反这一原则。既然该收费行为未经中国人民银行批准，即应认定违法。虽然被上诉人事先通过媒体发布了收费的消息，但这样的信息不能视为公知信息。上诉人进入被上诉人的营业大厅，与被上诉人的理财顾问洽谈有关个人外汇存款业务，这一事实已经由双方确认。被上诉人没有证据证明上诉人系为其他事由进入营业大厅，应当认定上诉人进入营业大厅的目的就是为与被上诉人缔结储蓄合同。上诉人在事先不知悉收费信息的情况下，为存款有息来与被上诉人缔结外币储蓄合同，却被告知要收取服务费。这种行为确实违反诚实信用原则，侵犯了上诉人的合法权益，被上诉人应当承担缔约过失责任，给上诉人赔偿损失。请求二审撤销一审判决，改判支持上诉人在一审提出的诉讼请求。

被上诉人花旗银行辩称：上诉人不能证明双方已进入缔约阶段，故不存在缔约过失的前提。储蓄是一种理财行为。作为商业银行，只有对储户的账户进行管理，才能取得效益。小额储户过多，则银行从管理这些账户取得的收益，还无法弥补为管理这些账户投入的支出。在此情况下，被上诉人只得向小额储户收取服务费，这些费用实际是账户管理费。况且账户管理费与利息是两回事，被上诉人仍然按中国人民银行确定的利率给小额储户计算着利息，没有违背存款有息的原则。作为外资银行，被上诉人在向主管部门备案后，有权向小额储户收取账户管理费。被上诉人已将这一收费信息进行了公告，没有违反法律法规的规定和诚实信用原则。市场是开放的，上诉人不满意被上诉人收费，完全可以选择其他银行提供的服务，被上诉人没有义务改变自己的服务条件来与上诉人缔结合同。一审判决正确，应当维持，上诉人的上诉请求应当驳回。

**〔二审查明的事实〕**

上海市第一中级人民法院经审理，确认一审查明的事实。

**〔二审裁判理由与结果〕**

本案争议焦点是：对小额储户收取账户管理费，是否违背存款有息的原则，是否违法？在订立合同的过程中，是否存在缔约过失？

上海市第一中级人民法院认为：《外资金融机构管理条例》第二十二条规定，外资金融机构在经中国人民银行批准开展的业务范围内，有权按照中国人民银行的有关规定确定各种手续费率。对小额储户收取账户管理费，这种做法是不是区别于外汇存款的一项新业务，或者这种做法是否属于外资金融机构可以确定的手续费率问题，中国人民银行目前尚未明确规定。故上诉人吴卫明认为被上诉人上海花旗银行对小额储户收取账户管理费属违法行为的主张，没有法律依据。上海花旗银行在向小额储户收取账户管理费的同时，仍向小额储户计付利息，故收取账户管理费与存款有息互不关联。缔约过失责任，是指在订立合同过程中，当事人因实施违反诚实信用原则的行为给对方造成损失后应承担的法律责任。上海花旗银行在对小额储户收取管理费前，已经通过众多媒体将该信息在社会上进行了广泛报道，尽到了必要和可能的公知义务。即使吴卫明事前不知道这一信息，订立合同的过程，也只能从吴卫明进入上海花旗银行营业场所并受到该行工作人员接待时开始，而不是从吴卫明因存款有息而动身前来缔结外币储蓄合同时开始。在订立合同的过程中，上海花旗银行工作人员向吴卫明介绍了小额存款业务的相关信息，吴卫明也对收费情况有了较详细的了解。没有证据证明一方当事人在订立合同的过程中有故意隐瞒或虚假陈述的行为，也没有证据证明另一方当事人在订立合同过程中因此遭受了损失，故在订立合同的过程中未发生缔约过失。吴卫明尽可在清楚其权利义务后，自主确定是否与上海花旗银行订立储蓄合同。吴卫明认为上海花旗银行对小额储户收取管理费违反诚实信用原则，侵犯其合法权益，构成缔约过失的诉讼主张，缺乏事实根据和法律依据，不能支持。

据此，上海市第一中级人民法院依照《民事诉讼法》第一百五十三条第一款第(一)项规定，于2003年2月25日判决：驳回上诉，维持原判。二审案件受理费50元，由上诉人吴卫明负担。

**规则4(格式合同)　格式合同提供一方应当承担合同约定不明的责任**

——海林国际有限公司与晓星物产香港有限公司购销合同纠纷案①

**【裁判规则】**

双方当事人在一方当事人制定的格式合同上达成协议，该格式合同条款中就付款方式约定不明确的，格式合同制作者应当承担合同约定不明的责任。双方当事人不能达成一致意见，致使合同无法履行的，双方当事人均有过错的，由此造成的损失各自承担。

**【规则理解】**

**一、格式合同的内涵和特征**

(一)格式合同的内涵

因研究格式合同制度的着眼点不同，各国的格式合同概念不尽相同。研究的对象也不尽相同，有的将其作为合同的整体进行研究，如：英国和以色列称为标准合同，法国和日本称为附合合同，我国台湾地区则称之为定型化契约。有的将条款作为研究的对象，如德国和奥地利从条款角度研究格式合同，称其为一般交易条款。我国对格式合同也有多种称谓，1993年通过的《消费者权益保护法》第24条规定："经营者不得以格式合同、通知、声明、店堂告示等方式做出对消费者不公平、不合理的规定，或者减轻、免除其损害消费者合法权益应当承担的民事责任。格式合同、通知、声明、店堂告示含有前款所列内容的，其内容无效。"第一次在法律中使用了格式合同这一概念。我国1999年通过的《合同法》第39条则将其称为格式条款，"格式条款是当事人为了重复使用而预先拟定，并在订立合同时未与对方协商的条款"。学界对该概念也存在不同的观点，有的学者特别强调应采用格式条款这一概念。② 认为格式条款是指"由一方当事人为了反复使用而预先制定的、并由不特定的第三人所接受的、在订

① 《中华人民共和国最高人民法院公报》2000年第5期。

② 参见王利明：《合同法研究》(第一卷)，中国人民大学出版社2002年版，第382页。

立合同时不能与对方协商的条款”。[①] 有的学者认为格式合同应该有广狭二义。[②] 就狭义而言，格式合同是指全部内容均由格式条款构成的合同，如机票、电话费用单据等；就广义而言，格式合同是指全部或部分内容由格式条款构成的合同。笔者赞成对格式合同做广义理解。

（二）格式合同的法律特征

笔者认为，根据格式合同的概念、法律要素等，格式合同的主要法律特征可以概括为以下几个方面：

1. 具有反复使用性。格式合同条款是由提供方预先拟定，并且可以反复使用的，与一般合同条款由双方当事人共同协商拟定不同，格式合同条款一般由提供方预先拟定。当事人之间订立合同必须经过要约和承诺两个阶段。但在实践中，通过要约和承诺订立合同经常以一种变形的方式出现，即使用格式合同。[③] 因为针对的是同一类相对人，交易的对象又是基本无差异的商品或服务，格式合同条款提供方既无必要也不可能逐个与众多的相对人为要约。“拟订格式合同一方多为固定提供某种商品和服务的公用事业部门、企业和有关的社会团体等，有些格式合同文件是由有关政府部门为企业制定的，如常见的电报稿上的发报须知、飞机票的说明等”。[④]

2. 具有稳定性和不变性。格式合同的内容基本上是固定而完整的，具有定型化特征，普遍适用于不特定的相对人，不因相对人的不同而有所区别。相对人对合同的内容只能表示完全的同意或拒绝，而不能修改或变更合同的内容。相对人对格式条款只能“要么接受，要么走开（take it or leave it）”。此外，格式合同的定型化特点还表现在订约过程中要约人和承诺人的地位也是固定的，不会随意转换。格式合同条款一般是经过较长时间反复运用并经履约实践后总结出来的，且往往是由一些具有专门知识的人员、组织拟定的，因而，与一般合同条款相比，具有较强的科学性和客观性。此外，格式合同条款也须正确反映所涉行业的客观规律与特殊要求，这对格式合同条款的内容也提出了较高的要求，它要求格式合同条款必须具有完整详尽、具体细致的特点。

3. 要约对象具有不特定性和广泛性。当事人的缔约目的主要在于交换不同的利益，为使这种交易顺利完成，势必选择适合自己的缔约对象，由此，一般缔约在缔约

---

① 王利明：《合同法研究》（第一卷），中国人民大学出版社2002年版，第384页。

② 苏号朋：《格式合同条款研究》，中国人民大学出版社2004年版，第38页。

③ ［德］迪特尔·梅迪库斯：《德国民法总论》，邵建东译，法律出版社2000年版，第294页。

④ 王利明：《合同法研究》（第一卷），中国人民大学出版社2002年版，第379页。

之初，要约方通常向特定相对人为要约，然后双方基于各自真实意思就具体内容进行反复磋商，直至缔约成功。而格式条款涉及的内容往往是大众普遍需要的产品或服务，此点决定了格式合同提供方既无须自己主动选择特定缔约对象，也难以一一与成千上万的不特定相对人以个别磋商的方式缔约。因此，格式合同条款提供方基于交易最大化的利益追求，导致合同相对方的范围无法、也没有必要特定化。

4. 具有附合性。所谓附合，是指经济上的弱势地位决定了格式合同相对方若要购买格式合同提供方的产品或服务，在缔约意向上将被迫迎合提供方的强势意图。格式合同提供者凭借强大的经济实力和交易能力预先将合同条款拟定出来，从而排除了合同双方协商的可能性。相对人并不参与协商过程，只能对提供者提供的格式合同予以接受或不接受，而不能就合同条款讨价还价。格式合同的产生，是由于合同双方经济地位的不平等或者是由于经营高效的需要而形成，或者是由于行业或领域的特殊性而形成，如保险、银行、证券、民航、铁路、电力等行业。当然，在法律上相对方仍然享有是否接受格式合同条款的自由，并非处于必须无条件服从的地位。

（三）不属于格式合同的情形

1. 未与对方协商的合同条款并非都应认定为格式合同。基于格式合同具有定型化特点，格式合同的主要特点在于未与对方协商。但对《合同法》第 39 条的正确理解应为，格式条款是指在订立合同时不能与对方协商的条款。这里强调的是“不能”协商，并非未与对方协商。未与对方协商的条款并不意味着条款不能与对方协商，某些条款本来可以协商确定，但条款的提供方并没有与对方协商，而相对人也没有要求就这些条款进行协商，因此，这并不表明包含上述条款的合同就属于格式合同，应该严格按照格式合同的内涵和特征来判断是否属于格式合同。

2. 示范合同不属于格式合同。示范合同是指根据法规和惯例而确定的具有示范作用的文件。① 在我国，房屋买卖、租赁，建筑施工等许多行业都推出各行业的示范合同，在网上都可以下载得到。示范合同对完善合同条款，明确当事人的权利与义务，弥补当事人因法律知识的欠缺造成合同内容的缺陷和漏洞等方面具有十分有益的作用。但示范合同只是当事人之间签订合同时的参考性文件，并不具有定型化、不能协商的特点，双方当事人可以任意修改其条款形式和内容，也可以增减条款，因此，该类合同不是格式合同。

**二、格式合同价值与弊端**

格式合同的大量运用所带来的效益是明显的：①对相对方而言，节省了消费者订

---

① 王利明：《合同法研究》（第一卷），中国人民大学出版社 2002 年版，第 383 页。

约时间和成本,加速了交易的进行,改变了传统条件下一个合同的订立必须经过反复要约和承诺的非经济行为。②对提供方而言,格式合同极大地降低了交易成本和企业内部管理成本。如果邮政、电讯、供电部门与每位消费者逐一协商从而订立不同的合同,整个社会就谈不上规模效益,由此产生的巨额交易成本最终必然要转嫁到消费者身上。可见,格式合同能使企业预先计算成本、利息、风险负担、付款期限,对耗损、不可抗力所致损失亦能预先将其减少到最低限度。③对整个社会而言,格式合同的大量采用,大大缩短单个交易的时间,加快商品交换的速度,提高了商品的货币利用率,带来规模效益。一些具有垄断性质的企业采用格式合同,有利于国家进行宏观政策调控。由熟悉某一新型交易形态的行家制定出不违反法律规定的格式合同,可以弥补法律的滞后或不足,并为法律的完善提供一定的参考。

但格式合同相对方在对合同条款的协商上处于不利的状态,这是现今的普遍认识。垄断地位使得自由竞争的经济环境丧失,而企业所提供的商品或者服务往往又是普通消费者的生活必需品。在格式合同中,普通消费者对商品或服务的内容缺少必要的知识,对其在格式合同中可能涉及的经济或法律上后果的理解能力存在缺陷;而格式合同提供方却具有较强的经济实力,事先可以雇用专业人士拟定合同,事后可以通过有效渠道维护自己的利益。由于格式合同相对方处于信息匮乏的境况,不能确定是否存在更为合适的交易对象,而寻找这种不一定存在的交易对象是要耗费成本的,对普通消费者来说,这种成本的增加甚至是远远高于在格式合同上签字与协商签订合同的成本之差。相对方在没有或很难找到更好的交易对象的情况下,签订格式合同是一种无奈的选择。“要么接受,要么走开”的缔约方式限制了相对方的合同自由。故格式合同剥夺了合同相对方就具体条款进行充分协商的机会,而契约双方当事人经济实力的悬殊造成了当事人“自愿”的虚假性或无奈性。如在病人手术前,病人或病人家属必须完成《手术自愿书》签字手续,医院才进行手术。一般而言,病人或病人家属在紧急情况下不可能拒绝签字,更不可能有就《手术自愿书》的文字予以商议更改的权利。因此,尽管从形式上看,格式合同相对方接受了提供方的格式合同,好像是契约自由的体现,但实际上却是相对方一种妥协的结果。

**【拓展适用】**

**一、对格式合同进行规制的原则**

格式合同制定者往往会制定有利于自己的内容,不合理的分配风险,导致合同相对方表意上的虚假性或者无奈性,以及对条款的协商机会的缺失,与合同法基本原则之一的合同自由原则相悖。因此,有必要对格式合同进行规制。

(一)特别保护原则

对格式合同进行规制的首要原则是特别保护原则,对弱者予以特别保护,是现代私法公法化的潮流。特别保护原则与民法传统的诚实信用原则相结合，分别从整体正义和个别正义两方面维护着法治秩序。由于社会经济地位、职业的差异，以及供求关系的不平衡，均可能导致缔约双方当事人的实际地位并非真正平等，为寻求社会的公平正义，需要对弱者加以特别的考虑和保护，但这并不违反“法律面前人人平等”的基本信条。其实，这种不平等是针对社会关系本身存在的不平等所实施必要的纠正，来缓和、化解实质上的不平等，是另一种意义上的法律平等，即“实质平等”。①

（二）打破垄断、保持竞争原则

“契约自由”受到妨害的真正原因是垄断的形成和国家对经济干预的强化。“当交易是在一家大公司与一个普通个人之间进行时，它会引起类似于胁迫的情况，并可能使这个普通人在签订合同时有‘如刀在喉’的感觉，尤其是如果他与公司的契约是一种标准契约或消费者是一个穷人。”②以科斯和波斯纳等人为代表的法律经济学家，主张通过市场竞争来解决垄断问题，即只要市场是竞争的市场，不是垄断的市场，卖方为了吸引顾客和在竞争中占有优势，就必然要提出一些有利于消费者的条款，其他竞争者竞相仿效，就会使价格趋于成本，风险责任的确定有利于保护消费者的利益。这样，格式合同的订立即使没有经过消费者与卖方的讨价还价，但它对于消费者亦变得可以接受。应该尽快制定取缔或限制垄断的相关规范，让更多的经营者能自由地进入市场、退出市场，从而保障一个富有效率的竞争市场，在有效竞争的环境中满足消费者的选择权，使格式合同条款产生的源头受到限制。

**二、对格式合同进行规制的模式**

对如何规制格式合同，即格式合同的规制模式，德国学者 Vonhippel 曾列举了七种模式：①司法审查的强化；②营业竞争效能的促进；③强行法之增订；④同业公会自律；⑤行政专门委员会拟定一般条款；⑥审核制之实施；⑦消费者保护官设置。③ 我国台湾和大陆的多位学者都认为规制格式合同的模式不外乎以下几种：①立法规制；②司法规制；③行政规制；④自律规制。④

立法规制模式是指特设强行规定的方法或设立一般条款对格式合同进行规制，也有国家对格式合同进行专门立法，从立法层面规制格式合同，但“徒法不足以自行”，还必须在司法、执法等领域中作出一些具体的规定，才能实现控制目的。所谓司

① 董保华：《社会基准法与相对强制性规范——对第三法域的探讨》，载《法学》2001 年第 4 期。

② ［美］理查德·A. 波斯纳：《法律的经济分析》（上），苏力译，中国政法大学出版社 2002 年版，第 145 页。

③ 冯振宇等：《消费者保护法解读》，台湾月旦出版社 1995 年版，第 139 页。

④ 王利明、崔建远：《合同法新论》，中国政法大学出版社 1996 年版，第 152 页。

法规制，是指法院依法律之规定，对格式合同以裁判肯定或否定其效力的规制方法。司法规制具有控制的终极性、公正性。从各国法院的审判实务看，法院分五个层次规制涉讼的格式合同：第一，是否为格式条款合同；第二，格式条款是否订入合同；第三，对有疑义条款的解释；第四，格式条款之效力认定；第五，条款无效时，其合同的法律效力如何。[①] 行政规制模式是指格式条款合同由行政监管机关负责制订、审核、监督、修改或撤销，是对格式合同所采取的最早的规制方式。各国的行政规制又分为三种形态：事先审核制；事先协商制；事后介入制。自律规制模式是指格式条款提供者或其同业公会对其所使用的格式条款合同自行审查。上述四种规制模式各有利弊，几种规制模式互相取长补短，才能达到好的效果。

**三、对格式合同进行规制的方法**

从对格式合同进行规制的模式可以看出，立法规制是基础，是最根本的。我国立法规制的方法包括：一是法律规定格式合同适用特殊解释原则；二是格式合同条款无效事由与一般合同无效事由相区别。笔者重点从格式合同解释的有关规定入手，分析法律对处于相对弱势的格式合同接受一方当事人的保护。由于格式合同在性质上仍属于合同，对格式合同进行解释可以适用对普通合同的各种解释方法，即适用《合同法》第125条、《民法总则》第142条的规定，即有相对人的意思表示的解释，应当按照所使用的词句，结合相关条款、行为的性质和目的、习惯以及诚信原则，确定意思表示的含义。无相对人的意思表示的解释，不能完全拘泥于所使用的词句，而应当结合相关条款、行为的性质和目的、习惯以及诚信原则，确定行为人的真实意思。但鉴于格式合同不同于普通合同，对其解释应当比普通合同的解释更加注重解释的客观性。根据我国《合同法》第41条规定，对格式合同的解释应当把握好以下原则：

(一)按照通常理解予以解释的原则

当事人对格式合同的理解发生争议时，应当根据可能订约者正常、合理的理解对合同予以解释。对某些特殊术语应作出平常的、通常的、通俗的、日常的、一般意义的解释。格式合同是为重复使用，针对不特定人所制定，因此格式合同应考虑多数人而不是个别消费者的意志和利益。寻求当事人真意是普通合同解释的基本原则，而格式合同相对方对格式条款形成的影响力微乎其微，其“真意”难求。所以，在解释过程中，不能以格式合同提供方通过条款文句表现出来的片面对其有利的真意，也不能以作为特定合同相对人的单个消费者的理解为目标，而是要以该格式合同条款所适用地区和阶层的消费者的一般的、合理的、正常的理解为真意。具体而言，解释时，一般

① 王泽鉴：《民法债编总则》，中国政法大学出版社1998年版，第89页。

应超脱于具体的环境及特殊的意思表示,应根据其使用的不同地域、不同职业团体的可能缔约者的一般理解来解释合同。若使用外国术语,应以相对人的一般理解和认识为解释基础,格式合同提供方主张该术语在外国的本意如何,通常不予采信。

(二)对格式合同提供者作不利解释的原则

该项规则源于罗马法"有疑义应为表意者不利益之解释",该规则被英美普通法所采纳。① 格式条款如果有模糊不清的文句或者其文句有疑义,应严格作不利于条款利用人的解释,这是法律公平正义的体现。因为格式合同往往由享有垄断、独占或优势地位的条款提供方单方拟订,相对方只能接受,不能修改,格式合同是提供方基于自己的意志所做的有利于自己的条款,甚至可能故意使用或插入意义不明确的文字以损害相对方的利益,或者从维持其经济上的优势地位出发,将不合理的解释强加给相对人。根据权利义务相适应的原理,必须加重其在拟订合同条款方面的责任,即按不利于自己而有利于相对人的意义去解释。比如,在英国的一件汽车保险案中,司机因超载乘客而出了事故。汽车保险单上规定,如汽车因载货量超重而导致事故发生,保险公司不负赔偿责任。法院认为该案中司机是由于载人超重而非载货超重导致事故,故该免责条款不适用于该案。这就是做出了不利于条款提供方的解释。我国《保险法》第30条规定,对于保险合同的条款,保险人与投保人、被保险人或者收益人有争议时,人民法院或者仲裁机构应当作有利于被保险人和受益人的解释。需要注意的是:第一,所谓"疑义",是指消费者群体普遍产生的不明确的理解,并非某个消费者个人特有的疑义。第二,有利于相对人的解释原则并不是指只要格式条款提供者与相对人对条款理解不一致时就要采纳相对人的理解,而是对格式条款按客观解释存在两种以上歧义的,才适用该原则。对格式合同提供者作不利的解释,还包括格式合同约定不明时,格式合同的提供方应承担约定不明的责任。

(三)非格式条款优于格式条款的解释原则

这是由于个别商议的条款系由双方自由协商订立的,更能反映当事人双方的真实意思,因此个别商议而形成的非格式条款自然优于预先拟定好的格式条款。实践中当手写与印刷不一致时,因为考虑到手写含有一个协商的过程,一般情况下应当以手写为准,就是该原则的具体体现。当然,此处应该注意:如果格式合同中格式条款的内容较个别约定条款的内容更有利于相对人,该如何处理两者的效力问题。有学者认为,如果格式条款的内容较个别约定条款更有利于合同相对人,而相对人却仍然写入了个别约定条款,基于通常人的合理判断,这只能说明相对人在写入该条款时不

① 转引自王利明:《合同法研究》(第一卷),中国人民大学出版社2002年版,第398~399页。

清楚更有利于他的相关格式条款,也就是说格式条款提供方没有能够尽到提供充分、正确信息的义务,故仍然应该使用格式条款作为确定双方权利义务的依据。在这种情况下如仍机械地适用《合同法》第41条后段的规定,确认非格式条款有效,这显然违背立法目的。笔者赞同上述观点,并认为当非格式条款明显不利于消费者并与格式条款不一致时,应认定格式条款有效,而非格式条款无效。

当格式条款的某些条款之间存在对立矛盾情形时如何处理?应当适用何种原则?有学者称应适用“调和原则”,视它们都为有效条款,且在其共同范围内,尽可能使之调和。[①] 且在一般条款与特殊的条款对立相矛盾时,认定特殊条款的效力优先于一般条款。

(四)严格解释的原则

严格解释又称作限制解释,是指对格式条款的涵义应当从狭义的角度进行解释。这是因为,格式条款大多是经营者为其自身之利益而制定,如果仍然允许对条款采用对法律进行解释时所常用的类推、扩张或补充的方法,则会由于其依据的解释基础本来就有所偏颇而更加背离公平正义,使得格式合同提供方获得超出格式合同的预期利益,从而进一步倾斜了原本已经不平衡的利益状态。此外,在格式合同中,有时将具体事项列举后再用“其他”“等等”等字样概括规定,对概括规定所包含的内容应解释为与先前所列举的具体事项属于同一种类。该规则的适用,是为了保护处于格式合同弱势地位的相对人一方,如果该规则的适用不利于保护相对人一方的,就应采用其他的规则进行解释。

**【典型案例】**

**海林国际有限公司与晓星物产香港有限公司购销合同纠纷案**

原告(反诉被告):海林国际有限公司。

法定代表人:浦维明,该公司董事长。

诉讼代理人:曹欣光,北京市海问律师事务所律师。

被告(反诉原告):晓星物产香港有限公司。

法定代表人:朴教雨,该公司董事长。

诉讼代理人:朴雨远,晓星物产香港有限公司职员。

诉讼代理人:萧志坚,广州国际商务律师事务所律师。

**〔基本案情〕**

原告海林国际有限公司(以下简称海林公司)因与被告晓星物产香港有限公司(以下简称香港晓星公司)发生购销合同纠纷,向广东省广州市中级人民法院提起诉讼。

---

① 王利明、崔建远:《合同法新论·总则》,中国政法大学出版社1996年版,第189页。

原告诉称：我公司按照与被告香港晓星公司签订的购销合同中的约定开出信用证，香港晓星公司拒收并单方面宣布解除合同，以致我公司对下家买方厦门华榕进出口公司（以下简称华榕公司）的购销合同无法履行，向华榕公司支付了违约金人民币67.5万元。请求判令香港晓星公司按照合同的约定，向我公司支付违约金72750美元，赔偿我公司付给华榕公司的损失人民币67.5万元，支付的开证费2500美元和律师费人民币15万元，以及上述款项的利息。

被告答辩并反诉称：我公司与原告海林公司签订合同时，不知道该合同还与华榕公司有关，也不可能意识到海林公司会采用转让信用证的方式来履行开证义务。双方签订购销合同，在双方没有明确约定的情况下，合同义务只能由买卖双方亲自履行。海林公司没有按照合同的约定，在1995年7月30日前亲自开立以自己为开证人、以我公司为受益人的不可撤销远期信用证，而是向我公司转来华榕公司开立的可转让信用证，这种做法违背国际贸易惯例和一般的买卖习惯，已经构成违约，故应当驳回海林公司的诉讼请求。反诉请求判令海林公司给我公司支付违约金72750美元，赔偿律师费人民币8万元，同时承担本案的全部诉讼费用。

广州市中级人民法院经审理查明：1995年7月，原告海林公司与被告晓星公司协商买卖聚酯切片期间，收到晓星公司传真来的购销格式合同要约文本正背两面。7月22日，双方经协商一致后在格式合同的正面签字。合同约定：买方海林公司、卖方晓星公司；买卖货物聚酯切片1000吨；单价每吨1460美元；装运期1995年8月20日前；付款方式是通过开立以韩国晓星公司为受益人、按提单日期第60天付款的不可撤销远期信用证支付；该信用证不迟于7月31日开出；如买方迟至8月1日未能将信用证电报影印件传给卖方，卖方有权不经通知取消交易并保留向买方索赔合同金额5%的权利；卖方迟至8月20日仍未发货，则买方保留向卖方索赔合同金额5%的权利。该格式合同的正面内容中未表明背面条款是否作为合同不可分割的一部分，双方当事人也未能就背面条款达成一致意见，故背面的仲裁条款不包括在合同中。7月26日，双方又达成修改协议，将货物价格由每吨1460美元修改为C. F厦门1455美元，付款日期由按提单日起第60天付款改为第45天付款。

1995年7月27日，原告海林公司向香港新华银行提出信用证转让申请，申请将其下家买方华榕公司根据与海林公司的合同约定，由中国工商银行厦门分行开出、以海林公司为第一受益人、自提单日起第45天付款的不可撤销远期信用证，转让给南韩晓星公司。海林公司将这一转让用传真通知了晓星公司驻广州办事处。同日，该办事处表示拒绝接受转让的不可撤销信用证，要求海林公司亲自独立开证。7月28日后，双方多次传真往来，晓星公司坚持不接受转让的信用证；而海林公司则认为转让信用证没有违反合同约定和国际贸易惯例，并于7月31日通过香港新华银行和汉城OVASCOTIA银行办理了向韩国晓星公司的信用证转让手续。8月1日，晓星公司驻广州办事处又发来传真，仍表示拒绝接受海林公司转让的信用证，并单方面宣布解除合同。8

月20日，晓星公司未按合同约定履行交货义务，并于8月22日告知海林公司，其已于8月21日通知汉城OVAS－COTIA银行拒绝了香港新华银行的转证，信用证已经退回。8月25日，因海林公司没有向华榕公司履行交货义务，华榕公司向海林公司提出索赔要求。9月18日，海林公司与华榕公司签订了赔偿协议，海林公司按照约定于10月17日向华榕公司支付了违约赔偿人民币67.5万元。

另查明：原告海林公司用于支付信用证转让手续费、邮政电报费等合计13043.04港元，支付律师代理费人民币15万元。

〔一审裁判理由与结果〕

广州市中级人民法院认为：《中华人民共和国涉外经济合同法》第五条第三款规定："中华人民共和国法律未作规定的，可以适用国际惯例"。原告海林公司与被告晓星公司签订的买卖合同是符合国际贸易惯例和一般买卖习惯的，应为有效合同。海林公司履行了开证义务，其开证行为并不违反合同的约定和国际贸易惯例，晓星公司拒绝接受该信用证并宣布解除合同，拒绝发货，其行为违反了涉外合同法第十六条关于"合同依法成立即具有法律约束力。当事人应当履行合同约定的义务，任何一方不应擅自变更或者解除合同"的规定，实属违约。涉外经济合同法第十九条规定："当事人一方违反合同的赔偿责任，应当相当于另一方因此所受到的损失，但不得超过违反合同一方订立合同时应当预见到的因违反合同可能造成的损失。"晓星公司对因其过错导致海林公司遭受的支付违约赔偿金、转让手续费、律师费等损失应负赔偿责任。海林公司在要求晓星公司承担赔偿责任后，还要求晓星公司按照合同约定承担违约责任，给其支付违约金72750美元。因晓星公司承担的赔偿责任已大于双方约定的违约金，故海林公司的这一主张违反涉外合同法第二十条第二款的规定，不予支持。由于晓星公司已单方宣布解除合同，且海林公司也不请求继续履行合同，故双方签订的合同应当终止。晓星公司提出的反诉于法无据，应予驳回。据此，广州市中级人民法院判决：

一、被告晓星公司于判决生效之日起10日内，向原告海林公司赔偿人民币82.5万元、港币13043.04元。

二、驳回原告海林公司的其他诉讼请求。

三、驳回被告晓星公司的反诉请求。

案件受理费16545元，由被告晓星公司负担11030元，原告海林公司负担5515元。反诉受理费13465元由晓星公司负担。

〔当事人上诉及答辩意见〕

被告晓星公司不服上述一审判决，向广东省高级人民法院提起上诉。理由是：1. 被上诉人海林公司在本案中实施了两个行为，即安排华榕公司申请开立信用证和向新华银行香港分行申请将华榕公司开立的信用证转让给上诉人。安排华榕公司申请开立信用证与自己申请开立信用证是有区别的，因此这个行为不是海林公司履行开立信用证的义务。转让信用证，也不等同于自己申请开立信用证。况且转让是另一个民事行为,其前提必须是转让方与受让方达成一致意见,转让行为才有效,否则无效。合同约定的付款方式是,海林公司不得迟于1995年7月31日开立以晓星公司为第一受益人、按提单日期第60天付款的(不可转让)不可撤销的信用证。虽然在合同中没有明确由谁申请开立信用证,但在没有约定的情况下,应该认定为由合同的买方海林公司承担申请开立信用证的义务。海林公司没有履行开立信用证的义务,显属违约。2. 海林公司转让信用证,第一,只给上诉人传真来新华银行香港分行的发电稿,不是信用证电报影印件;第二,该发电稿只记载了开证行,没有记载咨询处,并且言明新华银行香港分行对该信用证不负任何责任;第三,该发电稿明确了转让行为的手续费由受让方负责,增加了上诉人的费用;第四,该发电稿给议付/押汇行的特别指示,不能保证上诉人按时收取货款;第五,是由于新华银行香港分行作为中介银行的介入,使上诉人收取货款的途径复杂化,增加了上诉人收款的风险。这些都将导致损害上诉人的利益。3.《跟单信用证统一惯例》(以下简称UCP500)第四十八条规定,转让信用证的行为是一种特别行为,必须经转让方、受让方和转让银行的同意才能实施。海林公司未征得上诉人的同意就擅自转让信用证,这一行为不符合国际惯例。原审判决既不符合事实,也无法律依据,应当撤销。

被上诉人海林公司辩称:一、根据合同的约定,海林公司只要提供了以上诉人晓星公司为受益人、按提单日期第60天付款、不迟于1995年7月31日开立的不可撤销信用证,就履行了同晓星公司开证的义务。海林公司的开证行为完全符合合同约定。二、信用证的作用是以银行信用取代商业信用。信用证一旦开出,开证银行便以自己的信用向卖方作出付款保证,而开证银行作出的这种付款保证和承担的付款义务与谁是合同的买方无关。因此在国际贸易实践中,除非合同明确约定必须由合同买方直接申请开证,否则由谁申请开证完全是买方权限范围内的安排,与卖方无关。只要买方安排开出的信用证符合合同要求,卖方不得拒绝。本案合同并未规定必须由海林公司作为开证申请人直接向银行申请开证,故晓星公司拒绝接受合同项下信用证的理由不能成立。三、本案合同仅约定海林公司向晓星公司提供不可撤销远期信用证,而没有约定该信用证是不可转让的。晓星公司以与海林公司没有就转让信用证达成过合意为由拒收该信用证,是违约行为。四、UCP500中没有也不可能有可转让信用证必须经合同双方达成合意才能使用的规定,没有也不可能有可转让信用证必须经第二受益人同意才能使用的规定。在双方的合同中,也没有限制海林公司在另一独立合同关系中采用何种支付方式。晓星公司称转让信用证行为不符合国际贸易惯例,只能说明晓星公司对信用证的作用和国际贸易惯例缺乏基本的了解。本案事实清楚、法律关系明确,一审判决适用法律正确,上诉人的上诉请求应当驳回。

**〔二审裁判理由与结果〕**

广东省高级人民法院经审理认为:本案双方当事人在签订和履行合同时,应当依照《中华人民共和国民法通则》第四条和涉外经济合同法第三条的规定,遵循“自愿、公平、等价有偿、诚实信用"和"平等互利、协商一致"的原则,根据合同的性质、目的和交易习惯,履行相互通知和相互协助等义务。在采取信用证付款的购销合同中,履行付款义务的一方是转让信用证还是直接申请开立信用证,由于两种方式造成收款的时间和环节不同,前者给收取货款一方带来的商业风险,肯定大于后者。上诉人晓星公司和被上诉人海林公司签订的购销合同中,没有约定是否可以通过转让信用证的方式付款,UCP500对此问题也无明文规定。在此情况下,晓星公司是与海林公司签订购销合同,不可能询问海林公司有无下家,是否准备用转让下家信用证的方式付款;海林公司既准备将下家交来的信用证转让给晓星公司,有义务将这种增加对方风险的付款方式事先通知对方,以征得对方的同意。海林公司事先没有通知,在得知晓星公司反对采取这种付款方式后仍一意孤行,对纠纷的发生负有责任。

双方当事人是在上诉人晓星公司制定的格式合同上达成购销合同的。该格式合同条款中,就是否允许以转让的信用证付款的问题,约定是不明确的。对此,格式合同的制作者晓星公司也应当承担责任。

由于合同约定不明确,导致发生纠纷。纠纷发生后,双方当事人不能互相谅解并达成一致意见,最终使合同无法履行。对此,对方当事人均有过错。本案的购销合同应当终止履行,由此给双方造成的损失,双方各自承担。双方当事人请求对方当事人承担违约责任的主张,均不支持。一审认定的事实清楚,但适用法律有误,判决结果有失公正,应当改判。据此,广东省高级人民法院依照《中华人民共和国民事诉讼法》第一百五十三条第一款第(二)项的规定判决:

一、维持原审判决第三项。

二、撤销原审判决第一、二项。

三、驳回海林公司的诉讼请求。

一审案件本诉受理费人民币16545元,由海林公司负担,反诉受理费13465元,由晓星公司负担。二审受理费人民币30010元,由海林公司负担16545元,晓星公司负担13465元。

**规则5(缔约过失责任的确定)** 国有土地使用权出让方因撤销公告后造成竞买人在缔约阶段发生信赖利益损失的,应对竞买人的实际损失承担缔约过失责任

——时间房地产建设集团有限公司诉浙江省玉环县国土局土地使用权出让合同纠纷案①

① 《中华人民共和国最高人民法院公报》2005年第5期,最高人民法院(2003)民一终字第82号民事判决书。

**【裁判规则】**

国有土地使用权出让公告属于要约邀请，竞买人在竞买申请中提出报价，并按要约邀请支付保证金的行为，属于要约，双方当事人尚未形成土地使用权出让合同关系。国有土地使用权出让方因出让公告违反法律的禁止性规定，撤销公告后，造成竞买人在缔约阶段发生信赖利益损失的，应对竞买人的实际损失承担缔约过失责任。

**【规则理解】**

**一、要约邀请与要约的内涵及区别**

（一）要约邀请与要约的内涵

我国《合同法》第14条规定，“要约是希望和他人订立合同的意思表示”，且该意思表示内容应当具体确定并表明经受要约人承诺，要约人即受该意思表示约束。而要约邀请又称“引诱要约”，是指一方邀请对方向自己发出要约。我国《合同法》第15条规定：“要约邀请是希望他人向自己发出要约的意思表示。寄送的价目表、拍卖公告、招标公告、招股说明书、商业广告等为要约邀请。商业广告的内容符合要约规定的，视为要约。”

要约一般都具有特定的形式和内容，一项要约要发生法律效力，必须具有如下要件。一是要约人必须具有订立合同的意图，且该意图已通过其发出的要约明确充分地表达出来；二是要约必须向要约人希望与之缔结合同的受要约人发出，受要约人一般为特定的一人或数人，但法律规定特定的情况下向不特定的人发出订约的提议具有要约的效力，如悬赏广告；三是要约的内容必须具体确定，要约的内容必须具有使合同成立的主要条款，内容必须明确不能含糊不清，并不含保留条件；四是要约必须送达受要约人。

（二）要约邀请与要约的区分

实践中要区别要约和要约邀请极为复杂，主要可以从以下五个方面区分：(1)根据当事人的意愿做出区分，即根据当事人已经表达出来的意思来确定当事人对其实施的行为主观上认为是要约还是要约邀请；(2)以法律的明确规定来区分；(3)根据订约提议的内容是否包含了合同的主要条款来确定该提议是要约还是要约邀请；(4)根据意思表示是针对特定人还是不特定人发出的可以做出区分；(5)根据交易习惯即当事人历来的交易做法来区分。此外还应考虑其他情况，如是否注重对相对人的个人条件的考察，是否实际接触，一方发出的提议是否使对方产生合理的信赖等。区分要约和要约邀请，事关合同的成立与否，并最终关系到当事人应承担的义务和责任形式等,意义重大。[①]

## 二、缔约过失责任的法律特征

鉴于对缔约过失概念的描述和立法对缔约过失责任的规定,可以总结缔约过失责任主要具有以下特征:

### (一)缔约过失责任是合同生效前产生的一种民事责任

在缔约过程中,当事人之间基于为订立合同开始了一定的联系,即为缔结合同,一方实施了具有某种法律意义的行为如发出要约或要约邀请,并受该行为的约束,而另一方对此行为将产生合同能够成立的合理信赖,但合同尚未成立,或合同虽然成立但不符合法定的生效要件而被确认为无效或被撤销时,发生在合同缔约阶段可能产生的一种责任,人们将其称之为缔约过失责任。一般而言,缔约过失责任发生在缔约过程中而不是发生在合同成立以后。我国《合同法》第42条明确规定,缔约过失仅发生在缔约过程中。

### (二)缔约过失责任是违反先契约义务的民事责任

缔约过失责任以先合同义务存在为前提,先合同义务是一种基于诚实信用原则而产生的法定义务。缔约过失责任的核心内容就是违反先契约义务,这是缔约过失责任与违约责任的主要区别所在。有人将缔约过失责任的主要特征归结为"是以违背诚实信用原则为基础所应负的民事责任",[②]或者是"一方违背其诚实信用原则所应负的义务"。[③] 这样的归纳没错,但不太准确。因为诚实信用原则是民事主体从事民事活动时,应当以诚实、守信、善意的方式行使权利并履行义务。诚信原则作为一种原则性的法定义务(诚信义务),属一般性条款,由此引出民法中的各个具体义务,依不同标准或不同角度,可以作出不同的划分。

其一,依契约交易阶段不同而言,对契约交易过程中当事人义务予以划分,整个交易过程可分为合同成立前的契约磋商阶段、合同成立后履行阶段、合同履行后阶段三个部分。由此,可以将合同契约上的义务分为先合同义务、合同义务、后合同义务。先合同义务,也称先契约义务,是指自缔约人双方为签订合同相互磋商依诚实信用原则而逐渐产生的注意义务,先契约义务主要包括有以下内容:1. 协力义务,也称协作义务。主要是在缔约过程中,缔约人应负共同尽力促成契约的缔结义务。2. 通知义务,也称告知义务,主要是指在缔约过程中,缔约人不得向对方作出错误意思表示的行为。3. 保护和照顾义务,是指在缔约过程中,双方当事人互相负有保护对方的人

---

① 参见王利明:《合同法研究》(第一卷),中国人民大学出版社2002年版,第213~216页。

② 杨立新:《民法判解研究与适用》(第二集),中国检察出版社1996年版,第387页。

③ 王利明:《违约责任论》,中国政法大学出版社1996年版,第599页。

身和财产安全的义务。4. 保密义务，是指在缔约过程中知悉对方的个人身份、财产状况、商业秘密等秘密信息，不得向外界泄露或不正当使用的义务。5. 忠实义务，是指缔约人在缔约过程中，应根据诚信原则，讲诚实、守信用、不得欺诈他人。如违反这些义务，由此给对方造成损害，将产生缔约过失责任。合同义务、后合同义务均不是发生在契约磋商阶段，不存在缔约过失责任的问题。

其二，依义务性质之不同而言，对契约交易过程中义务进行划分。整个契约交易过程中的义务可分为给付义务和附随义务。给付义务是合同关系中所固有的和必备的，并用以决定合同类型的基本义务，它构成合同义务的客体，只存在于合同有效成立后的阶段，一般是合同约定的履行义务本身。附随义务，一般是以诚实信用原则为依据，伴随合同关系的发展，为履行给付义务或保护当事人人身或财产上利益而产生的义务，它存在于交易的整个过程，包括先契约阶段、契约阶段和后契约阶段，由此可分为先契约附随义务、契约附随义务和后契约附随义务。

先契约（合同）义务和附随义务二者的性质是完全相同的，无本质上的差别，先契约义务在性质上属附随义务，只是先契约义务仅适用于合同生效前的缔约磋商阶段，而附随义务则存在于整个合同从缔结到履行再到履行后阶段。

（三）缔约过失责任是一种弥补性的财产责任

缔约过失责任中的信赖利益，是指合同一方当事人基于其对另一方当事人将与其订约的合理信赖为促成订约、甚至为履行双方磋商的协议所支付的各种费用和合理开支。信赖利益的损失是指因另一方当事人的缔约过失行为使合同不能成立或生效，导致信赖合同将成立的一方当事人所支付的各种费用或其他损失不能得到弥补。虽然当事人处于缔约阶段，但因为一方当事人的行为已使另一方当事人足以相信合同能够成立或生效，而另一方当事人的缔约过失破坏了缔约关系，使信赖人基于合理的信赖产生的利益丧失。当受到法律保护的这种信赖利益被破坏后，法律为修补这种行为所造成的损失，所采取的是一种弥补性的财产责任——赔偿责任。

（四）缔约过失责任是一种过错责任

由于缔约过失发生在缔约过程中，缔约过失责任以赔偿对方损失为责任承担方式，其主要原因是当事人在主观上有过错，如果没有过错，则无需承担责任，其归责原则为过错原则。过错作为缔约过失的主观要件主要表现为，过错发生在缔约阶段，不发生在缔约阶段的过错，不构成缔约过失上的过错，其过错包括过失和故意两种形态。

### 三、缔约过失责任的确定

所谓缔约过失责任的赔偿范围，是指在缔约过程中，因一方当事人的缔约过失行为导致相对方造成的哪些损害应给予法律的救济，以使该损害得以补偿的问题。讨论缔约过失责任的赔偿范围，应明确以下几个方面的内容：

（一）缔约过失责任的保护对象

合同法上所保护的利益有履行利益和信赖利益之分，二者是以有效成立的合同为界限而作出的。履行利益，又称积极利益，是指合同有效成立后，债务人依照合同约定履行合同义务，债权人从履行中所得到的利益。信赖利益，又称消极利益，是指当事人相信合同有效成立，但因某种事实之发生，该合同不成立或无效时，当事人所蒙受的不利益。英美法系国家对信赖利益的定义显得更详尽，是指一方当事人基于对另一方允诺的信赖而改变了自己的经济地位，当另一方违背其诺言时，为使信赖方恢复到原有的经济地位而赋予该方的权益。[①] 而固有利益又称维护利益，与履行利益不同，不是从他人的履行中获得利益，而是债权人享有的不受债务人和其他人侵害的现有财产和人身权益。

缔约过失责任所保护的利益到底是什么？对此存在不同的认识，主要有履行利益说、信赖利益说和信赖利益和固有利益结合说。“履行利益说”实际上是从受害人信赖的角度来确定缔约过失责任所保护的利益的，只不过它将受害人信赖的范围扩展到合同有效以后，此观点存在明显不当。“信赖利益说”实际上是对信赖利益采取了广义的理解，认为在契约缔结阶段，信赖利益不仅体现为与正在缔结的合同存在直接联系的缔约费用等相关利益，亦同时体现为与正在缔结的合同没有直接联系的当事人之人身权、拥有商业秘密权等利益。即认为缔约费用等相关利益和人身权等利益，都应成为当事人信赖的利益范围。此种观点得到学术界较普遍的认可。[②] “信赖利益和固有利益结合说”认为，缔约过失责任所保护的利益主要为信赖利益，但亦包括固定利益。[③] 此种学说则对信赖利益采取狭义的理解，认为信赖利益只限于那些与正在缔结的合同存在直接联系的缔约费用、为履约做准备的费用等相关利益，而不包括那些正在缔结的合同并不存在直接联系的人身权等利益，把后者称为固有利益。从上述分析可以看出，“信赖利益说”与“信赖利益和固有利益结合说”的实质没有区别。

（二）缔约过失责任的承担方式

缔约过失责任的责任形式是指在缔约过程中，一方实施了缔约过失行为，造成了对方的损害，对方可以通过何种方式追究对方的缔约过失责任并获得救济。损害赔

---

① 王培韧：《缔约过失责任研究》，人民法院出版社2004年版，第167页。

② 王利明：《违约责任论》，中国政法大学出版社1996年版，第602页。

③ 吴卫星：《缔约过失责任新论》，载《南京大学法律评论》2001年春季号。

偿无疑是缔约过失责任的责任形式,但是否是唯一形式则有不同理解。尤其表现在合同成立生效且一方或双方已履行,后又因法定事由被宣布无效的情况下,将可能发生两种民事责任:一是损害赔偿;二是返还财产。返还财产是否应为缔约过失责任的一种责任形式?

关于该返还财产请求权的性质,有两种观点:第一种观点认为,应属于债权性质的不当得利请求权。其理由是:合同无效或被撤销后,当事人之间便不存在合同关系,一方从对方取得的财产便因缺乏合同根据而成为不当得利,所以应返还给对方。第二种观点认为,应属于物权性质的物上请求权,其理由是:财产的转移须有合法原因和合法方式,按照无效或者可撤销合同所取得的财产,因缺乏合法的原因和方式,自然不发生所有权转移,因此应当将其返还给原所有人。依不当得利请求权,还是依物上请求权进行返还,将产生不同的效果。依前者,返还义务人仅限于返还现存的财产,对非因其自身过错而灭失的财产可以免责,对权利人显然不利;依后者,返还义务人应以对方当事人给付时财产为标准,负有恢复原状的返还义务,即使财产因意外灭失,返还义务人也不得免责,对权利人较为有利。基于《合同法》第58条已作出了"不能返还或者没有必要返还的,应当折价补偿"的规定,返还财产的性质上应为物上请求权。因此,由于返还财产之责任与赔偿损失之责任在请求权基础上的不同。返还财产不是缔约过失责任的一种责任形式,缔约过失责任的形式只有损害赔偿。

(三)缔约过失损害赔偿的范围

因缔约过失责任的形式是赔偿信赖利益损失,明确缔约过失损害赔偿范围,就是要对信赖利益的范围做出界定。所谓信赖利益,是指法律行为无效,而相对人信赖其有效,因无效之结果所蒙受的不利益。① 关于信赖利益的赔偿范围的确定,应当注意以下几个方面:

1. 信赖利益赔偿是对财产上的损害赔偿,不包括不能以金钱估计价格的非财产上的损害。

2. 信赖利益赔偿是为了填补权利人所受的损害,包括所受损害和所失利益。所受损害为积极损害,亦称直接损失,指信赖合同的成立致使现存财产的减少。具体包括:缔约费用,如交通费、差旅费等;为签订合同所做准备而支出的费用,如咨询费、鉴定费、公证费等;为准备履行合同指出的费用,如土地测量费、建筑设计费等;导致合同无效,被变更、撤销而造成的实际损失,如为履行合同与第三人缔约之违约金、诉讼费等。所失利益为消极损害,亦称间接损失,指信赖合同的成立,致信赖人的财产应增加而未增加的利益。实践中主要指丧失与第三人订立合同的机会。对此有学者认

① 林诚二:《民法理论与问题研究》,中国政法大学出版社2000年版,第282页。

为不应予以赔偿,且该部分损失不易举证。笔者认为,为保护公平交易和诚信交易,信赖利益的全部损失应包括间接损失。对于机会损失,在证据上应严格把关,应当查明是确实存在的订约机会,排除伪造的、或然性的等不确定的机会。

3. 损益相抵的利益。信赖人基于他人的缔约过失造成的损害,同时基于同一损害事实获得利益。该利益应于损害赔偿额内予以扣除,所得的差额才是赔偿义务人应予赔偿的范围。

4. 信赖利益的赔偿限额一般不得超过履行利益。即赔偿义务人对于信赖其法律行为有效而受损害的一方所给予的赔偿,不得超过信赖人因法律行为有效时所可得的利益。有学者认为,因错误、误传而撤销意思表示所受的损害,其信赖利益赔偿数额不得超过期待利益。对于缔约过失人所负的赔偿责任,则无限制的必要。[①] 尤其是对于"故意"甚至是"恶意"的一方当事人,其所造成的损失可能远超过正常情形下可预计的损失,因此,缔约过失责任的范围不是一成不变的,具有创设发展的可能。[②]

**【拓展适用】**

**一、承担缔约过失责任的主体**

缔约过失责任主体大致会包括以下两类:一类是缔约当事人;另一类是缔约当事人之外的相关第三人。

(一)缔约当事人

多数情况下,有缔约过失行为的缔约当事人即为缔约过失责任主体,而且,缔约关系中的双方当事人均可成为责任主体。

(二)缔约当事人之外的相关第三人

缔约关系之外的相关第三人又可分为两类:一类因其行为让缔约方产生信赖,并可影响合同磋商或订立的第三人,该第三人以实施不实陈述为典型。另一类是与缔约过失行为主体相分离而承担责任的第三人,以无民事行为能力人和限制民事行为能力人的法定代理人为典型。

1. 不实陈述之第三人作为缔约过失责任主体

(1)缔约过失责任主体扩展到第三人的必要与可能

随着商事关系的发展,作为商事发展的主体在与他人达成交易、订立契约时,越来越依赖第三人尤其是专业人士对该交易提供的意见或建议,以图更好地规避商业风险,实现交易安全,达到交易目的。对专业人士意见信赖,使得专业人士在缔约关

① 林诚二:《民法理论与问题研究》,中国政法大学出版社2000年版,第284~285页。

② 王泽鉴:《民法学说与判例研究》(1),中国政法大学出版社1998年版,第98页。

系中有举足轻重的地位。严格地讲,第三人不属于缔约当事人,依据传统理论不应承担缔约过失责任。但第三人的过失行为常常足以影响缔约成败,亦可造成合同缔约一方的信赖利益损失,况且在多数情况下,第三人作为缔约一方的受托人往往与委托方具有共同过失,若缔约失败,第三人与缔约中的委托人应共同承担侵权性质的责任,此种赔偿责任与缔约一方单独承担赔偿信赖利益损失赔偿责任并无本质区别,因此将缔约过失责任主体扩展到第三人未尝不可。《德国债法现代化》第311条第3款将缔约过失扩大至第三人,即“对特别地为自己使用信赖并因此而显著影响合同磋商或订约的第三人,如对其不实陈述有过失,可承担缔约过失责任”。

(2)不实陈述之第三人承担缔约过失责任的要件

首先,不实陈述之第三人并非与信赖利益受损的一方有委托关系,若是与信赖利益受损一方有委托关系,则委托人可以直接依双方合同主张履行利益之赔偿,而不会求助于缔约过失责任主张信赖利益的赔偿;其次,作为第三人就其过失陈述对缔约一方当事人承担责任的前提是合理信赖存在;最后,第三人实施了不实陈述的行为。

陈述只要在事实上是虚假的,即使陈述人真诚地相信其陈述是真实的,则不管其陈述是对事实的陈述,还是意图或意见的陈述,均构成其承担责任的要件。第三人应就其过失陈述承担责任,对其没有作出陈述的行为应否承担承担责任?在英美侵权法中,人们不仅要对其作出的陈述承担责任,而且也可能要对其没有提供信息、意见或建议的行为承担责任,如果他应当认识到缔约方依赖他提供更多的信息或建议。第三人对其未提供信息的行为承担责任在很大程度上取决于当事人所处的特殊情况。如果第三人作出了在当时是准确和可信赖的陈述,那么,如果此后的情势变更使其陈述变得不准确,不可信赖,在第三人知悉的情况下,他负有通知缔约方的义务。同时责任承担与否还要考虑缔约方要第三人提供信息或意见的性质,交易的商事背景以及第三人职业的通常标准以及第三人知悉或应予知悉缔约方在所涉交易中的经验或欠缺经验的程度。①

2. 无民事行为能力人和限制民事行为能力人的法定代理人

法定代理人作为缔约过失责任主体其实就是法定代理人承担民事责任之一种情形。在各国民法中,因为自然人缔约能力与侵权责任能力的不一致性,无民事行为能力人、限制民事行为能力人也能参与合同的缔结,在此过程中,可能发生因缔约能力之不完全而造成合同无效、可撤销,此时会发生缔约责任过失责任的承担问题。原则上,欠缺相应民事行为能力的缔约一方若具备承担民事责任能力,应贯彻责任自负的原则,由本人承担缔约过失所产生的责任,行为主体即为责任主体;但当缔约一方人

① 张民安:《过错侵权责任制度研究》,中国政法大学出版社2002年版,第651页。

行为人无民事责任能力,造成对方损害时,往往由其法定代理人承担该责任。

未成年子女的父母就其子女的行为所承担的是一种过错侵权责任,此种过错是建立在父母违反其监督义务的基础上。根据现代两大法系国家的法律,父母是未成年子女的法定监护人,对其未成子女承担教育、监督和控制义务,其中包括要求未成年子女不得损害他人利益的义务。如果未成年子女的父母没有履行此种教育和监督的职责,导致其未成年子女实施损害他人利益的行为,未成年子女的父母即是有过错,应对第三人承担责任。我国学者亦认为,我国《民法通则》第133条对未成年人的父母采取过错推定的方式,即只要未成年人实施了损害他人利益的行为,即推定其父母有过错,其父母如果想要减轻所承担的责任,必须证明他已尽了监护责任。[①]

我国《民法总则》第145条规定:“限制民事行为能力人实施的纯获利益的民事法律行为或者与其年龄、智力、精神健康状况相适应的民事法律行为有效;实施的其他民事法律行为经法定代理人同意或者追认后有效。相对人可以催告法定代理人自收到通知之日起一个月内予以追认。法定代理人未作表示的,视为拒绝追认。民事法律行为被追认前,善意相对人有撤销的权利。撤销应当以通知的方式作出。”《合同法》第47条第1款规定,限制民事行为能力人订立的合同,经法定代理人追认后,该合同有效,但纯获利益的合同或者与其年龄、智力、精神健康状况相适应而订立的合同,不必经法定代理人追认。相对人可以催告法定代理人在一个月内予以追认。法定代理人未作表示的,视为拒绝追认。合同被追认之前,善意相对人有撤销的权利。撤销应当以通知的方式作出。除了以上限制民事行为能力人超越其缔约能力而订立的合同外,对于无民事行为能力人订立的合同,多数国家或地区的立法将其规定为效力未定的合同。对于效力未定的合同,作为其法定代理人有追认的权利,如若不予追认,该合同效力将被确认为无效。此时对于无效而造成的损失,有过错的一方存在承担缔约过失责任的可能。

**二、缔约过失责任与违约责任之比较**

按照合同法的一般理论,违约责任是建立在有效合同的基础之上,一方当事人因过错不履行或不完全履行合同的义务时应负的民事责任。违约责任制度保护的是当事人之间的合同关系。在合同未成立、合同无效或者被撤销时,因一方当事人的过错,使另一方当事人遭受损害时,由于双方没有有效的合同关系,因而不能适用违约责任。正是基于保护上述情形受损害方的利益,耶林提出了缔约过失责任。此后,缔约过失责任与违约责任才在法律上得以分开,两者的区别在于:

---

① 张民安:《过错侵权责任制度研究》,中国政法大学出版社2002年版,第423页。

(一)两者责任性质不同

缔约过失责任不是对合同义务的违反,而是因违反了先合同义务,先合同义务不是出于当事人的约定,而是基于诚实信用原则而产生的一种法定义务;而违约责任是因为违反了合同义务而产生的责任,它以合同成立并生效为前提。

(二)两者责任产生的前提不同

缔约过失责任产生的前提通常是合同的不成立、无效或被撤销等情形,主要解决没有合同关系的情况下,因一方的过错造成另一方信赖利益损失的问题;而违约责任产生的前提是合同关系存在,是违反生效合同产生的责任。

(三)两者责任产生的时间不同

缔约过失责任产生于缔约阶段(一般是合同未成立之前,特殊情况下包括合同已成立未生效或已生效阶段),缔约一方当事人的过错一定产生于合同未成立之前;而违约责任发生在合同生效后的履行阶段。

(四)两者责任的主体不同

缔约过失责任的主体一般是缔约当事人,但并不仅限于合同当事人;而违约责任的主体只能是合同当事人。

(五)两者责任方式不同

缔约过失责任是一种法定的责任,不能由当事人自由约定;违约责任可以由当事人约定责任形式。从责任形式上看,缔约过失责任只能是要求损害方承担损害赔偿责任,而违约责任形式包括违约金、定金、继续履行、修补更换或者赔偿损失等多种形式。

(六)两者赔偿范围不同

缔约过失责任赔偿的是信赖利益损失。对信赖利益的保护,旨在使受损方因信赖合同履行而支付的各种费用得以赔偿,从而使当事人处于合同未订立之前的良好状态;违约责任的赔偿范围是期待利益(包括肯定利益和履行本身),目的是在于使当事人达到犹如合同完全履行一样的状态。

(七)两者归责原则不同

缔约过失责任是一种过错责任,而违约责任一般而言是严格责任。

(八)两者免责条件不同

缔约过失责任没有免责事由,而违约责任有免责事由,如《合同法》所规定的不可抗力等免责事由。此外,免责条款也仅适用于违约责任。

(九)两者责任与损害后果的关系不同

在缔约过失情况下,损害事实是缔约过失责任的要件,无损害就无缔约责任;而在违约的情况下,即使没有损害结果也构成违约责任。

（十）两者法律对责任的限制不同

为了减轻交易风险、鼓励当事人从事交易行为，法律对违约责任的损害赔偿通常作出一定的限制。如《合同法》第113条规定，当事人一方违反合同的赔偿责任，应当相当于另一方因此所遭受的损失，但不得超过违反合同一方订立合同时预见到或者应当预见到的因违反合同可能造成的损失。但是在缔约过失责任中，则不存在与违约责任相同的“预见性”责任限制。当然，无论在什么情况下，缔约过失责任对信赖利益的赔偿均不应超过期待利益。

**三、缔约过失责任与侵权责任之比较**

有学者将缔约过失责任归入侵权行为法的体系中，将其作为侵权责任的一种。缔约过失责任与侵权责任都是在没有合同关系的情况下发生的责任，且均以损害赔偿为内容。然而，侵权责任却不能完全覆盖缔约过失责任。因为，侵权责任是通过规定人们之间相互不得侵犯的消极义务来保护彼此之间的权利，它不可能规定人们的积极义务；而缔约过失责任则是义务人违反了积极的协力、通知、照顾等积极义务而发生的。这种积极义务类似于合同义务，其特点是，不能单独诉请，只是在违反该义务时才构成赔偿责任。[①] 缔约过失责任与侵权责任的区别在于：

（一）两者责任形态不同

缔约过失责任是一种财产责任，其承担责任的方式只有损害赔偿一种。而侵权责任不仅是财产责任，而且是非财产责任，不仅具有弥补性，还具有制裁性。其承担责任的方式不仅包括赔偿损失，还包括停止侵害、消除危险、赔礼道歉、恢复原状等。

（二）两者责任产生的前提不同

缔约过失责任的产生，主要是在缔约双方为了缔结合同而开始实际社会接触或交易上接触，即双方形成一种实际上的接触或磋商关系，进而导致双方当事人形成了特殊的信赖关系。而侵权责任的产生，并不要求当事人之间存在任何的关系，侵权行为发生后，才使当事人之间产生债权债务关系，侵权责任的产生以缔约过失责任所需的前提条件。

（三）两者违反义务的性质不同

缔约过失责任是行为人对基于诚实信用原则而产生的法定的积极义务——先合同义务的违反；而侵权责任发生在行为人对消极注意义务的违反，侵权法规定的一般义务，较之先契约义务更为广泛。

（四）两者注意义务要求的标准不同

缔约过失责任则要求缔约当事人应尽特殊注意义务；而侵权责任仅要求行为人

---

① 参见李永军：《合同法》，法律出版社2003年版，第153页。

尽一般人应尽之注意义务。在某些情况下,按侵权行为理论,行为人尚未构成过失,因而不成立侵权责任;若按缔约过失理论,行为人已违反注意义务,已具有过错,应构成缔约过失责任。

(五)两者构成要件不同

缔约过失责任只能以过错的存在为前提;[①]而侵权责任可能建立在过错基础上,也可能建立在无过错基础之上。

(六)两者保护的利益范围不同

缔约过失责任保护的是信赖利益损失,一般情况下,这种损失主要表现为订约费用的支出、准备履行费用的支出等。而侵权责任法所保护的并不是一种信赖利益,而是物权、人格权等绝对权。信赖利益因为并非一种实有财产,很难受到侵权行为法的保护,在受害人遭受信赖利益损失的情况下,不能根据侵权行为而要求赔偿。

(七)两者损害行为与损害结果的关系不同

侵权责任中,损害的事实通常是加害人的侵权行为直接造成的。而缔约过失行为本身一般并不直接产生损害后果,它往往还得借助于受害人的信赖行为而发生。

**【典型案例】**

**时间房地产建设集团有限公司诉浙江省玉环县国土局土地使用权出让合同纠纷案**[②]

**规则6(格式合同效力的确定)** 格式合同的条款只有具有法律规定的无效情形时,才能被宣告无效

——成路诉无锡轻工大学教学合同纠纷案[③]

**【裁判规则】**

格式合同的内容虽由一方当事人事先拟就,但在双方当事人签字后,就成为双方当事人一致的意思表示,合同即告成立。双方当事人如果对格式合同条款的理解发生争议,按照通常的理解予以解释;如果解释有两种以上,应当采用不利于提供格式条款一方的解释。格式合同的条款只有在具有法律规定的无效情形时,才能被宣告无效,并非

① 李永军:《合同法》,法律出版社2003年版,第153页。

② 同本书11页。

③ 《中华人民共和国最高人民法院公报》2002年第1期。

只要是格式合同就一定无效。双方当事人签订的格式合同内容合法、明确,一方当事人对该合同的内容未提出不同的理解,不解释签字的原因,仅以该合同是格式合同,应认定合同内容虚假,不是真实意思表示等为由主张合同无效的,其理由不能成立。

**【规则理解】**

**一、格式合同的法律性质**

由于对合同自由原则的认识不同,致使学者们对格式合同性质认识不一。德国学者萨维尼指出:“契约之本质在于意思之合致”。《民法通则》第85条规定:“合同是当事人之间设立、变更、终止民事关系的协议。依法成立的合同,受法律保护。”这一关于合同定义的立法,明确了合同在本质上是一种协议,是当事人意思表示一致的产物。而《民法总则》第119条规定:“依法成立的合同,对当事人具有法律约束力。”但对于格式合同而言,其条款的全部或一部分是由一方当事人预先制订的,相对人只能做出接受或拒绝的表示,也可以说,是一方当事人的意思附合于另一方当事人。在这种情况下,格式合同的缔结省去了要约——承诺——反要约——承诺的循环往复的过程,格式条款提供人发出要约后,相对人只能做出承诺或不承诺的表示,没有反要约的权利,与传统合同法理论相背离,也使学者们对格式合同的本质产生了怀疑。有的学者认为,因双方当事人经济地位的不平等,导致附合合同完全排除了当事人之间协商的可能性,故这种“合同”根本不具备合同所应具备的基本特征和法律性质,其实质上都是一种规划,它具有普遍性和持久性,是公权力的具体表现。当事人之间经济地位不平等并不构成将格式合同视为命令行为的理由。[①] 因为在现代社会中,合同双方当事人经济实力不对等是一种普遍存在的现象,任何当事人在签订合同时,都不能不承受来自各方面的压力(包括实际需要的压力)。如出卖人急需用钱而出售其财产时,买受人只是抱着“可买可不买”的心理而与其讨价还价时,出卖人别无选择,不得不接受买受人的价格。这就表明,格式合同与其他合同一样,仍然适用合同的一般规定,只是其相对人在协商过程中的自由意志受到限制而已。

虽然格式合同在当事人经济地位、条款的制订、订约程序等方面有着自己的特征,当事人的自由意志也受到了一定程度的限制。但从本质上来讲,格式合同仍然是合同中的一种,而且当事人仍然拥有选择订立或不订立合同的权利。因为:第一,格式合同成立仍然要经过要约和承诺的程序。虽然格式合同的条款是由一方当事人预先制订的,但条款提供人发出要约后,相对人仍有权决定是否订立合同,选择对要约人承诺还是放弃承诺,相对人做出承诺的意思表示可以通过在书面文件上签字的方

---

① 尹田:《法国现代合同法》,法律出版社1997年版,第123页。

式,也可以通过实施一定行为表示出来。第二,当事人仍享有自由决定选择的权利。如果市场中存在着多个提供商品或服务的机构时,当事人可以对它们出示的合同条款进行选择,选择对自己最有利的企业与之订立合同。第三,当事人之间法律地位上仍是平等的,虽然双方当事人在经济地位是悬殊的,但当事人在法律面前仍是平等的主体,法律通过对强势一方当事人的限制和对弱者一方当事人的保护体现出法律的公正性。第四,格式合同仍以债权、债务为基本内容。格式合同主要存在于运输、银行、保险等服务行业和在社会上占自然垄断地位的公用事业单位,相对人与这些企业之间的协议都是以设定相互之间的债权、债务为主要内容的。

## 二、格式合同的效力形态

由于格式合同的条款是由一方当事人预先制订的,订约双方当事人的经济地位是悬殊的,法律为体现其公正性通常会对强势一方当事人作出限制,以保护弱者一方当事人的合法利益。最普遍的做法是对格式合同条款的效力进行规制。包括:硬性规制方法——格式条款的绝对无效;原则性规制方法——格式条款的相对无效。

格式条款的效力是很重要的一个问题。一般而言,合同的效力分为有效、无效、可撤销和效力待定四种情况。格式条款作为合同的一种,并非只要当事人之间存在争议就必然导致格式合同无效,当然也并不是一经订立就生效的。况且,由于普通合同的内容是经由当事人的自由约定而形成的,当事人都实质地参与了合同制定,因此意思表示是充分的,立法和司法时无需刻意保护某一方的利益;但格式条款在订立时的特殊方式决定立法和司法时关于格式合同的效力审查需要适用特殊的法律规则,尽量减少甚至消除因格式条款的适用使得相对人一方遭到与公平原则或诚信原则相违背的不利影响。

格式合同作为合同的一种,其效力形态亦可以表现为生效、无效、可撤销或效力待定四种状态。实践中,生效的格式条款占大多数,因当事人对其无争议,不属于法官审查的对象。效力待定的合同在效力上的瑕疵并不是因为其内容上存在缺陷,而法院主要是从格式条款内容方面进行判断的,因此格式合同是否因第三人的意思表示而处于效力未定的状态,也并不是法院在该意义上审查的对象。因此,笔者在此对格式条款效力的研究主要是可撤销的和无效的两类合同。

### (一)可撤销的格式合同

根据我国《合同法》第 54 条规定,可撤销的事由包括重大误解和显失公平两种情况。如果普通合同条款存在这两种情形,当事人可以请求法院予以撤销和变更该条款的内容。上述法律规定对格式合同仍然适用。有学者认为,虽然《合同法》第 40 条规定格式条款可以适用《合同法》第 52 条、第 53 条关于合同无效的规定,而并未规定在显失公平的情况下可否适用第54条的规定,但从《合同法》第40条规定的目的而言,其在于充分保障相对人特别是广大消费者的利益,该条并没有绝对排斥相对人请求变更或撤销格式条款的权利。因为如果格式条款是不公平合理的,消费者不愿意宣告该条款无效而愿意变更该条款的内容,从保护消费者利益出发,则应当允许消费者提出这一请求。① 根据《合同法司法解释二》第9条的规定:“提供格式条款的一方当事人违反合同法第三十九条第一款关于提示和说明义务的规定,导致对方没有注意免除或者限制其责任的条款,对方当事人申请撤销该格式条款的,人民法院应当支持。”提供格式条款的一方违反《合同法》第39条第1款的规定,违背公平原则免除自身责任,限制对方权利没有提供对方故意免责或限制其责任的格式条款,或者未按相对方要求对该格式条款予以说明的,格式条款相对方可以依据司法解释的规定,向人民法院提出撤销该格式条款的申请,人民法院应当予以支持。同时,依据《合同法》第58条规定,无效的合同或者被撤销的合同自然没有法律约束力。合同部分无效的,不影响其他部分效力的,其他部分仍然有效,对于格式条款相对人申请撤销该格式条款,人民法院予以撤销的,仅就该条款的效力丧失法律约束力,而不影响合同其他条款的效力。

(二)无效的格式合同

根据《合同法司法解释二》第10条规定,“提供格式的一方当事人违反《合同法》第三十九条第一款的规定,在具有合同法第四十条规定的情形之上的,人民法院应当认定格式条款无效”,《合同法》第40条规定:“格式条款具有本法第五十二条和第五十三条规定的情形的,或者提供格式条款一方免除其责任、加重对方责任、排除对方主要权利的,该条款无效。”格式合同的无效包括:(1)具有《合同法》第52条、第53条规定的情形的。《合同法》第52条规定了合同无效的五种法定情形:一是以欺诈、胁迫的手段订立合同,损害国家利益;二是恶意串通、损害国家集体或第三人利益;三是以合法形式掩盖非法目的;四是损害社会公共利益;五是违反法律、行政法规的强制性规定。《合同法》第53条规定了免责条款无效的两种形式:一是造成对方人身损害的;二是因故意或者重大过失造成对方财产损失的。(2)格式条款提供者免除其责任、加重对方责任、排除对方主要权利。所谓免除责任,又称免除主要义务,是指格式条款中含有免除格式条款提供者按照通常情形应当承担的主要义务。如格式条款中对消费者违约责任的规定十分详尽,而对经营者的违约责任只字不提,甚至明示对在合同履行过程之中发生的一切不利后果概不负责。所谓加重责任,是指格式条款中含有通常情况下对方当事人不应当承担的义务。如合同中规定消费者对于不可抗力

---

① 王利明:《合同法研究》(第一卷),中国人民大学出版社2002年版,第404页。

发生的后果也应承担责任,有的规定超乎常理的违约金。所谓排除主要权利,是指格式条款中含有排除对方当事人按照通常情形应当享有的主要权利。有学者认为,如果依据合同的性质能够确定合同的主要内容,则应以此确定当事人所享有的主要权利。[①] 对于“免除责任、加重责任、排除主要权利”的判断,有关地方立法的规定提供了参考借鉴的情形,如《上海市合同格式条款监督条例》第 6 条至第 8 条。[②] (3)违反诚信原则与公序良俗原则的格式条款。“诚实信用要求民事主体在从事民事活动的时候以诚相待,不为欺诈,讲究信用,恪守诺言,善意行使权利,严格履行义务,维持当事人之间以及当事人与社会之间的平衡。”[③]该原则可以用来协调当事人之间的利益平衡,以及当事人的私益与社会公共利益之间的平衡,这正可以弥补格式条款在运用中带来的利益失衡的缺陷。因此,大陆法系各国均将其作为解决格式条款纠纷的首选任意性规则。英美法系国家的很多案例都运用了这一原则,只不过称谓不同,在美国合同法上叫作“善良诚实”“公平交易”。我国《合同法》第 6 条规定了诚实信用原则作为整个合同法的一般原则,格式合同条款作为合同条款自然应该遵循此原则的要求。所谓公共秩序,是指国家和整个社会的一般利益或目标。善良风俗,是指社会一般的伦理评价。公序良俗原则是行使民事权利和从事民事行为的重要指导原则,违反该原则的民事行为绝对无效。公序良俗是法国、日本、意大利等大陆法系国家以及我国澳门和台湾地区民法典中使用的概念。在德国民法中,与公序良俗相当的概念是善良风俗。在英美法中,与此类似的概念则是公共政策。在我国,2017 年 3 月 15 日之前法律并未采纳公序良俗的概念和表述,但《民法通则》第 7 条和《合同法》第 7 条关于社会公德、社会公共利益和社会经济秩序的规定,通常被认为具有公序良俗原则的内涵。2017 年 3 月 15 日公布的《民法总则》第 8 条明确规定了公序良俗,即“民事主体从事民事活动,不得违反法律,不得违背公序良俗。”但关于公共秩序和善良风俗的界定却很难,正是由于公序良俗原则内涵和外延的这种不确定性,才为法官

---

① 参见王利明:《合同法研究》(第一卷),中国人民大学出版社 2002 年版,第 403 ~404 页。

② 《上海市合同格式条款监督条例》(由上海市第十一届人民代表大会常务委员会第二十次会议于 2000 年 7 月 13 日通过,自 2001 年 1 月 1 日起施行。)第 6 条:“格式条款不得含有免除提供方下列责任的内容:(一)造成消费者人身伤害的责任;(二)因故意或者重大过失造成消费者财产损失的责任;(三)对提供的商品或者服务依法应当承担的保证责任;(四)因违约依法应当承担的违约责任;(五)依法应当承担的其他责任。”第 7 条:“格式条款不得含有加重消费者下列责任的内容:(一)违约金或者损害赔偿金超过合理数额;(二)承担应当由提供方承担的经营风险责任;(三)违反法律、法规加重消费者责任的重要内容。”第 8 条:“格式条款不得含有排除消费者下列主要权利的内容:(一)依法变更或者解除合同;(二)请求支付违约金或者请求损害赔偿;(三)行使合同解释权;(四)就合同争议提起诉讼的权利;(五)消费者依法享有的其他主要权利。”

③ 杨立新主编:《合同法判例与学说》,吉林人民出版社 2005 年版,第 438 页。

的自由裁量提供了扩展的空间，使得很多不合理的格式条款都被认定违反了“公序良俗”原则，而归于无效。但要防止被滥用，不加约束地随意解释将导致法官的自由裁量权无限扩大，最终使格式合同的司法规制失之偏颇。应当注意的是，从2017年10月1日《民法总则》生效后，我们就可以正式适用公序良俗的规定处理相关案件和纠纷。(4)提供格式条款的一方当事人违反《合同法》第39条第1款的规定，认定格式条款无效的，附加上一个要件，即是格式条款法定无效的情形，此为法定无效的特定情形。应当注意的是：提供格式条款的一方违反《合同法》第39条规定的义务，并不当然产生格式条款无效的法律后果，相对方可以提起撤销之诉来撤销格式条款，从而否定其法律效力。当提供格式条款一方，违反《合同法》第39条规定的义务，且该格式条款本身属于《合同法》第40条、第52条、第53条规定的法定无效情形的，人民法院应当直接认定该格式条款无效。该条款是当然无效，自始无效，并不因为判决而无效，并不因时间经过而得到补正。该格式条款无效，并不影响其他条款的法律效力。

我国《合同法》第56条规定，“无效的合同或者被撤销的合同自始没有法律约束力。合同部分无效，不影响其他部分效力的，其他部分仍然有效。”亦可得出以下结论，合同部分无效影响其他部分效力时，整个合同无效。由于格式合同并不是由双方协商而成，相对人的意思不能得到充分体现，如果因格式合同中部分格式条款无效而导致认定整个合同无效，在现实生活中往往也违背了消费者的交易初衷。比如在保险合同签订中，如果因个别格式条款的无效导致整个保险合同无效的话，保险公司几乎不受影响，而投保人或受益人往往是期待合同履行的，合同无效使他们遭受了不利，或者不履行的成本增大，包括时间或是投其他保险的可能性。因此，在确立格式合同条款的效力影响时，应根据其导致利益失衡的结果，不宜仅就个别条款无效而撤销全部合同条款无效。从而首先确立“格式条款无效，合同的其他部分仍然有效”的原则。

(三)免责情形

关于《合同法》第39条和第40条中规定的“免除其责任”的情形。根据《合同法》第39条的规定，提供格式合同的一方只要采取合理的方式提请对方注意免除或限制其责任的条款，按照对方的要求，对该条款予以说明。并未规定“免责条款”无效。而依据《合同法》第40条规定，“免责” 条款无效。该两条规定似乎有矛盾。有学者认为，《合同法》第39条规定对格式化的免责条款应当提请注意，只是对未来可能发生的责任予以免责；而《合同法》第40条所提到的免除责任，是指条款的制定人在格式合同中已经不合理不正当地免除其应当承担的责任，而且所免除的不是未来的责任，而是现在所应当承担的主要义务。① 笔者赞同此观点。

---

① 王利明：《合同法研究》(第一卷)，中国人民大学出版社2002年版，第402页。

**【拓展适用】**

**一、判断格式合同效力应考虑的因素**

评判格式合同条款内容效力的依据，从各国采取的情况看，主要有以下几种：其一，硬性规范，即以法条列举的方式将一些格式条款列为绝对无效条款（黑名单）；其二，弹性规范，即列举某些格式条款须经法院根据情况斟酌然后判断其效力（灰名单）；其三，概括规范，即以诚实信用、公序良俗等抽象原则作为法院控制条款的依据。而各个国家和地区会采取不同的组合搭配来作为对格式合同条款进行内容控制的手段。笔者认为，德国所采取的三种并用的立法技术是最为可取的。因为该种立法技术已对所包含情形进行了充分的考虑，一是从绝对、刚性、明确的角度予以规范，具体指明绝对无效的格式条款；二是从相对、柔性的角度予以规范，授权法院根据案件的具体情形进行酌情判断；三是从抽象、兜底的角度予以规范，采用诚实信用、公序良俗等原则进行查漏补缺。德国的这种立法技术非常完备，值得我们借鉴。

（一）列入“黑名单”、“灰名单”与否

许多国家都在不同程度上规定了格式条款的黑名单，如《德国民法典》第 309 条规定了 13 种无效格式条款的黑名单，涉及范围很广，如“短期提高价格的条款、有关催告、延展期间的条款、违约金条款”等。我国《合同法》在形式上与其相类似，规定了除适用第 52、53 条为无效条款的之外，提供格式条款一方免除其责任、加重对方责任、排除对方主要权利的，该条款无效。但是“免除”的说法比较明确，何为“加重”，何为“主要权利”还需法官针对个案进行具体分析，通过价值判断确定其是否有效，属于“灰名单”。

（二）违反强行法与否

我国《民法总则》第 153 条明确规定“违反法律、行政法规的强制性规定的民事法律行为无效，但是该强制性规定不导致该民事法律行为无效的除外。违背公序良俗的民事法律行为无效。”《合同法》第 52 条明确规定，违反法律、行政法规的强制性规定的合同无效。该原则已被各国立法和司法实务所采纳。但是，鉴于格式条款的特殊性，合同相对人总是希望合同能够得到履行，一旦合同因格式条款违反法律规定而全部无效时，相对人免不了是受到伤害的一方。例如，我国《反不正当竞争法》第 13 条规定，经营者不得从事最高奖金额超过 5000 元的抽奖式有奖销售。这项禁止性的法律规定，其立法目的在于控制经营者的竞争行为，保护消费者的利益，但是如果一商家有奖销售设立最高奖 10000 元，且某一消费者幸运中奖，若以违反《不正当竞争法》为由判断其无效，那么消费者利益受损，违背了立法目的。根据“部分无效不影响合同全部效力的原则”，可判超过最高奖金额的那部分无效，消费者可以得到 5000

元,既维护了消费者的利益,又保证了法律的严肃性。

(三)违反民法及合同法的基本原则与否

1. 诚实信用原则。该原则是合同法的一项基本原则,是指每个人对其行为所为承诺之信守,而形成所有人类关系所不可或缺之信赖基础。此原则兼具道德性规范与法律强制性规范的双重特点,不允许当事人以约定排除适用,有“帝王条款”之美誉。格式合同相对方可以格式条款违反该原则而主张无效。

2. 鼓励交易原则。“市场由交易组成,合同不过是交易关系的表现形式,与侵权法保护财产的目的不同,合同法主要是通过交易来创造财富。”①该原则是合同法特有的原则,对合同应判定无效还是可撤销有重要的指导意义。一方面,合同法只有鼓励交易,才能提高效率,减少交易成本,避免过多的因订约目的不能实现而浪费物力财力;另一方面,尽管判定无效的立足点是保护消费者,但很多时候往往不符合消费者渴望交易成功的真实意愿。而且,鼓励交易的原则与合同自由原则相辅相成,当事人的自主自愿是交易的前提,在当事人自愿接受合同关系约束的情况下,如果合同本身并没有违背法律和社会公德,那么任何第三人强迫当事人解除合同或宣告无效都是违背当事人意志的,国家也不例外。② 因此,用该条原则来评价《合同法》第40条即可得出,立法上不应全盘否定免责条款而应赋予相对人撤销权。

(四)合同当事人双方交涉力量对比

首先,看是否有一方当事人处于垄断地位。其次,看双方当事人是商人与商人还是商人与消费者。以此判断格式合同效力是应该从严认定还是可以从宽认定。

(五)相对人接受程度

由于保护消费者利益的倾向性,如果消费者自愿地接受了格式条款,比如价格的选择,或者其他的优惠条件,那么,效力判定应该从宽进行。

## 二、格式合同的最终解释权

在现代社会,“最终解释权”已成了众多商家促销中用以“收服”消费者的一大“法宝”。他们利用消费者贪图小利的心理,用“最终解释权”作为筹码,向消费者作出种种承诺。一旦消费者发现其承诺“名不副实”时,商家便会抬出“最终解释权”推脱责任。由此导致的消费纠纷不计其数。按照我国《合同法》的相关规定,“最终解释权”条款属于格式合同条款。这样的条款,消费者在商场、银行、保险公司、电信和电力公司等众多行业中经常碰到,经营者在格式合同中或广告宣传时保留“最终解释权”,用意在于使“最终解释权”被赋予某种事先约定的契约效力,从而在与消费者发

---

① 王利明:《与民法同行》(第2卷),法律出版社2006年版,第153页。

② 王利明:《与民法同行》(第2卷),法律出版社2006年版,第155页。

生合同争议时,减轻、免除、规避其应当承担的法律责任。根据《合同法》第 40 条明确规定,格式合同中,提供格式条款方免除其责任、加重对方责任、排除对方主要权利的,该条款无效。《消费者权益保护法》第 26 条也规定,经营者不得以格式合同、通知、声明、店堂告示等方式,作出对消费者不公平、不合理的规定,或者减轻、免除其损害消费者合法权益应当承担的民事责任。从程序法来看,如果消费者认为经营者行使所谓的最终解释权侵犯了自己的合法权益,完全可以起诉或申请仲裁。经营者保留"最终解释权"的做法起不到排除消费者诉请人民法院或仲裁机关处理的作用。消费者行使自己的诉权或申请仲裁机关处理的权利,就将引起争议的促销活动的最终解释权交给了法院或仲裁机关。因此,可以说,只有人民法院或仲裁机关才拥有"最终解释权"。

### 三、格式合同的告知义务

我国对格式合同没有专门的立法,针对格式合同提供人的告知义务的规定散见于《合同法》、《保险法》、《消费者权益保护法》、《劳动合同法》等部门法之中。

#### (一)现行法律对格式合同提供人告知义务的规定

1. 我国《合同法》针对格式合同提供人告知义务的规定仅在第 39 条中,该条第 1 款规定:"采用格式条款订立合同的,提供格式条款的一方应当遵循公平原则确定当事人之间的权利和义务,并采取合理的方式提请对方注意免除或者限制其责任的条款,按照对方的要求,对该条款予以说明。"由于免责条款对相对人不利,所以法律特别要求提供人在缔约时,要以合理的方式提请对方注意该条款,并在相对人要求时,对该条款的含义予以说明,在书面合同中则要对该条款做醒目的标示。根据《合同法司法解释二》第 6 条的规定,提供格式的一方对格式条款中免除或者限制其责任的内容,在合同订立时采用足以引起对方注意的文字、符号、字体等特别标识,并按照对方的要求对该格式条款予以说明的,人民法院应当补充符合《合同法》第 39 条所称"争取合理"的方式。提供格式条款一方对已尽合理提示及说明义务承担举证责任。对于"合理方式"作出了解释,可以从下面几个方面进行理解:①格式条款中需要以合理的方式作出特别提示或说明的内容。主要是格式条款中的免责条款和限制责任条款;②有关免责条款和限制责任条款提供特别提示或说明必须是在合同订立时作出;③特别提示或说明的具体方式包括文字、符号、字体等特别标记,以及在合同相对方要求的情况下进行的特别说明,这里既包括书面方式,也包括口头方式,既包括符号,也包括条款的特别字体。如在合同中用黑体字以予特别标记,或以颜色、大小、下划线等方式进行特别标记;④作出特别说明时,所采取的特别标识必须足以引起对方的注意;⑤格式条款提供方应当就自己已尽合理提示及说明义务承担举证责任。由于格式条款提供方处于强势地位，享受格式条款所带来的利益，承担相应的举证责任，也就自然合理。

2.《保险法》(2009 年修订)针对格式合同提供人告知义务的规定主要体现在第 17 条中，该法第 17 条规定："订立保险合同，采用保险人提供的格式条款的，保险人向投保人提供的投保单应当附格式条款，保险人应当向投保人说明合同的内容。对保险合同中免除保险人责任的条款，保险人在订立合同时应当在投保单、保险单或者其他保险凭证上作出足以引起投保人注意的提示，并对该条款的内容以书面或者口头形式向投保人作出明确说明；未作提示或者明确说明的，该条款不产生效力。"该条款依然仅局限在免责条款上适用。

3. 我国《消费者权益保护法》针对格式合同提供人告知义务的规定主要表现在该法的第 8 条中，该条规定："消费者享有知悉其购买、使用的商品或者接受的服务的真实情况的权利。消费者有权根据商品或者服务的不同情况，要求经营者提供商品的价格、产地、生产者、用途、性能、规格、等级、主要成份、生产日期、有效期限、检验合格证明、使用方法说明书、售后服务，或者服务的内容、规格、费用等有关情况。"第 8 条的规定以消费者知情权的形式规定了商家(格式合同提供者)的告知义务，即必须向消费者主动或者应其要求或咨询对产品的相关情况进行告知和解释。

4.《劳动合同法》关于格式合同提供人告知义务的规定主要体现在该法的第 8 条中，该条规定"用人单位招用劳动者中，应当如实告知劳动者工作内容、工作条件、工作地点、职业危害、安全生产状况、劳动报酬，以及劳动者要求了解的其他情况。"该条主要规定了用人单位主动告知义务以及应劳动者要求而告知的义务。

(二)现行法律规定格式合同告知义务的不足

1. 我国没有制定专门的格式合同法，针对格式合同提供人告知义务的规定也尚未统一，造成现在各部法律"各自为战"的不利局面。

2. 格式合同提供人告知义务的内容不明确。一方面，《合同法》仅规定在格式合同免责或者限制责任条款时才要求格式合同提供人具有提请注意的义务，并按对方要求，予以说明。似乎可以理解为在其他情况下，格式合同提供人不具有提请注意的义务，而且有权拒绝对方要求说明的请求，这对于保护相对方当事人合法权益不利。虽然在《保险法》、《消费者权益保护法》中要求格式合同提供人可以就当事人询问时负有告知义务，但是作为基本法的《合同法》中并没有规定。

3. 格式合同提供人的告知义务形式不明确。《合同法》中针对提请注意的方式仅仅为"合理方式"，而在《保险法》中得到了具体细化，达到"足以引起注意，并且应当以书面或口头作出说明"的程度，即提醒告知的方式为口头或者书面，告知的程度为"足以引起注意"。但是针对具体案件来说，告知义务如果以口头的方式作出的话，举证极其困难。因此,关于格式合同提供人是否能够举出足够的证据说明自己确实履行了告知义务是法官判案的一个关键性问题,而按照我国现有的《民事诉讼法》证据部分的规定看,格式合同相对人如果想要主张格式合同提供人未履行告知义务则必须要承担难度极大的举证责任。而在我国现有的法律中,关于这一问题没有相关法律的保障,因此在举证过程中格式合同提供人举证很艰难。而在格式合同提供人的证明责任则显得相对容易,即只要主张自己在格式合同中规定了免责条款而且尽到了应有的告知义务即可。在司法实践的判断中,往往会依据格式合同中有免责条款而推定为格式合同提供人已经履行了告知义务,而使格式合同相对人承担败诉风险。

(三)格式合同提供人履行告知义务的界定及完善

1. 格式合同提供人告知义务的内容

格式合同提供人应告知对方当事人关于自身免责的条款、有可能产生歧义条款的实际含义。格式合同提供人需告知的内容还应当包括:(1)对格式合同条款询问的解答义务,即要求解答权。(2)保障格式合同相对人的知情权,在格式合同订立过程中至关重要。如果拒绝解释或者隐瞒、欺诈相对人,合同的提供人要承担相应的法律责任。(3)提请签订合同相对人注意此合同是属于格式合同模式,请认真阅读该合同条款,以免因格式合同误读损害自身利益。我国现有《合同法》仅明确规定了免责条款的告知义务,却忽视了其他三项告知义务,应当在立法中或司法实践中得到完善。

2. 格式合同提供人告知义务的履行时间

在我国通说之中,格式合同提供人行使告知义务的时间,必须是在合同订立之前或订立的过程中。但应注意的是,在格式合同提供人行使告知义务时必须要给合同相对人留出足够抉择的时间,如果不留出足够的时间,该提醒义务形同虚设。例如,在旅客运输合同中,航空公司趁旅客还有十五分钟就要过安检、登机的时候提醒旅客注意机票中大量关于免除或者限制航空公司责任的条款,利用旅客急于购票登机的心理和时间上的优势,订立格式合同。这种情况下,虽然航空公司在订立格式合同时,进行了提醒告知义务,但是由于没有给格式合同相对人(旅客)留出足够阅读理解的时间,因此该项提醒告知义务应视为没有行使而无效,由此签订的格式合同免责条款也不可能产生效力。

3. 格式合同提供人告知义务的履行方式

我国法律规定格式合同提供人行使告知义务的方式为"合理方式"、"足以引起注意"等,对此在司法实践中应理解为主要指能起到引起注意、提醒强调和吸引对方注意的方式,即采取的方式必须醒目、必须足以让一般大众人群能够在合同中发现、注意到该格式条款即可。根据特定交易的具体环境,提供格式条款的一方可以向相对人明示其条款或以其他显著方式如广播、张贴告示等形式提醒相对人注意。在提醒方式中,应当尽可能采用个别方式提醒其注意,那些不可能采用个别提醒方式的格式合同,则应当采取公告的方式。具体而言,针对免责条款的告知应当采取书面的、个别告知的方法,并且最好出具书面的告知函,由双方当事人签字,并一式两份,双方当事人各持一份,以备日后发生纠纷时作为证据使用;针对易发生歧义和一般的告知、解释义务时的告知方式,可以采取口头、书面、广告、店堂告示、广播等多种方式皆可,以书面为主,其他方法为辅助,告知应采用显著方式,即公告以使相对人可得察觉、阅读、理解为基本目的。同时针对现在关于格式合同纠纷“是否履行告知义务”举证困难的问题,根据《合同法司法解释二》第6条规定,提供格式条款一方对已经合理提示及说明义务承担举证责任。格式合同提供人处于优势地位,由其承担举证责任较之格式合同相对人来说比较容易,在权利义务的分配上也更加公平。

4. 格式合同提供人告知义务的履行形式

格式条款提供人是否履行“合理”的告知义务,可以从以下几个方面评判:

其一,从告知文件的外在表现形式来看,应当使相对人产生该告知文件是规定当事人权利义务关系的合同条款的印象,并且能够引起足够的重视,并促使其阅读该条款,即在外观上能够吸引相对人的注意。如果合同的正面不足以罗列详细的免责条款内容而放在合同的反面,那么提供免责条款的当事人应该采用合理醒目的手段,提请对方当事人能够注意到这些容易被忽略的条款。

其二,提请格式合同相对人注意的文字或语言必须清楚明白,不会让相对人产生歧义。而且,记录提请注意格式条款的文字或者格式条款本身没有污损或字迹不清、无法辨认等情况。并采取适当大小的字体记录文字,不能影响阅读。比如,对于格式合同中关于免责条款的内容应当采取明显区别于合同其他内容的字体型号、字体颜色、版面设计等方式,让签订合同相对人在阅读合同之初就可以明显容易地注意到该条款的内容。相反,如果采用缩小字体型号大小、将免责条款的置于合同中不明显的位置等,有可能足以引起合同相对人忽略该条款的方式,则视为没有采取“合理方式”告知。

其三,应向相对人提供合理机会了解该条款内容。这属于概括性的兜底条款,这一条要求无论采取什么方式,只要足以引起格式合同相对人注意该格式条款即可。

**【典型案例】**

**成路诉江苏省无锡轻工大学教学合同纠纷案**

原告:成路。

委托代理人:钱培昌,江苏省无锡天安律师事务所律师。

被告:江苏省无锡轻工大学。

法定代表人:陶文沂,该学校校长。

委托代理人:朱未萍、朱晋伟,江苏省无锡轻工大学工作人员。

〔基本案情〕

原告成路因与被告江苏省无锡轻工大学(以下简称轻工大)发生教学合同纠纷,向江苏省无锡市郊区人民法院提起诉讼。

原告诉称:1998 年 9 月 25 日,原告报名参加了被告与美国金门大学(以下简称金门大学)合办的工商管理硕士学位班,学习期间,仅因一次单独旅游就被金门大学除名,经济上遭受巨大损失。事后原告了解到,被告与金门大学合办的这个学位班,没有经过教育部门批准。被告也从不解释 Master of Business Administration(以下简称 MBA)与 Executive Master of Business Administration(以下简称 EMBA)的区别,在学位问题上欺骗了原告。请求确认被告与金门大学合办的这个学位班是非法的,判令被告归还原告交纳的学费 16.6 万元。

原告提交的证据有:1. 国家教委发布的《中外合作办学暂行规定》;2. 学费 16.6 万元的交费收据;3. 成路与轻工大经贸管理系签订的协议一份;4. 1998 年 9 月 5 日《无锡广播电视报》上登载的轻工大学办学广告一份;5. 金门大学给成路的除名决定一份。

被告辩称:被告与金门大学之间的合作办学,经过国家批准,是合法有效的;原告对就读的是 EMBA 班这一点是明知的,不存在被告欺骗原告的事实。原告是因未经批准私自出游才被除名,这个后果要由自己负责。法院应当驳回原告的诉讼请求。

被告提交的证据有:1. 国家轻工业局轻人教(1998)2 号文件;2. 成路就读金门大学 EMBA 班的入学申请表一份,EMBA 班在轻工大学开学典礼上的照片 5 张,成路在金门大学就读时填写的课程表;3. 成路与轻工大经贸管理系签订的协议一份;4. 成路的护照复印件,金门大学对成路的除名决定,金门大学学生守则以及成路的请假条,证人刘某某、施某的证词;5. 金门大学南加州校区校长凯茜发给轻工大的电子邮件,以及证人俞某某、刘某某的证词等。

无锡市郊区人民法院经审理查明:1998 年 7 月,经国家轻工业局轻人教[1998]2 号文件批准,被告轻工大与金门大学合作开设工商管理硕士课程。同年 9 月 5 日,轻工大在《无锡广播电视报》上登载广告称:轻工大与金门大学合作开办 98’EMBA 高级管理人才工商管理硕士班。9 月 25 日,原告成路报名参加该班,并与轻工大达成“就读金门大学工商管理硕士班的有关协议”。协议约定:金门大学工商管理硕士学位班由金门大学和轻工大联合举办,由轻工大经贸管理系负责日常教学管理及协调工作;该项目包括 12 门课程,其中 5 门课程在中国完成,另 7 门在美国完成;该班费用为 2 万美元或等值的人民币;学员在学满 6 门课后退学,学校不退学费。之后,成路填写了金门大学 Executive Master of Business Administration 班入学申请表。10 月 5 日,该班正式开学。成路按协议的约定,在无锡学完 5 门课程后,于 1999 年 2 月赴金门大学学习,并选修 3 门 EMBA 课程。3月底,金门大学南加州校区校长告知成路和其同班同学:根据他们所持护照的性质,不能单独外出旅游。4月2日,成路未经金门大学批准私自出去旅游。4月5日,金门大学以成路未经批准外出旅游和多次未参加学校组织的文化活动为由,通知成路休学。4月7日,成路离开金门大学。4月14日,金门大学对成路正式除名。5月初,成路回国。回国后,成路以轻工大欺骗本人为由,要求轻工大退还全部学费,由此酿成纠纷。

以上事实,有国家轻工业局和国家教委的文件、交费收据、关于就读金门大学工商管理硕士学位班的协议、轻工大办学广告、入学申请表、照片、课程表、护照复印件、金门大学学生守则、成路的请假条、电子邮件、金门大学给成路的除名决定以及证人证言证实。以上证据经庭审质证,可以作为认定本案事实的根据。

**〔一审裁判理由与结果〕**

无锡市郊区人民法院认为:双方当事人的争议焦点如下:1. 被告轻工大与金门大学之间的合作办学是否合法、有效? 2. 原告成路就读EMBA班而不是MBA班,是否属于受轻工大欺骗? 3. 成路被金门大学除名,是因成路自己的过错造成,还是由于轻工大的规定不明确所造成?

综合本案证据,可以认定:1. 被告轻工大与金门大学之间的合作办学,经轻工大的上级主管部门国家轻工业局批准,符合1995年1月国家教委员会发布的《中外合作办学暂行规定》,是合法的。原告成路称轻工大与金门大学之间的合作办学行为无效,无事实根据,不予采纳。2. 成路填写的金门大学入学申请表和在金门大学选修的课程,都明确注明为EMBA。成路参加的轻工大开学典礼,仪式上就清楚标明是EMBA班,而非MBA班。故成路对其就读的是EMBA班这一点,事前是明知的,且其在学习过程中也从未对此提出过异议。成路诉称轻工大不解释MBA与EMBA的区别,以致因含义不明受了轻工大欺骗,无事实根据,不予采信。3. 成路在与轻工大签订的协议中和在金门大学的入学申请表上,均明确表示其愿意遵守轻工大和金门大学关于EMBA班的一切规章制度。然而,成路在金门大学南加州校区校长已明确告知其不能单独旅游的情况下,仍未经同意私自出游,导致被金门大学除名,责任在成路自己,由此产生的后果应由成路自行承担。

《中华人民共和国民法通则》第八十五条规定:"合同是当事人之间设立、变更、终止民事关系的协议。依法成立的合同,受法律保护。"第八十八条第一款规定:"合同的当事人应当按照合同的约定,全部履行自己的义务。"原告成路与被告轻工大所签订的协议是教学合同,合同内容是双方当事人的真实意思表示,且符合有关法律规定,合法有效,双方当事人均应按合同履行各自的义务。成路违反校规是违反合同约定的行为,因此被除名所造成的损失应由成路自己承担。据此,无锡市郊区人民法院判决:驳回原告成路要求确认被告轻工大与金门大学合作办学无效和要求轻工大归还学费16.6万元的诉讼请求。

案件受理费4830元,由原告成路负担。

〔当事人上诉及答辩意见〕

原告成路不服一审判决，向江苏省无锡市中级人民法院提起上诉。理由是：1. 被上诉人轻工大被批准开办的应当是MBA学位班，因此其开办EMBA学位班是非法的，以EMBA学位班的名义收费也没有任何法律依据，是乱收费。2. 读EMBA学位班，就应当得到EMBA学位，这一点轻工大是办不到的。因此他们说举办的是EMBA学位班，却又在广告、收费单据中多次使用MBA字样，以此来欺骗上诉人。3. 上诉人与金门大学签订的协议中，虽然有如不遵守规章制度将承担全部学习费用的承诺，但该合同是格式文本，其内容不是上诉人的真实意思表示，是虚假的。4. 上诉人是在1999年4月12日，才收到轻工大转交的金门大学学生守则。在上诉人被除名前，从未有人给上诉人告知过金门大学的规章制度。金门大学校长告知的规定，上诉人是知道的，但上诉人不相信会有此规定。故上诉人在美国被除名，没有任何合法依据，请求改判轻工大给上诉人退还学费，并负担本案的诉讼费用。

〔二审查明的事实〕

无锡市中级人民法院二审查明：上诉人成路与被上诉人轻工大达成的"就读金门大学工商管理硕士班的有关协议"中，除一审认定的内容外，还有如下内容：学员在学习过程中，应遵守轻工大与金门大学的有关教学要求和规定，服从统一领导，如有违规，视具体情况酌情处理。

上诉人成路所持的是J－1签证的护照。金门大学南加州校区校长在告知成路及其同班同学时说过；根据他们所持护照的性质，不能单独外出旅游。如有违反，将不能保持签证状态。

金门大学接受了上诉人成路的注册后，于1999年3月3日与成路达成过一份协议，约定：介于金门大学接受成路的注册，成路同意遵守金门大学的规章制度；如果成路取消任何课程或产生任何行为，影响成路的入学资格，应以书面形式及时通知注册部，并承担费用表上的所有费用。

金门大学通知上诉人成路休学后，被上诉人轻工大于1999年4月10日以传真方式将金门大学的学生守则告知成路。成路收到后，未按守则的要求对导致休学的原因作出详细说明。1999年8月23日，金门大学向其与其被上诉人轻工大合作开办的98'EMBA班学习并完成全部学业的学员颁发了工商行政管理硕士学位(the degree of Master of Business Administration)。

除此以外，二审确认了一审认定的全部事实。

〔二审裁判理由与结果〕

无锡市中级人民法院经审理认为：Master of Business Administration (MBA)是工商管理硕士学位，而Executive Master of Business Administration(EMBA)则是指行政管理人员取得这一学位的途径，并非一种学位。完成EMBA全部课程的行政管理人员，获得的是MBA学位，不是EMBA学位。

被上诉人轻工大经国家轻工业局批准，与金门大学合作开设工商管理硕士（MBA）课程。在具体执行中，确定招收高级管理人员学习这一课程，这一行为符合国家教委《中外合作办学暂行规定》的要求，是合法的。轻工大根据双方签订的教学合同向上诉人成路收取费用，不违反法律的禁止性规定，应为合法。成路上诉主张轻工大被批准开办的是MBA学位班，因此开办EMBA学位班是非法的，以EMBA学位班的名义收费是乱收费。这一主张没有事实根据和法律依据，不予认定。

被上诉人轻工大整个招生过程中，确实既使用过EMBA，也使用过MBA字样。这是由于有时需要说明该学员的性质，有时需要说明该班学员能获得的学位。在不同的情况下分别使用不同的英文字样，不是欺骗。上诉人成路所持读EMBA班获EMBA学位的说法，不能成立。成路主张轻工大欺骗其入学的意见，不予采纳。

格式合同也是法律所允许的一种书面合同。格式合同的内容虽由一方当事人事先拟就，但在双方当事人签字后，就成为双方当事人一致的意思表示，合同即告成立。双方当事人如果对格式合同条款的理解发生争议，按照通常的理解予以解释；如果解释有两种以上，应当采用不利于提供格式条款一方的解释。格式合同的条款只在存在法律规定的无效情形时，才能被宣告无效，并非只要是格式合同就一定无效。上诉人成路与金门大学签订的格式合同，内容是合法的，也是明确的。对该合同的内容，成路在上诉中没有提出不同的理解，也不解释自己为什么在其上签字，却以该合同是格式合同，就认为合同的内容虚假，不是自己的真实意思表示，主张该合同无效，这个理由不能成立。

上诉人成路是在明知校方不允许私自旅游的情况下未经批准出游，还多次未参加校方组织的文化活动，因此于4月5日被金门大学通知休学。4月10日，被上诉人轻工大向成路传真了金门大学的学生守则。收到休学通知和金门大学学生守则后的成路，应当完全清楚后果的严重性，也知道了怎样作才能避免被除名，却仍坚持己见，导致于4月14日被除名。成路上诉称其在被除名前从未被告知学生守则，与事实不符，不予采纳。成路在修完6门以上课程后，因擅自离校未被允许和多次不参加校方组织的文化活动而被金门大学通知休学，休学后又没有按学生守则的规定对自己的行为作出合理的解释，因此被除名。成路被除名的原因，并非轻工大违反了教学合同中自己一方的义务，也不符合双方在教学合同中约定的退款事由，故成路主张退还学费的上诉请求，不予支持。据此，无锡市中级人民法院于2000年3月13日判决：驳回上诉，维持原判。

一、二审案件受理费各4830元，均由上诉人成路负担。

# 第二章 合同效力

**规则7(签章行为与合同效力) 当事人在合同书上的签字、盖章,具有使合同相对人了解交易对方的身份状况,从而确信合同当事人的作用**

——河北胜达永强新型建材有限公司与中信银行股份有限公司天津分行、河北宝硕股份有限公司银行承兑汇票协议纠纷案①

**【裁判规则】**

当事人在合同书上的签字、盖章,表明合同内容为当事人的真实意思表示,当事人据此享有合同权利、履行合同义务。同时,当事人在合同书上的签字、盖章,还具有使合同相对人了解交易对方的身份状况,从而确信合同当事人的作用。

**【规则理解】**

**一、签章的内涵及作用②**

签章,即签字、盖章的略称。签字是指在文本上签署姓名,盖章则是指在文本上加盖印章。印章在民事活动中的使用有独特作用,具体主要体现在以下几个方面③:

(一)确认法律行为的作用

即在以书面形式实施法律行为时,记载意思表示内容的书面材料上必须有签名或者盖有印章。具体而言,其一,表明该意思内容为特定主体所表示;其二,表明该意思内容有产生私法上效果之目的;其三,表明印章所有者愿为该意思表示承担责任。

(二)识别行为主体的作用

在书面合同上使用印章,表明合同所载意思表示的主体。不同的签章,代表不同的民事主体。

---

① 《中华人民共和国最高人民法院公报》2008年第1期,最高人民法院(2007)民二终字第35号民事判决书 。

② 本文没有特别注释的签章均指在民事活动中。

③ 参见陈甦:《印章的法律意义》,载《人民法院报》,2002年8月23日。

（三）区别主体身份的作用

区别主体身份主要是体现该行为是法人行为还是自然人行为，是职务行为还是个人行为。其一，在法律上，盖章是法人的行为，而不是自然人的行为；其二，在代表人签署个人名字的文件上，再盖有法人的印章，据此可确定该签字行为是属于职务行为，而不是个人行为。

（四）代表代理权限的作用

印章所有人基于自己的意思将印章交与他人使用，具有授予他人代理权的法律效果。与此相应，签字也同样具备确认法律行为与识别行为主体的作用。

**二、签字与盖章的联系与区别**

签字与盖章在通常情况下合称为"签章"，在《合同法》中也被联合起来使用，表述为"签字或者盖章"，两者在法律意义上有相同之处，在采用合同书形式订立合同时，都具备确认合同成立与否、合同成立的时间、地点、内容的作用，但是两者仍有一定的差别，尤其是现代信息社会的发展，出现了电子签章的情形，现实生活中对两者的使用应当注意的事项并不完全相同。

（一）两者主体不同

签字的主体包括自然人本人或其委托代理人，法人或其他组织的法定代表人、负责人或其委托代理人；而盖章的主体可以是自然人，也可以是法人或其他组织。

（二）两者实施主体不同

签字必须本人书写，在委托代理人签订合同的场合，受托人以委托人的名义签订合同，委托人为合同当事人，但是代理人应在合同书上签署自己的名字；而印章则与印章所有人不具备物理学上的联系，可以与人身相分离，因此，既可以是自己加盖，也可以委托他人加盖，且法人或其他组织不具备自然人的物理属性，必须由法人或其他组织的法定代表人、负责人或其委托代理人代为实施盖章行为。

（三）两者法律效力的来源不同

签字的法律效力来源于其与签字主体人身性的不可分离，签字直接代表了签字人的意思表示；而盖章之所以具备法律效力，在于法律认可其可以反复使用，并且代替签名，从而具备和签字同等的法律效力。

（四）两者证明力不同

由于印章极易被伪造，特别注意电子印章是印章所有者与实际控制者极易分离，而签名与签名行为人之间的联系既有社会学上的依据也有生物学上的依据，签名与签名行为人之间联系的确定性要远远高于印章与其所有者之间联系的确定性，因此，签名的证明力远高于盖章的证明力。[①] 现实生活中,人们认为盖章的法律效力高于签字的效力应属认识上的偏差。

综上,尽管法律条文上经常将签字与盖章联系在一起使用,但是两者既有联系,又有区别。根据两者的区别,可知现实生活中应当注意以下事项:在自然人签订合同的场合,应当尽可能使用签名,而不是盖章,且要防止他人假冒签名、伪造签名;在法人或其他组织签订合同的场合,不应轻视法定代表人、负责人、委托代理人的签名,而片面看重盖章的作用,在盖章的情形下,要防止他人使用伪造、变造的印章,或是盗用、借用他人印章,并要注意盖印人的权限问题。

## 三、签字、盖章的法律意义

### (一)签字、盖章与合同成立

合同成立是指合同当事人对合同的主要条款达成合意。签章对合同成立的法律意义在合同法中有明确体现:如《合同法》第 32 条规定:"当事人采用合同书形式订立合同的,自双方当事人签字或者盖章时合同成立";第 35 条规定:"当事人采用合同书形式订立合同的,双方当事人签字或者盖章的地点为合同成立的地点"。根据合同法的相关规定,签章对于合同成立的时间、地点、合同当事人确定、合同内容的确定均具备十分重要的法律意义。

1. 签章与合同成立的时间

合同成立的时间,是双方当事人的磋商过程结束,达成共同意思表示的时间界限。[②] 根据《合同法》第 25 条的规定,承诺生效时合同成立,故合同成立的时间是由承诺实际生效的时间所决定。即承诺在何时生效,当事人就应当在何时受合同关系的拘束,享有合同上的权利和承担合同上的义务。[③] 但是,在当事人采用合同书形式订立合同时,根据合同法的规定,合同应自双方当事人签字或者盖章时成立。此时,合同签章的法律意义在于确定合同的成立。问题在于,现实生活中,双方当事人往往并非同时盖章,具体情形表现为:第一,异地订立的合同,因一方当事人未随身携带印章,无法在合同订立之时盖章,于是一方当事人在合同上盖好了自己一方的印章,而对方当事人回到单位再行盖章;第二,单位其他职员或委托代理人经手签订的合同,该合同须经单位审核批准后盖章,故有合同一方先签章,另一方带回签章的情形。在双方当事人并非同时签章的情况下,应以后签章一方当事人签章的时间为合同成立的时

---

① 参见陈甦:《印章的法律意义》,载《人民法院报》,2002 年 8 月 23 日。

② 唐德华、孙秀君:《合同法(总则)及司法解释案例评析》,人民法院出版社 2004 年版,第 145 页。

③ 王利明:《合同法研究》(第一卷),中国人民大学出版社 2002 年版,第 250 页。

间,因为双方均完成签章的程序才能认定双方订立合同合意的达成与合同的成立。

2. 签章与合同成立的地点

合同成立的地点是确定法院管辖权与选择法律的适用等问题的重要因素,因此,合同成立地点的确认十分重要。关于合同成立的地点,两大法系规定不同,大陆法系采取到达主义,即意思表示到达的地点为合同成立地点,而英美法系采取送信主义,即发信人所在地为承诺生效的地点,根据《合同法》第34条关于"承诺生效的地点为合同成立的地点"以及第26条第1款关于"承诺通知到达要约人时生效"的规定,可知我国采取到达主义,原则上合同成立的地点即承诺通知到达的地点。但是,根据合同为不要式或要式,合同成立的地点仍有所区别。不要式合同应以承诺发生效力的地点为合同成立地点,而要式合同则应以完成法定或约定形式的地点为合同成立地点。[①] 对于当事人约定或者法律规定必须采用合同书形式订立的合同,根据合同法的规定,是以双方当事人签字或者盖章的地点为合同成立的地点,此时,签章的法律意义在于确定合同成立的地点。如前所述,合同双方当事人签字或者盖章的地点也可能有所不同,此时,应当以后签章一方签字或盖章的地点为合同成立的地点。

3. 签章与合同当事人

合同当事人是指合同关系的当事人,是实际享受合同权利并承担合同义务的人。合同当事人不同于订约主体。订约主体既可以是未来的合同当事人,也可以是合同当事人的代理人,而民事主体除了通过直接订约的途径成为合同当事人之外,还可以通过合同的转让成为合同当事人。在直接订约成为合同当事人的情形下,以自己的名义做出意思表示,并在合同上签章的人为合同的当事人,换个角度说,即当事人在合同书上的签字、盖章,具有使合同相对人确信交易对方,从而确定合同当事人的作用。

此外,《合同法》第402条的规定:"受托人以自己的名义,在委托人授权范围内与第三人订立的合同,第三人在订立合同时知道受托人与委托人之间的代理关系的,该合同直接约束委托人和第三人,但有确切证据证明该合同只约束受托人和第三人的除外",该条规定直接借鉴了英美法中隐名代理制度的有关内容。根据该条规定,即使委托人以自己的名义订立合同,并签字或者盖章,只要第三人知道委托人与受托人之间的关系,该合同的当事人仍为委托人与第三人,而不是直接签字、盖章的受托人。

4. 签章与合同内容

合同的内容,可以从两方面理解,一是从民事法律关系而言,合同内容是指合同当事人享有的权利(债权)和承担的义务(债务);[②]二是从内在结构而言,合同的内容

① 王利明:《合同法研究》(第一卷),中国人民大学出版社2002年版,第253页。

② 参见孔祥俊:《合同法教程》,中国人民公安大学出版社1999年版,第49页。

是指合同的各项条款。① 合同内容的上述两方面含义是密切相连的，如果将合同理解为一种法律关系，合同当事人的权利义务正是通过合同条款确定和反映出来的。② 尽管合同的权利义务并非必须通过当事人签字或盖章的合同书的形式体现出来，签字、盖章对于合同内容的确定仍具有十分重要的法律意义。具体表现为，签章可以证明合同条款为当事人所确认，合同内容是当事人的真实意思表示，从而确定当事人享有的合同权利、承担的合同义务。如果当事人主张其签字、盖章的合同不是真实意思表示，必须举证证明签字、盖章不真实，或证明订立合同时相对人对其有欺诈、胁迫等情形。

（二）签章与合同生效

合同成立制度主要表现了当事人的意志，体现了合同自由原则，而合同生效制度则体现了国家对合同关系的肯定或否定的评价，反映了国家对合同关系的干预。③ 因此，作为当事人意志的代表及当事人意思表示的证明，签章应主要影响合同成立与否，而不影响合同是否生效。

根据《合同法》第 44 条的规定："依法成立的合同，自成立时生效。法律、行政法规规定应当办理批准、登记等手续生效的，依照其规定。"据此，一般情况下，合同经双方当事人签章认可则成立，同时，合同生效。但是《民法总则》第 158 条规定："民事法律行为可以附条件，但是按照其性质不得附条件的除外。附生效条件的民事法律行为，自条件成就时生效。附解除条件的民事法律行为，自条件成就时失效。"《合同法》第 45 条规定，当事人对合同的效力可以约定附条件，附生效条件的合同，自条件成就时生效。因此，如果合同中明确约定由法人或者其他组织盖章后合同生效的，此时，盖章成为合同生效的条件之一，盖章与否对合同生效产生影响。

**【拓展适用】**

**一、不同种类印章的法律效力**

现今"印章"泛指刻制了某人姓名或某机构名称以供反复使用的小块固体物，或者这种小块固体物被使用后留在纸张等载体上的痕迹。④ 现实生活中，法人、其他组织的印章种类很多，有合同专用章、财务专用章、行政章及各部门的公章等。⑤《合同法》虽然规定了当事人在合同书上签字或者盖章，但具体盖什么章并没有规定，事实

---

① 王利明：《合同法研究》（第一卷），中国人民大学出版社 2002 年版，第 347 页。

② 参见郭明瑞、房绍坤：《新合同法原理》，中国人民大学出版社 2000 年版，第 129 页。

③ 陈安主编：《涉外经济合同的理论与实务》，中国政法大学出版社 1994 年版，第 103 页。

④ 陈甦：《印章的法律意义》，载《人民法院报》，2002 年 8 月 23 日。

⑤ 吴永科、王颖：《合同盖章的效力探析》，载《北京联合大学学报》（人文社会科学版）2006 年第 4 期。

上,每种印章的具体作用如何,及对合同成立与否、是否生效的影响也不相同,一般认为行政公章代表企业单位,使用范围最广、效力最高,在合同书上加盖行政公章合同成立。[①] 行政公章应是印文与其代表的法人或者其他组织名称相一致的公章,其作为法人或者其他组织的代表,当然代表法人或者其他组织的意思表示,如无特殊情况,当事人使用行政公章订立合同时,合同成立。合同专用章,顾名思义,是指专门在合同中使用的印章,在订立合同时加盖合同专用章,也应可以证明法人或其他组织同意签订合同,并认可合同条款。而在合同书上加盖其他专用章则不能当然视为法人或者其他组织同意订立合同及认可合同内容的意思表示,如财务专用章只能在特定的范围内代表法人或者其他组织的意思,如出具加盖财务专用章的收款收据,可以认为是法人或者其他组织的意思表示,但在供货合同上加盖财务专用章,则不能当然认定为法人或者其他组织的意思表示。部门公章则是法人或者其他组织内部职能部门印章,只能代表该职能部门的意思表示,不能代表法人或者其他组织的意志,且由于法人的职能部门一般情形下不能独立从事民事行为,如我国《担保法》第 10 条规定:"企业法人的分支机构、职能部门不得为保证人……"故仅加盖职能部门的公章不能直接确认该职能部门所在的法人或其他组织同意合同所设定的内容,或为合同的当事人。

综上,原则上,在订立合同时加盖行政公章、合同专用章可以证明该合同为法人或其他组织的真实意思表示,而加盖其他印章则不能证明该合同为法人或者其他组织的意志,但是,如果盖印的行为得到法人或者其他组织的授权,或者符合表见代理的规定,则合同仍然成立。并且,应当根据其盖印行为的具体情况,结合其他证据,对合同的效力、内容作出综合判决。

**二、印章与代表权**

法定代表人是代表法人行使职权的负责人。法定代表人一般是执行机关的负责人,其依照法律或者法人组织章程的规定,无须法人机关的专门授权,就可以法人的名义,代表法人对外进行民事活动,并为签字人,当自然人以法定代表人的身份从事法人的业务活动时,并不是独立的民事主体,而只是法人这一民事主体的代表。[②] 我国法律并未对代表权进行明确界定。但是,关于代表权的规定仍散见于有关法律规范中。如《民法通则》第 34 条第 2 款规定:"合伙人可以推举负责人。合伙负责人和其他人员的经营活动,由全体合伙人承担民事责任";第 38 条规定:"依照法律或者法人组织章程规定,代表法人行使职权的负责人,是法人的法定代表人"。《民法总则》

---

① 姚刚、郭正明、扈国娟:《浅析合同签字盖章的法律效力》,载《河北企业》2007 年第 8 期。

② 马俊驹、余延满:《民法原论》,法律出版社 2005 年版,第 131 页。

第61条规定:“依照法律或者法人章程的规定,代表法人从事民事活动的负责人,为法人的法定代表人。法定代表人以法人名义从事的民事活动,其法律后果由法人承受。法人章程或者法人权力机构对法定代表人代表权的限制,不得对抗善意相对人。”据此,法人的法定代表人的签字可以直接代表法人的意思表示,在法定代表人职务行为中签订的合同,无须法人加盖印章即自然视为法人的行为。即使法定代表人、负责人超越权限订立合同,依据《合同法》第50条①的规定,除非相对人知道或者应当知道其超越权限的以外,该代表行为仍然有效。

### 三、签章与代理权

#### (一)签章与有权代理

《民法总则》第162条规定:“代理人在代理权限内,以被代理人名义实施的民事法律行为,对被代理人发生效力。”《民法通则》第63条第2款规定:“代理人在代理权限内,以被代理人的名义实施民事法律行为。被代理人对代理人的代理行为,承担民事责任。”根据此条规定,代理是指代理人依据代理权,以被代理人的名义与第三人实施民事法律行为,而后果由被代理人承担。②有权代理应具备如下构成要件:1. 代理人在代理权限之内实施代理行为;2. 代理人以被代理人的名义实施代理行为;3. 代理行为是具有法律意义的行为。

在法人或其他组织与第三人签订合同时,因其不具备自然人的物理属性,不可能如同自然人一般进行意思表示并且签字,因此,必须通过法定代表人、负责人或者委托代理人进行磋商并签订合同。在委托代理人签订合同的场合,如果其行为符合上述有权代理的构成要件,则其签字或者加盖法人或其他组织印章的行为有效,该合同对法人或者其他组织具有约束力。

#### (二)签章与表见代理

表见代理属广义的无权代理。所谓表见代理,是指行为人没有代理权,但是交易相对人有理由相信行为人有代理权的无权代理,此时,该无权代理可发生与有权代理同样的法律效果,如果善意的交易相对人不愿该无权代理发生与有权代理同样的法律效果,也可经由撤销权的行使,使其归于无效。③ 法律上之所以承认表见代理,是因为表见代理具有维护善意第三人利益、维护交易安全的功能。④

---

① 该条规定:“法人或者其他组织的法定代表人、负责人超越权限订立的合同,除相对人知道或者应当知道其超越权限的以外,该代表行为有效。”

② 佟柔主编:《中国民法学·民法总则》,中国人民公安大学出版社1990年版,第263页。

③ 王利明:《民法》,中国人民大学出版社2000年版,第123页。

④ 何志编:《合同法原理精要与实务指南》,人民法院出版社2008年版,第156页。

我国《民法总则》第172条、《合同法》第49条对表见代理制度进行了规定。《民法总则》第172条规定:"行为人没有代理权、超越代理权或者代理权终止后,仍然实施代理行为,相对人有理由相信行为人有代理权的,代理行为有效。"《合同法》第49条规定:"行为人没有代理权、超越代理权或者代理权终止后以被代理人名义订立合同,相对人有理由相信行为人有代理权的,该代理行为有效。"表见代理的要件有四:第一,行为人以被代理人的名义实施民事法律行为;第二,行为人未获得授权,包括没有代理权、超越代理权和代理权已终止;第三,除行为人欠缺代理权外,具备民事法律行为的其他有效要件;第四,相对人有理由相信行为人有代理权。① 表见代理最重要的特征就是相对人有正当的理由相信行为人有代理权,而不论被代理人是否有过错。一般来说,表见代理的产生与被代理人的过错有关,例如,因为被代理人管理制度的混乱,导致其公章、介绍信等被他人借用或者冒用,被代理人在知道行为人以其名义与第三人实施民事法律行为而不做否定表示等。这些都表明被代理人是有过错的,但是,设立表见代理制度的目的是保护交易的安全性,不致于使没有过失的相对人劳而无获。因此,相对人只要证明自己与行为人实施民事法律行为时没有过失,至于被代理人在行为人实施民事法律行为时是否有过失,相对人在很多情况下是难以证明的。因此,只要相对人有理由相信行为人有代理权,代理行为就有效。以上要件中,第四个要件是司法实践中的难点问题。

通常情况下,判断相对人是否有理由相信行为有代理权,可以从如下方面考量:特定的场所、无权代理人与本人的关系、无权代理人是否从事了与其职责相关的行为、本人对无权代理行为的发生所起的作用、无权代理人在与相对人实施民事法律行为时宣称其有代理权的根据。② 在代理人未获得相应授权,但以法人或者其他组织的名义与他人订立合同的情形下,如果其持有盖有行政公章或者合同专用章的空白合同书,或者直接持有行政印章或者合同专门章,通常可以作为认定相对人有理由相信行为人有代理权的客观依据。当然,仅有以上事实尚不足以证明表见代理的成立,相对人必须出于善意,并确实基于以上事实而相信行为人具备代理权,从而与之签订合同。如果法人或者其他组织认为行为人取得盖有行政公章或者合同专用章的空白合同书或者持有印章本身的行为不正当,相对人并非善意,则应由法人或者其他组织承担相应的举证责任。

(三)签章与无权代理

所谓无权代理③,是指行为人既没有代理权,也没有能使第三人确信其有代理权

---

① 马俊驹、余延满:《民法原论》,法律出版社2005年版,第238页。

② 王利明:《民法总则研究》,中国人民大学出版社2003年版,第664~667页。

③ 笔者在本文所论及的无权代理仅指狭义无权代理。

的理由，而以他人名义所为的代理行为。行为人即使持有盖有行政公章或者合同专用章的空白合同书，甚至直接持有行政公章或者合同专用章，如果其行为不符合有权代理的构成要件，也不符合表见代理的要求，则其行为是无权代理，其签订的合同并不当然对法人或者其他组织具有约束力。

根据我国法律规定，无权代理人实施的民事行为属于效力待定的民事行为，为了及时解决悬而未决的权利义务关系，平等地保护被代理人和善意相对人的合法权益，我国《民法通则》第66条第1款、《民法总则》第171条第1、2款和《合同法》第48条规定了本人的追认权与相对人的催告权、撤销权。其中《民法通则》第66条第1款规定："没有代理权、超越代理权或者代理权终止后的行为，只有经过被代理人的追认，被代理人才承担民事责任。未经追认的行为，由行为人承担民事责任……"；《民法总则》第171条第1、2款规定："行为人没有代理权、超越代理权或者代理权终止后，仍然实施代理行为，未经被代理人追认的，对被代理人不发生效力。相对人可以催告被代理人自收到通知之日起一个月内予以追认。被代理人未作表示的，视为拒绝追认。行为人实施的行为被追认前，善意相对人有撤销的权利。撤销应当以通知的方式作出。"《合同法》第48条规定："行为人没有代理权、超越代理权或者代理权终止后以被代理人名义签订的合同，未经被代理人追认，对被代理人不发生效力，由行为人承担责任。相对人可以催告被代理人在一个月内予以追认。被代理人未作表示的，视为拒绝追认。合同被追认之前，善意相对人有撤销的权利……"据此，在无权代理人签章的情形下，行为效力的确定决定于法人或其他组织追认权的行使或者相对人催告权、撤销权的行使，如果被代理人予以追认的，合同对被代理人有约束力，该签章视为被代理人的签章，如果被代理人不予追认，或者相对人对合同予以撤销的，被代理人对签章行为不承担法律责任。

**四、签章行为的完善**

鉴于现实生活中签章行为的无序造成纠纷的增多，且一旦发生纠纷，当事人的证明责任往往难以完成，并造成不必要的损失，结合前文的分析，实践中有必要对签章行为予以完善。

（一）自然人签章的完善

第一，在自然人签名的时候，代他人签名、假冒他人签名、伪造他人签名、签署同音不同字的名字或仅签姓而不写名或使用假名的情况时有发生，导致合同成立与否难以界定，一旦发生纠纷，签名人一方通常以签名不真实为由主张合同不成立，即使签名真实性可以通过鉴定予以确认，在签名不真实的情况下，也不能必然认定签名系他人伪造，因为在当事人原本互不认识的情况下，当事人本人也可能签署他人的名字或使用假名。因此,在签字的时候,双方当事人应尽可能当面书写名字,并且审查对方当事人的身份证,要求其书写身份证上的正式名字。

第二,由于目前对自然人的姓名章的管理和使用并不规范,导致自然人姓名章极易被滥用,故自然人签订合同时,应当尽量使用签名,而不使用姓名章。而拥有姓名章的民事主体也应当妥善保管其印章,防止被滥用,特别是要防止他人利用姓名章造成拥有代理权的假象,从而构成表见代理造成印章所有人的损失。

(二)法人或非法人组织签章的完善

第一,在法人或非法人组织签订合同的场合,考虑到印章的证明作用远小于签名的证明作用,应摒弃重印章轻签名的观念,在法定代表人、非法人组织的负责人签订合同时,应当由法定代表人或者负责人签字,但同时,对于法定代表人或者负责人的身份应当予以审查。当然,为了区别于法定代表人或者负责人的个人行为与职务行为,在法定代表人或负责人签字的同时,加盖法人或者其他组织的印章则更为完善。

第二,在法人或者非法人组织的其他职员或者委托代理人代为签订合同的场合,应重点审查单位职员或其他委托代理人的代理权限与具体身份,如果其对签订该合同有明确的授权,则其签字即可视为法人或者非法人组织的意思表示,可促使合同成立,双方约定必须盖章的除外。但如果该职员或委托代理人仅持有单位印章或盖有印章的空白合同书,而无明确的授权委托书,但声称代理法人或非法人组织订立合同的,则必须审查印章的真实性,并结合该合同内容是否属于该法人或非法人组织的经营范围之内、该合同的签订是否符合该职员的身份地位、签订合同的具体场合以及双方交易习惯等因素来综合认定该职员是否具备签订合同的代理权。此外,鉴于合同种类繁多,而效力各不相同,在签订合同时,应当认真核实所盖印签是否能代表法人或者非法人组织的意思表示。

第三,法人和非法人组织必须严格管理和使用其印章。关于印章的管理和使用,我国已有法律规范进行了较为详尽的规定,如《中国人民银行印章管理规定》《社会团体印章管理规定》《国务院关于国家行政机关和企业事业单位社会团体印章管理的规定》等。但司法实践中,仍有大量纠纷是因为印章的管理和使用不规范引起的,且多是因为借用印章、擅用印章、盗用印章、伪造印章等行为造成。为了避免此类纠纷造成的损失,在印章的管理和使用中必须注意以下几点:第一是印章必须由专人管理,盖印特别是行政公章必须经专门的审批程序,在本单位印章管理部门备案,并留存盖印文件副本备查;第二是严禁出具盖有印章的空白合同书、空白介绍信等;第三是严格管理将印章借予他人使用,或将印章授予职员带出签订合同的行为;第四是发现印章丢失或他人使用伪造印章、作废印章时及时采取必要的措施通知相关业务单位,并采取恰当的公示方法予以公示。

**【典型案例】**

**河北胜达永强新型建材有限公司与中信银行股份有限公司天津分行、河北宝硕股份有限公司银行承兑汇票协议纠纷案**

上诉人(原审被告):河北胜达永强新型建材有限公司。住所地:河北省保定市高新区云杉路19号。

法定代表人:周胜,该公司董事长。

委托代理人:蒋克建,该公司职员。

委托代理人:周卫强,该公司职员。

被上诉人(原审原告):中信银行股份有限公司天津分行。住所地:天津市河西区南京路14号。

负责人:郭党怀,该行行长。

委托代理人:冯民石,该行职员。

委托代理人:沈永熙,天津嘉邦律师事务所律师。

被上诉人(原审被告):河北宝硕股份有限公司。住所地:河北省保定市国家高新技术产业开发区朝阳北路175号。

法定代表人:河北宝硕股份有限公司管理人。

委托代理人:谢元勋,北京市金杜律师事务所律师。

〔基本案情〕

上诉人河北胜达永强新型建材有限公司(以下简称胜达永强公司)因与被上诉人中信银行股份有限公司天津分行(以下简称中信银行)、河北宝硕股份有限公司(以下简称宝硕公司)银行承兑汇票协议纠纷一案,不服天津市高级人民法院(2006)津高民二初字第0035号民事判决,向最高人民法院提起上诉。最高人民法院依法组成合议庭对本案进行了审理。本案现已审理终结。

天津市高级人民法院审理查明:2005年10月27日中信银行与胜达永强公司、宝硕公司三方签订《保兑仓业务合作协议书》(以下简称合作协议)约定:中信银行与胜达永强公司签订编号为(2005)银承字第HC0418号《银行承兑汇票承兑协议》(以下简称承兑协议)。根据承兑协议的约定中信银行在收取了宝硕公司30%计人民币914.4万元保证金后,即对01053183—86号金额为人民币3048万元的银行承兑汇票予以承兑,票据期限为2005年10月27日至2006年4月27日,逾期按6.786%计收罚息。根据合作协议第三条及第六条第三款之约定,宝硕公司为上述承兑协议提供连带的、不可撤销的、无条件的保证责任。票据到期后,胜达永强公司未按照承兑协议的约定向中信银行支付剩余70%的票款计人民币2133.6万元,宝硕公司亦未履行合作协议约定的连带保证付款责任,形成本金为人民币2133.6万元的逾期贷款。前述逾期贷款中信银行在扣收保证金利息后尚余本金人民币21252199.69元。中信银行于2006年6月18日向天津市高级人民法院提起诉讼,请求判令胜达永强公司偿还本金人民币

21252199.69元，及至实际给付之日止的相应罚息，宝硕公司承担连带保证责任，本案诉讼费、保全费、律师费及其他费用由胜达永强公司和宝硕公司承担。

〔一审裁判理由与结果〕

天津市高级人民法院认为：涉案之合作协议、承兑协议均系当事人的真实意思表示，且不违反法律的相关规定，依法应认定有效。中信银行依约履行出票放款义务，但票据到期后，胜达永强公司未履行还款义务，宝硕公司也未履行相应的保证责任，属于违约行为，应承担违约责任。胜达永强公司向该院提交的宝硕公司向其出具的《承诺》、《关于以“保兑仓”形式融资的承诺》虽然约定因融资产生的一切法律责任由宝硕公司承担，但胜达永强公司与宝硕公司双方当事人之间的约定，不产生对外的效力，胜达永强公司不能以此主张免除其对中信银行的还款责任。综上，该院依照《中华人民共和国民事诉讼法》第一百三十条；《中华人民共和国民法通则》第一百零八条、第一百一十一条；《中华人民共和国担保法》第十八条之规定，缺席判决：一、胜达永强公司于判决生效10日内偿还所欠中信银行01053183－86号银行承兑汇票项下形成的逾期贷款本金计人民币21252199.69元及该款自票据到期日至判决给付之日止的罚息（按合同约定执行），逾期按《中华人民共和国民事诉讼法》第二百三十二条的规定执行。二、宝硕公司对上述给付事项承担连带保证责任。案件受理费人民币116271元，诉讼保全费人民币106781元，由胜达永强公司承担。该两笔费用已由中信银行预交，该院不再退回，由胜达永强公司执行中给付中信银行，宝硕公司承担连带给付责任。

〔当事人上诉及答辩意见〕

上诉人胜达永强公司不服天津市高级人民法院上述民事判决，向最高人民法院提起上诉称：一、合作协议不是上诉人真实意思，它不具备生效要件，不具有法律效力。第一，合作协议将乙方董事会决议作为该协议不可分割的组成部分，但并没有上诉人提交的董事会决议，合作协议就不具有三方保兑仓合作之效力。第二，中信银行的提货通知单并未依照合作协议的约定，交于上诉人签收。第三，承兑汇票的保证金为宝硕公司交纳，中信银行并未依照合作协议收取上诉人的保证金。第四，上诉人在合作协议项下没有任何利益，违反企业经营的目的。二、合作协议不具有真实意义，其实质是中信银行同宝硕公司协调一致，变通贷款方式，规避金融法规之行为。所谓合作协议只是一种虚拟的形式，是中信银行同宝硕公司为了达到借贷款之目的，采取的规避金融法规的一种方式。其实质是变相发放贷款，以合法形式规避金融法规之规定，其结果是损害国家利益和第三人利益，根据我国法律规定，应当认定为无效的民事法律行为。三、上诉人是本案的受害人，不应当承担民事责任。合作协议、《开立银行承兑汇票申请书》、承兑协议是在上诉人受到宝硕公司欺骗的情况下，误将公章、财务章及法定代表人手章借出，在上诉人不知晓的情况下，宝硕公司私自办理的相关手续，根据《中华人民共和国民法通则》第五十八条第（三）项之规定，应属于无效的民事行为。请求二审法院：一、依法撤销天津市高级人民法院（2006）津高民二初字第0035号民事判决书;二、驳回中信银行的诉讼请求;三、由被上诉人承担本案的一切诉讼费用。

中信银行未提交书面答辩,在最高人民法院二审期间称:一、天津市高级人民法院(2006)津高民二初字第0035号民事判决书认定事实清楚,适用法律正确,是依法作出的公正判决,请求驳回上诉人的全部上诉请求。具体理由如下:一、在本案所涉保兑仓业务中主要有三种法律关系:一是生产商和经销商之间的货物买卖关系;二是经销商和债权银行之间因申请开立银行承兑汇票而形成的票据融资法律关系;三是生产商和债权银行之间的保证法律关系。这三种法律关系具有一定的关联性,但在本质上却相互独立。其关联性仅在于经销商与银行之间的票据融资法律关系为经销商履行买卖合同关系中的付款义务提供了一种金融支付工具,同时,债权银行通过与生产商建立保证法律关系可以降低银行对经销商的票据融资风险。胜达永强公司在银行承兑汇票到期时并未存入足额保证金,造成中信银行垫款。中信银行对胜达永强公司的所有诉讼请求均有充分的法律及事实依据。二、本案所涉合作协议、承兑协议均系各方当事人真实意思表示,并不违反法律和行政法规的有关规定,且各有关协议均已得到确实履行,依法为合法有效合同。被上诉人已依照有关协议约定履行承兑、付款义务,但票据到期后,上诉人未履行足额交存保证金的责任,也未偿还被上诉人在银行承兑汇票项下的垫款,宝硕公司也未履行相应的连带保证责任,均属于严重违约行为,依法应承担违约责任。上诉人向法院提交的宝硕公司向其出具的《承诺》、《关于以"保兑仓"形式融资的承诺》不具有真实性而且不能产生对外效力,且与本案无关,不能作为证据使用。请求二审法院驳回上诉,维持原审判决。

**〔最高人民法院查明的事实〕**

原审法院查明事实除保证金支付人的认定外,基本正确,最高人民法院予以确认。此外最高人民法院还查明:2005年10月27日宝硕公司(甲方)与胜达永强公司(乙方)、中信银行(丙方)签订的合作协议第三条约定:"本协议所称的'三方合作'是指:乙方根据与甲方签订的《购销合同》,向丙方交存一定比例的保证金,申请开立银行承兑汇票,专项用于向甲方支付货款。甲方凭丙方的正式通知向乙方发货,首次发货价款不超过乙方向丙方交存保证金的数额。乙方销售资金应及时补充保证金,丙方累计通知甲方发货的价款不超过保证金账户余额,如此循环往复,直至保证金账户余额达到或超过银行承兑汇票金额。如乙方在承兑汇票到期时未足额付款,甲方负责对乙方到期承兑汇票票面金额与丙方出具的提货通知单总金额的差额部分以及由于承兑逾期产生的逾期利息、罚息承担连带保证责任。"当事人还就合同项下的术语、提货处理手续、银行承兑汇票的到期支付和逾期处理、违约责任等事项作出约定。胜达永强公司在该协议书上加盖了公章和法定代表人周胜的名章。同日,胜达永强公司向中信银行出具《开立银行承兑汇票申请书》,同时支付保证金914.4万元。中信银行即对01053183—86号金额为人民币3048万元的银行承兑汇票予以承兑,该承兑汇票由宝硕公司签收。中信银行同日开出编号为sdbs051101的提货通知书,胜达永强公司签章确认收到。同日,宝硕公司向胜达永强公司承诺:“河北宝硕股份有限公司因急需做一笔账务处理,故借用保定市胜达塑料制品有限公司(胜达永强公司原名称)公章、财务章及法定代表人手章,特作承诺如下:一、用于账务处理。二、保证不会损害保定市胜达塑料制品有限公司任何利益。三、独立承担责任。四、违反承诺,愿承担一切损失。”2005年10月30日,宝硕公司又向胜达永强公司出具一份《关于以“保兑仓”形式融资的承诺》,称:“河北宝硕股份有限公司因生产经营短缺资金,需要贷款叁仟肆佰万元。但鉴于宝硕股份有限公司目前经济状况难以取得银行贷款,为此,经与中信实业银行天津分行协商,决定变更贷款方式,采取以保定市胜达塑料制品有限公司为出票人的‘保兑仓’形式融资。因此向保定市胜达塑料制品有限公司承诺如下:一、全部款项由宝硕股份有限公司使用、受益。二、票据到期日由受款人宝硕股份有限公司偿付。三、产生的一切费用由宝硕股份有限公司承担。四、出票到期后,如逾期责任由宝硕股份有限公司独立承担其相应后果,并以其全部财产负责清偿有关债务。保证保定市胜达塑料制品有限公司不承担连带责任。五、违反承诺,愿双倍赔偿损失。”

在本案二审期间,宝硕公司进入破产程序。

〔最高人民法院裁判理由与结果〕

最高人民法院认为:本案二审的争议焦点是胜达永强公司应否为加盖其公章以及法定代表人名章的合作协议及以其名义开出的01053183—86号银行承兑汇票承担向中信银行偿还欠款的责任。综合胜达永强公司的上诉理由,该公司认为其不应当承担责任的理由有两个方面,一是合作协议不是其真实意思的表示,二是宝硕公司与中信银行恶意串通,损害其利益,应当认定合作协议无效。

关于合作协议是否是胜达永强公司真实意思表示的问题。根据《中华人民共和国合同法》第三十二条的规定:“当事人采用合同书形式订立合同的,自双方当事人签字或者盖章时合同成立。”这里的签字盖章的效力是表明合同内容为签字或盖章当事人的意思表示,并据以享有合同权利、履行合同义务,尤其具有使合同相对人确信交易对方、从而确定合同当事人的作用。本案中,合作协议及有关银行承兑汇票的文件均加盖有胜达永强公司的公章或者法定代表人名章,应当认定均为胜达永强公司真实意思的表示。胜达永强公司上诉称,公章、财务章和法定代表人名章是被宝硕公司欺骗借出的,因此产生的相关民事行为当属无效,对此,最高人民法院认为,胜达永强公司出借相关印章是基于宝硕公司的承诺,不论宝硕公司是否存在欺骗的行为,出借印章的关系存在于胜达永强公司与宝硕公司之间,宝硕公司的承诺也只在该两公司之间发生效力,出于保护交易安全的需要,除非证明合同相对人中信银行存在恶意,胜达永强公司以印章是被骗出借的理由不能对抗中信银行向其主张合同项下的权利。关于合作协议第十一条约定的乙方董事会决议等是该协议不可分割的组成部分的问题。最高人民法院认为,从该约定的文义解释看,如果存在乙方的董事会决议,该决议作为合作协议的组成部分,并起到一定的印证作用,但没有提交董事会决议,只是缺少了合同的一个附件，并不影响合同的成立与效力。关于合作协议项下提货单的签收问题，胜达永强公司称提货单并未交与该公司签收与事实不符，编号为 sdbs051101 提货通知书签收栏内，加盖了胜达永强公司的印章，视作该公司已经收到提货单。银行承兑汇票项下 30% 保证金 914.4 万元究竟为何人交纳是合同的履行问题，交纳该笔保证金的支票加盖有胜达永强公司的财务专用章和法定代表人名章，应视为由胜达永强公司交纳，况且法律从来不禁止第三人代为履行合同义务，即使该笔保证金为宝硕公司交纳，亦不影响合同的有效和继续履行。至于胜达永强公司是否因合作协议而获益的问题，从该协议书看该公司可以通过保兑仓业务确定宝硕公司在一定期间内的供货，本身是有对价的，至于事实上其遭受严重损失，一是由于其出借印章的行为所导致，二是宝硕公司经营失败、进入破产程序所带来的风险。上诉人胜达永强公司的上诉理由都不足以否定合作协议的效力。

关于中信银行与宝硕公司是否存在恶意串通的问题。首先，宝硕公司向胜达永强公司的承诺，不会因出借印章而致胜达永强公司遭受损失，如果宝硕公司并未经营失败，该公司应当依其承诺向胜达永强公司偿还相应的欠款，并且在签署合作协议后的三日，即 2005 年 10 月 30 日，宝硕公司再次向胜达永强公司作出《关于以“保兑仓”形式融资的承诺》，即使其出借印章的事实成立且不知道印章的使用目的，此时，该公司也已明知，且未提出任何异议，应视作其接受此项安排。其次，即使认定宝硕公司有欺诈的事实，但无证据证明中信银行知道或应当知道宝硕公司借用胜达永强公司的印章订立合同，更没有证据表明对于借用印章的行为中信银行与宝硕公司有意思的联络。第三，关于是否违反金融法规的问题，贷款具有融资的作用，银行承兑汇票亦具有融资的效果，不能以二者在此方面的共同点，即认定有规避金融法规的目的。因此，胜达永强公司主张中信银行与宝硕公司恶意串通，规避金融法规，损害国家和第三人利益，合作协议应认定为无效的民事法律行为的理由亦不成立。

综上所述，上诉人胜达永强公司的上诉理由不能成立，原审判决认定事实基本清楚，适用法律基本正确，最高人民法院根据《中华人民共和国民事诉讼法》第一百五十三条第一款第一项的规定，判决如下：驳回上诉，维持原判。

二审案件受理费 116271 元，由上诉人河北胜达永强新型建材有限公司承担。

**规则8（合同欺诈的认定）当事人所持合同文本内容不同，一方主张另一方存在故意欺诈的情形的，应当提供证据予以证明**

——中国农业银行长沙市先锋支行与湖南金帆投资管理有限公司、长沙金霞开发建设有限公司借款担保合同纠纷案①

**【裁判规则】**

导致合同当事人分别持有的合同文本内容有出入的原因复杂多样，不能据此简单地认定合同某一方当事人存在故意欺诈的情形。合同一方当事人如果据此主张对方当事人恶意欺诈，应当提供其他证据予以证明。

**【规则理解】**

**一、欺诈的概念及其效力**

（一）欺诈的概念

何为欺诈，我国法律并没有明确界定。按照《现代汉语词典》的解释，欺诈就是用狡猾奸诈的手段骗人。根据《布莱克法律辞典》的解释："欺诈是指故意歪曲事实，诱使他人依赖于该事实而失去属于自己的有价财产或放弃某项法律权利。"《牛津法律大辞典》对欺诈的解释是："在民法上，欺诈是一种虚伪陈述，或图谋欺骗的行为，通常以故意做虚假陈述，或者做出其本人并不相信其真实性的陈述，或者不顾其是否真实而做出的陈述等方式构成，并意图（并且事实上如此）使受骗人引以为据。但是，欺诈同样也可以以隐瞒真相或故意不做出其理应做出的陈述方式，或者通过行为构成。"

对何为欺诈，我国不少学者提出了自己的观点。第一种观点认为，"所谓欺诈，指故意欺骗他人，使其陷于错误判断，并基于此错误判断而为意思表示之行为。"②第二种观点认为，"欺诈，是指当事人一方故意编造虚假情况或隐瞒真实情况，使对方陷入错误而为违背自己真实意思表示的行为。"③第三种观点认为，"欺诈是当事人一方故意捏造虚假情况，或歪曲、掩盖真实情况，使表意人陷于错误认识，并因此作出不合真意的意思表示。"④第四种观点认为，"欺诈是一方当事人故意实施某种欺骗行为，并

① 《中华人民共和国最高人民法院公报》2009年第1期，最高人民法院（2007）民二终字第33号民事判决书。

② 梁慧星：《民法总论》，法律出版社1997年版，第170页。

③ 魏振瀛：《民法》，北京大学出版社2000年版，第147页。

④ 彭万林：《民法学》，中国政法大学出版社2002年版，第121～122页。

使他人陷入错误而订立合同。”①

以上定义均认可欺诈是诱使他人做出与其真实意思不符的意思表示的行为，正因为如此，因欺诈而进行的民事行为不符合民事行为意思表示真实的一般有效要件，而存在效力瑕疵。

（二）欺诈行为的法律效力②

关于因欺诈而为的民事行为的法律效力，我国法律有明确规定。根据《民法通则》第 58 条第 1 款第 3 项的规定，一方以欺诈、胁迫的手段或乘人之危，使对方在违背真实意思的情况下所为的民事行为无效；但在其后颁布施行的《合同法》根据是否损害国家利益对因欺诈而订立的合同的效力分别进行了规定，该法第 52 条第 1 款第 1 项规定，一方以欺诈、胁迫的手段订立合同，损害国家利益的，合同无效。第 54 条第 2 款规定，一方以欺诈、胁迫的手段或者乘人之危，使对方在违背真实意思的情况下订立的合同，受损害方有权请求人民法院或者仲裁机构变更或者撤销。由此可见，以欺诈手段所订立的合同的效力，应分两种情形予以考虑，如果存在损害国家利益的情况，则该合同为无效合同；在不损害国家利益的情况下，该合同则为可变更或可撤销合同。笔者认为，相较而言，在不损害国家利益的情况下，赋予受损害一方当事人请求人民法院或者仲裁机构变更或者撤销合同的权利更符合民法的平等原则与意思自治原则，也更有利于维护受损害方的合法权利，以至有学者认为：“将因欺诈而订立的合同作为可撤销合同而不是无效的合同对待……其本身体现了法律规则设计上的精巧与法律制度所要体现的社会价值目标的完美结合。”③

根据《合同法》第 56 条的规定，无效的合同或者被撤销的合同自始没有法律约束力。在损害国家利益的情况下，以欺诈手段订立的合同自始无效，当事人不得履行；如果合同内容不损害国家利益的，受损害方依据《合同法》第 55 条第 1 款第 1 项的规定，可以自知道或者应当知道撤销事由之日起 1 年内行使撤销权，请求人民法院或者仲裁机构撤销或者变更合同，其也可以不行使撤销权，或者明确表示或者以自己的行为放弃撤销权，继续履行合同。依照《合同法》第 58 条的规定：“合同无效或者被撤销后，因该合同取得的财产，应当予以返还；不能返还或者没有必要返还的，应当折价补偿。有过错的一方应当赔偿对方因此所受到的损失，双方都有过错的，应当各自承担相应的责任。”

---

① 王利明：《合同法》，中国人民大学出版社 2002 年版，第 151 页。

② 鉴于文中主要就欺诈在民事活动中的法律效力进行探讨，如无特别说明，下文所指欺诈行为的法律效力均指欺诈行为的民事法律效力。

③ 王利明：《合同法研究》（第一卷），中国人民大学出版社 2002 年版，第 703 页。

应当注意的是,《民法总则》对此作出了新的规定,即该法第148条规定:“一方以欺诈手段,使对方在违背真实意思的情况下实施的民事法律行为,受欺诈方有权请求人民法院或者仲裁机构予以撤销。”可见,欺诈的法律后果为可撤销,享有撤销权的是受欺诈人。关于欺诈的法律后果,《民法通则》规定的是无效,《合同法》则将欺诈行为是否损害国家利益而分别规定,如果损害国家利益则规定为无效;如果不损害国家利益的则为可撤销或者可变更,应当说,《合同法》是在《民法通则》的基础上,修正了凡欺诈一律无效的规定,考虑到了对受欺诈人意思自治的尊重和保护。但其区分合同是否损害国家利益,将欺诈的法律后果分别规定为无效和可撤销,这不符合传统民法理论,也不符合世界各国立法发展趋势,在实践中也难以把握,容易导致裁判者滥用自由裁量权随意判定民事法律行为无效的情形,反而损害了特定情形下受欺诈人对民事法律行为效力的自主选择权。同时要注意到的,没有保留可变更的规定,主要理由是:第一,从实践的情况看,合同法虽然规定了变更权,但在实践中并未得到广泛的使用,真正发挥作用的空间较小,绝大多数的欺诈行为的相对人仍然选择通过撤销权的行使保护其合法权益;第二,通过各国立法的情况看,也没有赋予欺诈相对人有权变更民事法律行为的立法例,赋予相对人变更权不符合国际上的立法趋势;第三,民事法律行为因欺诈被撤销后,如果行为人与相对人有意重新达成合意实施民事法律行为,法律并不禁止;但如果法院或者仲裁机构根据受欺诈人的申请对民事法律行为进行变更,并不一定符合当事人包括受欺诈人的内心意思反而容易形成公权力对私权利领域的不当干预,甚至导致自由裁量权的滥用。

根据以上法律规定可知,因欺诈而为的民事行为可能无效或者被撤销,从而直接影响到民事主体民事行为效力,因此,如何认定欺诈至关重要。

**二、欺诈的认定**

何为欺诈,我国法律没有明确规定,《民法通则意见》第68条规定:“一方当事人故意告知对方虚假情况,或者故意隐瞒真实情况,诱使对方当事人作出错误意思表示的,可以认定为欺诈行为。”该司法解释对于欺诈的两种情形进行了规定,但是如何认定以上两种情况,及除了这两种情况外,其他情况是否可以构成欺诈等问题仍未予以明确,司法实践中究竟如何认定欺诈仍是疑难问题。笔者认为,应从欺诈的构成要件入手,对欺诈行为的确认予以分析。

关于欺诈的构成要件,笔者认为,合同法上的欺诈应具备如下三个构成要件:欺诈方具有欺诈故意;欺诈方实施了欺诈的行为;欺诈行为与意思表示瑕疵之间存在因果关系。

(一)欺诈方欺诈的主观意图

关于欺诈方的主观意图,大多数学者认为欺诈的构成应当以“故意”为要件,如台湾地区有学者认为,欺诈人须有使相对人陷于错误的故意,以须有使相对人因其错误而为一定意思表示的故意。[①] 我国大陆的学者也多认为欺诈人必须有欺诈的故意,如有学者认为,欺诈方应具有欺诈的故意,即欺诈的一方明知自己告知对方的情况是虚假的且会使被欺诈人陷入错误认识,而希望或放任这种结果发生。[②] 笔者赞同以上观点,认为欺诈者应具备故意的主观心态。

故意是指行为人明知自己的行为会发生损害他人的结果仍然希望这种结果的发生或放任这种结果的发生。故意包括直接故意和间接故意,直接故意是指行为人明知自己的行为会发生损害他人的结果而希望这种结果发生的主观心态,而间接故意是指行为人明知自己的行为会发生损害他人的结果而放任这种结果发生的心理态度。因欺诈而订立的合同中,欺诈一方的故意应当表现为明知自己的行为会使对方陷入错误认识并与之订立合同而希望或者放任这种结果的发生。

从内涵上看,欺诈的故意应包含两层意思:一是故意作出错误的表示行为;二是故意地使相对人陷入错误认识并作出瑕疵意思表示。两层意思缺一不可。如借款担保合同中,借、贷款双方明知借款用途为借新贷还旧贷,而不是购买流动资料,仍对担保人称合同项下借款用途为购买资料,此为故意作出错误的表示行为,而借、贷双方明知对方可能因为其错误的表示行为而与之订立担保合同,并且希望或放任这种结果发生,则为故意地使相对人陷入错误认识并作出瑕疵意思表示。如果行为人没有使相对人陷入错误认识并因错误认识而作出意思表示的主观心态,则不构成欺诈的故意。如行为人虽然明知自己意思表示的事项是不真实或夸大其词,但其目的仅为引起对方的兴趣和注意,而并没有使对方当事人陷入错误而为意思表示的目的,也不能属于欺诈。

(二)欺诈的行为

故意为构成欺诈的主观要件,欺诈的行为则为构成欺诈的客观要件。《民法通则意见》第68条规定:"一方当事人故意告知对方虚假情况,或者故意隐瞒真实情况,诱使对方当事人作出错误意思表示的,可以认定为欺诈行为。"可见,我国法律认为欺诈行为可以表现为积极行为,也可以表现为消极行为。

1. 积极的欺诈行为

积极的欺诈表现为行为人以一定的行为或者语言使对方陷入错误认识。具体而言,可能有两种情形,其一,行为人明知其陈述内容虚假,仍然向对方当事人陈述;其二,行为人不知其陈述内容是否真实,但其当作真实内容向对方当事人陈述。因为在

---

① 胡长清:《中国民法总论》,中国政法大学出版社1997年版,第248页。

② 王利明:《合同法研究》(第一卷),中国人民大学出版社2002年版,第706页。

民事活动中,基于诚实信用原则,行为人有义务保证其陈述是真实的,故以上两种情形,都构成虚假陈述。

2. 消极的欺诈行为

关于消极的行为是否可能构成欺诈,不同法系对此存在不同态度。在大陆法系国家,认为当事人一方对于知道或应当知道的、对于对方谈判极为重要的事实有意保持沉默,也可能负欺诈之责,但只是在他有义务提供此信息的情况下才构成;[①]而英美法系国家合同法上,不存在消极欺诈问题,如英国法律认为合同当事人一方在订立合同前的谈判中没有任何告知信息的一般义务,特殊情形除外。[②] 根据我国司法解释,故意隐瞒真实情况的,也可能构成欺诈。可见,我国法律已明确认可消极的欺诈行为。在何种程度上故意隐瞒真实情况构成欺诈是问题的关键。例如,同样的商品,一家的价格比另一家略贵,购买人若知晓这一情况,可能不在较贵的一家购买商品,那么,出卖人是否有义务披露这一情况?有人认为,是否有义务披露该真实情况,应以该情况是否影响相对人订立合同的决定而论,如果该情况有可能影响相对人的决定,则行为人应当披露该情况,如果该情况不会影响相对人的决定,则行为人无披露该情况的义务。笔者不赞同该观点,行为人在何种程度上隐瞒真实情况可能构成欺诈,不能以该真实情况是否影响对方当事人订立合同而论,应以行为人是否有义务披露该真实情况,及该真实情况对方当事人是否可以通过一般途径获得而论。只有在一方有义务告知对方相关的事实或信息而故意不告知或保持沉默的情况下,才可构成欺诈。[③] 行为人披露真实情况的义务包括法律上的义务及其他义务。如保险合同作为最大诚信合同,法律规定一方当事人应向对方当事人披露有关情况的义务则为法律规定的义务;而其他义务可能来源于合同约定,也可能来源于一方当事人的先行为,如果一方当事人告知了对方真实情况,但后来该情况发生了变化,则该当事人有向对方披露该变化情况的义务。如果行为人没有履行披露真实情况的义务,导致对方当事人做出错误意思表示,其行为构成欺诈。此外,对方当事人是否可以通过一般途径获得该信息也是判断行为人隐瞒真实情况是否构成欺诈的重要指标,只有该信息不是对方当事人轻易可以获取到的信息才是行为人有义务披露的信息,否则,不构成欺诈。

(三)欺诈的行为与相对人错误意思表示之间的因果关系

因欺诈而订立的合同必须是一方当事人因对方当事人的欺诈而陷入错误,或者

---

① 沈四宝、王军、焦津洪:《国际商法》,对外经济贸易大学出版社 2002 年版,第 255 页。

② 沈四宝、王军、焦津洪:《国际商法》,对外经济贸易大学出版社 2002 年版,第 287 页。

③ 李仁玉:《合同效力研究》,北京大学出版社 2006 年版,第 136 页。

加重错误,或者维持错误,并且基于这种错误做出了意思表示而订立的合同。从内涵上说,应包括两层意思:第一,行为人的欺诈行为导致对方当事人陷入错误认识,如果一方当事人的错误认识不是因为行为人的欺诈行为而致,而是自身未尽到合理的注意义务而致,则不构成欺诈。但“错误虽然不是由于欺诈而来……但因欺诈人欺诈行为的缘故,而使其难于发现错误或加深其错误的程度,仍然构成欺诈”,[①]或者行为人虽然做了虚假陈述,但是对方当事人明知该陈述不真实,并未因该陈述陷入错误认识,则不构成因欺诈而订立的合同。第二,对方当事人因为错误认识而做出错误意思表示,并订立合同。如果对方当事人订立合同并不是因为该错误认识而致,则不构成因欺诈而订立的合同。如对方当事人即使知道行为人的陈述不真实,仍然会订立合同,则不构成因欺诈而订立的合同。欺诈的行为与相对人错误意思表示之间因果关系的认定,应针对具体当事人的特定情况在个案中予以确定,而不是依据社会一般标准进行判断。具体包含以下三点:第一,欺诈人虚伪陈述或刻意隐瞒的事实,应当是与合同的内容及其他重要情况具有密切联系的事实。主要是指能够对相对人做出是否订立合同,以及如何约定分配合同的权利、义务和责任的条款等,产生影响的事实。如果行为人陈述或隐瞒的事实与合同的内容无关,对合同的订立及履行毫无影响,则不应认定欺诈行为与认识错误之间具有因果关系。第二,被欺诈人因欺诈而陷入错误。即行为人的欺诈行为与相对人的错误认识之间具有因果关系,受害人基于虚假的情况而对合同内容及其他有关事实发生了错误的认识。行为人虽有欺诈行为,但相对人并未因此而发生认识错误;或相对人虽然产生了错误的认识,但非因行为人的欺诈行为所致,则均不构成合同欺诈。因欺诈而引起的认识错误,不局限于相对人原先没有错误而因欺诈产生错误的情形,也包括因为欺诈人的故意误导而使得相对人的错误认识加深,或者本可以除去原来存在的错误却因欺诈而维持错误的情形。第三,被欺诈人因错误而作出意思表示。即被欺诈人的错误判断与其意思表示之间具有因果关系,其因此与欺诈人订立了合同。欺诈制度的目的在于保护当事人的意思自由,如果相对人并没有因为欺诈人的欺诈而为意思表示,只是主观上的意思活动,那么这种单纯的主观上的意思活动并不能以外界可知的方式表现出来,法律也就没有办法对其进行保护。故此,相对人虽受欺诈而陷于认识错误,但未因此作出意思表示,如双方间最终未进行交易;或虽然作出意思表示,但非因认识错误所致,如相对人知假买假,均不构成合同欺诈。

(四)欺诈行为具有的违法性

欺诈须违反法律、诚实信用原则或者交易习惯所允许的限度,这是对欺诈行为的

---

① 杨立新:《合同法解释与适用》,法律出版社1999年版,第79页。

程度要求。即欺诈人违背了其对相对人应尽的如实告知义务,这种义务可以是法定或约定的合同义务,也可以是根据诚信原则而应承担的附随义务,纯粹违反道德的欺骗性行为或夸大陈述不构成欺诈。现实生活中许多商家通过对商品做一定的夸大宣传,来达到促进销售的目的,对于这种"王婆卖瓜,自卖自夸"的行为,消费者也有自己的理性判断,因此并非一切不实之言或者不实之行为都构成欺诈。恶意欺诈与夸大宣传之间的区分并非易事,通常要求欺诈行为的成立应以达到违反交易上要求的诚信为必要,必须达到一般社会观念所不能容忍的程度,[①]"法律承认,必须给订约的一方当事人在对其商品广告时享有一定的自由,例如房地产代理商在其铅板上刻着'一个称心如意的住所',这就不是一种事实陈述,因此不能作为错误陈述而起诉。更常见的是对商品作言过其实的吹嘘,由于它不会影响任何有理性的人,因此法律不把它作为错误陈述"。[②]

综上所述,笔者认为,以上要件为因欺诈而订立的合同必须具备的构成要件,缺一不可。提出确认因欺诈而订立的合同无效或申请撤销、变更因欺诈而订立的合同的一方当事人应当提供证据证明符合相应的构成要件。

**【拓展适用】**

**一、损害结果是否成为因欺诈而订立合同的构成要件**

《合同法》第54条第2款规定:"一方以欺诈、胁迫的手段或者乘人之危,使对方在违背真实意思的情况下订立的合同,受损害方有权请求人民法院或者仲裁机构变更或者撤销",从字面意思看,强调"受损害方有权请求人民法院或者仲裁机构变更或者撤销",似乎表明,只有欺诈行为损害了他人利益,合同才可撤销,因为只有欺诈行为损害了他人的利益,才可能产生"受损害方"。对此,笔者认为,对于因欺诈而订立的无效合同而言,欺诈应当具备损害国家利益的后果,而对于因欺诈而订立的可撤销合同而言,并不要求损害被欺诈一方的实体权利的后果。同时,应当注意《民法总则》规定的变化。

当事人地位平等及意思自治为合同法的基本原则,而可撤销合同又称为意思表示有瑕疵的合同,也就是说表意人在缺乏意思自由的情况下作出意思表示并订立的合同。因为被欺诈方虽然表达了自己的意思,但由于其意思表示是在欺诈方提供虚假情况(或隐瞒事实)下所形成的,因此看起来受欺诈人是自由作出其意思表示的,而实际上受欺诈人系因受对方的欺诈而陷入了一种错误的认识,从而使自己缺乏完全

---

① 参见韩世远:《合同法总论》(第三版),法律出版社2011年版,第188页。

② [英]P. S. 阿蒂亚:《合同法导论》,赵旭东等译,法律出版社2002年版,第272页。

意思自由的判断能力,因而上当受骗。① 尽管欺诈行为人通常具有损害对方当事人的企图或通常会产生这种结果,但"允许以欺诈为由撤销合同的规则设计的目的在于保证缔约人能够免受错误告知而作出意思表示,而不是使其免受损害",②况且,一方欺诈的本身即破坏了合同法上当事人地位平等与意思自治的原则,损害了对方当事人的意思自由,因此,实施欺诈行为本身,就符合合同撤销的要求,不需要有对方当事人实际利益的损害后果,即损害结果并非因欺诈而订立的合同可撤销的构成要件。

## 二、第三人欺诈能否构成合同欺诈的民事行为

### (一)《民法总则》关于第三人欺诈的规定

合同一方当事人委托他人,或者与他人串通进行的欺诈行为,应当视同该方当事人本人的行为,不属于本处所指第三人的欺诈行为。本处所指第三人的欺诈行为是指,独立于合同当事人之外的第三人所实施的欺诈行为。关于因为第三人的欺诈行为订立的合同,被欺诈方是否可以请求撤销,我国合同法未作明确规定。2017 年 3 月 15 日公布的《民法总则》对第三人的欺诈行为进行了规定,即该法第 149 条规定:"第三人实施欺诈行为,使一方在违背真实意思的情况下实施的民事法律行为,对方知道或者应当知道该欺诈行为的,受欺诈方有权请求人民法院或者仲裁机构予以撤销。"

### (二)对《民法总则》关于第三人欺诈规定的理解

一般情况下,基于合同的相对性原则,应当只有实施欺诈的人系合同一方当事人时,欺诈才成为合同无效或者可撤销的原因,且合同中的另一方没有欺诈的故意,其在合同中的利益也应得到保护。但是,在特殊情况下,第三人实施的欺诈行为可能成为合同无效或可撤销的原因,即合同当事人为第三人实施的欺诈行为承担责任。究竟在何种情况下第三人的欺诈行为成为合同无效或可撤销的原因呢?有学者认为,由于现实生活中交易一方常常使用第三人对交易对方进行欺诈,而且使用第三人欺诈较之本人欺诈更能使交易对手受骗上当,因此,第三人对民事行为一方当事人进行欺诈,只要相对人知道或者应当知道第三人的欺诈,即视同相对人本人的欺诈,就构成欺诈的民事行为。③ 该观点认为,相对人是否知道第三人的欺诈,是判断第三人欺诈是否构成欺诈的民事行为的标准。我国相关法律亦体现了这一原则,如《担保法司法解释》第 40 条规定,在主合同债务人采取欺诈、胁迫手段,使保证人在违背真实意思的情况下提供保证的,债权人知道或者应当知道欺诈胁迫事实的,保证人不再承担保证责任。《民法总则》规定了关于第三人实施欺诈行为的效力问题。这里的第三

---

① 邹杰华、蔡思进等:《贯彻实施《合同法》诚信原则》,载《长春大学学报》2003 年 5 月。

② 何美欢:《香港合同法》,北京大学出版社 1995 年版,第 238 页。

③ 魏振瀛:《民法》,北京大学出版社 2000 年版,第 164 页。

人,一般是指民事法律行为的双方当事人之外,与一方存在某种关系的特定人。当事人之外的第三人,对其中一方当事人实施了欺诈行为的目的是多种多样的,有的可能是为了帮助对方当事人达成交易,有的可能是为最终实现自己的目的。针对《民法总则》关于第三人欺诈行为的规定,主要可从以下几个方面进行理解:第一,当事人以外的第三人对一方当事人实施了欺诈行为,并且致使该当事人陷入错误判断,且据此作出了意思表示。欺诈行为可具体表现为故意告知虚假信息或者故意隐瞒真实情况等其他情形,但其根本目的在于使受欺诈人陷入错误认识,作出"不知情才会作出"的意思表示,"如果了解真实情况后就不会作出"的意思表示。第二,受欺诈人享有对民事法律行为的撤销权,但该撤销权行使必须满足一定条件,具体而言,第三人实施欺诈行为,只有在受欺诈人的相对方属于非善意时,受欺诈人才能行使撤销权,相对方的这种非善意表现为,对于第三人的欺诈行为,其知道或者应当知道。实践中,对于第三人实施了欺诈行为,受欺诈人的相对方既可能知情,也可能不知情,法律仅赋予了相对方不知情时受欺诈人撤销民事法律行为的权利,体现了对善意相对人的保护。第三,撤销权必须通过人民法院或仲裁仲裁机构行使。应当注意的是,在一方当事人实施欺诈行为时,相对人并不知情,由此陷入错误判断并作出意思表示,在此种情形下相对人必须为善意,应当享有撤销权;而在第三人欺诈的情况下,仅赋予受欺诈人在相对方知道或者应当知道存在欺诈行为时的撤销权,同样体现了对善意相对人的保护。

（三）受第三人欺诈行为的构成要件

第三人实施的欺诈行为属于欺诈的民事行为构成要件中的客观行为,受第三人欺诈行为的构成要件,除受欺诈行为的构成要件外,还包括相对人知道或者应当知道行为人因受欺诈而作出错误意思表示,该行为可导致民事法律行为可撤销。其构成要件为:第一,第三人实施了欺诈行为,既包括故意隐瞒重要事实的行为,也包括虚构重要事实的行为。第二,第三人存在欺诈故意,主要体现在:第三人明知并故意隐瞒重要事实,或者虚构重要事实,或者第三人还有使行为人因其欺诈行为而陷入错误并进而作出错误意思表示的故意。第三,行为人陷入错误与第三人的欺诈行为之间具有因果关系。行为人的认知陷入错误因第三人欺诈所致,如果第三人虽有欺诈行为,但对行为人作出意思表示不产生影响,则不构成受第三人欺诈行为。第四,行为人作出意思表示系受欺诈陷入错误认识所致。受欺诈行为人之所以作出意思表示,并非基于其真实意思,是因受第三人欺诈而陷入错误的结果。不构成受第三人欺诈行为的情形,一是行为人未作出意思表示;二是行为人基于真实意思而做出表示行为;三是行为人所作出的意思表示与受第三人欺诈而陷入错误无关。第五,相对人对第三人所实施的欺诈行为是明知的。所谓明知就是知道或者应当知道,即相对人对第三人实施了欺诈行为的事实是知道的,或者是所处的情形不可能不知道即应当知道。根据诚实信用原则,相对人在知道行为人受第三人欺诈,而作出错误意思表示的情况下,应向行为人说明,如果相对人违背诚实信用原则,反而恶意利用行为人受第三人欺诈的不利境地,使其作出错误意思表示,牟取自己的利益,其所获得的利益就不应当受到保护。如果相对人对行为人受第三人欺诈既不知道,也不应当知道,则可认定相对人主观上是善意的,对于善意相对人的利益则应当保护。在此种情形下,行为人无权请求撤销其作出的民事法律行为,如果行为人因此遭受的损失则应向第三人主张赔偿。

(四)受第三人欺诈行为与受相对人的欺诈行为以及行为人与相对人恶意串通损害他人合法权益行为之间的区分

1. 受第三人欺诈的行为与受相对人欺诈的行为,两者的相同之处在于,两者都不是基于行为人的真实意思表示,而是均属于受欺诈而陷入错误,并作出错误的意思表示。两者的不同之处在于,在受第三人欺诈的行为中,其他人不是行为人的相对人,相对人并非有意引诱行为人作出错误意思表示,而是恶意利用行为人受第三人欺诈而陷入错误的不利境地,在受相对人欺诈的行为中,欺诈人即为行为人的相对人,相对人有意隐瞒事实或虚构事实,引诱行为人作出错误意思表示。2. 受第三人欺诈行为与行为人与相对人恶意串通损害他人合法权益行为的不同之处在于,受第三人欺诈的行为中,相对人对于第三人欺诈行为的事实是明知的或者是应当知道的,但未必与第三人存在合谋或串通;如果相对人与第三人合谋,由第三人欺诈行为人,使其作出迎合相对人意思的表示行为,则构成行为人与相对人恶意串通损害他人合法权益的民事法律行为,根据《民法总则》第 154 条规定,该行为属于无效民事法律行为,而不是可撤销的民事法律行为。

**三、欺诈与重大误解**

所谓重大误解,是指一方因自己的过错而对合同的主要内容等发生误解。根据《民法通则》第 59 条第 1 款第 1 项的规定,行为人对行为内容有重大误解的,一方有权请求人民法院或者仲裁机构予以变更或者撤销。《民法总则》第 147 条规定:"基于重大误解实施的民事法律行为,行为人有权请求人民法院或者仲裁机构予以撤销。"《合同法》第 54 条第 1 款第 1 项也规定,因重大误解订立的合同,当事人一方有权请求人民法院或者仲裁机构变更或者撤销。在司法实践中,一般的误解并不能使合同撤销,只有对合同的主要内容发生误解,才构成重大误解。根据《民法通则意见》第 71 条的规定,行为人因对行为的性质、对方当事人、标的物的品种、质量、规格和数量等的错误认识,使行为的后果与自己的意思相悖,并造成较大损失的,可以认定为重大误解。根据上述规定,认定重大误解需要满足以下几个条件:第一,行为人主观上存在错误认识,这种错误,既可以是关于行为的性质,也可以是关于行为的相对人,还可以是关于交易标的的质量、数量等;第二,行为的结果与行为人的意思相悖;第三,行为人的错误认识与行为后果之间存在因果关系,即如果没有这种错误认识,将不会产生该行为后果;第四,行为人在客观上造成了较大的损失,如果没有损失或者损失较少,也不构成重大误解。因欺诈而订立的合同及因重大误解而订立的合同均属于当事人意思表示有瑕疵的合同,当事人一方有权请求人民法院撤销或者变更,但两者仍有较多不同之处。

(一)两者法律效果不完全相同

尽管因欺诈而订立的合同与因重大误解而订立的合同都可能因一方当事人申请,由人民法院或者仲裁机构撤销或变更,但两者的法律效果并不完全相同。因欺诈而订立的合同,如果损害国家利益的,为无效合同,不涉及国家利益的,为可撤销合同;而因重大误解订立的合同,则不涉及国家利益或者公共利益,并不是自始无效、绝对无效的合同,而是可撤销合同。此外,对于因欺诈而订立的合同,还可以没收非法所得,对于欺诈人,可以依照法律规定处以罚款、拘留。

(二)两者意思表示瑕疵的原因不同

尽管因欺诈而订立的合同和因重大误解而订立的合同,均属于意思表示有瑕疵的合同,该意思表示瑕疵均源于当事人的错误认识,但两者错误认识的来源不同。因欺诈而订立的合同中,被欺诈人意思表示瑕疵来源于欺诈人的欺诈行为,包括故意提供虚假信息的行为和隐藏真实信息的行为。而因重大误解而订立的合同中,误解人对合同主要内容的认识错误来源于自身缺乏经验或者疏忽大意,并非受对方当事人的影响。

(三)两者主观心态不同

因欺诈而订立的合同中,欺诈一方具有希望或者放任他人因错误认识而订立合同的心理状态;而因重大误解订立的合同,误解一方当事人必须是善意的,其对合同的主要内容发生了错误认识,而对方当事人对于他的错误认识应是不知情的,"如果某人在误解的状态下表示自己的意思,同时对方当事人知道对方是在误解的情况下作出的意思表示而故意不向误解一方说明真实情况,并利用这种误解来从事符合自己利益的行为,则该行为是违背诚实信用原则的,应援引有关民事欺诈的规定处理。"①

---

① 郑强:《合同法诚实信用原则研究》,法律出版社2000年版,第134页。

（四）两者错误认识的程度不同

因欺诈而订立的合同与因重大误解而订立的合同都是一方当事人因错误认识而订立的不符合自己真实意思的合同，但两者错误认识的程度不同。如前文所述，因欺诈而订立的合同，不管被欺诈方错误认识的程度如何，以及被欺诈方是否因此而受到损失，都不影响受欺诈一方请求人民法院或者仲裁机构撤销或者变更合同；因重大误解而订立的合同中，并不是任何误解都导致合同可撤销或变更，只有误解是重大的方可撤销或变更合同，否则不利于鼓励当事人严守合同，也不利于交易安全的维护，甚至会给非诚信的一方不履行合同提供借口。

**四、欺诈与虚假表示**

虚假表示又称真意保留、心中保留或非真意表示，是指表意人把真实意思保留心中，所作出的表示行为并不反映真实意思，它是一种自知并非真意的意思表示。[①] 虚假表示的特征在于，双方当事人都知道自己表示出的意思不是真实意思，民事法律行为本身欠缺效果意思，双方均不希望此行为能够真正发生法律上的效力。一般而言，虚假表示在结构上存在内外两层行为，一是外部的表面行为，它是双方当事人共同做出与真实意思不一致的行为，也可以称为伪装行为；二是内部的隐藏行为，却是被隐藏于表面行为之下体现双方真实意思的行为，也可称为非伪装行为。虚假表示与欺诈均涉及意思表示瑕疵的问题，但两者存在重大差别。

（一）两者的内心意思与表示行为是否一致不同

虚假表示是表示人自身内心意思与表示行为不一致，乃是行为人自知并且自愿的意思与表示不一致；而基于欺诈的民事行为，则意思表示瑕疵的一方当事人从严格意义上来说，应是意思表示不自由，因为行为人虽然系自愿做出意思表示，但是该意思表示是基于错误认识而做出，而错误认识来源于对方当事人的欺诈行为。

（二）两者对表示发生法律效力是否希望不同

虚假表示中，行为人并不希望其表示发生法律效力，也不准备履行该表示行为所发生的义务；基于欺诈的民事行为中，一般而言，不论是实施欺诈行为的一方当事人，还是被欺诈的一方当事人，均希望该行为发生效力，只是对于民事行为的内容认识上有所差异。如果实施欺诈的行为人根本没有履行义务的意愿，仅仅是利用合同骗取公私财物，则涉及刑事犯罪的问题，不是民事欺诈行为所能涵盖。

（三）两者的法律效果不同

关于虚假表示的效力，通说认为虚假表示原则上有效，表意人应受该表示的约

① 魏振瀛：《民法》，北京大学出版社2000年版，第145页。

束,但相对人明知表意人的表示与意思不一致,该表意行为无效。[①] 而基于欺诈的民事行为,如果损害国家利益,则该行为无效;如果该行为不损害国家利益,则相对人可申请人民法院或者仲裁机构予以撤销,也可以自愿遵守合同,履行合同义务。

**五、合同欺诈与合同诈骗罪**

合同诈骗罪,是指以非法占有为目的,在签订、履行合同过程中,以虚构事实或者隐瞒真相的方法,骗取对方当事人财物,数额较大的行为。合同诈骗罪与民事上的合同欺诈经常相伴而生,很难界定。

(一)合同欺诈与合同诈骗的相似之处

第一,合同欺诈与合同诈骗罪的成立都与合同密切相关。合同欺诈发生在签订合同的过程中,表现为一方当事人通过欺诈的手段诱使对方当事人与之签订合同,合同诈骗罪则可能发生于签订或者履行合同的过程中,表现为一方通过合同骗取对方当事人的财物。第二,行为方式相似。合同欺诈中,行为人采取的是告知对方虚假情况或者隐瞒真实情况的手段,合同诈骗中,行为人同样采取虚构事实或者隐瞒真相的方法。第三,合同相对方意思表示瑕疵,无论是合同欺诈还是合同诈骗,对方当事人均是基于错误认识而与之订立合同,订立合同并非其自由意思表示。

(二)合同欺诈与合同诈骗之区别

尽管合同欺诈与合同诈骗存在诸多相同之处,但法律性质截然不同。两者差别具体表现如下:

第一,行为人的主观目的不同。合同欺诈中,行为人通过提供虚假情况或者隐藏真实情况的方法达到诱使对方当事人陷入错误认识并订立合同的目的,其直接目的体现为诱使对方订立合同,至于该合同是否损害对方当事人利益,是否为其获取非法利益在所不问,只要其行为损害了对方当事人的意思自由,即可构成合同欺诈。事实上,合同欺诈中,欺诈人一般并无不履行合同的故意,而是用欺诈的手段致使合同违反公平原则,从而谋取更多的合同利益。而合同诈骗中,行为人必须具备非法占有他人财物的目的,签订、履行合同并非目的,而是其获取非法财物的手段。

第二,两者欺诈的具体方式不同。合同欺诈中,欺诈的方式通常表现为提供虚假情况和隐瞒真实情况,其中提供虚假情况又主要表现为行为人夸大合同标的的质量、数量、规格等,隐瞒真实情况则通常表现为隐瞒标的物的瑕疵,自己履行能力的欠缺等。而合同诈骗中虽然行为人也是通过采取虚构事实和隐瞒真相的方法,但其具体表现形式不同,主要为:①以虚构的单位或者冒用他人名义签订合同,骗取对方的财

---

① 魏振瀛:《民法》,北京大学出版社2000年版,第145页。

物;②以伪造、变造、作废的票据或者其他虚假的产权证明作担保,与对方签订合同,骗取对方财物;③没有实际履行能力,以先履行小额合同或者部分履行合同的方法,诱骗对方当事人继续签订和履行合同,骗取对方财物;④收受对方当事人给付的货物、货款、预付款或者担保财产后逃匿;⑤以其他方法骗取对方当事人财物。①

第三,两者侵犯的社会关系不同。合同欺诈又分为两种情况,一是损害国家利益的,该合同应为无效,必然受到法律的否定性评价,不发生合同效力;二是不损害国家利益的,损害的是对方当事人的意思自由,可经由对方当事人的申请归于无效,或者予以变更,对方当事人也可基于自愿而继续履行合同,产生与有效合同同等的法律效果。而合同诈骗除了侵犯对方当事人财产权利外,更重要的是损害了国家的合同管理制度,也正是因为如此,合同诈骗罪属于扰乱市场秩序罪的一类。

第四,法律责任不同。合同欺诈属于民事违法行为,应当承担民事责任。根据《民法通则》及《合同法》、《民法总则》的有关规定,该行为可能无效或者被撤销,因此,行为人因该行为取得的财产,应当返还给受损失的一方,赔偿对方所受的损失,另应没收其非法所得。而犯合同诈骗罪的,应当承担刑事责任。根据《刑法》第 224 条、第 231 条的规定,犯合同诈骗罪的,处 3 年以下有期徒刑或者拘役,并处或者单处罚金;数额巨大或者有其他严重情节的,处 3 年以上 10 年以下有期徒刑,并处罚金;数额特别巨大或者有其他特别严重情节的,处 10 年以上有期徒刑或者无期徒刑,并处罚金或者没收财产,单位犯该罪的,对单位判处罚金,并对其直接负责的主管人员和其他直接责任人员,依照上述规定处罚。

综上,合同欺诈与合同诈骗存在诸多不同之处,但是两者在司法实践中往往难以区分,且两者在合同履行过程中可能发生转化,因此,对于两者的区分必须结合案件的具体情况综合认定。

**【典型案例】**

**中国农业银行长沙市先锋支行与湖南金帆投资管理有限公司、长沙金霞开发建设有限公司借款担保合同纠纷案**

上诉人(原审被告):长沙金霞开发建设有限公司。住所地:湖南省长沙市捞刀河乡政府内。

法定代表人:曹宏杰,该公司董事长。

委托代理人:潘丙午,湖南博鳌律师事务所律师。

委托代理人:王梓人,湖南博鳌律师事务所律师。

被上诉人(原审原告):中国农业银行长沙市先锋支行。住所地:湖南省长沙市芙

---

① 王作富主编:《刑法》,中国人民大学出版社 2004 年版,第 369 - 370 页。

蓉中路一段538号。

负责人:汤春桃,该支行行长。

委托代理人:赵廷凯,北京市扶公律师事务所律师。

被上诉人(原审被告):湖南金帆投资管理有限公司。住所地:湖南省长沙市芙蓉中路一段524号金帆大厦12楼。

法定代表人:向军,该公司董事长。

委托代理人:曹志伟,该公司风险控制部总监。

委托代理人:张惠生,该公司法律顾问。

〔基本案情〕

农行先锋支行于2006年9月26日向原审法院起诉,请求判令:一、金帆公司偿还农行先锋支行贷款本金人民币3995万元及至2006年9月20日止的利息6471372.74元,2006年9月20日之后至实际执行到位之日止的相应利息按贷款逾期利率计付;二、农行先锋支行对金霞公司抵押财产享有优先受偿权;三、金帆公司、金霞公司承担本案的诉讼费用。

原审法院经审理查明:(一)2001年12月12日,金帆公司向农行先锋支行出具《流动资金(中短期)借款申请书》,申请借款4000万元,借款用途为"借新还旧"。金霞公司在该《申请书》上以担保人的身份加盖了公章,并注明"同意以合作双方土地抵押担保,不得以其他形式担保"。2001年12月29日,金帆公司(借款人)与农行先锋支行(贷款人)签订了(430108001)农银借字(2001)第041号《借款合同》,约定:借款金额人民币4000万元,借款种类为"短期借款",借款用途为"借新还旧",借款及还款期限分别为2001年12月31日和2002年12月31日。同月31日,双方办理了该4000万元的《借款凭证》。2001年12月29日,农行先锋支行(抵押权人)、金帆公司(债务人)、金霞公司(抵押人)签订了(430108001)农银高抵字(2001)第0024号《最高额抵押合同》,约定:抵押人自愿为债务人自2001年12月30日起至2003年12月31日止,在抵押权人处办理约定的各类业务,实际形成的债务的最高余额折合人民币5238万元提供担保;抵押人同意以金霞新区5号及7号规划地块作为抵押物。之后,金霞公司以金霞新区5号及7号规划地块办理了抵押权利人为农行先锋支行的长国土他项(2002)字第066号《土地他项权利证明书》,他项权利的设定日期自2001年12月30日至2003年12月31日止。

(二)2002年11月30日,金霞公司向农行先锋支行出具了《关于为湖南金帆投资管理有限公司在银行贷款提供抵押担保的承诺书》,称:"2001年12月30日我司以名下土地金霞新区5号(面积48563.34平方米,土地评估价34892760元)、7号(面积55585.48平方米,土地评估价39938167元)地块为湖南省金帆经济发展公司在农行先锋支行的5238万元贷款提供了抵押担保。现因湖南省金帆经济发展公司脱钩改制,变更为湖南金帆投资管理有限公司,我司同意以金霞新区5号、7号地块为湖南金帆投资管理有限公司在农行先锋支行5238万元短期流动资金贷款提供抵押担保,履行相应的抵押担保责任。”2002年12月31日,金帆公司(借款人)与农行先锋支行(贷款人)签订了(430108001)农银借字(2002)第0047号《借款合同》,约定:借款金额人民币4000万元,借款种类为“流动资金”,借款用途为“借新还旧”,借款及还款期限分别为2002年12月31日和2003年12月31日。同日,双方办理了该4000万元的《借款凭证》。

(三)2003年12月31日,金帆公司(借款人)与农行先锋支行(贷款人)签订了(430108001)农银借字(2003)第0062号《借款合同》,约定:借款金额人民币3995万元,借款种类为“流动资金贷款”;借款及还款期限分别为2003年12月31日和2004年12月31日;本合同项下借款年利率为6.903%,按月结息,结息日为每月的第20日;借款人不按合同约定的期限归还贷款本金的,贷款人有权对逾期贷款根据逾期天数按日利率万分之二点一计收逾期利息;对应付未付利息,贷款人有权按执行利率计收复利;本合同项下借款的担保方式为抵押,担保合同另行签订;本合同一式三份,双方当事人、担保人各一份。同日,农行先锋支行、金帆公司办理了该4000万元的《借款凭证》。

关于“借款用途”的约定,农行先锋支行(贷款人)与金霞公司(担保人)分别持有的该《借款合同》不一致:农行先锋支行提供的该《借款合同》(原件)约定借款用途为“流动资金贷款借新还旧”(手写);而金霞公司提供的该《借款合同》(原件)约定借款用途仅为“流动资金”(手写),并无“贷款借新还旧”字样。

此外,农行先锋支行与金霞公司分别持有的该《借款合同》还存在其他三个方面的不同:1. 合同第八条“其他事项”一栏中,农行先锋支行所持的合同上(手写)注明了“本合同由编号为430108001农银抵字2003第0053号的抵押合同和编号为430108001农银抵字2003第0054号的抵押合同提供担保”,而金霞公司所持有的合同上该栏为空白;2. 在农行先锋支行所持的合同上,金帆公司法定代表人向军是盖的其私人印章,而在金霞公司所持的合同上却是向军的签名;3. 在农行先锋支行所持的合同上,农行先锋支行盖的是其“贷款合同专用章”,而在金霞公司所持的合同上,农行先锋支行盖的是其行政公章。

(四)2003年12月31日,农行先锋支行(抵押权人)与金霞公司(抵押人)分别签订了(430108001)农银抵字(2003)第0053号和(430108001)农银抵字(2003)第0054号两份《抵押合同》,约定:为了确保金帆公司(债务人)与抵押权人签订的编号为(430108001)农银借字(2003)第0062号《借款合同》(主合同)的切实履行,保障抵押权人债权的实现,抵押人愿意为债务人与抵押权人依主合同所形成的债务提供抵押担保;抵押人以金霞新区7号规划地块(作价39938167元)和金霞新区5号规划地块(作价34892760元)作为抵押物,分别为流动资金贷款2000万元和1995万元进行担保;抵押人担保的范围包括主合同项下的债务本金、利息、逾期利息、复利、罚息、违约金、损害赔偿金以及诉讼费、律师费、抵押物处置费、过户费等抵押权人实现债权的一切费用。之后,金霞公司以金霞新区7号、5号规划地块分别办理了抵押权利人为农行先锋支行的长国土他项(2002)字第续066-1号和长国土他项(2002)字第续066-2号《土地他项权利证明书》。该两份《土地他项权利证明书》载明:长沙市开福区金霞新区7号、5号规划地块的地号均为5999997,权属性质均为"国有",使用权类型均为"出让",7号地块的土地面积为55585.48平方米,5号地块的土地面积为48563.34平方米。

(五)2004年12月1日,农行先锋支行向金帆公司发出《贷款到期通知书》,称(430108001)农银借字(2003)第0062号《借款合同》项下的借款本金3995万元及相应利息于2004年12月31日到期,要求金帆公司准备资金,如期偿还。金帆公司在该通知书上盖章确认。2005年1月4日,农行先锋支行向金帆公司发出《债务逾期催收通知书》,对金帆公司所欠本金3995万元及相应利息进行催收,金帆公司在该通知书上盖章确认。

2004年12月31日,金霞公司向农行先锋支行出具了一份函件,称:"长沙金霞开发建设总公司于2003年12月31日分别与贵行签署农银抵字(2003)第0053号、第0054号《抵押合同》,上述抵押担保的主债务用途为流动资金贷款。长沙金霞开发建设总公司根据《中华人民共和国公司法》,规范改制为长沙金霞开发建设有限公司的工作现已基本完成。本公司获悉主债务人金帆公司的贷款用途为向贵行的以新还旧业务,本公司对主债务人的贷款用途提出异议,同时拒绝贵行对本公司的资产行使抵押权。"同日,农行先锋支行向金霞公司出具了一份《复函》,称:"贵公司2003年12月31日以农银抵字(2003)第0053号和农银抵字(2003)第0054号《抵押合同》为金帆公司3995万元贷款提供的抵押担保,合法、有效,不存在任何法律疑点,请贵公司严格履行担保人义务。"2005年1月4日,农行先锋支行向金霞公司发出《担保人履行责任通知书》,就金帆公司所欠本金3995万元及其相应利息,要求金霞公司立即履行担保责任。上述《复函》和《担保人履行责任通知书》均由长沙市公证处于2005年1月14日送达给金霞公司,长沙市公证处就此出具了(2005)长证内字第182号《公证书》。

(六)上述3995万元贷款于2004年12月31日到期后,金帆公司一直未向农行先锋支行偿还贷款本金,并从2004年9月21日开始积欠利息。在本案诉讼中,农行先锋支行以正常年利率6.903%、逾期年利率7.56%为依据,计算出金帆公司截至2006年11月20日共积欠利息总额为7067934.41元。

**〔一审裁判理由与结果〕**

原审法院经审理认为:本案中金帆公司与农行先锋支行分别于2001年12月29日、2002年12月31日、2003年12月31日签订的三份《借款合同》,均合法有效。从三份借款合同的内在关系和贷款的实际用途来看,后一份借款合同项下的贷款均是对前一份借款合同项下的贷款进行"借新还旧"。故本案只应以2003年12月31日的《借款合同》作为认定农行先锋支行与金帆公司之间的权利义务关系的依据,农行先锋支行也是就该份《借款合同》项下的3995万元贷款向金帆公司主张权利的。金帆公司未能按期偿还贷款本金3995万元及其相应利息,是造成本案纠纷的直接原因,依法应承担向农行先锋支行偿还贷款本金3995万元及其相应利息的民事责任。

农行先锋支行、金帆公司、金霞公司于2001年12月29日签订的一份《最高额抵押合同》和农行先锋支行、金霞公司于2003年12月31日签订的两份《抵押合同》，均为金霞公司以其有权处分的长沙市开福区金霞新区5号、7号规划地块的土地使用权为金帆公司向农行先锋支行的借款提供抵押担保，此乃各方当事人的真实意思表示，且依法办理了土地使用权的抵押登记手续，故应当认定上述抵押合同均合法有效。因金帆公司于2001年12月12日向农行先锋支行出具的《流动资金（中短期）借款申请书》明确写明了申请借款4000万元的用途为"借新还旧"，而金霞公司在该《申请书》上以担保人的身份加盖了公章，所以，金霞公司在2001年12月29日提供最高额抵押担保时，对金帆公司与农行先锋支行同日签订的《借款合同》约定4000万元借款的用途为"借新还旧"是明知的。根据最高人民法院《关于适用〈中华人民共和国担保法〉若干问题的解释》第三十九条第一款"主合同当事人双方协议以新贷偿还旧贷，除保证人知道或者应当知道的外，保证人不承担民事责任"的规定，保证人知道或者应当知道主合同当事人双方协议"借新还旧"，而仍然进行保证担保的，保证人应当承担保证责任。参照这一解释，本案中金霞公司在明知金帆公司与农行先锋支行约定4000万元借款的用途为"借新还旧"的情况下，仍然对金帆公司与农行先锋支行2001年12月29日所签《借款合同》项下的4000万元"借新还旧"贷款提供最高额5238万元的抵押担保，故金霞公司对该笔贷款应当依法承担抵押担保责任。

鉴于2001年12月29日的《最高额抵押合同》是对2001年12月29日的《借款合同》和2002年12月31日的《借款合同》的担保，2003年12月31日的两份《抵押合同》是对2003年12月31日的《借款合同》的担保，而2003年12月31日的《借款合同》客观上是对2001年12月29日和2002年12月31日两份《借款合同》项下贷款的"借新还旧"，故本案中金霞公司只应依据2003年12月31日的两份《抵押合同》对同日的《借款合同》项下的贷款承担抵押担保责任。虽然农行先锋支行持有的2003年12月31日的《借款合同》约定借款用途为"流动资金贷款借新还旧"，但金霞公司持有的该份《借款合同》约定的借款用途却是"流动资金"，而并非"借新还旧"，并且金霞公司于2004年12月31日向农行先锋支行出具函件对金帆公司该笔贷款的用途为"借新还旧"提出了异议，故应当认定2003年12月31日金霞公司提供抵押担保时，对同日的《借款合同》项下的3995万元贷款的实际用途系"借新还旧"是不知道或者不应当知道的。根据最高人民法院《关于适用〈中华人民共和国担保法〉若干问题的解释》第三十九条第一款"主合同当事人双方协议以新贷偿还旧贷，除保证知道或者应当知道外，保证人不承担民事责任"和第二款"新贷与旧贷系同一保证人的，不适用前款的规定"的规定，新贷与旧贷是同一保证人的，即使保证人不知道或者不应当知道主合同当事人双方协议"借新还旧"的，保证人仍应承担保证责任。同样的道理，主合同当事人双方协议"借新还旧"，新贷与旧贷系同一抵押人的，抵押人不能免除抵押担保责任。因此，尽管金霞公司2003年12月31日提供抵押担保时不知道或者不应当知道担保的3995万元贷款系“借新还旧”，但因该3995万元新贷与2001年12月29日《借款合同》、2002年12月31日《借款合同》项下的4000万元旧贷均系金霞公司同一抵押人以同一抵押物进行的担保，并且金霞公司对新贷3995万元的担保并未加重其对旧贷4000万元的担保责任，故金霞公司仍应根据2003年12月31日两份《抵押合同》约定的担保范围，对金帆公司在2003年12月31日《借款合同》项下所欠的3995万元贷款本金及其相应利息承担抵押担保责任。金霞公司答辩称农行先锋支行并未将3995万元的流动资金贷款实际发放给金帆公司，农行先锋支行对金霞公司不享有抵押权的理由不能成立，该院不予采纳。

金帆公司与农行先锋支行于2003年12月31日签订的《借款合同》明确约定：该合同项下借款年利率为6.903%，按月结息；借款人不按本合同约定的期限归还贷款本金的，贷款人有权对逾期贷款根据逾期天数按日利率万分之二点一计收逾期利息；对应付未付利息，贷款人有权按执行利率计收复利。该内容系双方当事人的真实意思表示，并未违反国家法律、行政法规的强制性规定，应为有效。并且，该《借款合同》中关于逾期贷款按日利率万分之二点一计收逾期利息的约定，与银行系统对逾期贷款按年利率7.56%（0.21‰/天×360天=7.56%）计算逾期利息是一致的。因此，农行先锋支行在本案中按照借款合同关于正常利率、逾期利率、复利的约定，以正常年利率6.903%、逾期年利率7.56%为依据。计算出金帆公司截至2006年11月20日共积欠利息的总额为7067934.41元是正确的，该院对此予以采纳。金帆公司提出的农行先锋支行对利息的计算与借款合同的约定不符，以及金霞公司提出的本案利息不能按借款合同的约定计算的意见，该院不予采纳。

综上，金帆公司应向农行先锋支行偿还所欠贷款本金3995万元及其相应利息，在金帆公司不履行该债务时，金霞公司应当用其提供抵押的长沙市开福区金霞新区5号、7号规划地块的土地使用权承担抵押担保责任。故农行先锋支行要求金帆公司偿还所欠贷款本息以及要求对金霞公司的抵押财产享有优先受偿权的诉讼请求成立，该院予以支持。据此，该院依照《中华人民共和国合同法》第一百九十六条、第一百九十八条、第二百零五条、第二百零六条、第二百零七条，以及《中华人民共和国担保法》第三十三条、第三十四条第一款第（三）项、第三十八条、第四十一条、第四十六条、第五十七条之规定，并参照最高人民法院《关于适用〈中华人民共和国担保法〉若干问题的解释》第三十九条之规定，判决：一、由金帆公司偿还农行先锋支行贷款本金3995万元及其相应利息（截至2006年11月20日的利息为7067934.41元，2006年11月21日以后至清偿完毕之日止按2003年12月31日〔430108001〕农银借字〔2003〕第0062号《借款合同》约定的贷款逾期利率计付）。上述给付义务限判决发生法律效力后十日内履行完毕，逾期不履行的，按照《中华人民共和国民事诉讼法》第二百三十二条的规定，加倍支付迟延履行期间的债务利息。二、金帆公司不履行上述债务时，农行先锋支行对金霞公司用以抵押担保的长沙市开福区金霞新区5号、7号规划地块(地号均为5999997,5号地块抵押面积为48563.34平方米,7号地块抵押面积为55585.48平方米)的土地使用权的价款享有优先受偿的权利。三、金霞公司承担上述抵押担保责任后,有权向金帆公司追偿。案件受理费242116元,由金帆公司负担。

〔当事人上诉及答辩意见〕

金霞公司不服原审法院上述民事判决,向最高人民法院提起上诉称:一、农行先锋支行和金帆公司在提供给金霞公司的借款合同中,故意隐瞒借新还旧这一重要事实。金霞公司的合同与农行先锋支行持有的合同存在多处不一样的地方。金帆公司将自己持有的原件加上“借新还旧”字样,放入国土局档案,以帮助农行先锋支行向金霞公司主张权利。农行先锋支行和金帆公司存在恶意串通,骗取金霞公司提供担保的行为。依据《担保法》的规定,金霞公司不应承担抵押担保责任。二、金霞公司因对2003年12月31日借款系借新还旧不知情而不应当承担抵押担保责任。三、2002年12月31日的借款,因未征得金霞公司书面同意,且没有抵押额度,应视为金霞公司未对该借款提供抵押担保。金霞公司没有为2002年12月31日的借款提供抵押担保,因此本案不构成新贷与旧贷的延续关系,一审法院以所谓新贷与旧贷系同一保证人为由,判决上诉人承担抵押担保责任,是错误的。四、本案利息计算有错误。请求二审法院:1.依法撤销一审判决书第二、三项,驳回农行先锋支行对金霞公司的诉讼请求;2.判令农行先锋支行和金帆公司承担本案所有诉讼费用。

针对金霞公司的上诉请求及理由,农行先锋支行答辩称:一、金霞公司对金帆公司2003年12月31日的借款用途属“借新还旧”是知道的。首先,在金霞公司提交给长沙市国土资源局的《借款合同》原件中,“借款用途”一栏明确标注为:流动资金借新还旧。其次,在金帆公司原担保的贷款未被告知已获清偿,而其又向金霞公司提出同等数额贷款抵押担保的请求,并要求以同一抵押物进行抵押时,作为金帆公司新贷与旧贷的同一担保人,金霞公司对该笔贷款的用途不会一无所知。再次,即便依照金霞公司自己在一审中提交的《借款合同》,金帆公司将借款用于借新还旧,也未超出流动资金的使用范围,并未违反借款合同的规定。二、金霞公司是金帆公司2001年、2002年和2003年三笔贷款新贷与旧贷的同一担保人。三、本案借贷双方有关借款利率和逾期借款利率的约定,符合法律和行政法规的规定,也未违反有关规章和行业政策,依法应该获得法律保护。综上,金霞公司既是金帆公司新贷与旧贷的同一担保人,又知道所担保借款的用途,理应承担担保责任。请求二审法院依法判决驳回金霞公司的诉讼请求。

针对金霞公司的上诉请求及理由,金帆公司答辩称:本案借款从2001年12月29日签订(430108001)农银借字(2001)第041号《借款合同》起到2002年12月31日签订(430108001)农银借字(2002)第047号《借款合同》、2003年12月31日签订(430108001)农银借字(2003)第062号《借款合同》止,均是同一笔借款借新还旧,该笔借款均是由金霞公司以金霞新区5号、7号地块提供抵押担保,自始未发生过担保形式的改变。因此,金霞公司在上诉理由中提出金帆公司与农行先锋支行恶意串通,损害金霞公司合法权益的主张是违背客观事实的。在合同主体出借人、借款人、抵押人和抵押物未改变、债务未归还的条件下,农行先锋支行不会以损害自身利益来实现借款人的要求,也不会同意金霞公司将已设定的抵押物为另一笔借款提供抵押担保。农行先锋支行2002年12月31日《对长沙金霞开发建设有限公司12月31日致我行函的复函》给金霞公司后,金霞公司即未再提出异议,说明金霞公司已肯定了借新还旧这一客观事实自始存在。即便金霞公司是于2004年12月31日才知晓2003年《借款合同》是借新还旧的重大误解成立,依据《合同法》第55条,金霞公司已丧失了撤销权。综上,金霞公司认为金帆公司与农行先锋支行恶意串通,损害金霞公司的合法权益的上诉理由,没有事实根据。请求二审法院依法作出公正判决。

〔最高人民法院查明的事实〕

最高人民法院经二审审理,对原审法院查明事实予以确认。

最高人民法院另查明,2003年12月31日,长沙市国土资源局向金霞公司出具一份编号为20031231004的业务受理回执单,载明:你单位丁利同志于2003年12月31日申办的国有土地使用权抵押备案(包括续期、变更)业务,我局已受理,请于7个工作日派人联系有关事宜。

〔最高人民法院裁判理由与结果〕

最高人民法院认为,农行先锋支行与金帆公司签订的(430108001)农银借字(2003)第0062号《借款合同》系当事人真实意思表示,不违反法律禁止性规定,依法有效。金帆公司在合同到期之后未偿付相应借款,应当履行偿还借款本息的民事责任。债务人金帆公司对原审法院判决其履行债务的相关内容未提出异议,最高人民法院予以维持。

为保证上述借款合同的履行,农行先锋支行与金霞公司分别签订了(430108001)农银抵字(2003)第0053号和(430108001)农银抵字(2003)第0054号两份《抵押合同》,并办理了相关的抵押登记手续。上述抵押合同系当事人真实意思表示,不违反法律禁止性规定,依法有效。在金帆公司不履行相关债务时,金霞公司应当依照抵押合同约定履行担保义务。

金霞公司以其持有的借款合同与农行先锋支行提供的借款合同部分内容不一致为由,主张农行先锋支行和金帆公司存在恶意串通,故意隐瞒“借新还旧”的重要内容,骗取金霞公司提供担保。但当事人分别持有的合同内容有出入,客观原因复杂多样,不能据此简单认定是合同某一方的故意欺诈行为。金霞公司如主张农行先锋支行和金帆公司恶意串通欺诈,应当提供其他证据予以证明。金霞公司提出金帆公司在办理抵押登记手续时将合同原件加上“借新还旧”字样,以帮助农行先锋支行向金霞公司主张权利。从常理上看,办理抵押登记手续的申请主体应当是抵押人,而不是债权人;从本案证据上看,长沙市国土资源局提供的《业务受理回执单》上明确记载办理本案抵押登记手续的人员是金霞公司的代理人“丁利”,金霞公司作为被代理人应当对代理人的代理行为承担民事责任。金霞公司没有提供相应证据证明债权人农行先锋支行参与了办理抵押登记行为,其关于农行先锋支行故意欺诈的上诉主张不能成立。

根据《中华人民共和国合同法》第五十四条第二款、第五十五条的规定,一方以欺诈、胁迫的手段或者乘人之危,使对方在违背真实意思的情况下订立的合同,受损害方有权请求人民法院或者仲裁机构变更或者撤销。具有撤销权的当事人自知道或者应当知道撤销事由之日起一年内没有行使撤销权,撤销权消灭。金霞公司2004年12月31日向农行先锋支行出具的函件中表示该公司已获悉金帆公司的贷款用途为以新还旧。金霞公司如认为农行先锋支行与金帆公司在订立合同时有欺诈行为,应当至迟在2005年12月31日之前向人民法院或者仲裁机构申请变更或者撤销合同。金霞公司在上述期限内没有行使撤销权,因此,即使抵押合同存在可撤销事由,其撤销权已经消灭。金霞公司在本案中以合同当事人欺诈为由拒绝履行合同义务与法律规定不符,最高人民法院不予支持。

本案当事人分别持有的借款合同中虽然部分内容有出入,但当事人对各自持有的合同本身的真实性不持异议,不妨碍合同成立的事实认定。金霞公司主张免除其担保义务的主要理由是其持有的借款合同中借款用途系“流动资金”贷款,与农行先锋支行持有的借款合同上借款用途为“流动资金贷款借新还旧”不同。企业流动资金系相对固定资产而言的企业资产,包括企业用于支付工资、购买原材料、偿付债务等的现金款项。金霞公司同意为金帆公司“流动资金”借款提供担保,金帆公司将借款用于支付到期债务,并未超出金霞公司的担保范围。金霞公司、金帆公司与农行先锋支行之间在本案合同签订之前已签订过其他的借款抵押合同,金霞公司对于金帆公司在农行先锋支行是否存在尚未偿还的债务是明知或者应当知道的。如果金霞公司不愿意为金帆公司用于偿还债务的借款提供抵押,应当在合同中明确加以限制。金霞公司在本案合同中笼统地承诺为金帆公司“流动资金”借款提供担保,未对金帆公司的借款用途加以限制,现在诉讼中提出不同意借款人将借款用于偿还债务有违诚实信用原则。

最高人民法院《关于适用〈中华人民共和国担保法〉若干问题的解释》第三十九条的规定,主合同当事人双方协议以新贷偿还旧贷,除保证人知道或者应当知道外,保证人不承担民事责任。新贷与旧贷系同一保证人的,不适用前款的规定。本案中金霞公司就同一抵押物先后为金帆公司的新旧贷款提供抵押担保,金帆公司以新贷偿还旧贷,并未加重金霞公司的担保责任,金霞公司要求免除其担保责任的上诉主张与上述规定不符。金霞公司关于本案利息计算有误的上诉主张,亦没有相应的事实和法律依据,最高人民法院不予支持。

综上,原审判决认定事实清楚,适用法律正确。最高人民法院依照《中华人民共和国民事诉讼法》第一百五十三条第一款第(一)项的规定,判决如下:驳回上诉,维持原判。本案二审案件受理费242116元,由长沙金霞开发建设有限公司承担。

**规则9（合同撤销权）当事人未在撤销权行使期限内申请变更或者撤销合同，但以对方当事人欺诈为由拒绝履行合同义务的，不予支持**

——中国农业银行长沙市先锋支行与湖南金帆投资管理有限公司、长沙金霞开发建设有限公司借款担保合同纠纷案①

**【裁判规则】**

主合同的担保人如认为债权人与债务人在订立抵押合同时有欺诈行为，应当在1年内向人民法院或者仲裁机构申请变更或者撤销合同。担保人在法定期限内没有行使撤销权，因此，即使抵押合同存在可撤销事由，其撤销权已经消灭。担保人以合同当事人欺诈为由拒绝履行合同义务与法律规定不符，不予支持。

**【规则理解】**

**一、合同撤销权的性质及法律特征**

（一）合同撤销权的性质

合同撤销权②，具体指可撤销合同中表意瑕疵当事人的撤销权，是指存在意思表示瑕疵的一方合同当事人，在法定期限内通过向法院提起诉讼或向仲裁机构申请仲裁的方式，使合同的法律效力溯及既往地消灭的权利。我国《合同法》中规定了多种撤销权。一般而言，合同成立时即产生效力，但在缔约人不具备相应的行为能力、意思表示不真实或者合同违反法律或公共利益时，合同的效力会受到相应的减损。其中，在缔约人意思表示不真实或不自愿的情形下，为遵循意思自治和合同自由的精神，充分尊重意思表示瑕疵一方的意愿，法律赋予其撤销合同的权利，使其在充分考虑自己的利害得失后决定是否撤销合同。③ 可见，撤销权是意思表示有瑕疵一方当事人所享有的重要权利。

明确合同撤销权的性质，对这一权利的理解与适用和相关的制度构建具有举足轻重的意义，对此学界主要存在“形成权说”、“请求权说”、“诉权说”三种观点。“形成权说”认为，具有可撤销因素的合同可因享有撤销权的当事人行使撤销权而自始无

---

① 《中华人民共和国最高人民法院公报》2009年第1期，最高人民法院(2007)民二终字第33号民事判决书。

② 文中所论述的撤销权在无特别注明的情况下，指的是可撤销合同中的撤销权。

③ 参见王利明：《合同法新问题研究》，中国社会科学出版社2011年版，第352－353页。

效,也可因当事人不行使撤销权而自始有效,即按照当事人的单方意志来决定合同的效力,因而撤销权属于形成权。[①]“请求权说”认为,享有撤销权的当事人不能以自己的单方行为来撤销合同,而只能向法院或仲裁机构请求撤销合同,最终的决定权在法院和仲裁机构,因而撤销权属于请求权。[②]“诉权说”认为,在我国,合同当事人并无单方撤销合同的权利,撤销权属于法院和仲裁机关,当事人所享有的不过是一种在除斥期间内请求法院或仲裁机关依法撤销合同的诉权。[③]“形成权说”是目前学界的通说。因为,法院和仲裁机构虽可依法认定合同无效,但却无权主动撤销合同,其就合同是否具有可撤销因素的审查取决于享有撤销权的一方当事人是否主张行使撤销权,而这完全基于撤销权人的单方意志。合同一旦成立及生效,即对当事人产生法律上的拘束力,双方均需信守,《合同法》第 54 条关于行使撤销权须向法院或仲裁机构提出请求的规定,是出于对有效合同关系的保护,防止当事人滥用撤销权,这仅为法律对撤销权行使方式的限制。撤销权的行使需与诉权相结合,合同的撤销权为当事人提起撤销权之诉提供了实体法上的权利基础。故此,我国合同法上的撤销权仍然属于形成权,只是其行使方式具有特殊性而已。

(二)合同撤销权的法律特征

撤销权作为一种形成权,具有民法上形成权的全部特征。一方面,权利人可以根据自己的单方意思表示,使既存的法律关系发生、变更或消灭,该种法律效果的发生一般不受相对人行为的影响。另一方面,这种权利具有一定的存续期间,且不能与其所依附的基础法律关系相分离。具体而言,我国《合同法》中规定的合同撤销权具有以下法律特征:第一,撤销权是一种由意思表示有瑕疵的合同当事人所享有的专属性权利,不得与合同当事人的地位相分离而单独转让。第二,撤销权是一种附随于合同而产生的从权利,随着合同的成立和生效而产生,随着合同权利义务的转让而转移,随着合同的失效而消灭。第三,撤销权是一种具有期限限制的权利,必须在法定的除斥期间内行使,否则将归于消灭。第四,撤销权人享有请求撤销合同或请求变更合同的选择权,这一选择由权利人的单方自由意志决定,任何人不得越俎代庖。第五,撤销权必须通过在法院提起诉讼或向仲裁机构申请仲裁的方式行使,经法院或仲裁机构审查后以判决或裁决的形式决定是否对合同予以变更或撤销。

## 二、合同撤销权的行使

可撤销合同在被依法撤销以前是有效的,合同撤销权须经行使方能发生撤销合

---

① 参见郭明瑞:《民商法原理(一)》,中国人民大学出版社 1999 年版,第 274 页。

② 参见陈小君:《合同法学》,中国政法大学出版社 2000 年版,第 74 页。

③ 参见随彭生:《合同法论》,法律出版社 1997 年版,第 127 页。

同的效果,撤销权人是否行使撤销权由其自行决定。当事人的意思表示是否真实,局外人往往难以得知,即使知道一方当事人因表意瑕疵而受到损害,但该当事人不主动提出撤销而自愿承担损害的后果,法律也应不加干涉,而应允许这种行为有效。这正是法律对仅损害特定人利益的相对无效行为与损害社会公共利益的绝对无效行为在干预程度及效力认定上的重要区别。

(一)合同撤销权行使的要件

18世纪至19世纪的西方近代民法在合同法中注重维护形式的正义而非实质的正义,强调当事人必须依法订约,并严格守约,至于订约当事人在实际上是否平等、一方是否利用了自己的优势或者对方的急需等来订立合同,在所不问。进入20世纪以后的现代民法开始注重对实质正义的维护,意思表示不真实、不自由的当事人可以依法请求变更或撤销合同,以维护自己的合法权益。但在理解合同撤销权的行使要件时,仍应当注意维护"合同必须信守"的交易秩序与保护合同自由和意思自治这两个价值目标之间的平衡。

合同撤销权不得任意行使,而需符合法定的要件。《合同法》第54条第1款、第2款规定:"下列合同,当事人一方有权请求人民法院或者仲裁机构变更或者撤销:(一)因重大误解订立的;(二)在订立合同时显失公平的。一方以欺诈、胁迫的手段或者乘人之危,使对方在违背真实意思的情况下订立的合同,受损害方有权请求人民法院或者仲裁机构变更或者撤销。"具体包括以下三点:第一,合同已经成立且不存在无效的情形,此为撤销权行使的前提条件。因为撤销权是基于可撤销合同而派生出的一种从权利,如果合同根本没有成立,便无所谓撤销;如果合同因违反法律和社会公共利益而应被宣告无效,则合同自始、当然无效,不存在由当事人来决定是否予以撤销的问题。第二,合同存在可撤销的事由,此为撤销权行使的原因条件。《民法通则》第58条将欺诈、胁迫和乘人之危的行为规定为无效。《合同法》第52条和第54条对此进行了修正,规定虽因欺诈、胁迫而订立但不损害国家利益的合同,以及乘人之危订立的合同属于可撤销的合同。除此之外,因重大误解而订立的合同以及在订立合同时显失公平的,亦可依法请求撤销或变更。《民法总则》第148条、第149条、第150条将欺诈、胁迫和乘人之危的行为规定为可依法请求撤销。第三,撤销权行使的期限没有经过,此为撤销权行使的期限条件。可撤销的合同往往只涉及当事人一方表意不真实的问题,基于撤销权人的单方意志即可发生法律关系变动的结果,为避免法律关系长期处于一种不确定的状态,维护交易的安全与秩序,需要对该权利的行使设定一定的期限。撤销权本质上是一种实体权利,在法定的除斥期间内得以存续,撤销权人必须在此期限内行使撤销权,否则该权利归于消灭。

(二)合同撤销权行使的方式

民法上撤销权的行使可以采取两种方式:一是撤销权人通过意思表示的方式直接行使撤销权。《德国民法典》第143条第1款明确规定:“法律行为的撤销在向相对人表示后生效。”《日本民法典》第123条规定:“可撤销行为的相对人为确定者时,撤销或追认,以对相对人的意思表示进行。”我国《合同法》第47条关于限制行为能力人订立合同的规定以及第48条关于无权代理人订立合同的规定中,均有“合同被追认之前,善意相对人有撤销的权利”、“撤销应当以通知的方式作出”的表述,便属于此种情形。二是撤销权人通过提起撤销权之诉的方式间接行使撤销权。《法国民法典》第1117条规定:“因错误、胁迫或欺诈而订立的契约并非当然无效;此种契约,依本编第五章第七节规定的情形与方式,仅产生请求宣告其无效或宣告其应予撤销之诉权。”我国《民法通则》第59条第1款、《民法总则》第148条、第149条、第150条以及《合同法》第54条第2款也规定,撤销权人行使撤销权时应向法院或仲裁机构提出请求。因此,如果撤销权人不提起撤销之诉或申请仲裁,而直接向相对人为意思表示的,不发生撤销法律行为的效力。撤销权是否应当通过提起撤销权之诉的方式行使,应依据法律的规定进行判断,在法律未明确要求必须通过提起撤销之诉的方式来行使的情况下,权利人可以通过意思表示的方式来行使。① 此处需要注意的是,撤销权无论以何种方式行使,均无须相对人的同意及配合,这是其形成权的性质使然。

(三)合同撤销权的消灭

一方面,撤销权作为一种形成权,权利人没有在法定的除斥期间内行使,则该权利归于消灭。另一方面,撤销权作为一种实体权利,权利人依法享有处分权,抛弃权利的意思表示一旦生效,该权利便归于消灭。此外,撤销权还得因撤销权的行使及合同当事人之混同而消灭。②《合同法》第55条规定:“有下列情形之一的,撤销权消灭:(一)具有撤销权的当事人自知道或者应当知道撤销事由之日起一年内没有行使撤销权;(二)具有撤销权的当事人知道撤销事由后明确表示或者以自己的行为放弃撤销权。”《民法总则》第152条规定:“有下列情形之一的,撤销权消灭:(一)当事人自知道或者应当知道撤销事由之日起一年内、重大误解的当事人自知道或者应当知道撤销事由之日起三个月内没有行使撤销权;(二)当事人受胁迫,自胁迫行为终止之日起一年内没有行使撤销权;(三)当事人知道撤销事由后明确表示或者以自己的行为表明放弃撤销权。当事人自民事法律行为发生之日起五年内没有行使撤销权的,

---

① 参见王利明:《民法总则研究》,中国人民大学出版社2003年版,第585-586页。

② 余延满、吴德桥:《合同撤销权研究》,载《珞珈法学论坛》(第二卷),武汉大学出版社2002年版。

撤销权消灭。”撤销权消灭的两个法定原因应当结合起来理解，放弃撤销权的行为只可能发生在撤销权的存续期间内，该期限届满后撤销权已不复存在，也就无所谓放弃；同时，放弃撤销权的行为一旦作出，即便一年的除斥期间尚未届满，权利人也不得再行使撤销权。

1. 因行使期间的经过而消灭。撤销权的行使受到时间的限制，各国立法往往明确规定撤销权必须在规定的期限内行使，在法定的行使期间经过后，撤销权归于消灭。这主要基于两个方面的考虑：首先，法律之所以赋予意思表示有瑕疵且受到损害的当事人撤销权，是由于意思表示是否真实、自由，局外人往往无从判断，按照意思自治和公平的原则，法律给表意人机会来修正自己的意思表示，从而使合同双方当事人得到平等的表意权利。但是法律的天平也不能完全倾向撤销权人，而应当在撤销权人和相对人之间达到一个平衡。如果撤销权人明知自己享有权利而不行使，法律只能推定撤销权人从自身利益考虑不愿意撤销，从而自愿放弃其权利，法律自应准许这种行为有效。其次，可撤销合同在撤销前是有效的，在出现了可撤销的事由后，合同的效力就处于一种不确定的状态，如果允许撤销权人一直享有撤销合同的权利，合同的效力将会长期处在不确定的状态，这对于交易安全和经济秩序的稳定是不利的，而且相对人长期不确定合同是否会被撤销，将造成其资金、财物的闲置，大大增加交易的成本。《民法通则意见》第73条第2款规定：“可变更或者可撤销的民事行为，自行为成立时起超过一年当事人才请求变更或撤销的，人民法院不予保护。”应当注意的是，《民法总则》对撤销权的除斥期间进行了调整。在《民法通则》和《合同法》规定的基础上，借鉴其他国家和地区的立法例，对撤销权的除斥期间进行了规制，第一，撤销权原则上应在权利人知道或者应当知道撤销事由之日起一年内行使，但自民事法律行为发生之日起五年内没有行使的，撤销权消灭。应当把握期间起算的标准为，权利人知道或者应当知道撤销事由之日。第二，对于因重大误解而享有撤销权的，权利人应在知道或者应当知道撤销事由之日起三个月内行使，否则，撤销权消灭。应当把握与欺诈、胁迫、显失公平等影响事由不同，因重大误解而行使撤销权的除斥期间为三个月，仍以权利人知道或者应当知道撤销事由之日起算。第三，因胁迫而享有撤销权的，应当自胁迫行为终止之日起一年内行使，否则撤销权消灭。注意把握胁迫特殊性，就是受胁迫人在胁迫行为终止前，即使知道胁迫行为存在，事实上仍然无法行使撤销权，故因胁迫享有撤销权的除斥期间起算点为“自胁迫行为终止之日”，期间为一年。

2. 因撤销权人放弃权利而消灭。根据《合同法》第55条、《民法总则》第152条的规定，撤销权的放弃有明示和默示两种方法。明示的方式，指的是享有撤销权的一方当事人向对方明确声称将不请求撤销或变更合同，该种意思表示到达对方后，便产生撤销权消灭的法律后果。明确放弃权利的声明存在,应由主张撤销权已消灭的当事人承担举证责任。默示的方式,指的是撤销权人通过实施一定的行为表明自己已经放弃撤销权。例如,继续向对方履行或请求对方履行、要求对方承担不履行的违约责任、向法院或仲裁机构明确提出变更而非撤销合同,等等①。这种默示的放弃须以权利人知道或应当知道撤销事由为前提,因为权利人只有在知情的前提下,仍然选择维护合同效力的方式,才能表明其主观上具有放弃撤销权的意图。撤销权人尚未知道撤销事由之前的行为,不应作为其是否放弃撤销权的判断标准。应当注意的是,《民法总则》对撤销权人放弃权利,撤销权的除斥期间的变化。对于权利人知道撤销事由后明确表示或者以自己的行为表明放弃撤销权的,撤销权消灭,不受一年期间的限制。理由是,权利人明确表示或者通过行为表示对撤销权放弃,均属于对自己权利的处分,根据意思自治原则,人民法院或者仲裁机构都应当准许。

(四)合同撤销权行使的效果

撤销权是意思表示有瑕疵的一方当事人所享有的权利,而非义务,这意味着撤销权既可以行使,也可以不行使,权利人可基于自由意志作出对自己最为有利的选择。故此,应区分行使与不行使撤销权的不同法律后果。第一,撤销权人行使撤销权的情况下,该行为作为权利人的单方行为,无须相对人表示同意,也无须其予以配合。依据《民法通则》第 59 条第 2 款、《民法总则》第 155 条及《合同法》第 56 条前段的规定,如果享有撤销权的当事人向法院或仲裁机构提出撤销请求后,法院或仲裁机构予以确认的,当事人之间的合同得以撤销,该合同自始无效。当事人根据合同取得的财产应予以返还,对合同被撤销有过错的一方还应依法承担缔约过失责任。同时,根据《合同法》第 56 条、第 57 条的规定,合同仅有部分因具有可撤销事由而被撤销的,不影响其他部分的效力;合同被撤销的,不影响合同中有关独立存在解决争议方法条款的效力。第二,撤销权人请求变更合同的情况下,法院或仲裁机构不得主动撤销合同,仅能通过变更合同的内容使当事人之间的权利义务趋于公平合理,原合同在变更后继续有效。第三,撤销权人不行使撤销权的情况下,合同自始有效。法院或仲裁机构不得主动对可撤销的事由进行审查,对合同的效力进行干涉。在撤销权行使的期限经过后,该权利归于消灭,撤销权人不得再以合同存在可撤销的事由为由拒绝履行合同义务,否则将承担违约责任。第四,撤销权人放弃撤销权的情况下,法律关系的效力因形成权已消灭而得以确定,合同自始有效。

综上所述,在合同具有法定可撤销事由的情况下,意思表示存在瑕疵的一方当事人可以在知道或应当知道该撤销事由之日起一年内,重大误解的当事人自知道或者

---

① 王利明:《合同法研究》(第一卷),中国人民大学出版社 2002 年版,第 715 页。

应当知道撤销事由之日起三个月内，受胁迫的自胁迫行为终止之日起一年内，或者自民事法律行为发生之日起五年内，向法院或仲裁机构请求行使撤销权，从而使合同的效力归于消灭。撤销权行使的期间一旦经过，撤销权便告消灭，合同自始有效，撤销权人此时以合同存在可撤销事由拒绝履行合同义务的，将承担违约责任。

**【拓展适用】**

**一、民事权利及其行使期限**

民事权利根据其作用，可分为支配权、请求权、抗辩权和形成权。不同的权利类型适用不同的时效或期间制度，并因该时效或期间的经过而发生不同的法律后果。

（一）支配权与取得时效

支配权是指直接支配客体，并享受一定利益的权利。[①] 支配权的主体可以直接支配客体而实现其利益，无需义务人的积极作为，但义务人不得实施妨碍支配权实现的行为。物权是典型的支配权，此外还包括人格权、身份权、知识产权。支配权的实质在于利益的直接实现性和对应义务的消极性，在权利行使的过程中，第三人只负担消极的不作为义务，双方无从发生积极的请求权法律关系，故对于支配权而言，无论是对财产利益的支配还是对人身利益的支配，大多是没有、也不可能有期限限制的。[②] 但是，对于物权而言，如果权利人长时间怠于行使权利，而善意占有人对物合法占有的事实状态已经过了较长期间，这种既成的社会秩序在某些国家的立法中是受到保护的，这便是取得时效制度。取得时效，又称为占有时效，是指公开、善意地占有他人的动产、不动产或者其他财产权的事实状态经过一定的期限以后，将取得该动产或不动产的所有权和其他财产权。[③] 取得时效是所有权的一种取得方法，其设立的目的在于确定财产的归属，《法国民法典》、《日本民法典》中均规定了这一制度。有学者建议，我国物权法中也应引入这一制度，其建立有利于定分止争、充分发挥财产的利用效率、维护社会秩序和交易安全、促进纠纷及时解决。在设立取得时效制度的国家，物权人须在法定期间内行使权利，否则其物权归于消灭，而善意占有人则基于时效取得该物权。

（二）请求权与诉讼时效

请求权是指请求他人为或不为一定行为的权利。请求权发生于特定的相对人之间，不为第三人所了解，具有相对性、非公示性，权利人不能直接取得作为权利内容的利益，而必须通过他人的特定行为间接实现其利益。债权是典型的请求权，除此之

---

① 王利明、杨立新、王轶、程啸：《民法学》，法律出版社2008年版，第37页。

② 参见王利明：《我国民法典重大疑难问题之研究》，法律出版社2006年版，第129页。

③ 王利明：《民法总则研究》，中国人民大学出版社2003年版，第701页。

外，还包括物权请求权、人格权请求权、身份权请求权、知识产权请求权、继承恢复请求权、侵权请求权，等等。请求权的实现有赖于义务人履行义务的行为，权利人在义务人拒不履行义务的情况下有权请求法院保护其权利的实现。如果权利人长期怠于行使权利，已经形成一种稳定的既成事实状态，并给利害关系人带来一定的信赖利益，则权利人在此之后才重新主张权利，势必破坏这种稳定的社会秩序，带来不安定的因素。故此，法律设定诉讼时效制度，督促权利人及时行使权利，否则将剥夺其以公权力强制实现权利内容的可能。① 请求权必须在诉讼时效期间内行使，诉讼时效一旦经过，请求权虽未消灭，但将产生义务人的时效抗辩权，义务人可以据此对抗权利人的权利主张，使请求权丧失法律强制力的保护而成为自然权利。但法院不得依职权主动审查诉讼时效是否已经届满，不得主动援引、适用时效制度，须待当事人行使时效抗辩权方得对此进行审查。

（三）抗辩权与请求权的行使期间

抗辩权是指对抗对方的请求或否认对方权利主张的权利。② 抗辩权基于法律的明文规定产生，其行使必须以请求权的行使为前提。《合同法》中规定的同时履行抗辩权、后履行抗辩权、不安抗辩权，都是典型的抗辩权。抗辩权是与请求权相对应的概念，与请求权相伴而生，当对方行使请求权时，权利人自可行使抗辩权进行对抗，使其请求权消灭或延期发生效力；而当对方不行使请求权时，抗辩权也因无针对对象而无需行使。故法律无需特别规定抗辩权的行使期限，抗辩权通常也不适用诉讼时效制度。

（四）形成权与除斥期间

形成权是指当事人一方可以通过自己的单方意思表示，使法律关系发生变动的权利。形成权效力的产生不需要对方作出相应的行为，但其不能与所依附的基础法律关系相分离。撤销权、追认权、解除权、选择权、免除权、所有权的抛弃等都属于形成权。形成权通过权利人的单方意思表示即可引起法律关系的产生、变更和消灭，在其行使之前，当事人之间的法律关系始终处于一种不确定的状态，故需将形成权的行使期限限定在一个较短的期间内，以促使法律关系尽快确定，维护交易的秩序与安全，这就产生了除斥期间制度。除斥期间是指由法律明文规定的、权利的存续期间，在此期间经过后，则权利本身归于消灭，权利人不得再行使该权利。

（五）合同撤销权行使期限的定性及完善

与诉讼时效相比，除斥期间在适用对象上主要适用于形成权，而不是请求权；起

---

① 王利明：《我国民法典重大疑难问题之研究》，法律出版社2006年版，第128页。

② 王利明、杨立新、王轶、程啸：《民法学》，法律出版社2008年版，第38页。

算时间上，其一般自权利成立之日起算，而非自权利可行使之日起算；援引适用上，法院应依职权主动审查期间是否届满，而非只能待当事人援引；法律效果上，其期限一旦届满，将直接消灭权利本身，而不是仅仅丧失法律强制力的保护；此外，其不适用中止、中断、延长的规定。

关于可撤销合同中撤销权行使期限的起算，《民法通则意见》第 73 条第 2 款规定，可撤销、可变更民事行为中撤销权的行使期限起算点为“行为成立之日”；而《合同法》第 55 条规定，撤销权行使期限的起算点是“知道或者应当知道撤销事由之日”。根据传统民法理论，诉讼时效应自权利可行使之日起算，即权利人知道或应当知道权利受侵害之日，因为时效制度设立的目的在于惩罚怠于行使权利者，如果权利人不知道权利受到侵害的情形，法律不能对其进行惩罚。而除斥期间一般自权利成立之日起算，因为其只是实体权利的存续期间，并不考虑权利的行使问题。《合同法》改变了《民法通则意见》的规定，将撤销权行使期限的起算点规定为“当事人自知道或者应当知道撤销事由之日起一年内”，与诉讼时效起算时间的规定是一样的。这就产生了合同撤销权的行使期限究竟是诉讼时效还是除斥期间的疑问。比较《民法通则》和《合同法》关于可撤销的事由可以发现，《民法通则》只规定了重大误解和显失公平两种情形，而《合同法》在此之外，还规定了欺诈、胁迫和乘人之危三种情形。《合同法》将知道或者应当知道可撤销的事由之日作为起算点是为了适应撤销事由的多样化和现实生活情况的复杂化。比如，就欺诈而言，实践中因受欺诈而订立的合同往往具有极大的隐蔽性，被欺诈人在合同成立之时一般很难发现，要求被欺诈人在合同成立之日起一年内行使撤销权对其不公平。《合同法》规定的起算点更为合理，有利于对撤销权人权益的保护。而根据上位法优于下位法、特别法优于普通法的法律适用规则，《合同法》应当优先适用。从国外立法例来看，除《法国民法典》规定撤销权的行使受诉讼时效的限制以外，其余各国和地区民法均规定该限制期间为除斥期间。根据《合同法司法解释一》第 8 条的规定，可撤销合同撤销权的行使期限“为不变期间，不适用诉讼时效中止、中断或延长的规定”。可见，我国《合同法》也采取了通行的立法例，将撤销权的行使期限规定为除斥期间，这意味着一旦期限届满将直接消灭权利本身，法院无需待对方当事人抗辩便应依法主动审查该期间是否已届满。《民法总则》第 152 条也采取了通行的立法例，将撤销权的行使期限规定为除斥期间。享有撤销权的权利人必须在法律规定的期限内行使这一权利，从而保护相对人的利益，稳定法律关系、稳定交易秩序，维护交易的安全，除斥期间经过，撤销权终局性地归于消灭，可撤销的民事法律行为自此成为完全有效的民事法律行为。

纵观各国立法规定，在撤销权行使期限的长度上，除德国民法规定的是一年的除斥期间外，日本、意大利适用的都是五年的期间。而各国的权利行使期间起算点都以权利可得行使之日起算,并都辅之以权利的最长保护期限制。相比较而言,我国法律规定的合同撤销权行使期限并没有最长保护期的规定,这就可能造成法律关系长期处于不确定的状态,不符合除斥期间制度设立的初衷。撤销权人可能在十年甚至更长时间后方得知撤销事由,如其此时行使撤销权,将影响既有社会秩序的稳定和交易的安全。同时,德国民法中撤销权的行使期限及其起算点因撤销原因的不同而有所不同,如规定因错误而行使撤销权的,"自知撤销理由后,应立即为之,不应有归责于自己的延迟";规定因胁迫而行使撤销权的,"自胁迫终止时起算"。因为错误乃表意人自己原因所致,不存在外部原因阻碍表意人行使撤销权,为保护相对人的利益,其撤销权行使的期限较受欺诈、胁迫而为撤销的期限短。而受胁迫人对于撤销事由,于行为之时,无有不知者,若胁迫事由持续存在,受胁迫人虽在法律上有撤销的权利,实际上终无行使的可能,而令除斥期间自其时开始,殊不公平①。我国《合同法》对于撤销权的行使期限进行一刀切规定的做法,并不合理,不利于区分情况对权利滥用者予以适当限制,同时对需要保护者提供充分保护。《民法总则》在借鉴大陆法系其他国家规定的基础上,结合我国的实际情况,进一步完善了撤销权的行使期间制度。

## 二、合同中的撤销权辨析

我国《合同法》中使用"撤销"及"撤销权"的表述多达十几处,其关于撤销权的规定亦存在着诸多差异,司法实践中应注意识别与区分,以保证相关法律制度的准确适用。

### (一)效力待定合同中善意相对人的撤销权

《合同法》第47条、第48条规定限制民事行为能力人订立的合同以及行为人没有代理权、超越代理权或者代理权终止后以被代理人名义订立的合同在被追认之前,善意相对人有撤销权。效力待定合同,是指合同成立之后,是否已经发生效力尚不确定,有待于其他行为或事实使之确定的合同。② 效力待定合同是因当事人欠缺相应的缔约能力或处分权所造成,通常包括限制民事行为能力人依法不能独立订立的合同、无权代理(不包括表见代理)合同、无权处分合同。该类合同既非无效,也非有效,而是处于一种效力尚不确定的中间状态。它可因真正的权利人行使追认权而归于有效,也可因善意相对人行使撤销权而归于无效。善意相对人的撤销权具有以下特点:第一,权利主体上,其归属于善意的合同相对人。订约时,相对人不知道或不应该知道合同另一方欠缺相应的缔约能力或处分权,即其在主观上处于一种善意不知情的状态。如果相对人具有恶意,法律自无对其进行保护而赋予撤销权之必要。第二,适

---

① 参见张谷:《略论合同行为的效力》,载《中外法学》2000年第2期。

② 王利明:《合同法研究》(第一卷),中国人民大学出版社2002年版,第541页。

用对象上,其针对的是欠缺缔约能力及处分能力的行为人所订立的合同。影响合同效力的瑕疵在于缔约主体的资格问题,缔约人或没有相应的行为能力或无权处分或无权代理,从而使合同的效力处于不确定的状态。第三,行使方式上,撤销的意思表示以通知的方式作出。善意相对人撤销合同的意思表示一旦到达对方,即可发生撤销法律行为的效果,而无需经过法院或仲裁机构的允许,也无需征得对方当事人的同意。可见,这种撤销权是典型意义上的形成权,权利人凭借其单方意思表示,便可引起法律关系变动的后果。第四,适用效果上,其效力发生于合同的当事人之间,行使的后果是阻止合同生效。善意相对人行使撤销权是使效力待定合同的效力予以确定的法律事实之一,撤销权行使以前合同的效力尚不确定,撤销权行使以后则合同归于无效。第五,权利消灭上,其在合同效力确定后归于消灭。该种撤销权适用于合同效力尚不确定的场合,合同一旦确定有效或无效,则不得再行撤销。故撤销权的行使必须在合同被权利人追认之前,否则一旦被追认,合同即处于有效的状态,撤销权也不复存在。

(二)可撤销合同中表意瑕疵当事人的撤销权

关于《合同法》第54条规定的撤销权已在【规则理解】部分进行了具体论述,笔者对其主要特征进行归纳:第一,权利主体上,其归属于意思表示有瑕疵的一方合同当事人。第二,适用对象上,其针对的是具有欺诈、胁迫、重大误解、显失公平、乘人之危这五种法定可撤销事由的合同。第三,行使方式上,其必须通过在法院提起诉讼或向仲裁机构申请仲裁的方式行使。第四,适用效果上,其效力发生于合同的当事人之间,未行使以前合同自始有效,行使以后则合同自始无效。第五,权利消灭上,其因撤销权的行使期间经过或撤销权人放弃权利而消灭。

(三)合同保全制度中的债权人撤销权

《合同法》第74条规定了债权人的撤销权,作为合同保全制度的一种,通过赋予债权人以撤销债务人与第三人之间有害债权行为的权利,使合同的效力突破相对性规则的限制,扩张至合同以外的第三人。保全制度中的撤销权主要具有以下特点:第一,权利主体上,其归属于因债务人不当处分财产的行为而使债权受到损害的债权人。合同权利人对合同义务人应当享有合法有效的债权,该债权在债务人的处分行为发生前以及债权人行使撤销权时,均须有效存在,且不具有无效或可撤销的因素。第二,适用对象上,其针对的是合同义务人实施的有害合同权利人债权的财产处分行为。根据《合同法》及《合同法司法解释二》,损害债权的行为包括:1. 放弃到期债权;2. 无偿转让财产;3. 以明显不合理的低价转让财产;4. 放弃未到期的债权;5. 放弃债权担保;6. 恶意延长到期债权的履行期。第三,行使方式上,债权人必须通过向法院提起撤销权之诉的方式来行使撤销权。权利人无法仅凭其撤销的单方意思表示便使债务人与第三人之间的行为归于无效，而只能向法院主张行使撤销权，待法院核实其请求符合法定的行使要件后，以判决的形式撤销债务人与第三人之间的行为。第四，适用效果上，其随着撤销之诉判决的确定而对债权人、债务人、相对人或受益人均产生效力，未行使前债务人的处分行为继续有效，行使以后则该行为自始无效。不涉及国家利益的损害债权行为属于相对无效的行为，债权人的撤销权属于合同权利人所享有的一项法定权利，其可以在充分考虑自身利益的基础上决定行使或不行使，从而决定债务人处分行为的有效或者无效。第五，权利消灭上，其因权利人未在法定期限内行使权利而归于消灭。《合同法》第 75 条规定："撤销权自债权人知道或者应当知道撤销事由之日起一年内行使。自债务人的行为发生之日起五年内没有行使撤销权的，该撤销权消灭。"

（四）赠与合同中的撤销权

我国《合同法》就赠与合同规定了三种撤销权。一、第 186 条规定的赠与人的任意撤销权，具体为："赠与人在赠与财产的权利转移之前可以撤销赠与。具有救灾、扶贫等社会公益、道德义务性质的赠与合同或者经过公证的赠与合同，不适用前款规定。"二、第 192 条规定的赠与人的法定撤销权，具体为："受赠人有下列情形之一的，赠与人可以撤销赠与：（一）严重侵害赠与人或者赠与人的近亲属；（二）对赠与人有扶养义务而不履行；（三）不履行赠与合同约定的义务。赠与人的撤销权，自知道或者应当知道撤销原因之日起一年内行使。"三、第 193 条规定的赠与人的继承人或法定代理人的法定撤销权，具体为："因受赠人的违法行为致使赠与人死亡或者丧失民事行为能力的，赠与人的继承人或者法定代理人可以撤销赠与。赠与人的继承人或者法定代理人的撤销权，自知道或者应当知道撤销原因之日起六个月内行使。"赠与合同是赠与人将自己的财产无偿给予受赠人，受赠人表示接受赠与的合同。[①] 赠与合同属于诺成性合同，一经成立即告生效，根据"合同必须信守"及诚实信用原则，一般不应允许赠与人随意否定合同的效力。但赠与合同毕竟是无偿性合同，根据公平原则，为了维护赠与人的合法权益，在特定情况下，法律应允许赠与人撤销赠与。赠与合同中的撤销权具有以下特点：第一，权利主体上，其属于赠与人、因受赠人的违法行为而致死赠与人的继承人、因受赠人的违法行为而丧失民事行为能力的赠与人的法定代理人。原则上撤销权属于赠与人本人，但在赠与人因受赠人的违法行为而致死或致残以致于无法亲自行使权利时，法律允许其继承人或法定代理人代为行使撤销权。第二，适用对象上，因任意撤销权与法定撤销权而有所不同。任意撤销权针对的是赠与财产的权利尚未转移的赠与合同，赠与人可基于自己的单方意志决定是否撤销赠

---

① 《合同法》第 185 条。

与,无需存在法定的撤销事由。这意味着动产以交付为时点,不动产以登记为时点,在此之前赠与人得以任意撤销赠与合同。但是,对于任意撤销权也存在必要的限制,对以下三种赠与合同,无论权利是否已经移转均不得撤销:(1)具有救灾、扶贫等社会公益性质的赠与合同;(2)具有道德义务性质的赠与合同;(3)经过公证的赠与合同。法定撤销权针对的是受赠人对赠与人存在严重违法或违约行为的赠与合同。通常来讲,赠与合同是无偿性合同,受赠人如果严重侵害赠与人或其近亲属,甚至致使赠与人死亡或丧失行为能力,赠与人及其权利继受者当然有权撤销赠与,这是维护公序良俗原则的必然要求。特殊情况下,赠与人在赠与时为受赠人设定了一定的义务,或受赠人依法对赠与人承担有扶养义务,即该赠与合同是有一定对价的,如果受赠人不履行法定或约定义务,法律也无需对其权利进行保护。第三,行使方式上,撤销的单方意思表示到达受赠人即可发生撤销赠与的法律后果。从这个意义上来讲,赠与合同中的撤销权是典型意义上的形成权,无需受赠人的同意即可否定合同的效力。形成权的行使可通过权利人的单方意思表示或提起撤销之诉两种方式,后一种方式以法律的明文规定为限,在《合同法》未要求权利人必须通过诉讼的方式撤销赠与合同的情况下,撤销权人可直接通知对方进行撤销。第四,适用效果上,其效力发生于赠与合同的当事人之间,行使的后果将导致赠与合同的失效,受赠人应返还其接受的赠与财产。第五,权利消灭上,其因权利人未在法定期限内行使权利而归于消灭。赠与人的任意撤销权应在赠与财产的权利移转之前行使,法定撤销权应自知道或者应当知道撤销原因之日起一年内行使。赠与人的继承人或法定代理人的撤销权,应自知道或者应当知道撤销原因之日起六个月内行使。超过上述法定除斥期间,则撤销赠与的权利归于消灭。

(五)四种撤销权的比较

对于前述四种合同中的撤销权,应注意其在法律制度上的区别,避免混淆。第一,效力待定合同中善意相对人的撤销权、可撤销合同中表意瑕疵当事人的撤销权以及赠与合同中的撤销权均是由合同的一方当事人或其权利继受者撤销与其相对方之间的合同,而合同保全制度中的债权人撤销权是由合同的一方当事人撤销其相对方与合同关系以外的第三人之间的合同,其效力突破了合同的相对性规则,延伸至合同关系以外的第三人。第二,效力待定合同中善意相对人的撤销权以及赠与合同中的撤销权由撤销权人通过意思表示的方式直接行使,而可撤销合同中的撤销权以及债权人的撤销权必须由撤销权人以提起撤销权之诉的方式间接行使。行使方式的不同不影响该四种撤销权的形成权本质,只是在权利行使的方式上存在特殊性。第三,四种撤销权的行使期限也各不相同。效力待定合同中善意相对人的撤销权须在权利人追认之前行使。可撤销合同中的撤销权须自撤销权人知道或者应当知道撤销事由之日起一年内行使。债权人的撤销权须自债权人知道或者应当知道撤销事由之日起一年内，或者重大误解的当事人自知道或者应当知道撤销事由之日起三个月内，或者受胁迫，自胁迫行为终止之日起一年内，或者自债务人的行为发生之日起五年内行使。赠与合同中的撤销权因具体细分为三种撤销权而较为复杂：赠与人的任意撤销权须在赠与财产的权利移转之前行使；赠与人的法定撤销权须自赠与人知道或者应当知道撤销原因之日起一年内行使；赠与人的继承人或法定代理人的撤销权须自继承人或者法定代理人知道或者应当知道撤销原因之日起六个月内行使。

**【典型案例】**

**中国农业银行长沙市先锋支行与湖南金帆投资管理有限公司、长沙金霞开发建设有限公司借款担保合同纠纷案**①

**规则10（债权人撤销权与第三人侵害债权）** 债务人恶意低价与他人置换股权，对债权人造成损害的，债权人有权依据《合同法》第74条行使撤销权

——国家开发银行与沈阳高压开关有限责任公司、新东北电气（沈阳）高压开关有限公司、新东北电气（沈阳）高压隔离开关有限公司、沈阳北富机械制造有限公司等借款合同、撤销权纠纷案②

**【裁判规则】**

债务人与受益人的置换股权行为存在价值严重不对等的情况，受益人明知自己与债务人交易支付的资产价值与债务人股权价值严重不对等，仍然与债务人进行股权置换，该交易行为严重损害了债权人的利益，债权人有权依据《合同法》第74条对该股权置换行为行使撤销权。

**【规则理解】**

**一、债权人撤销权的内涵及法律特征**

（一）债权人撤销权的内涵

债权人的撤销权，是指债权人对于债务人所为的有害债权的行为，可请求法院予

---

① 同本书112页。

② 《中华人民共和国最高人民法院公报》2008年第12期，最高人民法院（2008）民二终字第23号民事判决书。

以撤销,以维持债务人责任财产的权利。[①] 该制度起源于罗马法,早在查士丁尼的《法学阶梯》中就有对债权人撤销权的明文规定,《法国民法典》、德国《债务人法律行为(破产程序之外的)撤销法》、《日本民法典》等许多大陆法系国家和地区的民法也都继受了这一制度。我国《合同法》第74条第1款规定:"因债务人放弃其到期债权或者无偿转让财产,对债权人造成损害的,债权人可以请求人民法院撤销债务人的行为。债务人以明显不合理的低价转让财产,对债权人造成损害,并且受让人知道该情形的,债权人也可以请求人民法院撤销债务人的行为。"债权人的撤销权作为合同保全制度的一种,使债权在请求的权能之外,又增加了保全的权能,其在本质上是一种附属于债权的实体权利,构成了债权人提起撤销之诉的请求权基础。

(二)债权人撤销权的法律特征

我国《合同法》规定的合同中的撤销权有四种,分别是效力待定合同中善意相对人的撤销权、可撤销合同中表意瑕疵当事人的撤销权、合同保全制度中债权人的撤销权以及赠与合同中的撤销权。其中《合同法》第54条规定的可撤销合同的撤销权与《合同法》第74条规定的债权人的撤销权,不仅在名称上极为相似,在行使上均需通过提起撤销之诉的方式行使,在法律效果上也具有相同之处。但两者作为不同的民事法律制度,其根本性质是不同的,与可撤销合同中的撤销权相比,债权人的撤销权具有以下法律特点:

第一,立法目的上。债权人的撤销权制度作为合同保全制度的一部分,其立法目的在于维持债务人的责任财产,以保障合同债务的履行和债权人的合法权益;而可撤销合同制度作为合同的效力制度,目的在于通过撤销意思表示不真实行为,保障合同当事人的意思自治和合同自由。

第二,行使主体上。债权人撤销权的行使主体为拥有合法债权且因债务人的诈害行为而受到损害的债权人;而可撤销合同的撤销权人是意思表示不真实、不自由的合同当事人一方。

第三,撤销对象上。债权人的撤销权作用的对象是合同债务人与合同关系以外的第三人实施的有害债权的财产处分行为,其撤销的是他人的行为;而可撤销合同制度针对的是合同当事人之间意思表示不真实的行为,撤销权人撤销的是自己的行为。

第四,撤销事由上。债权人撤销权的行使事由为债务人放弃有效债权、无偿或以明显不合理的价格处分或收购财产、放弃债权担保、恶意延长到期债务的履行期等损害债权人利益的行为;而可撤销合同的行使事由为因欺诈、胁迫、乘人之危、重大误解、显失公平而造成的表意不真实或不自由的现象。

---

① 参见李永军、易军:《合同法》,中国法制出版社2009年版,第309页。

第五，行使效果上。债权人撤销权的行使将对合同关系以外的第三人发生效力，突破了债的相对性规则；而可撤销合同撤销权的行使仅使当事人之间的合同失去效力，并不涉及他人。

第六，权利存续期间上。两种撤销权均要求撤销权人在知道或应当知道撤销事由之日起一年内行使权利，但债权人的撤销权受到债务人行为发生之日起五年的最长保护期限限制，超过该期限未行使权利则撤销权归于消灭；而可撤销合同的撤销权并不受此限。

## 二、债权人撤销权的行使要件

设定及理解债权人撤销权的行使要件，应注意在维护交易安全与尊重债务人的意思自由这两个价值目标之间的平衡。根据我国《合同法》及《合同法司法解释二》的规定，债权人撤销权的行使要件包括以下三个方面。

### （一）债权人对债务人享有合法有效的债权

债权人撤销权行使的前提要件为债权人对债务人享有合法有效的债权。债权人的撤销权作为债的保全制度，以债权人对债务人享有合法的债权为前提，但这一债权既不要求确定，也不要求到期。具体包含以下两个方面的要求：

1. 债权应当有效成立于债务人的处分行为之前。若债务人不当处分财产的行为发生时，债权人的债权尚未有效成立，则债务人的处分行为即使不当，债权也并无遭受侵害的可能，且债务人的责任财产应为债权成立时债务人所拥有的财产，若财产已在债权成立前被处分，则不应纳入责任财产的范围。如果债权成立于诈害行为之前，只是其后由于权利转让而发生主体变更，债权归属于现债权人在诈害行为之后，由于债权本身仍具有同一性，现债权人有权行使撤销权。

2. 债权应当有效存续于债权人行使撤销权之时。债权人的撤销权在本质上属于依附于债权的一项权能，这意味着债权人的债权不应具有不成立、无效、可撤销的情形，也不应具有虽依法成立但被解除的情况，否则撤销权将成为无源之水、无本之木，债权人将因不享有有效债权而无权行使撤销权。

### （二）债务人实施了有害债权的行为

债权人撤销权行使的客观要件为债务人实施了有害债权的行为。债务人所为的对债权人造成损害的行为，学理上称为诈害行为。[①] 债权人撤销权制度的立法意旨，在于防止因债务人不当处分财产的行为导致其责任财产的减少而造成对债权人之债权的危害。只有在债务人的行为影响到债权实现的情况下，债权人对债务人与第三

---

① 参见韩世远：《合同法总论》（第二版），法律出版社2008年版，第309页。

人之间行为的干涉方具有正当性，这是对该制度突破合同相对性的必要限制。具体应从以下三个方面进行理解：

1. 债务人实施了处分财产的行为。处分行为包括改造、毁损、加工等事实上的处分和转让、抛弃、赠与、免除等法律上的处分。因事实上的处分不涉及第三人，故能够引起撤销权行使的处分行为仅指法律上的处分。同时，债务人的行为需以财产为标的，使其责任财产受到直接影响。故债务人从事的结婚、收养子女、继承的抛弃或承认等身份行为，以及提供劳务或以不作为为标的的法律行为，通常不会造成其责任财产的减少，且此类行为具有人身性，不宜作为撤销权的标的。我国《合同法》第74条规定了放弃到期债权、无偿转让财产、以明显不合理的低价转让财产三种有害债权的行为。《合同法司法解释二》在此基础上，于第18条进一步规定："债务人放弃其未到期的债权或者放弃债权担保，或者恶意延长到期债权的履行期，对债权人造成损害，债权人依照合同法第七十四条的规定提起撤销权诉讼的，人民法院应当支持。"据此，债权人可以撤销的债务人的财产处分行为包括：

(1)放弃有效债权。债权人放弃债权的行为，无论是放弃到期的债权还是放弃未到期的债权，一旦造成对其清偿能力的影响，债权人均有权请求撤销。根据《合同法》的规定，债权人仅能主张撤销债务人放弃到期债权的行为。如果债务人在其债权到期前便予以抛弃，则债权人无权进行债的保全，这使得债务人很容易规避法律的规定。实际上，无论债务人的债权是否到期，只要这一债权是合法有效的，债务人一旦放弃，都将造成其责任财产的减少，最终影响其清偿能力。《合同法司法解释二》通过目的性扩张解释，填补了《合同法》存在的法律漏洞，据此凡是放弃有效债权的行为，债权人均得以撤销。

(2)无偿或以明显不合理的价格处分或收购财产。无偿转让财产的行为，主要是指将财产赠与他人且赠与已经实际生效，赠与财产的所有权已经转移给受赠人。此种行为没有对价，司法实践中不难认定。而以明显不合理的低价转让自己的财产或以明显不合理的高价收购他人财产，均属于隐匿财产、逃避债务的行为。《合同法司法解释二》第19条第3款就在《合同法》原规定的"债务人以明显不合理的低价转让财产"之外，补充规定了"债务人以明显不合理的高价收购他人财产"的情形。至于什么是合理的交易对价，实践中缺乏明确的判断标准，造成法院审判时自由裁量权过大，具体认定时标准各不相同。《合同法司法解释二》第19条第1款、第2款对此予以了明确："对于合同法第七十四条规定的'明显不合理的低价'，人民法院应当以交易当地一般经营者的判断，并参考交易当时交易地的物价部门指导价或者市场交易价，结合其他相关因素综合考虑予以确认。转让价格达不到交易时交易地的指导价或者市场交易价百分之七十的，一般可以视为明显不合理的低价；对转让价格高于当地指导价或者市场交易价百分之三十的，一般可以视为明显不合理的高价。”

（3）放弃债权担保。债的担保是保障债权实现的方法之一，具体分为抵押、质押、留置三种物权担保方式以及保证和定金两种债权担保方式。债务人放弃债的担保，将使其债权降格为未受担保的债权，造成债权不获清偿的危险程度增加，从而影响到债权人债权的实现，[①]故债权人可以对债务人的该种行为行使撤销权。

（4）恶意延长到期债务的履行期。债务人在债务到期后，没有以诉讼或者仲裁方式向次债务人主张债权，而是与次债务人签订协议延长履行债务的期限，损害债权人债权的，既符合《合同法》第73条关于债权人行使代位权的规定，又符合《合同法司法解释二》第18条关于债权人行使撤销权的规定。此时，债权人对于债务人消极不行使权利的行为，可以以自己的名义代位行使其对次债务人的债权；对于债务人积极施行的损害债权的行为，可以依法行使撤销权。

2. 债务人处分财产的行为已经生效。民法上的撤销权针对的通常是已经发生效力的法律行为，通过权利人的意思表示使该法律行为的效力溯及既往地消灭。债务人不当处分财产的行为必须已经发生法律效力，且在行使撤销权时仍然存在，使其处分的财产因此已经或者将要转移于第三人。如果债务人的行为在法律上并不成立或者已经终止、已被依法宣告无效或者被撤销，债务人的责任财产并未因该行为而移转或减少，则债权人的债权无从受到损害，自无撤销之必要。

3. 债务人处分财产的行为有害债权。债务人的处分行为须已经或将要对债权人的债权造成损害，学说上又称行为的“诈害性”，这涉及债权保全的必要性问题。就诈害行为而言，不仅要求债务人行为时诈害债权人，而且要求债权人行使撤销权时仍有诈害状态的持续，即此诈害性须存在于债务人行为时和债权人行使权利时，缺一不可。关于债务人的行为是否有害债权的判断标准，判例及学说上有不同观点，我国通说上采“无资力说”，具体地以“债务超过”与否作为判断的标准。即如果债务人处分其财产后债务超过其现实财产，不具有足够资产清偿债权人的债务，该处分行为即有害于债权。而资产是否“足够”，要看其现有资产是否与其债务大体相当。如果债务人的处分行为实施后仍有足够的资产清偿债务，或其处分行为具有相当的对价而未造成责任财产的减少，则不能认定债务人的行为损害了债权，债权人即无权请求撤销。

（三）债务人与第三人有偿转让时主观上具有恶意

债权人撤销权行使的主观要件为债务人与第三人有偿转让时主观上具有恶意。债权人的撤销权是对合同关系以外第三人的生效法律行为的干预，需要在维护交易安全与保障行为自由之间寻找平衡点，这一平衡点便是行为人主观上是否具有恶意。

---

① 王利明：《合同法新问题研究》，中国社会科学出版社2011年版，第498页。

在无偿行为的场合,仅要求有客观要件即可行使撤销权;而在有偿行为的场合,还应具备主观要件。[①] 故在债务人以明显不合理的低价转让财产及以明显不合理的高价收购他人财产时,应注意对债务人和第三人主观恶意的认定。

1. 债务人的恶意。《合同法》第 74 条对于债务人的恶意没有明文要求,此为学理上解释的要件。(1)恶意的内容。关于债务人恶意的内容,学说上有意思主义和观念主义两种主张。依照观念主义,债务人对其行为可能造成无资力履行债务从而有害于债权的后果有一定认识,即可构成恶意,而不需要具有侵害债权的故意。而依照意思主义,债务人的恶意不仅需要其对可能有害于债权的后果有所认识,而且还需要其具有诈害他人的主观意思。[②] 该两种主张均承认,债务人对于其行为可能使其无资力履行债务,从而影响债权的实现,应当有所认识。由于《合同法》并未明文规定债务人须有诈害债权人的故意,故具体判断时应采用观念主义。(2)恶意的时间。认定债务人的行为是否存在恶意,一般应以债务人实施不当处分行为之时为标准。如果实施处分行为时,债务人并不存在损害债权的恶意,即使其在行为实施后认识到其行为对债权的诈害性,该行为也不应被撤销。(3)恶意的举证责任。我国《合同法》第 74 条的规定采纳了观念主义,仅要求债务人在处分财产时,明知转让的价格明显不合理,且客观上有害于债权,即可认定债务人具有恶意,而不要求其主观上具有损害债权的意思。故债务人的恶意是从其行为中直接推定的恶意,债权人仅对债务人实施了损害债权的客观行为承担举证责任,而无需就其主观上具有损害债权的意图进行举证,从而极大减轻了债权人的举证责任。

2. 第三人的恶意。此处的第三人包含两种情况:一是受益人或受让人,即因债务人不当处分财产的行为而获得利益的人;二是转得人,即从受益人或受让人处取得权利或利益的人。撤销权的行使不受无偿取得财产的受益人的主观状态的影响,但对于有偿取得财产的受让人则必须考虑其主观恶意。此处的恶意仍然是观念主义的恶意,是从客观行为中反映出的主观恶意,这就要求受让人在接受财产时对债务人处分行为的对价明显不合理以及该种处分行为将有害于债权的情况应属明知,而不要求证明其与债务人之间存在恶意串通。明显不合理的对价的认定标准,以《合同法司法解释二》第 19 条第 1 款、第 2 款的规定为准。至于债权人的撤销权能否对转得人行使,我国《合同法》并无明文规定。应当看到,债权人的撤销权作为债的保全制度的一种,是对债务人与第三人之间行为的撤销。如果债权人得以对与其无任何合同关系的受让人与转得人之间的行为进行撤销,将使得这一撤销权具有了物权的追及效

---

① 崔建远主编:《合同法》(第四版),法律出版社 2007 年版,第 155 页。

② 参见李永军、易军:《合同法》,中国法制出版社 2009 年版,第 317 ~ 318 页。

力，不符合其债权的本质，从而损害交易安全和秩序。如果受让人与转得人恶意串通，损害债权人的利益，则受该行为损害的债权人可依据《合同法》第52条第2项之规定，请求法院确认该行为无效。受让人与转得人的恶意，均以交易当时作为判断时点。当然，善意的受让人和转得人可以根据《物权法》第106条的规定主张善意取得，以保护自己的合法权益。

**【拓展适用】**

## 一、债权人撤销权制度与合同无效制度的选择适用与区分

### （一）债权人撤销权制度与合同无效制度的选择适用

债权人撤销权行使的要件之一，便是债务人与第三人存有恶意，而根据我国《民法总则》第154条规定，行为人与相对人恶意串通，损害他人合法权益的民事法律行为无效。《合同法》第52条第2项的规定，恶意串通，损害国家、集体或第三人利益的合同无效，且为绝对无效。应当注意的是，民法总则不再突出损害的主体性质，将国家、集体或第三人利益都融入他人合法权益之中。据此，对于债务人与第三人恶意串通订立合同进行财产处分、损害债权人利益的行为，债权人不仅可以根据《民法总则》第154条、《合同法》第52条的规定请求宣告合同无效，还可以根据《合同法》第74条的规定行使撤销权，从而使两项制度间之间出现竞合，当事人可以根据自己的举证能力和实际需要选择适用。

### （二）债权人撤销权制度与合同无效制度的区分

债权人撤销权制度与合同无效制度存在以下区别：第一，立法目的不同。合同无效制度中强调的是对于不特定第三人利益的保护，其维护的是社会公共利益和公共秩序。而债权人撤销权制度中强调的则是被债务人所损害的特定债权人利益的保护。第二，法律效果不同。无效合同违反的是法律法规的强制性性规定，属于绝对无效、当然无效。包括债务人、受让人在内的任何人均有权主张合同无效，而不仅仅局限于债权人，且法院或仲裁机关均可以主动行使国家公权力进行干预。而具有撤销事由的合同损害的是特定债权人的利益，仅属于相对无效，只有受该合同交易危害的债权人才有权行使撤销权，合同当事人及其他无关第三方均无权请求撤销合同。第三，对于当事人主观恶意的要求不同。合同无效制度中的恶意，需为合同当事人恶意串通，即双方均具有恶意且进行"通谋"，损害第三人的利益。而债权人撤销权行使要件中的恶意则仅要求债务人与第三人"知道"转让或收购价格明显不合理，且损害了债权人利益即可。第四，举证责任不同。由于恶意的含义不同，权利人的举证负担也不相同。合同无效因对恶意的要求更高，故当事人的举证责任更重，不仅需要证明双方均具有损害债权人利益的意图，更须证明双方间进行了恶意串通。而债权人在主

张撤销权的诉讼中,仅需证明债务人以明显不合理的价格进行财产交易且有害于债权,以及债务人、第三人对此的认识要素即可。这就使债权人行使撤销权的举证难度要大大低于请求宣告合同无效,更有利于当事人主张权利。在债权人有足够证据证明债务人与第三人恶意串通的情况下,应适用合同无效制度,请求确认合同无效,在合同被宣告无效后,自无债权人撤销权的适用余地。但在当事人无法举证证明双方的恶意通谋时,则可通过证明债务人的行为符合撤销权的行使要件,从而依据撤销权制度来保障自身的合法权益。

**二、债权人撤销权行使的法律效果**

(一)“绝对无效说”与“相对无效说”之争

关于撤销权行使的法律效果,理论及立法中存在不同观点。“绝对无效说”认为,债权人行使撤销权后,债务人的行为不仅自始无效,而且系绝对无效。债务人所为之诈害行为对于任何人均视为自始无效,债务人处分的财产应复归于债务人,受益人对此负不当得利返还义务。郑玉波、史尚宽等台湾学者多持此说,台湾地区“民法”也采此立法例。[①] “相对无效说”认为,债权人撤销权的行使效果虽具有溯及既往的效力,但撤销的效力只具有相对性,在“人的方面”仅及于撤销之诉的当事人,在“财的方面”仅限于保全债权的限度内。撤销判决的既判力不仅不及于未参加撤销之诉的债务人,对于该债务人与受益人、受益人与转得人之间的法律关系,亦不生任何之影响;原状恢复作为撤销的效果,仅在债权人与被告人之间相对的关系上发生,债务人并不因此而取得直接的权利,且撤销的效果仅在保全责任财产的范围内发生,这便是德国立法及日本判例通说上的撤销的相对效力。[②]

(二)我国立法规定

我国立法就债权人撤销权的行使效力采取“折衷说”。根据《合同法》及《合同法司法解释一》的规定,债务人的行为被依法撤销的,自始无效。在“人的方面”,我国法律实行绝对无效。在债务人作为撤销之诉的被告时,受益人或者受让人可作为诉讼第三人参与诉讼,且受判决既判力的约束,撤销权的效力可及于债权人、债务人、第三人(包括受益人、受让人、转得人),因而具有绝对的效力。但是,在“财的方面”实行的是相对无效。《合同法》第 74 条第 2 款要求撤销权行使的范围以债权人的债权为限,《合同法司法解释一》第 25 条第 1 款也要求各级法院仅就债权人主张的部分进行审理。此处所指“债权人的债权”为行使撤销权的债权人的债权,而非全体债权

---

① 参见郑玉波:《民法债编总论》,陈荣隆修订,中国政法大学出版社 2004 年版,第 304 页;史尚宽:《债法总论》,中国政法大学出版社 2000 年版,第 479 页。

② 参见崔建远主编:《合同法》(第五版),法律出版社 2010 年版,第 165 页。

人的债权。[1] 债务人的财产处分行为,如已超出债权保全的必要,则属于债务人意思自治及行为自由的范畴,债权人无权干涉,对此自不应发生撤销的效力。

（三）撤销权行使的具体效力

我国合同法上债权人撤销权行使的法律效力具体体现在:第一,对债务人的效力。债务人处分财产的行为一旦被撤销,该行为既为自始无效,且为绝对无效。故债务人免除债务的行为视为自始未免除,转让财产的行为视为未转让,放弃债权担保的行为视为未放弃,等等。第二,对第三人的效力。债权人撤销权行使的效力及于第三人,包括受益人、受让人与转得人。故在债务人的不当处分行为被撤销后,第三人如不能以善意取得进行对抗,则须将取得的财产或收益向撤销权人返还,若原物已不能返还,则应折价赔偿。第三,对行使撤销权的债权人的效力。《合同法司法解释一》第20条对代位权行使效力的规定突破了传统民法理论的“入库规则”,使行使代位权的债权人获得优先受偿的权利。但这一解释并不适用于债权人行使撤销权的场合,此时仍应遵循“入库规则”。即因被撤销而取回的财产应当首先归入债务人的责任财产中,作为全体债权人债务的共同担保,行使撤销权的债权人对由第三人返还给债务人的财产并无优先受偿权和直接受领权,仍须与其他债权人平等受偿。实践中,撤销债权人如符合行使代位权的要件,可一并主张;或者如其债权已届清偿期,可一并请求清偿,在没有其他债权人已经或同时获得清偿判决的情况下,即可根据胜诉判决在执行程序中受领从第三人处取回的财产。第四,对其他债权人的效力。债权人的撤销权制度是“将已脱离债务人一般财产的部分恢复为债务人一般财产为目的的制度。”[2]撤销权人取得的财产应作为全体债权的共同担保,故其他债权人与行使撤销权的债权人应一起对返还的财产按比例受偿,即实行债权平等原则。撤销权人行使撤销权的必要费用,应作为共益费用在责任财产中优先扣除。

## 三、第三人侵害债权制度

（一）第三人侵害债权制度概述

英美法系中仅存在引诱违约等妨害合同权利的行为,大陆法系则从保护合同债权的角度出发,发展出侵害债权的概念。《民商法学大辞书》将“第三人侵害债权”解释为“第三人以损害他人债权为目的,故意妨碍债务人履行义务的行为。”[3]我国《合同法》第121条规定:“当事人一方因第三人的原因造成违约的,应当向对方承担违约

---

① 参见韩世远:《债权人撤销权研究》,载《比较法研究》2004年第3期。

② ［日］我妻荣:《我妻荣民法讲义Ⅳ:新订债权总论》,中国法制出版社2008年版,第154页。

③ 江平、王家福主编:《民商法学大辞书》,南京大学出版社1998年版,第131页。

责任。当事人一方和第三人之间的纠纷,依照法律规定或按照约定解决。”可见,现行《合同法》严格坚持债的相对性规则,合同权利人无权请求合同关系以外的第三人就债的履行不能承担责任。其实,在《合同法》的起草过程中,学者们就多次呼吁应规定第三人侵害债权制度。最早的学者建议稿第157条规定:“第三人故意违背善良风俗侵害他人债权的,应当负损害赔偿责任。”1997年5月的《合同法》草案中也有关于侵害债权制度的规定,其中第90条规定:“第三人违背社会公德,故意侵害他人债权的,应当向债权人承担损害赔偿责任。”可是在草案通过时该条被删除了,删除的理由就是在将来的单行侵权法中将专门规定侵害债权的侵权行为。① 然而,2009年通过的《侵权责任法》第2条规定:“侵害民事权益,应当依照本法承担侵权责任。本法所称民事权益,包括生命权、健康权、姓名权、名誉权、荣誉权、肖像权、隐私权、婚姻自主权、监护权、所有权、用益物权、担保物权、著作权、专利权、商标专用权、发现权、股权、继承权等人身、财产权益”,并没有就债权可以成为侵权行为的客体作出直接、明文的规定。有学者认为,债权利益应当包含在前述第2条关于“等人身、财产权益”的表述里,从而受到侵权责任法的保护。②

(二)债的相对性与不可侵犯性

债的相对性规则起源于罗马法,后世各国法律均将其确立为契约规则及制度的理论基石。债务关系被认为是特定当事人之间的法律关系,债权是特定债权人请求特定债务人为特定给付行为的权利,③债的效力仅及于债权人与债务人,对债之外的第三人不发生效力。只有债权人才享有请求债务人履行约定义务的权利,也只有债务人才负有此项义务。第三人并非债务关系的当事人,故不享有债之权利也不负担债之义务。因此,早期民法学说认为债权作为相对权,不能成为侵权行为的对象,债权受到侵害的救济方式是只能是违约救济,不能提起侵权之诉。

随着民法理论和司法实践的发展,越来越多的学者认为,为了兼顾各方主体利益,给予债权人必要的保护,保障债权制度效用的有效发挥,有必要承认债的不可侵犯性。④ 债权虽为相对权,但其既为权利,则一般人应负不为侵害之消极的义务,故如有第三人不法加以侵害,则不可不使其负侵权行为之责也。⑤ 故债权作为民事权利,

---

① 梁慧星:《中华人民共和国合同法(学者建议稿)》,载《民商法论丛》(4),法律出版社1996年版;孙礼海:《中华人民共和国合同法立法资料选》,法律出版社1999年版,第90页。

② 参见王利明:《侵权责任法研究》(上卷),中国人民大学出版社2010年版,第96~98页。

③ 王泽鉴:《债法原理》,北京大学出版社2009年版,第3页。

④ 参见王亚宁:《对第三人侵害债权的见解》,载《法学论坛》2006年第4期;梅夏英、邹启钊:《论债权的相对性与不可侵性的关系》,载《烟台大学学报》2005年第1期。

⑤ 史尚宽:《债法总论》,中国政法大学出版社2000年版,第1~2页。

一经成立当然受到法律的保护,债权人独立意思所支配的范围也应当受到第三人的尊重,在权利人受到侵害时,应享有排除妨害或者请求赔偿的权利,第三人非法侵害了他人享有的权利,即可构成侵权,须承担侵权责任。债的不可侵犯性与债的相对性并不矛盾。

(三)第三人侵害债权的构成要件

第三人侵害债权作为一种特殊的侵权制度,不仅应符合侵权的一般构成要件,还应考虑其特殊性,并应注意保护债权人的合法利益与维护交易安全、保障第三人行为自由之间的利益平衡。故其往往仅在通过合同违约责任制度不足以保护债权的情况下,方得以作为一种辅助性制度予以适用。其构成要件包括以下四点:第一,主体要件。侵权行为人通常应为债的关系以外的第三人,例外的情况下可以为与第三人恶意串通的债务人。故债权人的代理人、债务人的代理人因体现的是被代理的债权人或债务人的意志,故不可成为侵害债权的侵权行为人,除非其行为违背了被代理人的意志。[①] 而代为履行合同义务的第三人因仅为债务履行的主体而不是债的当事人,故可成为侵害债权的主体。第二,客体要件。侵权行为的客体为已经存在且合法有效的债权。对于本身不存在或不合法、无效的债权,法律即无保护的必要,第三人对其也就不构成侵犯。如果行为人直接侵害了债权人的人身权或财产权等绝对权,则权利人自可依据一般侵权责任主张权利,无须适用侵害债权制度。第三,主观要件。一般侵权行为遵循过错原则,而债权因具有相对性故不具有典型的公示性,需要证明第三人明知他人存在有效债权且主观上具有侵害该债权的故意,其行为才能构成侵权。为了防止过分限制第三人的交易自由,侵害债权的主观要件应限定为故意,且为直接故意。第四,客观要件。应从三个方面进行理解:1. 行为人实施了侵害债权的行为。第三人需实施了违反法律规定、违背善良风俗或采用其他不正当方式的侵害债权的行为。侵害债权的行为可以分为直接侵害和间接侵害两大类。直接侵害是指第三人的行为直接作用于债权人的债权,致使债权受到侵害,例如第三人无权处分导致债权消灭的行为。间接侵害是指第三人的行为通过直接作用于债务人,使债务人不能或者不愿履行债务而间接地妨碍债权的实现,例如伤害债务人的身体或财产而使其不能履行债务、引诱或恶意通谋使债务人不愿意履行债务。[②] 2. 侵害行为给债权人造成损害。第三人的侵害行为需给债权人造成了实际损害,例如造成了债权人的债权无法实现、不能全部实现或实现的难度及费用增加;债务人不履行、不能履行或延迟履行,等等。该损害结果一般表现为财产及财产利益的损失,即包括直接财产损失,

---

① 杨立新:《类型侵权行为法研究》,人民法院出版社2006年版,第287页。

② 参见王利明:《民商法研究》(第三辑),法律出版社2001年版,第781~785页。

也包括因债权不能实现而导致的预期利益的损失,但不应包括精神损失。3. 侵害行为与损害结果之间具有因果关系。债权人的损害结果须由侵害债权的行为引起,行为人方应承担侵权责任。至于两者之间因果关系的认定,应采用相当因果关系说,即只要行为人的行为使损害结果的发生具有相当的可能性,便认定具有因果关系,行为人应据此承担法律责任。

(四)第三人侵害债权的责任承担

第三人作为侵权行为人,自应承担侵权责任。而债务人的责任承担,则须根据不同的情况区别对待:第一,债务人与第三人恶意串通、损害债权的,应承担连带责任。债务人在与第三人恶意通谋的情况下,由于其主观恶性程度较大,而侵权与违约制度在举证责任、赔偿范围上各有利弊,应认为在此情况下债务人也可以成为侵害债权的主体,从而构成违约责任与侵权责任的竞合。债权人对债务人同时享有两项请求权,可根据实际需要选择对其最有利的一种请求权行使。第二,债务人无过错或者虽有过错但未与第三人通谋的,应承担不真正连带责任。债务人无过错时,自不构成侵权,但我国《合同法》对于违约责任的认定采取无过错原则,故债务人仍需承担债务不履行或不适当履行的违约责任。债务人虽有过错但未与第三人恶意串通时,债务人因不是侵犯债权的适格主体而不应承担侵权责任,仍只承担违约责任。此时,债权人有权选择由第三人承担侵权责任或由债务人承担违约责任,债务人在承担违约责任后,有权向侵害债权的第三人追偿因其侵害行为而造成的损失,从而在债务人与第三人之间形成一种不真正的连带债务。

**【典型案例】**

**国家开发银行与沈阳高压开关有限责任公司、新东北电气(沈阳)高压开关有限公司、新东北电气(沈阳)高压隔离开关有限公司、沈阳北富机械制造有限公司等借款合同、撤销权纠纷案**

上诉人(原审原告):国家开发银行,住所地:北京市西城区阜成门外大街29号。

法定代表人:陈元,该行行长。

委托代理人:白强,该行辽宁分行职员。

委托代理人:陈丽阳,北京市大理律师事务所律师。

被上诉人(原审被告):沈阳高压开关有限责任公司,住所地:辽宁省沈阳市大东区沈铁路39号。

法定代表人:刘宝珠,该公司董事长。

委托代理人:惠肇阳,辽宁同方律师事务所北京分所律师。

委托代理人:王晓轩,辽宁同方律师事务所律师。

被上诉人(原审被告):新东北电气(沈阳)高压开关有限公司,住所地:辽宁省沈阳经济技术开发区5号路14甲5号。

法定代表人:周晔,该公司董事长。

委托代理人:荣兵,北京市亿达律师事务所律师。

委托代理人:刘立超,北京市亿达律师事务所律师。

被上诉人(原审被告):新东北电气(沈阳)高压隔离开关有限公司,住所地:辽宁省沈阳市浑南高新技术产业开发区世纪路39号。

法定代表人:刘兵,该公司董事长。

委托代理人:张彦,北京市亿达律师事务所律师。

委托代理人:谢阳,北京市亿达律师事务所律师。

被上诉人(原审被告):沈阳北富机械制造有限公司,住所地:辽宁省沈阳经济技术开发区五号路14甲5号。

法定代表人:姜海,该公司董事长。

委托代理人:张彦,北京市亿达律师事务所律师。

委托代理人:谢阳,北京市亿达律师事务所律师。

被上诉人(原审被告):沈阳东利物流有限公司,住所地:辽宁省沈阳经济技术开发区花海路35-1号。

法定代表人:蔺志武,该公司董事长。

委托代理人:张彦,北京市亿达律师事务所律师。

委托代理人:谢阳,北京市亿达律师事务所律师。

被上诉人(原审被告):东北电气发展股份有限公司,住所地:辽宁省沈阳市浑南高新技术产业开发区78号。

法定代表人:孙震,该公司董事长。

委托代理人:张彦,北京市亿达律师事务所律师。

委托代理人:谢阳,北京市亿达律师事务所律师。

原审被告:沈阳变压器有限责任公司,住所地:辽宁省沈阳市铁西区北二中路18号。

法定代表人:罗贵良,该公司总经理。

委托代理人:卫力军,该公司法律顾问。

原审被告:东北建筑安装工程总公司,住所地:辽宁省沈阳市和平区太原南街187号。

法定代表人:李瑞函。

**〔基本案情〕**

北京市高级人民法院经审理查明:1998年8月21日,国家开发银行(以下简称国开行)与沈阳高压开关有限责任公司(以下简称沈阳高开)签订一份《基本建设借款合同》,约定:沈阳高开向国开行借款人民币15300万元用于土建工程及购买设备等,借款期限为9年,即从1998年7月1日起至2007年7月1日止,利率为年息8.01%,国开行应于1998年7月至12月发放人民币4000万元,于1999年发放人民币6500万元,2000年发放人民币4800万元,沈阳高开应自2001年11月至2007年11月分七次偿还国开行的上述款项的本金及利息,在本合同有效期内,沈阳高开发生承包、租赁、兼并、合并、分立、合资、联营、股份制改造、优化资本结构、资产重组等经营方式变更和产权变动时,应提前60天通知国开行,并征得国开行的书面同意或双方达成新的协议,否则,国开行有权提前收回贷款。合同还对双方的其他权利义务、违约责任等作出了约定。同日,国开行、沈阳高开、沈阳变压器有限责任公司(以下简称沈阳变压)签订了一份《保证合同》,沈阳变压同意对沈阳高开在该合同项下全部贷款本息承担连带清偿责任。合同签订后,国开行陆续向沈阳高开发放贷款。沈阳高开对国开行其中支付的人民币10200万元没有异议。对于其余的人民币5100万元款项,沈阳高开认为国开行并未支付。理由是国开行提供的中国建设银行沈阳铁西支行人民币3000万元的贷款转存凭证本身不是原件,且复印件本身看不出转贷的时间,不应是该笔合同项下给我方的贷款。另人民币2000万元的贷款,国开行举证的不是贷款凭证,不能证明已向沈阳高开实际发放了人民币2000万元的贷款。国开行认为沈阳高开在给国开行的对账单上盖章确认至2002年12月31日尚欠国开行人民币14000万元,故国开行已经按约发放了贷款。

沈阳高开在偿还了国开行2001年到期的人民币500万元和2002年到期的人民币800万元贷款后,其余贷款本息未还。

2003年5月13日,国开行与沈阳高开签订一份《短期借款合同》,约定:沈阳高开向国开行借款人民币1000万元,借款期限为1年,即从2003年5月13日起至2004年5月12日止,利率为年息5.31%,沈阳高开应于2004年5月12日偿还国开行的上述款项的本金及利息,合同还对双方的其他权利义务、违约责任等作出了约定。同日,国开行、东北建筑安装工程总公司(以下简称东北建安)签订了一份《保证合同》,东北建安同意对沈阳高开在该合同项下全部贷款本息承担连带清偿责任。合同签订后,国开行向沈阳高开支付了人民币1000万元。合同到期后,沈阳高开未能偿还该笔贷款本息。

另查明:1.2003年5月15日,沈阳高开以实物资产出资125万美元与他人合资成立了新东北电气(沈阳)高压开关有限公司(以下简称新东北电);2.2004年2月26日,沈阳高开以实物资产出资1600万美元与他人合资成立了新东北电气(沈阳)高压隔离开关有限公司(原沈阳新泰高压电气有限公司,2005年12月21日变更为现名称,以下简称新泰高压),沈阳高开取得了新泰高压74.4%的股权;3.2004年3月15日,沈阳高开以实物资产出资人民币8551.06万元与他人合资成立了沈阳北富机械制造有限公司(原沈阳诚泰能源动力有限公司,2006年12月28日变更为现名称,以下简称诚泰能源),沈阳高开取得了诚泰能源95%的股权;4.2004年3月24日,沈阳高开以实物资产及土地出资人民币 16160. 59 万元与他人合资成立了沈阳东利物流有限公司(原沈阳新泰仓储物流有限公司,2006 年 12 月 28 日变更为现名称,以下简称新泰仓储),沈阳高开取得了新泰仓储 95% 的股权。

2004 年 3 月 19 日,沈阳高开与东北电气发展股份有限公司(以下简称东北电气)签订股权转让协议,将其持有的新泰高压 74. 4% 的股权转让给东北电气。2004 年 3 月 24 日,沈阳高开与东北电气签订股权转让协议,将其持有的诚泰能源 95% 的股权转让给东北电气。2004 年 3 月 25 日,沈阳高开与东北电气签订股权转让协议,将其持有的新泰仓储 95% 的股权转让给东北电气。2004 年 4 月 7 日,东北电气将其持有的沈阳添升通讯设备有限公司(以下简称沈阳添升)98. 5% 的股权转让给沈阳高开作为收购沈阳高开持有的新泰高压 74. 4% 的股权的对价。2004 年 4 月 14 日,东北电气将其拥有的对东北输变电设备集团公司(以下简称东北输变电)人民币 7666 万元的债权及利息作为收购沈阳高开持有的诚泰能源 95% 的股权和新泰仓储 95% 的股权的对价。

国开行认为东北电气投入沈阳添升的生产设备使用时间长,98. 5% 的股权不具有任何实际价值。辽盛评报字(2004)第 017 号评估报告评估的东北电气投入沈阳添升人民币 13003. 39 万元资产不实。而东北电气认为国开行没有证据证明辽盛评报字(2004)第 017 号评估报告评估不实。且 2006 年 8 月 13 日,沈阳高开已将沈阳添升 98. 5% 的股权以人民币 13000 万元的价格转让给了沈阳德佳经贸有限公司(以下简称沈阳德佳),该笔交易是有效的。

国开行认为东北电气对东北输变电人民币 7666 万元的债权及利息是不良资产,辽宁省沈阳市中级人民法院(2000)沈行执字第 20 号民事(执行)裁定书已经因东北输变电无财产可供执行而作出执行终结的裁定。而东北电气认为根据东北输变电出具的主要债权、股权情况说明可以证明东北输变电拥有数家子公司的大量股权,同时对外享有大量债权。东北电气已从东北输变电处实现债权 10637273. 9 元。沈阳高开在取得东北输变电的债权后,已经部分实现债权人民币 400 万元。国开行不能以某一份裁定未获执行,就得出东北电气对东北输变电的债权是劣质债权的结论。且沈阳高开对诚泰能源和新泰仓储的出资中包括的土地使用权是东北电气的,故沈阳高开拥有的诚泰能源和新泰仓储的股权实际价值为人民币 91258500 元。

国开行于 2004 年 5 月 31 日向北京市高级人民法院提起诉讼,请求判令:一、沈阳高开支付贷款本金人民币 15000 万元和利息;二、沈阳变压对贷款本金人民币 14000 万元及利息承担连带清偿责任;三、东北建安对贷款本金人民币 1000 万元及利息承担连带清偿责任;四、确认沈阳高开与东北电气之间的股权转让合同无效;五、新东北电、新泰高压、诚泰能源、新泰仓储、东北电气对沈阳高开的债务承担连带责任;六、由被告方承担本案诉讼费用。在庭审中,国开行提出,由于东北电气将其受让的沈阳高开的股权再次转让,故东北电气应对其不能返还的部分承担赔偿责任。

另查明:国开行于 2005 年 3 月 31 日向辽宁省高级人民法院提起诉讼,请求判令撤销沈阳高开与东北电气间转让新泰高压、诚泰能源、新泰仓储股权的行为。辽宁省高级人民法院认为国开行向北京市高级人民法院起诉沈阳高开、东北电气与国开行向辽宁省高级人民法院起诉沈阳高开、东北电气都是基于沈阳高开与东北电气间转让新泰高压74.4%的股权、诚泰能源95%的股权、新泰仓储95%的股权的同一法律事实，只是具体的诉讼请求不同，北京市高级人民法院立案在先，故该案应移送北京市高级人民法院合并审理。辽宁省高级人民法院于2006年11月27日作出裁定将该案移送至北京市高级人民法院审理，但辽宁省高级人民法院未将案件受理费一并移交。北京市高级人民法院受理后，将该移送案与本案合并进行了审理。

上述事实，有《借款合同》、《保证合同》、辽盛评报字(2004)第017号评估报告、新东北电的工商档案、新泰高压的工商档案、沈阳高开转让新泰高压股权的合同、诚泰能源的工商档案、沈阳高开转让诚泰能源股权的合同、新泰仓储的工商档案、沈阳高开转让新泰仓储股权的合同、东北电气转让沈阳添升股权的合同、东北电气对外发布的收购股权公告、沈阳添升的工商档案、辽宁省沈阳市中级人民法院民事判决书及民事裁定书、借款本息清单、借款凭证、还款凭证、辽宁省高级人民法院(2005)辽民三初字第21号民事裁定书以及庭审笔录等在案佐证。

**〔一审裁判理由与结果〕**

原审法院经审理认为，国开行与沈阳高开签订的两份借款合同、国开行与沈阳变压、东北建安签订的两份保证合同，均系当事人的真实意思表示，其约定未违反国家法律法规的强制性规定，应认定合法有效。沈阳高开未能按照合同的约定将其产权变动的情况提前告知国开行并征得其同意，故国开行有权按照合同的约定提前收贷。由于沈阳高开在给国开行的对账单上盖章确认至2002年12月31日尚欠国开行人民币14000万元，故最高人民法院对国开行共计放款人民币16300万元的数额予以确认。沈阳高开应当对人民币15000万元欠款的本息承担偿还责任。国开行请求判令沈阳高开给付借款本金及利息的诉讼请求，该院予以支持。

国开行与沈阳变压签订的保证合同中明确约定沈阳变压对人民币15300万元借款本金及利息承担连带保证责任，国开行与东北建安签订的保证合同中明确约定东北建安对人民币1000万元借款本金及利息承担连带保证责任，故沈阳变压、东北建安应按照保证合同约定的数额各自承担相应的连带保证责任。

沈阳高开出资与其他法人设立新东北电、新泰高压、诚泰能源、新泰仓储的行为，是企业正常的股东投资行为，其只是使沈阳高开的财产形态由实物形态转变为股权形态，沈阳高开的责任财产并未因此而减少，沈阳高开的责任能力并未因其投资行为而受损。沈阳高开转让其在新泰高压、诚泰能源、新泰仓储的股权，是沈阳高开处置自己资产的行为，与具有独立法人资格的新泰高压、诚泰能源、新泰仓储无关。故国开行要求新东北电、新泰高压、诚泰能源、新泰仓储承担连带偿还责任的诉讼请求，没有事实和法律依据，该院不予支持。

关于沈阳高开以其在新泰高压74.4%的股权置换东北电气持有的沈阳添升98.5%的股权的问题。因沈阳高开当时是以出资1600万美元取得的新泰高压74.4%的股权。而东北电气在庭审中举证证明2006年8月13日沈阳高开已将沈阳添升98.5%的股权以人民币13000万元的价格转让给沈阳德佳经贸有限公司(以下简称沈阳德佳)。故国开行主张该笔股权置换对价严重不对等的证据不足,该院不予采信。

关于沈阳高开以其在诚泰能源95%的股权和新泰仓储95%的股权置换东北电气持有的对东北输变电人民币7666万元的债权及利息的问题。因沈阳高开当时是以实物资产作价人民币8551.06万元取得诚泰能源95%的股权,以实物资产及土地作价人民币16160.59万元取得新泰仓储95%的股权。沈阳高开出资仅账面资产记载就达人民币24711.65万元,而用于置换上述股权的东北电气对东北输变电人民币7666万元的债权及利息,因东北输变电已无财产可供执行,辽宁省沈阳市中级人民法院对此已经作出了执行终结的裁定。现仍没有证据能证明东北电气对东北输变电人民币7666万元的债权及利息可以实现,故应认定该笔债权为不良资产。东北电气以该不良资产为对价与沈阳高开所持有的诚泰能源95%的股权和新泰仓储95%的股权进行置换,对价严重失衡,造成了沈阳高开作为从事民事活动的一般担保的法人责任财产不当减少的后果,对此后果双方均系明知。沈阳高开与东北电气这笔股权置换行为,侵害了债权人的利益,构成了《中华人民共和国合同法》规定的债权人可行使撤销权的法定条件。现国开行据此请求撤销沈阳高开与东北电气的该股权置换合同的主张成立,应予支持。鉴于国开行请求东北电气将取得的沈阳高开的股权返还,并对其不能返还的部分承担赔偿责任。故在相互返还的原则下,东北电气应当将取得的诚泰能源95%的股权和新泰仓储95%的股权返还给沈阳高开,沈阳高开将对东北输变电人民币7666万元的债权及利息返还给东北电气。东北电气如不能返还,应在人民币24711.65万元范围内赔偿沈阳高开损失。另,辽宁省高级人民法院移送的(2005)辽民三初字第21号撤销权纠纷案件已与本案合并审理,未收取该案案件受理费。国开行就起诉该案交纳的案件受理费应向辽宁省高级人民法院请求退还。综上,原审法院依据《中华人民共和国合同法》第七十四条、第二百零四条、第二百零五条、第二百零六条、第二百零七条、《中华人民共和国担保法》第十八条、《中华人民共和国民事诉讼法》第一百三十条之规定,缺席判决:一、沈阳高开关于该判决生效后十日内偿还国开行借款本金人民币15000万元及利息、罚息(其中人民币14000万元从2002年12月1日起至实际给付之日止,按中国人民银行规定的同期逾期罚息计算标准计收;人民币1000万元从2003年5月13日起至2004年5月12日止,按年息5.31%计收,从2004年5月13日起至实际给付之日止,按中国人民银行规定的同期逾期罚息计算标准计收)。如果沈阳高开未按该判决指定的期间履行给付义务,应当依照《中华人民共和国民事诉讼法》第二百三十二条之规定,加倍支付迟延履行期间的债务利息;二、沈阳变压对沈阳高开上述债务中的借款本金人民币14000万元及罚息承担连带保证责任,并在履行保证责任范围内有权向沈阳高开追偿;三、东北建安对沈阳高开上述债务中的借款本金人民币 1000 万元、利息及罚息承担连带保证责任,并在履行保证责任范围内有权向沈阳高开追偿;四、撤销东北电气以其持有的对东北输变电人民币 7666 万元的债权及利息与沈阳高开持有的在诚泰能源 95% 的股权和在新泰仓储 95% 的股权进行股权置换的合同;五、东北电气于该判决生效后十日内将其在诚泰能源 95% 的股权和在新泰仓储 95% 的股权返还给沈阳高开,如果东北电气不能返还,东北电气应在人民币 24711.65 万元的范围内赔偿沈阳高开的损失;沈阳高开于该判决生效后十日内将其持有的东北输变电人民币 7666 万元的债权及利息返还给东北电气,如果沈阳高开不能返还,沈阳高开应在人民币 7666 万元的范围内赔偿东北电气的损失;六、驳回国家开发银行的其他诉讼请求。一审案件受理费人民币 768729.62 元、保全费人民币 759239.62 元,由沈阳高开与沈阳变压共同负担人民币 1500000 元(于该判决生效后七日内交纳),由沈阳高开与东北建安共同负担人民币 27969.24 元(于该判决生效后七日内交纳)。

〔当事人上诉及答辩意见〕

国开行不服北京市高级人民法院的上述民事判决,向最高人民法院提起上诉称:1. 2004 年 3 月 19 日,沈阳高开将持有的新泰高压 74.4% 股权与东北电气持有沈阳添升 98.5% 的股权进行置换,此系双方恶意串通、转移财产、逃废银行金融债权的行为,该行为致使包括国开行在内的所有债权人利益受到严重侵害,应属无效合同。原审判决仅以沈阳高开将所持有的沈阳添升 98.5% 的股权以 13000 万元的价格转让给沈阳德佳为由(相关证据没有经过双方庭审质证),认定东北电气在与沈阳高开就股权置换向沈阳高开支付了对价,依据不充分。2. 根据一审已查明的事实,东北电气以其持有的对东北输变电人民币 7666 万元的债权及利息与沈阳高开持有的在诚泰能源 95% 的股权和在新泰仓储 95% 的股权进行置换,由于东北电气是以对东北输变电 7666 万元的债权及利息作为交易支付对价,且由于该债权无实现可能,因此,该股权置换仍系双方恶意串通、转移财产、逃废银行金融债权的行为,该股权转让合同应属无效合同。3. 从 2003 年 5 月开始起至 2004 年 3 月,沈阳高开以公司优质资产通过与他人合资组建新东北电气等四家公司,将公司优良资产剥离到新组建的公司,而将债务留在原企业,客观上使自身丧失生产能力和偿债能力。依据企业法人财产原则及《最高人民法院关于审理与企业改制相关的民事纠纷案件若干问题的规定》第七条的规定,新东北电气、新泰高压、诚泰能源、新泰仓储等四家公司应在各自所接收财产的范围内承担连带责任。而东北电气作为沈阳高开的原始出资人,由于其没有完成全部出资义务,因此,应在未到位的注册资金范围内对沈阳高开的债务承担连带责任。综上,国开行请求:1. 撤销原审民事判决第四项、第六项;2. 判令东北电气以其持有沈阳添升 98.5% 的股权与沈阳高开持有的新泰高压 74.4% 股权进行置换的合同为无效合同或判令撤销;3. 判令东北电气以其持有的对东北输变电人民币 7666 万元的债权及利息与沈阳高开持有的在诚泰能源 95% 的股权和在新泰仓储 95% 的股权进行置换的合同为无效合同;4.

被上诉人新东北电、新泰高压、诚泰能源、新泰仓储、东北电气对沈阳高开的债务承担连带责任。

被上诉人沈阳高开答辩称：一、关于本案借款事实。(一)本案借款合同签订后，国开行支付给沈阳高开10200万元，余款5100万元至今没有支付。因此其诉讼请求中超出10200万元以外的部分不应得到支持。(二)国开行提供的借款凭证中，有一部分委托放款的借款凭证的收款人是沈阳高压开关厂，而不是答辩人沈阳高开，不能以此证明国开行向沈阳高开发放了贷款。此外，国开行委托建设银行沈阳铁西支行放款的凭证上加盖两处转讫章，不符合银行业务操作规定，转讫时间也与借款合同不符。(三)沈阳高开既未将国开行的贷款挪作他用，也不存在违反《长期借款合同》第七条第九项、第十项规定的主要违约情况，虽然有暂时欠息的事实，但此系公司正常经营中的风险，借款合同可以继续履行。二、沈阳高开并未实施恶意抽逃资产的行为。(一)沈阳高开对外投资组建新东北电等四家企业的行为是合法的公司对外投资行为，并未造成财产减少。沈阳高开转让在新东北电、新泰高压、诚泰能源、新泰仓储股权的行为是处置自有资产的行为，与该四家企业无关。原审判决认定该四家企业作为独立法人不承担连带偿还责任是正确的。至于国开行所称的《沈阳市工商行政管理局关于促进老工业基地振兴的若干意见》第十条规定，内资有限公司累计对外投资总额不受净资产50%的限制，沈阳高开对外投资数额虽然超过了公司法规定的50%，但有特定区域的优惠政策为依据，不存在国开行所称的恶意情况。(二)沈阳高开转让新泰高压股权的行为合法有效。根据辽宁盛华资产评估有限责任公司出具的辽盛评报字〔2004〕第017号《资产评估报告》，该部分股权价值13000万元人民币，与东北电气持有的新泰高压股权价值1600万美元相当，因而股权转让是合法有效的。沈阳高开在取得沈阳添升98.48%的股权后又将上述股权以13000万元人民币的价格转让给了沈阳德佳，这一事实也说明了上述股权的实际价值。原审法院据此认定该笔股权转换不存在对价严重不对等的情况是正确的。(三)沈阳高开与东北电气所进行的股权与债权置换系出于经营需要，所置换的债权并非沈阳高开所称的无法变现的劣质债权。东北电气作为股权转让对价支付给沈阳高开的对东北输变电所享有的7666万元本金与相应利息的债权是完全可以变现的优良债权。(四)沈阳高开转让新泰高压的股权获得了合理对价，并不存在任何恶意串通情节。三、原审法院适用法律正确。原审法院认定本案不应适用《最高人民法院关于审理与企业改制相关民事纠纷案件若干问题的规定》而是适用《合同法》相关规定是正确的。沈阳高开投资设立的企业是独立法人，不应对沈阳高开债务承担任何责任。综上，请求驳回上诉人国开行的上诉请求。

被上诉人新东北电答辩称：一、新东北电无须对沈阳高开与国开行之间的借款合同纠纷承担连带责任。1. 新东北电是独立的公司法人，依法独立享有民事权利和承担民事义务。2. 沈阳高开与国开行之间的借款关系是基于双方之间的借款合同产生的，对新东北电无法律约束力。3. 沈阳高开对新东北电出资后，该部分资产即是新东北电作为独立的民事主体拥有的独立的法人财产。4.《最高人民法院关于审理与企业改制相关民事纠纷案件若干问题的规定》是用于审理在企业产权制度改造中发生的民事纠纷案件。沈阳高开早在1993年就完成了企业产权制度改造,成立了有限责任公司,而国开行与沈阳高开之间的借款纠纷产生于2004年5月31日,明显不属于在企业产权制度改造中发生的民事纠纷,依法不应适用该解释。并且,该解释制定于2003年,而国开行与沈阳高开之间的借款关系形成于1998年,依照法不溯及既往的原则,不应适用于本案。二、新东北电并非本案的适格被告。综上,请求驳回国开行关于新东北电对沈阳高开的债务承担连带责任的上诉请求。

被上诉人新泰高压、诚泰能源、新泰仓储、东北电气答辩称:一、新泰高压、诚泰能源、新泰仓储无须对沈阳高开与国开行之间的借款合同纠纷承担连带责任。首先,沈阳高开、新泰高压、诚泰能源、新泰仓储均是独立的公司法人,依法各自独立享有民事权利和承担民事义务。其次,沈阳高开与国开行之间的借款关系是基于双方之间的借款合同产生的,对新泰高压、诚泰能源、新泰仓储无法律约束力。再次,沈阳高开对新泰高压、诚泰能源、新泰仓储出资后,该部分资产即是新泰高压、诚泰能源、新泰仓储作为独立的民事主体拥有的独立的法人财产。最后,《最高人民法院关于审理与企业改制相关民事纠纷案件若干问题的规定》是用于审理在企业产权制度改造中发生的民事纠纷案件。沈阳高开早在1993年就完成了企业产权制度改造,成立了有限责任公司,而国开行与沈阳高开之间的借款纠纷产生于2004年5月31日,明显不属于在企业产权制度改造中发生的民事纠纷,依法不应适用该解释。二、新泰高压、诚泰能源、新泰仓储并非本案的适格被告。三、国开行要求东北电气在出资不实的范围内承担相应的连带责任没有事实和法律依据。1. 国开行未提供任何证据证明东北电气有出资不实的行为。并且,东北电气作为沈阳高开的原始出资人早已完成了出资义务。2. 按照我国公司法等相关法律规定,股东出资不实应向公司补交其差额,并向其他足额出资的股东承担违约责任,并不直接向债权人承担责任,更谈不上所谓的连带责任。四、东北电气与沈阳高开签订股权转让合同属于正常的市场交易行为,既不存在所谓的恶意串通,也未损害第三人的利益。1. 东北电气以沈阳添升98.5%的股权置换沈阳高开持有的新泰高压74.4%的股权公平、合理。(1)关于沈阳添升98.5%的股权的价值。评估部门出具的评估报告即可证明东北电气对沈阳添升的出资价值13000万元人民币。2006年8月11日,沈阳高开已将沈阳添升98.5%的股权作价人民币13000万元转让,股权变更登记手续已于2006年8月13日办理完毕,股权转让款也已全部支付完毕。该事实可以证明,截止至2006年8月11日,沈阳添升98.5%的股权价值13000万元(约合1625万美元)。(2)关于新泰高压74.4%的股权的价值。2004年2月26日,沈阳高开以评估价值为1600万美元的实物资产出资与他人合资设立新泰高压,可以认为新泰高压74.4%的股权价值1600万美元。(3)沈阳添升98.5%的股权与新泰高压74.4%的股权价值相当,并非恶意串通、损害第三人利益。2. 东北电气以对东北输变电的7666万元债权及相应的利息置换沈阳高开持有的诚泰能源95%的股权及新泰仓储95%的股权。(1)关于东北输变电7666万元债权及利息的价值。东北输变电的7666万元债权及相应利息价值合人民币8000余万元,依据〔2004〕沈法执字第498号裁定书,东北电气作为东北输变电的债权人已实现债权人民币1063.72739万元。沈阳高开在接受债权后,已经部分实现了债权人民币400万元。国开行主张东北输变电的7666万元债权及相应利息为劣质债权与客观事实严重不符。(2)关于诚泰能源95%的股权及新泰仓储95%的股权。2004年3月15日,沈阳高开以评估价值为人民币8551.0600万元的实物资产出资与他人合资设立诚泰能源,享有诚泰能源95%的股权;2004年3月24日,沈阳高开以评估价值为人民币574.79万元(用国开行诉称的人民币16160.59万元减去价值人民币15585.8万元的土地使用权)的实物资产与他人合资设立新泰仓储,享有新泰仓储95%的股权。可以认为诚泰能源95%的股权及新泰仓储95%的股权共价值人民币9125.85万元。(3)东北输变电7666万元债权及利息与诚泰能源95%的股权及新泰仓储95%的股权价值相当,证明东北电气与沈阳高开的此次股权置换行为并非恶意串通、损害第三人利益。3. 国开行未提供证据证明东北电气与沈阳高开之间存在恶意串通行为。东北电气与沈阳高开的交易按照上市公司的有关规定进行了公告,是公开进行的市场交易行为,与法律上的恶意串通没有任何关联。综上,请求二审法院驳回国开行第三、四项上诉请求。

原审被告沈阳变压同意沈阳高开的答辩意见。原审被告东北建安未到庭。

**〔最高人民法院查明的事实〕**

最高人民法院在二审审理期间,国开行于2008年4月14日向最高人民法院提出调查取证申请,请求二审法院调查沈阳德佳华夏银行金都支行账户在本案"股权交易"期间发生的大额款项进出情况,目的是核实沈阳德佳是否向沈阳高开实际支付了13000万元股权转让款。根据该申请,最高人民法院调取了相关账目,查明:2006年11月5日,沈阳德佳账面余额为49.93774万元;同年11月6日,辽宁新泰转入沈阳德佳13000万元,沈阳德佳向沈阳高开支付13000万元。同日,沈阳高开将其中的10592.630243万元分两笔分别背书给了辽宁新泰及辽宁诚安电力设备集团有限公司(以下简称诚安电力),诚安电力又背书给了辽宁新泰;2006年11月7日,沈阳高开将其余476.112956万元背书给了新泰高压,910.181750万元背书给沈阳高压电器产品质量检测有限公司,792.334131万元背书给新东北电,228.739120万元背书给沈阳高东加干燥设备有限公司(合计2407.367957万元)。具体为:1. 沈阳德佳付沈阳高开的00304777号转账支票,支票面额3509.376825万元,该支票沈阳高开背书给辽宁新泰;2. 沈阳德佳付沈阳高开的00304783号转账支票,支票面额7083.255218万元,该支票沈阳高开背书给诚安电力,诚安电力背书给辽宁新泰;3. 沈阳德佳付沈阳高开的00304776号转账支票,支票面额476.112956万元,该支票沈阳高开背书给新泰高压;4. 沈阳德佳付沈阳高开的00304778号转账支票,支票面额910.181750万元,该支票沈阳高开背书给沈阳高压电器产品质量检测有限公司;5. 沈阳德佳付沈阳高开的00304781号转账支票,支票面额792.334131万元,该支票沈阳高开背书给新东北电;6. 沈阳德佳付沈阳高开的00304785号转账支票,支票面额228.73912万元,该支票沈阳高开背书给沈阳高东加干燥设备有限公司。同年11月7日,沈阳德佳账面余额为49.93774元,与11月5日的账面余额相同。

最高人民法院另查明,北京六合正旭资产评估有限责任公司出具的六合正旭评报字(2002)第105号《评估报告书》载明,东北电气为核实120MW和200MW共10台汽轮发电机组的资产价值,委托该公司对上述资产进行了评估,评估值为13082.92万元。特别事项说明:1. 一定数量的设备,因无法逐件开箱重验,故以资产占有方提供的设备清单,装箱单为依据,确定资产的种类和数量。2. 未对设备进行相关的试验和技术检定,评估人员是在假定委托评估的设备能够顺利安装并能正常使用的前提下作出评估。3. 本报告不得用于任何有关动产、证券、抵押、招商、出售等目的。辽宁盛华资产评估有限公司出具的辽盛华评报字〔2004〕第017号资产评估报告,其委托方、评估范围、评估结论、特别事项说明与北京六合正旭资产评估有限责任公司出具的六合正旭评报字(2002)第105号《评估报告书》一致。

2002年12月17日,辽宁省沈阳市中级人民法院〔2002〕沈法执字第378号《民事(执行)裁定书》裁定案外人将十台汽轮发电机组折价13000万元抵偿东北电气债务。2002年12月30日,ST东北电发布重大仲裁公告,主要内容为〔2002〕沈法执字第378号《民事(执行)裁定书》所涉及的债务情况及抵债情况。

2004年3月25日,辽宁盛华资产评估有限责任公司出具东北电气以核实资产价值为目的的资产评估报告书。该报告记载,验资过程没有对东北电气的出资设备即十台汽轮发动机组价值进行评估,该设备作价是依据辽宁盛华资产评估有限公司辽盛华评报字〔2004〕第017号资产评估报告作出的。2004年3月26日,东北电气以十台汽轮发电机组折价13000万元投资沈阳添升,持有沈阳添升98.5%的股权。2005年4月8日,东北电气通过深圳证券交易所公开发布的由德勤华永会计师事务所于出具的《东北电气发展股份有限公司2004年年度会计报表及审计报告》载明,十台汽轮发电机组的账面价值为2787.88万元。

2005年2月17日,中国银行监督管理委员会辽宁监管局发布《关于对沈阳市高压开关有限责任公司逃废银行债务进行风险提示的通知》(辽银监发〔2005〕42号),载明:该局对银监会转来新华社反映的"沈阳高开恶意逃废银行债务数亿元问题"进行了调查,沈阳高开经过两年多的精心准备、周密实施,将一个具有优良资产、良好业绩、生产经营正常的、由大量国有银行贷款形成的龙头企业,经过一系列的投资、转让、股权变更、资产置换等运作方式,将其赖以生存的生产能力掏空,留下巨额债务,成为一个没有偿还债务能力只拥有大量不良资产的空壳企业。将涉有7家银行、近6亿元的银行贷款悬空,其手段恶劣,性质严重。

〔最高人民法院裁判理由与结果〕

最高人民法院认为:本案的争议焦点为沈阳高开以其在新泰高压74.4%的股权置换东北电气持有的沈阳添升98.5%的股权是否存在价值严重不对等的情况,该股权置换行为是否对国开行的债权造成损害,国开行是否有权依《合同法》第七十四条之规定对该资产置换行为行使撤销权。原审法院认定,东北电气已举证证明2006年8月13日沈阳高开将沈阳添升98.5%的股权以人民币13000万元的价格转让给沈阳德佳,故沈阳高开以其在新泰高压74.4%的股权置换东北电气持有的沈阳添升98.5%股权的行为不存在价值严重不对等的问题。对此认定,上诉人国开行申请最高人民法院调取了新的证据,经过质证,最高人民法院对该证据以及其他相关证据分析、认证如下:

一、关于沈阳高开将沈阳添升98.5%的股权以人民币13000万元的价格转让给沈阳德佳的事实认定。根据最高人民法院调取的沈阳德佳的账目记载表明,在"股权交易"期间,沈阳德佳收购沈阳添升股权的13000万元资金出自辽宁新泰。沈阳高开收到沈阳德佳支付的13000万元之后,当日即将其中的10592.630243万元分两笔背书给了辽宁新泰以及诚安电力,诚安电力又背书给辽宁新泰。对此,因13000万元出自辽宁新泰,其中80%的款项在划出当天又转回到辽宁新泰,故国开行主张该笔股权交易价值严重不对等。东北电气及沈阳高开均抗辩称,沈阳高开转出10592.630243万元的行为系企业间的正常经济往来,不能证明沈阳德佳没有向沈阳高开支付13000万元款项。鉴于沈阳高开、东北电气的理由已不足以否定最高人民法院二审查明的事实及国开行的该项上诉理由,依据《最高人民法院关于民事诉讼证据的若干规定》第二条之规定,最高人民法院要求沈阳高开举证证明其反驳国开行诉讼主张所依据的证据材料。但是,在最高人民法院规定的举证期限内,沈阳高开以与本案无关为由未能提交双方之间存在相关交易行为的证据。故根据该笔股权交易的资金流向,因13000万元的股权交易款的80%在交易当日又转回至资金划出方辽宁新泰,故国开行关于沈阳德佳与沈阳高开之间13000万元股权转让存在价值严重不对等的上诉理由成立。东北电气及沈阳高开关于沈阳高开已收到沈阳德佳支付的13000万元股权交易款的抗辩理由因证据不足,不能成立。

二、关于沈阳高开以其在新泰高压74.4%的股权置换东北电气持有的沈阳添升98.5%的股权是否存在价值不对等的问题。根据一审、二审查明的事实,各方当事人对于新泰高压74.4%股权价值为13000万元均无异议,但对于沈阳添升98.5%的股权价值争议很大。沈阳高开及东北电气主张股权置换价值对等的证据之一为2004年3月25日沈阳辽诚会计师事务所对东北电气出资的验资报告。该报告记载,验资过程没有对东北电气对沈阳添升的出资设备即十台发动机组价值进行评估,该设备作价是依据辽宁盛华资产评估有限公司辽盛华评报字〔2004〕第017号资产评估报告。而辽盛华评报字〔2004〕第017号资产评估报告载明:1. 一定数量的设备,因无法逐件开箱重验,故以资产占有方提供的设备清单、装箱单为依据,确定资产的种类和数量。2. 未对设备进行相关的试验和技术检定,评估人员是在假定委托评估的设备能够顺利安装并能正常使用的前提下作出评估。3. 本报告不得用于任何有关动产、证券、抵押、招商、出售等目的。针对此评估报告的证明力,最高人民法院认为,该次评估行为为东北电气单方委托形成,非为司法机关委托评估机构出具的法定评估。该评估报告的特别事项说明该评估过程并未实际核实设备清单,并未测试设备是否能够正常安装及使用,即该评估是在不知道实有多少设备以及现存设备到底能不能使用的情况下作出。以上做法违反了国有资产管理局《资产评估操作规范意见》中关于技术检测和成新率计算方法的规定,由此得出的评估结论未能直接、充分证明十台发电机组的真实价值,不能作为十台发电机组交易时的定价依据。同理,沈阳高开、东北电气提交的北京六合正旭资产评估有限责任公司出具的六合正旭评报字(2002)第105号《评估报告书》因与辽盛华评报字〔2004〕第017号资产评估报告在形成过程、主要内容方面基本一致,故同样不能作为定价依据。

最高人民法院二审过程中,东北电气及沈阳高开还提交了辽宁省沈阳市中级人民法院〔2002〕沈法执字第378号《民事(执行)裁定书》、《ST东北电(000585)重大仲裁公告》以及《东北电气发展股份有限公司第三届董事会第十七次会议决议》,以证明十台汽轮发电机组的实际价值。对此,最高人民法院认为,沈阳市中级人民法院参照北京六合正旭资产评估有限责任公司出具的六合正旭评报字(2002)第105号《评估报告书》裁定案外人将十台汽轮发电机组折价13000万元抵偿东北电气债务,因该《评估报告书》不能作为十台汽轮发电机组真实价值的认定依据,故该份民事裁定书仅能证明东北电气依法取得该发电机组的事实,但不能作为确定该资产真实价值的依据,不能增加两份评估报告的证明力。以接受该份民事裁定书为主要内容的《ST东北电(000585)重大仲裁公告》、《东北电气发展股份有限公司第三届董事会第十七次会议决议》同样不能作为确定十台汽轮发电机组真实价值的依据。根据东北电气在深圳证券交易所公开发布的由德勤华永会计师事务所于2005年4月8日出具的《东北电气发展股份有限公司2004年年度会计报表及审计报告》记载,十台发电机组的账面价值仅为2787.88万元。最高人民法院经对上述证据综合分析判断,鉴于东北电气对十台发电机组认可的账面价值为2787.88万元,故最高人民法院认为该价值更接近于东北电气取得该资产时的成本。

综上,沈阳高开将其13000万元的资产与东北电气价值约2787.88万元的资产相置换,且据东北电气公开的《东北电气发展股份有限公司2004年年度会计报表及审计报告》,东北电气明知自己与沈阳高开交易支付的十台汽轮发电机组价值仅为2787.88万元,还仍然与沈阳高开进行股权置换,该交易行为严重损害了沈阳高开债权人国开行的利益,根据《合同法》第七十四条关于"债务人以明显不合理的低价转让财产,对债权人造成损害,并且受让人知道该情形的,债权人也可以请求人民法院撤销债务人的行为"之规定,国开行关于沈阳高开与东北电气有关新泰高压的股权交易合同应当依法撤销的上诉请求最高人民法院予以支持。原审判决以沈阳高开将所取得的沈阳添升98.5%的股权以13000万元的价格转让给沈阳德佳为由认定东北电气在与沈阳高开就股权置换向沈阳高开支付了对价不当,最高人民法院予以纠正。鉴于国开行请求将东北电气取得的沈阳高开的股权返还,并对不能返还的部分承担赔偿责任,故在相互返还的原则下,东北电气应当将取得的新泰高压74.4%的股权返还给沈阳高开,沈阳高开将取得的沈阳添升98.5%的股权返还给东北电气。如果双方不能相互返还,东北电气应在13000万元扣除2787.88万元的范围内赔偿沈阳高开损失。

三、原审法院将其受理的借款纠纷与辽宁省高级人民法院移送的撤销权纠纷合并审理后,国开行并未明确提出撤回撤销权之诉,故原审法院根据查明的案件事实,判令撤销东北电气以其持有的对东北输变电人民币7666万元的债权及利息与沈阳高开持有的在诚泰能源95%的股权和在新泰仓储95%的股权进行股权置换的合同并无不当,应予维持。

四、关于国开行提出的新东北电、新泰高压、诚泰能源、新泰仓储、东北电气应对沈阳高开的债务承担连带责任的上诉请求,因新东北电、新泰高压、诚泰能源、新泰仓储、东北电气均为独立的法人单位,与国开行和沈阳高开之间的借款关系无涉。况且,沈阳高开与东北电气的涉案股权置换交易均被撤销,沈阳高开在新泰高压、诚泰能源、新泰仓储的出资权益并未受损,同时,沈阳高开对新东北电的出资行为也没有证据证明影响其责任能力,故国开行要求该四家公司应在各自接收财产的范围内承担连带责任的上诉请求缺乏事实与法律依据,不能成立。对于国开行提出的东北电气应在未到位的注册资金范围内对沈阳高开的债务承担连带责任的上诉请求,因其未能提供相应证据,最高人民法院亦不予支持。

综上,原审判决除对沈阳高开以13000万元的价格将沈阳添升98.5%的股权转让给沈阳德佳的事实认定有误以外,其余事实认定清楚,适用法律正确。上诉人国开行关于撤销沈阳高开以其在新泰高压74.4%的股权与东北电气持有的沈阳添升98.5%的股权进行股权置换的合同的上诉理由成立,最高人民法院予以支持。最高人民法院依据《中华人民共和国民事诉讼法》第一百五十三条第一款第(一)、(二)项之规定,判决如下:

一、维持北京市高级人民法院(2004)高民初字第802号民事判决主文第一、二、三、四、五项。

二、撤销该民事判决主文第六项。

三、撤销沈阳高压开关有限责任公司以其在新东北电气(沈阳)高压隔离开关有限公司(原沈阳新泰高压电气有限公司)74.4%的股权与东北电气发展股份有限公司持有的沈阳添升通讯设备有限公司98.5%的股权进行股权置换的合同。

四、沈阳高压开关有限责任公司于本判决生效后十日内将其在沈阳添升通讯设备有限公司98.5%的股权返还给东北电气发展股份有限公司,东北电气发展股份有限公司于本判决生效后十日内将其在新东北电气(沈阳)高压隔离开关有限公司(原沈阳新泰高压电气有限公司)74.4%的股权返还给沈阳高压开关有限责任公司。如果沈阳高压开关有限责任公司与东北电气发展股份有限公司之间不能相互返还,东北电气发展股份有限公司应在13000万元扣除2787.88万元的范围内赔偿沈阳高压开关有限责任公司的损失。

五、驳回国家开发银行的其他诉讼请求。

一审案件受理费768729.62元,诉讼保全费759239.62元,按照一审判决执行。二审案件受理费768729.62元,由沈阳高压开关有限责任公司负担307491.85元,东北电气发展股份有限公司负担307491.85元,国家开发银行负担153745.92元。

上述给付款项于本判决生效之日起十日内给付。如果未按本判决指定的期间履行给付义务,应当依照《中华人民共和国民事诉讼法》第二百三十二条规定,加倍支付迟延履行期间的债务利息。

**规则11(合同欺诈与可撤销合同)** 股权转让合同转让方法定代表人虚构身份采取欺诈手段骗取受让方的信任,使受让方作出错误的意思表示签订股权转让合同,系可撤销合同

——广东黄河实业集团有限公司与北京然自中医药科技发展中心一般股权转让侵权纠纷案[①]

**【裁判规则】**

股权转让合同转让方法定代表人虚构身份采取欺诈手段骗取受让方的信任,使受让方作出错误的意思表示签订股权转让合同,系可撤销合同。

**【规则理解】**

**一、合同欺诈的内涵及法律特征**

(一)合同欺诈的内涵

欺诈,就民法而言,早在罗马法时期就有规定,指"一切为蒙蔽、欺骗、欺诈他人而采用的计谋、骗局和手段"。在《德国民法通论》中,拉伦茨将欺诈定义为"通过夸耀虚假事实,或者隐瞒真实事实,故意引起或维护某种错误,达到影响被欺诈者决策的目的"。[②]

---

① 《中华人民共和国最高人民法院公报》2009年第1期,最高人民法院(2008)民二终字第62号民事判决书。

② [德]卡尔·拉伦茨:《德国民法通论(上册)》,王晓晔、邵建东、程建英、徐国建、谢怀栻译,法律出版社2003年版,第542页。

欺诈在不同的国家和地区有不同的称谓，在英美法系国家称“错误陈述（或称不正确的表述）”，在德国和瑞士称为“故意欺诈”，在奥地利称为“欺瞒”，在我国台湾地区称为“诈欺”，在我国民法理论和法律条文中则称为“欺诈”。[①]《民法通则意见》第68条规定：“一方当事人故意告知对方虚假情况，或者故意隐瞒真实情况，诱使对方当事人作出错误意思表示的，可以认定为欺诈行为。”民法上可以在两个领域讲到欺诈：一是在法律行为（合同）领域，二是在侵权行为领域。同一欺诈行为，如果同时符合刑法上诈骗罪的构成要件，即要承担相应的刑事责任，此时并不妨碍民事责任或民事法律后果的承担。[②]

（二）合同欺诈的法律特征

合同欺诈的法律特征可以从以下四个方面来认识。第一，合同欺诈发生在合同的当事人之间。在绝大多数情况下，欺诈行为都是由合同的一方当事人实施的，例外的情况下合同当事人对第三人实施的欺诈行为加以利用，也可以构成欺诈。第二，合同欺诈的实质是一方当事人的意思表示受到对方的不正当干扰，导致其意思表示不自由，违背了真实意思。合同欺诈制度的重心在于消除外界对于表意人的合同自由和意思自治的干扰，使得被欺诈人能够在自由的意思下决定自己的利益取舍。至于受害方的损害赔偿和欺诈方的惩罚问题，则通过缔约过失责任、违约责任、甚至刑事责任解决。第三，合同欺诈的主要表现是虚构事实和隐瞒真相，前者称为积极的欺诈，后者称为消极的欺诈。随着现代社会的发展和科学技术的进步，合同欺诈的表现形式五花八门，欺诈的认定越来越困难，对当事人订立合同时要求的注意程度也随之提高。第四，合同欺诈并不要求以牟利为目的，也不以被欺诈人遭受损失为限，欺诈人没有得利，但是事实上却使对方的意思表示不自由的，也构成欺诈。欺诈制度在于保护被欺诈人的意思形成的自由，只要欺诈构成被欺诈人意思表示不自由的决定因素（或之一），被欺诈人便可以此为由对抗合同的履行。[③]

## 二、合同欺诈的法律后果

（一）因欺诈而成立的合同性质

《民法通则》第58条规定：“下列民事行为无效：（一）无民事行为能力人实施的；（二）限制民事行为能力人依法不能独立实施的；（三）一方以欺诈、胁迫的手段或者乘人之危，使对方在违背真实意思的情况下所为的；（四）恶意串通，损害国家、集体或

---

① 李永军：《合同法》，中国人民大学出版社2005年版，第151页。

② 参见韩世远：《合同法总论》（第三版），法律出版社2011年版，第184～185页。

③ 参见朱广新：《合同法总则》，中国人民大学出版社2008年版，第185～186页；梁慧星：《民法总论》，法律出版社2001年版，第180页。

者第三人利益的;(五)违反法律或者社会公共利益的;(六)经济合同违反国家指令性计划的;(七)以合法形式掩盖非法目的的。无效的民事行为,从行为开始起就没有法律约束力。"《合同法》修改了《民法通则》的规定,《合同法》第52条规定:"有下列情形之一的,合同无效:(一)一方以欺诈、胁迫的手段订立合同,损害国家利益;(二)恶意串通,损害国家、集体或者第三人利益;(三)以合法形式掩盖非法目的;(四)损害社会公共利益;(五)违反法律、行政法规的强制性规定。"第54条第2款规定:"一方以欺诈、胁迫的手段或者乘人之危,使对方在违背真实意思的情况下订立的合同,受损害方有权请求人民法院或者仲裁机构变更或者撤销。"据此,因欺诈而成立的合同,根据其侵害的利益不同,具有两种不同的性质:1. 一方以欺诈手段订立的合同,损害国家利益或社会公共利益的,为无效合同。2. 一方以欺诈手段使对方在违背真实意思的情况下订立的合同,但未损害国家利益和社会公共利益的,为可撤销合同。需要注意的是,此处的国家利益,指的是国家整体的经济利益、政治利益、安全利益等,其实质为社会公共利益,并不包括特定国有企业或国家控股、参股企业的利益。国有企业作为一方市场主体,与合同相对方处于平等地位,在市场交易中不能仅仅因其国企身份而受到特殊对待。国有企业因受欺诈而发生的合同行为,可根据《合同法》第54条的规定请求撤销或变更合同从而获得救济,而不是由国家公权力强行干预合同行为宣告其无效。应当注意的是,《民法总则》对受欺诈而实施的民事法律行为不再是直接确定无效,而是由受欺诈方申请撤销。《民法总则》第148条规定:"一方以欺诈手段,使对方在违背真实意思的情况下实施的民事法律行为,受欺诈方有权请求人民法院或者仲裁机构予以撤销。"第149条规定:"第三人实施欺诈行为,使一方在违背真实意思的情况下实施的民事法律行为,对方知道或者应当知道该欺诈行为的,受欺诈方有权请求人民法院或者仲裁机构予以撤销。"

(二)合同欺诈的法律后果

认定欺诈的后果,应区分欺诈行为与受欺诈而为的法律行为,二者不能混为一谈。早在20世纪50年代,我国民法学者便已提出两者的区别,前者涉及行为的法律责任,而后者仅影响行为的效力。① 具体而言,一方面,因欺诈而订立的损害国家利益或社会公共利益的合同绝对无效、自始无效,法院应当主动审查其违法性因素,并否定其效力。也就是说,基于对社会公共利益的保护,法律规定绝对无效合同的瑕疵具有不可治愈性,②其无效的法律后果不应随当事人的意志而改变。另一方面,除此之外具有欺诈因素的合同为可撤销合同,其在被依法撤销以前是有效的,具有可治愈

① 参见吕敏光:《关于违反自愿原则的法律行为的几个问题》,载《教与学》1957年第1期。
② 李永军:《合同法》,中国人民大学出版社2005年版,第183页。

性。该类合同的最终效力交由意思表示有瑕疵的一方当事人决定,根据该方当事人的不同选择,而在合同当事人和第三人之间发生不同的法律效果。

1. 在合同当事人之间的效力。欺诈制度的目的在于保护相对人的意志自由,这种保护通过事后赋予其及时的弥补手段来完成。即给予相对人在充分考虑自身利益后进行自由选择的机会:(1)请求撤销合同。根据《合同法》第54条、第58条的规定,被欺诈人可以主张撤销因欺诈而订立的合同,使得该合同自始不发生法律约束力,从而摆脱合同义务的束缚。合同被撤销后,因该合同取得的财产,应当予以返还;不能返还或者没有必要返还的,应当折价补偿;当事人之间根据过错承担缔约过失责任。(2)请求变更合同。《合同法》第54条还赋予了被欺诈人合同的变更权,并且规定变更权行使时具有优位于撤销权的地位,法院不得主动撤销合同。据此,相对人可以选择保持合同的效力,同时请求法院变更合同,从而使原合同在去除违法及不利因素后,在公平合理的基础上继续有效。应当注意《民法总则》对请求变更未作规定。(3)继续履行合同。因欺诈而订立的合同,有时反而对被欺诈人有利,尤其是合同违约责任,与缔约过失责任相比,对善意一方提供的救济更加充分和全面。此时作为理性的被欺诈人可能不会主动请求撤销或变更合同,而是选择继续保持合同的效力,要求对方实际履行,并在其履行不能时追究违约责任。需要注意的是,由于撤销权的形成权性质,受欺诈人如未在法定的一年期间内行使撤销权,则撤销权归于消灭,此后受欺诈人不得再以合同具有欺诈因素来对抗欺诈方的履行请求。(4)请求解除合同。因欺诈人的欺诈而使得合同目的无法达到时,被欺诈人就有行使合同法定解除权的可能。解除权的行使无需通过法院或仲裁机构,这有利于被欺诈人及时救济自己的权利。同时根据《合同法》第97条的规定,合同解除后,尚未履行的,终止履行;已经履行的,根据履行情况和合同性质,当事人可以要求恢复原状、采取其他补救措施、并有权要求赔偿损失。该种补救措施对被欺诈人提供的保护,并不亚于其撤销合同所能得到的保护,更为重要的是这也体现了对被欺诈人意思自由的尊重。

2. 对于第三人的效力。一方面,作为债务人行为相对人的受益人或者受让人,如果恶意侵害债权,根据某些国家和地区的规定将承担侵权责任,这便是侵害债权制度。另一方面,因欺诈而撤销、变更的意思表示,不得对抗善意的受让人或转得人。欺诈人将合同标的另行转让后,第三人可以根据《物权法》第106条的规定,向原权利人主张善意取得。这首先是由于欺诈发生在合同当事人之间,具有相对性,善意的第三人无从知晓。其次,善意第三人背后代表的是更为广大的交易对象,实为对交易安全和交易秩序的保障,这就涉及社会公共利益的问题。再者,被欺诈人可以通过其他制度进行救济,如不当得利制度、侵权损害赔偿制度等。

综上所述,行为人故意以虚构身份等欺诈手段骗取相对人的信任,使相对人作出错误的意思表示而订立合同,未损害国家利益和社会公共利益的,为可撤销合同,受欺诈人可以依法行使撤销权,维护自己的合法权益。

**【拓展适用】**

**一、《民法总则》、《民法通则》与《合同法》关于欺诈的不同规定及其适用**

(一)合同欺诈的行为性质争议

关于因欺诈而成立的合同效力,存在三种不同的观点和立法例。一是“撤销主义”,将因欺诈而成立的合同作为可撤销合同来对待。其根据在于,一方受到欺诈而成立的合同主要存在意思表示不真实的问题,在此情况下被欺诈人的意志是不自由的,为了充分地维护意思自治与合同自由,同时对欺诈的一方实施制裁,法律赋予被欺诈人以撤销权,将有瑕疵意思表示的效力决定权交给被欺诈人,使其能充分地考虑自身利害得失后,做出是否撤销合同的决定。大陆法系和英美法系在欺诈行为的法律效力方面并不存在太大的区别,对于因欺诈或者“错误陈述”而做出的法律行为,均作为可撤销的行为来处理。《民法总则》对因欺诈的民事法律行为均规定为可撤销。二是“无效主义”,将因欺诈而订立的合同作为无效合同来对待。其依据在于,许多欺诈的行为不仅造成了当事人的利益损失,也损害了社会经济秩序,严重违背了公共道德,同时为了制裁欺诈者,防止欺诈行为的再次发生,应将其作为无效合同处理,通过国家公权力主动干预、纠正该类行为。我国《民法通则》第 58 条第 1 款第 3 项便将欺诈行为规定为无效的民事行为。① 三是“折衷主义”,将造成严重后果的欺诈合同作为无效合同来对待,其他因欺诈而成立的合同则作为可撤销合同。其根据在于,因欺诈而成立的合同存在的主要是表意不自由的问题,将该类合同一概作为无效合同来对待未免过于绝对,且不符合法律行为的效力理论;但是对于违反国家利益和社会公共利益的合同,又不能熟视无睹,要求法院主动干预。我国《合同法》第 52 条第 1 项将损害国家利益的合同欺诈行为规定为无效,第 54 条第 2 款将一般的合同欺诈行为规定为可撤销。

(二)可撤销合同制度与无效合同制度比较

以因欺诈而订立的合同为例,合同无效与可撤销制度的区别主要表现在三个方面。第一,合同的效力不同。无效合同自始无效;而可撤销合同在被法院撤销以前是有效的,被撤销后其效力才溯及既往地消灭。无效合同当然无效,其效力不取决于任何个人的意志;而可撤销合同的效力则由享有撤销权的一方当事人选择决定。无效

① 参见王利明、崔建远:《合同法新论·总则》(修订版),中国政法大学出版社 2003 年版,第 289～290 页;王利明、房绍坤、王轶:《合同法》(第三版),中国人民大学出版社 2009 年版,第 146 页。

合同绝对无效,任何人均有权主张无效,法院也应主动进行司法审查;而可撤销合同的撤销权由特定撤销权人享有,包括法院在内的任何机构和个人均不得越俎代庖。无效合同确定无效,不因任何情势的变化而改变其效力;而可撤销合同存在继续有效的可能。无效合同永远无效,其效力不因时间经过而变化;而可撤销合同在法定期间经过后,将因撤销权消灭而转化为有效合同。[①] 第二,受欺诈人所享有的请求权不同。如前所述,无效合同的受欺诈人仅享有请求确认合同无效的权利。而可撤销合同的受欺诈人则享有合同撤销权、变更权、继续履行请求权、解除权四种选择权,可以根据实际需要,选择一种对自己最为有利的救济方式。第三,欺诈人的责任形式不同。合同被宣告无效后,欺诈人应承担缔约过失责任,同时因为无效合同的违法性,欺诈人还可能承担行政责任,甚至刑事责任。而可撤销合同则存在两种可能,撤销权人可以行使撤销权,在合同被撤销后追究欺诈人的缔约过失责任;也可以不行使撤销权,保持合同的效力并在欺诈人违反合同义务时追究其违约责任。由于缔约过失责任仅对信赖利益进行赔偿,而违约损害赔偿的范围则包括实际损失和可得利益损失,甚至惩罚性赔偿[②],且违约责任主要包括实际履行、违约金责任、定金责任等多种形式,其对受害人的补救更为全面。

(三)司法适用中应当注意的问题

无效制度旨在保护公共利益,体现了国家意志的干预,其适用主要集中在违法的民事行为领域;而可撤销制度旨在维护当事人之间的利益平衡和意志自由,通过赋予意思表示有瑕疵的一方当事人以选择的权利,允许其自行决定法律行为的效力。通过前述合同无效及可撤销制度的比较可以知道,该两种制度各有特点,但在许多情况下,确认合同无效对受害人提供的保护,完全可以通过撤销合同的办法来达到,而可撤销合同为受害人提供的救济手段,是简单地确认合同无效所不可能具有的。[③]《民法通则》制定时,我国刚从计划经济体制转型至市场经济,国家干预和保护的思想严重,难免带有浓厚的计划经济烙印。随着经济体制改革的发展,先后颁布的《经济合同法》、《涉外经济合同法》、《技术合同法》三部有关合同的法律逐步对这些反映旧体制要求的规定进行了修改。《合同法》颁布后,严格限制了无效合同的适用范围,将其限定在违反法律的强制性规定、社会公共利益和公德方面,除此以外具有可撤销因素

---

① 参见王利明:《合同法研究》(第一卷),中国人民大学出版社2002年版,第668页。

② 我国《消费者权益保护法》第49条规定:“经营者提供商品或者服务有欺诈行为的,应当按照消费者的要求增加赔偿其受到的损失,增加赔偿的金额为消费者购买商品的价款或者接受服务的费用的一倍。”

③ 参见王利明:《合同法研究》(第一卷),中国人民大学出版社2002年版,第668页、第679页。

的合同均规定为可撤销合同。我国合同效力制度变化的总体趋势是,意思自治原则越来越发挥出实际效能,公序良俗原则越来越定位合理,鼓励交易原则越来越落到实处,无效的范围逐渐缩小,效力形式越来越多样化,富有弹性,有效、无效、可撤销、效力待定、未生效并存的模式逐渐完善。[①] 与此相适应,司法实践中亦应转变观念,改变过去普遍存在的动辄宣告合同无效的倾向。无效是对法律行为最为严厉的否定性评价,亦是对当事人意思自治的彻底否定。只有在损害国家利益和社会公共利益的情况下,方可宣告合同无效,应当注意的是,《民法总则》对民事法律行为无效作出了新的规定,即该法第153条规定:"违反法律、行政法规的强制性规定的民事法律行为无效,但是该强制性规定不导致该民事法律行为无效的除外。违背公序良俗的民事法律行为无效"。而在不违反法律效力性规定和公序良俗的情况下,应当尽量避免将合同解释为无效,而将合同效力的决定权交由合同当事人自行决定。

## 二、合同欺诈与合同诈骗罪的行为界限

合同诈骗罪,是指以非法占有为目的,在签订、履行合同中,以虚构事实或者隐瞒真相的方法,骗取对方当事人财物,数额较大的行为。合同诈骗罪与民事上的合同欺诈经常相伴而生,很难界定。

### (一)合同欺诈与合同诈骗罪的行为类型

合同欺诈依据不同的标准可以分成不同的类型:根据欺诈人是否为一定的行为,可以分为积极的欺诈和消极的欺诈;根据欺诈行为是否由合同当事人所为,可以分为合同相对人的欺诈和第三人的欺诈;根据欺诈的内容,可以分为合同主体的欺诈、合同条款的欺诈、合同标的物欺诈、合同履行的欺诈,等等。欺诈行为一旦符合法定的主客观要件,跨越了民事行为的界限,便进入刑法调整的领域,构成犯罪行为。根据《刑法》第224条的规定,合同诈骗罪是指"以非法占有为目的,在签订、履行合同过程中,骗取对方当事人财物,数额较大的"行为。具体包括以下五种情形:"(一)以虚构的单位或者冒用他人名义签订合同的;(二)以伪造、变造、作废的票据或者其他虚假的产权证明作担保的;(三)没有实际履行能力,以先履行小额合同或者部分履行合同的方法,诱骗对方当事人继续签订和履行合同的;(四)收受对方当事人给付的货物、货款、预付款或者担保财产后逃匿的;(五)以其他方法骗取对方当事人财物的。"《刑法修正案(七)》将传销行为也规定为合同诈骗罪,规定"组织、领导以推销商品、提供服务等经营活动为名,要求参加者以缴纳费用或者购买商品、服务等方式获得加入资格,并按照一定顺序组成层级,直接或者间接以发展人员的数量作为计酬或者返利依

---

① 崔建远:《合同法总论》(上卷),中国人民大学出版社2008年版,第230页。

据,引诱、胁迫参加者继续发展他人参加,骗取财物,扰乱经济社会秩序的传销活动的”,也将追究刑事责任。根据《最高人民法院关于审理诈骗案件具体应用法律的若干问题的解释》①第2条的规定:“行为人具有下列情形之一的,应认定其行为属于以非法占有为目的,利用经济合同进行诈骗:(一)明知没有履行合同的能力或者有效的担保,采取下列欺骗手段与他人签订合同,骗取财物数额较大并造成较大损失的:1. 虚构主体;2. 冒用他人名义;3. 使用伪造、变造或者无效的单据、介绍信、印章或者其他证明文件的;4. 隐瞒真相,使用明知不能兑现的票据或者其他结算凭证作为合同履行担保的;5. 隐瞒真相,使用明知不符合担保条件的抵押物、债权文书等作为合同履行担保的;6. 使用其他欺骗手段使对方交付款、物的。(二)合同签订后携带对方当事人交付的货物、货款、预付款或者定金、保证金等担保合同履行的财产逃跑的;(三)挥霍对方当事人交付的货物、货款、预付款或者定金、保证金等担保合同履行的财产,致使上述款物无法返还的;(四)使用对方当事人交付的货物、货款、预付款或者定金、保证金等担保合同履行的财产进行违法犯罪活动,致使上述款物无法返还的;(五)隐匿合同货物、货款、预付款或者定金、保证金等担保合同履行的财产,拒不返还的;(六)合同签订后,以支付部分货款,开始履行合同为诱饵,骗取全部货物后,在合同规定的期限内或者双方另行约定的付款期限内,无正当理由拒不支付其余货款的。”

(二)合同欺诈与合同诈骗罪的界分

《刑法》及相关司法解释中列举的利用经济合同进行诈骗的犯罪行为,在客观表现上与许多民事合同欺诈行为具有很大的相似性,这就需要对民事欺诈与刑事犯罪进行区分。

1. 合同欺诈与合同诈骗的相似之处

第一,合同欺诈与合同诈骗罪的成立都与合同密切相关。合同欺诈发生在签订合同的过程中,表现为一方当事人通过欺诈的手段诱使对方当事人与之签订合同,合同诈骗罪则可能发生于签订或者履行合同的过程中,表现为一方通过合同骗取对方当事人的财物。第二,行为方式相似。合同欺诈中,行为人采取的是告知对方虚假情况或者隐瞒真实情况的手段,合同诈骗中行为人同样采取虚构事实或者隐瞒真相的方法。第三,合同相对方意思表示瑕疵,无论是合同欺诈还是合同诈骗,对方当事人均是基于错误认识而订立合同,订立合同并非其自由意思表示。

2. 合同欺诈与合同诈骗之区别

尽管合同欺诈与合同诈骗存在诸多相同之处,但在法律性质截然不同。两者差

---

① 已失效。

别具体表现如下：

第一,行为人的主观目的不同。合同欺诈中,行为人通过提供虚假情况或者隐藏真实情况的方法达到诱使对方当事人陷入错误认识,并订立合同的目的,其直接目的体现为诱使对方订立合同,至于该合同是否损害对方当事人利益,是否为其获取非法利益在所不问,只要其行为损害了对方当事人的意思自由,即可构成合同欺诈。事实上,合同欺诈中,欺诈人一般并无不履行合同的故意,而是用欺诈的手段致使合同违反公平原则,从而谋取更多的合同利益。而合同诈骗中,行为人必须具备非法占有他人财物的目的,签订、履行合同并非目的,往往根本没有履行合同的诚意,而是其获取非法财物的手段。实践中,主观故意的内容可能会发生转化,这便需要结合行为人的外在行为及其他案件事实进行综合判断,一般应注意考察以下三个方面:一是行为人有无实际履行的能力;二是签订合同时有无使用欺骗手段;三是行为人有无履行合同的实际行动。① 该三个方面应当结合起来判断,如不宜把当事人无实际履行能力而订立合同的行为一概认定为诈骗犯罪,还须根据主观上有无履约的诚意、是否仅以骗取财物为目的来进行判断。

第二,两者欺诈的具体方式不同。合同欺诈中,欺诈的方式可以是作为和不作为,通常表现为提供虚假情况和隐瞒真实情况,其中提供虚假情况又主要表现为行为人夸大合同标的的质量、数量、规格等,隐瞒真实情况则通常表现为隐瞒标的物的瑕疵,自己履行能力的欠缺等。而合同诈骗罪的行为方式均是积极的作为,虽然行为人也是通过采取虚构事实和隐瞒真相的方法,但充分反映出其骗取财物的犯罪目的,其具体表现形式不同,主要为:(1)以虚构的单位或者冒用他人名义签订合同,骗取对方的财物;(2)以伪造、变造、作废的票据或者其他虚假的产权证明作担保,与对方签订合同,骗取对方财物;(3)没有实际履行能力,以先履行小额合同或者部分履行合同的方法,诱骗对方当事人继续签订和履行合同,骗取对方财物:(4)收受对方当事人给付的货物、货款、预付款或者担保财产后逃匿;(5)以其他方法骗取对方当事人财物。②

第三,两者侵犯的社会关系不同。民事欺诈并不以被欺诈人遭受实际损害为要件,因为该制度保护的不是财产,而是当事人的意志自由;合同欺诈在仅损害合同相对人利益的情况下,国家并无主动管制之必要;欺诈行为一旦损害国家利益和社会公共利益,法律便应主动干预,宣告其无效,因此,合同欺诈分为两种情况,损害国家利益的,为无效行为,必然受到法律的否定性评价,不可能发生合同效力;不损害国家利益的,损害的是对方当事人的意思自由,可经由对方当事人的申请归于无效,或者予

① 参见王作富主编:《刑法》,中国人民大学出版社 2009 年版,第 388 页。
② 王作富主编:《刑法》,中国人民大学出版社 2004 年版,第 369 ~ 370 页。

以变更,也可基于对方当事人的意愿而继续履行合同,产生与有效合同同等的法律效果。而合同诈骗罪则以造成一定的实际财产损失为要件,除了侵犯对方当事人财产权利外,更重要的是国家的合同管理制度,如果同时侵犯了受害人的财产权、扰乱了社会主义市场经济的运行秩序,则可能引起刑事责任。

第四,法律责任不同。主体要件并无大的不同,唯在行为人的责任能力上,年满十六周岁即应承担完全的刑事责任,而该年龄在民法上仅属于限制行为能力人,除非其以自己的劳动收入为主要生活来源,否则行为人依法不得实施的行为仅为效力待定的行为,需待其监护人追认方得确定效力。合同欺诈属于民事违法行为,应当承担民事责任。根据《民法通则》及《合同法》的有关规定,该行为可能可能无效或者被撤销,因此,行为人因该行为取得的财产,应当返还给受损失的一方,并赔偿对方所受的损失,并应没收其非法所得。而犯合同诈骗罪的,应当承担刑事责任。根据《刑法》第224条、第231条的规定,犯合同诈骗罪的,处3年以下有期徒刑或者拘役,并取或者单处罚金;数额巨大或者有其他严重情节的,处3年以上10年以下有期徒刑,并处罚金;数额特别巨大或者有其他特别严重情节的,处10年以上有期徒刑或者无期徒刑,并处罚金或者没收财产,单位犯该罪的,对单位判处罚金,并对其直接负责的主管人员和其他直接责任人员,依照上述规定处罚。

综上,合同欺诈与合同诈骗存在诸多不同之处,但是两者在司法实践中往往难以区分,且两者在合同履行过程中可能发生转化, 因此,对于两者的区分必须结合案件的具体情况综合认定。

(三)责任竞合时的司法适用

通过前述比较可知,合同欺诈与诈骗犯罪在主观方面和客体方面往往是程度上的差别,并可能在行为的过程中发生转化。现代交易中合同标的额均较大,很容易突破2千元的违法获利界限,从而引起民事责任与刑事责任的竞合。民事审判中应当注意的是:第一,刑事案件的侦查、审判不影响民事案件的审理。根据1998年4月21日《最高人民法院关于在审理经济纠纷案件中涉及经济犯罪嫌疑若干问题的规定》第1条的规定:“同一公民、法人或其他经济组织因不同的法律事实,分别涉及经济纠纷和经济犯罪嫌疑的,经济纠纷案件和经济犯罪嫌疑案件应当分开审理。”该规定确立了分案处理的原则,澄清和改变了长期以来普遍存在的经济纠纷与经济犯罪交叉时,必须一概移送公安机关处理的误区。第二,民事审判确需以刑事判决结果为依据的,可以依法裁定中止审理,待刑事判决生效后,再行恢复诉讼。实践中应避免中止审理程序的滥用,《民事诉讼法》第150条第5项规定的是“必须以另一案的审理结果为依据,而另一案尚未审结的”情形,故相关刑事案件应当已进入诉讼程序,处于审理当中。不能仅仅因为一方当事人报案,在刑事侦查无任何实质进展的情况下,便中止民事诉讼程序,导致民事案件久拖不决,合同当事人的合法权益得不到及时的保护。根据证明责任的分配规则,当事人主张对方欺诈应承担举证责任。如果当事人未能举出证据或未能举出足够的证据证明对方存在欺诈行为,而仅以需待刑事侦查的结果以及侦查中取得的证据来支持其诉讼主张的,应当认定该方当事人未能完成其举证责任而判决其败诉,而不是裁定中止审理。第三,已经生效的刑事判决认定的事实,可以作为民事诉讼中的免证事实,但该认定并不具有不可辩驳的效力。因为生效裁判认定的事实毕竟是法律真实而非客观真实,根据《最高人民法院关于民事诉讼证据的若干规定》第9条第2款的规定,当事人举出充分的相反证据时,可以推翻刑事判决的认定。第四,当事人因未能举证证明对方欺诈而败诉的,在刑事判决查明和认定欺诈的事实后,可以依法申请再审。根据《民事诉讼法》第200条第1项的规定,当事人"有新的证据,足以推翻原判决、裁定的"而申请再审的,人民法院应当再审。以刑事判决作为申请再审的依据时,应注意审查其是否符合民事诉讼法及相关司法解释关于"新证据"的要求,以及当事人是否在原判决、裁定生效后二年内提出。对于不属于新证据以及超出再审申请期间的,当事人的再审申请将不能得到法院的支持。当然,如果确属于法院判决有错误时,人民法院可以依职权启动再审程序。第五,民事主体的财产优先承担民事责任。通常情况下,民事责任、行政责任或刑事责任独立存在,并行不悖。特定的情况下,某一责任主体的财产不足以同时满足承担民事赔偿责任或承担行政或者刑事责任中的罚款、罚金以及没收财产等时,三种责任就发生了冲突,难以同时承担,此时就产生了根据哪一种责任优先适用的问题,《民法总则》第187条作出了规定,确立了解决这类责任竞合时的法律原则——民事责任优先,即该法第187条规定:"民事主体因同一行为应当承担民事责任、行政责任和刑事责任的,承担行政责任或者刑事责任不影响承担民事责任;民事主体的财产不足以支付的,优先用于承担民事责任"。

**【典型案例】**

**广东黄河实业集团有限公司与北京然自中医药科技发展中心一般股权转让侵权纠纷案**

上诉人(原审被告):北京然自中医药科技发展中心。住所地:北京市昌平区科技园区富康路18号516室。

法定代表人:刘先其,该公司总经理。

委托代理人:宋彦禄,北京市众意达律师事务所律师。

委托代理人:蔡春玉,北京市众意达律师事务所律师。

被上诉人(原审原告):广东黄河实业集团有限公司。住所地:广东省东莞市虎门镇港口路黄河商业城七楼8号。

法定代表人:郑强辉,该公司董事长。

委托代理人:宋彦君,该公司经理。

委托代理人:别劲松,北京市华意律师事务所律师。

〔基本案情〕

北京市高级人民法院审理查明:北京先农坛医药科学城投资有限公司(以下简称先农坛公司)成立于2003年4月,法定代表人刘先其,注册资本5000万元,股东为:北京然自中医药科技发展中心(以下简称然自中心)出资3000万元,占注册资本60%;葫芦岛银河经贸有限公司出资2000万元,占注册资本40%。

2004年12月,葫芦岛银河经贸有限公司将其在先农坛公司2000万元的股份转让给北京江山投资有限公司(以下简称江山公司)。先农坛公司变更后的股权结构为:然自中心出资3000万元,占注册资本60%;江山公司出资2000万元,占注册资本40%。然自中心为股份合作制企业,注册资金288万元,法定代表人刘先其。

2006年11月19日、20日、21日,然自中心、江山公司、先农坛公司先后作出股东会决议,主要内容为:1. 股东一致同意然自中心持有的先农坛公司60%的股权转让给广东黄河实业集团有限公司(以下简称黄河公司);2. 江山公司放弃股权优先购买权;3. 股权转让后,江山公司承担先农坛公司在股权转让前所有的债权债务。

2006年11月22日,然自中心与黄河公司签订了《股权转让协议书》,约定:1. 然自中心转让持有的先农坛公司60%的股权给黄河公司,价款2.6亿元;2. 黄河公司在协议书签署3日内支付定金1000万元,2006年12月30日前支付9000万元,2007年6月30日前支付6000万元,2007年12月31日前支付1亿元;3. 然自中心在收到黄河公司的全部转让价款后,开始协助办理股东名册变更,自变更之日,黄河公司成为先农坛公司的股东;4. 违约责任:黄河公司每迟延支付转让款一日,支付然自中心1%的滞纳金,然自中心有权解除协议,黄河公司承担股份转让款2%的违约金。

该《股权转让协议书》后附有14份附件。依据该协议书附件的内容:2002年全国高科技健康产业工作委员会中医药专业委员会(以下简称中医药专业委员会)与北京市宣武区①人民政府签订协议,约定由中医药专业委员会在宣武区建立"北京先农坛国际科学医学城"。2003年3月18日,中医药专业委员会决定建立"北京先农坛医学科学城",并为此组建先农坛公司,后该计划未实现。2005年3月,中医药专业委员会与河北大厂县回族自治县人民政府(以下简称大厂县政府)签订协议,约定中医药专业委员会在大厂县成立中国中医药科学城,总投资215亿元,建设期6年分三期进行,第一期投资30亿元,建设期两年,两年内无明显进展,协议自行终止。后经大厂县政府申请,大厂县人大常委会批准,同意《中医药科学城规划方案》,该项目规划面积46800亩。

① 现为北京市西城区。

2006年11月24日,然自中心与黄河公司签订了协议书后,黄河公司将定金1000万元打入然自中心账户。此后,黄河公司认为刘先其有诈骗嫌疑,遂向北京市公安局朝阳分局(以下简称朝阳公安分局)报案,并通过银监会冻结了1000万元股权转让款。黄河公司未支付剩余股权转让款,双方亦未履行股东名称变更手续。

本案审理中,由于本案然自中心法定代表人刘先其涉嫌犯罪,该院审理本案的合议庭向朝阳公安分局调查相关情况,朝阳公安分局称,双方签订协议书时,刘先其称其现身份为中共中央老干部局局长,曾任五十四集团军军长、上海警备区司令员、湖南省军区司令员,并称其拥有大厂县46800亩土地的一级开发权,用于开发中国中医药科学城,上一个五年计划国家发改委已有规划,已立项审批,包括国土资源部的审批,只要交了土地出让金,就可以进行一级开发。刘先其还称由于其身份特殊,不能直接卖项目,但可以通过股权转让的方式来实现,即先农坛公司是唯一可以开发科学城的企业,如果黄河公司购买然自中心在先农坛公司60%的股权,黄河公司拥有先农坛公司60%的股权,就会成为先农坛公司大股东,就控制了先农坛公司,从而实质取得项目土地的一级开发权。黄河公司请刘先其拿出国家发改委同意立项及土地部门的审批文件,刘先其以虚假理由骗取黄河公司信任,双方签订了《股权转让协议书》,即黄河公司在没有看到任何国家级批文的情况下签订了合同。黄河公司支付给然自中心1000万元股权转让金后,提出与刘先其共管1000万元,被刘先其拒绝,引起了黄河公司的怀疑。后黄河公司了解到,中共中央老干部局局长不是刘先其,遂向公安机关报案。

2006年11月26日,朝阳公安分局决定对刘先其以诈骗立案侦查。同年11月27日,对刘先其进行了拘留。同年12月30日,刘先其取保候审。2007年8月6日,北京市朝阳区人民检察院以刘先其涉嫌诈骗对其批捕。

为确定刘先其身份的真实性,朝阳公安分局到相关部门进行了调查,确认刘先其所自称的种种身份均为虚假。调取的材料为总政干部部第二任免局2007年6月1日向朝阳公安分局出具的证明,内容是:经查,五十四集团军、上海警备区、湖南省军区历任军、师职干部中,均无刘先其此人。

为确定该项目的真实性,朝阳公安分局到相关部门进行了调查,材料显示:1. 2006年11月28日,国家事业单位登记管理局出具《证明》:经查,全国高科技健康产业工作委员会、全国高科技健康产业工作委员会中医药专业委员会未在我局办理事业单位法人登记。2. 民政部档案资料馆2007年6月1日出具了五份《证明》,证明案件中出现的6个名称"全国高科技健康产业工作委员会"、"CHC全国高科技健康产业工作委员会"、"全国高科技健康产业工作委员会中医药专业委员会"、"CHC全国高科技健康产业工作委员会中医药专业委员会"、"全国高技术产业化协作组织"、"全国高科技产业化协作联合体"均未在民政部登记注册。

为确定刘先其所称项目土地开发的真实性,朝阳公安分局走访了国家发改委,国家发改委称没有这个立项审批;走访了国土资源部,答复没有这个立项;走访了河北省国土资源厅,答复没有这个申请,因为用地500亩以上就须报国务院审批;走访了河北省大厂县政府,答复是不否认有刘先其这样一个人,但是已明确告知其开发的手续要其自己办理,大厂县人大出了文件,同意刘先其的想法,但不管办理手续,这个项目连河北省廊坊市都没有报。

2007年4月3日,大厂县政府向全国高科技健康产业工作委员会出具《关于终止合作建设中国中医药科学城协议的函》载明:贵单位(2007)第03号、第11号函收悉。根据双方2005年3月30日签订的《合作建设中国中医药科学城协议书》第五条规定:本协议项下中国中医药科学城项目总投资215亿元人民币,建设期6年分三期进行(每期2年),第一期投资30亿元人民币,建设期2年。2年内无明显进展,协议自行终止。鉴于贵方至今未按照协议的约定履行投资、建设等相关协议义务,经研究,双方于2005年3月30日签订的《合作建设中国中医药科学城协议书》自行终止。

2007年4月17日,大厂县政府向朝阳公安分局出具《证明》,内容为:(1)大厂县政府与中医药专业委员会2005年3月30日签订的《合作建设中国中医药科学城协议书》自行终止,已函告全国高科技健康产业工作委员会;(2)双方签订《合作建设中国中医药科学城协议书》后,仅县人大常委会同意批准了《中国中医药科学城规划方案》,至2006年底因此项目还不具备申请立项条件,一直未申请立项,未经上级有关部门批准;(3)中医药专业委员会未取得项目规划内的土地使用权,仅依据我县人大常委会同意批准的《中国中医药科学城规划方案》,还不能进行开发建设。

通过以上的调查,朝阳公安分局确认,刘先其在为然自中心与黄河公司签订《股权转让协议书》时,虚构身份和事实。

2007年4月18日,然自中心向北京市高级人民法院提起诉讼,请求判令:黄河公司给付股权转让款9000万元及滞纳金9720万元。同年10月30日,黄河公司对然自中心提起反诉,请求判令:1. 撤销双方签订的股权转让协议书;2. 然自中心返还其1000万元并支付违约金80.4万元(庭审中经法庭释明,黄河公司违约金的请求明确为利息请求,按照企业同期存款利率计算至给付之日);3. 诉讼费由然自中心负担。同年12月10日,然自中心申请撤回对黄河公司的起诉,北京市高级人民法院已裁定准许然自中心撤回起诉。

**〔一审裁判理由与结果〕**

北京市高级人民法院审理认为,然自中心是本案当事人之一,刘先其作为该公司法定代表人,因本案股权转让事宜涉嫌诈骗,已被检察机关批准逮捕并全国通缉。最高人民法院《关于在审理经济纠纷案件中涉及经济犯罪嫌疑若干问题的规定》第十条规定:“人民法院在审理经济纠纷案件中,发现与本案有牵连,但与本案不是同一法律关系的经济犯罪嫌疑线索、材料,应将犯罪嫌疑线索、材料移送有关公安机关或检察机关查处,经济纠纷案件继续审理”。依据上述规定,本案关于刘先其涉嫌犯罪的部分,该院将相关案卷材料送至朝阳公安分局，不影响本案然自中心与黄河公司股权转让民事部分的审理。

依据现有证据，能够证明2006年11月22日然自中心与黄河公司签订《股权转让协议书》之前，然自中心法定代表人刘先其虚构特殊身份，虚构可一级开发土地的事实，采用欺诈手段，使黄河公司误以为真，作出错误的意思表示，在违背真实意思表示的情况下，签订了协议书。双方在签订协议书时，黄河公司的目的是为了取得46800亩土地的开发权，双方是以高于所转让股权的价格转让的，且协议书附件已经对在大厂县境内开发中国中医药科学城有所体现，可见股权转让协议的真正目的是取得所谓的46800亩土地的一级开发权，但实际上然自中心根本不具有该土地开发权。刘先其以虚假身份采用欺诈的手段骗取了黄河公司的信任，签订了协议书，使然自中心从黄河公司获得1000万元的股权转让款。

《中华人民共和国合同法》第五十四条第二款规定："一方以欺诈、胁迫的手段或者乘人之危，使对方在违背真实意思表示的情况下订立的合同，受损害方有权请求人民法院或者仲裁机构变更或者撤销"，依据该规定，本案双方签订的《股权转让协议书》的性质应确定为可撤销合同。黄河公司依据该协议书向然自中心交付了定金1000万元，属于受损害方，其有权在撤销权行使的期间内请求人民法院撤销该协议，请求侵害方然自中心返还定金1000万元并赔偿损失。由于可撤销合同自始没有法律约束力，因此然自中心已经收取黄河公司的1000万元股权转让款，应当返还给黄河公司，并赔偿黄河公司损失。黄河公司关于撤销合同并返还股权转让款的请求，予以支持。由于双方之间的合同被撤销，不存在违约的问题，因此黄河公司在庭审中将违约金的请求变更为利息损失请求，符合法律规定，予以支持。关于刘先其涉嫌经济犯罪问题，该院依法将涉嫌犯罪的案件材料移送至公安机关，不影响本案民事部分的审理和判决。综上，该院依据《中华人民共和国合同法》第五十四条、第五十五条、第五十八条的规定，判决：一、撤销然自中心与黄河公司2006年11月22日签订的《股权转让协议书》；二、然自中心于该判决生效之日起十日内返还黄河公司股权转让款1000万元并赔偿相应利息（按照中国人民银行同期企业存款利率计算，自2006年11月24日计算至款付清之日止）。如果未按该判决指定的期间履行给付金钱义务，应当按照《中华人民共和国民事诉讼法》第二百三十二条的规定，加倍支付迟延履行期间的债务利息。一审案件受理费43312元，由然自中心负担。

〔当事人上诉及答辩意见〕

然自中心不服原审法院上述民事判决，向最高人民法院提起上诉称：（一）原审判决依据朝阳公安分局侦察材料及与办案警官的谈话记录认定刘先其构成欺诈，属认定事实证据不足。关于项目的真实性，朝阳公安分局提供给原审法院的关于全国高科技健康产业工作委员会等机关登记情况的材料，与本案无关联性。对此，然自中心提交了相关证据，因其中部分证据属于国家机关保存的公文，请求法院对证据原件进行调取。原审法院不予调查取证，且对已提交的证据也未组织质证，仅凭缺乏关联性的证据就认定项目缺乏真实性属于证据不足。全国高技术产业化协作组织系信息产业部等九个部委或所属部门联合成立的旨在促进科技产业化的协作组织，就其性质而言，既不是企业又不是社会团体，也不是国家机关和事业单位，因此相应的登记机构当然不可能有本案所涉及机构的登记材料。案件中所涉及的中医药科学城项目确实存在，至于项目开发进展如何与项目存在与否是两个性质不同的事情。大厂县政府出具的函和证明，证明此项目是真实存在的，并已进行了有效的开发工作。确定欺诈是否成立的关键在于合同签订时该项目是否存在，而合同履行过程中出现各种情况致使进展缓慢或者下马都属于正常的商业风险。黄河公司受让然自中心在先农坛公司的股份，可能是考虑到中医药行业的乐观前景或出于其他考虑，双方协商确定的股权转让价格，根本不存在以2.6亿元购买土地46800亩的意思表示。黄河公司的合同目的就是取得然自中心在先农坛公司的股权，取得土地开发权只不过是动机而已。原审判决对黄河公司合同目的的认定违背合同法原理，有失公允。（二）原审判决认定刘先其作为然自中心法定代表人与黄河公司签订股权转让合同时虚构事实已构成欺诈，不但与公安机关认为的犯罪嫌疑基于同一法律关系，而且与公安机关认为的诈骗行为是同一行为。因此，原审判决自相矛盾，其以公安机关侦查材料为依据，适用最高人民法院《关于在审理经济纠纷案件中涉及经济犯罪嫌疑若干问题的规定》第十条的规定，显属适用法律错误。本案中，本诉涉嫌犯罪，而反诉则与刑事犯罪嫌疑不属于同一法律关系，并利用刑事方面的材料来定案，原审判决剥夺了然自中心的诉讼权利，损害了然自中心的合法权益。请求撤销原审判决，裁定驳回黄河公司的起诉。

被上诉人黄河公司答辩称：根据原审法院庭审调查确定的事实，然自中心的法定代表人刘先其采取冒充身份、虚构中医药科学城项目及已经取得46800亩土地一级开发权的事实，骗取了黄河公司的信任，通过签订《股权转让协议书》的形式，骗得首期资金人民币1000万元，造成了巨大的经济损失。事实证明，然自中心根本没有也无法取得46800亩土地一级开发权。鉴于《股权转让协议书》是在黄河公司受到欺骗，违背真实意思的情况下签订的，原审判决撤销该协议认定事实清楚，适用法律正确。请求驳回上诉，维持原判。

**〔最高人民法院查明的事实〕**

最高人民法院经二审审理，对原审法院查明的事实予以确认。

**〔最高人民法院裁判理由与结果〕**

最高人民法院认为，黄河公司向原审法院提起诉讼，请求撤销其与然自中心签订的《股权转让协议书》，理由是该协议系受然自中心的法定代表人刘先其欺诈而为，违背了黄河公司的真实意思表示。为查明该事实，原审法院向侦查刘先其涉嫌犯罪的朝阳公安分局进行了调查。朝阳公安分局根据刘先其的供述以及对相关部门的调查，确认刘先其在为然自中心与黄河公司签订《股权转让协议书》时,虚构身份和事实。原审法院依据现有证据,作出关于刘先其以虚假身份采用欺诈的手段骗取了黄河公司的信任,签订了协议书,使然自中心从黄河公司获得1000万元股权转让款的认定,并无不当。然自中心上诉主张认为本案认定事实证据不足,但其并不能提供否定上述事实的证据。故其上诉主张不能成立,最高人民法院不予支持。

根据本案查明的事实,刘先其作为然自中心的法定代表人,以然自中心的名义,采取欺诈手段与黄河公司签订民事合同,所获取的款项被然自中心占有。上述事实产生的法律后果是除刘先其个人涉嫌诈骗犯罪外,然自中心与黄河公司之间亦因合同被撤销形成了债权债务关系,然自中心依法应当承担相应的民事责任。故原审法院依据最高人民法院《关于在审理经济纠纷案件中涉及经济犯罪嫌疑若干问题的规定》第十条的规定,将刘先其涉嫌犯罪的部分移送公安机关,而继续审理本案民事纠纷部分并无不当,最高人民法院予以维持。然自中心以本案与公安机关认为的犯罪嫌疑基于同一法律关系,应当裁定驳回黄河公司起诉的上诉理由没有法律依据,最高人民法院不予支持。

综上,然自中心的上诉理由没有事实依据和法律依据,原审判决认定事实清楚,适用法律正确,应予维持。最高人民法院依照《中华人民共和国民事诉讼法》第一百五十三条第一款第(一)项的规定,判决如下:驳回上诉,维持原判。

二审案件受理费43312元,由北京然自中医药科技发展中心承担。

## 规则12(备案合同) 备案合同未变更或取代合同的约定条款,在双方当事人之间不构成新的权利义务关系

——山西嘉和泰房地产开发有限公司与太原重型机械(集团)有限公司土地使用权转让合同纠纷案①

**【裁判规则】**

合同双方当事人基于办理登记备案目的而签订的备案合同,别无他用,其效力仅及于登记备案。备案合同对于合同双方既没有变更或取代合同的约定条款,也未在双方当事人之间构成新的权利义务关系。

① 《中华人民共和国最高人民法院公报》2008年第3期,最高人民法院(2007)民一终字第62号民事判决书。

**【规则理解】**

## 一、“阴阳合同”概述

### (一)“阴阳合同”的内涵

“阴阳合同”的产生有其深刻的社会背景及制度原因。人是一定社会环境下的产物,如果不法利益很大而违法成本又较低,人们出于利益驱动往往愿意突破法律划定的行为界限,如果这种违法行为未受到相应的法律制裁,就会引发更多的人以身犯险。当前,我国正处于社会转型期和新旧体制交替之际,社会信用体系面临着道德危机的冲击,整个市场缺乏诚信意识,再加上法律漏洞和监管不力,就给予了以“阳合同”为名而行“阴合同”之实的社会现象滋生的土壤。并且在很多社会经济领域,诸如建设工程施工、劳动力市场以及二手房买卖市场等,均存在较大的供求不平衡,买卖双方力量的博弈也会造成一方在一定程度上做出妥协和让步,从而导致“阴阳合同”的产生。

“阴阳合同”又称“黑白合同”,是指合同的双方当事人以实现经济利益的最大化、规避法律规定及政府监管为目的,就同一个合同标的所签订的两份实质性内容有明显差异的合同。其中一份提交给相关管理部门登记和备案,但合同当事人并不实际履行,称为“阳合同”、“白合同”或者“备案合同”,该份合同往往符合法律法规的规定和相关行业标准,经得起政府机关的检查监督。而另一份由合同当事人持有,并约定据此实际履行,称为“阴合同”或“黑合同”,往往是规避法律及政府监管的私下交易。“黑白合同”早在2003年官方的报告中就已有表述。[①] 严格来讲,这一概念并非法律术语,但该现象在实践中大量存在,凡是受到审批、备案等行政监管的领域,均能见到“阴阳合同”的身影。

### (二)“阴阳合同”的特征

“阴阳合同”具有以下三个方面的特征:第一,“阴阳合同”是合同双方当事人出于特定目的而订立的合同。一方面,当事人之所以订立两份不同的合同是出于特定目的考虑,或为规避政府管理,或为逃税,或为不正当竞争,或迫于对方压力,等等。另一方面,订立“阴阳合同”是合同双方当事人的共同意思而不仅仅是一方的意思所致,这表现在合同双方对于特定目的均属明知,且在合同签订时已有通谋。即便一方是迫于另一方的优势地位而同意订立“阴阳合同”,但其在签订合同时,对于两份合同存在不同条款以及对方意欲借此谋取不法目的的意图,均是知悉的。第二,合同当事人针对同一个合同标的签订了两份实质性内容有明显差异的合同。一方面,合同标

---

① 详见全国人大常委会副委员长李铁映在2003年10月27日所作的《全国人大常委会执法检查组关于检查〈中华人民共和国建筑法〉实施情况的报告》。

的具有同一性，两份合同均是就同一标的进行的处分，才可能构成“阴阳合同”。另一方面，合同内容具有实质差异性，当事人针对同一合同标的的交易所约定的权利义务存在明显差异，或为交易价款存在明显差额，或为履行方式存在较大差别，等等。如果仅仅是对合同涉及的某些具体问题进行的修改或补充约定，则属于正常的合同变更，不应视作“阴阳合同”。第三，两份合同的作用各不相同。一份合同严格遵循该领域的相关管理规定，用于向有关政府管理部门办理登记、备案手续，对外进行公示但并不实际履行，因而称为“阳合同”。另一份合同才是关于当事人之间真实权利义务关系的约定，双方均据此实际履行，但该份合同仅由合同当事人知悉并持有，而不对外公示，因而称为“阴合同”。“阴合同”可以充分反映出合同当事人的特定目的，这一目的通常并不符合相关法律法规和有关管理规定的要求，往往“见光即死”。

**二、“阴阳合同”与合同变更之比较**

实践中，“阴阳合同”的签订时间、形式及内容多种多样，当事人为了规避法律规定和行政监管，经常在合同的变更和文本上下功夫，试图打擦边球。正常的合同变更是受到法律保护的，而“阴阳合同”的实质是当事人为了实现其特定目的，将“阳合同”用于登记备案，而根据“阴合同”实际履行，并非为了变更双方之间的权利义务，这构成了其与合同变更的重要区别。合同的变更，指不改变合同的主体而仅改变合同内容的情形，它是在合同成立以后，尚未履行或尚未完全履行以前，基于法律规定、法院或仲裁机构的裁判行为或者当事人的法律行为等，使合同内容发生变化的现象。① 合同变更是在保持原合同效力的基础上，通过对原合同关系的内容作出某些修改和补充，并未从根本上改变合同的内容和性质。例如标的物数量的增减或品质的改变；履行期限、履行地点或履行方式的改变；合同价金、利息、违约金数额的改变，等等。合同变更的实质是以变更后的合同替代了原合同，原合同对将来不再发生效力，合同双方应按照变更后的合同内容履行，否则将承担违约责任。

在“阴阳合同”大量出现的建设工程、房屋买卖、股权转让等领域，由于市场行情、客观情势发生重大变化，导致合同当事人履行不能或继续履行合同将造成显失公平时，双方当事人为了确保交易能够继续进行，也可能对合同进行变更，甚至作出实质性内容的改变。但并不是所有改变实质性内容的合同就一定构成“阴阳合同”，应在分析具体合同的实际情况后，通过以下方法综合审视：

第一，分析变更行为产生的阶段。“阴阳合同”多出现于合同的订立阶段，是对订约时当事人特定目的的反映；而正常的合同变更常常出现在履行过程中，是根据客观

---

① 韩世远：《合同法总论》（第三版），法律出版社2011年版，第451页。

情况和履行需要作出的改变。

第二，分析变更合同是否基于客观情况的变化或实际履行的需要。“阴阳合同”是为了规避政府监管，用于备案的“阳合同”仅仅是一种签约的配合，因此“阴”、“阳”两份合同签订时的客观情况基本是一致的。而合法变更合同主要是基于履行合同时客观情况的变化，为保障交易能够顺利及继续进行，根据实际需要而作出的改变。

第三，分析当事人主观是否存在恶意。多数“阴阳合同”的签订存在明显的恶意，是通过规避法律规定、不正当竞争的手段，达到损害国家利益、社会公共利益和他人利益，实现不法获利的目的，这一特定目的在合同订立时便已存在。而合法变更合同时，合同当事人在主观上并不存有恶意，通常是双方迫于客观情势的变更和履行需要，经协商一致而作出的选择。

第四，分析实质性变更是否会导致双方利益的失衡。多数“阴阳合同”中两份合同约定的双方权利义务有很大的不同，前后变更将很明显地引起双方的利益失衡。而正常变更合同恰恰相反，如果不对合同内容进行修改，继续履行反而会使预期的权利义务失衡，于是当事人基于公平原则进行了变更，使得合同的履行能够实现双方的合同目的。

第五，分析当事人的实际履行情况。当事人签订“阴阳合同”的分工明确，“阳合同”用于登记备案，“阴合同”用于实际履行。“阳合同”仅仅是一个形式，即便签订在后也不会得到当事人的遵循，合同中既没有变更或取代原“阴合同”约定的条款，也未在当事人之间构成新的权利义务关系，当事人仍是按照原“阴合同”履行的。而合同变更则改变了原合同确定的双方权利义务关系，以变更后的合同取代了原合同，双方当事人是依照变更后的合同内容作出履行的。

**三、“阴阳合同”的效力认定**

“阴阳合同”的当事人在签订合同时，为了实现双方一致的特定目的，而相互配合完成了“阴”、“阳”两份合同的订立。但在合同履行阶段，由于两份合同的内容具有较大差异，依照不同的合同履行对于当事人的权利义务关系具有重大影响，故一旦发生争议，当事人往往各执一词，分别要求按照对自己有利的一份合同履行。具体表现为：希望按照“阴合同”履行的当事人，往往主张“阳合同”属于以合法形式掩盖非法目的的合同而应被宣告无效；而希望按照“阳合同”履行的当事人，则往往主张签订在后的“阳合同”变更了原“阴合同”关于双方权利义务的约定，且办理了法定的登记备案手续，应按照变更后的内容履行。关于“阴阳合同”的效力认定以及应当按照哪份合同来确定合同双方的权利义务问题，理论界众说纷纭，具体认定时不能一概而论，应当在不违反法律法规强制性规定的情况下，根据当事人的真实意思来确定合同履行的依据。

(一)探究当事人的真实意思表示

在合同法领域,普遍遵循意思自治与合同自由原则,当事人的共同意志具有优先于法律任意性规定的效力,应当作为确定双方权利义务的基础。“意思表示者,对于外界表彰法律行为上之意思之行为也。即以具有足以形成法律行为之内容之意思,表示于外部之行为,为意思表示。”①意思表示是法律行为的核心要素,意思表示真实是法律行为的生效要件之一。特定情况下,行为人向外界作出的意思表示与其内心的真实意思是不相一致的,这就会出现表意不真的情形,具体包括意思表示的不自由与不真实两种情况。第一,意思表示不自由。因欺诈、胁迫、重大误解、显失公平、乘人之危而订立的合同,使得一方当事人未能充分表达自己的意志,根据《合同法》第54条的规定,表意不真的一方当事人可以请求法院撤销或变更合同。第二,意思表示不真实。行为人为了特定的目的,可能有意地与相对人通谋,隐藏真实意思,而作出虚伪的表示。“阴阳合同”便属于此种情形:“阳合同”虽然经过行政主管部门的审查和备案,但却是合同双方当事人故意不真实的意思表示行为,目的是用合法的合同备案程序掩盖逃税等非法目的,“阴合同”才是反映合同双方真实意思的合同。此类行为在理论上称为通谋虚伪表示和隐匿行为,前者指与相对人通谋而为的非真意的意思表示②,后者指行为人将其真实意思隐藏在虚伪意思表示中的行为③。根据《民法总则》第154条、《民法通则》第58条以及《合同法》第52条的规定,以合法形式掩盖非法目的、恶意串通损害国家、集体或第三人利益的行为无效。故此,“阳合同”一旦违反了法律法规的强制性规定或公共利益,应当依法宣告无效。同时,其因不具备意思表示真实这一法律行为的生效要件,当事人可依法请求予以撤销。而对于“阴合同”则不应一概认定为无效,因为它反映的毕竟是当事人的真实意思表示,实践中也往往得到了合同双方的实际履行。根据合同的目的解释原则,如果某一合同既可以被解释为有效,也可以被解释为无效,应当尽可能按照有效来进行解释,从而达到保护和促进交易的目的;如果合同所使用的文字表述与双方当事人订约的目的不相一致时,不必完全拘泥于文字,可以通过探究当事人的真实意思,按照合同的目的来进行解释。

(二)判断是否违反法律法规的强制性规定

《民法总则》第143条规定:“具备下列条件的民事法律行为有效:(一)行为人具

---

① 胡长清:《中国民法总论》,中国政法大学出版社1997年版,第223页。

② 韩世远:《合同法总论》(第三版),法律出版社2011年版,第173页。

③ 王利明:《民法总则研究》,中国人民大学出版社2003年版,第533页。

有相应的民事行为能力；（二）意思表示真实；（三）不违反法律、行政法规的强制性规定，不违背公序良俗。"第153条规定："违反法律、行政法规的强制性规定的民事法律行为无效，但是该强制性规定不导致该民事法律行为无效的除外。违背公序良俗的民事法律行为无效。"行为不得违反法律法规和社会公共利益，与意思表示一样均是法律行为的生效要件之一，具有违法性的合同将面临被宣告无效的风险。司法实践中普遍存在轻易将合同宣告无效的情况，故在就违法性进行具体判断时，应注意以下三点：第一，必须违反法律和行政法规才能导致合同无效。《合同法司法解释一》第4条明确规定，"合同法实施以后，人民法院确认合同无效，应当以全国人大及其常委会制定的法律和国务院制定的行政法规为依据，不得以地方性法规、行政规章为依据。"据此，进行合同效力认定的依据仅限于法律和行政法规，不能任意扩大范围。第二，必须违反法律法规中的强制性规定才能导致合同无效。法律规范根据其是否允许当事人通过约定加以排除，可分为任意性规定和强制性规定。任意性规定赋予了当事人一种行为自由的选择权，使其得以在法律规范允许的范围内自行约定行为的具体方式。而强制性规定则不允许这种选择，行为人必须按照法律规范的要求为或不为一定的行为。在法律规定与当事人约定的效力高低问题上，法律的强制性规定优于当事人的约定，而当事人的约定又优于法律的任意性规定，故只有在违反强制性规定的情况下才可能引起合同无效的后果。第三，必须违反强制性规定中的效力性规定才能导致合同无效。对于违反法律法规强制性规定的行为后果，因法律规范的具体规定不同而存在差别。有的强制性规定被违反后，当事人仅可能受到行政上或者刑事上的制裁，其所预期的私法上的行为效果并不会受到影响，该类规定称为管理性规定或取缔性规定。而有的强制性规定被违反后，当事人所预期的私法上的效果将受到一定的消极影响，该类规定称为效力性规定。①《合同法司法解释二》第14条规定："合同法第五十二条第（五）项规定的'强制性规定'，是指效力性强制性规定。"据此，判断"阴阳合同"的效力时，应注意违法与合同无效的区别，只有在违反效力性规定的情况下，才会引起合同被宣告无效的后果；违反管理性规定则将仅引起行为人的行政责任，而不会导致合同无效。笔者认为，就效力性规范而言，可以从两个层面来理解，一是国家法律及行政法规明确规定违反该类规范必将导致合同无效的规范；二是虽然没有明确规定违反该类规定必将导致合同无效，但是，如果合同继续有效并按其履行必将损害国家利益和公共利益的规范。效力性规范的立法目的不仅在于处罚违反该类规范的行为，而且意在否定该行为在民法上的效力。就管理性规范而言，其仅仅强调一个层面的安全，即国家法律法规没有明确规定违反此规范必将导致合同

---

① 参见崔建远：《合同法总论》，中国人民大学出版社2008年版，第282～291页。

无效的规范。此类规范意在管理和处罚违反相关规范的行为,但并不否定该行为在民法上的效力。效力性规范和管理性规范的具体判断标准为:1. 法律法规明确规定一旦违反将导致合同无效的,属于效力性规定。2. 法律法规虽未明确规定违反将导致合同无效,但若使合同继续有效并获得履行将损害国家利益和社会公共利益的,也应当认定为效力性规定。3. 法律法规未明确规定违反将导致合同无效,若使合同继续有效不会损害国家利益和社会公共利益,而只会损害当事人利益的,属于管理性规定。[①] 同时,《合同法》第56条后段规定:"合同部分无效,不影响其他部分效力的,其他部分仍然有效。""阴合同"或"阳合同"在剔除原违法部分后,如果仍然能够履行,应尽可能保持其效力以维护"合同应当信守"的精神,抵制恶意抗辩者在发现对己不利后便主张合同无效、追求不正当利益的不诚信行为。

实践中,"阳合同"往往用于登记备案,而"阴合同"虽然反映了当事人的真实意思表示,但却缺乏法定的登记、审批手续,其效力受到合同法定形式要件的制约。《合同法》第44条规定:"依法成立的合同,自成立时生效。法律、行政法规规定应当办理批准、登记等手续生效的,依照其规定。"《合同法司法解释一》第9条进一步明确:"依照合同法第四十四条第二款的规定,法律、行政法规规定合同应当办理批准手续,或者办理批准、登记等手续才生效,在一审法庭辩论终结前当事人仍未办理批准手续的,或者仍未办理批准、登记等手续的,人民法院应当认定该合同未生效;法律、行政法规规定合同应当办理登记手续,但未规定登记后生效的,当事人未办理登记手续不影响合同的效力,合同标的物所有权及其他物权不能转移。合同法第七十七条第二款、第八十七条、第九十六条第二款所列合同变更、转让、解除等情形,依照前款规定处理。"据此,不符合法定形式要件的合同也并非一概无效,只有在法律明文规定的情况下,批准、登记手续才成为合同的生效要件,否则这些手续对于合同的效力将不产生影响。同时,即便未办理法定手续,其后果也仅是导致合同未生效,而不是无效,当事人可以继续按照法律的要求和合同的约定完成该特定形式的要求。

综上所述,合同双方当事人基于办理登记备案目的而签订的备案合同,其效力仅及于登记备案,并未得到实际履行。备案合同对于合同双方既没有变更或取代原合同的约定条款,也未在当事人之间形成新的权利义务关系,在不违背法律强制性规定的情况下,当事人应当按照反映其真实意思的合同内容作出履行。

---

① 参见王利明:《我国民法典重大疑难问题之研究》,法律出版社2006年版,第460页;沈德咏主编:《最高人民法院关于合同法司法解释(二)理解与适用》,人民法院出版社2009年版,第111~113页。

**【拓展适用】**

**一、房地产买卖“阴阳合同”的认定**

近年来,为了稳定房地产价格,国家出台了一系列关于限购的政策、法规,从房产交易税收上进行宏观调控。为此,部分交易双方为了规避相关政策规定,达到少缴税金的目的,往往签订两份房地产买卖合同。其中“阳合同”系双方签订后提交房产交易产权登记管理部门办理过户并据此缴纳交易税收的那份合同,价格一般仅满足政府指导价的最低要求。而“阴合同”则是合同当事人私下签订并实际履行的合同,价格符合市场行情,充分反映了双方的真实购买价格。“阴”、“阳”两份合同在价格上往往具有较大差异,导致了合同内容的实质性变更。在二手房买卖和租赁市场中,普遍存在房地产中介协助买卖双方签订“阴阳合同”的现象,为此我国住房和城乡建设部、发改委、人力资源和社会保障部联合出台了《房地产经纪管理办法》,这是我国第一个专门规范房地产经纪行为的部门规章。该办法第25条第(五)项、第(九)项明确指出,房地产经纪机构和房地产经纪人员不得“为交易当事人规避房屋交易税费等非法目的,就同一房屋签订不同交易价款的合同提供便利”、“为不符合交易条件的保障性住房和禁止交易的房屋提供经纪服务”。

在合同效力的认定上,“阳合同”虽然符合合同成立的形式要件,但其实际上是通过虚假降低合同标的价格的方式,欺骗登记部门,目的是少缴税金,属于以合法形式掩盖非法目的的合同。同时,这一买卖双方恶意串通逃税的做法客观上损害了国家利益,违反了我国税收法律法规的强制性规定。故此,法院一般判定“阳合同”无效,不具有确定双方权利义务关系的效力。而“阴合同”反映的是双方当事人的真实意思表示,其确定的价格往往符合当地市场的合理价格,可以成为确定双方民事权利义务关系的基础。“阴合同”并不仅仅因为没有履行送交登记机关登记备案的手续就应被认定为无效,因为合同登记备案仅是行政管理中的一个操作程序和手续,合同的一方主体没有履行行政法规所规定的如实登记并依法缴纳税金义务,行政部门有权依法给予行政处罚;如果偷税数额较大,甚至可以追究其刑事责任,但并不因此否定合同的效力。《最高人民法院关于审理商品房买卖合同纠纷案件适用法律若干问题的解释》第6条第1款规定:“当事人以商品房预售合同未按照法律、行政法规规定办理登记备案手续为由,请求确认合同无效的,不予支持。”《最高人民法院关于审理涉及国有土地使用权合同纠纷案件适用法律问题的解释》第8条规定:“土地使用权人作为转让方与受让方订立土地使用权转让合同后,当事人一方以双方之间未办理土地使用权变更登记手续为由,请求确认合同无效的,不予支持。”这都充分说明司法界的主流观点所保护的对象,是以当事人真实意思表示为主的合同内容。

## 二、建设工程"阴阳合同"的认定

近年来,建设工程施工企业发展过快,市场供过于求。建设单位掌握着主动权,试图通过各种方式压低建筑成本,而施工企业为了求得生存,在利益驱动下不得不屈从于建设单位的不合理、不合法要求,甚至恶性竞争、竞相压价。"黑白合同"的概念最初就是在建设工程合同领域提出的,具体是指建设工程施工合同的当事人就同一建设工程签订的两份或以上实质性内容相异的合同,通常把经过招投标及备案程序的正式合同称为"白合同"、"阳合同",把双方实际履行的私下合同或补充协议称为"黑合同"、"阴合同"。

"阴阳合同"的存在不仅导致建设工程成本过低、豆腐渣工程频现,而且在实际履行中容易出现扯皮,导致纠纷。"阴合同"如能得到正常履行,工程承包人得以盈利,双方自然相安无事;如果承包人自知亏损严重,或一旦发生纠纷,便会撕破脸皮要求根据定价较高的"阳合同"讨要工程价款及赔偿金。《最高人民法院关于审理建设工程施工合同纠纷案件适用法律问题的解释》第 21 条规定:"当事人就同一建设工程另行订立的建设工程施工合同与经过备案的中标合同实质性内容不一致的,应当以备案的中标合同作为结算工程价款的根据。"从建设工程领域的行业标准方面来看,合同的实质性内容主要指工程价款、工程质量、工程期限等合同主要条款。实际施工中,建设单位和施工单位可能根据客观情况,对工程设计及施工期限等问题进行补充和变更约定,此时应如何对正常的合同变更以及"阴阳合同"进行区分,在前文中已有详细叙述,在此不再赘述。合同双方因客观需要正常变更合同后,应将补充协议提交建设行政主管部门备案,经备案的补充协议可以作为结算工程价款的依据。在对该条司法解释进行理解时应注意,一方面其适用的前提是存在合法的招投标程序且该程序没有瑕疵,中标合同有效,如果存在双方串通、虚假招投标等中标无效的情形,则中标合同及其确认的工程价格亦应无效;另一方面其虽强调工程款结算的依据应为经过备案的合法中标合同,但并未对"阴阳合同"的效力作出明确规定,不应"一刀切"地认为"阳合同"必定有效,"阴合同"必定无效。关于建设工程领域"阴阳合同"效力的具体认定,应根据依法是否需要招投标分别讨论。

### (一)依法必须招投标的建设工程

建设工程合同具有较强的国家管制性,根据《招标投标法》第 3 条的规定,必须进行招投标的工程项目包括:大型基础设施、公用事业等关系社会公共利益、公共安全的项目;全部或部分使用国有资金投资或国家融资的项目;使用国际组织或外国政府贷款、援助资金的项目;以及法律或国务院另有规定的项目。对于该类工程,应根据招投标程序是否合法有效以及"阴阳合同"签订的具体时间来对其效力进行判断。

1. 因招投标程序违法而导致中标无效的情况下，“阴阳合同”均无效。根据《招标投标法》第43条关于“在确定中标人前，招标人不得与投标人就投标价格、投标方案等实质性内容进行谈判”以及第55条关于“依法必须进行招标的项目，当事人进行实质性谈判影响中标结果的，中标无效”的规定，如果“阴合同”签订在中标之前，其结果又是“阴合同”的当事人成为中标人，自然影响中标结果的公正性，应依法认定中标无效。这种情况属于典型的串通虚假招投标，由此签订的“阴阳合同”均因违反法律的强制性规定而无效。

2. 在中标合法有效的情况下，“阴合同”签订在“阳合同”之后或同时，对其效力认定主要存在三种观点：第一种观点认为“阴合同”有效，应作为双方履行的依据。“阴合同”体现了当事人的真实意思表示，并在实际履行中得到双方的遵照执行，该合同应对双方当事人具有拘束力。其虽违反了招投标程序和备案程序，但这应由行政机关进行处罚，不因此导致“阴合同”无效。第二种观点认为“阳合同”有效，“阴合同”无效。“阳合同”为建设、施工双方依照法定招投标程序签订的施工合同，且经建设行政主管部门备案，应为有效合同。而“阴合同”为双方规避政府管理而私下订立的协议，违反了《招标投标法》的强制性规定，欠缺依法备案这一形式要件，应为无效合同。第三种观点认为“阴阳合同”均无效。《招标投标法》中的有关规定，属于法律的强制性规定，规避该规定订立的“阴阳合同”均属无效。《招标投标法》第46条规定：“招标人和中标人应当自中标通知书发出之日起三十日内，按照招标文件和中标人的投标文件订立书面合同。招标人和中标人不得再行订立背离合同实质性内容的其他协议。”该规定一旦被违反，极易造成建筑工程质量隐患，进而损害社会公共利益，应属于效力性规定。故此，对于规避法律强制性规定签订的“阴合同”不应认定为有效。而对于“阳合同”的效力问题，《最高人民法院关于审理建设工程施工合同纠纷案件适用法律若干问题的解释（征求意见稿）》第6条曾进行了规定：“发包方以排挤其他投标人为目的，利用其在签约中所处的优势地位，就同一建设工程除与承包人公开签订的建设工程施工合同外，又强迫承包人签订另一份工程价款、工期等方面与中标签订的合同不一致且有利于发包方的建设工程施工合同，人民法院应认定招标投标时签订的合同有效。”但是，这种将“阳合同”一概认定为有效的作法，未考虑实践中纷繁复杂的各种情况，存在以偏概全之嫌，故在最终颁布的《最高人民法院关于审理建设工程施工合同纠纷案件适用法律问题的解释》中，删除了该条规定。故此，对于“阳合同”的效力，应根据具体案件的实际情况进行判断，如果其符合《合同法》第52条规定的无效情形，应依法宣告其无效；如果其不存在合同效力的否定性因素，则应尽可能从目的解释的角度出发将其解释为有效，维持双方之间的合同关系。

（二）不属于依法必须招投标的建设工程

建设单位与施工单位进行协商谈判，并未损害其他投标人的合法利益，也未违反法律关于招投标的强制性规定。此时，如果使"阴合同"继续存在不损害社会公共利益，应尽可能以合同当事人的真实意思表示作为确定双方权利义务的依据，从而肯定"阴合同"的效力。建设、施工双方以"阴合同"的形式变更"阳合同"，只要不违反法律法规的效力性规定，法院自无干涉的必要。

**三、公司资产或股权转让"阴阳合同"的认定**

公司的资产转让，除需进行相应的权属移转登记外，如涉及商标、专利和特许经营等事宜，还须履行相应的审批、备案手续。公司的股权转让，除需进行股东名册的变更登记外，还要进行工商变更登记，如涉及外商投资事宜，依法还应事先经过外商投资行政主管部门的审批。为了规避法律和政府监管、减少纳税，实践中便出现了大量应付备案、审批程序的"阴阳合同"。著名的娃哈哈与达能并购纠纷，其争议的焦点问题就在于报商标局备案的"阳合同"与未经备案的"阴合同"的效力之争。根据《最高人民法院关于审理商标民事纠纷案件适用法律若干问题的解释》第19条规定："商标使用许可合同未经备案的，不影响该许可合同的效力，但当事人另有约定的除外。商标使用许可合同未在商标局备案的，不得对抗善意第三人。"可见，未经备案的"阴合同"并非无效，只是不具有对抗善意第三人的效力。而在外商投资企业的股权转让领域，对于未经审批的"阴合同"效力应如何认定，存在两种观点：第一种观点认为"阴合同"无效，理由是《合同法》第44条规定和第52条的规定，以及《中外合资经营企业法实施条例》第20条和《外商投资企业投资者股权变更的若干规定》第3条中关于"未经审批机关批准的股权变更无效"的规定。第二种观点认为"阴合同"未生效，理由是《合同法司法解释一》第9条第1款中对《合同法》第44条的理解作出的专门规定。对此，最高人民法院于2005年12月26日印发的《第二次全国涉外商事海事审批工作会议纪要》和2008年1月21日印发的《全国法院涉港澳商事审批工作座谈会纪要》上也予以明确，股权转让合同应当报经有关审查批准机关审查批准，在一审法庭辩论终结前未能办理批准手续的，应当认定该合同未生效。2010年8月16日起施行的《最高人民法院关于审理外商投资企业纠纷案件若干问题的规定（一）》第1条规定："当事人在外商投资企业设立、变更等过程中订立的合同，依法律、行政法规的规定应当经外商投资企业审批机关批准后才生效的，自批准之日起生效；未经批准的，人民法院应当认定该合同未生效。当事人请求确认该合同无效的，人民法院不予支持。前款所述合同因未经批准而被认定未生效的，不影响合同中当事人履行报批义务条款及因该报批义务而设定的相关条款的效力。"可见，未履行法定审批、备案手续的“阴合同”并非一概无效，在不违反法律法规强制性规定的情况下，应根据反映当事人真实意思的合同来确定双方之间的权利义务，相应的审批、备案手续可依法进行补办。合同当事人对于合同未能生效具有过错的，应依法承担违约责任或赔偿责任。

**四、劳动关系“阴阳合同”的认定**

在劳动力市场，由于供需关系的不平衡，往往也会出现“阴阳合同”。用人单位凭借其强势地位，常常要求前来应聘的劳动者签订两份实质性内容具有较大差异的合同，以规避《劳动法》及《劳动合同法》中对劳动者保护的有关规定，应付劳动行政主管部门的检查、备案。一般来讲，“阳合同”约定的劳动待遇往往明显优厚于“阴合同”，而“阴合同”约定的权利义务极不平等，用以约束劳动者，谋取不正当利益。例如，规定加班无须支付加班工资、员工一旦结婚生育则用人单位可以解除劳动合同且无须支付劳动补偿金等不平等条款。劳动及社会保障法中关于劳动者工资待遇、社会保险的规定，体现了现代民法为实现对实质正义的追求而对劳动者进行的倾斜性保护。任何试图规避法律关于劳动者权益保护规定的行为，将不能得到法律的认可。劳动者应大胆主张“阳合同”才是在双方之间真正具有约束力的合同。少数情况下，“阳合同”约定的劳动待遇也可能大大低于“阴合同”，例如在职业联赛中，球员与俱乐部之间通过签订待遇较低的“阳合同”来应对监管部门诸如“限薪令”等政策。此时应在不违反法律强制性规定的情况下，认定真实反映双方意志的合同效力。

**【典型案例】**

**山西嘉和泰房地产开发有限公司与太原重型机械（集团）有限公司土地使用权转让合同纠纷案**

上诉人（原审被告）：山西嘉和泰房地产开发有限公司，住所地山西省太原市并州南路西一巷10号。

法定代表人：范维明，该公司董事长。

委托代理人：张刚，山西元升律师事务所律师。

上诉人（原审原告）：太原重型机械（集团）有限公司，住所地山西省太原市玉河街53号。

法定代表人：高志俊，该公司董事长。

委托代理人：段伟岳，山西德为律师事务所律师。

**〔基本案情〕**

山西省高级人民法院经审理查明：2002年3月26日，太原重型机械（集团）有限公司（以下简称太重公司）（甲方）与山西嘉和泰房地产开发有限公司（以下简称嘉和泰公司）（乙方）签订《协议书》。其主要内容如下：……（二）开发地段：位于太原市并州南路西一巷48号，并规选字（2001）第0068号规选中，南北约232米，东西约221米，除去其中西南角锅炉房、西北角已有建筑物,并留出变电室位置0.5亩左右,占地约64.5亩。(三)双方权利义务:(1)太重公司负责上述地段的旧屋拆除及安置;(2)太重公司负责三通一平,具体时间为2002年6月10日前为主干道以西地段,2002年11月30日前为剩余地段;(3)在土地转让手续办理完毕之前,太重公司协助嘉和泰公司办理项目的建设手续;(4)太重公司负责嘉和泰公司施工中的水、电供应,费用由嘉和泰公司按月支付,房屋建成后的水电增容及设施费用由嘉和泰公司承担;(5)太重公司现有锅炉房、变电室可与嘉和泰公司共同使用,由此产生的增容费由嘉和泰公司承担(产权归太重公司);(6)嘉和泰公司负责开发项目所需规划、设计、报建等工作及费用;(7)嘉和泰公司负责工程费用筹措、支付、施工及房屋建成后的销售;(8)太重公司负责办理土地出让手续,土地出让金及相关出让费用由嘉和泰公司按太重公司与土地管理部门签署的《国有土地出让合同》约定的付款方式及付款时间支付给太重公司,再由太重公司向政府相关部门缴纳;(9)太重公司土地出让手续办理完毕且嘉和泰公司向太重公司支付全部土地补偿金后,太重公司即为嘉和泰公司办理土地使用权转让手续,转让费用由嘉和泰公司承担;(10)嘉和泰公司为取得土地使用权,向太重公司支付土地补偿金每亩94万元(不含土地出让金及相关税费);(11)建成后的商铺和住宅,太重公司可按嘉和泰公司确定的价格优先购买;(12)如太重公司需在本小区内建设职工住宅,其占地面积从总面积中扣除;(13)嘉和泰公司在售房过程中发生的各类税、费均由嘉和泰公司承担。(四)付款方式:(1)协议签订后两日内,嘉和泰公司向太重公司支付土地补偿金500万元,十日内支付1500万元;(2)太重公司与土地部门签订土地出让合同后十日内,嘉和泰公司按该合同确定的土地出让金比例和数额向太重公司支付该笔款项;(3)太重公司土地出让完毕,且已取得国有土地使用权后,太重公司与嘉和泰公司签订该土地使用权转让合同,此合同一经土地局批准十日内,嘉和泰公司支付剩余的土地补偿金,太重公司收到土地补偿金后,将土地证及已批准的土地使用权转让协议交由嘉和泰公司办理过户手续。(五)违约责任:(1)在土地转让手续办理完毕前,太重公司如未按本协议第三条第二项约定时间实现三通一平,应按嘉和泰公司已付款额,以每日万分之四计息赔偿待工损失,超过三个月仍无法实现约定条款,嘉和泰公司有权解除协议,太重公司须退还所收款项。(2)嘉和泰公司未按本协议第四条约定时间向太重公司支付该条约定款项,按该条应支付款项,每超过一日按万分之四计息补偿给太重公司,如超过约定时间三个月后仍不能支付,太重公司有权终止协议,除留下已付款的10%作为对太重公司补偿外,其余款项退回嘉和泰公司。(3)施工期间,如因太重公司原因不能保证用水、用电,太重公司应赔偿嘉和泰公司因此所遭受的直接损失;嘉和泰公司未按本协议约定支付水、电及增容费用,太重公司免除责任。(4)在土地转让手续办理完毕之前,因太重公司原因,嘉和泰公司未能及时办理工程项目审批手续,影响施工,太重公司须赔偿因此给嘉和泰公司造成的直接损失,但由于嘉和泰公司未按通知如期支付相关费用,太重公司免除责任。

2002年4月2日，太重公司(甲方)与嘉和泰公司(乙方)签订《补充协议》。其主要内容如下：(一)按原订协议的期限，嘉和泰公司按每亩94万元向太重公司支付土地补偿金，94万元/亩中的流转税按太重公司76%，嘉和泰公司24%的比例承担。嘉和泰公司承担的24%流转税款按原《协议书》约定在嘉和泰公司支付每期土地补偿金的同时一并支付，最终以实际交付的税款按双方约定的比例多退少补。(二)除以上1条以外，原协议履行过程中的所有各项税费(包括土地增值税、交易税等，但不限于此)均由嘉和泰公司承担。(三)以上各项税费凡以太重公司名义缴纳的，须由嘉和泰公司如数支付给太重公司。

2002年9月24日，太重公司与太原市国土资源局签订《国有土地使用权出让合同》(以下简称《出让合同》)，太重公司取得了该宗土地的使用权。确认出让土地面积为42968.75平方米(约64.45亩)。

2002年12月，太重公司与嘉和泰公司签订《太原市出让土地使用权转让合同书》(以下简称《转让合同》)。该合同主要内容如下：第7条土地使用权转让价格为每平方米1223元，总额为5255.08万元。第8条太重公司同意按原出让合同规定向国家交纳转让时的土地增值税。第10条双方在本合同签订十五日内，由嘉和泰公司按太原市地产交易管理所审批意见，办理有关手续，交纳有关税费。第11条双方在本合同签订后三十日内到太原市国土资源局申请土地使用权变更登记。

根据《协议书》第四条1约定：本协议签订后两日内，嘉和泰公司支付土地补偿金500万元，十日内支付土地补偿金1500万元。2002年4月2日，嘉和泰公司以承兑汇票方式向太重公司支付土地补偿金2000万元(该承兑汇票2002年9月到期)。

2002年10月30日，嘉和泰公司以支票方式向太重公司支付土地补偿金250万元。

根据《协议书》第四条3约定：太重公司取得国有出让土地使用权后，由太重公司与嘉和泰公司签订该土地使用权转让合同(按土地局规定文本)，此合同一经土地局批准十日内，嘉和泰公司即支付剩余的土地补偿金。2002年12月，太重公司与嘉和泰公司签订《转让合同》，2003年1月20日，嘉和泰公司以承兑汇票方式向太重公司支付土地补偿金2000万元。

2005年1月5日、8月19日、8月29日、9月22日，嘉和泰公司以支票、现金方式，四次向太重公司支付土地补偿金330万元。

综上，嘉和泰公司以承兑汇票、支票、现金方式共支付土地补偿金4580万元，余款未付。

根据《协议书》第三条8约定：太重公司负责办理土地出让手续，土地出让金及相关出让费用由嘉和泰公司按太重公司与土地管理部门签署的《出让合同》约定的付款方式和付款时间支付给太重公司。《协议书》第四条2约定：太重公司与土地管理部门签订土地出让合同十日内，嘉和泰公司应按该合同确定的土地出让金比例和数额向太重公司支付该笔款项。2002年9月24日太重公司和太原市国土资源局签订《出让合同》。2002年8月12日嘉和泰公司以承兑汇票方式向太重公司支付土地出让金1000万元(该承兑汇票2003年2月到期)。2002年9月23日嘉和泰公司以电汇方式向太重公司支付土地出让金50万元。

嘉和泰公司合计向太重公司支付土地出让金1050万元。

2003年1月15日,太重公司与嘉和泰公司取得国有土地使用权转让鉴证单。双方通过办理权属变更登记手续,嘉和泰公司于2003年1月取得该宗土地的国有土地使用证。

按照《协议书》和《补充协议》有关税费承担的约定,嘉和泰公司尚欠太重公司各种税金。

一审法院还查明,2002年12月31日,嘉和泰公司向太原市国土资源局支付土地出让金386.72万元。

一审法院另查明,太重公司已缴纳契税41.25万元;已申报营业税281.25万元,实际缴纳营业税242.526万元。

一审法院再查明,嘉和泰公司住所地由原太原市并州南路西一巷48号变更为太原市并州南路西一巷10号。

2006年1月16日,太重公司向一审法院起诉称,2002年3月16日太重公司与嘉和泰公司签订《协议书》,就太重公司向嘉和泰公司转让太原市并州南路西一巷48号土地拆迁补偿事宜进行了明确约定。2002年4月2日又签订《补充协议》,就《协议书》中有关税费承担问题进一步明确。合同签订后,太重公司按约履行了合同,而嘉和泰公司只支付了土地补偿金4559.7万元,尚欠太重公司土地补偿金、相关税费等合计3548.6271万元。嘉和泰公司应支付欠款并对其违约行为按照合同约定承担违约责任。请求依法判令:嘉和泰公司立即支付土地补偿金、相关税费合计3548.6271万元及违约金755.86256万元(截至2006年1月12日)及至全部清偿之日止的违约金;嘉和泰公司承担全部诉讼费用及律师费用。

2006年8月7日,太重公司向一审法院递交补充诉状,称根据太重公司与嘉和泰公司签订的《转让合同》,嘉和泰公司还另外拖欠太重公司土地转让金5255.08万元没有支付。因此增加诉讼请求,请求依法判令嘉和泰公司立即支付土地出让金5255.08万元并承担全部诉讼费用。

嘉和泰公司辩称,嘉和泰公司不欠太重公司任何款项,太重公司的诉讼请求应被驳回。(1)太重公司主张的"土地补偿金"与"土地转让金"是转让同一地块的不同阶段的称谓,其实质是土地转让价。2002年3月26日,双方签订《协议书》时土地性质为划拨土地,且协议的名义是合作开发,故使用"补偿金"这一名词,实质是土地使用权转让合同。2002年12月,双方就该地块重新签订了《转让合同》,并经政府批准。该合同是最终确定土地使用权转让法律关系的合法文件,转让价格为5255.08万元。嘉和泰公司已超额支付土地转让款,不存在欠款一说。(2)嘉和泰公司不欠太重公司任何税费。《转让合同》中没有约定由嘉和泰公司负担相关税费,且在该合同第八条明确约定增值税由太重公司负担。(3)嘉和泰公司不欠太重公司任何款,太重公司无权主张所谓的违约金。

〔一审裁判理由与结果〕

一审法院认为,双方当事人争议的主要焦点是:(一)《协议书》的效力问题;(二)《补充协议》的效力问题;(三)《转让合同》的效力问题;(四)嘉和泰公司已付价款数额的确定问题、税金问题及违约金问题。

(一)关于《协议书》的效力问题。一审法院从三个方面分析《协议书》的效力:1.《协议书》的性质。太重公司认为《协议书》约定的土地补偿金,系用于地上房屋拆迁、职工安置、工厂搬迁及地上建筑物补偿等,与《转让合同》约定的土地转让金,是两个概念,无法替代。嘉和泰公司认为《协议书》名为合作开发,实际是不同时期转让土地使用权的同一称谓,《协议书》的实质为土地使用权转让合同。一审法院认为,《协议书》的性质是土地使用权转让合同。就《协议书》内容看,主要是约定嘉和泰公司为取得该宗土地使用权,向太重公司支付94万元/亩的补偿金。并非以提供土地使用权、资金等作为共同投资,共同经营,共享利润、共担风险合作开发为基本内容。根据最高人民法院《关于审理涉及国有土地使用权合同纠纷案件适用法律问题的解释》第二十四条规定,应当认定为土地使用权转让合同。2.《协议书》、《补充协议》和《转让合同》的关系。太重公司认为《协议书》涉及土地的拆迁、安置、办理出让手续等内容;《补充协议》涉及税费承担问题;《转让合同》仅是土地使用权的转让。三者之间不存在矛盾,《转让合同》不能取代《协议书》和《补充协议》。嘉和泰公司认为《协议书》和《补充协议》实质是不具合同效力的土地使用权转让合同,最终被《转让合同》取代。一审法院认为,从形式上讲,《协议书》和《补充协议》是未经备案登记、仅由双方持有的合同。《转让合同》是经过备案登记的合同。从内容上讲,《协议书》和《补充协议》约定转让土地补偿金94万元/亩,共6058.3万元,土地增值税及相关税费由嘉和泰公司承担。《转让合同》约定土地转让金为每平方米1223元,共5255.08万元,土地增值税由太重公司承担。《协议书》约定的权利、义务,付款方式、违约责任、争议解决方式等条款,在《转让合同》中没有条款约定或者说明。二者是针对同一标的所签订的形式不同、内容也不尽相同的两份合同。虽然都有转让的真实意思表示,但《协议书》是真实履行的合同,而《转让合同》只是用于办理过户之用。3.《协议书》的效力问题。太重公司认为《协议书》是双方真实意思表示,不违反国家法律法规,是合法有效的合同。嘉和泰公司认为《协议书》是转让划拨土地,违反《中华人民共和国城市房地产管理法》第三十九条规定,是效力瑕疵合同,被《转让合同》取代。一审法院认为,《协议书》是双方当事人真实的意思表示,也是实际真正履行的合同。《协议书》和《转让合同》是对同一标的所签的先后两份合同,但后签订的《转让合同》并不当然取代《协议书》。因为:一是《转让合同》未废止《协议书》及《协议书》中约定的补偿金条款,也未约定《协议书》与《转让合同》相抵触的部分无效;二是《协议书》和《补充协议》约定了包括拆迁、安置、履行期限、履行方式、违约责任承担、纠纷解决方式等内容,《转让合同》不具备该类交易行为所签合同的必要条款。依照《中华人民共和国合同法》第七十八条规定,应推定为未变更。三是《协议书》不违反国家法律、法规。太重公司与嘉和泰公司签订《协议书》时,该土地为划拨用地,但双方在履行合同过程中,在经政府管理部门批准后,该划拨用地使用权已转化为出让土地使用权,不存在《中华人民共和国合同法》第五十二条规定的合同无效的任何一种情形。根据最高人民法院《关于审理涉及国有土地使用权合同纠纷案件适用法律问题的解释》第十一条规定,《协议书》应认定为合法有效。

(二)关于《补充协议》的效力问题。太重公司认为《补充协议》合法有效。嘉和泰公司认为《补充协议》同样是效力瑕疵合同,已被《转让合同》取代。一审法院认为,双方在《协议书》的基础上,签订《补充协议》,对土地增值税、流转税的金额及履行方式等进行了明确约定,其内容与《协议书》内容并不冲突,与《协议书》的内容共同构成完整的合同内容,二者是同一的关系。根据《中华人民共和国合同法》第六十一条规定,该《补充协议》的内容是对《协议书》内容的补充。可以确认《补充协议》与《协议书》具有相同的法律效力。

(三)关于《转让合同》的效力问题。太重公司认为《转让合同》也是合法有效的。嘉和泰公司认为《转让合同》是唯一有效合同。一审法院认为,(1)《转让合同》第7条约定的土地转让价格5255.08万元,是国土局的评估价格,是国家土地管理部门对土地交易双方成交价格进行间接调控和引导的最低限价,并非双方达成合意的表示。(2)《转让合同》约定的价格不符合客观事实,按照《转让合同》约定,该宗土地价格为5255.08万元,土地增值税由太重公司承担,相关税费没有约定,按规定由太重公司承担。则太重公司在取得5255.08万元收入时,需向国家交纳土地出让金1417.97万元,需向国家交纳土地增值税及其他相关税费,还要负责拆迁、安置,且该宗土地上建筑物评估价为1041.2171万元。显然,太重公司以5255.08万元转让该宗土地与客观事实和真实合意不符。(3)按照《转让合同》约定的价款5255.08万元,嘉和泰公司的支付有悖常理。嘉和泰公司在已支付3300万元前提下,只应向太重公司支付1955.08万元。但嘉和泰公司于2003年1月20日支付了2000万元,在取得土地使用证,认为已超额支付的情况下,又于2005年1月5日、8月19日、8月29日、9月22日四次向太重公司共付款330万元,显然与常理不符。(4)《转让合同》约定的重要条款形同虚设。《转让合同》第8条约定:太重公司同意按原出让合同规定向国家交纳土地增值税。但原出让合同中并无交纳土地增值税的约定。(5)《转让合同》没有约定土地交付、价款支付、违约责任、纠纷解决方式等内容,不具备土地使用权转让合同的必要条款,不符合一般的交易习惯。(6)按照《协议书》第四条3约定:太重公司土地出让完毕,且已取得国有出让土地使用权后,与嘉和泰公司签订该土地使用权转让合同(按土地局规定文本),此合同一经土地局批准十日内,即由嘉和泰公司向太重公司支付剩余的土地补偿金,太重公司收到土地补偿金后,将土地证及已批准的土地使用权转让协议交由嘉和泰公司办理过户手续。《协议书》第三条8约定:出让费标准为太重公司在政策中能享受到的最优惠的价格标准。显然双方存在合理减少土地转让费的合意。由此可以推断,《转让合同》是按照土地局规定文本,为履行土地局的批准手续而作出的。双方将转让价格约定为5255.08万元,是为了少报纳税金额,而非变更原约定的转让价格。因此,《转让合同》中关于转让价格及土地增值税的约定并非双方当事人真实意思表示,该类条款只会使国家税款减少,因此该类条款应认定无效。其余条款与以前协议内容基本竞合,是双方当事人的真实意思表示,且经土地管理部门审查,并作了土地权属变更登记,双方已实际履行,为有效条款。

(四)关于嘉和泰公司已付价款数额的确定问题、税金问题及违约金问题。

(1)嘉和泰公司已付土地补偿金数额的问题。太重公司和嘉和泰公司对已付款有两个问题意见不同:一是承兑汇票。太重公司认为2002年4月2日2000万元和8月12日1000万元承兑汇票应当扣除贴现利息;嘉和泰公司认为应以收款金额和收据金额为准。一审法院认为,在双方未就付款方式作出明确约定情况下,嘉和泰公司以承兑汇票方式付款并无不妥,太重公司收取承兑汇票后也没有提出异议。对太重公司扣除贴现利息的主张不予支持。二是国土资源局收取的386.72万元土地出让金。嘉和泰公司认为其向国土资源局交纳的386.72万元出让金应计入太重公司收取的土地补偿金数额。一审法院认为,太重公司出售该地,实际就是要取得94万元/亩,合计6058.3万元的土地补偿金收益,其他一切费用均由嘉和泰公司支付。《协议书》第三条9约定:太重公司土地出让手续办理完毕且嘉和泰公司已支付全部土地补偿金后,太重公司即为嘉和泰公司办理土地使用权转让手续,转让费由嘉和泰公司承担。因此,该笔出让金不应算在太重公司收取的补偿金中。

故按照《协议书》约定,嘉和泰公司应支付太重公司土地补偿金6058.3万元,已支付4580万元,欠付太重公司土地补偿金1478.3万元。

(2)税金问题。双方在《补充协议》中约定:除流转税按76%和24%的比例由太重公司和嘉和泰公司承担外,其余所有税费均由嘉和泰公司承担。嘉和泰公司认为,各项税金的纳税主体是明确的,双方的约定是规避法律的行为,应属无效。一审法院认为双方当事人对税金的约定并不违反法律、法规强制性规定。嘉和泰公司向太重公司支付的补偿金是双方约定的不含税价格,双方约定各种税金由嘉和泰公司承担合法有效。但是土地增值税和印花税太重公司并未交纳,营业税部分交纳部分未发生,对于未交纳的税费太重公司没有权利向嘉和泰公司主张,在各税费实际发生后,太重公司可依据《协议书》及《补充协议》向嘉和泰公司主张或另行起诉。对太重公司已缴付的41.25万元契税,予以支持。

(3)违约金问题。一审法院认为嘉和泰公司没有完全履行其付款义务,是基于双方签订了两份合同,双方都有过错,因此对太重公司主张按照日万分之四计算违约金的请求,不予支持。但由于嘉和泰公司迟延付款的责任显然大过太重公司,其迟延付款的行为客观上给太重公司造成了利息损失。依照《中华人民共和国合同法》第一百零七条的规定,利息损失也属违约责任的一种,太重公司虽然未提出利息损失的请求,但提出了违约金请求。因此嘉和泰公司应负担迟延付款的利息。

综上,一审法院依照《中华人民共和国民事诉讼法》第六十四条第一款,《中华人民共和国合同法》第五十六条、第七十八条、第一百零七条、第一百零九条之规定,判决:(一)嘉和泰公司于判决生效后三十日内向太重公司支付土地补偿金1478.3万元及利息(自2005年9月23日起至判决确定的支付之日,以1478.3万元为基数,按照中国人民银行同期贷款利率计算)。(二)嘉和泰公司于判决生效后三十日内,向太重公司支付契税41.25万元。(三)驳回太重公司的其他诉讼请求。案件受理费51.7998万元,保全费26.5万元,其他诉讼费4.5万元,由太重公司负担50万元,由嘉和泰公司负担32.7998万元。

**〔当事人上诉及答辩意见〕**

嘉和泰公司不服一审判决,向最高人民法院提起上诉,请求:1. 撤销一审判决,依法改判驳回太重公司的诉讼请求;2. 一、二审诉讼费用由太重公司承担。事实和理由如下:(1)关于《转让合同》的效力。《转让合同》是双方当事人真实意思表示,符合法律规定,并经政府批准,是最终确定双方土地使用权转让法律关系的合法文件,土地价格应以《转让合同》的约定为准。嘉和泰公司已按约定履行完毕自己的义务,不存在拖欠款项的行为,一审判决嘉和泰公司承担责任是错误的。(2)关于《协议书》和《补充协议》的效力。《协议书》和《补充协议》签订时,该宗土地为行政划拨地。根据法律规定,太重公司无权转让该宗土地,应属无效协议。在办理出让手续后,《协议书》的效力才得到补正,才发生法律效力。虽然该协议有效,但它先天不足是事实,需要在履行过程中逐步合法化。《协议书》是《转让合同》的准备,并最终被《转让合同》取代。(3)一审判决认定"《协议书》和《转让合同》是针对同一标的所签订的新旧两份合同"。既然如此,根据合同法的一般原理,后合同(《转让合同》)的效力应当优于前合同(《协议书》),政府批准的合同效力当然优于未经批准的合同。(4)《转让合同》和《协议书》相冲突的约定,应以《转让合同》为准。与《协议书》相比,《转让合同》在转让范围、面积、价格、增值税负担等方面都发生了变化,当然应以《转让合同》为准。(5)《补充协议》就税费负担所作的约定,违反了税法的强制性规定。即使有效,增值税的负担约定也显失公平。增值税的纳税主体是转让人而非受让人,所以《转让合同》变更增值税由太重公司承担。(6)一审判决认定嘉和泰公司已付价款数额有误,嘉和泰公司代太重公司支付的386.72万元出让金,应计入已付款数额。(7)2005年以后所付330万元是为了促使太重公司履行全面交付土地义务,被迫多付的。(8)假如一审判决结果是正确的,其对诉讼费的分担违背了人民法院诉讼收费办法,超过嘉和泰公司应负担的比例。

针对嘉和泰公司的上诉,太重公司答辩称,(一)嘉和泰公司主张《转让合同》取代《协议书》和《补充协议》毫无根据且严重歪曲事实。(二)嘉和泰公司对协议约定的出让金和税金提出异议目的是歪曲协议、赖账。(三)嘉和泰公司认为386.72万元出让金应由太重公司承担,没有根据。

太重公司不服一审判决,向最高人民法院提起上诉,请求:1. 撤销一审判决,依法改判支持太重公司一审的全部诉讼请求;2. 一、二审诉讼费用均由嘉和泰公司承担。事实和理由是:(1)一审判决对嘉和泰公司欠付土地转让金的事实没有认定是错误的。《协议书》约定嘉和泰公司支付土地补偿金每亩94万元,是对太重公司进行土地拆迁、安置、三通一平等工作的补偿,而非土地转让价格。《转让合同》约定的是土地转让金,是土地本身的转让价格。两份合同的约定并不矛盾,更不重复,嘉和泰公司应当分别履行相应的合同付款义务。《协议书》与《转让合同》的内容相互独立,没有重复,均有双方当事人的盖章签字。根据《合同法》规定,两份合同均成立并生效。在两份合同中,并没有任何相互否定或者变更的条款,分别构成双方不同的权利义务。(2)一审判决为嘉和泰公司减免大部分违约责任,没有依据,也不公平。一审判决已认定嘉和泰公司拖欠土地补偿金的事实存在,应当履行付款义务,但是将太重公司根据合同约定诉请的违约金改为支付同期贷款利息,并且违约金的起算时间也被推迟了两年零八个月之多,显然不符合约定,对太重公司是不公平的。根据《协议书》第四条约定,协议签订后两日内,嘉和泰公司支付土地补偿金500万元,十日内支付1500万元;太重公司取得国有土地使用权后,双方签订土地使用权转让合同,此合同经土地局批准十日内,嘉和泰公司支付剩余的土地补偿金。第五条约定,嘉和泰公司未按本协议第四条约定的时间支付该条约定款项,则按该条应支付的款项,每超过一日按万分之四计息补偿给太重公司。以上约定清楚明确,对双方均有法律约束力,人民法院应当尊重当事人的意思自治。按《协议书》约定,嘉和泰公司应在《转让合同》经批准十日内付清土地补偿金。而《转让合同》经批准的时间双方均认可为2003年1月15日,则嘉和泰公司付清土地补偿金的时间应为2003年1月25日。太重公司正是据此计算违约金,并且对嘉和泰公司中间几次还款均相应予以核减,分段计算。截至2006年1月12日,嘉和泰公司应当支付违约金755.86256万元。这一计算结果既符合合同约定,也符合客观事实,应当得到法院的支持。(3)一审判决驳回太重公司对税金的诉讼请求是错误的。依法纳税是企业应承担的义务,税金对于太重公司是必然发生的费用,太重公司当然有权主张,是否已经发生并不影响嘉和泰公司承担合同义务。而且应纳税款的计算均有国家相关法律法规的规定,太重公司起诉税费金额是依法计算的结果,有充分的法律依据,应当得到支持。(4)一审判决对嘉和泰公司已付款数额认定也存在错误。嘉和泰公司支付的款项中有2002年4月2日2000万元承兑汇票应扣除贴现利息30.3万元;8月12日1000万元的承兑汇票应扣除贴现利息15.6万元。

针对太重公司的上诉,嘉和泰公司答辩称,嘉和泰公司不欠太重公司任何款项,太重公司的上诉请求应被驳回。(一)《协议书》和《补充协议》已被《转让合同》取代。嘉和泰公司已按《转让合同》确定的价格履行完毕付款义务,并无任何拖欠。(二)嘉和泰公司按约履行了全部付款义务,不拖欠太重公司的任何款项,太重公司无权主张所谓的违约金。(三)太重公司主张的各种税费包括营业税、契税、印花税、土地增值税由嘉和泰公司承担不能成立。因为《转让合同》取代《协议书》及《补充协议》后,《转让合同》并没有约定上述税费由嘉和泰公司承担,《转让合同》第8条还明确约定增值税由太重公司承担。(四)太重公司认为已付款中应扣除贴现利息,没有依据。嘉和泰公司支付承兑汇票时,太重公司按票面金额开具了收据,已认可不扣除贴现利息,现在无权主张扣除。

〔最高人民法院查明的事实〕

最高人民法院二审查明的事实与一审法院查明的事实相同。

〔最高人民法院裁判理由与结果〕

最高人民法院认为,嘉和泰公司和太重公司对于《协议书》、《补充协议》及《转让合同》的真实性均无异议。综合双方当事人的上诉请求及事实和理由,本案二审争议的焦点问题是:(一)《协议书》、《补充协议》和《转让合同》的效力及相互关系问题;(二)嘉和泰公司已付土地补偿金的数额问题;(三)太重公司关于税金的请求是否成立问题;(四)太重公司关于违约金的请求是否成立问题。

(一)关于《协议书》、《补充协议》和《转让合同》的效力及相互关系问题。

首先,关于《协议书》、《补充协议》的效力,太重公司认为《协议书》、《补充协议》是双方的真实意思表示,不违反国家法律法规,是合法有效的合同。嘉和泰公司认为《协议书》签订时,该宗土地为行政划拨地,根据法律规定,太重公司无权转让该宗土地,应属无效协议。而《补充协议》就税费负担的约定,违反了税法的强制性规定。最高人民法院认为,《协议书》、《补充协议》是双方在平等的基础上,自愿协商达成的协议,是双方真实的意思表示。《协议书》不仅详细的约定了所转让土地的面积、价格、付款方式、违约责任,还具体约定了双方权利义务及履行程序。《协议书》签订时,嘉和泰公司及太重公司均知道该宗土地属于划拨用地,所以在《协议书》第三条8约定:由太重公司负责办理土地出让手续;第三条9约定:太重公司土地出让手续办理完毕,即为嘉和泰公司办理土地使用权转让手续。这一缔约行为并没有规避法律损害国家利益,事实上,太重公司和嘉和泰公司正是按照上述约定完成该宗土地转让的。2002年9月24日太重公司与太原市国土资源局签订《出让合同》,取得该宗土地的使用权,嘉和泰公司支付土地出让金;同年12月太重公司与嘉和泰公司签订《转让合同》,嘉和泰公司依据《协议书》向太原市国土资源局支付土地转让款,随后完成土地使用权变更登记;均是双方履行《协议书》的真实行为。根据最高人民法院《关于审理涉及国有土地使用权合同纠纷案件适用法律问题的解释》第九条规定:“转让方未取得出让土地使用权证书与受让方订立合同转让土地使用权,起诉前转让方已经取得出让土地使用权证书或者有批准权的人民政府同意转让的,应当认定合同有效。”因此,《协议书》合法有效。《补充协议》是对《协议书》约定转让土地使用权的税费承担所作的补充约定,明确了转让土地使用权的税费如何承担及由谁承担的问题。虽然我国税收管理方面的法律法规对于各种税收的征收均明确规定了纳税义务人,但是并未禁止纳税义务人与合同相对人约定由合同相对人或第三人缴纳税款。税法对于税种、税率、税额的规定是强制性的,而对于实际由谁缴纳税款没有作出强制性或禁止性规定。故《补充协议》关于税费负担的约定并不违反税收管理方面的法律法规的规定,属合法有效协议。嘉和泰公司关于《协议书》签订时,所转让的土地属划拨地,太重公司无权转让及《补充协议》就税费负担的约定违反税法的强制性规定,均属无效协议的主张,没有法律依据,不予支持。一审法院关于《协议书》合法有效及《补充协议》与《协议书》具有相同的法律效力的认定是正确的,应予维持。

其次,关于《转让合同》的效力问题,嘉和泰公司认为,《转让合同》是双方当事人真实意思表示,符合法律规定,并经政府批准,是最终确定双方土地使用权转让关系的合法文件,土地使用权转让价格应以《转让合同》约定为准。太重公司认为,《转让合同》有效,嘉和泰公司应承担《转让合同》约定的支付土地转让金义务。最高人民法院认为,太重公司与嘉和泰公司之所以在《协议书》之外又签订《转让合同》,是因为签订《协议书》时,双方当事人均知道所转让的土地属划拨用地,不能直接转让。只有在太重公司办完土地出让手续,取得国有出让土地使用权后,再与嘉和泰公司签订国有出让土地使用权转让合同,并由双方共同到土地管理部门办理登记备案,才能完成该土地使用权转让。因此,《转让合同》对于太重公司及嘉和泰公司来讲就是到土地管理部门办理登记备案手续,以完成《协议书》约定的转让土地使用权行为,而并非为了变更《协议书》的约定条款或者构成双方新的权利义务关系;对于土地管理部门来讲,以《转让合同》登记备案,则表明土地管理部门认可《转让合同》中的价格并据此征收转让税费,办理相关手续。虽然《转让合同》中的价格比双方当事人实际约定的价格低,但土地管理部门给予登记备案的事实表明,土地管理部门认可双方当事人可以此最低价格办理土地使用权转让手续,也表明双方当事人这一做法并不违反土地管理部门的相关规定。事实上,土地管理部门也正是依据该《转让合同》办理了土地权属变更手续。由此可以认定,在本案中《转让合同》仅是双方办理登记备案之用,别无他用,其效力仅及于登记备案。《转让合同》对于合同双方既没有变更《协议书》约定条款,也不构成新的权利义务关系。从嘉和泰公司支付土地补偿金的过程和数额看,也可证明嘉和泰公司在签订《转让合同》后,仍是按《协议书》约定的土地补偿金数额支付的。故嘉和泰公司关于应以《转让合同》中的价格作为本案土地使用权转让价格及太重公司关于以《转让合同》请求另外支付土地转让金的主张,均不符合本案实际情况,没有事实依据,不能成立。

再次,关于《协议书》、《补充协议》与《转让合同》的关系,对于《补充协议》是《协议书》的补充约定双方均无异议,但对于《协议书》与《转让合同》双方争议较大。嘉和泰公司认为,《协议书》已被《转让合同》所取代,《转让合同》是本案唯一有效的合同。太重公司则认为,《协议书》约定的土地补偿金是对拆迁、安置的补偿。《转让合同》约定的土地转让金是土地本身的转让价格,两份合同的约定并不矛盾,也不重复,相互独立,均成立并有效。最高人民法院认为,双方当事人签订《转让合同》的目的是为了办理土地使用权转让登记备案手续。《转让合同》没有约定变更或取代《协议书》的条款,并未在双方当事人之间成立新的权利义务关系。从双方当事人实际履行合同的情况看,太重公司转让土地使用权收取土地补偿金、出让金、转让金、太重公司与太原市国土资源局签订《出让合同》及其与嘉和泰公司签订《转让合同》到土地管理部门登记等行为都是在履行《协议书》约定的权利义务。而嘉和泰公司支付土地补偿金、出让金、转让金,取得土地使用权等也是履行《协议书》约定的权利义务。因此,本案中的《转让合同》是双方在土地管理部门办理土地使用权转让手续的备案合同;《协议书》才是双方实际履行的合同。嘉和泰公司关于《转让合同》取代《协议书》,《转让合同》是本案唯一有效合同的主张不能成立。太重公司关于《协议书》和《转让合同》相互独立,均成立有效,并据此要求嘉和泰公司分别支付土地补偿金及土地转让金的主张也不能成立。

综上,最高人民法院认为,《协议书》及《补充协议》是合法有效的协议,是确定双方当事人权利义务及违约责任的合同依据。

(二)嘉和泰公司已付土地补偿金的数额问题。

太重公司对于已收到嘉和泰公司以承兑汇票、支票、现金形式支付的土地补偿金总额4580万元人民币并无异议。但认为其中2002年4月2日2000万元承兑汇票应扣除贴现利息30.3万元及2002年8月12日1000万元承兑汇票应扣除贴现利息15.6万元。最高人民法院认为,根据2002年3月26日太重公司与嘉和泰公司签订的《协议书》第四条1约定,嘉和泰公司在《协议书》签订十日内,应支付土地补偿金2000万元。嘉和泰公司应按约定时间履行付款义务。但嘉和泰公司以2002年9月到期的2000万元承兑汇票支付该笔土地补偿金,导致太重公司不能在约定时间实际收到该款项。太重公司只有支付贴现利息,才能在约定时间取得上述款项。嘉和泰公司这种以远期承兑汇票履行到期付款义务的行为,实际是迟延付款,属于不当履行合同义务的行为。由于嘉和泰公司不当履行合同义务,造成太重公司为此支付30.3万元的贴现利息损失,应由嘉和泰公司承担。太重公司关于扣除该贴现利息的上诉请求成立,应予支持。一审判决对此处理不当,应予纠正。关于2002年8月12日1000万元承兑汇票,是嘉和泰公司依据《协议书》第三条8的约定支付的土地出让金。而太重公司在一审中并未对土地出让金提出诉讼请求,因此太重公司关于该1000万元承兑汇票的贴现利息的上诉请求不属于最高人民法院二审的审理范围。

嘉和泰公司认为其2002年12月31日向太原市国土资源局支付的386.72万元土地出让金应计入已付土地补偿金数额。最高人民法院认为,该笔款项是2002年12月太重公司与嘉和泰公司签订《转让合同》后,由嘉和泰公司直接支付给太原市国土资源局的。依据《协议书》第三条9约定，太重公司土地出让手续办理完毕且嘉和泰公司支付全部土地补偿金后，太重公司即为嘉和泰公司办理土地使用权转让手续，转让费用由嘉和泰公司承担。故该笔款项属于嘉和泰公司应承担的土地转让款，不应计入其已付的土地补偿金数额。一审判决处理适当，应予维持。

综上，一审判决认定嘉和泰公司已付土地补偿金4580万元，尚欠太重公司土地补偿金1478.3万元有误，应予纠正。嘉和泰公司实欠太重公司土地补偿金1508.6万元。

（三）太重公司的税金请求是否成立问题。

根据《补充协议》的约定，除流转税按76%和24%的比例由太重公司和嘉和泰公司分别承担外，其余所有税费均由嘉和泰公司承担。如前所述，《补充协议》关于税费负担的约定并不违反税收管理法律法规的规定，是合法有效协议，双方当事人应按约定履行自己的义务。关于太重公司在没有缴纳税金的情况下是否有权请求嘉和泰公司支付其所承担的税金的问题。最高人民法院认为，《补充协议》约定转让土地使用权税费的承担，只是明确了转让土地使用权过程中所发生的相关税费由谁负担的问题。而对于何时缴纳何种税费及缴纳多少税费，《补充协议》没有约定，也无法约定。只有在相关主管部门确定税费种类及额度，太重公司缴纳后，嘉和泰公司才能支付。太重公司在未缴纳税金，也没有相关部门确定纳税数额的情况下，请求嘉和泰公司支付转让土地税金，没有事实依据。一审判决对于太重公司要求嘉和泰公司支付其尚未缴纳的税费的请求不予支持，但提示其在实际缴纳税费后可以向嘉和泰公司另行主张权利的处理，并无不当，应予维持。对太重公司已缴纳的营业税和契税，一审判决只支持太重公司的契税请求而没有支持其关于营业税的请求不当，应予纠正。对于太重公司已缴纳的242.526万元营业税，嘉和泰公司应按24%比例负担58.20624万元。

（四）关于太重公司的违约金请求是否成立问题。

最高人民法院认为，《协议书》对于双方当事人具体的权利义务中包括嘉和泰公司付款时间、数额及违约责任均作出了明确约定。太重公司及嘉和泰公司都应按照诚实、信用原则，实际履行合同义务。太重公司按约定办理了土地出让、转让手续并将涉案地块实际交付给嘉和泰公司。嘉和泰公司应按约定履行付款义务，但嘉和泰公司在取得土地使用权后，未按约定时间及数额支付土地补偿金。嘉和泰公司迟延向太重公司支付土地补偿金是引起本案诉讼的主要原因。因此，嘉和泰公司的行为已构成违约，应按合同约定承担违约责任。一审判决认定嘉和泰公司迟延付款构成违约，但对太重公司按照合同约定的日万分之四的比例计算违约金的请求却未予支持，并将双方当事人按照日万分之四的比例计算违约金的约定调整为按银行利率计算利息。根据《中华人民共和国合同法》第一百一十四之规定，人民法院对于当事人在合同中约定的违约金的数额，只有在当事人请求调整，并确实低于或过分高于违约行为给当事人造成的损失时，才能进行调整。一审判决对违约金的调整既违背当事人双方的约定，也缺少法律依据，应予纠正。太重公司关于嘉和泰公司应按合同约定承担违约责任，支付违约金的上诉请求理据充分,应予支持。因为嘉和泰公司最后支付土地补偿金的时间是2005年9月23日,太重公司此前并未要求嘉和泰公司支付违约金。故嘉和泰公司应从2005年9月23日起承担违约责任。

综上所述,嘉和泰公司的上诉请求没有事实和法律依据,应予驳回。太重公司的上诉请求,部分有事实和法律依据,应予支持;部分没有事实和法律依据,应予驳回。一审判决认定事实清楚,但适用法律部分有误,应予纠正。根据《中华人民共和国民事诉讼法》第一百五十三条第一款第(二)项之规定,判决如下:

一、维持山西省高级人民法院(2006)晋民初字第20号民事判决第三项;

二、变更山西省高级人民法院(2006)晋民初字第20号民事判决第一项为:山西嘉和泰房地产开发有限公司于判决生效后三十日内向太原重型机械(集团)有限公司支付土地补偿金1508.6万元人民币,并从2005年9月23日起按实际迟延付款天数以日万分之四的比例计算违约金支付给太原重型机械(集团)有限公司直至还清之日止;

三、变更山西省高级人民法院(2006)晋民初字第20号民事判决第二项为:山西嘉和泰房地产开发有限公司于判决生效后三十日内,向太原重型机械(集团)有限公司支付营业税58.20624万元人民币,支付契税41.25万元人民币。

如逾期不履行本判决确定之金钱给付义务,应当依照《中华人民共和国民事诉讼法》第二百三十二条之规定,加倍支付迟延履行期间的债务利息。

一审案件受理费51.7998万元,保全费26.5万元,其他诉讼费4.5万元,合计82.7998万元,由太原重型机械(集团)有限公司负担50万元,山西嘉和泰房地产开发有限公司负担32.7998万元;二审案件受理费48.799848万元,由山西嘉和泰房地产开发有限公司负担。

# 第三章 合同解释

**规则 13（文义解释）判断合同当事人真实意思表示的首要方法是文义解释**

——淄博万杰医院与中国银行股份有限公司淄博博山支行、淄博博易纤维有限公司、万杰集团有限责任公司借款担保合同纠纷管辖权异议案①

**【裁判规则】**

对于合同条文的解释，必须探究合同当事人内在的、真实的意思表示，而判断合同当事人真实意思表示的首要方法，是判断合同条文的字面意思表示，即文义解释。只有在文义解释不能确定合同条文的准确含义时，才能运用其他的解释方法。

**【规则理解】**

任何意思表示都是通过语言、文字、行为等一定外在表现形式体现出来的，而这些外在表现形式与表意人的内心真实意思表示是否一致，常常因表意人的表达能力或者表达方式的不同而出现差异或者意思表示不清楚、不明确。这就导致在现实生活中，对表意人作出的意思表示，不同的人可能产生不同的理解，甚至产生争议。为了定纷止争，在对意思表示含义产生争议时，就需要人民法院或者仲裁机构对意思表示进行解释，其目的就是明确意思表示的真实含义。《民法总则》在第 142 条对此作出了明确的规定。所谓文义解释是指对合同所使用的文字含义进行解释，因为合同所使用的文字是当事人意思最明确的表示方式，因此，在合同解释中，文义解释处于基础地位。

**一、文义解释的特征和起因**

正如卡尔·拉伦茨所言："语言是一种不断变化着的，具有适应能力的，常常充满歧义的表达工具。某个表达方式的意义，可能随着它所处的不同上下文，它所指的不

① 《中华人民共和国最高人民法院公报》2007 年 12 期，最高人民法院（2007）民二终字第 99 号民事裁定书。

同情况以及说话者所属的阶层所独有的表达特点，而具有不同的意义”，①语言文字由于其含义的丰富性、极强的适用性与表达力而成为合同内容通常的表现形式，同时，也由于文字的多义性、当事人理解能力的局限性等原因，词不达意、词义模糊的情况时有发生，导致合同在表达当事人意思上的不准确性与歧义性，因此，对合同进行文义解释在所难免。为了更好地适用文义解释的规则，必须先了解文义解释的特征和起因，以便有针对性地对合同所使用的文字进行解释。具体而言，文义解释的特征和起因有以下几方面：

（一）文字的多义性

不论是何种语言，一词多义的现象均较为普遍，特别是中国的汉字，大部分都具有多种含义，同一词语，可能在不同的语境下就会有不同的含义。如“还借款500元”中的“还”字即可有多种含义，既可以理解为“归还”的“还”，也可以理解为“还有”的“还”。如果当事人就此引发争议，则对“还”字的解释不可避免。

（二）文字的概括性

尽管合同约定应尽可能明确、具体，但是现实生活中，为了提高交易效率，及某些情况下表达的需要，使用概括性的文字在所难免。如对于没有必要精确的标的数量，可能使用“大概”、“约”、“左右”之类的概括性文字予以表述。如当事人约定：“购买木材十吨左右”，在此约定中，“左右”的范围应为多少？或当事人约定：“购买人参一斤左右”，以此约定中，“左右”的范围应为多少？很显然，以上两种约定中“左右”的范围必定不同。又如当事人所言：“合同条文理解发生争议时，可以采取文义解释、体系解释、目的解释等”，此处“等”的理解，是“文内”理解，还是“文外”理解，其结果是相同的。

（三）文字意义的变化性

随着时间的变化，科技的发展，交易手段和方式的进步，文字所具体表达的意义也会有所变化。如在交通工具不发达的地方，当地人均使用木头制作的土车搬运河沙，而后，随着机动车的普及，该地人均使用汽车搬运河沙，则在加工承揽合同中，如果当事人约定以“车”为单位计算工钱，则该约定中的“车”，是木制车还是汽车，其含义也应发生变化。

（四）当事人对文义理解的局限性

在某些情况下，文字的含义有多种，而当事人订立合同时只知其一，不知其二，但在之后的履行过程中，当事人一方或者双方发现合同约定存在几种含义，就可能对合

---

① ［德］卡尔·拉伦茨著：《德国民法通论》（下册），王晓晔等译，法律出版社2003年版，第456页。

同的含义做出有利于自己的解释,从而产生争议。

(五)当事人对文义理解的差异性

合同所使用的文字存在两种以上的解释,但是当事人彼此不知对方的理解与自己的理解不一致,因此,在履行过程中产生争议。如当事人关于履行期限约定为"五日以内",则一方当事人可能理解为自对方通知后五日以内,另一方当事人可能理解为从合同签订之日起五日内履行,就算当事人都理解为合同签订之日起五日以内,双方对于是否包括第五日当天也可能存在理解不一致。

正是因为文义存在上述特征,合同文义可能不够准确,为了明确合同条款的准确含义,更好地履行合同,实现合同目的,必须针对合同条款进行文义解释。

## 二、文义解释的主体

文义解释作为合同解释的一种,分析文义解释必须先对合同解释的主体入手。关于合同解释的主体,基于广义的合同解释理论和狭义的合同解释理论之不同。广义的合同解释理论认为,合同解释的主体不仅包括法院、仲裁机关,还包括当事人本身以及他人,因为合同发生争议后,不但要求法院、仲裁机关对合同做出具有法律意义的解释,还需要当事人、诉讼代理人、证人、鉴定人员等对合同的内容从不同角度做出解释。狭义的合同解释理论认为,合同解释的主体应当仅限于法院或者仲裁机构,因为"合同法上规定的合同的解释,是指法院或者仲裁机构运用各种解释规则和方法,确定合同条款的真实含义,以探求当事人的效果意思,解决纠纷。"①

笔者认为,我国法律并没有对合同解释的主体进行规定,但是,当事人按照合同的条款行使权利、履行义务,本身即包括了对合同条款进行解释的过程,发生争议后,当事人亦会对合同做出解释,以证明自己行为的正当性,同时,其他诉讼参加人或者其他人员均对合同有自己的理解,也可以将这种理解宣之于外,此时,都包含在合同解释过程之中,虽然这种解释对于法院或者仲裁机构理解合同条款,认定事实起到一定的影响,但是,最终具有法律意义的,对于案件的裁判和纠纷的解决起到决定作用的只有法院和仲裁机构的解释,当然,其他人的解释,特别是当事人自己的解释对于法院、仲裁机构的解释②起到重要的参考作用。

## 三、文义解释的对象

关于合同解释的对象,也存在广义说与狭义说。广义说认为,合同解释的对象应当包括合同的整体,甚至"不仅仅合同中的用语需要解释,订立合同的过程中所使用

---

① 张广兴等:《合同法总则》(下),法律出版社1999年版,第244页。

② 文中没有特别说明,所分析的合同解释主要指法院、仲裁机构的解释,文义解释的主体也限于法院或者仲裁机构。

的用语和实施的行为——要约、承诺、自身不会生效的初步联系中所使用的用语和实施的行为——所有这些在我们能够说双方当事人已经达成了协议之前,在我们能够确定它是否赋予合同以法律效力之前,都需要解释”。① 狭义说认为,合同解释的对象应仅限于有争议的条款,如果允许法官对合同的非争议条款进行解释,就容易造成公法对私法的过分干预,为法官滥用司法权力打开方便之门。②

笔者认为,根据我国《合同法》第125条的规定:“当事人对合同条款的理解有争议的,应当按照合同所使用的词句……确定该条款的真实意思”,可见,我国《合同法》认定合同解释的对象为当事人理解有争议的合同条款。事实上,没有争议的合同条款并无解释的必要,如果当事人对合同条款无争议,则该事实清楚,不需要解释。从文义解释看,文义解释正是对合同所使用的文字的含义进行解释,如果当事人对文字没有争议,则也没有文义解释的必要,但是,合同的其他条款,及其他相关的缔约、履行行为对于理解合同所使用文字的含义有重要的参考作用。应当注意《民法总则》对意思表示解释的规定,是从有无相对人意思表示的解释的两个层面进行规制,之所以作这样的区分,主要是基于有相对人的意思表示中,需要有意思表示的受领人,所以,意思表示必须到受领人或者为受领人了解才能发生效力;无相对人的意思表示不需要有意思表示的受领人,则不存在意思表示需要到达受领人或者为某人了解才发生效力的问题,因此,有相对人的意思表示一旦为相对人所受领,相对人就会对此产生合理信赖。如果出现表意人的内心真实意思和外在表示出来的意思表示不一致的情形时,就需要对保护相对人的信赖利益与保护表意人的内心真实意思进行平衡,在此种情况下,还需要考虑到相对人的意思表示的理解水平。而在无相对人的意思表示的情况下,因不存在受领人,就不产生受领人信赖利益保护的问题。而且在这种情况下因无受领人,也不需要考虑受领人的理解水平问题,因此,对无相对人的意思表示的理解就主要探究表意人的内心真实意思。即该法第142条规定:“有相对人的意思表示的解释,应当按照所使用的词句,结合相关条款、行为的性质和目的、习惯以及诚信原则,确定意思表示的含义。无相对人的意思表示的解释,不能完全拘泥于所使用的词句,而应当结合相关条款、行为的性质和目的、习惯以及诚信原则,确定行为人的真实意思。”

**四、文义解释的具体来源**

要对合同所使用的词句的含义进行解释,首先应当明确该合同所使用的词句可

---

① 崔建远:《合同解释论纲》,载王利明主编:《合同法评论》第2辑,人民法院出版社2004年版。

② 李永军:《合同法》,法律出版社2004年版,第538页。

能存在哪些含义,然后再选择最恰当的一种理解进行解释。笔者认为,合同所使用词名的含义来源主要有以下几种:

(一)词句的辞典含义

词典是关于所有词语及其含义的汇编,毫无疑问,词句的词典含义应当具有最权威、最客观、最具有普遍适用性的特点。一般而言,任何词语的含义,在辞典上一般有较为全面地反映。但是,鉴于各地方语言的差异性,辞典可能没有将某些方言予以收录,同时,由于词语意义的变化性,而辞典具有一定的稳定性与滞后性,可能对某些词语或词语的意义也存在没有及时收录的情形,由此,某些词句辞典含义可能存在欠缺。

(二)词句的习惯含义

习惯包括地区习惯、行业习惯、当事人之间的习惯等。某些词句可能仅在某地区、某行为使用,或者某些词句在特定地区、特定行为具有特定的含义。此外,当事人之间可能根据其交易习惯或者事先约定,赋予某些词语特定的含义,甚至可以采用只有当事人自己知晓的特定符号表示合同意义。此时,地区习惯、行为习惯、当事人之间的习惯在对合同所使用的词句进行解释时均应予以考虑。

(三)词句的新含义

随着社会生活不断发展,人们的表达方式日益多样化,经常赋予原有的词句新的含义或创造出新的词句,此时,该新词句的含义或原有词句的新含义也应包括在合同所使用的具体含义范围之内。

以上三种含义均为合同所使用词句可能具备的含义,究竟如何选择,应当根据具体情况而定。一般而言,应当以词句的词典含义为基础,结合词句的习惯含义进行选择。在特定情况下,充分考虑词句的新含义。

**【拓展适用】**

**一、文义解释的方法**

《民法总则》第 142 条规定:“有相对人的意思表示的解释,应当按照所使用的词句,结合相关条款、行为的性质和目的、习惯以及诚信原则,确定意思表示的含义。无相对人的意思表示的解释,不能完全拘泥于所使用的词句,而应当结合相关条款、行为的性质和目的、习惯以及诚信原则,确定行为人的真实意思。”这是我国《民法总则》关于意思表示解释的一般规定。《合同法》第 125 条规定:“当事人对合同条款的理解有争议的,应当按照合同所使用的词句、合同的有关条款、合同的目的、交易习惯以及诚实信用原则,确定该条款的真实意思。合同文本采用两种以上文字订立并约定具有同等效力的,对各文本使用的词句推定具有相同含义。各文本使用的词句不一致的,应当根据合同的目的予以解释”。以上是我国《合同法》关于合同解释的一般规定。上述规定中“按照所使用的词句”“按照合同所使用的词句”确定该条款的真实意思即是对文义解释的规定,但是该条规定并没有对文义解释的具体方法进行规定。由于解释是主观思维的过程,且根据合同的具体情况,对合同使用的词句可能做出不同的解释,法律不可能也没有必要全面具体地规定文义解释的具体方法。但是,在司法实践中,法官和仲裁机构却必须遵守一定的规则,对每份有争议的合同做出具体的解释,笔者拟就司法实践中文义解释的适用进行分析,对合同所使用的词句解释进行探讨,包括对合同所作用的字词、数字、标点符号等解释。

(一)对字词的解释

字词包括不同语种文字,就汉语而言,文字就包括繁体字和简体字,还有其他方言汉字,甚至包括其他不规范的简化字,是合同文本最基本的组成部分。对字词的理解应遵守以下规则:1. 当事人对合同所使用的文字有歧义的,应当按照通常的理解予以解释。这里的通常理解,应当考虑一个“理性人”在通常情况下对有争议的意思表示用语能够理解的含义作为解释词句含义的标准。对于所谓“理性人”应当结合具体情况来判断,如果是一般的民事活动,“理性人”就是社会一般的人,如果某种特殊交易,“理性人”就是这个该领域的人。同时,应当探究当事人达成一致时的共同的真实意思,应考察当事人表示出来的意思,及意思表示受领人的理解,不能以事后或者事前意思表示或者个别当事人各自的意思表示作为标准。如果一方主张存在重大误解或者欺诈情形的,按照相关规定处理。2. 如果当事人之间存在特定的交易习惯,对于某些词句具有特定的理解,则应按照当事人之间特定的理解进行解释,当然,该理解必须是当事人共同的理解。如果不存在当事人之间的交易习惯,而是存在地区习惯、行业习惯,也应按照特定的地区习惯、行为习惯进行解释,前提条件是,该地区习惯、行业习惯为合同双方当事人订立合同时知道或者应当知道。3. 如果某些词语存在新的含义,且双方当事人均知晓,并有其他证据证明双方当事人在订立合同中采纳了该新含义时,应按照词语的新含义进行解释。4. 在格式条款中,如果某些词语存在不同含义,应作对格式条款提供者不利的解释,理由是格式条款系提供者在反复的合同签订、履行过程中拟定,其具备更丰富的经验,并有更多机会体现其意愿,也应承担谨慎义务。5. 当事人在订立合同时对词句的理解与订立后对词句的理解不一致时,应以当事人订立合同时的理解为准,当事人不得以合同订立后的理解主张权利。

(二)对数字的解释

数字在合同中通常用来表达标的数量、履行期限与履行方式等。相对于字词而言,数额的含义较为简单,通常而言也较为容易在当事人及其他人之间形成共识。但是,司法实践中对数额进行文义解释的现象也经常存在,具体表现为合同文本多次所表示的数字不一致 ,或者当事人主张数字存在单方改动的情形。对此,笔者认为,通常情况下应按照以下方式处理:数字有中文数字、阿拉伯数字之分,中文数字又有大、小写之分。对于合同同一事项多处约定数字不同的情形下,应当优先采纳中文大写数字,其次为中文小写数字,最后为阿拉伯数字。因为人们对于重要事项,为了表示更严谨的态度,常常会使用中文大写数字表示,同时,中文大写数字较为复杂,当事人笔误的可能性较小,篡改的可能性也小。对于法律或行业有特别规定的,应当按其规定执行。

(三)对标点符号的解释

当事人在签订合同时往往不重视标点符号的使用,但是发生纠纷后,却往往会根据标点符号的不同而提出对己方有利的主张或者抗辩。如某公司与某甲签订劳动合同,其中约定:“经公司许可:某甲可以使用单位车辆。”后某甲使用某公司车辆发生车祸,某公司主张某甲系盗开车辆,而某甲提出,根据合同约定,其有权使用车辆,不存在盗开之说。在没有其他证据的情况下,对于以上条文的解释,标点符号的使用起到关键作用。“许可”之后为冒号,而冒号通常用于提示下文或者总结上文,所以本句冒号之后的“某甲可以使用单位车辆”应为“许可”的具体内容。如果“许可”之后用逗号,则可以理解为经许可后,某甲方可使用单位车辆,因为逗号主要表示停顿,一般情况下不表示解释或者说明。标点符号的不同,对合同的理解,特别是对当事人的权利义务产生较大的变化,一般情况下,对于标点符号的解释,首先应当尊重合同文本的本来书写,其次是结合上下文的含义,全面考虑,准确理解。

综上,对于字词、数字和标点符号的理解应遵循一定的规则,但是以上规则并非绝对,通常情况下,对于合同所使用词句的理解,还必须结合其他合同解释方法予以确定。

## 二、合同解释方法的适用规则

《民法总则》第 142 条规定:“有相对人的意思表示的解释,应当按照所使用的词句,结合相关条款、行为的性质和目的、习惯以及诚信原则,确定意思表示的含义。无相对人的意思表示的解释,不能完全拘泥于所使用的词句,而应当结合相关条款、行为的性质和目的、习惯以及诚信原则,确定行为人的真实意思。”《合同法》第 125 条规定:“当事人对合同条款的理解有争议的,应当按照合同所使用的词句、合同的有关条款、合同的目的、交易习惯以及诚实信用原则,确定该条款的真实意思。合同文本采用两种以上文字订立并约定具有同等效力的,对各文本使用的词句推定具有相同含义。各文本使用的词句不一致的,应当根据合同的目的予以解释”。通常认为,以上条款是对文义解释、整体解释、目的解释、习惯解释、诚信解释的规定。此外,《合同法》第 41 条规定:“对格式条款的理解发生争议的,应当按照通常理解予以解释。对格式条款有两种以上解释的,应当作出不利于提供格式条款一方的解释。格式条款和非格式条款不一致的,应当采用非格式条款。”该条规定了对格式条款提供者不利解释的原则。以上合同解释方法在合同解释中均有十分重要的意义,但是以上解释方法的使用必须遵循一定的规则,不得随意适用。

(一)文义解释的适用

我国《合同法》第41条规定,对格式条款的理解发生争议的,应当按照通常理解进行解释。该条尽管主要适用于格式条款,实际上对一般条款而言,如果双方对合同的理解发生争议,且根据双方当事人的交易习惯,或者双方明知或应知的地区习惯、行业习惯均不能合理解释合同条款时,也应按照词句的通常理解进行解释。

文义解释应当是合同解释的首要方法,因为意思表示是由词句构成的,所以对意思表示的解释必须首先从词句的含义入手,合同条款是当事人意思表示最直接的表示方法,是当事人意思自治的重要体现,一般情况下最接近于当事人的真实意思,故当事人就合同条款发生争议时,应当首先判断合同条文字面的意思表示,即采用文义解释的方法进行解释。正如郑玉波先生所言:"当事人真意之探求,固不得撤离其所使用文字之意义,且应以该文字之通常之义,作为解释之依据"。① 只有在文义解释不能确定合同条文的准确含义时,才能运用其他的解释方法。

(二)整体解释的适用

所谓整体解释,又称体系解释,是指将全部合同的各项条款以及各个构成部分作为一个完整的整体,根据各个条款以及各个部分的相互关联性、争议的条款与整个合同的关系,在合同中所处的地位等各方面因素考虑,来确定所争议合同条款的含义。② 由于具体的协议条款是整体意思表示的一部分,与其他条款有着密切的联系,也只有与其他部分的意思表示放在一起才能完整全面传达当事人约定时的意思。因此,不仅要对词句含义进行文义解释,还要结合意思表示的相关内容进行整体综合分析判断,进而较为准确地确定当事人的意思表示。合同由各个条款组成,作为一个整体,合同的各个条款必须协调,无矛盾,当事人才可顺利按照合同约定行使权利,履行义务。在文义解释不能确定合同条款的准确含义,或者根据字面意思解释合同将导致冲突时,应当结合整体解释的方法确定合同的真实含义。具体而言:1. 当事人采用两种以上文字订立合同并约定具有同等效力的,两种文字具有同等效力。但是,如果两种文字存在不同理解时,如果当事人本国文字系同一文字,应按照合同当事人本国文字的通常含义解释,因为当事人对于其本国文字应当有更深刻的理解,如果当事人本国文字不是同一文字,则按照其他方法解释。2. 同一合同中,格式条款与非格式条款相冲突时,应根据非格式条款所表达的意思进行解释。因为格式条款是一方当

---

① 郑玉波:《法学绪论》,三民书局1981年版,第60页。

② 王利明:《合同法研究》(第一卷),中国人民大学出版社2002年版,第437页。

事人为反复使用而订立,未与对方当事人协商的条款,而非格式条款为双方当事人协商后订立,更能准确地反映双方当事人的合意。实践中应当注意区分格式条款与印刷条款,并非印刷条款就是格式条款,两者之间存在本质区别,格式条款是反复使用的条款,印刷条款只是载体形态为非手写。3. 同一合同中印刷条款与手写条款相矛盾时,应当认定手写条款优先,理由是手写条款为当事人亲笔所写,更接近于当事人的真实意思。4. 特别条款优于一般条款。在合同中,特别条款通常是对一般条款的修正,或者是对某项问题的特别约定,故就同一事项,一般条款与特别条款的约定相冲突时,优先采纳特别条款的约定。但也有学者提出,"如果当事人双方清楚地显示出相反的意思,则此种优先性将丧失。"①笔者认为,在通常情况下,应适用特别条款优先于一般条款的原则。特殊情况下,应根据个案的具体情况具体分析,综合确定。

(三)目的解释的适用

意思表示本身不过是行为人实现自己目的的手段,按照自愿原则,民事主体可以在法律规定的范围内为追求其目的而表达其意思,进而与相对人设立、变更、终止民事法律关系,因此,在解释意思表示时应当充分考虑行为人作出该意思表示的目的。各文本使用的词句不一致的,根据合同的其他条款也不能达成一致理解的,应当根据合同的目的予以解释。所谓行为性质和目的的解释,是指对意思表示进行解释时,应当根据当事人作出该意思表示所追求的目的,对于有争议的意思表示进行解释。合同作为民事行为的一种,是当事人旨在设立、变更或者消灭民事法律关系的具体体现,如果意思表示的词句与当事人所明确表达的目的相违背,且行为人与相对人对词句的含义发生了争议的,可以按照双方的目的进行解释。因此,一般而言,合同的各个条款均应服务于当事人合同目的的实现,在可对合同条款做两种以上理解时,应当选择最符合合同目的的解释。

(四)习惯解释的适用

习惯解释是指在意思表示发生争议以后或者对合同条款的理解发生歧义时,应当根据当事人所熟悉的生活和交易习惯对意思表示或者合同条款进行解释。在运用习惯进行解释时,双方当事人应当对运用的习惯是否存在以及其内容进行举证证明,在当事人未举证的情况下,人民法院也可以主动适用习惯进行解释。《合同法司法解释二》第7条第1款的规定:"下列情形,不违反法律、行政法规强制性规定的,人民法院可以认定为合同法所称:'交易习惯':(一)在交易行为当地或者某一领域、某一行业通常采用并为交易对方订立合同时所知道或者应当知道的做法;(二)当事人双方经常使用的习惯做法。对于交易习惯,由提出主张的一方当事人承担举证责任。"因

---

① 崔建远主编:《合同法》,法律出版社2003年版,第316页。

此,对合同条款的理解发生争议,根据文义解释不能确定合同的真实意思时,可以根据地区习惯、行业习惯及当事人之间的习惯予以解释。

关于习惯解释,具体而言应遵循以下规则:1. 当事人之间的习惯优先于地区习惯与行业习惯。当事人之间的习惯必须是当事人通过多次合作所形成的习惯,否则不能视为交易习惯。交易习惯本身表明当事人之间惯常的交易模式,在合同所使用的词句没有明确对相关内容进行约定的情况下,可以认定当事人之间认可一直以来的交易方式,故交易习惯比地区习惯、行业习惯更能表现当事人的真实意思表示。2. 交易习惯必须客观存在。主张存在交易习惯的一方当事人,必须对交易习惯的客观存在承担举证责任。3. 交易习惯必须合法,如果交易习惯本身违反法律、行政法规的强制性规定,则不得将依据该交易习惯对合同进行解释,当事人也不得依据交易习惯履行合同。4. 交易习惯必须为对方当事人知道或者应当知道。一般而言,交易习惯必须是对方当事人在订立合同时知道或者应当知道的交易习惯,如果合同订立后,对方才知道该交易习惯的存在,但其未表示反对,还依照交易习惯履行合同,则该习惯可以作为解释合同的依据。

(五)诚信解释的适用

诚实信用原则是民法特别是债法的"帝王条款"。诚信原则扩张到合同解释领域在大陆法系始于德国民法典,英美普通法对诚信解释也很重视。① 诚信原则作为合同解释规则的产生是合同社会化的一种表现,实际上要求法官作为一个诚实守信的当事人来判断、理解合同的内容和条款的含义。②

依据诚信原则解释是指根据诚信原则对有争议的意思表示进行解释。《民法总则》第7条将诚信原则作为民事基本原则,这一基本原则贯穿于民事主体行使权利、履行义务的全过程,也是法官在解释意思表示时所应遵循的主要规则。它要求法官将自己作为一个诚实守信的当事人来理解,判断意思表示的内容,平衡双方当事人的意思利益,合理确定意思表示的内容。诚信解释方法在合同解释上的作用表现为两个方面:第一,如果当事人对合同条款约定不明确或对合同条款的约定发生争议,通过文义解释、结合合同的其他条款、交易习惯、合同目的仍不能确定合同准确含义的,应当按照一个诚实守信人的标准对合同条款做出解释。由于诚实信用原则较为主观,容易导致法官、仲裁员自由裁量权的滥用,或者以法官、仲裁员的理解代替合同当事人的真实意思,故一般情况下,诚信原则不宜直接使用,而应在其他解释方法不能确定合同内容时予以使用。也就是说,诚实信用原则虽然很重要,但是由于该原则是

---

① 胡基:《合同解释的理论与规则研究》,载梁慧星主编:《民商法论丛》第8卷。

② 王利明:《合同法研究》(第一卷),中国人民大学出版社2002年版,第443页。

一个较为抽象的概念，只有在依据意思表示的词句、相关条款、目的或者性质、习惯等较为具体的解释规则无法对意思表示进行解释时，才能使用诚信原则进行解释，这既可增强司法公信力，也可防止司法自由裁量权的滥用。对此，有学者认为："我国《合同法》第125条在确立合同解释的规则时，将诚信原则放在最后，也表明了立法者的意图在于诚信原则只能是在其他规则不能适用时，才能加以运用。"①第二，诚信原则作用民法的"帝王条款"，统领整个民法体系，除了作为具体的方法解释合同外，还应对依据其他合同解释方法得出的结论进行检验，即通过其他方法对合同做出的解释不得违背诚实信用原则。"诚信解释要求法官注重解释的合理性，这种合理性的获得需要法官运用各种解释方法，如文义、整体、习惯、目的等规则进行解释，而由诚信观念检验之。"②综上，合同解释的各种方法各有侧重，在司法实践中，应当综合使用以上方法，尽可能地确定合同的真实意思。

**【典型案例】**

**淄博万杰医院与中国银行股份有限公司淄博博山支行、淄博博易纤维有限公司、万杰集团有限责任公司借款担保合同纠纷管辖权异议案**

上诉人（原审被告）：淄博万杰医院。住所地：山东省淄博市岜山村。

法定代表人：孙启玉，该医院院长。

被上诉人（原审原告）：中国银行股份有限公司淄博博山支行。住所地：山东省淄博市博山区中心路63号。

负责人：王锐，该行行长。

原审被告：淄博博易纤维有限公司。住所地：山东省淄博市博山区岜山村。

法定代表人：孙正，该公司董事长。

原审被告：万杰集团有限责任公司。住所地：山东省淄博市博山区岜山村。

法定代表人：孙启玉，该公司董事长。

**〔一审裁判理由与结果〕**

山东省高级人民法院审查认为：中行博山支行中国银行股份有限公司淄博博山支行（以下简称中行博山支行）与万杰医院淄博万杰医院（以下简称万杰医院）、淄博博易纤维有限公司（以下简称博易公司）、万杰集团有限责任公司（以下简称万杰公司）共签订九笔借款合同和相应的保证合同，其中第一笔于2004年10月14日签订的编号为淄中博借字2004050号、数额为300万美元的借款合同在第十七条对法律适用、争议解决及司法管辖的条款中约定，"本合同适用中华人民共和国法律。因履行本合同所发生的或与本合同有关的一切争议、纠纷，双方应协商解决。协商不成的，提交淄博市仲裁

① 王利明：《合同法研究》（第一卷），中国人民大学出版社2002年版，第443页。

② 胡基：《合同解释的理论与规则研究》，载梁慧星主编：《民商法论丛》第8卷。

委员会仲裁”。其余八笔借款合同和相应的保证合同均约定,“本合同适用中华人民共和国法律。因履行本合同所发生的或与本合同有关的一切争议、纠纷,双方应协商解决。协商不成的,依法直接向贷款人所在地人民法院起诉”。该八笔所涉及的贷款数额为1142万美元折合人民币89175354元。依据上述事实,山东省高级人民法院认为,中行博山支行所诉的借款合同中,第一笔借款合同涉及的300万美元,双方约定的仲裁条款有效,对此该院无管辖权。但其余的八笔借款合同所涉及的1142万美元未约定仲裁,而约定依法直接向贷款人所在地人民法院起诉。因八笔合同所涉及标的为1142万美元折合人民币89175354元,已超出中行博山支行所在地淄博市博山区人民法院的管辖范围,符合最高人民法院核准该院民商事案件的收案范围,由该院立案并无不当。综上,万杰医院对本案所涉的九笔借款合同中,对其中的淄中博借字2004050号、数额为300万美元的借款合同所提出的管辖权异议理由成立,该院予以支持;对其余的八笔借款合同所提出的管辖权异议理由因无事实依据,该院不予支持。该院根据《中华人民共和国民事诉讼法》第三十八条、第一百一十一条第二款、《中华人民共和国仲裁法》第五条以及《最高人民法院关于适用〈中华人民共和国民事诉讼法〉若干问题的意见》第一百三十九条之规定,裁定:一、驳回中行博山支行在本案中依据2004年10月14日签订的编号为淄中博借字2004050号,数额为300万美元的借款合同及相应保证合同对万杰医院、博易公司、万杰集团的起诉。二、驳回万杰医院对该案其余八笔借款合同所提出的管辖权异议。

〔当事人上诉及答辩意见〕

万杰医院不服原审法院上述民事裁定,向最高人民法院提起上诉称:原审认定事实不清。在万杰医院与中行博山支行签订的第一笔淄中博借字2004050号借款合同中,双方明确约定了解决纠纷的方式,即“协商不成的,提交淄博市仲裁委员会仲裁”。因后八笔借款均是在第一笔借款合同的基础上签订的,视为第一笔合同的延续,且后八份借款合同均为格式合同,根据合同法的解释原则,应作出对提供格式合同方即中行博山支行不利的解释,因此对后八份借款合同应依据公平的原则,将纠纷的解决方式作出对中行博山支行不利的解释,即将纠纷提交淄博市仲裁委员会仲裁,才是双方当事人的真实意思表示。原审法院认为其对后八份合同有管辖权,属认定事实不清。故请求二审法院依法撤销原审裁定,驳回中行博山支行的起诉。

〔最高人民法院裁判理由与结果〕

最高人民法院认为:关于本案当事人之间所签订的九份外币借款合同关系,首先,当事人在有关合同中并没有明确约定或者表示本案所涉九份合同之间的相互关系;其次,从各个借款合同内容及特征来看,借款金额及履行行为也都是分别独立的,并不能看出各个合同之间的关联性;再次,从合同解释角度来看,当事人对合同条文发生争议时,必须探究当事人内在的真实意思表示,判断当事人真实的意思表示首要方法是判断当事人字面的意思表示。这正所谓合同解释中的文义解释方法,只有在文义解释不能确定该条款的准确含义时,再运用其他解释方法去确定合同条款的含义以及填补合同的漏洞。本案除第一份借款合同之外,其余借款合同条款中均明确写明:当发生纠纷时,交由当地人民法院审理,应该认定该约定就是当事人真实意思。本案有关借款合同所涉的诉讼条款虽属格式合同中的条款,但按照通常的理解并不能对此条款引起不同的理解,因此不应该适用我国合同法有关格式条款解释规则。万杰医院关于原审法院对本案所涉的后八份借款合同纠纷案件不具有管辖权的上诉理由,不能成立,最高人民法院不予支持。原审法院关于其除对本案当事人 2004 年 10 月 14 日签订的编号为淄中博借字 2004050 号、金额 300 万美元的借款合同及相应的保证合同纠纷因合同中有仲裁条款而不具有管辖权外,对本案其余八笔借款合同具有管辖权认定正确,最高人民法院应予支持。最高人民法院依照《中华人民共和国民事诉讼法》第一百五十四条、《诉讼费用交纳办法》第八条第一款第(三)项之规定,裁定如下:驳回淄博万杰医院对原审法院管辖权异议裁定的上诉,维持原审裁定。

上诉人淄博万杰医院预交的二审案件受理费 50 元予以退回。

**规则 14(目的解释)** 对合同约定不明条款进行目的解释,应按照与合同无利害关系的理性第三人通常理解的当事人共同的合同目的进行

——枣庄矿业(集团)有限公司柴里煤矿与华夏银行股份有限公司青岛分行、青岛保税区华东国际贸易有限公司联营合同纠纷案①

**【裁判规则】**

对合同约定不明而当事人有争议的合同条款,可以根据订立合同的目的等多种解释方法,综合探究当事人的缔约真意。但就目的解释而言,并非只按一方当事人期待实现的合同目的进行解释,而应按照与合同无利害关系的理性第三人通常理解的当事人共同的合同目的进行解释,且目的解释不应导致对他人合法权益的侵犯或与法律法规相冲突。

**【规则理解】**

**一、目的解释概述**

(一)合同解释的含义

关于合同解释的含义,一直存在不同的观点。狭义说认为,合同解释就是对合同

① 《中华人民共和国最高人民法院公报》2010 年第 6 期,最高人民法院(2009)民提字第 137 号民事判决书。

内容含义的阐明。如有学者认为,合同解释是“法院对意思表示的解释,即对于合同的文字、词句、用语、条款的理解”。[①] 有学者认为,合同解释是指“法官或者仲裁员依据一定事实、遵循有关的原则,对合同的内容和含义所作的准确说明。”[②]有学者认为,合同解释是“对于既已成立的合同确定何为其内容的一种作业。”[③]广义说认为,合同解释则包括阐明解释与补充解释。其中阐明解释是指当事人表示之真意不够明确时,基于解释方法之运用,使其文义趋于明确之意;[④]补充解释是指合同当事人于订立合同时,由于预见不够、表达能力有限或欠缺法律知识,致其意思表示留有漏洞,而由解释者借助解释方法对该漏洞予以填补。[⑤] 台湾学者王泽鉴先生即认为:“契约解释可分为阐释性的契约解释及补充性的契约解释,前者意在探求契约条款的意义,后者意在填补契约漏洞。”[⑥]此外,对于合同解释,还有更广义的理解,认为合同解释除了包括阐明解释、补充解释外,还包括修正解释。其中修正解释是指基于公共政策或公平妥当之衡量,由法院基于评价,无视当事人本来所表现之意思,进而拟定合理妥当之特定契约意思,使契约效果之内容,甚而是生效、成立与否,因而发生变动之意。[⑦]从我国《民法总则》《合同法》的规定来看,《民法总则》第142条、《合同法》第125条是关于意思表示解释、合同解释的一般规定,《合同法》第125条规定于《合同法》第八章“其他规定”中,而关于合同漏洞的填补主要体现于《合同法》第61条、第62条、第63条,以上三条规定于《合同法》第四章“合同的履行”中,可见,我国《合同法》对合同的解释采纳了狭义的观点。[⑧]

(二)目的解释的内涵及意义

1. 目的解释的内涵。所谓目的解释是指解释合同时,如果合同所使用的文字或某个条款可能作两种解释时,应采取最适合于合同目的的解释。可以明确两点:第一,关于目的解释的客体。根据我国《民法总则》第142条规定:“有相对人的意思表示的解释,应当按照所使用的词句,结合相关条款、行为的性质和目的、习惯以及诚信

---

① 梁慧星:《合同的解释规则》,载梁慧星主编:《民商法论丛》第6卷,法律出版社1997年版,第535页。

② 王利明:《合同法研究》(第一卷),中国人民大学出版社2002年版,第406页。

③ 韩世远:《合同法总论》,法律出版社2004年版,第791页。

④ 邱聪智:《民法研究》,五南图书出版公司2001年版,第49页。

⑤ 徐涤宇:《论合同的解释》,载梁慧星主编:《民商法论丛》(第8卷),法律出版社1997年版,第713页。

⑥ 王泽鉴:《债法原理》(第一册),中国政法大学出版社2001年版,第218页。

⑦ 邱聪智:《民法研究》(一),中国政法大学出版社2002年版,第38页。

⑧ 鉴于文中主要讨论合同解释中目的解释的法律适用问题,故如无特殊说明,文中对合同解释采纳狭义观点。

原则,确定意思表示的含义。无相对人的意思表示的解释,不能完全拘泥于所使用的词句,而应当结合相关条款、行为的性质和目的、习惯以及诚信原则,确定行为人的真实意思。"《合同法》第125条第1款规定:"当事人对合同条款的理解有争议的,应当按照……确定该条款的真实意思",合同解释的客体为合同条款的真实意思。从字面上理解,"真实意思"应是指当事人的主观意思,可是当事人的主观意思外人难以探知,且该条表述为"该条款的真实意思",故合同解释的客体应为当事人表现出来的真实意思。作为合同解释方法的一种,目的解释的客体也应为当事人表现出来的真实意思。第二,关于目的解释的主体。如何通过目的解释适用法律,解决当事人之间的纠纷,只有人民法院或仲裁机构的解释,才对法律适用具有权威性、决定性意义。

2. 目的解释的意义。关于目的解释的重要性,已有多位学者予以论述。例如,有学者指出:当事人为法律行为之目的,即其为法律行为所欲达成之期望,乃当事人真意所在,系决定法律行为内容之指针。[1] 有学者认为:"在私法自治原则下,目的因素深深影响契约之解释,乃极为自然之事,即就契约社会化而言,除非当事人之目的不当,须藉公共政策修正调整,否则目的因素仍应受到相当尊重。"[2]还有学者认为,当事人签订合同的共同目的,而不是一方的目的,它是整个合同的立足点和出发点,当事人订立条款,都要围绕合同目的。[3] 有学者也认为,如果依据文义解释规则并不能得出唯一合适的结论,那么应采取最适合于合同目的的解释;[4]自提出目的解释理论以来,目的解释已成为法律解释和合同解释的重要方法。[5] 由此可见,目的解释的重要性已为大多数学者所认可。

从立法上看,很多国家已将目的解释纳入法律规定之中。如:《美国合同法重述》第202(1)条规定:"如果当事人的主要目的能够确定,则应当给予充分的考虑"。《法国民法典》第1158条规定:"文字可能有两种解释时,应采取适合合同目的的解释"。我国《民法总则》第142条规定:"有相对人的意思表示的解释,应当按照所使用的词句,结合相关条款、行为的性质和目的、习惯以及诚信原则,确定意思表示的含义。无相对人的意思表示的解释,不能完全拘泥于所使用的词句,而应当结合相关条款、行为的性质和目的、习惯以及诚信原则,确定行为人的真实意思。"《合同法》第125条规定:"当事人对合同条款的理解有争议的,应当按照合同所使用的词句、合同的有关条

---

① 杨仁寿:《法学方法论》,中国政法大学出版社2000年版,第182页。

② 邱聪智:《民法研究》(一)(增订版),中国人民大学出版社2002年版,第41页。

③ 王瑞洲:《浅谈合同解释的若干问题》,载《政法论丛》2003年第1期。

④ 参见梁慧星:《民法学说判例与立法研究》(二),国家行政学院出版社1999年版,第262页。

⑤ 梁慧星著:《民法解释学》,中国政法大学出版社1995年版,第25页。

款、合同的目的、交易习惯以及诚实信用原则,确定该条款的真实意思。合同文本采用两种以上文字订立并约定具有同等效力的,对各文本使用的词句推定具有相同含义。各文本使用的词句不一致的,应当根据合同的目的予以解释。"根据上述规定,我国法律亦明确规定了目的解释,并明确表示,当各文本使用的词句不一致时,根据合同目的予以解释,强调了目的解释的重要性。

## 二、合同目的的探求

按照合同的目的进行解释时,如何探求合同目的成为关键的因素。合同目的深藏于当事人内心,并通过一定文字与行为表现于外。当事人内心意思属于当事人主观思想,其他人很难得知,而合同作为当事人内心意思的外在表现形式,其他人可以知晓,因此,探求当事人的合同目的应从以下方面入手:第一,应通过合同文本本身确定合同的目的,如果合同文本不明确或存在歧义导致合同目的不明确的,则应参考交易习惯、交易过程及其他行为确定合同的目的。第二,合同的目的必须是合同当事人共同的目的,不是一方当事人的目的。如果双方对合同目的的主张不同,难以确定双方当事人的缔约目的,则应当从一方当事人表现于外部的并能够为对方所合理理解的目的解释合同条款。[①] 第三,对合同目的而应按照与合同无利害关系的理性第三人通常理解进行解释,不得根据一方当事人的理解进行解释。第四,根据合同目的解释,是指根据合同当事人订立合同时的目的进行解释,而不是合同订立后、履行过程中的目的进行解释。

## 三、目的解释的规则

作为合同解释的一种方法,目的解释的具体适用,必须符合一定的规则。对此,史尚宽先生有过精辟的论述:(1)意思表示之内容暧昧不明或含有互相矛盾之条款时,应使其明了调和,为统一的解释,以使其符合当事人之目的,盖法律行为之矛盾、不能或违法,究非当事人之所欲,故应务使其法律行为为有效而为解释。所谓法律行为有效解释之原则,即基于此而为也。(2)当事人所使用之文字,与其所欲达成之目的相反时,不得拘泥于文字,应使适合于其目的以为解释。(3)当事人除另有订定外,意思表示之内容,应依习惯或任意法规解释或补充定之。然若依习惯或任意法规,有悖于当事人所欲达成之目的时,则应解释当事人有不欲依其习惯或任意法规规定之意思。[②]

进行目的解释时,应针对合同目的的不同层面进行考虑。合同目的可以分为抽

---

① 参见张广兴等:《合同法总则》(下),法律出版社1999年版,第246页。

② 史尚宽:《民法总论》,中国政法大学出版社2000年版,第462页。

象目的和具体目的,其中抽象目的是指当事人订立合同时希望使合同成立并有效的目的,具体目的是指当事人订立合同所追求的具体的经济和社会效果。[①] 据此,合同目的解释应注意以下几点:

(一)促使合同成立、有效的原则

在处理合同纠纷中,必须首先解决合同是否成立并生效的问题。其中合同是否成立是事实判断,是否生效则是价值判断。由于词句的多义性与模糊性,在合同可以解释为成立并生效,也可以解释为不成立或不生效的情况下,应做促使合同成立、有效的解释。因为当事人订立合同,其目的应是使其成立并生效,而不是为了使合同不成立或无效,否则,当事人没有必要花费交易成本进行订立合同。因此,将合同解释为不成立或不生效不符合合同的目的。对此,有些国家的法律予以了明确规定。例如:《法国民法典》第 1157 条规定:一项条款可作两种解释时,宁取该条款能够产生某种效果的解释,而不取不能产生任何效果的解释。[②]《意大利民法典》第 1376 条规定:在有疑问的情况下,不应当将契约或个别条款解释为无任何效力,而应当在可有一定效力的意思内进行解释。[③] 具体而言,该原则包括三个方面:(1)在合同是否成立方面,如果可做成立解释,也可做不成立解释时,应做成立解释;(2)在合同是否合法方面,如果可做合法解释,也可做不合法解释时,应做合法解释;(3)在合同是否生效方面,可做生效解释,也可做不生效解释时,应做生效解释。

(二)按具体合同目的解释合同内容

具体的合同目的可以从两个层面进行考察。首先是该类合同的典型目的,即某一类合同当事人通常的目的,如买卖合同,一方当事人的目的是为了获取价款,另一方当事人的目的是为了取得标的物;而租赁合同,一方当事人的目的是为了占有、使用租赁物,但并不以取得标的物所有权为目的,另一方当事人的目的是为了获得租金,但并不转移租赁物的所有权。在对合同目的进行解释时,可以根据双方的目的是买卖还是租赁,对当事人表达歧义或者含糊的内容进行解释。其次是当事人在合同中体现的特别目的。例如,在租赁合同中,双方当事人对租金支付方式没有约定,但是,双方在合同中约定,将该租金用于归还房贷,并注明了归还房贷的具体日期,那么,可以解释为租金支付的日期为归还房贷之日。

(三)以目的解释为补充

合同目的除了可以直接解释合同外,还可以作为印证文义解释、整体解释、习惯

---

① 参见王利明:《合同法研究》(第一卷),中国人民大学出版社 2002 年版,第 435 页。

② 罗结珍译:《法国民法典》,中国法制出版社 1999 年版,第 292 页。

③ 费安玲等译:《意大利民法典》,中国政法大学出版社 2004 年版,第 331 页。

解释的标志之一。根据《民法总则》第142条、《合同法》第125条的规定,各文本使用的词句不一致的,应当根据合同的目的予以解释。

**【拓展适用】**

### 一、合同解释与法律解释

法律解释通常有广义和狭义之分。广义的法律解释是指有关国家机关、组织或个人,为遵守或适用法律规范,根据有关法律规定、法学理论或自己的理解,对现行法律规范或法律条文的内容、含义以及所使用的概念、术语等的理解和所作的各种说明;狭义的法律解释特指有权的国家机关依照一定的标准和原则,根据法定权限和程序,对法律的字义和目的所进行的阐释。[①] 合同通常被视为当事人之间的法律,合同解释与法律解释之间存在一定的相似性,同时也存在重大差别。

(一)法律解释与合同解释的联系

法律解释与合同解释均涉及对一定文本含义的理解,两者存在很多相似之处,具体表现在以下四方面:

第一,法律解释与合同解释应具有类似的指导原则,即都应秉持公平、公正的原则,都应遵循诚实信用的宗旨。

第二,法律解释与合同解释均是法律适用的必要步骤。法律规范是抽象的、概括的、具有普遍适用性的规则,要将法律规则适用于千差万别的具体案件,必须对法律做出相应的解释,而合同是案件事实的重要组成部分,法律适用必须以事实为依据,因此对于法律事实的查明同样是法律适用的必要步骤,合同解释则对于法律事实的查明具有十分重要的意义。

第三,法律解释与合同解释均存在广义与狭义之理解。从主体上说,法律解释可以分为正式解释与非正式解释,正式解释是指被授权的国家机关在其职权范围内对法律文本所作的具有法律效力的解释;非正式解释是指未经授权的国家机关、社会组织或个人对法律规范所作的没有法律效力的解释。根据合同解释的主体不同,对合同解释同样可作广义与狭义之理解,其中从广义理解,合同解释主体可以包括法院、仲裁机构、当事人和其他诉讼参与人等,而狭义之合同解释,仅指受理合同纠纷的法院或仲裁机构所作的解释。

第四,从方法上说,法律解释与合同解释均存在文义解释、体系解释、目的解释等方法。以目的解释为例,法律解释中的目的解释是指从制定某一法律规范的立法目的对法律条款进行解释;合同解释中的目的解释是指根据当事人订立合同时的共同

---

① 孙国华、朱景文主编:《法理学》,中国人民大学出版社1999年版,第336页。

目的来对合同条款的真实意思进行解释。以上两者均是根据特定目的进行解释。

（二）法律解释与合同解释的区别

尽管法律解释与合同解释存在诸多相似之处，但是，由于法律具有普遍适用性，是不特定多数人必须遵守的行为规范，而合同具有相对性，仅对合同当事人具有约束力，故法律解释与合同解释仍存在诸多差异。具体表现在如下几个方面：

第一，两者目的不尽相同。在具体的案件中，法律解释与合同解释的目的均是服务于对案件做出具有法律效力的裁判结果，从而化解纠纷。但是，法律解释的目的在于探求立法者本意，要解决的是法律适用的大前提，而合同解释旨在探求合同当事人订立合同的真实意图，要解决的是法律适用的小前提。

第二，两者作用不同。立法目的通常是宏观的、抽象的，具有稳定性与统一性，而合同目的是微观的、具体的，因合同的不同而有所不同。因此，法律解释，特别是有权解释，是对法律文本所作的具有法律效力的解释，并且该解释具有普遍适用性，可以适用于所有的案件与当事人，而合同解释，仅适用于该案，对该案当事人具有拘束力，不及于其他案件。

第三，解释方法上的差异。首先，从目的解释看，法律解释中的目的解释可分为两类，一类是立法者在制定该规范时所要达到的目的，一类是该规范在当前社会条件下所要达到的目的。在司法实践中，主要考虑制定法律时立法者的目的，因为立法目的通常在法律规范本身或者相关的立法文件中有所体现，因此立法者的目的更为客观，案件当事人的理解并不重要。而合同则是当事人意思自治的产物，对其目的的理解更应尊重当事人自己的意思。其次，从体系解释看，由于一国法律体系必须协调、统一、无冲突，因此对于法律解释而言，体系解释是一种非常重要的方法，且对法律规范的理解必须依从整个法律体系中相互印证，而合同解释中首要的方法应是文义解释，虽然合同解释也需考察合同的其他条款，但其体系仅限于某个特定的、具体的法律关系，不像法律解释那么庞大、复杂。

## 二、合同解释与合同漏洞的填补

合同漏洞是当事人在合同中对权利义务没有约定或者约定不明确的现象。具体而言，包括三种情况：（1）合同的内容存在遗漏，即对于某些权利义务，当事人没有进行约定，例如合同中欠缺履行时间与履行方式条款；（2）合同约定不明确，即合同对于某些内容约定模糊，仅从合同条款无法准确判断当事人的真实意思，例如，合同中仅约定一方当事人承担保证责任，但未就保证方式进行约定；（3）合同内容相互矛盾，即合同中对某些权利义务的约定前后不一致，互相冲突，例如当事人在合同中约定承担一般保证责任，同时又约定债务到期后，如债务人未履行债务，则由保证人承担债务。

一般而言,合同漏洞应仅及于合同的非必要条款(主要条款),如果合同的必要条款(主要条款)欠缺合意,则意味着当事人可能根本未就合同条款达成合意,合同根本不成立,即合同本身不存在,也就不存在合同漏洞弥补的问题。此外,合同漏洞一般应限于当事人在订立合同时由于预见不够、表达能力有限或欠缺法律经验而出现没有约定或约定不明确,且合同中没有约定填补规则的现象。如果当事人虽然在合同中没有对权利义务进行明确约定,但是约定了该项内容的填补方法,则不能视为合同漏洞。如合同存在特意待定条款,即当事人有意将合同条款留待以后谈判商定,或由第三人确定,或根据具体情况加以确定。① 又如当事人虽然没有列明具体的价格条款,但是约定根据当时的市场价格确定合同价款。

对于合同漏洞的弥补,通常认为合同解释为最主要的方法,但是鉴于合同解释限于合同条款的真实含义,尚不能完全填补合同的漏洞。对此,《合同法》规定了相应的方法,即前文所述广义合同解释中的补充性解释。“在补充的契约解释,其所探求的当事人真意,不是事实上经验的意思,而是假设的当事人意思,即双方当事人在通常交易上合理所意欲或接受的意思。假设的当事人意思,乃是一种规范性的判断标准,依当事人于契约上所作的价值判断及利益衡量为出发点,依诚实信用原则并交易习惯加以认定,期能实现契约上的平均正义。”②与狭义的合同解释不同,补充解释并不是对理解上发生争议的条款进行解释,而是对合同存在的漏洞进行补充,是根据已有的条款来确定合同应有的条款。我国《合同法》对合同漏洞的填补规定了以下规则。

(一)协议补充

根据《合同法》第61条的规定,合同生效后,当事人就质量、价款或者报酬、履行地点等内容没有约定或者约定不明确的,可以协议补充;不能达成补充协议的,按照合同有关条款或者交易习惯确定。可见,当合同存在漏洞的情况下,由当事人进行协议补充体现了当事人意思自治的原则,是填补合同漏洞的首要方法。

如前所述,合同漏洞不包括对合同必要条款存在漏洞,因为合同对必要条款没有约定或约定不明,不能视为当事人达成合意,合同并未成立,且补充协议必须是建立在合同成立的基础上,否则无所谓补充协议。因此,由当事人协议补充合同漏洞的前提条件是确认合同已经依法成立。确认合同已经依法成立,应审查是否具备合同的成立要件,即:(1)订约主体存在双方或多方当事人;(2)订约当事人对合同的主要条款达成合意;(3)具备要约与承诺两个阶段。

---

① 王利明:《民法》,中国人民大学出版社2000年版,第366页。

② 王泽鉴:《债法原理》(第1册),中国政法大学出版社2001年版,第218~219页。

（二）依据合同的有关条款或者交易习惯确定

根据《合同法的》第61条的规定，当事人对合同漏洞不能达成补充协议的，按照合同有关条款或者交易习惯确定。即依据合同的有关条款或者交易习惯确定合同内容是填补法律漏洞的第二步。所谓按照合同的有关条款确定，是指在存在合同漏洞的情况下，根据合同的其他条款确定合同未约定的内容，该方法仍是对当事人真实意思的探求。因为一般情况下，合同的订约过程、所有条款均应服务于合同目的，故合同中未约定的部分，或者约定不明的部分，通常可以通过合同的其他条款予以推定。根据交易习惯确定，则是根据当事人的交易习惯、地区习惯、行业习惯确定合同中应有的条款。

（三）依据法律规定填补法律漏洞

如果当事人不能达成补充协议，也不能根据合同其他条款和交易习惯填补法律漏洞的，还可以根据法律的相关规定进行填补。通过法律规定填补法律漏洞，并不是探求当事人的真实意思，而是在某些情况下，由法律直接确定合同的权利义务，以便合同的适当履行。《合同法》第62条规定："当事人就有关合同内容约定不明确，依照本法第六十一条的规定仍不能确定的，适用下列规定：（一）质量要求不明确的，按照国家标准、行业标准履行；没有国家标准、行业标准的，按照通常标准或者符合合同目的的特定标准履行。（二）价款或者报酬不明确的，按照订立合同时履行地的市场价格履行；依法应当执行政府定价或者政府指导价的，按照规定履行。（三）履行地点不明确，给付货币的，在接受货币一方所在地履行；交付不动产的，在不动产所在地履行；其他标的，在履行义务一方所在地履行。（四）履行期限不明确的，债务人可以随时履行，债权人也可以随时要求履行，但应当给对方必要的准备时间。（五）履行方式不明确的，按照有利于实现合同目的的方式履行。（六）履行费用的负担不明确的，由履行义务一方负担。"根据该规定，在以上六类情形下，法律直接规定了合同内容的确定方式。

除了《合同法》总则的相关规定外，《合同法》分则还对某些特殊情况下合同漏洞的填补作出了特别规定。例如，第141条规定："出卖人应当按照约定的地点交付标的物。当事人没有约定交付地点或者约定不明确，依照本法第六十一条的规定仍不能确定的，适用下列规定：（一）标的物需要运输的，出卖人应当将标的物交付给第一承运人以运交给买受人；（二）标的物不需要运输，出卖人和买受人订立合同时知道标的物在某一地点的，出卖人应当在该地点交付标的物；不知道标的物在某一地点的，应当在出卖人订立合同时的营业地交付标的物。"第156条规定："出卖人应当按照约定的包装方式交付标的物。对包装方式没有约定或者约定不明确，依照本法第六十一条的规定仍不能确定的，应当按照通用的方式包装，没有通用方式的，应当采取足以保护标的物的包装方式。”

此外,其他相关法律法规也对填补合同漏洞进行了一些规定。例如《担保法》第19条规定:“当事人对保证方式没有约定或者约定不明确的,按照连带责任保证承担保证责任。”

(四)依据诚实信用原则填补合同漏洞

《民法总则》第7条规定:“民事主体从事民事活动,应当遵循诚信原则,秉持诚实,恪守承诺。”作为民法的“帝王条款”,诚实信用原则同样具有填补合同漏洞的功能。《合同法》第60条规定:“当事人应当按照约定全面履行自己的义务。当事人应当遵循诚实信用原则,根据合同的性质、目的和交易习惯履行通知、协助、保密等义务。”该条规定即体现了依据诚实信用原则填补合同漏洞的精神。对于合同的附随义务,当事人没有约定的,依据诚实信用原则可予以确定。

**【典型案例】**

**枣庄矿业(集团)有限公司柴里煤矿与华夏银行股份有限公司青岛分行、青岛保税区华东国际贸易有限公司联营合同纠纷案**

申请再审人(一审原告、二审被上诉人、原再审被申请人):枣庄矿业(集团)有限公司柴里煤矿。住所地:山东省滕州市西岗镇。

负责人:程昭湘,该矿矿长。

委托代理人:张怀富,该矿法律部主任。

委托代理人:李存洋,北京市亿嘉律师事务所律师。

被申请人(一审被告、二审上诉人、原再审申请人):华夏银行股份有限公司青岛分行。住所地:山东省青岛市山东路29号银河大厦。

负责人:关文杰,该行行长。

委托代理人:郭斌,山东诚功律师事务所律师。

委托代理人:于冠魁,山东诚功律师事务所律师。

一审被告、二审上诉人:青岛保税区华东国际贸易有限公司。住所地:山东省青岛市东海路35号lZ座21楼C/D室。

法定代表人:孙燕,该公司董事长。

委托代理人:刘学良,该公司董事长助理。

委托代理人:戴盟,山东泉都律师事务所律师。

〔基本案情〕

2005年5月23日,枣庄矿业(集团)有限公司柴里煤矿(下称柴里煤矿)向山东省滕州市人民法院提起诉讼称:2004年3月16日其与青岛保税区华东国际贸易有限公司(下称华东公司)、华夏银行股份有限公司青岛分行(下称华夏银行)签订《合作经营印尼木材协议》,约定:柴里煤矿同华东公司合作经营印尼木材;柴里煤矿负责提供资金人民币1000万元，于2004年3月18日前按华东公司的要求将该笔资金汇往华夏银行，由华东公司办理国际贸易信用证开证申请；在办理国际贸易信用证开证申请时须同时有柴里煤矿负责人温忠诚的书面同意意见，华夏银行见到温忠诚的书面同意意见后，按照双方共同申请的条款办理信用证开证事宜；木材销售后的营利由华东公司与柴里煤矿各分成50%；任何一方违约，对方有权终止合同，由违约方承担对方总资金额20%的违约金。合同签订后，柴里煤矿于2004年3月19日向华东公司交付了1000万元汇票，由华东公司存在其一般结算账户上。后华东公司擅自挪用该1000万元，构成根本违约。华夏银行擅自同意华东公司动用该款，也构成违约。故请求判令解除《合作经营印尼木材协议》，华东公司返还柴里煤矿货款1000万元、承担违约金200万元，华夏银行对货款1000万元承担连带清偿责任。在一审法庭辩论中，柴里煤矿变更诉讼请求，主张华夏银行对700万元资金承担补充赔偿责任。此后，柴里煤矿又将请求华夏银行承担补充赔偿责任的资金范围由700万元变更为1000万元。

华东公司辩称：同意解除《合作经营印尼木材协议》，但对柴里煤矿提出的200万元违约金不能接受。华东公司没有收到柴里煤矿一分钱出资，只收到案外人李洪亮汇入的1000万元，其与李洪亮之间的法律后果与原、被告之间无任何法律关系。

华夏银行辩称：柴里煤矿所诉不实。华夏银行仅对《合作经营印尼木材协议》中承诺的事项承担义务，而该事项由于柴里煤矿自己的原因并未发生。柴里煤矿对华夏银行的诉讼请求，既无事实依据，也无法律依据，应予驳回。

山东省滕州市人民法院一审查明：2004年3月16日，华东公司、柴里煤矿与华夏银行三方签订了一份《合作经营印尼木材协议》，主要约定：柴里煤矿同华东公司合作经营印尼木材；华东公司承担国外进口风险，国内销售风险由柴里煤矿和华东公司共同负担；柴里煤矿负责提供资金人民币1000万元，于2004年3月18日前按华东公司的要求将该笔资金汇往华夏银行，由华东公司办理国际贸易信用证开证申请。在办理国际贸易信用证开证申请时须同时有柴里煤矿负责人温忠诚的书面同意意见，华夏银行见到温忠诚的书面同意意见后，按照华东公司和柴里煤矿共同申请的条款办理信用证开证事宜；木材到港后，华夏银行按相关信用证条款付款，木材销售款统一汇往华东公司和柴里煤矿在华夏银行新设立的共同账户上，由华夏银行负责监管；经营资金交易周期为90天；木材销售后的营利由华东公司与柴里煤矿各分成50%，华东公司于木材销售完成后七日内向柴里煤矿一次性返还1000万元资金及应得的营利分成；柴里煤矿与华东公司任何一方违约，对方有权终止合同，由违约方承担对方总资金额20%的违约金等。

合同签订后，柴里煤矿于2004年3月18日派其工作人员李洪亮给华东公司送去两张银行汇票（付款人李洪亮，收款人华东公司），共计金额1000万元人民币。3月19日，华东公司给柴里煤矿写下收据，注明“今收到柴里煤矿（李洪亮）投资款项，共计1000万元人民币。”同日，华东公司将上述两张汇票承兑1000万元后存入其2004年1

月16日在华夏银行开立的一般结算账户上。此后,华东公司于2004年3月22日开始从该一般结算账户支取该笔资金,至2004年9月21日止,该账户中还剩余70.905万元。

2004年9月22日,柴里煤矿致函华夏银行称:“2004年3月16日经贵行、华东公司及柴里煤矿友好协商,顺利签订了《合作经营印尼木材协议》。根据合作协议第8条约定,本次合作经营资金交易周期早已届满。我方原提供的开具信用证条款信函中除保留动用资金前必须有我方温忠诚先生的签字条款外,其余条款相应自动失效。除先期付出的300万元资金外,其余700万元资金的使用和支配,拜望严格依合作协议的约定即资金的使用和支配前必须有我方负责人王玉海先生或温忠诚先生的书面同意意见方可。”同日,华夏银行当时的客户经理陈刚在该函上签注:“请双方按2004年3月16日签订的联营协议执行。”2005年1月27日,陈刚致函柴里煤矿矿长王玉海称:关于联营协议一事,只要木材一到港,我将及时将到港地及时间告知您。此后,华东公司一直未办理进口木材事项,并继续以支票形式同城提出资金转账给自己。至2005年3月17日,上述一般结算账户中还剩余227.7元,此后再未发生业务。

**〔一审裁判理由与结果〕**

山东省滕州市人民法院一审认为:柴里煤矿与华东公司、华夏银行所订《合作经营印尼木材协议》没有违反我国法律及行政法规的强制性规定,应有效。华东公司给柴里煤矿的收据载明收到投资款1000万元,足以认定柴里煤矿履行了《合作经营印尼木材协议》约定的出资义务。华东公司收取柴里煤矿资金后,没有按合同约定使用该笔资金,不履行进口木材义务,构成根本违约。柴里煤矿主张解除合同、退回出资款、承担违约责任的诉讼请求合法有据,予以支持。《合作经营印尼木材协议》约定,华东公司以柴里煤矿1000万元资金作担保办理国际贸易开证申请时,华夏银行须审查是否有柴里煤矿负责人温忠诚的书面意见。因此,华夏银行在柴里煤矿和华东公司联合经营印尼木材过程中,起到一种监督资金使用的作用。华夏银行不是联营合同的当事人,柴里煤矿的出资不宜直接汇给华夏银行,只能由柴里煤矿或华东公司存入华夏银行。柴里煤矿提供的给华夏银行的声明函及陈刚的书信,表明华夏银行明知柴里煤矿1000万元出资资金到位。在华东公司动用该笔资金时,华夏银行知道而且也应当知道华东公司动用的是柴里煤矿所提供准备开具信用证的担保资金,但却并没有阻止华东公司擅自动用,致使柴里煤矿期求的合作目的受阻。华夏银行不尽监督审查义务,构成了对柴里煤矿的失约,应对柴里煤矿承担补充赔偿责任。该院于2005年11月21日作出(2005)滕民初字第2716号民事判决,判令:(一)解除《合作经营印尼木材协议》;(二)华东公司退还柴里煤矿联营出资款1000万元;(三)华东公司支付给柴里煤矿约定违约金200万元;(四)华夏银行对华东公司退还给柴里煤矿的联营出资款1000万元负退还不能时的赔偿责任。案件受理费70010元,其他诉讼费用69000元,均由华东公司负担。

**〔当事人上诉及答辩意见〕**

华东公司与华夏银行均不服一审判决,向山东省枣庄市中级人民法院提起上诉。

华东公司上诉称:(一)原判认定事实错误。在双方合作过程中,由于柴里煤矿违约,使协议无法继续履行,应由其承担赔偿责任。(二)原判适用法律错误。原判确认的合同标的额20%的违约金远远超出损失,属显失公平。

华夏银行上诉称:(一)一审程序存在错误。柴里煤矿在一审庭审中变更其诉讼请求,要求华夏银行承担700万元资金的补充责任,但原判却判令其对1000万元资金承担责任,违反了法律规定。(二)原判认定事实错误。根据《补充协议》,联营协议应认定无效;三方协议中华夏银行承诺的事项没有发生,华夏银行不存在违约行为,原判认定该行明知柴里煤矿1000万元出资资金到位有误。柴里煤矿资金未收回,与其自身存在违法、违规操作有关,应自负其责。故请求依法改判驳回柴里煤矿对华夏银行的诉讼请求。

柴里煤矿答辩称:(一)其虽推迟一天交款,但华东公司无异议且接受,应视为华东公司已予以认可。华东公司给其造成巨大损失,应承担违约责任。(二)代理人在一审中确曾表达过免除华夏银行对300万元赔偿责任的意思,但华夏银行对该陈述予以否认,依据《证据规则》,该陈述不能作为证据使用。《补充协议》没有解除联营协议的效力。华夏银行明知1000万元资金的来源、特定用途和特定用款程序而不进行监管,应承担违约责任。李洪亮代表柴里煤矿付款是职务行为,华夏银行对此是明知的,该行为并不能导致损失的发生。

**〔二审查明的事实〕**

枣庄市中级人民法院对一审法院查明的事实予以确认。另查明:2004年4月16日,陈刚两次给柴里煤矿张怀富发送关于从印尼进口的木材近期将要发出等手机短信息。

**〔二审裁判理由与结果〕**

枣庄市中级人民法院二审认为:华东公司、华夏银行与柴里煤矿签订的《合作经营印尼木材协议》,应确认有效。华东公司与柴里煤矿签订的《补充协议》,未经华夏银行同意,没有起到解除《合作经营印尼木材协议》的效力。《合作经营印尼木材协议》是规范、约束本案各方当事人权利义务的唯一生效依据。华东公司收取柴里煤矿资金后,没有按合同约定使用该笔资金,构成了根本违约,应承担违约责任。《合作经营印尼木材协议》约定华夏银行在华东公司办理国际贸易开证申请时须审查是否有柴里煤矿负责人温忠诚的书面同意意见,因此,华夏银行在柴里煤矿和华东公司联合经营木材过程中,负有对柴里煤矿提供的1000万元资金进行监督使用的责任。华夏银行的工作人员陈刚直接参与合同谈判、签订、实际执行,使用手机发送短信息以掩饰资金被动用的事实,还在柴里煤矿提供给华夏银行的声明函上签发意见,这些行为表明华夏银行及其履行职务行为的工作人员明知1000万元资金的来源和特定用款程序并负有向华东公司提示按合同规定使用该款的责任。华夏银行不仅没有向柴里煤矿说明事实真相,反而在华东公司动用该笔资金时,采取了虚构事实及掩盖事实真相的手段,不履行监管义务，应承担责任。该院据此判决驳回上诉，维持原判，二审案件受理费70010元，由华夏银行、华东公司各负担35005元。

〔再审查明的事实〕

华夏银行不服枣庄市中级人民法院二审判决，于2006年9月12日向山东省高级人民法院申请再审。2008年6月11日，山东省高级人民法院作出(2007)鲁民监字第123号民事裁定，对本案进行提审。

山东省高级人民法院对先前查明的事实予以确认。另查明：自2004年3月22日起，华东公司在华夏银行中山路支行的一般结算账户上分别存入230万元、770万元和500万元，共计1500万元。2004年3月22日至2004年11月29日该账户陆续向外支出款项，其中2004年4月21以支票形式支出350万元，2004年4月23日以支票支出300万元，收款人为华东公司，该两笔资金的转账凭证上资金用途栏均注明为“木材开证”。2005年3月17日之后，该账户未发生业务。目前账户金额为227.60元。双方约定的进口木材、申请开立信用证事项均未实际发生。本案原一审庭审时，柴里煤矿当庭陈述华东公司于2004年4月23日动用的1000万元中的300万元经过了该矿负责人温忠诚的授权，请求判令华夏银行对700万元承担补充赔偿责任，但华夏银行否认收到授权。二审中，柴里煤矿否定其在一审中的上述陈述。

〔再审裁判理由与结果〕

山东省高级人民法院再审认为：本案争议的焦点是华夏银行应否承担华东公司退还1000万元联营出资款的补充赔偿责任问题。(一)关于各方当事人的权利义务。根据《合作经营印尼木材协议》约定，华夏银行的义务限于柴里煤矿直接将1000万元汇入华夏银行交华东公司申请办理信用证时，负责审查是否有柴里煤矿的书面同意，然后再行对外开证，并对未来回收的货款进行监管。在实际履行中，柴里煤矿并未按约定将1000万元开证保证金直接汇入华夏银行，而是将银行汇票直接交给了华东公司。华东公司收取该汇票后，将汇票款存入了其在华夏银行开立的一般结算账户上，但未明确告知华夏银行款项的性质。因此，华夏银行无法对该款尽监管义务。本案柴里煤矿1000万元无法收回的原因，一是柴里煤矿未按协议约定将该款汇入华夏银行，未进入开证保证金账户；二是华东公司违反合同约定，擅自动用了该款。综上，华夏银行履行监管义务的条件并未成就。(二)关于华夏银行是否知道该款项的保证金性质。柴里煤矿为证明华夏银行知道该款的性质，提供了相应证据：一是陈刚两次致柴里煤矿的函件、短信；二是柴里煤矿工作人员的陈述；三是注明用途为“木材开证”的款项流转凭证。首先，陈刚两次致柴里煤矿的函件所反映的内容与争议款项并无直接联系，陈刚转发的短信内容虽然涉及了木材一事，但以此证明华夏银行知晓该款是保证金性质，证据不足。其次，柴里煤矿工作人员的陈述表明在将银行汇票交给华东公司时，陈刚在场，并一起到银行存款。但该证据从形式上应视为当事人的陈述，证明力较弱，且陈刚否认，故不能据此认定陈刚参与了存款过程。另外，两笔转出支票上虽标有“木材开证”字样，但因该款存在华东公司的一般结算账户上，并非在保证金账户上，不能据此认定华夏银行明知该款为保证金而不监管。综上，这些证据不足以证明陈刚实际参与了资金的存入和明知该款是开证保证金，也不足以证明华夏银行明知该款项的性质而不尽监管义务。2008 年 7 月 13 日，山东省高级人民法院经院审判委员会讨论决定，作出(2007)鲁民再字第 123 号民事判决，判定：(一)撤销山东省枣庄市中级人民法院(2006)枣民四终字第 105 号民事判决；(二)维持山东省滕州市人民法院(2005)滕民初字第 2716 号民事判决第一、二、三项；(三)变更山东省滕州市人民法院(2005)滕民初字第 2716 号民事判决第四项为：驳回柴里煤矿对华夏银行的诉讼请求。

〔当事人申请再审及答辩理由和意见〕

柴里煤矿不服山东省高级人民法院(2007)鲁民再字第 123 号民事判决，向最高人民法院申请再审称：(一)华夏银行对柴里煤矿 1000 万元资金的使用负有监督义务。按照《合作经营印尼木材协议》约定，由柴里煤矿提供联营资金 1000 万元，存到华东公司在华夏银行的资金账户上，以备开证时作为担保金使用。该款作为专项资金汇入华夏银行后，华夏银行不得允许华东公司随意动用和支取。因此，华夏银行对该 1000 万元资金的使用负有不可推卸的监管责任，而并非仅在华东公司申请开证时才负有监管责任，其他时候概不负责。否则，与协议特别约定专款专用的目的不符。(二)华夏银行对本案 1000 万元资金的使用进行监管的条件已经成就。柴里煤矿提供的 1000 万元资金已到位，华夏银行无权要求柴里煤矿将 1000 万元资金直接汇给华夏银行。开证前，该 1000 万元尚不具有信用证保证金性质，华夏银行以该资金未存入专用账户为由主张无法尽监管义务无事实和法律依据。华夏银行作为专业金融服务机构，如果认为该款项必须存入专用账户，应在签订《合作经营印尼木材协议》时，最迟于该款项存入时向柴里煤矿予以说明和告知，华东公司自然也就无法擅自动用该款。正因为该 1000 万元尚不属于信用证保证金性质，《合作经营印尼木材协议》才约定华夏银行对该资金的使用负有监管的义务。(三)华夏银行怠于履行其所负的监管义务，具有重大过错。首先，华夏银行明知 1000 万元资金的出入、使用及特定用途。华夏银行客户经理陈刚始终参与了三方联合经营印尼木材的谈判，十分清楚 1000 万元资金的特定用途是用于木材开证；陈刚与柴里煤矿的往来信函也说明了其对于该 1000 万元资金专款专用的特定用途是清楚和明知的。在这种情况下，华夏银行在华东公司挪用该款项时，不遵守承诺，甚至恶意隐瞒该账户内资金被华东公司擅用的情况，至该账户上木材开证专用款荡然无存，给柴里煤矿造成了无法挽回的巨大损失。综上，依据《中华人民共和国民事诉讼法》第一百七十九条第一款第(二)、(六)项之规定，申请再审。

华夏银行答辩称：柴里煤矿的申诉违背基本事实，庭审过程中做了大量的虚假陈述。柴里煤矿在历次庭审过程中力图推定华夏银行的义务，是违背法理的。义务的确定必须依据法律或约定，《合作经营印尼木材协议》中对华夏银行义务的约定明确，文义表述清楚，柴里煤矿单方提出的“推定”义务不能成立。本案中，华夏银行对 1000 万元款项没有监管义务,三方约定的唯一监管义务是对印尼进口木材在国内的销售款(必须存入新设的账户)进行监管。而实际上,印尼木材业务根本没有发生,所以华夏银行不存在履行监管义务的问题。《合作经营印尼木材协议》中约定的事实(业务)没有发生,华夏银行履行义务的前提不存在,监管的客观条件不成就。因此,柴里煤矿主张华夏银行承担法律责任,没有法律依据。

华东公司答辩称:华东公司、柴里煤矿、华夏银行三方于2004年3月16日签订的《合作经营印尼木材协议》不是当事人真实意思表示。在签订该协议的当天,华东公司、柴里煤矿又签订了《补充协议》,确认《合作经营印尼木材协议》没有法律约束力。后来华夏银行也追认该协议无效。基于华东公司与柴里煤矿及枣庄矿业(集团)公司存在合作开发印尼煤矿的客观事实,因此柴里煤矿给付华东公司的1000万元只能是前期投资款,而非合作经营木材用于国际贸易信用证开证的"保证金"。所以华东公司与柴里煤矿都没有按照《合作经营印尼木材协议》的约定,履行办理国际贸易信用证开证的相关手续,华夏银行的监管义务无从谈起。因此,原一、二审及再审判决认定《合作经营印尼木材协议》有效及1000万元为开证保证金是错误的。故请求最高人民法院依法撤销山东省高级人民法院(2007)鲁民再字第123号民事判决以及山东省枣庄市中级人民法院(2006)枣民四终字第105号民事判决、山东省滕州市人民法院(2005)滕民初字第2716号民事判决,驳回再审被申请人柴里煤矿起诉,一、二审诉讼费由柴里煤矿承担。

**〔最高人民法院再审裁判理由与结果〕**

最高人民法院对原审查明的事实予以确认。认为本案争议的焦点为:华夏银行应否对柴里煤矿1000万元出资损失承担补充赔偿责任。

解决这一争议焦点,关键在于认定华夏银行是否对本案1000万元资金具有监管义务。如果其负有监管义务且能够监管,但却怠于履行义务,则应当承担由此产生的法律后果;如其并无监管义务,则不应承担责任。

银行对储户资金的监管义务主要来源于两方面,一是法律、法规以及规章制度的规定,二是储户与银行的特殊约定。本案诉争的1000万元性质上为开证保证金的备付金,由柴里煤矿交华东公司存于华东公司的一般结算账户上。根据《中华人民共和国商业银行法》第三十条、《中国人民银行银行账户管理办法》第十一条等规定,开户人对一般结算账户内的资金有自主支配权,任何单位包括银行不得任意限制、冻结和扣划,否则即构成对开户人的侵权。因此,华夏银行对涉讼1000万元并无法定的监管职权或义务。《合作经营印尼木材协议》第三条约定:"乙方(即柴里煤矿)负责为本次合作提供资金(人民币1000万元),于2004年3月18日前按甲方(即华东公司)的要求将该笔资金汇往丙方(即华夏银行),由甲方办理国际贸易开证申请。但在办理国际贸易开证申请时须同时有柴里煤矿负责人温忠诚的书面同意意见,丙方见到温忠诚的书面同意意见后,按照甲乙申请的条款办理信用证开证事宜"。据此可以认定,当华夏银行为华东公司办理开具信用证的相关事宜时,应审查是否有柴里煤矿负责人温忠诚的书面同意意见。只有经温忠诚书面同意后,华夏银行才能为华东公司办理开证的相关事宜,包括办理以开证为目的的款项支取事宜。如未经温忠诚的书面同意,华夏银行即准许华东公司以开证用途而支出该笔款项,则属于没有履行协议约定的监管义务,应承担违约责任。

上述协议没有明确约定华东公司以申请开证以外的其他用途支取该笔资金时,华夏银行是否具有监管义务,属于合同约定不明。对该约定不明事项,当事人存在争议。柴里煤矿主张其签订三方协议的目的在于保障专款专用和出资安全,按照目的解释,应认定《合作经营印尼木材协议》第三条已使华夏银行对该1000万元资金负有了不可推卸的监管责任和使用审查义务,无论华东公司是否用于开证,华夏银行均应负责监管。最高人民法院认为,对合同约定不明而当事人有争议的合同条款,可以根据合同目的等多种解释方法,综合探究当事人的缔约真意。但就目的解释而言,并非只按一方当事人期待实现的合同目的进行解释,而应按照与合同无利害关系的理性第三人通常理解的当事人共同的合同目的进行解释,且目的解释不应导致对他人合法权益的侵犯或与法律法规相冲突。本案中,柴里煤矿确曾对其出资的安全存有隐忧,而且还专门为此与华东公司、华夏银行订立合同条款。但在三方对柴里煤矿出资何时监管、如何监管已有明确约定和安排的情况下,仅根据柴里煤矿一方的效果意思和缔约目的,即推定合同相对人华夏银行和华东公司须另行承担约定义务之外的义务,则难谓符合当事人共同的合同目的。从实践上分析,该1000万元存在华东公司一般结算账户上,与账户上的其他资金相混同,华夏银行事实上也无法将其区分出来单独实施全面监管。如果根据目的解释推定华夏银行负有此项义务,只能导致华夏银行对华东公司一般结算账户内所有混同资金均予限制使用,这无疑会侵犯华东公司对其一般结算账户上所存资金的自主支配权。这是与法律法规相违背的。因此,最高人民法院认为,华夏银行对华东公司非以开证用途而从其一般结算账户上支取该笔资金并无监管义务。

2004年9月22日,柴里煤矿致函华夏银行称:对其提供的1000万元,“除先期付出的300万元资金外,其余700万元资金的使用和支配,拜望严格依合作协议的约定即资金的使用和支配前必须有我方负责人王玉海先生或温忠诚先生的书面同意意见方可。”该函对先前三方协议中约定的华夏银行的开证监管义务进行了变更,扩大了华夏银行的资金监管范围,性质上应视为一种新要约。对此,华夏银行当时的客户经理陈刚在该函上签注:“请双方按2004年3月16日签订的联营协议执行。”这实际上表明华夏银行并未同意柴里煤矿提出的变更三方协议的请求。而且,该要约亦未征得华东公司的同意。因此,柴里煤矿的函并不能单方改变三方协议的约定。

综上,最高人民法院认为,根据《合作经营印尼木材协议》第三条的约定,华夏银行应对华东公司因申请开证用途而支取该1000万元资金负有监管义务。除此之外,并无其他监管义务。

从华东公司对该1000万元的支出情况看,2004年4月21日、23日分别支出的350万元、300万元,在转账支票上款项用途栏均注明为“木材开证”。虽然华东公司并未将上述款项实际用于木材开证,但当其以申请开证名义而支取该两笔款项时,已经符合了《合作经营印尼木材协议》第三条约定的华夏银行的监管条件,华夏银行负有审查该事项是否经过了温忠诚书面同意之义务。柴里煤矿在庭审中自认,对4月23日支出的300万元“木材开证”款经过了温忠诚的书面同意,但辩称其同意华东公司支出该款是用于申请开证,然而华东公司并未实际申请开证,故对此损失华夏银行仍应承担责任。但根据《合作经营印尼木材协议》,华夏银行只负有对华东公司因申请开证而动用该款的形式审查义务,即当华东公司为开证用途而支取该款时,只要有柴里煤矿负责人温忠诚的书面同意,华夏银行即可放款,至于华东公司支取该款后是否实际用于开证,抑或如何使用,则非华夏银行所能干涉。故柴里煤矿的上述理由不能成立。最高人民法院《关于民事诉讼证据的若干规定》第七十四条规定:“诉讼过程中,当事人在起诉状、答辩状、陈述及其委托代理人的代理词中承认的对己方不利的事实和认可的证据,人民法院应当予以确认,但当事人反悔并有相反证据足以推翻的除外”。因柴里煤矿未能提供相反证据推翻其自认的华东公司支取300万元业经其同意的事实,故最高人民法院对此项事实予以确认,并据此免除华夏银行对该300万元的监管责任。但华夏银行在符合监管条件且能够进行监管的情况下,违反三方协议约定,怠于履行监管义务,致华东公司以“木材开证”名义擅自支取350万元,显然已构成违约,应承担相应的违约责任。

综上,最高人民法院认为,华夏银行应对华东公司以“木材开证”名义而擅自支取的350万元承担监管责任,山东高院原再审判决认定华夏银行不承担责任有误,应予以纠正。最高人民法院根据《中华人民共和国民事诉讼法》第一百八十六条第一款、第一百五十三条第一款第(三)项以及《中华人民共和国合同法》第九十四条第(四)项、第一百零七条、第一百一十四条、最高人民法院《关于民事诉讼证据的若干规定》第七十四条的规定,判决如下:

(一)撤销山东省高级人民法院(2007)鲁民再字第123号民事判决、山东省枣庄市中级人民法院(2006)枣民四终字第105号民事判决;

(二)维持山东省滕州市人民法院(2005)滕民初字第2716号民事判决第一、二、三项;

(三)变更山东省滕州市人民法院(2005)滕民初字第2716号民事判决第四项为:华夏银行股份有限公司青岛分行对青岛保税区华东国际贸易有限公司应返还给枣庄矿业(集团)有限公司柴里煤矿的1000万元联营出资款在350万元范围内承担返还不能时的赔偿责任。

上述给付义务应自本判决送达之日起15日内履行完毕。逾期给付,给付人应按照《中华人民共和国民事诉讼法》第二百二十九条之规定,加倍支付迟延履行期间的利息。一审案件受理费70010元、其他诉讼费69000元按一审判决由华东公司负担;二审案件受理费70010元,由华东公司负担35005元,华夏银行负担12252元,柴里煤矿负担22753元。

**规则 15（合同解释中的诚实信用原则） 当事人对合同词语的理解产生分歧的，应对当事人订立合同时的真实意思表示作出判断，根据诚实信用原则加以解释**

——厦门东方设计装修工程有限公司与福建省实华房地产开发有限公司商品房包销合同纠纷案①

**【裁判规则】**

当事人签订的合同，对某一具体事项使用了不同的词语进行表述，在发生纠纷后双方当事人对这些词语的理解产生分歧的，人民法院在审判案件时应当结合合同全文，双方当事人签订、履行合同的全过程，对当事人订立合同时的真实意思表示作出判断，在此基础上根据诚实信用原则，对这些词语加以解释。不能简单、片面地强调词语文义上存在的差别。

**【规则理解】**

**一、合同解释的内涵**

合同解释在合同法的理论和实践中都是十分重要的问题，也特别复杂，正如英国法官丹宁所说："在法律的日常实践中，最重要的问题是对文件的解释"②我国《合同法》第 125 条第 1 款规定："当事人对合同的条款的理解有争议的，应当按照合同所使用的语句、合同有关条款、合同的目的、交易习惯以及诚实信用原则，确定该条款的真实意思。"该条款第一次明确了合同立法中的合同解释制度，为法院和仲裁机构通过意思表示的解释或合同解释的方法处理合同纠纷提供了法律依据和基本规则，在一定程度上，也可以限制法官的不当自由裁量，进一步促进司法公正。

合同的解释是指"对合同及其相关资料的含义作出的分析和说明"。③ 也有学者将合同的解释界定为"专指受理合同纠纷的法院或仲裁机关，为合理的确定当事人之间的合同内容，依法对合同及其相关资料作出的有约束力的分析和说明。"④《民法总

① 《中华人民共和国最高人民法院公报》2006 年第 4 期，最高人民法院(2005)民一终字第 51 号民事判决书。

② 丹宁：《法律的训诫》，群众出版社 1985 年版，第 31 页。

③ 崔建远主编：《合同法》(修订本)，法律出版社 2000 年版，第 324 页。

④ 苏惠祥主编：《中国当代合同法论》，吉林大学出版社 1992 年版，第 246 页。

则》第142条实质上是对意思表示解释,所谓意思表示的解释就是指因意思表示不清楚或者不明确发生争议时,由人民法院或仲裁机构对意思表示进行的解释。它具有以下特征:第一,意思表示的解释对象是对当事人已经表示出来的、确定的意思,而不是深藏于当事人内心的意思,深藏于当事人内心的意思,无法作为认识的对象,也无法予以解释。第二,意思表示的解释主体是人民法院或者仲裁机构。只有人民法院或仲裁机构对意思表示作出的解释,才是有权解释,才会对当事人产生法律上的约束力。其他任何机构或个人对意思表示作出的解释是无权解释,对当事人不产生法律上的约束力。第三,人民法院或仲裁机构不得任意、主观的对意思表示作出解释,必须遵循一定的规则进行解释,即"有相对人的意思表示的解释,应当按照所使用的词句,结合相关条款、行为的性质和目的、习惯以及诚信原则,确定意思表示的含义。无相对人的意思表示的解释,不能完全拘泥于所使用的词句,而应当结合相关条款、行为的性质和目的、习惯以及诚信原则,确定行为人的真实意思。"

(一)合同解释的主体

我国《民法总则》第142条、《合同法》第125条对合同解释的主体并未作出限制,从理论上讲,基于合同解释的主体不同,可以将合同的解释划分为狭义和广义的合同解释。狭义解释专指有权解释,即受理合同纠纷的人民法院或仲裁机构对合同作出的具有法律约束力的解释。广义解释则既包括有权解释,还包括当事人、代理人、证人以及学者甚至任何人对合同作出的解释。从诉讼的角度而言,狭义的合同解释才是有价值的解释、权威的解释,其目的在于使合同条文的意义特定化,使当事人的权利义务明确化,解决矛盾纠纷,使合同可以顺利履行。笔者主要就狭义解释进行探讨,以期为审判实践中解决好合同解释问题提供参考。但广义的解释也并非完全没有意义,亦可以成为法院或仲裁机关作出解释时提供参考。

(二)合同解释的客体

根据《合同法》第125条,"当事人对合同条款的理解有争议的"均属于合同解释的范围。美国学者Knapp指出,"文字都是用来表达人们的思想的符号,但文字作为人们表达思想的工具并非是十分完美的,因为某人使用某个用语可能并未表达其真实的用意,甚至人们使用相同的用语所表达的意思截然不同,对合同来说同样如此。"①根据当事人就合同的理解产生分歧的原因,合同解释的客体可以分为:一是合同中模糊或有多种理解的语言文字的含义;二是与当事人订立合同的真实意思相悖的合同中语言文字所表达的含义。理论界也有把漏订的合同内容和合同约定不明或约定前后矛盾的情形纳入法律解释范畴的。

① 转引自王利明:《合同法研究》(第一卷),中国人民大学出版社2002年版,第422页。

## 三、合同解释的基本规则或方法

根据《民法总则》第142条、《合同法》第125条的规定，合同解释的原则通常包括以下五种：

### （一）文义解释

所谓文义解释，是指依据合同条款语句的通常含义进行解释。目的是探求当事人共同的真实意思，当事人共同的真实意思通过语言文字表示于外部，即表示在合同条款中，因此应从合同条款中寻求解释赋予其通常含义。

### （二）整体解释

所谓整体解释，是指将词语或者条款放置于整个合同文本中进行解释，而非孤立地断章取义。同一词语或者语句在不同场合使用含有不同含义，甚至会因此导致合同条款含义冲突，此时必须寻求整体解释。

### （三）目的（性质）解释

所谓目的（性质）解释，是指必须考虑合同当事人订立合同的目的或者性质对合同进行解释。合同行为是当事人实现一定社会经济目的手段，而合同的目的或者性质是当事人之间从事合同行为所欲实现的基本意图。当事人的合同目的或者性质应被认为是当事人真意的核心，是决定当事人合同具体条款内容的指针。目的（性质）解释的功能在于，其解释结果可以用来印证文义解释、整体解释、习惯解释的结果是否正确。

### （四）交易习惯解释

所谓交易习惯解释，是指当合同条款语句有疑义或者疏漏，并且当事人未明示排斥交易习惯时，可依交易习惯来解释当事人的意思。所谓习惯，是指当事人所知悉或者实践的惯行表意方式。它必须同时满足以下两个方面的条件，才能成为合同解释中的习惯：一是不违反强行法规定；二是必须尊重公序良俗。

### （五）诚实信用解释

所谓诚实信用解释，是指依据双方当事人的意思表示对合同进行解释，任何一方不能因合同而获得显失公平、不合理的利益。上述与其说是合同解释的规则，不如说是合同解释的方向，是现代合同法从形式正义转向兼顾实质正义的体现。

## 三、合同解释的原则、目的

合同解释的目的和侧重点不同，合同解释的模式可以分为意思主义和表示主义。采用意思主义解释原则的国家认为，合同的解释应当注重当事人内心的意思，应当尽力寻求当事人的真实意思表示。其观点认为，意思表示的实质在于明确行为人的内心意思，表示行为只不过是实现行为人意思自治的手段。在法律行为的构成要素上，意思是法律行为的核心,是产生、变更和消灭权利义务的实质性因素①;采用表示主义解释原则的国家认为,当事人内心的意思难以判断,且当事人作出某种意思表示后,相对人很可能会基于该意思表示作出某种信赖,相对人的信赖利益也应当受到保护,对当事人意思表示的解释应从客观的立场,以表意人所表达语言的通常含义使相对人足以合理客观了解的外部表示为准,以保护相对人的信赖利益。因为合意并不是一种心理状态,而是一种行为,并且作为一种行为,是从行动里推断出来的②。因此合同的解释应以外部的表示为准,应当以相对人足以合理客观了解的表示内容为准,以保护相对人的利益③。

我国《合同法》并未明确规定合同解释应采纳意思主义还是表示主义。《合同法》第125条第1款的后一部分规定合同的解释应"确定该条款的真实意思",要求合同解释时应努力探求当事人的真实意思,强调合同自由原则和当事人的意思自治;《合同法》第125条第1款的前一部分规定则要求在考虑当事人的内心意思时,不能忽略当事人的外部表示行为,强调合同正义原则以维护交易的安全和秩序。可以看出,我国合同法关于合同的解释采纳了一种折中的观点,既考虑表意人的意思(意思主义),亦注重对相对人的信赖利益的保护(表示主义),即将内心的意思与外在的表示结合起来以确定当事人的真实意思。如果在合同订立时,相对人已经知道了表意人的真实意思,则即使外部的表示是不明确的甚至是模棱两可的,也应该按相对人已经知道的真实意思进行解释。④ 如果相对人在缔约时没有理解表意人的意思,则应当按照一个合理的相对人在缔约时能够从表意人的表示行为中合理理解的含义来进行解释。⑤ 在判断相对人是否知道表意人的意思时,应考虑其对信息的了解情况,根据交易习惯和诚实信用原则并综合考虑各种因素予以决定。

**四、合同解释规则的选择适用**

合同是当事人合意诉诸文字的产物,因此,对合同进行解释首先应考虑对合同的用语按照通常的理解进行解释。只有这种方法不能确定当事人的真实意思的时候才能采用其他的方法进行解释。其次,因合同本身只是当事人实现其目的的手段,因此解释合同时应当考虑双方当事人订约时的目的来确定条款的真实意思。如果合同条款所使用的文字含义与当事人所明确表达的目的相违背,当双方对该条款发生争议

---

① 刘家琛:《合同法新制度的理解与适用》,人民法院出版社1999年版,第425页。

② 王家福等:《合同法》,中国社会科学出版社1986年版,第65页。

③ 郑玉波主编:《民法债编论文选辑》(上册),台北:五南图书版公司1984年版,第314页。

④ 王利明:《合同法研究》(第一卷),中国人民大学出版社2002年版,第419~420页。

⑤ 王利明:《合同法研究》(第一卷),中国人民大学出版社2002年版,第420页。

时，可以按照合同的目的予以解释，而不必拘泥于文字。《合同法》第 125 条第 2 款规定“各文本使用的词句不一致时，应当根据合同目的予以解释”。在采用文义解释和目的解释仍不能解决双方的分歧矛盾时，则应考虑整体解释。整体解释就是要把整个合同包括组成合同的往来信笺、电报、电子邮件甚至会议记录等全部内容看作一个统一的整体来考虑分析当事人有争议的合同用语的含义，对当事人在合同中使用的语言文字，必须结合上下文及其他条款所使用词语综合考虑以确定其真意，不能将合同的片言只语作为当事人的真实意思，断章取义。文义解释、目的解释和整体解释主要用于合同约定不明有歧义的情况，对合同没有约定及合同有漏洞的情况则会显得无能为力。因此在采用上述三种解释仍无法解决分歧时，则应考虑采用交易习惯来解释当事人的意思。交易习惯不仅可以填补合同的漏洞，也可以用来解释合同条款的含义。我国《民法总则》第 142 条、《合同法》第 125 条在确定合同解释的规则时，将诚信原则放在最后，表明立法者意图是指该原则只能是在其他规则适用不足以解决问题时才能适用。因为诚信原则比较抽象，且主要适用于合同存在漏洞的情况，要求法官或仲裁员将自己作为一个诚实守信的当事人来判断理解合同条款的含义，自由裁量的范围和尺度过大，可能被个别人滥用。所以，如果依据其他规则解释合同，可以探求当事人的真实意思，就不宜直接依据诚信原则来解释合同或填补漏洞。

**【拓展适用】**

**一、诚实信用原则的含义、功能及限制**

（一）诚实信用原则的含义

诚实信用原则既是民法中的一项基本原则，又是合同法中的一项基本原则，被许多学者称为“帝王规则”。诚信原则要求所有民事主体，在从事民事活动时，包括行使民事权利、履行民事义务、承担民事责任时，都应当讲诚信、守信用，以善意的方式行使权利、履行义务，不欺不诈，言行一致、信守承诺。可见，诚实信用原则，包含两个方面的内容，第一，对待他人要诚信不欺，第二，对自己的承诺要信守不怠。具体而言，民事主体应从以下几方面遵循诚信原则：第一，民事主体在着手与他人开展民事活动时讲诚信，如实告诉相对方自己的信息，表里如一，不弄虚作假；第二，民事主体在与他人建立民事法律关系后，应当信守诺言、恪守信用，按照自己作出的承诺行使权利、履行义务，言而有信；第三，民事主体应当本着善意的原则，相互配合，保护对方的合理期待和信赖；第四，民事主体应当尊重他人的合法利益，尊重社会公德和社会公共利益；第五，民事主体应当善意行使权利，不得滥用权利，不得规避法律。

（二）诚实信用原则的功能

诚实信用原则不仅是一项合同解释规则，而且是合同履行的原则。其含义指民事主体在从事民事活时,应诚实守信,以善意的方式履行义务,不得滥用权力及规避法律或合同规定的义务。同时,诚信原则要求维持当事人之间的利益以及当事人利益与社会利益之间的平衡。[①] 诚实信用原则本质上是道德准则,被立法者吸收为民法典的法律条文后,上升为法律规范。换言之,诚实信用原则是将道德规则与法律规则合为一体,因而同时具有法律调解和道德调解的双重功能,使法律获得更大的弹性,法官因而享有较大的公平裁量权,能够排除当事人意思自治而直接调整当事人之间的权利义务关系。[②] 台湾学者林诚二教授将诚实信用原则的功能概括为法具体化机能、争议衡平机能、法修正机能、法创设功能。[③] 具体而言,诚实信用原则作为民法和合同法的一项基本原则,具有解释和补充法律的功能,即在法律规范不明确具体的情况下可以使之明确化,在法律规范明显不适应社会民情时可以该原则予以修正(对此学者间有不同的看法,我国审判实践中没有认可),在法律规定滞后或法律规范空白时可以直接适用诚信原则判案;诚实信用原则作合同解释的一项规则,具有解释和补充合同的功能,即在合同约定不明确具体的情况下可以使之明确化,在合同文字含义与当事人实际意思表示明显不符时可依据该原则予以修正,在合同没有约定的情形发生时,可以直接适用诚信原则明确合同双方的权利义务。诚实信用原则作为合同履行的原则,是指当事人行使权利履行义务应符合实质的正义衡平机能。

(三)适用诚实信用原则的限制

诚实信用原则因其具有解释和补充法律的功能,在法律规定不明确或有漏洞时,法官或仲裁员可以直接适用诚实信用原则判案,但诚实信用原则作为最高指导原则,法院在处理民事案件时一般不能直接适用,需尽量追求适用一般法律规定,唯有在穷尽相关法律规范以及适用类推仍不能解决问题时,才可以考虑适用该原则判案。这就是王泽鉴、梁慧星等学者提出的禁止"向一般条款逃避"的原则。同样,诚实信用原则用于解释合同,基于其具有帝王条款原则的高度,因而具有合同解释制度的整体功能。整个合同解释制度无不是要求对合同作出公平诚实信用的解释,其他具体解释规则均是为达到该目的的种种具体手段而已,具有可操作性。狭义而言,诚实信用解释作为合同解释规则之一,只有当其他解释规则均不能奏效,不能解决合同中疑义和漏洞时,才寻求诚实信用规则解释之。如果不寻求其他解释规则而直接运用诚实信用规则,因诚实信用原则过于抽象,在实践中会无所适从,难以得到切合实际的令当事人信服的解释,这就要求人民法院或仲裁机构适用诚信原则时应当注意做到,第

---

① 王利明:《合同法研究》(第一卷),中国人民大学出版社2002年版,第165页。

② 转引自梁慧星:《诚实信用原则与漏洞补充》,载《法学研究》1994年第2期。

③ 林诚二:《民法理论与问题研究》,中国政法大学出版社2000年版,第8~9页。

一,自由心证应当受到限制,应当在人民法院的判决书或者仲裁机关的仲裁裁决的论理部分中公开自由心证内容;第二,自由裁量权应当受限制,法律不可能涵盖社会生活的方方面面,但从法律的稳定性来讲,人民法院或者仲裁机构就必须从立法的宗旨出发,以诚实之心和不偏不倚的态度,探求法律的本意,根据具体的案情,合理的解决纠纷,按照诚信原则的解释规则进行解释,不得滥用自由裁量权;第三,突袭裁判应当避免,这就要求人民法院或仲裁机构严格遵循诉讼或仲裁程序,充分保障各方当事人的诉讼权利。检验诚实信用解释的标准或者方法有两种:一是主观标准,即合同解释结果能使双方当事人从内心感到满意,这种标准通常仅适用于私人间涉及伦理的民事合同;二是客观标准,即合同解释结果只能使理智之人认为合理可行,这个标准常适用于商事合同和公用事业合同。

## 二、整体解释规则的必要性及方法

### (一)整体解释规则的必要性

美国《合同法重述》第 235 条第 2 款规定:"文书之解释,应就其全部作为整体而为之。同一交易行为,有多种文字形成其部分者,应合并解释。"合同解释之所以要采用整体解释,是因为:第一,当事人用以表达意图的语言文字,在整个合同中是有机联系的,不是无序的、彼此分离的语言排列。如果不把争议的条款或词语与上下文使用的其他词语联系起来,孤立地看待某个词语,很难正确地确定当事人的实际意图,甚至产生重大误解;第二,合同内容往往不是仅有单纯的合同文本构成,而是由诸多其他行为和书面材料组成。如双方谈判的会议纪要、要约及反要约、往来的信件、电报、电传、电子邮件等。上述材料可能包含对合同文本内容的明确补充和说明,也可能包含对合同的担保和特殊信用要求等。因此,在确定某条款或词语的意思时,应结合上述具有合同成分或补充资料的帮助,明确争议内容的真实含义。第三,限于知识和交易经验的缺乏,当事人在订立合同时不可能把所有的合同应涵盖的内容都记载至书面。当合同对某方面的内容没有规定或规定不明确时,运用整体联系的方法把握合同的内容,或者进而联系该种合同的法律制度,按照有关合同条款或法律规定的内容、精神来理解合同,都有一定的意义和价值。①

### (二)整体解释规则的方法

整体解释可遵循下列具体规则:(1)特殊列举词语与不能尽举的一般概括词语连在一起,概括性词语外延应视作可以包括与特殊列举事物相类同的事物。(2)特殊条款和词语特殊含义是一般条款和词语一般含义的例外。如果合同中两个条款相互不

---

① 苏惠祥主编:《中国当代合同法论》,吉林大学出版社 1992 年版,第 258 ~ 259 页。

一致,而且其中之一是一般条款,那么特殊条款应视为是对一般条款的例外,从而使特殊条款有效;词语一般含义与特殊含义亦同。(3)手写或者打印条款效力优先于印刷条款。如果书面合同中同时有手写或者打印条款与印刷条款不一致,则手写或者打印条款效力优先。这是基于一般手写或者打印条款在订立时间上比印刷条款晚,是当事人最晚最近的意思表示,应视为对印刷条款的修正。(4)分合同应视为是总合同的例外。分合同条款的意思与总合同条款不一致时,分合同条款优先。

### 三、合同漏洞的填补

#### (一)合同漏洞的内涵

合同漏洞是指合同中对于合同条款没有约定或约定不明确的现象。包括合同内容存在遗漏和预定不明确或约定前后矛盾的情形。一般而言,合同漏洞是当事人订立合同时所不知道的,且在合同中没有规定填补漏洞的方法,如果在缔约时已经知道而故意不予规定,尤其是已经在合同中规定了填补漏洞的方法,则不能视为合同漏洞。[①] 合同是当事人通过合意对于未来事物作出的安排,未来发生的情况具有不确定性使得当事人在订立合同时无法完全预见,且当事人的交易经验和法律知识的多寡等因素,均有可能导致合同中出现某些漏洞,或合同部分条款规定不十分明确。

#### (二)合同漏洞填补的适用规则

我国《合同法》第60条规定:"当事人应当按照约定全面履行自己的义务。当事人应当遵循诚实信用原则,根据合同的性质、目的和交易习惯履行通知、协助、保密等义务。"第61条规定:"合同生效后,当事人就质量、价款或者报酬、履行地点等内容没有约定或者约定不明确的,可以协议补充;不能达成补充协议的,按照合同有关条款或者交易习惯确定。"第62条就当事人关于质量要求,价款,履行地点、期限、方式、费用约定不明确且依照第61条的规定仍不能确定时应采用的补救的规则标准。《合同法》第60条主要是调整当事人的行为,明确当事人在合同存在漏洞的情况下如何履行合同义务的规则,多数学者认为该条款不应直接为法官或仲裁者引用作合同漏洞填补的方法,法官应依据《合同法》第61条、第62条的规定来填补合同漏洞。根据《合同法》第61条,填补合同漏洞的第一步是由当事人达成补充协议,如果当事人之间的补充协议解决了合同漏洞的问题,则不存在笔者所要讨论的合同解释问题。笔者所探讨的是当事人之间不能达成补充协议的情况下,如何对合同漏洞作出填补或解释的问题。该问题涉及《合同法》第61条、第62条以及第125条以及《民法总则》第142条的适用问题。

《合同法》第62条确定了合同漏洞填补的规则,系法律推定规则。所谓法律推

---

① 王利明:《合同法研究》(第一卷),中国人民大学出版社2002年版,第421页。

定，又称补缺性法律规定，是指对那些虽欠缺主要条款或条款约定不明但并不影响效力的合同，而由法律直接作出用以弥补当事人所欠缺的或者意思表示不明确的合同条款，以促使当事人全面履行合同义务。[①]《合同法》第 62 条只是任意性规定，当事人可以通过约定排除其适用。该任意性规定明确其适用范围是当事人在适用第 61 条即依据整体解释和交易习惯解释仍无法确定当事人的意图的情况下才可以适用的规则。《合同法》第 62 条规定的填补合同漏洞的任意性规则是否应当优先于《民法总则》第 142 条、《合同法》第 125 条规定的合同解释的一般规则。大多数学者认为答案是肯定的。如王泽鉴先生指出："任意规定系立法者斟酌某类型契约的典型利益状态而设，一般言之，多符合当事人的利益，当事人对于契约未详订其内容，也多期待法律设有合理的规定，故有任意规定时，原则上应优先适用。无任意法规时，应依补充的契约解释方法，填补契约漏洞。"[②]许多学者据此认为在适用合同漏洞填补时应优先适用法律的任意性规定。即《合同法》第 62 条所规定的填补合同漏洞的任意性规则应优先于《合同法》第 125 条规定的合同解释方法。笔者认为，《民法总则》第 142 条、《合同法》第 61 条、第 62 条和第 125 条是一个有机联系的整体，互相补充，组成合同解释的体系，不存在《合同法》第 62 条一般优先于《合同法》第 125 条适用的问题。解释合同应立足于合同所使用的词语(《合同法》第 125 条规定)和合同的有关条款(《合同法》第 61 条、第 125 条均有规定)并结合合同的目的(《合同法》第 125 条规定)进行解释，上述规则有时不足以解决合同存在漏洞的情况，则应依据交易习惯进行解释(第 61 条和第 125 条均有约定)，仍不足以解决问题时，则应依据诚实信用原则予以解释(《民法总则》第 142 条、《合同法》第 125 条规定)，而《合同法》第 62 条只是针对部分情形适用诚实信用原则后，作出明确的为通常人可以接受的解释而已，根据特别规定优先于一般原则的法理，可以解决二者的适用顺序。《合同法》第 62 条一般应优先于诚实信用原则适用，同时，王泽鉴先生指出"适用任意性规范确实不符合多数人的利益时，应针对该合同的特殊情况，作补充的解释。"[③]可以看出《合同法》第 62 条优先于诚实信用原则的适用也并非绝对。这就是前文已提到的"唯有在穷尽相关法律规范以及适用类推仍不能解决问题时，才可以考虑适用诚实信用原则判案"，有时甚至可以直接引用该原则判案。

---

① 参见陈伯诚、王伯庭主编：《合同法重点难点问题解析与适用》，吉林人民出版社 2000 年版，第 154 页。

② 王泽鉴：《债法原理》(第 1 册)，台北 1999 年版，第 219 页。

③ 王泽鉴：《债法原理》(第 1 册)，台北 1999 年版，第 219 页。转引自王利明：《合同法研究》(第一卷)，中国人民大学出版社 2002 年版，第 430 页。

**【典型案例】**

**厦门东方设计装修工程有限公司与福建省实华房地产开发有限公司商品房包销合同纠纷案**

上诉人(原审原告、原审反诉被告):厦门东方设计装修工程有限公司,住所地福建省厦门市鹭江道海光大厦23楼。

法定代表人:许腾辉,该公司董事长。

上诉人(原审被告、原审反诉原告):福建省实华房地产开发有限公司,住所地福建省福州市鼓楼区东街33号武夷中心10层。

法定代表人:李立明,该公司董事长。

**〔基本案情〕**

福建省高级人民法院查明:2003年8月,东方公司与实华公司签订了一份《房产包销合同》,双方约定:一、实华公司将其开发建设的“实华公寓”楼盘全部交由东方公司包销。二、包销权限:东方公司作为该物业的包销商,全权负责该楼盘的销售及销售过程中的广告实施及整个楼盘园林景观、绿化的设计施工。三、包销期限:自《商品房预售许可证》签发之日起30个月内,车位包销期限为42个月。四、包销保证金:东方公司应向实华公司支付200万元人民币的包销保证金。在本合同签订之日起五个工作日内,支付第一期保证金100万元,余下100万元待《商品房预售许可证》颁发之日起一个月内付清。逾期三个工作日未交足第二笔保证金,实华公司有权没收第一笔保证金并终止合同。上述保证金在房屋销售和交房后退还。五、包销底价及包销利润:住宅2600元/平方米,店面6000元/平方米,车位7万元/个,合同销售价超出上述底价的溢价部分,作为东方公司的包销利润全部归其所有。六、双方的权利义务:实华公司在东方公司售楼人员填定合同后,最终对售楼合同签章确认(合同样本经实华公司认可后生效);东方公司在《商品房预售许可证》下达之日起45天内,景观绿化投入量达20%,半年内达40%,一年内达80%,一年半内投入量达100%。七、包销业绩确认:购房人与实华公司签订《商品房预售合同》,并付首期款(分期或按揭),分期付款的首期款不低于总房款的30%,按揭付款在银行正式收件前,即确认成交,计入东方公司业绩,但东方公司不得就该部分溢价款主张权利。银行正式收件后,则按本合同约定执行。八、包销进度及期限:第一阶段,东方公司在取得预售许可证后60天内完成已取得预售许可证楼体销售面积的20%的销售业绩。第二阶段,东方公司保证在预售许可证颁发后180天内完成已取得预售许可证楼体销售面积的50%的销售业绩。第三阶段,东方公司保证在预售许可证颁发后240天内完成已取得预售许可证楼体销售面积的60%的销售业绩。第四阶段,东方公司保证在预售许可证颁发后15个月内完成已取得预售许可证楼体销售面积的70%的销售业绩。第五阶段,东方公司保证在预售许可证颁发后18个月内完成已取得预售许可证楼体销售面积的85%的销售业绩。第六阶段,东方公司保证在预售许可证颁发后24个月内完成已取得预售许可证楼体销售面积的95%的销售业绩。第七阶段，东方公司保证在预售许可证颁发后30个月内完成已取得预售许可证楼体销售面积的100%的销售业绩。第八阶段，车位自《商品房预售许可证》签发之日起三年零六个月完成80%的销售业绩。九、违约事项：实华公司应在2003年11月30日前办妥该楼盘的《商品房预售许可证》，否则逾期三个月，实华公司应双倍返还东方公司已付保证金，东方公司有权终止合同，或继续履约。

合同签订后，东方公司于2003年7月23日向实华公司支付了第一笔包销保证金100万元，并委托他人进行景观设计、绿化施工和广告发布，投入费用达603100元。实华公司分别于2004年2月12日、3月18日、5月11日分三批取得该楼盘19幢楼体的《商品房预售许可证》，东方公司对实华公司迟延办理《商品房预售许可证》未提出异议，但对销售业绩计算起始日及其确定的开盘日期提出异议。2004年2月23日，实华公司与东方公司召开"实华·蓝湾雅境"楼盘包销等相关事宜协调会，并形成福建省实华房地产开发有限公司"关于'实华·蓝湾雅境'楼盘包销等相关事宜协调会会议纪要"。该纪要第一条载明：实华公司分批向东方公司提供《商品房预售许可证》。实华公司根据"实华·蓝湾雅境"项目建设进展情况，分批申办《商品房预售许可证》，并将分批所取得的《商品房预售许可证》提供给东方公司；实华公司以实际所取得预售楼盘幢数考核东方公司销售业绩。在此期间，东方公司与部分购房者签订了《商品房预售合同》，并收取了部分购房者的定金。此外，实华公司与东方公司还对部分房产的售价、购房款的银行按揭贷款及销售业绩的确认等问题产生争议，双方以函件形式进行过协商。

同年3月30日，福州市房地产管理局分别致函实华公司与东方公司，函称：根据购房者的投诉，实华公司与东方公司签订了商品房包销合同。经查，东方公司未在该局进行房地产中介企业资质登记备案，根据建设部《城市房地产中介服务管理规定》和《福建省房地产经纪人管理办法》的有关规定，凡没有取得房地产中介企业资格的企业不得从事房地产中介业务，请两公司终止双方签订的商品房包销合同。同日，实华公司函告东方公司，除依照福州市房地产管理局通知必须终止《房产包销合同》外，东方公司未按合同约定支付第二笔保证金，实华公司可以终止合同。东方公司收到实华公司解除合同的通知后直至起诉前未提出异议。2004年7月29日，福州市房地产管理局致函东方公司和实华公司，撤销了其2004年3月30日向上述两公司的致函。

东方公司诉请求判令实华公司承担违约责任并赔偿东方公司经济损失5000万元人民币；请求判令实华公司退还东方公司包销保证金100万元，并由实华公司承担本案所发生的一切诉讼费用。实华公司提起反诉，请求判决实华公司与东方公司签订的《房产包销合同》已经依约终止；判决实华公司对东方公司已交的第一笔包销保证金100万元不予返还；判决东方公司承担本案的全部诉讼费用。

**〔一审裁判理由与结果〕**

从东方公司与实华公司签订的《房产包销合同》中对包销期限、包销保证金以及违约事项的约定来看，东方公司应当自第一份预售许可证颁发后即支付第二笔包销保证金。如果将包销保证金的支付时间理解为全部预售许可证颁发之后，显然与约定保证金的目的和保证金的属性相悖。实华公司未在《房产包销合同》的约定时间内办妥实华公寓楼盘的《商品房预售许可证》，东方公司未选择解除合同，也未请求实华公司双倍支付包销保证金，而是选择了继续履行合同，即应履行合同约定的支付第二笔包销保证金的义务。东方公司在接到实华公司通知后，未在第一次《商品房预售许可证》颁发之日起约定的时间内支付第二笔包销保证金，实华公司依合同约定可以行使解除合同的权利。依据《房产包销合同》第四条的约定，东方公司未如期支付包销保证金，实华公司可以终止合同并没收东方公司已交的第一笔包销保证金100万元。《房产包销合同》终止前，东方公司已经与他人签订商品房预售合同并收取定金的部分房产，可依照合同的约定，予以计算包销溢价。合同终止后，原合同约定的内容均不发生法律效力，即不依原合同约定计算包销溢价。东方公司主张实华公司违约应承担违约责任，应退还包销保证金，并赔偿合同解除时未包销部分房产溢价损失的请求，缺乏事实和法律依据，不予支持。实华公司反诉东方公司未按约支付第二笔包销保证金，致双方签订的合同终止，其已支付的第一笔包销保证金不予返还的请求有理，应予支持。根据《中华人民共和国合同法》第九十一条第一款第七项、第九十三条、第九十六条第一款、第九十七条的规定，遂判决：一、东方公司与实华公司签订的《房产包销合同》从2004年3月30日起就已解除的事实予以确认；二、东方公司已经支付给实华公司的第一笔包销保证金100万元不予返还；三、实华公司应支付给东方公司在《房产包销合同》解除前，已签订《商品房预售合同》、交纳定金，并在《房产包销合同》解除后实际支付首期款的部分房产的溢价3776604.8元；四、驳回东方公司的其他诉讼请求。本诉案件受理费265010元，由东方公司负担240010元，实华公司负担25000元；反诉案件受理费15010元，由东方公司负担。

**〔当事人上诉及答辩意见〕**

东方公司上诉称：第一、一审法院以东方公司未支付第二笔包销保证金为由，认定实华公司有权解除合同，认定事实和适用法律均有错误。根据合同约定，东方公司支付第二笔100万元包销保证金的期限是包销楼盘的预售许可证颁发之日起一个月，一审判决已经认定实华公司直至违约终止合同履行时，尚未取得全部楼盘的预售许可证，故东方公司支付第二笔包销保证金的条件一直未成就。保证金是履行全部楼盘包销义务的保证，而取得全部楼盘的预售许可证是包销合同能够全部履行的前提。根据合同约定，实华公司未能在2003年11月30日前办妥预售许可证，东方公司有权解除合同，而东方公司不行使解除权并不等于支付保证金的条件也同时改变。因此，一审判决东方公司应当履行合同约定的支付第二笔包销保证金的义务，违反法律规定。第二、一审判决认定该合同符合约定的解除条件，违背事实和法律。实华公司通知解约的理由是房管部门要求解约和东方公司未支付第二笔包销保证金，东方公司收到该通知后即申请行政复议，福州市房管局已正式发文撤销了该通知。实华公司作为违约一方,根本不享有通知对方解约的权利,且东方公司已在时效内提起诉讼,故一审判决认定东方公司未提出异议,与事实不符。此外,合同解除必须具备法定条件,将一方当事人未提出异议作为符合约定解除条件的理由没有依据。第三,一审判决关于东方公司实际销售事实的认定错误。一审期间,东方公司提交了厦门宏隆升房地产代理有限公司出具的有关房屋实际销售情况的相关证据,并提交了315套住宅和51户店面的定金收据,还申请法院对商品房预售登记的情况进行了调查。实华公司对此未提交任何反证,并对定金收据等证据当庭确认。故一审判决认定实际销售184套住宅和41户店面的情况不符合事实。据此请求:1. 撤销福建省高级人民法院(2004)闽民初字第59号民事判决;2. 依法改判实华公司承担违约责任,赔偿东方公司损失5000万元,退还东方公司所付包销保证金100万元,驳回实华公司的反诉请求;3. 一、二审诉讼费用均由被上诉人承担。

实华公司上诉称:一审判决东方公司可以对合同终止前已经与他人签订商品房预售合同并收取定金的部分房产计算包销溢价,与《房产包销合同》第八条的约定是自相矛盾的。根据《房产包销合同》的约定,东方公司主张已售房产的溢价款必须同时具备两个条件:一是与他人签订正式的《商品房预售合同》;二是收取不低于30%的首付款。此外,根据《房产包销合同》的其他条款规定,东方公司主张已售房产的溢价款还必须完成整个楼盘的全部广告和景观绿化并承担其所需的一切费用,以及支付第二笔保证金100万元等。但根据一审查明的事实,东方公司在《房产包销合同》终止前,仅签订了部分《商品房预售合同》,并未依约收取已签《商品房预售合同》部分30%的首付款,也没有依约履行整个楼盘的销售广告及景观绿化等合同义务,根本不具备主张已售房产的溢价款的条件。据此请求:1. 撤销一审判决第三项并改判驳回东方公司的诉讼请求;2. 判令东方公司承担本案一、二审全部诉讼费用。

**〔最高人民法院查明的事实〕**

最高人民法院经审理还查明:一、东方公司于第一批《商品房预售许可证》已经办妥的通知后,当日即向实华公司提出书面异议,明确指出:“该《商品房预售许可证》仅为实华·蓝湾雅境楼盘的部分许可证,而非全部。”

二、2004年2月23日,实华公司与东方公司在“关于‘实华·蓝湾雅境’楼盘包销等相关事宜协调会会议纪要”中,经双方协商,对实华公司分批向东方公司提供《商品房预售许可证》达成了共识,但对实华公司“分批提供”的时间和东方公司支付第二笔保证金的时间未明确约定。

三、截至2005年8月5日,实华公司承认由东方公司实际销售的住宅189套、店面42户,按照《房产包销合同》中双方约定计算房屋销售溢价的标准和方法,东方公司共计实现销售溢价为3896074元。此外,双方还一致确认:由东方公司收取定金但实华公司没有出具合同签收单而合同实际履行的有住宅65套、店面2户;由东方公司收取定金但实华公司没有出具合同签收单并由实华公司转售他人的有住宅58套、店面7户。

〔最高人民法院裁判理由与结果〕

最高人民法院认为:本案争议的焦点是:

第一,实华公司终止合同的条件是否已经成就。东方公司认为,由于实华公司直至“违约终止合同履行时”尚未能取得全部楼盘的预售许可证,故东方公司支付第二笔包销保证金的条件一直未成就。实华公司认为,根据《房产包销合同》第四条的约定:“……余下100万元人民币待《商品房预售许可证》颁发之日起一个月内付清。逾期三个工作日内未交足第二笔保证金,甲方(实华公司)有权没收第一笔保证金,并终止本合同。”而第一期《商品房预售许可证》于2004年2月12日颁发,东方公司也于2004年2月19日知道了颁发的事实,故东方公司应当在2004年3月19日之前支付第二笔保证金。

东方公司与实华公司关于合同终止条件是否已经成就的争议,缘起于双方对“《商品房预售许可证》颁发之日”的不同理解。根据《房产包销合同》第四条的约定,东方公司应当在《商品房预售许可证》颁发之日起的一个月内支付第二笔包销保证金,逾期三个工作日内未交足第二笔保证金,实华公司有权没收第一笔保证金,并终止该合同。这里强调“颁发之日”的《商品房预售许可证》是指整个楼盘的《商品房预售许可证》,还是指单个楼体的《商品房预售许可证》,仅凭该条款中的文字表述尚难以准确判定。在《房产包销合同》中,当事人双方曾多次使用“签发”、“颁发”、“下达”和“办妥”来表述《商品房预售许可证》的办理情况,双方除对“办妥”是指“整个楼盘”的《商品房预售许可证》不存异议外,对其他“签发”、“颁发”和“下达”因约定不明而存在分歧。从《房产包销合同》第九条、第十条关于“包销进度”和“违约事项”的约定来看,合同约定本身存在一定的矛盾。因此,如何理解“颁发之日”的真实意思表示,即成为判断实华公司终止合同的条件是否已经成就的重要标准。

最高人民法院认为,对《房产包销合同》第四条关于“《商品房预售许可证》颁发之日”的约定应当结合该合同的全文、尊重当事人在订立合同时的意思表示以及诚实信用的原则予以解释。首先,从《房产包销合同》第三条关于包销期限的约定来看,双方一致确认包销期限自《商品房预售许可证》签发之日起30个月内,其中车位包销期限延长一年即车位包销期限为42个月。因此,《商品房预售许可证》签发之日也就是开始计算东方公司包销期限之日,办妥整个楼盘的《商品房预售许可证》是东方公司在包销期限内履行全部包销义务的必要条件。其次,从《房产包销合同》中关于违约事项的约定来看,双方一致确认“甲方(实华公司)应在2003年11月30日前办妥该楼盘的《商品房预售许可证》”,这一条明确约定了实华公司办妥整个楼盘的《商品房预售许可证》的具体期限,而这一期限应当成为解释合同中关于《商品房预售许可证》“签发”、“颁发”、“下达”等不同用语的逻辑基础,也是当事人双方计算包销期限、确定包销保证金支付条件以及判断一方是否违约的时间界限。由于实华公司在2003年11月30日之前不仅未能办妥整个楼盘的《商品房预售许可证》,而且在此之前也未能办妥该楼盘中任何一份单个楼体的《商品房预售许可证》，故实华公司率先违约已成为本案中不争的事实，在此基础上探究“颁发之日”的真实意思表示已失去意义。再次，从东方公司于2004年2月19日给实华公司的回函中可以看出，东方公司对双方在《房产包销合同》第四条中所约定的“颁发之日”，一直主张是指整个楼盘《商品房预售许可证》的办妥之日。东方公司于2004年2月19日接到实华公司“关于‘实华·蓝湾雅境’《商品房预售许可证》已批准发出的通知”后当日即提出了异议，明确表示了该《商品房预售许可证》仅为部分而非全部，由于该异议的提出是在双方诉讼发生之前，所以应当成为判断当事人真实意思表示的重要证据。一审认定东方公司对实华公司未按合同约定在2003年11月30日前办妥“实华公寓”楼盘的《商品房预售许可证》的事实未曾提出异议，属于认定事实错误。故此，一审判决仅凭《房产包销合同》中个别用语的不同，将“签发”、“颁发”解释为“单份”《商品房预售许可证》的签发或颁发，而将“办妥”解释为整个楼盘《商品房预售许可证》的办妥，无充分的证据支持。

实华公司与东方公司关于《商品房预售许可证》“颁发之日”的争议源于《房产包销合同》的约定不明。2004年2月23日，实华公司与东方公司就“实华·蓝湾雅境”楼盘包销所出现的问题及“商品房买卖合同”补充条款进行协商后达成了共识，并形成了“关于‘实华·蓝湾雅境’楼盘包销等相关事宜协调会会议纪要”。在该纪要中，双方对实华公司分批向东方公司提供《商品房预售许可证》的事项达成了共识，但对实华公司“分批提供”的具体时间、最后期限以及东方公司支付第二笔包销保证金的条件未明确约定。如前所述，实华公司向东方公司提供《商品房预售许可证》是东方公司完成包销义务和支付第二笔包销保证金的必要条件，而“一次性提供”和“分批提供”又直接决定东方公司支付第二笔包销保证金的条件是否已经成就。由于双方对东方公司支付第二笔包销保证金的条件约定不明，故根据《房产包销合同》第四条的约定，尚不能认定东方公司支付第二笔包销保证金的条件已经成就。据上所述，实华公司在双方对支付第二笔包销保证金的条件存在分歧且争议未解决的前提下，即以东方公司未支付第二笔包销保证金为由单方宣布终止合同，显属不当。因此，实华公司应当对其因未能在合同约定的最后期限内办妥该楼盘的《商品房预售许可证》的违约行为以及单方宣布终止合同给东方公司造成的损失承担赔偿责任。

第二，东方公司已交付给实华公司的100万元包销保证金应否返还。根据《房产包销合同》第四条的约定，东方公司应当在该合同签订之日起五个工作日内向实华公司支付第一笔包销保证金100万元，该保证金是东方公司对自己履行合同的保证。2004年3月30日，实华公司以福州市房地产管理局通知要求终止合同以及东方公司未按合同约定支付第二笔包销保证金为由，单方以书面形式宣布终止了与东方公司的《房产包销合同》后，东方公司即申请行政复议，福州市房地产管理局于2004年7月29日以书面通知的形式撤销了由其于2004年3月30日做出的关于要求实华公司与东方公司终止《房产包销合同》的函件。东方公司又于2004年10月27日以实华公司违约为由将实华公司诉至福建省高级人民法院，请求判令实华公司承担违约责任并赔偿东方公司经济损失共计5000万元，请求实华公司退还东方公司所付包销保证金100万元，并以此作为对实华公司单方终止合同的一种异议。

最高人民法院认为，东方公司要求实华公司返还第一笔包销保证金的请求及理由能否成立，取决于东方公司支付第二笔包销保证金的条件是否成就。根据《房产包销合同》第四条的约定，东方公司应当在《商品房预售许可证》颁发之日起的一个月内付清第二笔包销保证金，逾期三个工作日内未交足第二笔保证金，实华公司有权没收第一笔保证金，并终止该合同。因此，东方公司未按约定交付第二笔保证金，是实华公司没收第一笔保证金的必要条件。如第一个问题所述，由于双方在《房产包销合同》中对单个楼体还是整个楼盘的《商品房预售许可证》"颁发之日"约定不明，故东方公司对支付第二笔保证金的条件是否成就持有异议。在异议未解决之前，双方之间的包销合同因实华公司的单方终止行为而无法继续履行，包销保证金作为对东方公司的一种履约保证已失去意义，实华公司理应返还东方公司已经支付的第一笔包销保证金100万元。一审判决以东方公司未如期支付第二笔包销保证金为由，认定实华公司可以终止合同并没收东方公司已交付的第一笔包销保证金100万元，认定事实错误，适用法律不当。

第三，东方公司主张溢价款和赔偿损失的权利应否得到保护。实华公司以福州市房地产管理局的通知为由，在合同约定的终止条件成就之前，单方终止《房产包销合同》，应当承担违约责任并赔偿东方公司因合同不能实际履行所造成的损失。在本案中，福州市房地产管理局作为房地产业的行政主管部门于2004年3月30日以书面通知的形式要求实华公司终止与东方公司的包销合同，其具体行政行为导致合同不能实际履行的后果也不能完全由实华公司承担。此外，东方公司也认可了合同在客观上已无法实际履行的事实，故在本案诉讼中未提出实际履行合同的诉讼请求。同时，在实华公司单方宣布终止合同之前，东方公司在广告投入、景观绿化等方面也未能完全按照《房产包销合同》的约定履行自己的义务。综合以上因素，对东方公司主张溢价款和赔偿损失的范围应当限定在《房产包销合同》已经履行和已经部分履行的范围之内，并参酌当事人双方的过错程度以及东方公司实际损失的程度来确定实华公司的赔偿范围。

根据二审查明的事实，在实华公司单方宣布终止合同之前，由东方公司实际收取购房定金的有住宅312套和店面51户，扣除购房人退房并由实华公司转售他人的住宅58套和店面7户之外，应当认定由东方公司完成销售和已完成前期销售工作的有住宅254套和店面44户。参照《房产包销合同》中双方计算包销溢价的标准，东方公司可以实现的包销溢价款为7310061元。虑及东方公司在广告投入、景观绿化等方面履约不足以及实华公司在后期销售过程中需要支出的费用和付出的劳动等综合因素，应当在东方公司可以实现的包销溢价款7310061元中酌减80万元。

综上所述，依法判决如下：

一、撤销福建省高级人民法院(2004)闽民初字第59号民事判决；

二、终止福建省实华房地产开发有限公司与厦门东方设计装修工程有限公司在本案中的房产包销合同关系；

三、福建省实华房地产开发有限公司于本判决生效后三十日内向厦门东方设计装修工程有限公司返还包销保证金100万元，并向厦门东方设计装修工程有限公司支付包销溢价款和其他损失费共计6510061元。

四、驳回厦门东方设计装修工程有限公司、福建省实华房地产开发有限公司的其他诉讼请求。

一审本诉案件受理费、二审案件受理费共计530020元，由福建省实华房地产开发有限公司负担30万元，厦门东方设计装修工程有限公司负担230020元。一审反诉案件受理费15010元，由福建省实华房地产开发有限公司负担。

# 第四章 合同变更与转让

**规则16(合同变更的认定)** 一方当事人在盖章时对部分协议条款修改,另一方当事人未提出异议的,应视为同意

——吉林冶金设备厂诉烟台冶金研究所加工承揽合同纠纷案①

**【裁判规则】**

合同双方当事人经协商签订的补充协议,一方当事人在盖章过程中将部分条款作了修改后,寄回另一方当事人,另一方当事人接受修改后的补充协议,没有提出书面异议,对此情形可以认定不属于合同一方单方修改未经他方同意的情形,该补充协议应有效。

**【规则理解】**

**一、合同变更的内涵及法律特征**

(一)合同变更的内涵

合同生效后,当事人应当严格按照合同的约定全面履行合同义务,任何一方当事人不得违反合同的约定,否则要依法承担相应的违约责任。但是,由于当事人预见能力的局限性,现实生活的多变性,以及语言的丰富性,难免出现某些合同权利或义务约定不妥当或不明确之处,因此,合同的变更在所难免。

合同变更有广义与狭义之分。广义的合同变更包括合同主体和合同内容的变更。合同主体的变更,是指合同当事人发生变化,包括新的债权人取代旧的债权人,或加入合同与原债权人一起成为合同的共同债权人,也包括新的债务人取代原债务人,或加入合同与原债务人一起成为合同的共同债务人。狭义的合同变更是指在合同成立以后,尚未履行或尚未履行完毕之前,当事人就合同的内容进行变更。我国《合同法》第五章对合同的变更与转让分别进行了规定。根据该章的相关规定,我国

① 《中华人民共和国最高人民法院公报》2004年第6期,最高人民法院(2002)民二提字第16号民事判决书。

合同法采纳狭义的合同变更概念,而将合同债权人的变更认定为合同债权转让,将合同债务人的变更认定为债务转移。文中所分析的合同变更系指狭义的合同变更。

(二)合同变更的法律特征

第一,合同变更或者必须经当事人协商一致,或者必须具备法定的事由。合同是当事人在平等的基础上相互协商而成立,其变更也应当经过双方当事人协商一致,任何一方都不得将自己的意志强加于另一方当事人之上,单方面变更合同。当然,在某些特殊情况下,一方当事人也可基于法定规定的事由,依照法律规定的程序变更合同。例如,对于可变更可撤销合同,当事人可申请人民法院或者仲裁机构予以变更。

第二,合同变更仅指合同内容的局部变更。合同变更应是指对原合同内容的部分变化,而不包括合同内容的全部变化。如果原合同内容全部变更,应当视为原合同的消灭,新合同的产生,而不再是合同的变更,对此,并无争议。但是,对于合同变更是否包括合同标的变更则存在争议。有人认为变更的指向,不能是合同的标的;①也有人认为,合同变更包括合同标的变更。② 有学者提出,"合同内容的变更是在保持原合同效力的基础上,再形成新的合同关系,这种新的合同关系应包括原合同的实质内容。如果新的合同关系产生以后没有吸收原合同的实质内容,就不属于合同的变更,而是合同消灭以后订立的一个新合同。由于标的本身是权利、义务指向的对象,属于合同的实质内容。标的变更,合同的基本权利义务也发生变化。因此,变更标的,实际上已结束了原合同关系。"③笔者赞同这一观点。

第三,合同变更后,变更后的合同发生效力,但原合同未发生变更的部分仍然有效。合同变更与合同解除不同,变更前的合同与变更后的合同同样有效,只是变更后的条款取代变更前的条款,被取代的合同条款失去效力,新的合同条款发生效力。

第四,变更合同必须以明示的方式。笔者认为,原则上,默示不可以变更合同。主要理由有以下几点:

1. 根据《合同法》第13条的规定,当事人订立合同,采取要约、承诺方式,同时,《合同法》第22条又规定,承诺应当以通知的方式做出,但根据交易习惯或者要约表明可以通过行为作出承诺的除外。可见,我国合同法在订立合同上不承认默示的方法。变更合同,实际上也是当事人就变更事项订立合同,故变更合同同样要采取要约、承诺的方式,对变更合同的承诺也应以通知的方式做出,或者根据交易习惯、要约规定的行为作出,而不能单纯通过默示的方式变更合同。

---

① 隋彭生:《合同效力与合同责任》,中国政法大学出版社1989年版,第209页。

② 王家福主编:《中国民法学·民法债权》,法律出版社1991年版,第358页。

③ 王利明等:《合同法》,中国人民大学出版社2002年版,第217~218页。

2. 合同法上一般不将“沉默”推定为接受,而推定为拒绝。如《合同法》第47条规定,限制民事行为能力人订立的合同,相对人可以催告法定代理人在一个月内予以追认,法定代理人未作表示的,视为拒绝追认;《合同法》第48条规定,行为人没有代理权、超越代理权或者代理权终止后以被代理人名义订立的合同,相对人可以催告代理人在一个月内予以追认,被代理人未作表示的,视为拒绝追认。

3. 根据当事人地位平等及当事人意思自治的原理,一方当事人不得单方面为对方当事人设定义务。一方当事人单方面提出变更合同的要约,另一方当事人并无回复的义务,除非原合同另有约定。

综上,笔者认为,一般情况下,沉默不能作为其同意变更合同的意思表示方式。但是,如果双方当事人协议变更合同后,后签章的一方当事人对合同条款进行了变更,对方当事人明知该情形仍然接受合同,没有提出异议,并按照变更后的条款履行合同,应当认定双方就合同变更达成一致意见,不能认定为一方当事人变更合同,未经他方同意。

## 二、合同变更的要件

根据我国相关法律的规定,合同变更应当具备以下要件:

### (一)存在有效的合同关系

合同变更是在保持原合同效力的基础上,对合同内容的部分变更,那么,合同变更必须以原合同的有效存在为基础,如无原合同存在,则无所谓合同变更。此外,如果原合同为可撤销合同,则在当事人没有撤销之前,合同仍为有效;此时,当事人可以协议变更合同或者请求法院、仲裁机构变更合同,如果当事人行使撤销权,则合同自始没有法律拘束力,也不存在合同变更了。如果原合同无效,则自始不按当事人的意志发生法律效力,也不存在合同变更之说,如果原合同部分条款无效,当事人通过修改合同,去除合同中的无效条款,则原合同条款继续有效,变更后的条款即时生效,此时,也不宜认定为合同变更。

### (二)不存在法律规定的无效情形

根据《民法总则》、《民法通则》和《合同法》的有关规定,具体而言,变更后的合同也应具备如下条件:(1)当事人具备相应的民事权利能力和民事行为能力。一般而言,原合同有效,则当事人应具备相应的民事权利能力和民事行为能力或者得到法定代理人的认可,在合同变更的情况下,当事人亦应有相应的民事权利能力和民事行为能力,并得到法定代理人的认可。值得注意的是,签订原合同时有民事行为能力,后来丧失了民事行为能力,例如合同当事人因患有精神疾病而丧失民事行为能力,则原合同虽然为当事人本人所签订,但变更合同时应得到其法定代理人的认可。(2)当事人意思表示真实。(3)不违反法律、行政法规的强制性规定,不违背公序良俗。不损害国家利益、社会公共利益和第三人利益。

此外,变更后的合同不得存在《合同法》规定的无效情形,否则变更后的合同无效。具体包括:不得以欺诈、胁迫的手段订立合同,损害国家利益;不得恶意串通,损害国家、集体或者第三人利益;不得以合法形式掩盖非法目的;不得损害社会公共利益;不得违反法律、行政法规的强制性规定;不得免除造成对方人身伤害的责任;不得免除因故意或者重大过失造成对方财产损害的责任。

(三)符合相应的条件

(1)当事人协议变更合同的,应当获得各方当事人的一致同意。合同是在各方当事人平等协商的基础上订立,是各方当事人自由意志的体现,变更合同时,也应经当事人平等协商,一致同意,任何一方不得将自己的意志强加于对方当事人之上。同时,合同变更的内容应当明确,根据《合同法》第 78 条的规定,当事人对合同变更的内容约定不明确的,视为未变更。(2)当事人请求变更合同的,应当具备请求变更的法定事由。如:因重大误解订立的合同;订立时显失公平的合同;一方以欺诈、胁迫的手段或乘人之危,使对方在违背真实意思的情况下订立的合同;合同订立后发生情势变更等。

(四)遵循法定的程序和方式

依据《合同法》第 77 条第 2 款规定:"法律、行政法规规定变更合同应当办理批准、登记等手续的,依照其规定。"为了维持公共利益或者国家利益,加强管理,法律对某一类合同的变更特别规定了相应的程序,此时,合同的变更还应当遵循该程序。如《中外合作经营企业法》第 7 条规定,中外合作者在合同期限内协商同意对合作企业合同作重大变更的,应当报审查批准机关批准。而对于可撤销合同,或合同订立后发生情势变更的,则根据合同法的规定,当事人必须向法院或者仲裁机构请求变更,而不得单方变更。

## 三、合同变更的种类

(一)协议变更与请求变更

根据合同变更的事由及程序不同,可以将合同变更分为协议变更与请求变更。

协议变更是指双方当事人协商一致对合同内容进行变更。《合同法》第 77 条第 1 款规定:"当事人协商一致,可以变更合同。"该条是对协议变更合同的原则性规定。当事人可以对合同标的数量、质量、价款或者报酬、履行期限、地点和方式、违约责任及解决争议的办法等通过协商的方式予以变更。协议变更的事由及程序非常简单,在保持原合同效力的基础上,各方当事人协商一致即可。

请求变更是指当合同存在特定事由时,当事人可以请求人民法院或者仲裁机构变更合同。具体可分为两种情形:第一,可变更可撤销合同的变更。《合同法》第54条规定:"下列合同,当事人一方有权请求人民法院或者仲裁机构变更或者撤销:(一)因重大误解订立的;(二)在订立合同时显失公平的。一方以欺诈、胁迫的手段或者乘人之危,使对方在违背真实意思的情况下订立的合同,受损害方有权请求人民法院或者仲裁机构变更或者撤销。当事人请求变更的,人民法院或者仲裁机构不得撤销。"根据该条规定,对于可变更可撤销合同,当事人可以向人民法院或者仲裁机构请求变更。第二,合同履行过程中当事人依情势变更原则请求人民法院或者仲裁机构变更合同。《合同法司法解释二》第26条规定:"合同成立以后客观情况发生了当事人在订立合同时无法预见的,非不可抗力造成的不属商业风险的重大变化,继续履行合同对于一方当事人明显不公平或者不能实现合同目的,当事人请求人民法院变更或者解除合同的,人民法院应当根据公平原则,并结合案件的实际情况确定是否变更或者解除。"上述内容是我国合同法关于协议变更和请求变更的相关规定。

(二)约定变更与法定变更

我国法律只对协议变更和请求变更进行了规定。但有学者提出,应当增加约定变更与法定变更两种形式。[①] 其中约定变更是指在合同成立生效后,尚未全部履行前,当事人根据合同约定的事由和条件,行使变更权而变更合同。约定变更与协议变更不同,约定变更不需要与对方当事人协商一致,只待原约定的条件成就即可变更合同;约定变更与可变更合同也不同,可变更合同的事由是法定的,而约定变更的事由可以由双方当事人协商确定。法定变更是指在合同依法成立而尚未履行完毕前,当事人基于法律规定的事由,行使变更权而变更合同。如发生不可抗力仅影响合同的部分履行的,当事人应有权变更合同。

**四、合同变更的效力**

合同变更旨在保持原合同效力的基础上,使合同内容发生部分变更,合同当事人应当按照变更后的条款履行合同义务,未变更的部分则按原合同继续履行。由于合同变更仅对未来发生效力,原合同已经履行的部分继续有效,一般情况下,当事人不得以合同变更为由要求恢复原状或返还财产,法律另有规定或当事人另有约定的除外。

此外,《民法通则》第115条规定:"合同的变更或者解除,不影响当事人要求赔偿损失的权利。"据此,合同虽然发生了变更,但是合同变更前因一方当事人的违约行为给对方当事人造成损失的,对方当事人仍有权请求赔偿损失。

---

① 参见张腊梅:《完善合同变更法律规定的思考》,载《安徽警官职业学院学报》2009年第3期。

**【拓展适用】**

**一、合同变更与合同解除之比较**

合同解除是指在合同依法成立后而尚未全部履行前，当事人基于协商、法律规定或者当事人约定而使合同关系归于消灭的一种法律行为。合同解除和合同变更均以有效合同存在为前提，也都将导致当事人之间的权利义务关系发生变化，并都要以满足一定条件为前提。尽管如此，合同变更与合同解除仍存在诸多不同之处。

（一）两者效力不同

《合同法》第 97 条规定："合同解除后，尚未履行的，终止履行；已经履行的，根据履行情况和合同性质，当事人可以要求恢复原状、采取其他补救措施，并有权要求赔偿损失。"可见，根据合同履行情况和合同性质，如果当事人请求的，解除合同可以溯及既往，而合同变更原则上只及于合同未履行部分，已经履行部分仍然有效，除非当事人另有约定或者法律另有规定。此外，合同解除将导致原合同全部失效，当事人之间的合同关系终止，而合同变更是在保持原合同效力的基础上对合同部分内容的变更，该变更不涉及合同标的的变更，未变更的部分仍然有效。

（二）两者条件不同

合同解除有协议解除、约定解除、法定解除之分。根据解除的不同类别，条件也有所不同。协议解除是合同依法成立后尚未全部履行前，当事人通过协商而解除合同，对此，《合同法》第 93 条第 1 款进行了规定，即"当事人协商一致，可以解除合同"。协议解除与协议变更条件相同，均为当事人协商一致。但除协议解除外，约定解除与法定解除的条件均与变更有所不同。约定解除是合同依法成立之后尚未全部履行之前，当事人基于双方约定的事由行使解除权而解除合同。《合同法》第 93 条第 2 款规定："当事人可以约定一方解除合同的条件。解除合同的条件成就时，解除权人可以解除合同"。如前所述，尽管有学者提出合同法也应当对约定变更进行规定，但是，我国合同法上尚无约定变更的相关规定。法定解除是合同依法成立后尚未全部履行前，当事人基于法律规定的事由行使解除权解除合同，依照《合同法》第 94 条的规定，合同法定解除的条件有以下几种：因不可抗力致使不能实现合同目的；在履行期限届满之前，当事人一方明确表示或者以自己的行为表明不履行主要债务；当事人一方迟延履行主要债务，经催告后在合理期限内仍未履行；当事人一方迟延履行债务或者有其他违约行为致使不能实现合同目的；法律规定的其他情形。以上几种原因又可分为两类，一是因客观情况不能履行合同而解除合同；二是因违约行为而解除合同。而在合同变更上，合同法并没有关于不可抗力可导致变更合同的相关规定，亦没有因违约行为导致可行使合同变更权的相关规定。只有对于可变更可撤销合同，当事人可以请求人民法院或者仲裁机构变更,或者合同成立后发生情势变更的,可以请求变更合同。

(三)两者程序不同

合同解除与合同变更的程序不同。在协议解除或协议变更的情况下,双方当事人意思表示一致,则可解除合同或变更合同,法律规定应当办理批准、登记手续的除外。但在依法解除合同或变更合同的情况下,则程序有所不同。在约定解除和法定解除的情况下,只要具备了当事人约定或者法律规定的解除事由,当事人一方即可单方解除合同。《合同法》第96条第1款规定:"当事人一方依照本法第九十三条第二款、第九十四条的规定主张解除合同的,应当通知对方。合同自通知到达对方时解除。对方有异议的,可以请求人民法院或者仲裁机构确认解除合同的效力。"可见,在约定解除和法定解除的情况下,当事人解除合同的意思表示通知对方即可生效,无须对方当事人答复或者同意。而在当事人请求变更合同时,必须向人民法院或者仲裁机构提出请求,不得自行单方变更合同。

**二、合同变更与"黑白合同"之比较**

"黑白合同"是指当事人就同一合同标的签订两份以上实质内容不一致的合同。"黑白合同"广泛存在于建设工程施工合同中,所谓"白合同"是指通过招投标过程公开签订的,并报有关行政主管部门备案的合同,"黑合同"则是指当事人之间另行签订的与"白合同"实质内容不一致的合同。"黑白合同"的存在,主要源于承包人为了承揽工程,自愿接受发包人的各种苛刻条件,而发包人为了压低工程价款,也愿意与承包人相互串通规避法律法规的相关规定。"黑白合同"的存在,严重违背了公平竞争的原则,扰乱了市场经济秩序,破坏了国家的相关监管制度,更为严重的是,该现象的存在导致工程偷工减料的情况时常发生,从而导致安全隐患,危害公共安全与公共利益。在司法实践中,因"黑白合同"引起的纠纷相当多,且在诉讼中,当事人往往将"黑白合同"与合同变更混为一谈,主张"黑合同"为对"白合同"的变更。实际上,"黑白合同"与合同变更有明显不同。

(一)当事人意思表示是否真实不同

合同变更有协议变更与请求变更之分,其中协议变更必须是双方当事人真实意思的表示,即当事人协商一致予以变更,请求变更则是因为当事人之间原已存在的合同存在意思表示瑕疵,当事人通过向人民法院或者仲裁机构请求变更,以弥补当事人签订合同时意思表示的不足,或者是因为合同签订后发生情势变更导致双方利益实际上的失衡、不对等,通过请求法院变更合同以平衡双方当事人的利益。而"黑白合同"正好相反,原"白"合同通过招投标程序产生,并经过有关行政主管部门的批准与备案,一般不存在意思表示瑕疵,而“黑合同”却往往是违背一方当事人的真实意愿。因为“黑合同”中经常包括要求压低工程造价、要求承包人垫资、变更工期与违约责任等内容。一般情况下,对承包人的合法权益保护不到位、不全面,反而增加承包人的义务,因此,一般而言,“黑合同”并非承包人的真实意思表示。

(二)合同内容是否合法不同

关于合同变更,变更后的合同必须符合法律规定的生效要件,不存在合同法规定的无效情形,否则该合同变更不发生法律效力。而“黑合同”中往往包括双方当事人串通规避法律法规的内容,因此,我国现行唯一有效的针对建设工程“黑白合同”的法律文件,即《最高人民法院关于审理建设工程施工合同纠纷案件适用法律问题的解释》第21条规定:“当事人就同一建设工程另行订立的建设工程施工合同与经过备案的中标合同实质性内容不一致的,应当以备案的中标合同作为结算工程价款的根据。”可见,我国现行司法政策和主流观点却不承认“黑合同”中关于相关工程价款的另行规定是对原合同的变更的认识。

(三)当事人的目的能否实现不同

合同变更一般是因为发生了当事人签订合同时没有预见到的情况,或者情况发生了变化,双方为了进一步明确权利义务,更好地履行合同,达到合同目的而对合同部分条款进行变更;而“黑白合同”中,当事人签订“白合同”时明知该合同仅用于向有关部门报批、备案,根本没有履行“白合同”的意图。双方均知道会另外签订“黑合同”,并按照“黑合同”履行,双方签订“黑合同”的目的不是为了更好的履行合同,实现原合同目的,而是为了推翻原有的“白合同”,实现双方串通以规避相关法律规定的目的,以及强势一方损害弱势一方的利益,或损害国家利益或公共利益。

(四)涉及合同实质内容是否变化不同

合同变更是在保持原合同效力的基础上,对合同内容的局部变更,否则,不能视为合同的变更,而应视为原合同的消灭,新合同的产生。而“黑合同”则是对“白合同”实质内容的改变,有的内容完全不同,有的严重损害一方当事人的利益。

(五)变更适用的程序不同

当事人协商变更合同的情况下,原则上只要双方协商一致即可变更。如果当事人另有约定或者法律规定应当办理批准、备案手续的,则应依当事人的约定或法律的规定办理相关手续。而建设工程施工合同中,“白合同”必须办理备案手续,“黑合同”却因为存在一些不合法的内容,不可能通过相关部门的批准手续,双方当事人也没有将其备案的意图。

综上,“黑白合同”与合同变更存在本质差别,合同变更为法律所允许,“黑白合同”则违反了相关法律规定,违背了公共利益。因此,在司法实践中,应严格区分“黑合同”与合同变更,避免将“黑合同”认定为对“白合同”的变更,从而放纵当事人规避法律的行为。

**三、涉及第三人利益的合同变更**

当事人可以为了自己的利益订立合同,也可以为了第三人的利益订立合同。如果当事人约定第三人根据合同可以享有一定权利,则该合同为涉及第三人利益的合同,学理上称之为利他合同。涉及第三人利益合同具有如下特点:第一,该第三人虽然享有合同权利,但并非合同当事人。第二,该合同只能为第三人设定权利,而不能设定义务。第三,该合同的订立,无须事先通知第三人或征得第三人的同意。

《合同法》第77条第1款规定:“当事人协商一致,可以变更合同”。但在涉及第三人的合同中,第三人并不是合同当事人,固然不完全享有合同当事人才可享有的变更和解除权,但是,在涉及第三人利益的合同中,当事人变更合同的权利是否受到限制呢?如果当事人变更合同的权利受到限制,则合同当事人意思自治的原则如何体现?如果当事人变更合同的权利不受限制,那么第三人的利益又如何保护?对于上述问题,我国合同法和相关司法解释并无明确规定,其他国家则有不同规定:如苏格兰的法律规定,在第三人利益合同中,只要受益第三人知道该合同的存在,当事人就不能再变更合同,并认为当事人告知了第三人有关合同的情况或将合同送交给第三人是第三人利益合同不能再被修改或撤销的原因;英国法律规定,受益第三人向承诺人表示接受合同后,第三人在合同中的权利就不能被修改或撤销;意大利法律规定,第三人利益合同可以被当事人解除或修改,直到受益第三人向债务人声明他愿意得益于该合同;美国有法律规定,如果债权受益人在他知道合同的变更或解除之前就已经信赖合同从而其现状在实质意义上已经被改变,那么没有受益人的同意,该合同的变更或解除是无效的。[①] 综上,大多数国家法律认可在一定情况下,当事人不得变更涉及第三人利益的合同。

笔者认为,鉴于我国法律明确规定,当事人协商一致,可以变更合同,而第三人并非合同当事人,故合同变更无须取得其同意,即,对于涉及第三人利益的合同,当事人仍可通过协商一致予以变更。但是,如果第三人的利益因此受到损害的话,应由合同当事人予以赔偿。事实上,合同当事人为第三人设定利益,应当视为合同当事人对第三人的一种赠与,如果合同当事人通过变更合同而撤销该赠与,应承担相应的责任。具体而言,如果第三人因为信赖当事人之间的合同会给其带来利益,并为了实现该利益而做出合理的安排,如果当事人要变更该合同,使第三人不再享有原合同约定的权

---

① 陈任:《第三人利益合同的变更和解除》,载《法律科学》(西北政法学院学报)2007年第5期。

利，应由通过合同赋予第三人利益的当事人赔偿第三人的损失。但是，该种赔偿必须符合三个条件：其一，第三人知晓该合同，并信赖该合同上为其设定的权利；其二，第三人的信赖必须是合理的，否则超出该范围的损失不应获得赔偿；其三，第三人因为信赖该合同的履行而受到损失。现实生活中，合同当事人在合同中为第三人设定利益，往往是因为合同一方当事人与第三人另有其他合同关系，如果在其他合同关系中约定了相应的违约责任，则可按该合同约定处理。

**【典型案例】**

**吉林冶金设备厂诉烟台冶金研究所加工承揽合同纠纷案**

申请再审人（一审被告、二审上诉人）：烟台冶金新材料研究所。住所地山东省烟台市经济技术开发区牡丹江路1号。

法定代表人：郝广政，该所所长。

委托代理人：翟　莹，该所职工。

委托代理人：赵启民，该所办公室主任。

被申请人（一审原告、二审被上诉人）：吉林冶金机电设备制造厂。住所地吉林省吉林市龙潭区新山路25－2号。

法定代表人：计　蓬，该厂厂长。

委托代理人：刘品祥，北京市世纪律师事务所律师。

委托代理人：王忠国，吉林冶金机电设备制造厂法律顾问。

**〔最高人民法院再审查明的事实〕**

最高人民法院再审查明：1987年11月4日和1988年2月1日，烟台冶金新材料研究所（以下简称烟台冶金所）与吉林冶金机电设备制造厂（以下简称吉林设备厂）先后签订了预氧化炉和沥青碳纤维碳化炉制造合同。预氧化炉制造合同约定：烟台冶金所提供制造图纸三套，负责生产厂房供电、供水、供氧等公共设施的配套，提供设备调试大纲并参加局部调试。吉林设备厂负责预氧化炉的加工、制造，负责解决预氧化炉加工制造中的技术问题，参加预氧化炉的调试。1988年9月底完成全套预氧化炉的制造。总加工制造费为35万元，合同生效后两周内，烟台冶金所支付给吉林设备厂11万元，设备到后，支付给吉林设备厂总制造费的50%，设备在烟台冶金所安装调试合格后一次付清剩余加工费。沥青碳纤维碳化炉制造合同约定：烟台冶金所提供制造图纸三套，负责生产厂房供电、供水、供氮等公共设施的配套，提供设备调试大纲并参加局部调试。吉林设备厂负责沥青碳纤维碳化炉的加工、制造，负责解决加工制造中的技术问题和成套设备的现场安装调试等。1988年11月底全套碳化炉装置从吉林发出。总加工制造费为42万元，结算办法为合同生效后两周内，烟台冶金所支付给吉林设备厂126000元，设备到后，支付给吉林设备厂总制造费的50%，设备在烟台冶金所安装调试合格后一次付清剩余加工费。两份合同签订后，烟台冶金所向吉林设备厂支付了

236000元加工费。

因原材料涨价等因素,1988年12月2日,双方经协商签订了《关于烟台冶金新材料研究所委托吉林冶金机电设备制造厂加工制造预氧化炉和碳化炉合同的补充协议》,约定将预氧化炉由原造价35万元上调到65万元,沥清碳纤维碳化炉由原造价42万元上调到122万元;补充协议生效后两周内,烟台冶金所将新增造价110万元的50%即55万元预付给吉林设备厂,其余款项待设备在安装调试合格后一次付清。两台设备的交货期推迟到1989年3月底和5月底;如设备拖期交货,烟台冶金所将在未付款额中按每拖延一天2000元,扣除设备拖延费。该补充协议烟台冶金所签字盖章后,在由吉林设备厂带回吉林签字盖章时,吉林设备厂将补充协议第二条中"其余款项待设备在安装调试合格后一次付清"的内容变更为"设备到货后,付全部货款的90%,安装调试合格后全部付清",将交货期限变更为1989年4月底和6月底,将第三条第三款变更为如设备拖期交货发运,烟台冶金所在未付款额中按拖延一天500元,扣除设备拖延费,并将补充协议签字盖章后寄给烟台冶金所。烟台冶金所收到修改后的补充协议后,没有提出书面异议。

在吉林设备厂制造加工过程中,因部分外加工件不能及时到位等原因,影响了设备的总装,故双方不能按合同约定的时间进行设备交接。1989年5月5日、10月10日,1990年2月26日,双方对设备延期交货和付款问题进行了协商,烟台冶金所认可氧化炉交货期推迟至1989年6月末,碳化炉交货期最终确定在1990年4月底。吉林设备厂最终交付设备的时间为氧化炉1989年8月5日,碳化炉是1990年6月20日。1991年7月10日,双方签订了一份《氧化炉和碳化炉调试及付款协议》,该协议约定调试中如发现质量问题,由吉林设备厂负责处理,已进行单机调试后,遗留问题待下阶段处理。由于制造质量产生的问题,吉林设备厂负责解决;由于设计和工艺不合理造成的问题,吉林设备厂协助解决,不承担责任。吉林设备厂参加预氧化炉、碳化炉投料试车工作。还约定在烟台冶金所支付2万元后,由吉林设备厂派人完成调试。余款在当年资金松动时,优先考虑支付,力争年底结清。该协议第六条约定:本协议与原合同、补充协议具有同等法律效力,若有抵触,以本协议为准。在烟台冶金所支付了2万元,该厂又派人对设备进行调试,但是,没有办理验收手续。预氧化炉和碳化炉也未试产。烟台冶金所陆续给付吉林设备厂部分加工款,仍欠加工款525835.56元。1992年11月11日,烟台冶金所以(92)烟冶财字第7号函向吉林设备厂表示,承认尚欠设备款53万余元。1994年3月31日,烟台冶金所与吉林设备厂对往来账进行核对时称:"由于目前我所资金紧张,尾款不能付出,待资金松动时,我所再付设备款"。当吉林设备厂索要余款时,烟台冶金所以吉林设备厂逾期交货、设备质量不合格为由拒付,双方发生纠纷,诉诸法院。

最高人民法院再审期间,组织双方当事人到设备安装现场进行查看,烟台冶金所提出预氧化炉存在的问题是:设备密封达不到设计标准,炉内底板断裂,氧化炉滚动网带跑偏。碳化炉存在的问题是：差压变速器的型号不符合设计标准等。吉林设备厂对上述事实在最高人民法院质证时予以否认，认为不排除设备被人为破坏，并提出对设备进行鉴定的要求。

〔一审法院裁判理由与结果〕

吉林市中级人民法院审理认为，吉林设备厂与烟台冶金所签订的加工承揽合同和1991年7月10日调试付款协议有效，烟台冶金所未按约付款属违约行为。判决：烟台冶金所给付吉林设备厂加工设备款525835.56元；逾期付款滞纳金249246.05元，案件受理费12760.82元由烟台冶金所承担。

〔二审法院裁判理由与结果〕

烟台冶金所不服一审判决，向吉林省高级人民法院提出上诉，吉林省高级人民法院经二审审理认为原审认定事实清楚，适用法律妥当，判决：驳回上诉，维持原判。二审案件受理费12760.82元由烟台冶金所承担。

〔吉林省高级人民法院再审裁判理由与结果〕

烟台冶金所不服吉林省高级人民法院终审判决，向最高人民法院申请再审，最高人民法院转由吉林省高级人民法院审查。吉林省高级人民法院对本案进行了再审，再审认为，原一、二审认定事实没有错误。因双方合作良好，故设备调试后没有办理验收手续。原审没有认定《关于烟台冶金新材料研究所委托吉林冶金机电设备制造厂加工制造预氧化炉和碳化炉合同的补充协议》，是因为该协议在盖章过程中，吉林设备厂进行了单方修改，不是双方当事人的真实意思表示，因此无效，但在调整设备价格上无争议，应予尊重这一客观事实。对逾期交货未予认定不妥，依照《中华人民共和国民事诉讼法》第一百五十三条第一款第二项的规定，该院判决：一、维持(1997)吉经终字第102号民事判决；二、吉林设备厂给付烟台冶金所逾期付货违约金28785元。

〔当事人申请再审及答辩意见〕

烟台冶金所不服上述再审判决，向最高人民法院提出申请再审称：原审认定事实不清，加工承揽合同签订后，吉林设备厂又与烟台冶金所签订了补充协议，将设备加工款增加了122万元，吉林设备厂不仅逾期交货，且交付的设备没有调试合格。烟台冶金所在给付设备款的同时，多次催促吉林设备厂来调试，当吉林设备厂几次派人来要款，均被申请人拒绝，并申明必须尽快派人来调试设备，合格后再付款。至于财务部门出具的材料，仅仅是财务对账单，不能证明设备已调试合格。原审把最后一次调试设备的时间定在1991年6月，而把1991年8月至11月共同调试这一事实回避了，这次调试形成了由烟台冶金所和吉林设备厂、设计单位三方认可的阶段调试总结，总结中对设备存在的问题以及如何解决这些问题均有明确规定，调试中尚未解决的问题由吉林设备厂负责解决，但是，吉林设备厂再未派人进行调试。再审认为“双方合作良好，没有办理验收手续”与事实不符，烟台冶金所不会答应以合格产品的价格换回不合格的设备。要求最高人民法院依法改判。吉林设备厂答辩认为原审认定事实清楚,适用法律正确,吉林设备厂已将设备调试合格,亦不存在逾期交货问题。其不能付款的真正原因是资金紧张。烟台冶金所提交的预氧化炉、碳化炉调试阶段总结是虚假证据且已丧失寻求法律保护的权利,要求维持原审判决。

〔最高人民法院再审裁判理由与结果〕

最高人民法院再审认为:烟台冶金所与吉林设备厂签订的预氧化炉和沥清碳纤维碳化炉加工承揽合同以及1991年7月10日签订的预氧化炉、碳化炉调试及付款协议,是双方当事人的真实意思表示,合同内容不违反法律规定,原审认定有效是正确的。1988年12月2日,双方经协商签订的补充协议,吉林设备厂在盖章过程中将部分条款作了修改后,寄回了烟台冶金所,烟台冶金所接受了修改后的补充协议,没有提出书面异议,因此亦应认定该补充协议有效。再审判决作出的该协议在盖章过程中,吉林设备厂进行了单方修改,不是双方当事人的真实意思表示,因此无效,但在调整设备价格上无争议,应予支持的认定,将补充协议分成两部分,前半部分认定有效,后半部分认定无效,属认定事实不当,应予纠正。

烟台冶金所提出吉林设备厂调试的设备不合格,双方至今没有办理验收手续,并以阶段调试总结作为证据,因该总结没有吉林设备厂签字盖章,也无其他证据证明吉林设备厂收到阶段调试总结,因此,不能作为证据使用。按照合同约定,负责两台设备的安装调试是吉林设备厂的义务,从最高人民法院到设备现场勘验的情况看,预氧化炉密封能否达到设计标准、滚动网带跑偏问题,因设备存放时间过长,已无法确认。但预氧化炉炉底钢板出现裂缝、碳化炉差压变速器没有按照设计图纸型号安装问题是客观存在的,这种质量问题并不涉及设计是否合理,因为设计是否合理、设备制造完毕后是否具有生产价值不是吉林设备厂的义务。吉林设备厂的义务就是按照合同约定对设备进行制造、安装,调试合格后交付给烟台冶金所。虽然吉林设备厂对设备进行了多次调试,但是,双方没有办理设备验收手续,也没有其他证据证明其已将设备调试合格。吉林设备厂仅以烟台冶金所陆续支付设备款的行为,来证明设备已调试合格的理由缺乏证明力,因为向定作人交付合格的定作物是承揽人的义务,向承揽人按时付款是定作人的义务,两者享有的权利不同,承担的义务也不同。由于吉林设备厂无法提供设备调试合格的证据,因此,应认定吉林设备厂向烟台冶金所交付的设备不合格。两台设备因放置时间过长,已失去重新鉴定的条件,故吉林设备厂关于重新鉴定的请求,最高人民法院不予支持。再审判决以双方合作良好,没有办理验收手续为由认定吉林设备厂交付了合格设备,属于适用法律不当,应予纠正。

1988年12月2日,经过变更后的《关于烟台冶金新材料研究所委托吉林冶金机电设备制造厂加工制造预氧化炉和碳化炉合同的补充协议》约定,设备到货后,付全部货款的90%,安装调试合格后全部付清。吉林设备厂交付设备的时间为氧化炉1989年8月5日,碳化炉是1990年6月20日。1991年7月10日,双方签订了一份《氧化炉和碳化炉调试及付款协议》,再次变更了付款方式,吉林设备厂对烟台冶金所延迟付款未提出异议,因此,烟台冶金所延迟付款的行为可以不予追究。烟台冶金所对于设备调试存在的问题,仅以电话形式联系,没有书面提出异议,亦有过错,其承认尚欠部分设备加工款,因此,对这部分延期付款的行为应承担相应的民事责任。

吉林设备厂交付的预氧化炉逾期交货35天,碳化炉逾期交货60天,按照补充协议约定逾期交货一天,扣除设备费500元,双方应按照合同约定履行。原审判处吉林设备厂给付烟台冶金所逾期交货违约金28785元没有事实依据,应予纠正。

《中华人民共和国经济合同法》第二十九条规定:由于当事人一方的过错,造成经济合同不能履行或者不能完全履行,由有过错的一方承担违约责任;如属双方的过错,根据实际情况,由双方分别承担各自应负的违约责任。第三十五条承揽方的责任规定:未按合同规定的质量、数量完成定作方交付的工作,应无偿进行修理、补足数量或者酌减报酬,如果工作成果有重大缺陷,还应承担赔偿责任。定作方的责任规定:超过合同规定期限付款,偿付逾期的违约金。《加工承揽合同条例》第十三条规定:承揽方应当依据合同的规定,按定作方要求的技术条件完成工作,未经定作方同意,不得擅自变更,承揽方应当对所承揽的全部工作质量负责。第二十一条承揽方的违约责任第一款规定,未按合同规定的质量交付定作物或完成工作,定作方同意利用的,应当按质论价;不同意利用的,应当负责修整或调换,并承担逾期交付的责任;经修整或调换后,仍不符合合同规定的,定作方有权拒收,由此造成的损失由承揽方赔偿。第五款规定,不能交付定作物或完成工作的,应当偿付不能交付定作物或不能完成工作部分价款总值10% -30%或酬金总额20% -60%的违约金。第二十二条定作方的违约责任第五款规定:超过合同规定的日期付款,应当比照中国人民银行有关延期付款的规定向承揽方偿付违约金,以酬金计算的,每逾期一天,按酬金总额的千分之一偿付违约金。

据此,最高人民法院依照上述法律和《中华人民共和国民事诉讼法》第一百五十三条第一款第(三)项、第一百八十四条第一款的规定,判决如下:

一、撤销吉林省高级人民法院(1998)吉经再字第26号、(1997)吉经终字第102号民事判决和吉林省吉林市中级人民法院(1996)吉经初字第80号民事判决;

二、吉林冶金机电设备制造厂加工的预氧化炉和沥清碳纤维碳化炉,由烟台冶金新材料研究所自行处理;

三、吉林冶金机电设备制造厂向烟台冶金新材料研究所偿付不能交付合格设备的违约金673200元;

四、吉林冶金机电设备制造厂偿付烟台冶金新材料研究所逾期交货设备款47500元;

五、烟台冶金新材料研究所向吉林冶金机电设备制造厂支付设备欠款525835.56元;

六、烟台冶金新材料研究所向吉林冶金机电设备制造厂支付逾期付款违约金323388.87元;

七、驳回双方其他诉讼请求。

上述款项自收到本判决之日起十日内支付,逾期支付按照《中华人民共和国民事诉讼法》第二百三十二条的规定办理。

一、二审案件受理费各12760.82元,共计25521.64元,由吉林冶金机电设备制造厂承担15312.98元,烟台冶金新材料研究所承担10208.66元。

**规则17(债权转让通知)** 债权转让双方在公开广泛发行的报纸上登报通知债务人及担保人,应认定债权人已将债权转让的事实告知债务人及担保人

——东营市海科化学工业有限责任公司与何荣兰、东营水泥制品厂、东营市黄河口建材开发总公司清偿债务纠纷案①

**【裁判规则】**

债权人转让权利的应当通知债务人,但法律未就通知的方式作出具体规定,债权转让双方共同就债权转让的事实在公开广泛发行的报纸上登报通知债务人及担保人,不违反法律法规的强制性规定,应认定债权人已将债权转让的事实告知债务人及担保人。该债权转让并没有致使债务人错误履行债务、双重履行债务或加重债务人履行债务的负担,也没有损害债务人的利益,债务人及担保人应承担相应的法律责任。

**【规则理解】**

**一、债权让与通知及其性质**

(一)债权让与通知的立法目的

债权让与之通知,系将债权已由让与人转移于受让人之事实,通知债务人之意。②债权具有可转让性,其财产权的属性决定了权利主体有转让债权的经济需要和权利,故从尊重、保护债权人利益及鼓励交易的角度出发,自应允许债权人依法转让债权。但同时,债权是约束债权人和债务人的相对性权利,其转移牵涉到债权受让人、债务人以及其他第三人的利益。尤其对债务人而言,由于债权人发生了改变,必然对其清偿义务的履行产生影响。故为平衡各方利益,避免不必要的损失和浪费,法律对债权

---

① 《中华人民共和国最高人民法院公报》2004年第4期,最高人民法院(2003)民一终字第46号民事判决书。

② 孙森焱:《民法债编总论》(下册),法律出版社2006年12月版,第789页。

让与有所规制，合法有效的债权让与应当满足法律规定的特定要件。债权人除须享有合法有效的可让与债权、与受让人达成有效的债权让与协议外，还必须就债权转让的事实通知债务人。债权让与，除法律另有规定者外，非经通知债务人，对于债务人不生效力。[①] 债权让与对于债务人的效力，主要是由让与通知引起的权利义务。债权让与通知制度的立法意旨在于平衡债的关系中各方当事人的权益，保护债权人的权利流转自由，同时维护债务人的利益，避免其因债权让与而增加负担或丧失应有的权利。

（二）债权让与通知的性质

学界通说认为，债权让与通知为观念通知，是准法律行为的一种。观念通知又称事实通知，是关于某种事实或者认识的通知。[②] 行为人表示的并不是某项意思，而是一种他知道的情况或一项事实，[③]相对人的行为或不行为不能对既已发生的法律效果产生影响。债权让与于让与人和受让人就让与事宜达成合意之时就已有效成立，通知只是将既成的事实告诉债务人使其得以知晓，故通知中并不需要有发生债权让与的法效意思。但作为准法律行为，其可类推适用民法关于意思表示的有关规定，让与债权的意思表示自达到债务人或其代理人、权利继受人时生效。

## 二、债权让与通知的构成

《合同法》第80条关于“债权人转让权利的，应当通知债务人”的规定，确立了债权让与中债权人的通知义务，但对于通知的具体构成却无明确规定。一般认为，有效的债权让与通知应当满足以下构成要件：

（一）通知主体

各国立法对债权让与通知的主体有不同规定：日本规定由让与人通知；法国、意大利规定由受让人通知；瑞士和我国台湾规定由让与人或受让人通知。我国《合同法》将通知义务赋予债权人，即让与人。让与人作为原合同权利人，可以作为通知主体自无异议。至于受让人能否作为通知主体，则存在争议。因为合同关系具有相对性，在让与通知作出前，让与人与债务人才是原来债的关系中的当事人，受让人与债务人之间尚未发生债的关系。对于受让人所为的通知，善意、谨慎的债务人应当向让与人即原债权人进行求证，或要求受让人出示相关转让协议及债权凭证。如果债务人轻信合同关系以外第三人的单方主张，向所谓的受让人履行了义务，一旦债权让与并未实际发生，则其履行不能发生清偿的效果，有关的损失和风险由债务人自行承

---

① 郑玉波：《民法债编总论》，中国政法大学出版社2003年版，第441页。

② 张俊浩主编：《民法学原理》（第三版），中国政法大学出版社2000年版，第231页。

③ ［德］迪特尔·梅迪库斯：《德国民法总论》，邵建东译，法律出版社2001年版，第160页。

担。应认为,债权让与人和受让人均得为让与通知,只是后者在通知的同时应出示债权凭证。尤其在债权让与后,让与人发生下落不明或已被注销等确实无法作出通知的场合,受让人得以自行通知就显得十分必要。债务人如有疑义,可依法进行提存,也可请求法院审查确定。

(二)通知对象

根据《合同法》第80条的规定,债权让与通知的对象为债务人,当然包含其代理人。在连带债务的情况下,债权人可自行选择通知的对象,但债权让与仅对其通知的债务人生效,故以向全体债务人作出通知为宜。在合同约定由第三人代为履行的情况下,通知的对象可为债务人的辅助履行人。在附有担保的债务中,基于债务担保的从属性,向主债务人作出通知后,即可对抗担保人。在债务人被依法宣告失踪时,通知应向债务人的财产管理人作出。在债务人死亡或发生合并、分立的场合,通知应向债务人的权利继受人作出。

(三)通知时间

《合同法》对于债权让与通知的时间并无明文规定,但出于维护债权确定性及债务人利益的考虑,对此应有所限制。债权让与之前作出的预先通知,因债权让与是否发生尚不明确,故不应承认其效力。[①] 在债权让与的同时通知债务人是最为理想的选择,因为这样可以避免争议及债务人因未接到通知而作出履行所带来的麻烦和浪费。债权让与之后进行通知也为有效,但应在合理期限内为之,且尽可能在债务履行期届满之前,因怠于通知而导致债务人履行成本增加的,债务人有权请求损害赔偿;债务人在接到通知前已经依合同的约定,善意向原债权人作出履行并被后者接受的,其清偿有效,受让人仅能向让与人请求不当得利的返还,而不能要求债务人重新对其履行债务。

(四)通知形式

我国现行法律对债权让与通知的形式无特定要求,故通知为非要式行为,可以由让与当事人自由选择,既可采取口头形式,也可采取书面形式。是否作出通知由让与人承担举证责任,故通知形式应当保证日后能有效证明其存在,以书面形式,尤其是公证、登报等方式进行通知具有保存证据的优点。对于通知是否可以采取公告的形式,学界和司法实践中多有争议,下文将予以详细探讨。对于诉讼形式能否作为通知的方式,同样存在争议。反对者的意见认为,《合同法》将债权让与通知作为债权转让对债务人生效的要件加以规定,通知是让与人或受让人将债权让与事实告知债务人以便对债务人行使权利的行为,而诉讼则是解决当事人之间权益争议的措施,此时争

① 参见韩世远:《合同法总论》(第三版),法律出版社2011年版,第476页。

议已经发生，再作通知为时已晚且无意义。①《最高人民法院关于审理涉及金融资产管理公司收购、管理、处置国有银行不良贷款形成的资产的案件适用法律若干问题的规定》第6条第2款规定："在案件审理中，债务人以原债权银行转让债权未履行通知义务为由进行抗辩的，人民法院可以将原债权银行传唤到庭调查债权转让事实，并责令原债权银行告知债务人债权转让的事实"，实际上允许金融机构以诉讼的形式向债务人作出通知。

（五）通知内容

让与通知的内容应使债务人能够明确得知债权让与的相关事宜，故其应当包含债权已被让与的事实、所让与的具体债权及其数额、受让人的联系方式等基本信息，使债务人得以确定发生让与的债权及其受让人，从而便于债务人履行债务。此外还可包含债权让与所附期限以及债务催收等其他相关内容。在通知表述不清时，可准用意思表示之解释规则，结合案件事实确定当事人的真实意思。但在债权依次让与中，债权人无需详细告知债权让与的中间环节，其直接将最终受让人通知债务人，该通知亦为有效，债务人应向通知中所列的受让人履行。②

### 三、债权让与的公告通知

（一）个别通知与公告通知

债权让与的通知中，个别通知指将债权让与具体通知到每一个债务人的形式。该种方式通常由让与人将债权转让及其受让人等事实在一定期限内采取书面或口头的形式直接告知债务人，能够确保通知到每个债务人，使债务人知晓债权让与的有关事实，故为最有效的通知方式。但个别通知也存在成本较高，耗时费力的缺陷，在债务人众多或下落不明等情形中尤其如此。公告，系指以使不特定之多数人能了解之方法而为公示之意，③即公开告知。张贴公告、在报纸上刊登公告等即构成债权转让的公告通知。公告通知具有受众较广、成本较低、简便快捷的特点，但债务人是否可以确切得知公告载明的事实则具有一定的不确定性。

（二）公告通知的有效性

债权让与通知为不要式行为，现行法律对于公告的形式、时间、地点等均无明文要求，实践中由通知义务人根据需要自行决定。但无论具体形式如何，按照意思表示的一般原理，均应确保该通知能够实际到达相对人，否则不能发生意思表示的效果。与个别通知直接送达相对人不同，公告通知如欲到达相对人，取决于公告的媒体是否

---

① 参见王利明：《合同法研究》（第二卷），中国人民大学出版社2006年版，第233页。

② 详见本规则【拓展适用】部分。

③ 邱聪智：《新订民法债编通则》（下），中国人民大学出版社2004年版，436页。

具有广泛的覆盖性以及普遍的公众认可性，处于该区域内的相对人能够或者应当能够通过该媒体知悉公告内容。否则，即便发出了公告，相对人可能因并不接触该媒体而对公告的发生和内容无从知晓。故此，公告通知往往作为个别通知的补充形式，在无法个别通知或个别通知确有困难时才允许使用，且通常伴有法律法规的明文规定，推定在特定场合下公告后，经过一定期间视为该通知已到达相对人。例如：《民事诉讼法》第92条规定："受送达人下落不明，或者用本节规定的其他方式无法送达的，公告送达。自发出公告之日起，经过六十日，即视为送达。公告送达，应当在案卷中记明原因和经过。"

债权让与通知作为债权转让对债务人发生效力的要件之一，能否在不经个别通知的情况下直接进行公告通知，此种通知形式能否构成有效的债权让与通知，理论上及司法实践中存在不同观点。反对意见认为，公告通知可能会加重债务人的义务，增加受让人实现权利的风险。因为债务人能否收到公告通知具有不确定性，容易发生其未看到公告而仍向原债权人履行的情形，让与人可能借此实施损害债务人和受让人利益的不法行为，且法律对公告形式、公告地点、公告时间没有明确规定，对于公告如何才能构成有效通知，实践中极易产生分歧。肯定意见认为，债权让与通知的主要目的在于使债务人能够及时得知转让事实，以保证其正确履行债务，避免权益受损，由于法律对于公告形式并无强制性规定，而通知公告同样能够达到使债务人、担保人等知晓相关事实的目的，且能够节约通知成本、提高通知效率，故应承认公告通知在债权让与中的效力。

我国司法解释中已就债权让与的公告通知作出了规定。《最高人民法院关于审理涉及金融资产管理公司收购、管理、处置国有银行不良贷款形成的资产的案件适用法律问题若干问题的规定》第6条第1款规定："金融资产管理公司受让国有银行债权后，原债权银行在全国或者省级有影响的报纸上发布债权转让公告或通知的，人民法院可以认定债权人履行了〈中华人民共和国合同法〉第八十条第一款规定的通知义务。"一方面，该司法解释考虑到不良债权转让中，所涉债务人众多，逐一通知难、成本大的实际情况而作出了允许公告通知的规定，具有其合理性和实用性。另一方面，该司法解释第12条也明确指出"本规定仅适用于审理涉及金融资产管理公司收购、管理、处置国有银行不良贷款形成的资产"，《最高人民法院关于金融资产管理公司收购、处置银行不良资产有关问题的补充通知》第1条又将其适用范围扩展至"国有商业银行（包括国有控股银行）向金融资产管理公司转让不良贷款，或者金融资产管理公司受让不良贷款后，通过债权转让方式处置不良资产的"情形，故可认为其属于适用于特定场合的特别规定。在不适用上述司法解释的场合，如仅有一个或者少数债务人且对其进行个别通知并不困难，债权人在明知其详细联系方式的情况下仍然采取公告通知的方式,致使债务人无法及时得知债权让与事实的,则根据诚信原则不能认定债权人构成有效通知。同时,从平衡各方当事人利益、维护市场经济安全及效率的角度出发,采用公告通知的形式除应满足一般债权让与通知的要件外,作出通知的媒体应为公众所熟知并达到一定的级别,如应为全国或省级以上且具有较大影响力的报刊;公告时间、次数也应达到一定的标准;公告内容则应表明所让与的债权数额、受让人的基本信息、债权让与事实等内容;且公告通知如给债务人带来额外负担或损害其利益,债务人有权请求损害赔偿。具体的判断标准应依实际情况确定,以根据社会一般交易观念可以认为债权人已尽通知义务为准,尤其应注意保护债务人的合法权益以及交易安全。

**【拓展适用】**

**一、债权让与通知的立法体例**

(一)关于债权让与通知的国内外立法例

债权让与系让与人和受让人之间的契约行为,该行为如欲对原合同债务人发生效力,是否需要通知债务人以及通知的效力问题,学说研究及各国立法存在不同主张,主要包括以下三种:

1. 自由主义,即债权自由让与主义,指债权让与既无需债务人同意,也不必通知债务人,债权让与合同一经生效,债权即由原债权人处移转于新债权人。但未经通知的债权让与不得对抗债务人的善意履行,即不知悉债权已被转让的债务人向原债权人所为的债务清偿有效。德国及美国法采此原则。

2. 折中主义,即通知主义,指债权人转让债权,不必征得债务人的同意,但需将债权转让的事实及时通知债务人,该债权转让才对债务人生效。如《日本民法典》第467条第1款规定,债权让与合同非经通知债务人,或经债务人承认,对于债务人不生效力。《法国民法典》第1690条规定,受让人仅按照对债务人所作之转让通知,始对第三人发生权利占有的效力。《意大利民法典》也采此立法例。

3. 严格限制主义,即债务人同意主义,指债权的让与必须征得债务人的同意方可生效,否则不得让与。我国《民法通则》即采取此立场,该法第91条规定:“合同一方将合同的权利、义务全部或者部分转让给第三人的,应当取得合同另一方的同意,并不得牟利。”原《中华人民共和国涉外经济合同法》第26条也规定,当事人一方将合同权利和义务的全部或者部分转让给第三者的,应当取得另一方的同意。根据上述规定,债务人的同意是债权让与生效要件,未经债务人同意,债权让与不能生效。

(二)我国关于债权让与通知的现行规定

我国《合同法》第80条规定:“债权人转让权利的,应当通知债务人。未经通知,该转让对债务人不发生效力。”从而对《民法通则》第91条的规定进行了修正，放弃了债权让与中的债务人同意主义而采取通知主义。根据该规定，债权让与时，债权人需将债权移转的相关情况通知债务人，但不需征得债务人的同意。应认为，该修正是一种进步，在立法价值上实现了静的安全与动的安全的有机结合。债权让与的自由主义最有利于促进经济流通的顺畅与自由，但会使固有的合同关系处于非常不稳定的状态，极易损害债务人的利益。债务人同意主义则使得债务人得以随意拒绝债权让与，过于限制债权人转让权利的自由和经济流通。约定的债权转移只要对债务人没有任何损害，也不妨碍国家、集体和第三人利益，可以不必征得债务人的同意，但是应该将债权人债权转移的情况及时通知给债务人。[①] 通知主义弥补了以上两种立法例的缺陷，合理平衡了当事人之间的利益关系。一方面，此种制度未对债权人处分债权的自由作出实质限制，有利于鼓励债权的自由流通、促进市场经济的发展。另一方面，其要求债权人将债权转让的事实及时通知债务人，使债务人了解让与事实，避免因不知情而继续向让与人为给付，却不能发生清偿效果的不公平现象，以及向让与人请求不当得利返还所遭受的损失和浪费。[②] 同时，债权让与的通知使债权转让对债务人生效，受让人才能够取得向债务人请求给付的权利，从而实际享有债权利益，故通知是实现和保障受让人利益的必要措施。

**二、债权让与通知与诉讼时效**

根据民法关于诉讼时效的规定，债权人在诉讼外向债务人主张权利的，能够引起诉讼时效的中断。债权人对于债务的催收或催告均可构成诉讼外的权利主张，但通知仅为债权人向债务人所为的关于债权让与相关事宜的事实告知，不必然包含主张权利的内容。故此，对于债权转让通知是否能够导致诉讼时效中断的问题，存在争议。肯定的观点认为，债权让与通知的目的虽然在于指示债务人向新债权人履行债务，但其中当然包含向债务人主张债权的意思，故自债权让与通知到达债务人时起，应产生诉讼时效中断的效力。否定的观点认为，债权让与通知与债权人的权利主张并不相同，其作为事实通知，不能够引起诉讼时效的中断；但如果在通知债务人让与事实的同时也提出了行使权利的主张，或债务人收到债权转让通知后表示同意履行义务，则可以引起诉讼时效的中断，该效果不是通知当然产生的法律效果，而是另行主张权利的结果。

《最高人民法院关于审理涉及金融资产管理公司收购、管理、处置国有银行不良贷款形成的资产的案件适用法律若干问题的规定》第10条规定：“债务人在债权转让

---

① 佟柔主编：《中国民法》，法律出版社1990年版，第318页。

② 参见王利明：《合同法研究》（第二卷），中国人民大学出版社2006年版，第228页。

协议，债权转让通知上签章或者签收债务催收通知的，诉讼时效中断。原债权银行在全国或者省级有影响的报纸上发布的债权转让公告或通知中，有催收债务内容的，该公告或通知可以作为诉讼时效中断证据。”该条规定前段关于债务人在债权转让协议或债权转让通知上签章即构成时效中断的规定，采取的是肯定说；而后段关于债务人签收债务催收通知或债权人发布含有债务催收内容的债权让与公告可引起时效中断的规定，采取的是否定说。应当认为，否定说在理论上更具合理性，仅对债务人作出债权让与的通知，不能必然引起诉讼时效的中断，但如通知中同时包含催收内容，则可以作为诉讼时效中断的证据，但在司法实践中，对于债权人不宜作过于严苛的要求，因为欠债还钱是债务人的应尽义务，时效制度仅为惩罚权利的睡眠者而设，不应被滥用为债务人拒绝履行义务的法宝。从债权人向债务人出示债权转让协议或债权转让通知，并让债务人在其上签字确认的行为本身，可以推定出主张权利的意思。《最高人民法院关于审理民事案件适用诉讼时效制度若干问题的规定》第 19 条第 1 款正式采用了肯定说，规定：“债权转让的，应当认定诉讼时效从债权转让通知到达债务人之日起中断。”

### 三、债权让与通知的撤销

根据民法一般原理，意思表示作出后可以撤回或者撤销。在采取到达主义的立法模式下，在意思表示发出以后，尚未到达表意相对人之前，表意人得将其意思表示予以撤回。撤回的通知先于或与意思表示的通知同时到达相对人即为有效，将发生阻却意思表示生效的后果。但撤回仅在有相对人时才具有意义，没有相对人的意思表示一经作出即告生效，只得撤销，而无所谓撤回。意思表示生效后，特定情况下允许表意人撤销其意思表示，从而终止法律行为的效力。但为维护交易的安全及市场秩序，从保护相对人信赖利益的角度出发，对意思表示的撤销应采取较为严格的限制。

债权让与通知作为一种准法律行为，适用意思表示的一般规定，但亦有其特殊性。让与通知一经到达债务人即产生效力，原债权人退出债的关系，受让人成为新的权利人，这对各方利益以及债的履行均影响甚巨。如让与通知得随意撤销，可能损害受让人和债务人的利益，影响债权的稳定性和交易的安全。故让与通知作出后原则上不得撤销，确需撤销的以受让人同意为必要。尤其在债权的重复让与中，经有效通知债务人的受让人有权获得债务人的清偿，此时的通知未经受让人的许可不得撤销。《合同法》80 条第 2 款规定：“债权人转让权利的通知不得撤销，但受让人同意的除外。”因让与通知的不当撤销给受让人或债务人造成损失的，债权人应承担赔偿责任。

## 四、几种特殊债权让与中的通知

### (一)债权表见让与中的通知

债权人将债权已让与第三人的事实通知债务人后,即使债权让与并未实际发生或者该让与无效,债务人基于对让与通知的信赖而向该第三人所为的履行仍然有效,此为债权的表见让与。[①] 我国现行法律并无关于表见让与的明文规定,但债权人发出的让与通知作为债务人了解权利转移事实和确定履行对象的最主要依据,足以使债务人产生合理信赖,债务人基于此信赖对第三人作出履行的情况下,承认让与通知的效力对于维护债权债务关系的稳定性和保护债务人的利益,避免造成重复清偿或其他损失,是十分必要的。

表见让与通知作为债权让与通知的一种特例,除须符合让与通知的一般构成外,还须遵循债权表见让与中的特殊要求。表见让与成立的核心要件在于债务人是否具有合理信赖的基础,故通知的主体一般应限于让与人。因为只有原债权人才具有债权的合法处分权,其作为合同权利人所为的行为能够对债务人产生拘束力。而与债的关系无关的第三人关于债权让与的单方通知,不能构成债务人信赖的正当性基础。但是,如果第三人持有让与人出具的权利让与凭证或债权转让证书等证明文件,债务人有充分理由相信其为合法的债权受让人的,则债务人向该第三人所为之清偿亦为有效,此为债权准占有制度。债权之准占有人,指以真实债权人的身份,占有一定的债权凭证,使他人依一般社会交易观念而可以相信其为债权人的非债权人。[②] 债权准占有制度为了保护正常的交易秩序,承认善意无过失的债务人对债权凭证的准占有人所为之给付能够发生债务清偿的法律效果。构成债权准占有人的要件有三:一是债权本身必须有体化,能够通过一定的凭证对外公示;二是非债权人持有该债权凭证,构成了一种权利外观;三是依据一般社会交易观念使债务人有合理的理由相信该债权凭证的占有人即为债权人。

在债权的表见让与中,有效的让与通知将产生两个方面的效力:一方面,债务人依此通知向第三人所为之债务履行,构成有效清偿,债务人的债务归于消灭,债权人不得向债务人或担保人主张债权;另一方面,第三人接受并保有债务人的清偿构成不当得利,债权人或真正的受让人可以向该第三人主张不当得利的返还请求权,以弥补损失,保护债权。

### (二)债权重复让与中的通知

债权具有相对性和非公示性,债权让与作为让与人和受让人之间的内部关系,其

---

① 参见崔建远主编:《合同法》(第四版),法律出版社2007年版,第217页。

② 参见王利明:《合同法研究》(第二卷),中国人民大学出版社2006年版,第66~68页。

真实情况外人难以查知。实践中经常发生让与人将债权转让给受让人后，又向其他人重复让与债权的情形，此时即构成债权的二重让与甚至多重让与。[①] 债权重复让与中问题的关键，在于确定哪一个受让人可以取得有效债权，从而使其能够先于其他受让人从债务人处获得清偿。在采用不同立法例的国家中，让与通知的效力各不相同。

采用通知优先规则立法例的国家中，以对债务人进行债权让与通知的时间顺序决定受让人的优先权。对债务人进行的债权让与通知成为受让人对抗第三人的有效要件，可以对抗来自其他债权受让人的权利主张。根据英国判例法及《统一商法典》，一项权利若有接连不断的受让人，不是按照债权人把他们的权利转让给各个受让人的日期排列，而是根据发给债务人通知的日期排列。[②] 根据《意大利民法典》第1265条的规定，如果同一债权作为数个转让的标的而被转让给数个受让人，则首先通知债务人的转让或者按照确定时间被债务人最先接受的转让将受到法律的优先保护，即使该转让在后发生。《法国民法典》和《日本民法典》中就债权让与对在后的受让人等第三人的对抗要件也采取了通知优先规则，但后者作出了更为严格的形式要求，即必须是附确定日期的书证。

采用契约优先规则立法例的国家中，以债权让与协议订立的时间先后作为确定受让人优先权的标准。法律承认合同在先的受让人取得合法有效的债权，在债务人尚未清偿的情况下，将保护合同最先成立的受让人的清偿请求。但如果在先受让人未通知或通知在后，而债务人已向在后的受让人善意清偿，则债务人可主张表见让与，其清偿有效，在先受让人只能依不当得利向在后受让人请求返还。德国、瑞士、奥地利和我国台湾地区均采此立法例。

我国《合同法》将让与通知作为债权让与对债务人生效的要件，但对于债权让与双方当事人和其他第三人却无专门规定，故对后两者应适用合同生效的一般规则，在合同有效成立并符合法定形式时即告生效。债权让与未进行通知的后果仅是不向债务人发生效力，但对于转让人和受让人而言仍是有效的，受让人成为新的债权人，原债权人已丧失权利并退出债的关系，其再次转让债权构成无权处分。在后的受让人欲取得债权，应遵循无权处分的有关规则。受让人之善意取得债权，除在有价证券之情形外，原则上并不可能，因为债权并无可资认定权利存在之外在表征，故任何人受让一般债权时，系以自己的风险为之，其可以向让与人主张权利瑕疵担保责任，但不

---

① 参见黄立：《民法债篇总论》，中国政法大学出版社2002年版，第623～624页。

② 参见[英]A. G. 盖斯特：《英国合同法与案例》，中国大百科全书出版社1998年版，第414页。

能向债务人主张善意取得而使后者陷于不利。[①] 此时让与通知仅作为债务人对抗受让人权利主张的抗辩事由，以及其构成善意无过失清偿的正当性基础。即未收到有效通知之前，债权让与对债务人不产生效力，债务人可以拒绝来自受让人的清偿请求；债务人根据有效通知向在后受让人为善意清偿后，可以对抗原债权人或在先受让人要求其再次清偿的主张。

（三）债权依次让与中的通知

债权人将债权转让给第一受让人后，后者又将债权转让给第二受让人，如此继续，即为债权的依次让与。如果第一次让与尚未通知债务人之前，第一受让人就第二次让与已经通知债务人，债务人可以未接到原债权人的通知为由进行对抗，此时第二次让与对债务人不产生效力。但此时如果补充第一次让与的通知，则两次让与通知同时生效，第二次让与对债务人有效。如果债权人直接就债权已经让与给第二受让人通知债务人，省略了债权由第一受让人转让给第二受让人的事实，第二次让与亦得对债务人发生效力。因为让与通知的立法目的在于使债务人确知债权归属，从而便于其履行，让与通知的主要内容在于向债务人告知现行受让人，让与的具体过程不是通知内容的关键。虽不通知真实让与之过程，其通知应解释为有效。[②] 故此，债务人凭借债权人的让与通知或有效债权凭证判断债务履行的对象，债权依次让与通知中对于让与中间过程的省略，不影响让与通知的效力。

**【典型案例】**

**东营市海科化学工业有限责任公司与何荣兰、东营水泥制品厂、东营市黄河口建材开发总公司清偿债务纠纷案**

上诉人（原审被告）：东营市海科化学工业有限责任公司。

法定代表人：杨晓宏，该公司董事长。

委托代理人：蔡忠杰，山东康桥律师事务所律师。

委托代理人：金荣奎，山东康桥律师事务所律师。

被上诉人（原审原告）：何荣兰。

委托代理人：于杰。

委托代理人：于福顺。

原审被告：东营水泥制品厂。

法定代表人：田振荣，该厂厂长。

委托代理人：刘军，山东黄河律师事务所东营分所律师。

---

① 参见黄立：《民法债篇总论》，中国政法大学出版社2002年版，第611页。

② 参见史尚宽：《债法总论》，中国政法大学出版社2008年版，第727页。

原审被告:东营市黄河口建材开发总公司。

法定代表人:田振荣,该公司经理。

〔基本案情〕

山东省高级人民法院经审理查明:1994年8月24日、12月2日和12月5日,东营水泥制品厂(以下简称水泥制品厂)分别向中国农业银行东营市河口区支行借款100万元、93万元和7万元,用于购买水泥、钢材,并约定利息分别为10.98‰和14.64‰。到期限不还贷款,对逾期贷款加收20%的利息。上述借款均由东营市黄河口建材开发总公司(以下简称建材公司)担保。

1996年12月24日,水泥制品厂向中国农业银行东营市东营区支行借款1050万元,用于购买水泥制品材料,期限1年,自1996年12月24日至1997年12月24日,利率为月息9.24‰,该合同第二条约定,水泥制品厂应按合同约定的期限归还贷款本息。逾期贷款在逾期期间按日利率万分之四计收利息。如需延期还款,水泥制品厂必须在贷款到期前十日提出延期申请,经同意后签订延期还款协议,延期协议签订后,其效力及于保证人,保证人自愿继续承担保证责任,原保证期间相应延长。该合同第五条约定,保证人与借款人对债务承担连带责任。保证人保证期间为:自本合同生效之日起最后一笔借款到期日后的两年,即自1997年12月24日至1999年12月24日。该合同由东营市海科化学工业有限责任公司(原山东东营石油化工厂,以下简称海科公司)担保。

1997年12月24日,中国农业银行东营市东营区支行与水泥制品厂、海科公司签订(97)农银保借延协字第00013号《保证担保借款延期还款协议书》约定,水泥制品厂于1996年12月24日向贷款人借款1050万元,应于1997年12月24日偿还全部借款本息,由于资金短缺原因,不能如期偿还,经各方协商一致同意延期到1998年3月24日偿还,1996年12月24日签订的《借款合同》是本协议不可分割的整体,原《借款合同》各项条款对本协议仍有效,本协议与原《借款合同》条款有抵触者,以本协议为准。海科公司作为担保人在该协议上签章认可。

1998年6月20日,中国农业银行东营市河口区支行向水泥制品厂发出了贷款逾期催收通知书称,借款200万元已到期,到1998年6月20日止,你单位仍欠我行贷款本金及利息225万元,已构成违约,请立即归还全部贷款本息。水泥制品厂及担保人建材公司于1998年6月22日在该通知上盖章。1999年11月29日,中国农业银行山东省分行催收到(逾)期借款通知书第25号,载明:1996年12月24日借款1050万元,于1998年3月24日到期。请准备资金按期来银行办理还款手续,否则按合同约定处理。1999年12月22日,水泥制品厂签发通知单回执载明:第25号催收到(逾)期借款通知书,已于1999年12月22日收到,意见如下:尽快筹集资金,归还银行贷款。水泥制品厂加盖了公章。担保人的法定代表人亦签名并加盖了公章,落款时间为2000年3月23日。

1999年12月20日,中国农业银行东营市河口区支行向水泥制品厂发出贷款逾期催收通知书,内容为:“贷款200万元已到期。到1999年12月20日止,你单位仍欠我行贷款本息合计233万元,请立即归还我行全部贷款本息。”水泥制品厂及担保人建材公司于1999年12月22日在该通知书上签章。

2000年3月10日,中国农业银行山东省分行与中国长城资产管理公司济南办事处签订《剥离收购不良资产协议书》约定,债务人水泥制品厂、担保人建材公司所欠中国农业银行下述本息2398520元。债务人水泥制品厂、担保人海科公司所欠中国农业银行下述本息12270874.12元,债权2000年3月25日起转移给中国长城资产管理公司。并分别以(济)中长资债字(2000)第050300002号和(济)中长资债字(2000)第050200027号债权转移确认通知书,通知了债务人和担保人,同时要求债务人和担保人在接到本债权转移确认书后,主动向中国长城资产管理公司归还前述全部债务款或者制定还款计划。水泥制品厂和建材公司在(济)中长资债字(2000)第050300002号债权转移确认通知书回执及水泥制品厂、海科公司在(济)中长资债字(2000)第050200027号债权转移确认通知书回执均明确表示,对债权转移事项不持任何异议,借款人和担保人保证继续履行借款合同、担保合同或协议约定的各项义务。建材公司签署时间为2000年6月3日,海科公司签署时间为2000年3月23日。

2000年5月31日,海科公司向中国农业银行东营市东营区支行出具证明:“我单位多次为水泥制品厂向贵行借款提供担保,并于1996年12月24日为该企业转贷贷款1050万元提供担保。特此说明。”2002年3月12日,《山东法制报》第14版刊登债权催收公告,要求水泥制品厂、建材公司、海科公司履行清偿义务。

2002年9月30日,中国长城资产管理公司济南办事处根据中长资复(2002)386号关于水泥制品厂债权转让请示的批复,与何荣兰签订(2002)中长资济债转字第003号债权转让协议约定,将水泥制品厂所拖欠的5笔贷款债权(及其附属权利)转让给何荣兰并附债权转让清单。2003年1月21日,中国长城资产管理公司济南办事处及何荣兰在《山东法制报》第2版刊登债权转移通知,通知水泥制品厂及担保人建材公司、海科公司,其依法享有水泥制品厂债权本金1260万元及相应利息及其项下附属权利均已依法转移给何荣兰,由其行使债权人的一切权利。在接到本通知书后主动向何荣兰履行还款义务。

一审法院审理中,何荣兰出具了有关债权款项利息的计算依据。1050万元借款按月利率9.24‰计,1997年1月1日至第四季度末应付本息11504338.14元。对此水泥制品厂及海科公司均认可。1998年至2003年第一季度按合同第二条约定的万分之四计算本金及罚息合计为24183095.93元。对此,水泥制品厂无异议,但海科公司提出异议认为不应按万分之四计,应按万分之二点一计。200万元借款本息及罚金合计为7598582.02元。对此,水泥制品厂及建材公司均予以认可。

2003年4月17日,一审法院委托山东省司法鉴定中心对涉案利息,依照合同和中国人民银行的利率规定(不计复利)分别自贷款之日起至2003年3月31日止分段进行了计算,鉴定结果为:1050万元本金的利息为6171375元,本息合计16671375元。200

万元的利息为1899951元,本息合计3899951元。各方当事人对计算的依据、方法和计算结果均无异议。但海科公司主张2000年3月25日前利息应按农业银行与中国长城资产管理公司的债权转让协议中确定的数目为准,即本金1050万元表外利息1770874.12元。债权转让前的利息不应重新计取。自2000年3月25日到2003年3月31日,按1050万元本金计算,利息为2438730元。

2003年2月13日,何荣兰向一审法院提起诉讼称:中国长城资产管理公司济南办事处依法享有水泥制品厂债权本金1260万元及相应利息。2002年9月30日,中国长城资产管理公司济南办事处与何荣兰签订《债权转让协议》,将上述债权及其项下所属权利全部转让给何荣兰,由何荣兰行使债权人的一切权利。何荣兰已具备向债务人及担保人主张权利的主体资格,截至起诉之日,水泥制品厂应当承担债务本息合计31783677.95元,请求:1. 判令水泥制品厂立即清偿债务本息合计31783677.95元,海科公司对水泥制品厂应付债务中的24183095.95元承担连带清偿责任;建材公司对水泥制品厂应付债务中的7598582.02元承担连带清偿责任。2. 财产保全费、案件受理费、律师代理费及何荣兰为实现债权支出的合理费用由水泥制品厂、海科公司及建材公司共同负担。

水泥制品厂、建材公司未作答辩。

海科公司答辩称:水泥制品厂和海科公司至今未得到中国长城资产管理公司济南办事处将债权转让给何荣兰的任何通知。海科公司承担保证责任的期间已过,根据合同约定是自1997年12月24日起至1999年12月24日止。债权转移的方式是书面通知而不是登报的方式。何荣兰没有提供其受让债权的有效证据。两个借款合同纠纷不应合并审理。根据最高人民法院《关于适用〈担保法〉若干问题的解释》(以下简称担保法司法解释)第31条、第44条及最高人民法院法函(2002)3号的答复、《金融资产管理公司条例》第10条及《金融资产管理公司资产处置管理办法》第3条的规定,海科公司不应承担保证责任。再则,债权转移是无效的。因此,应驳回何荣兰对海科公司的诉讼请求。

**〔一审裁判理由与结果〕**

山东省高级人民法院经审理认为,本案涉及的全部借款合同、担保合同、延期协议、催款单及回执、债权转让合同、通知及公告通知等均是当事人的真实意思表示,其内容和形式均是合法有效的,当事人都应按照合同约定,自觉履行各自的义务。何荣兰依其与中国长城资产管理公司济南办事处签订的《债权转让协议》履行了义务,也取得了债权人的资格,因此,何荣兰的主要诉讼请求,符合法律的规定,应予支持。就海科公司反驳的几个问题认定如下:

其一,债权转让应用何种方式通知债务人及担保人的问题。对于债权转让通知的方式,目前国家法律没有强制性规定必须用什么方式通知。登报通知是一种合法的方式,更具有时间性、公开性和广泛性,与单个书面通知具有同等作用和效力。债权转让不同于债务转让,债务转让我国法律有明确的规定,即债务人转移债务的必须书面通知债权人及保证人,并征得债权人和保证人的同意,否则转让无效。而债权转让只需通知债务人及保证人即可,无须经债务人及保证人同意。本案债权转让通知是原债权人中国长城资产管理公司济南办事处于2003年1月21日在《山东法制报》上用登报通知方式通知债务人及担保人,其内容和形式均符合《中华人民共和国合同法》(以下简称合同法)第八十条之规定,亦不违反合同法第七十九条的规定。所以,海科公司对此主张理由不成立。

其二,关于海科公司承担保证责任的期间是否已过的问题。海科公司称,根据合同约定,海科公司承担保证责任期间是1997年12月24日起至1999年12月24日止。海科公司在债权转让确认通知书回执上签字的时间是2000年3月3日。依据担保法司法解释第31条、第44条及最高人民法院法函(2002)3号答复的规定,海科公司不应承担保证责任,即使何荣兰与中国长城资产管理公司济南办事处的债权转让协议对海科公司发生法律效力,海科公司在保证期间届满后,亦不应承担担保责任。一审法院认为,首先,担保法司法解释第31条规定,保证期间不因任何事由发生中断、中止、延长的法律后果。保证期间与诉讼时效是两个不同的概念,不能混同。担保法司法解释第44条不适用本案,本案不属于破产案件。最高人民法院法函(2002)3号答复主要是明确诉讼时效中断问题,不影响何荣兰诉讼权利的有效行使。其次,根据(97)农银保借延协字第00013号协议书,1050万元借款延期到1998年3月24日止。海科公司在该协议上签章认可。随着借款的延期,依据借款合同和担保合同的约定,海科公司的保证期间亦相应延期自1998年3月25日起至2000年3月24日止。即使在原保证期间内,即1999年11月29日,中国农业银行山东省分行向水泥制品厂发出催收到(逾)期借款通知书(第25号),水泥制品厂和海科公司分别于1999年12月22日和2000年3月23日在催收到期借款通知书回执上签字盖章。这份催收到(逾)期借款通知书,证明了当时的债权人在担保人履行保证责任期限内,向借款人及保证人主张了权利。依照法律规定,此时开始计算诉讼时效为两年,即1999年11月29日起至2001年11月28日止。保证期间与诉讼时效虽然都是因债权人在一定期间不行使权利,而发生一定的法律后果,但两者有着本质上的区别。在保证期间内,债权人行使了权利,变更了原有的法律关系,使保证期间的作用消灭;而在诉讼时效期间内,权利人行使了请求权,维持了原有的法律关系,使原有的法律关系得以继续延续。因此,本案中海科公司、建材公司作为保证人不免除保证责任,保证责任不再受保证期间的制约,应受诉讼时效的制约。再次,从中国长城资产管理公司济南办事处与中国农业银行东营市东营区支行发出的债权转让确认通知书回执角度分析,借款人和保证人保证继续履行借款合同、担保合同和协议规定的各项义务。保证人签字盖章的时间为2000年3月23日,这份通知书及回执说明,海科公司仍在自愿延长保证期间,即2000年3月24日之前,权利人再次主张明确要求债务人及担保人还款。依据担保法司法解释第34条第2款的规定,从2000年3月24日起重新开始计算中国长城资产管理公司济南办事处对保证人要求履行保证责任的诉讼时效,即自2000年3月24日起到2002年3月23日止。2002年3月12日,中国长城资产管理公司济南办事处在山东法制报公告向债权人和担保人催收债权主张权利,至此,诉讼时效依法中断,重新计算诉讼时效,即自2002年3月12日起到2004年3月11日止。2003年1月21日,中国长城资产管理公司济南办事处在山东法制报第2版刊登债权转让通知,要求向新债权人何荣兰履行还款义务。2003年2月13日,债权人何荣兰向山东省高级人民法院起诉,主张还本付息。何荣兰的起诉是在法定诉讼时效期间之内,因此,海科公司主张何荣兰的起诉已超过保证期间,不应负任何法律责任的理由不能成立。

其三,关于本案的管辖问题。最高人民法院规定山东省高级人民法院一审民事案件的受理标的额为3000万元以上,一审法院依此规定立案,并不违反最高人民法院的规定,且依据《中华人民共和国民事诉讼法》第三十九条第一款之规定,上级人民法院有权审理下级人民法院管辖的第一审民事案件,也可以把本院管辖的第一审民事案件交下级人民法院审理。一审法院受理本案亦于法有据。所以,海科公司关于本案应由山东省东营市中级人民法院审理的主张,理由不能成立。

其四,本案能否合并审理的问题。本案的债权人均为何荣兰,债务人均为水泥制品厂,债权债务关系明确。担保人虽不属同一人,但担保人在本案中承担的是各自的担保责任,其责任也明确,所以,合并同案审理并非不可,故海科公司对此主张理由亦不成立。

其五,关于利息计算问题。海科公司提出的利息计算主张,依法应予支持。利息的计算应依法予以调整,其结果应为:1050万元2000年3月25日前的本息为12270874.12元,加上2000年3月21日至2003年3月31日的利息2438730元,共计14709604.12元;200万元2000年3月25日前的本息为2398520元,加上2000年3月21日至2003年3月31日的利息464520元,共计2863040元。

综上,判决:(一)水泥制品厂于判决生效后十日内偿还何荣兰借款本金1050万元及利息合计14709604.12元,海科公司承担连带清偿责任;(二)水泥制品厂于判决生效后十日内偿还何荣兰借款本金200万元及利息合计2863040元,建材公司承担连带清偿责任;(三)驳回何荣兰的其他诉讼请求。一审案件受理费168928元,由何荣兰负担76017.60元,水泥制品厂负担92910.40元,其中的75257.40元由海科公司负连带责任,17653元由建材公司负连带责任。保全费80000元,由海科公司负担。鉴定费30000元,由何荣兰负担10500元,水泥制品厂负担19500元,其中15015元由海科公司负连带责任,4485元由建材公司负连带责任。

〔当事人上诉及答辩意见〕

海科公司不服一审判决,向最高人民法院提起上诉,(一)一审判决认定事实不清。1. 一审判决所列被告之一建材公司已经不存在,其不具备诉讼主体资格。根据海科公司所调查到的工商登记注册资料,建材公司是1993年由水泥制品厂更名而来,1996年12月该公司又更名为水泥制品厂并且沿用此名称至今。在一审诉讼期间,根本就不存在一个名为建材公司的企业法人。一审法院将一个不存在的企业列为本案被告,属认定事实错误。2. 一审认定中国农业银行东营市河口区支行1994年8月24日、12月2日和12月5日与水泥制品厂、建材公司的借款合同、担保合同合法有效是错误的。山东省东营市工商行政管理局东营分局的企业工商登记资料记载:水泥制品厂于1990年6月开业,1993年1月经核准登记变更为建材公司,1996年12月经核准登记又变更为水泥制品厂,该名称自1996年12月沿用至今。据此,1994年间,水泥制品厂已经变更名称为建材公司,在当时已经不存在一个名为水泥制品厂的企业。所以,在当时以水泥制品厂为借款人,以建材公司为担保人的借款合同,由于借款人已经不存在,借款合同是无效的,担保合同也无效。一审认定合同有效是错误的。(二)一审判决适用法律错误。一审判决认为债权人以报纸公告的方式通知债务人有关债权转让的事实符合法律规定是错误的。本案中原债权人中国长城资产管理公司济南办事处没有直接通知债务人债权转让的事实。作为债务人,由于没有收到债权转让通知,因而也没有向受让人履行债务的法律义务。到受让人何荣兰起诉之时,中国长城资产管理公司济南办事处与何荣兰之间的债权转让协议由于没有通知到债务人,对债务人尚不发生效力,何荣兰起诉债务人还款没有事实和法律依据。报纸公告的通知方式只是一种推定被通知人可以收到通知的方式,采用这种通知方式至少应同时具备两个条件:一是由于被通知人地址不详或下落不明等原因无法直接通知,二是法律规定可以采用公告的方式通知,并且规定公告多长时间视为通知到达。不具备这两个条件,就只能采用直接书面通知的方式。本案原债权人中国长城资产管理公司济南办事处明知债务人及担保人的地址,而不采用直接书面的方式通知,却采用没有法律依据的报纸公告方式,该通知不产生法律效力。依学理解释,债权转让通知的方式应当与债权成立的方式相同。债权以书面方式成立的,转让债权亦应以书面方式通知债务人。(三)一审程序违法。1. 一审违反了法律关于级别管辖的规定,错误审理本案。最高人民法院《关于各高级人民法院受理第一审民事、经济纠纷案件问题的通知》规定,山东省高级人民法院受理第一审经济纠纷案件,争议金额不得低于5000万元。本案属于经济纠纷案件。何荣兰起诉的金额只有3000余万元,与山东省高级人民法院一审管辖的经济纠纷案件争议金额相差很大,山东省高级人民法院不应受理此案。就一审级别管辖错误的问题,海科公司向一审法院提出了管辖权异议,申请将案件移送有管辖权的山东省东营市中级人民法院审理,一审法院对该异议不予理睬,违反法律规定。一审判决认为本案是民事案件,山东省高级人民法院一审受理民事案件的争议金额为3000万元,此认定是错误的。借款合同纠纷不属于最高人民法院关于级别管辖规定中所指的民事纠纷案件,属于经济纠纷案件。本案应当以程序违法为由撤销原判,将案件移送有管辖权的法院审理。2. 一审将几个当事人不相同的借款合同的欠款纠纷合并审理不符合民事诉讼法关于共同诉讼的规定,应将不同的合同纠纷分别处理。何荣兰是从中国长城资产管理公司济南办事处受让的债权,而中国长城资产管理公司济南办事处是从中国农业银行东营市东营区支行、东营市河口区支行分别受让的债权。其中从东营市东营区支行受让的债权,其借款合同是海科公司担保的,本金1050万元;而从东营市河口区支行受让的债权,共有三个合同,担保人是建材公司。中国长城资产管理公司济南办事处受让这些债权后,分别取代中国农业银行东营市东营区支行、东营市河口区支行在各个借款合同中的贷款人地位,成为不同合同的债权人。假设何荣兰有效受让了中国长城资产管理公司济南办事处的债权,则其又取代了中国长城资产管理公司济南办事处的债权人地位,分别成为不同借款合同的债权人。其中一个合同本金1050万元,由海科公司担保;另外三个合同,本金共计200万元,由建材公司担保。如前所述,这三个借款合同的借款人在签合同的1994年已经更名,该企业是不存在的,借款合同应认定为无效。对于这样四个当事人及合同效力都不相同的借款合同纠纷,一审法院将其合并审理,不符合我国民事诉讼法关于共同诉讼的规定,不利于案件正确审理。综上,请求依法驳回何荣兰的起诉,或裁定撤销一审判决,将案件移送有管辖权的山东省东营市中级人民法院审理。

何荣兰答辩称,(一)海科公司以建材公司不具备诉讼主体资格为由主张一审判决认定事实不清没有依据。何荣兰将水泥制品厂、海科公司及建材公司一并起诉后,田振荣作为水泥制品厂和建材公司的法定代表人出庭参加了诉讼,并对何荣兰所诉事实予以认可。对于相对方当事人并无争议的事实,海科公司作为另一笔债务的保证人没有权利对该部分事实提出上诉,海科公司也没有证据证明其主张。特别需要说明的是,中国农业银行东营市河口区支行与水泥制品厂、建材公司签订的借款合同、担保合同均与海科公司无关,该借款合同和担保合同是否有效的问题与海科公司没有任何法律上的利害关系,海科公司无权对此提出上诉。(二)海科公司主张一审判决适用法律错误的理由不能成立。关于以报纸公告的方式通知债务人有关债权转让的事实是否符合法律规定的问题。最高人民法院《关于审理涉及金融资产管理公司收购管理、处置国有银行不良贷款形成的资产的案件适用法律问题的规定》第六条规定,金融资产管理公司受让国有银行债权后,原债权银行在全国或省级有影响的报纸上发布债权转让公告的,人民法院可以认定债权人履行了合同法第八十条第一款规定的通知义务。这一司法解释,充分肯定了以报纸公告方式通知债务人有关债权转让事宜的合法性。一审法院根据中国长城资产管理公司济南办事处登报公告债权转让的事实和基于对合同法第八十条第一款的正确理解,认定原债权人中国长城资产管理公司济南办事处以登报公告的形式向债务人水泥制品厂、担保人海科公司和建材公司依法正当履行了债权转让通知义务是正确的。(三)海科公司关于一审法院程序违法的主张不能成立。1. 海科公司关于一审法院违反了民事诉讼法关于级别管辖规定的主张不能成立。一审法院立案庭根据答辩人起诉的法律关系确定作为民事案件立案是有法律依据的。

本案何荣兰与水泥制品厂、海科公司及建材公司之间的清偿债务纠纷，属于自然人与法人之间的合同纠纷案件，且符合最高人民法院规定的高级人民法院受理一审民事案件的诉讼标的额标准(3000万元以上)，因此，一审法院受理本案并不违反最高人民法院关于级别管辖的规定。何况，根据《中华人民共和国民事诉讼法》第三十九条的规定，上级人民法院有权审理下级人民法院管辖的第一审民事案件。因此，一审法院受理本案无任何不当之处。海科公司关于一审法院对其提出的管辖权异议没有任何答复的上诉主张不符合事实。根据最高人民法院的有关规定，对于当事人就级别管辖问题提出的管辖权异议，受诉法院经审查就管辖权异议是否成立，直接告知当事人即可，而不需作出书面裁定。本案的基本事实是，一审法院立案庭承办法官根据最高人民法院有关规定，已明确告知海科公司，一审法院立案受理并不违反级别管辖的规定，海科公司提出的级别管辖异议不成立，从而口头驳回了海科公司提出的管辖权异议。对于其后提交的《管辖权异议申请书》，一审法院立案庭鉴于对该问题已作明确答复，故直接将案卷转至民一庭进行审理。案卷移送至民一庭后，民一庭的承办法官亦明确告知海科公司管辖权异议不成立，并告知其应当及时到庭参加诉讼。海科公司两次到庭参加诉讼对何荣兰提交的证据和一审法院委托鉴定报告进行充分质证的事实也证明了一审法院对该问题并非未作任何答复，海科公司正是以积极的诉讼行为接受了一审法院的级别管辖。一审法院慎重审理，对海科公司的质证意见予以充分考虑，并已作出公正的判决。2. 海科公司关于本案不能合并审理的主张不能成立。合并审理是指诉的合并，诉的合并可分为两种：即诉的主体合并与客体合并。海科公司作为担保人属于必要共同诉讼的当事人，海科公司参加本案的诉讼属于诉的主体合并。因本案所涉借款合同的借款人，也即债务人均为水泥制品厂，而将转让债权所涉及的数笔借款作为一个整体在本案中予以合并审理属于诉的客体合并。本案的债权人为何荣兰，债务人为水泥制品厂一家，双方当事人之间的债权债务关系明确。本案中的担保人海科公司、建材公司虽不是同一主体，但因二担保人各自担保履行的债务关系明确，且在各自担保履行的债务范围内所应承担的连带清偿责任也是明确的，合并审理并不损害海科公司的任何诉讼权利，所以，一审法院进行合并审理符合法律有关规定。综上，一审判决认定事实清楚，适用法律正确。海科公司的上诉请求证据不足，理由不当，请求二审法院依法驳回上诉，维持原判。

水泥制品厂及建材公司未进行书面答辩。

**〔最高人民法院查明的事实〕**

最高人民法院查明的事实与一审法院查明的事实相同。

**〔最高人民法院裁判理由与结果〕**

最高人民法院认为，2002年9月30日，何荣兰与中国长城资产管理公司济南办事处签订的债权转让合同，是双方当事人真实意思表示，合同内容不违反法律法规的强制性规定，一审判决认定该债权转让合同有效是正确的。海科公司在上诉主张中就本案级别管辖问题提出异议，因级别管辖是上下级法院之间就一审案件审理方面的分工，当事人就级别管辖提出管辖异议的，受诉法院应认真审查，确无管辖权的，应将案件移送有管辖权的法院，并告知当事人，但不作裁定。上述规定表明，当事人虽然就级别管辖问题有权提出异议，但就异议不具有诉权。当事人不得以级别管辖异议为由提起诉讼主张，对异议被驳回后亦不具有上诉的权利。海科公司向一审法院提出的级别管辖异议，已经一审法院予以答复，且在一审卷宗中有所记载。海科公司就级别管辖问题提出的上诉请求，超出了当事人提起上诉的请求范围，故不应支持。海科公司上诉主张，水泥制品厂与建材公司实际上是同一主体，故建材公司不具备诉讼的主体资格，且应认定中国农业银行东营市河口区支行与水泥制品厂、建材公司签订的担保借款合同无效。在一审诉讼期间，水泥制品厂、建材公司及何荣兰均未对建材公司的诉讼主体资格问题提出异议。一审判决后，何荣兰、水泥制品厂及建材公司亦未对建材公司的诉讼主体资格提起上诉。海科公司不是上述担保借款合同的当事人，且其没有证据证明该担保借款合同损害海科公司的权益，建材公司是否具备诉讼主体资格及该担保借款合同的效力与海科公司没有法律上的利害关系。海科公司的该诉讼请求最高人民法院亦不予支持。海科公司主张本案所涉的两个债务纠纷不应合并审理。由于诉的合并既可以基于当事人的申请，也可以由人民法院决定。本案中涉及的两个债务纠纷，债权人均为何荣兰，债务人均为水泥制品厂，债权债务的性质相同，且均属于一审法院管辖范围，一审法院将两个债务纠纷合并审理并无不当。海科公司仅以债务的担保人不同，提出一审法院合并审理错误，理据不足，其主张应予驳回。本案中何荣兰作为债权人向债务人及担保人提出诉讼主张，是基于其与中国长城资产管理公司济南办事处的债权转让合同，取得债权人地位后，以债权人的身份提起的民事诉讼。一审判决后，债权人何荣兰、债务人水泥制品厂及担保人建材公司均未提出上诉。就债权转让的效力，何荣兰、水泥制品厂及担保人建材公司、海科公司在一审判决后亦未提出异议。海科公司主张债权的转让，没有通知债务人及担保人，故债权转让的效力不及于海科公司。合同法第八十条第一款规定，债权人转让权利的，应当通知债务人。未经通知，该转让对债务人不发生法律效力。但法律法规对通知的具体方式没有规定。本案的实际情况是，中国长城资产管理公司济南办事处将其债权转让何荣兰后，双方共同就债权转让的事实在《山东法制报》上登报通知债务人及担保人。《山东法制报》是在山东省内公开广泛发行的报纸，一审法院认为债权人在该报纸上登报通知债务人及担保人债权转让的事实，不违反法律法规的强制性规定，应认定债权人已将债权转让的事实告知债务人及担保人，并无不妥。且本案中债权转让人、债权受让人、债务人及担保人均未对债权转让的事实及效力提出异议，债务人及担保人只是对债务款项利息的数额有异议，一审法院已作审查处理。海科公司在上诉请求中，没有涉及债权转让内容及效力问题的异议，即海科公司对双方债权债务存在的事实是认可的。海科公司通过参加本案的诉讼活动，已明知债权转让的事实，且知道履行债务的对象。

本案中的债权转让并没有致使债务人错误履行债务、双重履行债务或加重债务人履行债务的负担,也没有损害海科公司的利益。双方债权债务关系明确,债务人及担保人应承担相应的法律责任。海科公司仅以债权人在报纸上登载债权转让通知不当为由,否认债权转让对其发生法律效力,理由不充分,最高人民法院不予支持。综上,一审判决认定事实清楚,适用法律正确。根据《中华人民共和国民事诉讼法》第一百五十三条第一款第(一)项之规定,判决如下:

驳回上诉,维持原判。

二审案件受理费 168928 元,由海科公司负担。

**规则 18 (债权的让与) 债权人转让权利未通知债务人的,不影响债权转让人与受让人之间债权转让协议的效力**

——佛山市顺德区太保投资管理有限公司与广东中鼎集团有限公司债权转让合同纠纷案①

**【裁判规则】**

债权人转让权利的,应当通知债务人。未经通知的,该转让对债务人不发生效力,债务人享有对抗受让人的抗辩权,但不影响债权转让人与受让人之间债权转让协议的效力。

**【规则理解】**

**一、债权让与的内涵和法律特征**

(一)债权让与的内涵

债权转移可基于法定或约定原因发生,基于合意而发生的债权转让在学理上称为债权让与。债权让与,指不改变债权的内容而将其移转于他人的合同。申言之,债权让与是在保持债权同一性的前提下,让与人与受让人之间达成的,以移转该债权为目的的诺成、不要式合同,具有债权处分行为的性质。② 债权让与中存在两个合同,一个是原合同,在该合同中享有权利的人称为债权人,负担义务的人称为债务人;另一个是债权让与合同,在该合同中转让原合同权利的人称为让与人(即原合同债权人),

---

① 《中华人民共和国最高人民法院公报》2005 年第 12 期,最高人民法院(2004)民二终字第 212 号民事判决书。

② 参见韩世远:《合同法总论》(第三版),法律出版社 2011 年版,第 457 页。

受让该权利的人称为受让人。

(二)债权让与的法律特征

在合同法中,债权让与的特征在于:第一,债权让与的前提是债权具有可让与性,或称财产属性,具有身份属性的专属性债权一般不能够成为债权让与的标的。第二,债权让与的对象是合同债权,不能与物权的移转相混淆,两者适用不同的规则。第三,债权让与是在不改变原合同内容的情况下,发生合同权利主体的变化,即受让人替代让与人成为原合同权利的主体。第四,债权让与既可以是权利的全部转让,也可以是部分转让。第五,债权让与涉及两个不同的法律关系,即原合同中债权债务人之间的法律关系,以及让与合同中让与人与受让人之间的法律关系。① 因此,既要遵循合同的相对性规则,又要注意债权让与对第三人的效力问题。

**二、债权让与的性质**

债权让与性质的确定是构建债权让与制度的前提,对于理解债权让与的效力及让与通知的地位等具有重要的意义。不同国家和地区对于债权让与的性质有不同的认识。一是以德国法为代表的"不要因的准物权行为说"。该观点以物权行为理论为基础,认为债权让与合同是一种准物权合同,不仅使让与人负有转让债权的义务,在其成立之时还发生债权转移的效力。同时,债权让与具有独立性、无因性,其与债权让与合同是相互分离的,债权让与合同的有效与否对债权让与的法律效果不产生影响。二是以法国法为代表的"要因的买卖合同说"。该观点认为,债权让与是一种要式的买卖合同,受让人应为此支付一定的对价。同时,让与人对买卖标的物即债权承担法律上的瑕疵担保责任,如果其无权转让债权将直接影响债权让与的效力。三是以英美法为代表的"合同说"。该观点将债权让与视为合同行为,在权利人向受让人或第三人表示了转移权利的意思后,让与合同即告生效。②

要弄清楚债权让与行为的性质,需要对债权让与和债权让与合同进行区分。债权让与,指债权从让与人移转至受让人的过程,是债权变动的一种形态,在不承认物权行为理论的法制下,它属于事实行为,同时也是债权归属于受让人的一种结果。而债权让与合同则不同,它作为引起债权让与的法律事实,是让与人和受让人之间签订的转让特定债权的合同,是一种法律行为,而且是债权行为。③ 由于我国并未采纳物权行为理论,故将债权让与行为定性为准物权行为没有法律和制度基础。同时,债权让与并非仅基于买卖行为发生,无偿行为如赠与亦可成为债权让与发生的原因,故买

① 参见王利明:《合同法研究》(第二卷),中国人民大学出版社2003年版,第215~217页。

② 参见王利明:《合同法研究》(第二卷),中国人民大学出版社2003年版,第220~221页。

③ 参见崔建远主编:《合同法》(第四版),法律出版社2007年版,第200页。

卖合同说也不可取。从我国《合同法》第80条的表述来看,我国采取的是合同说。债权让与作为债权人处分其权利的表现,与债权让与的合同行为一并发生,债权让与合同生效之时起,所让与的债权即由让与人转移至受让人,债权让与也于此时生效。故债权变动采取的是完全的意思主义模式,于债权让与合同生效时即告完成,让与通知不过是债权让与对让与合同关系以外的第三人发生效力的要件,不影响债权让与的对内效力。

**三、债权让与的有效要件**

债权让与行为在法律上的拘束力,取决于两类共计三项要件的满足。其中债权人享有合法有效的可让与债权,且让与人与受让人之间达成有效债权让与协议的,债权让与合同即告生效,从而对合同双方即让与人和受让人产生拘束力。但根据合同的相对性规则,让与合同关系以外的第三人包括债务人,不当然受让与合同效力的约束,除非其对债权让与的事实属明知。即,让与合同作为一个内部协议,不能够对抗不知情的善意第三人。因此,债权让与欲对债务人生效,还需就让与事实对债务人进行通知。

(一)债权让与协议的生效要件

债权让与,就其本质而言实为契约行为,其法律效果的发生取决于债权让与合同的生效。《合同法》未就债权让与合同规定特殊的生效要件或公示要求,故应适用合同生效的一般规则。具体而言:

1. 债权人享有合法有效的可让与债权

第一,作为让与标的的债权必须是合法有效的债权。债权必须有效存在,不应具有不成立、无效或效力待定的情况,也不应存在已被依法撤销或解除的情形。否则,债权让与将成为无源之水、无本之木,基于不存在的标的发生的让与行为皆是无效的,让与人应对善意受让人承担缔约过失责任。此处需要注意的是可撤销的债权和将来的债权。可撤销合同在权利人行使撤销权之前,其实际效果与有效的债权无异,具有现实的财产利益,因而可以成为债权转让的标的。债权并不必然要求现实存在,将来的债权在一定条件下亦可成为让与的标的。基础法律关系已经存在的期待债权,如附条件及附期限的债权;或基础法律关系虽尚不存在,但债权成立的要件已经部分存在,待将来补正其要件时便可成立的债权,只要其发生具有较大的确定性,便对当事人具有财产价值,可以成为转让的标的。但转让可撤销的债权和将来的债权,以受让人对债权真实情况的知悉和自愿为前提,否则可能构成让与人的欺诈。

第二,作为让与标的的债权必须具有可让与性。债权的可转让性来自于财产权的可转让性。现代民法理论认为,债权一般不具有人身性,属于非专属权,可以转让和继承。《合同法》第 79 条规定:“债权人可以将合同的权利全部或者部分转让给第三人,但有下列情形之一的除外:(一)根据合同性质不得转让;(二)按照当事人约定不得转让;(三)依照法律规定不得转让。”债权的可让与性为一般规则,在法无除外规定的情况下,应当尊重当事人的意思自治,这也是合同自由的应有之意。具有完全效力的债权、不完全债权即超过诉讼时效的自然债、集合债权均可以成为债权让与的标的。

第三,债权人对作为让与标的的债权具有处分权。债权让与作为权利人的一种财产处分行为,以债权人对债权享有处分权为前提。否则,擅自转让他人的债权将构成无权处分。例如在债权重复让与的场合,债权在第一次的让与合同生效时已移转至受让人,此时如让与人即原债权人利用债的相对性和非公示性,又与他人签订让与合同,重复转让债权,则构成无权处分,应适用无权处分的一般规则。但出于对交易秩序的维护,合同作为一种交易双方之间的内部协议,不能够对抗善意的第三人,如果债权人仍然持有债权文书等证明文件,在后的受让人有合理的理由相信其仍为合法债权人的,则该第三人的利益应当受到法律的保护。

2. 让与人与受让人之间达成有效债权让与协议

第一,让与双方就债权让与达成有效合意。债权转移可基于法定或约定原因发生,后者即债权让与通过让与人及受让人之间达成的合意完成。让与合意的有效性遵循《民法总则》第 143 条、《民法通则》第 55 条关于民事法律行为的一般要求,即:《民法总则》第 143 条规定“具备下列条件的民事法律行为有效:(一)行为人具有相应的民事行为能力;(二)意思表示真实;(三)不违反法律、行政法规的强制性规定,不违背公序良俗。”《民法通则》第 55 条规定:“民事法律行为应当具备下列条件:(一)行为人具有相应的民事行为能力;(二)意思表示真实;(三)不违反法律或者社会公共利益。”需要注意的是,此处的合意是让与人与受让人之间的意思一致,而不要求债务人的同意。应当注意《民法总则》对《民法通则》修改变化,一是将“社会公共利益”修改为“公序良俗”,包括社会公德和善良风俗的内容;二是将“违反法律”修改为“违反法律、行政法规的强制性规定”。《民法通则》第 91 条曾要求:“合同一方将合同的权利、义务全部或者部分转让给第三人的,应当取得合同另一方的同意,并不得牟利。”但该规定已经被《合同法》第 80 条所改变。

第二,让与合同符合法定或约定的形式要件。债权让与协议与一般合同相同,均以不要式为原则,以要式为例外。《合同法》第 87 条规定:“法律、行政法规规定转让权利或者转移义务应当办理批准、登记等手续的,依照其规定。”依法以特定形式或手续为生效要件的合同,其权利转让时亦须符合法定形式要件方能发生效力。未办理相应的批准、登记手续的,债权让与并非无效,而是处于已成立、未生效的状态。受让人可依据让与协议的约定,请求拒不办理或拖延办理相应手续的让与人实际履行,或承担缔约过失责任。让与协议当事人约定合同在满足特定形式要件后生效的,对双方亦具有约束力。

(二)债权让与对债务人生效的要件

债权让与在满足上述第1项、第2项要件时,便在让与人和受让人之间发生法律效力。下述第3项要件,则是债权让与对债务人发生效力的关键,但该要件能否满足并不影响债权让与人和受让人之间债权让与协议的效力。让与人、受让人和第三人均不得以债权让与未通知债务人为由而主张让与合同无效。

3. 债权人将债权让与的事实通知债务人。关于债权让与及其对外效力,存在三种立法模式,即债权自由让与主义、通知债务人主义和债务人同意主义。我国在此问题上,经历了观念和立法的演变,最终采用了通知债务人主义。《合同法》第80条规定:"债权人转让权利的,应当通知债务人。未经通知,该转让对债务人不发生效力。债权人转让权利的通知不得撤销,但经受让人同意的除外。"故让与通知虽为必要,但却并非债权让与的生效要件,而仅产生对抗效力。① 让与通知仅作为债务人对抗受让人权利主张的抗辩事由,以及其构成善意无过失清偿的正当性基础。未获得有效通知的债务人,有权拒绝来自受让人的清偿请求。如果债务人因未接到通知或接到错误通知而向原债权人或非合法受让人履行了义务,只要其行为是善意的,则构成有效清偿。此时,合法受让人只能向让与人或其他受让人主张不当得利返还,而不能要求债务人再次清偿。让与通知在性质上为观念通知,即将既成的债权让与事实告知债务人,以便于其明确履行对象,避免造成不必要的损失和浪费。通知的主体原则上为让与人即原债权人;通知的对象为债务人及其代理人、履行辅助人;通知的时间应为合理期间;通知的形式为不要式;通知的内容为使债务人知悉债权让与的事实从而便于其履行的必要内容。

**【拓展适用】**

**一、债权让与制度中的利益衡量与保护**

债权让与作为一种财产利益的处分,在现代市场经济中的重要性日益显现,其制度设计不仅涉及让与人、受让人、债务人之间的债权实现和债务履行,更关系到债权债务关系以外第三人的交易安全、秩序和效率。因而,在进行债权让与的法律规则和制度建构时尤其需要注重所涉各方主体的权益保护和利益衡量。

债权具有相对性和非公示性。债权债务关系以外的第三方对于债权的内容和变动难以查知,故合同领域中遵循相对性规则,即合同关系仅发生在特定主体之间,只

---

① 参见韩海光、崔建远:《论债权让与和对抗要件》,载《政治与法律》2003年第6期。

有合同当事人才享有或承担合同中约定的权利义务，也只有合同当事人之间才可能因违背合同义务而发生违约责任。合同关系以外的第三人不受合同效力的拘束，对于合同中约定的内容没有知悉和遵守的义务。债权让与涉及两个合同，一个是作为让与标的产生基础的原合同，另一个是作为债权让与发生原因的让与合同。原合同和让与合同属于不同的法律关系，受各自相对性的约束，不能相互混淆。其中，原合同约束的对象是债权人和债务人，让与合同约束的对象是让与人（即债权人）和受让人。

债权也具有不可侵犯性。债权虽为相对权，但其既为权利，则一般人应负不为侵害之消极的义务，故如有第三人不法加以侵害，则不可不使其负侵权行为之责也。[①]债权作为民事权利，一经成立当然受到法律的保护，债权人独立意思所支配的范围也应当受到第三人的尊重，在权利人受到侵害时，应享有排除妨害或者请求赔偿的权利。债的不可侵犯性与债的相对性并不矛盾。债权让与中所涉及的原合同和让与合同，虽仅具有相对效力即对内效力，但对于合同内容和债权变动事实明知的第三人，如果其恶意施行损害债权的行为，则其行为和因该行为而获得的利益将不能获得法律的保护。债权人对债务人作出债权让与的通知后，债权让与即对后者发生效力，债务人有义务向受让人即新的债权人履行义务，如其仍向原债权人作出履行，该行为将不能发生清偿的效果。同理，对债权让与事实明知的第三人，仍然与原债权人签订转让合同，并经通知债务人而受领了来自后者的清偿，其由此获得的利益为不当得利，应向债权的合法受让人进行返还。第三人的恶意应由主张其为恶意的一方承担举证责任，未能举证或举证不足的，推定第三人为善意。

可见，在债权流转自由和市场交易安全之间进行利益衡量的关键点，在于对善意第三人的保护。债权让与中的善意第三人有两种，一是原合同债务人，其相对于债权让与合同而言，属于第三人；二是其他第三人，即原合同及让与合同当事人以外的第三人。债权的自由让与必须在不损害第三人尤其是债务人现存利益的前提下进行，他们不应因债权的让与而增加自己的负担或者丧失应有的权利。[②] 债务人在未获得债权让与通知，或者受到错误通知如表见让与、重复让与的场合，其向原债权人或通知中所称的受让人所为的清偿，只要是善意无过失的，法律对其利益予以保护，视为其义务已经履行。

## 二、债权的表见让与

### （一）债权的表见让与涵义与法律特征

当债权人将债权让与第三人的事项通知债务人后，即使让与并未发生或者该让

---

① 史尚宽：《债法总论》，中国政法大学出版社2000年版，第1～2页。

② 韩海光、崔建远：《论债权让与和对抗要件》，载《政治与法律》2003年第6期。

与无效,债务人基于对让与通知的信赖而向该第三人所为的履行仍然有效。[1] 在此情况下,虽无债权让与的事实,但债权让与的通知仍然有效,学说上依据表见代理的原则,将其称为表见让与。

我国现行法律并未规定表见让与,但该制度对于维护让与通知的效力以及保护债务人的利益具有重要意义。债务人作为债务履行的主体,却非债权让与合同的当事人,难以对债权是否让与、让与何人、该让与是否有效等事实明确查知。债权让与通知作为债务人了解权利转移事实和确定履行对象的最主要依据,足以产生合理信赖的基础。对于这种信赖利益,法律应当予以保护。债权表见让与的法律特征在于:第一,债权让与的事实并未发生,或虽发生但在法律上无效,债权并未实际转移;第二,债务人具有合理信赖债权已经移转的基础,即债权让与的通知;第三,债务人已经向让与通知中指明的受让人作出了履行,让与通知的撤销不具有溯及力,债务人已经作出的善意履行仍然有效。

(二)表见让与和表见代理的区别

表见让与和表见代理的一个重要区别在于,对于善意的要求不同。表见代理以相对人主观上的善意为要件,要求相对人在交易时不知道或不应当知道无权代理人实际上没有代理权。而表见让与的构成要件中,是否需要债务人的善意,存在不同看法。有的学者认为,表见让与的目的在于保护债务人的信赖利益,故只有在债务人善意的情况下,才有对其合理信赖予以保护的余地,故表见让与的成立需以债务人善意为前提。[2] 反对的意见则认为,让与人为债权让与之通知者时,不问债务人对于让与契约之存在是否知悉,均得以其对抗受让人之事由,对抗让与人,[3]债务人纵知其让与之不成立或无效时,亦同受此保护。[4] 笔者认为,债权让与通知具有使债权让与对债务人生效的特殊效力,债务人因此负有向受让人履行债务的义务。对于让与通知中所陈述的事实是否实际发生或者合法有效,债务人并无审查义务,否则将过于加重其法律风险。同时,让与通知的撤销以受让人同意为条件,即便原债权人和其他受让人向债务人为第二次通知或主张第一次通知无效,但如受让人不同意撤销通知,债务人只得以诉讼程序进行对抗,请求法院判定债权让与的有效性。故此,只要让与通知本身合法有效,且在债务人履行债务时尚未被撤销,债务人便可依此主张表见让与,从

---

① 崔建远主编:《合同法》(第四版),法律出版社2007年版,第217页。

② 申建平:《债权让与制度研究——以让与通知为中心》,法律出版社2008年版,第306页。

③ 孙森焱:《民法债编总论》(下册),法律出版社2006年版,第791页。

④ 史尚宽:《债法总论》,中国政法大学出版社2000年版,第736页,转引自卢伟:《论债权让与通知》,中国政法大学2007年硕士学位论文。

而免除其再次向让与人清偿债务的责任。因表见让与成立而使合法受让人无法实现债权的,由让与人、受让人和非法受领人之间通过不当得利制度解决。

**三、债权的重复让与**

(一)债权的重复让与的定义与性质

债权的重复让与,指债权人先后与数个受让人达成债权让与合同,将其在原合同中的权利重复进行转让的行为。债权让与仅为让与人与受让人之间的内部关系,缺少公示性,他人难以查知。同时,债权虽然只有一个,但证明债权的证书却可能并非唯一,故让与人可就同一债权分别向两个或两个以上的受让人作出让与,此时即构成债权的二重让与或多重让与。

债权属于财产权,只要有利可图便无法避免债权的重复让与,这正如市场和法律均无法杜绝"一物二卖"的行为一样。关于重复让与债权的行为性质,需要注意区分债权重复让与的合同和物权重复让与的合同之间效力的不同。《合同法司法解释二》第15条规定:"出卖人就同一标的物订立多重买卖合同,合同均不具有合同法第五十二条规定的无效情形,买受人因不能按照合同约定取得标的物所有权,请求追究出卖人违约责任的,人民法院应予支持。"该条并不能够类推适用于债权重复让与的情形。因为物权变动与债权变动不能一概而论,前者除让与合同以外,还须履行交付或登记的公示程序,物权方能发生转移。故在出卖人与多个买受人签订了买卖合同且都没有进行交付或登记的情况下,由于物权尚未发生移转,出卖人仍是合法物权人,其有权在自愿承担违约风险的前提下将标的物再行卖予他人。此时先后两份买卖合同都属于有权处分,在不存在《合同法》第52条规定情形的情况下都是有效的。而在债权让与的场合,根据《合同法》第80条的规定,采取的是债权意思主义的变动模式,即让与人和受让人之间达成的债权让与合意生效之时,债权便发生移转。此时让与人再将债权让与第三人的,构成对债权的无权处分,在后签订的让与合同为效力待定的合同,其效力的最终确定取决于第一受让人的意思。重复让与人对第一受让人可能承担的责任为违约责任,对其他在后受让人可能承担的责任则为缔约过失责任。

(二)债权的重复让与的处理

我国《合同法》及其司法解释对于债权的重复让与应当如何处理没有明文规定,故应具体分析:第一,对于让与人而言,其债权只有一个,一旦对外转让后,该权利便不复存在。让与人未经合法受让人同意重复对外转让债权的,构成无权处分。第二,对于受让人而言,债权让与合同最先生效的受让人取得让与人的债权,让与合同在后生效的受让人只能遵循无权处分的一般规则。无论是否通知债务人,或通知之孰先孰后,仅于债务人方面有不同之作用,对于第一受让人之有效的取得债权,第二受让人之不能取得债权,根本上尚无影响。[①] 第三,对于债务人而言,其履行行为能否获得法律上认可的清偿效果,取决于债权让与的通知以及债务人自身的善意两个要素。根据《合同法》第80条的规定,债权让与经通知对债务人发生效力,且该通知非经受让人同意不得撤销。故债务人根据债权让与的通知来判断其合同权利的主体和履行的对象。如果第一次的债权让与未通知债务人,而在后的债权让与却有效通知了债务人的,债务人向通知中指明的债权受让人进行的善意履行将被免责,让与人和多个受让人之间的关系可依不当得利制度解决。如果债权人就第一次让与通知了债务人后,又就第二次让与通知债务人的,根据让与通知不得撤销的规则,债务人在未经第一次通知中指明的受让人同意前,仍受第一次通知的约束,而不得对第二次通知指明的受让人履行,否则将自行承担风险。如果债务人明知债权已经由他人合法享有而仍然向原债权人或者在后受让人履行的,第一受让人可以请求债务人继续向其履行债务,但须承担对债务人的明知和恶意的举证责任。如果债务人遇到先后多次债权让与通知或者未经通知的受让人持债权证明文书主张权利,从而对债务履行对象产生合理怀疑的,可以向法院起诉以明确争议或提存其履行,从而避免自己的风险,因此而增加的诉讼成本和履行费用,由债权的重复让与人和有过错的受让人承担。

**四、证券化债权的让与**

债权让与的客体为债权,而债权本身因不具有公开性,其内容仅体现在双方当事人之间而难以向外界进行表彰。故出于满足债权资本化、投资流动化、周转迅速化的需要,债权的证券化得到了迅速发展,使债权可以通过有形的票据、债券等形式表现出来。[②] 普通的债权让与和证券化债权的让与,在我国法律中是通过普通法与特别法的方式加以规制。《合同法》第五章规范的债权让与,主要是通过合同形式发生的普通债权的让与,相当于日本民法中的指名债权的让与。票据、公司债等有价证券的流转问题,首先适用票据法、证券法等商事特别法的规定,特别法没有规定的才适用《合同法》的规定。[③] 根据商事特别法的规定,与普通债权的让与相比,证券化债权的让与具有特殊的规则:

(一)可让与性更强

关于普通债权,我国《合同法》第79条明确规定,根据合同性质不得转让、按照当

① 郑玉波:《民法债编总论》,中国政法大学出版社2003年版,第446页。

② 王利明:《合同法研究》(第二卷),中国人民大学出版社2006年版,第215页。

③ 参见崔建远主编:《合同法》(第四版),法律出版社2007年版,第201页。

事人约定不得转让、依照法律规定不得转让的三类债权不具有可让与性，不能成为债权让与的标的。但票据、债券等证券化债权则具有彻底的资本化特征，作为金融工具的作用更为明显，流通性成为其首要目标，且债务人通常通过银行等金融机构增强其履行能力和信用，故债权的实现对债务人的依赖性较弱，因而几乎成为不受限制的可让与财产。[①] 即便票据上记载有“不得转让”的背书，也仅是背书人对背书后发生的票据转让行为不承担票据责任，而非其后的票据转让行为无效。

（二）无需让与通知

在普通债权让与中，为了保护债务人的权益，法律设置了通知制度，未对债务人进行通知的债权让与对债务人不发生效力，债务人可以此对抗受让人。但证券化债权的让与，不以通知债务人为必要。票据、公司债等记名证券以背书或证券的交付而移转，火车票、电影票等不记名证券则以债券的交付而移转债权，既无须通知债务人，更无须经其承诺。证券化债权的债务人负有按照证券上载明的权利绝对履行的义务，不得以未收到债权让与通知为由拒绝履行。[②] 此即构成债权让与对债务人通知生效的例外。

（三）抗辩权受限

在普通债权的让与中，债务人在接到债权让与通知时已经享有的、对抗原债权人的抗辩权，仍可以对受让人援用，故债权每移转一次，债务人的抗辩权只会有增无减。而在证券化债权的让与中，流通性是其首要考虑。债务人的义务已明确记载于票据之上，因债权让与而导致的权利主体变更对于债务人的影响较小。故在票据行为中，除双方具有直接的债权债务关系或者受让人在取得票据时便已明知的抗辩事由外，债务人不得以原抗辩事由对抗善意的受让人。《票据法》第 13 条第 1 款、第 2 款规定：“票据债务人不得以自己与出票人或者与持票人的前手之间的抗辩事由，对抗持票人。但是，持票人明知存在抗辩事由而取得票据的除外。票据债务人可以对不履行约定义务的与自己有直接债权债务关系的持票人，进行抗辩。”

（四）遵循无因性规则

债权让与合同是债权让与发生的原因和基础，债权让与行为的效力是否受让与合同效力的影响，决定债权让与的有因性或无因性问题。我国法律将普通债权让与规定为有因行为，债权让与合同的不成立、无效或被撤销、解除的，将直接影响债权让与的效力，除非当事人作出了法律允许的相反约定。但对于证券化债权而言，债权让

---

① 徐涤宇：《债权让与制度中的利益衡量和逻辑贯彻——以双重让与为主要分析对象》，载《中外法学》2003 年第 3 期。

② 参见崔建远主编：《合同法》（第四版），法律出版社 2007 年版，第 216 页。

与的无因性却构成其安全流通的基础,故无论大陆法系还是英美法系,票据行为的无因性均得到普遍认可。我国《票据法》也采纳了票据行为的无因性理论,票据权利义务的内容以及责任承担均以票据上记载的文字内容为准,非直接的交易双方之间不得以基础关系的效力问题作为票据关系中的抗辩事由。

**【典型案例】**

**佛山市顺德区太保投资管理有限公司与广东中鼎集团有限公司债权转让合同纠纷案**

上诉人(原审原告):佛山市顺德区太保投资管理有限公司。

法定代表人:胡国英,该公司总经理。

委托代理人:王心波,北京市怡丰律师事务所律师。

委托代理人:刘春明,广东广开律师事务所律师。

被上诉人(原审被告):广东中鼎集团有限公司。

法定代表人:谭丽明,该公司董事长。

委托代理人:武剑云,北京市首信律师事务所律师。

〔基本案情〕

广东省高级人民法院原审查明:2002 年 11 月 25 日,广东中鼎集团有限公司(以下简称中鼎公司)与中国东方资产管理公司广州办事处(以下简称东方公司广州办事处)签订一份《债权转让协议》,约定:一、东方公司广州办事处向中鼎公司转让包括本案债权在内的 44 亿多债权,转让总价款为 318622497 元。付款方式分为四期,在首期转让价款 165683698.8 元支付后,中鼎公司应在自 2002 年 12 月 29 日至 2003 年 12 月 28 日的期间内,将余款分三期等额支付给东方公司广州办事处,2003 年 3 月 18 日前支付 31862249.77 元,2003 年 6 月 18 日前支付 60538274.56 元,2003 年 9 月 18 日前支付 60538274.56 元。二、协议的生效条件为:双方授权代表签字盖章,中鼎公司满足了该合同所列全部先决条件,标的债权才由东方公司广州办事处转让给中鼎公司。先决条件为:1. 中鼎公司须在该合同签订之日起一个月内向东方公司广州办事处悉数支付首期转让价款 165683698.8 元;2. 中鼎公司须与东方公司广州办事处及管理服务商签订《管理服务商及资金账户监管协议》,且该协议已合法生效;3. 中鼎公司与东方公司广州办事处签署《债权质押合同》,将标的债权在受让后立即质押给东方公司广州办事处作为还清转让价款的担保,并向借款人及担保人发出有关标的债权(含其从属担保权益)已质押给东方公司广州办事处的通知函;4. 东方公司广州办事处与阳江市机械筑路工程有限公司签订的《连带责任保证合同》已合法生效;5. 东方公司广州办事处已与中鼎公司签订《服务及协助协议》和《优先权及回购期权协议》。三、东方公司广州办事处、中鼎公司双方应在该合同之先决条件得到满足,东方公司广州办事处将标的债权移交中鼎公司后共同就本协议项下的债权转让向借款人和担保人以公证送达方式发出通知函，将标的债权权利人变更之事项书面通知借款人和担保人。无论借款人或任一担保人是否对通知函予以签收和确认，并不影响本协议项下债权转让的效力，也不影响标的债权所随附之担保权利随标的债权一同转让的效力。四、关于标的债权的再转让：在以下全部条件得到满足的前提下，中鼎公司可以将标的债权之全部或任一部分再转让给第三人：1. 在三年合作期内及合作届满时，如果东方公司广州办事处对中鼎公司拟转让的标的债权按照《优先权及回购期权协议》的规定不享有优先权，或东方公司广州办事处虽享有但放弃行使该等优先权及回购期权；2. 所得转让款项须全部存入监管账户内；3. 在转让合同中新的拟受让方作出与本合同第9.2.7款内容一致的声明与保证；4. 中鼎公司如拟将标的债权之任一部分或全部转让给境外投资者，则须事先征得东方公司广州办事处同意。第9.2.7款为：中鼎公司承认中华人民共和国法律所确立的公司法人企业制度及东方公司广州办事处的企业法人地位，充分理解并认可东方公司广州办事处原据标的债权对中华人民共和国国家及政府并不享有任何形式的索偿权，保证将不会因受让标的债权而享有任何该等索偿权；中鼎公司将仅在中华人民共和国境内依据中华人民共和国法律对标的债权之借款人及/或担保人提起诉讼、仲裁；特殊情况下，如借款人及/或担保人在中国境外有资产，中鼎公司可以依据香港法律在香港提起诉讼或仲裁。中鼎公司亦在此承诺：如其日后依据本合同第十五条之有关规定转让本合同项下之合同权益或将标的债权之整体或部分再转让给任何第三方，中鼎公司将确保该受让方作出相同承诺，否则，由此导致之任何纠纷、责任由中鼎公司自行承担。等等。

签订上述《债权转让协议》的当日，东方公司广州办事处又与中鼎公司签订了先决条件约定的《管理服务商及资金账户监管协议》《债权质押合同》《连带责任保证合同》《服务及协助协议》《优先权及回购期权协议》。尔后，中鼎公司向东方公司广州办事处支付首期款125683698.8元。中鼎公司于2002年10月31日支付的300万元定金和2002年11月11日支付的3700万元定金也转为首期款。中鼎公司向东方公司广州办事处合计支付了165683698.8元。

2003年1月，中鼎公司向东方公司广州办事处发出《优先购买通知》，该通知载明：中鼎公司拟将顺德市桂洲建设综合开发公司（以下简称桂洲公司）的人民币114187454.22元贷款本金及相应利息的债权转让给佛山市顺德区太保投资管理有限公司（以下简称太保公司），转让价款为人民币7500万元，2003年7月27日前支付完毕。基于东方公司广州办事处享有优先购买权，贵司可按上述价格及付款方式优先购买，请在收到该通知之日起五个工作日内以书面形式回复。同月23日东方公司广州办事处在该通知上签收。

2003年1月29日，中鼎公司与太保公司签订一份《债权转让协议》，约定：一、根据中鼎公司和东方公司广州办事处于2002年11月25日签订的《债权转让协议》，中鼎公司取得了东方公司广州办事处从中国银行受让的位于顺德地区的相关债权及其债权项下担保权益,其中包括对桂洲公司的人民币 114187454.22 元、美元 5386034.31 元贷款本金及相应利息的债权。双方经协商,并依与东方公司广州办事处约定的规则和程序取得合法认可,达成如下协议。二、本协议所转让的标的是指中鼎公司对桂洲公司的 9 笔债权本金人民币 114187454.22 元、美元 5386034.31 元及利息、违约金等及相应保证人、抵押物所享有的权利。三、上述债权转让总价款为人民币 7500 万元。太保公司付款期限:1. 在本协议签订之日起 46 日内按总价款的 20% 向中鼎公司支付转让债权的定金 1500 万元,其中协议签订当日付部分定金 300 万元;2. 2003 年 3 月 15 日前向中鼎公司支付债权转让款 1500 万元;3. 2003 年 5 月 15 日前向中鼎公司支付债权转让款 2250 万元;2003 年 7 月 27 日前向中鼎公司支付债权转让款 2250 万元。4. 上述各期付款时间(但不限于定金),如太保公司在每期付款期届满时确实有困难,中鼎公司给予太保公司 60 日的宽限期。5. 付款账户的户名:中国东方资产管理公司广州办事处。四、关于债权移交约定:在本协议生效以后,中鼎公司同意在太保公司达到如下两个条件中任何一条的情况后五个工作日内向太保公司移交本协议项下全部债权的资料,并向太保公司提交因转让该债权而向债务人及保证人(如果有)发出的转让通知有效回执或者其他可证明已通知的证据材料:1. 太保公司按照本协议约定在 2003 年 7 月 27 日前向中鼎公司交纳了全部 7500 万元转让价款;2. 太保公司按照本协议的约定向中鼎公司交纳了定金 1500 万元,并向中鼎公司提交中鼎公司认可的银行保函,保证太保公司在 2003 年 7 月 27 日前按上述第二条约定交纳剩余 6000 万元转让价款。五、本协议生效后,中鼎公司允许太保公司查阅、复制转让标的项下债权的有关合同、往来文件、票据、凭证等债权资料。六、关于违约责任约定:1. 任何一方违反本协议约定时,另一方有权要求违约方立即限期纠正,因一方违约而使对方权益受到严重损害时,对方有权解除协议;2. 如太保公司按期如数支付完毕转让价款,则太保公司所支付的定金抵作转让价款;如太保公司在本合同规定的付款期限内未能按期支付转让价款并逾期超过 60 日,视为太保公司违约,中鼎公司有权解除协议,太保公司所支付的定金不予退还;对于太保公司已经支付的定金以外的其他转让价款,从中鼎公司已经转让给太保公司的债权中按总转让价款与总转让债权的比例予以折价抵偿,中鼎公司不再要求太保公司退回该已转让的债权;对于已折价抵偿的部分,太保公司无权要求中鼎公司退回中鼎公司所收取的转让价款;3. 若太保公司拖延支付转让价款,则每延付一日应按中国人民银行有关逾期还款的规定向中鼎公司支付滞纳金;4. 如中鼎公司收到太保公司支付的转让金后未向太保公司移交债权,中鼎公司应退回太保公司已支付的转让金,按中国人民银行有关逾期还款的规定向太保公司支付滞纳金,双倍返还定金,并赔偿太保公司的一切损失(含律师费及太保公司为实现债权而发生的和将要发生的其他费用);5. 如中鼎公司拖延向太保公司移交债权,中鼎公司应按中国人民银行有关逾期还款的规定向太保公司支付滞纳金;如此种拖延导致该项债权在移交后三个月内超过诉讼时效期间,按本协议第五条中鼎公司责任第 4 项处理;6. 除此以外,因违约方违约事实或协议解除给守约方造成的损失，违约方应予赔偿。六、关于争议解决约定：因该协议产生的一切争议适用于中华人民共和国法律解决，并由中鼎公司所在地法院行使管辖权。七、关于协议的生效约定：协议经双方法定代表人或法定代表人授权的代理人签字并加盖单位公章后生效。

该协议签订后，太保公司于2003年1月29日支付300万元、3月15日支付1200万元、5月19日支付1500万元、9月19日支付900万元和1450万元，合计支付5250万元债权转让款给中鼎公司。

2003年9月24日，中鼎公司向太保公司出具《同意函》，同意太保公司第三期转让款延期至2003年9月26日支付800万元，9月29日支付1450万元，在收到第三期款后，同意在2003年12月27日前支付第四期款项。同日，太保公司亦向中鼎公司出具《同意函》，同意在中鼎公司收到全部转让价款后30个工作日内向太保公司移交所有债权资料。

2004年2月5日，东方公司广州办事处以公证见证的方式向债务人桂洲公司和担保人桂洲经济发展总公司、桂洲镇投资控股总公司寄出《债权转让及质押通知书》。东方公司广州办事处和中鼎公司联合通知桂洲公司和桂洲经济发展总公司、桂洲镇投资控股总公司，东方公司广州办事处已将其对桂洲公司的债权158773046.24元全部转让给中鼎公司，中鼎公司将上述债权在内的标的债权作为质物向东方公司广州办事处提供质押担保，自收到该通知之日起，债务人和担保人应根据新债权人的指示向新债权人偿还债务款项。

2004年2月6日，中鼎公司向太保公司邮寄送达《关于顺德市桂洲建设综合开发公司债权转让事宜的通知》，该通知载明：基于太保公司未支付第四期款项，已构成违约，现通知解除《债权转让协议》，没收已支付的1500万元定金，对已支付的其他3750万元转让款，不予退回，按照《债权转让协议》第六条第二款的约定，按已付款占总价款比例，转让本金余额为人民币79487454.22元的债权。同日，中鼎公司向债务人桂洲公司邮寄送达《关于债权转让及处理债务的函》，通知桂洲公司其将本金余额79487454.22元的债权及相应利息的债权转让给太保公司，自该通知到达之日起，太保公司对桂洲公司上述债权项下的三笔贷款享有债权，对桂洲公司的其他债权仍由中鼎公司享有。同日，中鼎公司还向担保人桂洲经济发展总公司、桂洲镇投资控股总公司邮寄送达《担保权利转让通知》。

2004年2月13日，中鼎公司通过公证向太保公司送达《档案移交清单》，太保公司拒收。

2004年4月16日，东方公司广州办事处向广州市万方兴泰企业顾问有限公司出具《关于顺德资产包对价款收取情况的通知》，该通知载明：到2004年1月6日止，中鼎公司已向东方公司广州办事处全额支付顺德资产包的对价款318622497.7元。

2004年4月30日，东方公司广州办事处向中鼎公司出具《关于顺德市桂洲建设综合开发公司债权再行转让问题的确认函》,载明:1. 根据贵司与我办签订的有关协议,贵司已自我办受让对桂洲公司享有的上述债权;由于贵司已经满足取得债权的所有先决条件,故在2003年1月28日时贵司已经取代我办成为桂洲公司的债权人,对其享有上述债权。2. 根据贵司与我办签订的有关协议,我办对上述债权转让可以在同等条件下行使优先购买权,但我办当时已放弃了上述优先购买权。3. 我办同意贵司对桂洲公司享有的上述债权的处置方案,即以7500万元人民币的价格和其他条件转让给太保公司。4. 我办同意在上述债权转让时即解除该等债权的质押担保,对该等债权不再享有质押权,我办并协助贵司将上述债权转让给太保公司。

原审另查明:2003年1月24日,太保公司与容桂区投资控股总公司签订一份《历史债务处理协议》,约定:鉴于顺德市容桂区区属企业欠银行贷款,后各银行将部分债权划给中国东方资产管理公司、中国长城资产管理公司、中国信达资产管理公司,在资产管理公司的债权本息合计580610663.51元,其中中国东方资产管理公司本息合计318040959.6元。太保公司"打包"接收三资管理公司上述债权,达成如下处理方案:一、太保公司同意5.806亿元的债权,免除2.75亿元利息,按3.056亿元计算收取。二、容桂区投资控股总公司同意用"摩托城"18.3万平方米按原协议800元/平方米抵债务14640万元给太保公司。三、用文海路7000平方米土地按原协议抵顶债务700万元给太保公司。四、容桂区投资控股总公司在处理劲力电池厂厂房土地款中偿还300万元给太保公司。五、305689738.19元债权本金减去容桂区投资控股总公司用上述土地及部分款项抵顶或支付太保公司后,太保公司剩下债权149289738.19元,太保公司同意再减免49289738.19元后,太保公司剩下的债权为1亿元。六、如果太保公司承接了中国银行顺德支行在桂洲建设综合开发公司的贷款40902542.89元及衍生利息的债权,容桂街道办事处再支付2800万元给太保公司。如太保公司未能承接上述中行在桂洲建设综合开发公司的贷款本息时,前述第五条要支付给太保公司的1亿元,太保公司同意再减免2000万元,即容桂区投资控股总公司只支付8000万元给太保公司。等等。

2004年3月8日,太保公司向广东省高级人民法院提起诉讼,请求判令:一、确认中鼎公司与太保公司于2003年1月29日签订的《债权转让协议》是无效合同。二、判令中鼎公司返还太保公司已付转让款3750万元,双倍返还定金共3000万元,赔偿太保公司可得利益损失人民币5832.8万元,利息损失1911818.22元(按银行同期贷款利率暂计算至2004年2月29日)。以上合计人民币127739818.22元。三、由中鼎公司承担本案费用。本案一审审理过程中,原审法院不认可太保公司对本案民事行为的效力的主张,依照最高人民法院《关于民事诉讼证据的若干规定》第三十五条的规定,告知太保公司可以变更诉讼请求。太保公司据此向原审法院提交《变更诉讼请求申请书》,将第一项诉讼请求变更为:撤销中鼎公司与太保公司于2003年1月29日签订的《债权转让协议》。

〔一审裁判理由与结果〕

广东省高级人民法院经审理认为:本案为债权转让合同纠纷。本案的争议焦点是中鼎公司的行为是否构成欺诈,而导致其与太保公司签订的《债权转让协议》可撤销的问题。

关于中鼎公司在与太保公司签订《债权转让协议》时是否已取得本案债权的问题。根据中鼎公司与东方公司广州办事处于2002年11月25日签订的《债权转让协议》的约定,拟转让的债权在满足该协议约定的先决条件时即从东方公司广州办事处转让给中鼎公司。而在签订该协议的同日,中鼎公司即与东方公司广州办事处签订了先决条件约定的《管理服务商及资金账户监管协议》《债权质押合同》《连带责任保证合同》《服务及协助协议》《优先权及回购期权协议》,并向东方公司广州办事处支付了首期转让款。至此,中鼎公司已满足了协议约定的先决条件,本案债权从东方公司广州办事处转让给了中鼎公司。太保公司认为中鼎公司与其签订《债权转让协议》时没有取得本案债权与事实不符。

关于东方公司办事处对本案债权享有优先购买权的问题。虽然中鼎公司与东方公司广州办事处签订的《债权转让协议》约定东方公司广州办事处对该债权的再转让有优先购买权,但是,中鼎公司在向太保公司转让债权之前已向东方公司广州办事处发出优先购买通知,东方公司广州办事处未在中鼎公司通知的期限内行使该权利,应视为其放弃了优先购买权。对此,东方公司广州办事处在2004年4月30日的确认函中也确认当时已放弃了优先购买权。因此,中鼎公司转让债权的阻碍条件已经消除,中鼎公司对其享有的债权可以依法再行转让。

关于债权转让通知义务的履行是否影响债权转让协议的效力的问题。《中华人民共和国合同法》第八十条第一款规定:“债权人转让权利的,应当通知债务人。未经通知的,该转让对债务人不发生效力。”据此,债权人未通知债务人的,则该转让对债务人不发生效力,并非影响该债权转让的效力。最高人民法院《关于审理涉及金融资产管理公司收购、管理、处置国有银行不良贷款形成的资产的案件适用法律若干问题的规定》第六条第二款规定:“在案件审理中,债务人以原债权银行转让债权未履行通知义务为由进行抗辩的,人民法院可以将原债权银行传唤到庭调查债权转让事实,并责令原债权银行告之债务债权转让的事实。”可见,债权转让通知义务在案件审理中仍可履行,债权转让通知义务未及时履行只是使债务人享有对抗受让人的抗辩权,它并不影响债权转让人与受让人之间债权转让协议的效力。因此,向债务人发出债权转让通知并非债权转让协议的生效要件,东方公司广州办事处没有及时向债务人和担保人发出债权转让通知并不影响其与中鼎公司签订的《债权转让协议》的效力,也不能因此认为中鼎公司未取得本案债权。

关于东方公司广州办事处对本案债权享有的质押权是否影响中鼎公司与太保公司签订的《债权转让协议》效力的问题。中鼎公司与东方公司广州办事处签订的《债权转让协议》约定，中鼎公司将受让后的债权质押给东方公司广州办事处作为还清转让价款的担保。但东方公司广州办事处在2004年4月30日的函中确认，其“在上述债权转让时即解除该等债权的质押担保，对该等债权不再享有质押权”。因此，东方公司广州办事处已追认其在中鼎公司向太保公司转让本案债权时放弃了质押权，其对中鼎公司转让本案的债权不享有质押的权利。即使在中鼎公司与太保公司签订《债权转让协议》之时，东方公司广州办事处对该转让债权的质押权仍然存在，中鼎公司仍可转让该债权。因为《中华人民共和国担保法》并没有禁止出质人转让质物的规定，即便是对股票等质权人对质物不加以占有的标的，该法规定经出质人和质权人协商同意的，也可以转让。在本案中，中鼎公司和东方公司广州办事处签订的《债权转让协议》既约定了债权质押，同时也约定了债权再行转让的条款，因此双方实际上同意对该质押的债权可以再行转让。中鼎公司于2003年1月向东方公司广州办事处发出《优先购买通知》，拟将本案债权转让给太保公司时，东方公司广州办事处并未提出反对转让的异议。因此，质权人东方公司广州办事处对出质人中鼎公司将标的债权再行转让已予默认。故中鼎公司有权转让本案债权，其与太保公司签订的《债权转让协议》的效力不因该债权的出质而受影响。

关于中鼎公司的行为是否构成欺诈而导致《债权转让协议》可撤销的问题。最高人民法院《关于贯彻执行〈中华人民共和国民法通则〉若干问题的意见》第68条规定：“一方当事人故意告知对方虚假情况，或者故意隐瞒真实情况，诱使对方当事人作出错误意思表示的，可以认定为欺诈行为。”在本案中，中鼎公司与太保公司签订的《债权转让协议》的前言载明：“根据中鼎公司和东方公司广州办事处于2002年11月25日签订的《债权转让协议》，中鼎公司取得了东方公司广州办事处从中国银行受让的位于顺德地区的相关债权及其债权项下担保权益。双方协商，并依与东方公司广州办事处约定的规则和程序取得合法认可，而达成的协议。”由此可见，在签订本案债权转让协议之时，太保公司对中鼎公司和东方公司广州办事处签订的《债权转让协议》的内容应当知晓，对本案债权的情况也有了解，故太保公司认为中鼎公司故意隐瞒其与东方公司广州办事处签订的《债权转让协议》的内容，诱使其作出错误意思表示，从而签订本案的《债权转让协议》缺乏事实依据。对于中鼎公司和东方公司广州办事处签订的《债权转让协议》对债权再转让约定的条件，要求新的拟受让方作出的声明与保证主要是承认东方公司广州办事处的企业法人地位、理解并认可东方公司广州办事处原据标的债权对中华人民共和国国家及政府并不享有任何形式的索偿权等内容，上述内容对太保公司追索本案的债权并不构成其所谓有实质性限制和约束。至于中鼎公司和太保公司签订转让协议时东方公司广州办事处尚未对债务人和担保人履行债权转让通知义务，以及中鼎公司将标的债权出质给东方公司广州办事处的问题，根据前述，既不影响中鼎公司从东方公司广州办事处受让本案债权，也不影响中鼎公司与太保公司签订的《债权转让协议》的效力。虽然太保公司在向债务人主张债权时会因债权转让通知尚未到达债务人和债权被出质而暂时受阻，但从本案的事实来看，中鼎公司和太保公司签订的债权转让协议约定，太保公司在支付完全部债权转让款后，中鼎公司才向太保公司移交该协议项下全部债权的资料，以及向债务人及保证人发出转让通知有效回执或者其他可证明已通知的证据材料。但太保公司在提起本案诉讼之时，尚未付清债权转让款，而东方公司广州办事处已于2004年2月5日向本案债务人的担保人履行了债权转让通知的义务。关于质押权的问题，中鼎公司已于2004年1月6日向东方公司广州办事处全部支付了顺德资产包的对价款，由于质权因被担保的债权的消灭而消灭，故在2004年1月6日东方公司广州办事处的质押权已自行消灭。因此，在太保公司尚未取得本案债权之时，影响太保公司向债务人行使权利的债权转让的通知义务已经履行，质押权也已消灭，对太保公司的利益没有造成损害。太保公司请求撤销《债权转让协议》不符合《中华人民共和国合同法》第五十四条第二款的规定，不予支持。此外，根据《中华人民共和国合同法》第五十五条的规定，具有撤销权的当事人自知道或应当知道撤销事由之日起一年内没有行使撤销权的，撤销权消灭。由于签订本案《债权转让协议》之时，太保公司对中鼎公司和东方公司广州办事处签订的《债权转让协议》的内容应当知晓；而双方的协议第三条第1款也约定："本协议生效后，中鼎公司允许太保公司查阅、复制转让标的项下债权的有关合同、往来文件、票据、凭证等债权资料"，即在签订协议之后太保公司有权了解该债权的情况。故太保公司在2003年1月29日签订该协议之时对其主张撤销的事由应当知道，至其2004年3月8日提起本案之时，已超过一年期限。因此，太保公司认为中鼎公司的行为构成欺诈、协议可撤销的理据不足，不予支持。

综上，中鼎公司与太保公司签订的《债权转让协议》不违反法律和行政法规的禁止性规定，应认定合法有效。中鼎公司的行为不构成欺诈，太保公司主张该协议可撤销，请求中鼎公司返还已付债权转让款和赔偿利息损失，缺乏事实和法律依据。太保公司请求中鼎公司双倍返还定金及赔偿可得利益损失与其主张协议可撤销的法律后果不符。对太保公司的诉讼请求不予支持。该院依照《中华人民共和国合同法》第四十四条第一款、第五十四条第二款、第五十五条、第八十条第一款、《中华人民共和国民事诉讼法》第六十四条第一款之规定，判决：驳回太保公司的诉讼请求。案件受理费648709元，由太保公司负担。

**〔当事人上诉及答辩意见〕**

太保公司不服原审法院上述民事判决，向最高人民法院提起上诉称：（一）原审判决认定中鼎公司与太保公司签订《债权转让协议》时已取得本案债权，与事实不符。由于中鼎公司直到2004年2月5日，才通知债务人桂洲公司和担保人桂洲经济发展总公司、桂洲镇投资控股总公司其将本案债权在内的标的债权作为质物向东方公司广州办事处提供质押担保，这时才满足中鼎公司与东方公司广州办事处签订的《债权转让协议》约定的债权转让的先决条件，也证明在与太保公司签订《债权转让协议》时，中鼎公司没有取得本案债权。因此,原审判决混淆了东方公司广州办事处与中鼎公司签订的《债权转让协议》的效力、协议的生效及协议的履行两个不同的问题。(二)原审判决关于东方公司广州办事处已放弃质押权的认定与事实不符,关于中鼎公司将本案债权质押给东方公司广州办事处后仍可转让该债权的认定于法理不通,且回避了中鼎公司与太保公司签约时是否隐瞒了本案债权已质押,即是否告知了太保公司该债权已被质押的事实,以使太保公司能作出正确的决定这一核心问题。东方公司广州办事处在2004年4月30日函件中的所谓追认,不仅发生在本案诉讼开始之后,更与其在2004年2月5日向借款人及担保人发出的通知函的事实相矛盾。(三)原审判决认定中鼎公司与太保公司签约时没有隐瞒债权的真实情况是错误的。本案有两个关键问题,一是双方签订《债权转让协议》时,中鼎公司是否如其所述已取得本案所涉贷款本金和相应利息的债权;二是其是否将债权已质押的事实告知太保公司。中鼎公司在签订《债权转让协议》时,未取得相关债权,其相关陈述是虚假陈述,亦未把债权质押的事实告知太保公司,故中鼎公司显然有意隐瞒,构成欺诈。(四)关于诉讼时效的问题。一审中,没有任何证据证明太保公司在2003年1月29日签订协议时知道中鼎公司没有取得本案债权,也没有证据证明太保公司签订时知道中鼎公司将相关债权已质押给东方公司广州办事处,并且由于中鼎公司与东方公司广州办事处的《债权转让协议》中包含数十亿与本案无关的其他债权,以及中鼎公司与东方公司广州办事处的各种保密约定,中鼎公司以保密为由,一直拒绝提供有关文件,太保公司也不可能知道上述事实。太保公司知道中鼎公司取得债权的先决条件是在本案庭审前的证据交换后,而知道其将相关债权已质押给东方公司广州办事处的时间是在2004年2月5日后。因此,太保公司在2004年3月8日提起本案诉讼未超过一年期限。(五)一审审判程序不符合规定。在一审过程中,由于法院不认可太保公司的诉讼请求,告知太保公司可以变更诉讼请求。太保公司向法院提交了《变更诉讼请求申请书》,按照最高人民法院《关于民事诉讼证据的若干规定》第三十五条的规定,法院应当重新指定举证期限,但一审法院未按规定指定举证期限,更未对变更后的诉讼请求进行开庭审理,不符合法律规定。请求依法撤销原判,并撤销双方于2003年1月29日签订的《债权转让协议》,由中鼎公司返还太保公司已付转让款3750万元,双倍返还定金共3000万元,赔偿太保公司可得利益损失和利息损失。

被上诉人中鼎公司答辩称:(一)本案争议的标的债权已由东方公司广州办事处转至中鼎公司,中鼎公司有权将自东方公司广州办事处受让的债权转让给太保公司。根据中鼎公司与东方公司广州办事处签订的《债权转让协议》的约定,在协议签订的当日,中鼎公司与东方公司广州办事处签订了先决条件约定的各项合同,并依约向东方公司广州办事处支付了首期款,中鼎公司已满足了《债权转让协议》约定的先决条件,标的债权转至中鼎公司。事实表明,中鼎公司与太保公司签订《债权转让协议》时已经合法有效受让标的债权,在东方公司广州办事处放弃优先购买权的情况下,中鼎公司将标的债权转让予太保公司并不违反任何法律、法规的规定，且《债权转让协议》是双方的真实意思表示，合法有效。双方《债权转让协议》签订后，太保公司向中鼎公司支付了部分债权转让款，但太保公司未按约定日期支付第四笔款项，已构成违约，中鼎公司依照约定解除《债权转让协议》。(二)太保公司以中鼎公司和东方公司广州办事处未向借款人及担保人发出有关标的债权已质押给东方公司广州办事处的通知函为由，主张中鼎公司和东方公司广州办事处之间的《债权转让协议》约定的先决条件未满足，中鼎公司在与太保公司签订《债权转让协议》时尚未取得债权，该上诉理由不成立。债权转让通知的欠缺并不影响债权转让人与受让人之间的债权转让效力，而只是使债务人享有对抗受让人的抗辩权，该抗辩权的存在并不意味着受让人没有有效受让债权，而只是意味着这种债权的行使暂时受到阻碍，且此抗辩权一旦债权转让通知到达债务人即告消灭。既然向债务人发出通知并非债权转让的生效要件，则认定受让人何时取代转让人取得债权人地位应当以转让人与受让人的约定为准，而不应以向债务人发出通知的时间为准，因此对中鼎公司何时取得债权应以与东方公司广州办事处签订的《债权转让协议》的约定，以及东方公司广州办事处在2004年4月30日的函件内容作为认定中鼎公司取得债权的依据。(三)太保公司以东方公司办事处放弃质押权与事实不符、债权质押后仍可转让与法不通、回避债权质押问题为上诉理由，并无任何事实与法律根据。从东方公司广州办事处2004年4月30日出具的确认函可以认定，东方公司广州办事处在中鼎公司与太保公司签订《债权转让协议》将债权予以转让时即解除质押，这一解除质押的意思表示是在中鼎公司与太保公司签订《债权转让协议》之前作出，在签订《债权转让协议》时生效，而确认函只不过是事后的书面确认，并不代表是于2004年4月30日作出解除质押的意思表示。在中鼎公司通知太保公司解除双方所签《债权转让协议》的同时，中鼎公司将相关债权移交给太保公司的事项通知了债务人，从该通知中可以看出其中并无债权质押的内容，债权质押并不存在。(四)依据前述中鼎公司已合法受让并取得债权且签订《债权转让协议》时，太保公司应当知道且确实知道中鼎公司与东方公司广州办事处之间协议内容的事实，能够确定中鼎公司既未故意告知太保公司虚假情况，也未故意隐瞒真实情况，不构成欺诈，故太保公司不享有撤销权。即使太保公司享有撤销权，也因超过诉讼时效而归于消灭。根据证据规则，太保公司主张其于2003年1月29日并不知道撤销事由，则应提供相应的证据材料来证实，而中鼎公司主张太保公司签约时就应当知道且确实知道撤销事由的证据就是双方签订的《债权转让协议》，而太保公司亦未提供能够反驳中鼎公司主张的任何证据材料，故其未超过诉讼时效的理由不能成立。(五)一审审判程序正确。一审时，太保公司将确认《债权转让协议》无效的诉讼请求变更为撤销，依据最高人民法院《关于民事诉讼证据的若干规定》第二条第一款的规定，太保公司应当就变更的诉讼请求提供相应的证据。但太保公司请求确认《债权转让协议》无效所依据的证据材料，与请求撤销《债权转让协议》所依据的证据材料并无任何不同，就太保公司请求确认《债权转让协议》无效所依据的证据材料,一审法院已按照相关规定指定了举证期限并进行了庭前证据交换,在太保公司变更了诉讼请求但未提供不同的证据材料的情况下,一审法院不另行指定举证期限并无任何不妥,故一审审判程序正确。(六)太保公司要求中鼎公司返还其已付转让款及双倍返还定金,赔偿其可得利益损失和利息损失,并无法律依据和事实依据。本案中的《债权转让协议》是双方的真实意思表示,对双方都具有法律约束力,但太保公司并未按照《债权转让协议》的约定按期支付转让价款,中鼎公司有权解除协议并对已收取的转让价款不予返还,同时将相应比例的债权移交太保公司,中鼎公司已完成对相应比例债权的移交工作,因此,太保公司无权要求中鼎公司返还转让款。并且由于太保公司违约,其无权要求返还定金,该主张与太保公司的诉讼请求相矛盾。综上,请求驳回太保公司的上诉请求。

〔最高人民法院查明的事实〕

最高人民法院对原审法院查明的事实予以确认。

〔最高人民法院裁判理由与结果〕

最高人民法院认为,本案二审双方当事人之间争议的焦点仍然是中鼎公司签约时是否享有债权、中鼎公司与东方公司广州办事处之间的质押是否影响债权的再转让、中鼎公司的行为是否构成欺诈等问题。

关于太保公司提出的中鼎公司签约时没有取得本案债权的上诉理由,最高人民法院认为,太保公司提出该项上诉理由的主要依据是中鼎公司与东方公司广州办事处未能依照双方签订的《债权转让协议》的约定,向借款人及担保人发出有关标的债权质押的通知函,未满足协议生效的条件。根据本案查明的事实,中鼎公司与东方公司广州办事处签订《债权转让协议》的当日,双方当事人又签订了先决条件约定的《管理服务商及资金账户监管协议》、《债权质押合同》、《连带责任保证合同》、《服务及协助协议》、《优先权及回购期权协议》。尔后,中鼎公司依约支付了首期转让价款165683698.8元。上述事实表明,双方当事人约定的主要生效条件已经满足。虽然中鼎公司与东方公司广州办事处未能及时向借款人和担保人发出有关标的债权质押的通知函,但是根据东方公司广州办事处事后发出的《债权转让及质押通知书》的内容看,标的债权质押的前提,是东方公司广州办事处将标的债权转让给中鼎公司,中鼎公司以标的债权作为质物向东方公司广州办事处提供质押担保。可以看出,中鼎公司与东方公司广州办事处在协议中约定的债权质押的通知义务,与债权转让的通知义务具有同等的法律意义。故原审法院认定,向债务人发出债权转让通知并非债权转让协议的生效要件,东方公司广州办事处没有及时向债务人和担保人发出债权转让通知并不影响其与中鼎公司签订的《债权转让协议》的效力,也不能因此认为中鼎公司未取得本案债权。原审判决上述认定正确,太保公司的该项上诉理由不能成立,最高人民法院不予采纳。

关于太保公司提出的东方公司广州办事处并未放弃质押权、标的债权不可转让的上诉理由,最高人民法院认为,太保公司提出该项上诉理由的主要依据是东方公司广州办事处2004年2月5日向借款人及担保人发出的通知函中,明示了标的债权已质押,而东方公司广州办事处也向借款人及担保人主张质押权。故东方公司广州办事处2004年4月30日的函件中所谓放弃质押权不符合事实。本案查明的事实表明,东方公司广州办事处向借款人及担保人发出的《债权转让及质押通知书》,仅仅是对借款人及担保人就债权质押予以通知,并不能得出其向借款人及担保人主张质押权的结论。中鼎公司与东方公司广州办事处在《债权转让协议》中约定了债权质押和债权再行转让的条款,其中对债权的再行转让东方公司广州办事处享有优先购买权。中鼎公司向太保公司转让的债权,仅是其从东方公司广州办事处受让的债权的一部分。中鼎公司向太保公司转让该部分债权之前,向东方公司广州办事处发出《优先购买通知》,东方公司广州办事处在约定的期限内未行使优先购买权,也未对中鼎公司将该部分债权转让给太保公司提出异议,该转让行为不违反当事人的约定,也不违反法律法规的强制性规定,且东方公司广州办事处在2004年4月30日的函件中对"在上述债权转让时即解除该等债权的质押担保,对该等债权不再享有质押权"的事实予以确认。故原审法院认定东方公司广州办事处对中鼎公司转让该部分债权已经放弃了质押权,中鼎公司有权转让本案债权,其与太保公司签订的《债权转让协议》的效力不因该债权的出质而受影响。原审判决上述认定正确,太保公司的该项上诉理由不能成立,最高人民法院不予采纳。

关于太保公司提出的中鼎公司隐瞒债权的真实情况,构成欺诈的上诉理由,最高人民法院认为,如上分析,中鼎公司与太保公司签订《债权转让协议》时,已经取得自东方公司广州办事处受让的标的债权,太保公司以债权质押通知的发出时间,作为中鼎公司取得相关债权,并依此认为中鼎公司与其签订《债权转让协议》中的相关陈述是虚假的,是隐瞒债权真实情况的主张,没有事实和法律依据。太保公司与中鼎公司签订《债权转让协议》时已经明确,该协议是基于中鼎公司与东方公司广州办事处之间的《债权转让协议》,并依中鼎公司与东方公司广州办事处约定的规则和程序取得合法认可而达成。应当认定太保公司签约时对中鼎公司与东方公司广州办事处之间的协议内容是明知的,其对中鼎公司将受让的标的债权出质给东方公司广州办事处并未提出异议。如果太保公司称签约时并不了解中鼎公司与东方公司广州办事处之间协议的内容,也仅能视为太保公司对自己享有权利的放弃,并不能证明中鼎公司故意隐瞒债权已质押的事实。故太保公司认为中鼎公司的行为构成欺诈的上诉理由没有事实依据,最高人民法院不予支持。

关于太保公司提出的在其向一审法院提交了《变更诉讼请求申请书》后,一审法院未按照《关于民事诉讼证据的若干规定》第三十五条的规定,重新指定举证期限,也未对变更后的诉讼请求进行开庭审理的上诉主张,最高人民法院认为,本案一审开庭审理后,太保公司向原审法院递交了变更诉讼请求申请书,此后,原审法院通知太保公司可以变更诉讼请求,并明确告知太保公司,如果变更的话,要提交书面申请和相关证据。在规定的期限内,太保公司向原审法院提交了变更诉讼请求申请书,但未提供相关证据。且本案二审审理中,太保公司亦未向最高人民法院提供与其变更诉讼请求相关的证据。故太保公司的该项主张不能成立。

综上分析,太保公司的上诉理由没有事实依据和法律依据,原审判决认定事实清楚,适用法律正确,应予维持。最高人民法院依照《中华人民共和国民事诉讼法》第一百五十三条第一款第(一)项的规定,判决如下:驳回上诉,维持原判。

二审案件受理费648709元,由佛山市顺德区太保投资管理有限公司承担。

**规则19(债权转让后的效力)债权转让后,原债权人即丧失向债务人主张该权利的资格**

——大连远东房屋开发有限公司与辽宁金利房屋实业公司、辽宁澳金利房地产开发有限公司国有土地使用权转让合同纠纷案①

**【裁判规则】**

债权人可以将合同权利全部或者部分转让给第三人,转让只需要通知到债务人即可,而无需征得债务人的同意。因此,转让行为一经完成,原债权人即不再是合同权利的主体,亦即丧失以自己名义作为债权人向债务人主张合同权利的资格。

**【规则理解】**

债权具有可让与性,债权人将合同权利全部或者部分转让给第三人后,将引发一系列的法律效果。债权让与的效力,有的发生在让与人和受让人之间,此为债权让与的对内效力;有的发生在债权让与当事人与债务人或者其他第三人之间,此为债权让与的对外效力。

**一、债权让与的对内效力**

(一)债权让与合同的生效

债权让与,就其本质而言实为契约行为,其法律效果的发生取决于债权让与合同的生效。《合同法》未就债权让与合同规定特殊的生效要件或公示要求,故应适用合同生效的一般规则。《民法总则》第143条规定:"具备下列条件的民事法律行为有

---

① 《中华人民共和国最高人民法院公报》2006年第12期,最高人民法院(2005)民一终字第95号民事裁定书。

效:(一)行为人具有相应的民事行为能力;(二)意思表示真实;(三)不违反法律、行政法规的强制性规定,不违背公序良俗。”《民法通则》第55条的规定:“民事法律行为应当具备下列条件:(一)行为人具有相应的民事行为能力;(二)意思表示真实;(三)不违反法律或者社会公共利益。”《合同法》第44条规定:“依法成立的合同,自成立时生效。法律、行政法规规定应当办理批准、登记等手续生效的,依照其规定。”第51条规定:“无处分权的人处分他人财产,经权利人追认或者无处分权的人订立合同后取得处分权的,该合同有效。”第87条规定:“法律、行政法规规定转让权利或者转移义务应当办理批准、登记等手续的,依照其规定。”可见,债权让与合同的生效要件在于:第一,让与人与受让人具有相应的民事行为能力及处分权;第二,双方意思表示一致且真实;第三,不违反法律、行政法规的强行性规定或损害社会公共利益,或者不违背公序良俗;第四,符合法定的形式要件;第五,附条件或附期限的债权让与,还须待约定的条件成就或期限届至时方得生效。

（二）债权让与对受让人的效力

债权让与合同生效后,即在让与人和受让人之间发生法律拘束力,此效力的发生不以对外通知债务人为前提。具体而言,债权让与对受让人具有以下效力:

1. 权利转移及地位取代。债权让与于让与合同生效之时也同时完成,债权即转移至受让人。新的债权人(即受让人)取得或部分取得原债权人(即让与人)的法律地位,成为债的关系的当事人。① 在债权全部让与的场合,受让人成为合同权利的主体,让与人脱离原合同关系。在债权部分转让的场合,受让人加入合同关系成为共同债权人,与原债权人按照发生转让的债权份额共同享有合同权利。

2. 从权利随之转移。《合同法》第81条规定:“债权人转让权利的,受让人取得与债权有关的从权利,但该从权利专属于债权人自身的除外。”根据“从随主”的民事权利移转规则,从权利与主权利同其命运,主权利发生转让的,从权利也随同转让。此等从权利之转移,属于当然,毋庸特别约定,但当事人不欲其随同移转者,却须于契约中订明。②

(1)债的担保。保证债权在无除外约定的情况下随同主债权转移。《担保法》第22条规定:“保证期间,债权人依法将主债权转让给第三人的,保证人在原保证担保的范围内继续承担保证责任。保证合同另有约定的,按照约定。”《担保法司法解释》第28条规定:“保证期间,债权人依法将主债权转让给第三人的,保证债权同时转让,

---

① 参见[德]迪特尔·梅迪库斯:《德国债法总论》,杜景林、卢谌译,法律出版社2004年版,第551页。

② 郑玉波:《民法债编总论》,中国政法大学出版社2003年版,第438页。

保证人在原保证担保的范围内对受让人承担保证责任。但是保证人与债权人事先约定仅对特定的债权人承担保证责任或者禁止债权转让的,保证人不再承担保证责任。"《最高人民法院关于金融资产管理公司收购、处置银行不良资产有关问题的补充通知》第2条甚至否定禁止保证债权转移的特约,其后段规定:"担保合同中关于合同变更需经担保人同意的约定,对债权人转让债权没有约束力。"抵押权一般也随同主债权转移,但应办理法定的登记变更手续,在法有例外规定的情况下可不予登记,但该等抵押权不能对抗善意第三人。《物权法》第192条规定:"抵押权不得与债权分离而单独转让或者作为其他债权的担保。债权转让的,担保该债权的抵押权一并转让,但法律另有规定或者当事人另有约定的除外。"《最高人民法院关于审理涉及金融资产管理公司收购、管理、处置国有银行不良贷款形成的资产的案件适用法律若干问题的规定》第9条规定:"金融资产管理公司受让有抵押担保的债权后,可以依法取得对债权的抵押权,原抵押权登记继续有效。"质押权以担保物的占有为核心要件,其转移原则上需一并移转质物。但《最高人民法院关于金融资产管理公司收购、处置银行不良资产有关问题的补充通知》第2条前段规定:"国有商业银行(包括国有控股银行)向金融资产管理公司转让不良贷款,或者金融资产管理公司收购、处置不良贷款的,担保债权同时转让无须征得担保人的同意,担保人仍应在原担保范围内对受让人继续承担担保责任。"该规定同样适用于质押的场合。留置权能否随同债权转移则存在争议,因为一方面其同样以留置动产的占有为要件,另一方面如债权让与他人,则其牵连关系失去依据,故有观点认为其不能一并移转。①

(2)利息之债。利息之债作为一种从债,与主债同命运,在主债权被转让后,原则上利息之债也将随之转移。但利息之债的移转规则较为复杂,根据其是否已届清偿期以及是否已实际支付而有所不同。

(3)违约金和损害赔偿金请求权。该两项请求权的随同转移并不以债权让与时尚未发生者为限,纵在让与前业已发生,由于其系原债权的转化形态,而债权并未丧失同一性,故亦应随同转移。但是让与前业已发生的惩罚性违约金债权,由于其已具有独立性,除另有约定者外,并不当然随同原债权转移。②

3. 诉讼权利随之转移。债权让与后,取得债权的受让人享有诉的利益,得以作为当事人提起或参加诉讼。在诉讼过程中如发生债权让与,则受让人得依法申请变更诉讼主体,代替原权利人行使诉讼权利。《最高人民法院关于金融资产管理公司收购、处置银行不良资产有关问题的补充通知》第3条规定:"金融资产管理公司转让、

---

① 参见黄立:《民法债篇总论》,中国政法大学出版社2002年版,第618页。

② 韩世远:《合同法总论》(第三版),法律出版社2011年版,第472页。

处置已经涉及诉讼、执行或者破产等程序的不良债权时,人民法院应当根据债权转让协议和转让人或者受让人的申请,裁定变更诉讼或者执行主体。”但在二审终审后发生的债权让与,受让人不享有让与人原本享有的根据《民事诉讼法》第 179 条的规定申请再审的权利。《最高人民法院关于判决生效后当事人将判决确认的债权转让债权受让人对该判决不服提出再审申请人民法院是否受理问题的批复》规定:“判决生效后当事人将判决确认的债权转让,债权受让人对该判决不服提出再审申请的,因其不具有申请再审人主体资格,人民法院应依法不予受理。”①

(三)债权让与对让与人的效力

绝大多数的债权让与实为以债权为标的的交易,让与人对受让人负有一切交易中其应承担的合同义务及附随义务,否则应承担相应的合同责任。

1. 失去或部分失去债权。债权让与发生后,原债权人失去或部分失去原合同权利。在全部让与的场合其不再是合同关系的当事人;在部分让与的场合其虽与受让人作为共同债权人,但两者之间的关系是按份的,让与人对已经发生让与的权利部分不得再行使权利。一方面,让与人丧失以自己名义作为债权人向债务人主张原合同权利的资格,否则得到让与通知的债务人有权拒绝履行合同义务;同时其也丧失接受债务人履行的权利,否则将构成不当得利。另一方面,让与人不得再次对外转让债权,否则即构成债权的二重让与,属于无权处分。

2. 权利瑕疵担保义务。债权让与系对债权的继受取得,只是在债权的主体上发生了变更,债权的性质和内容仍具有同一性,因此债权的瑕疵也一并移转于受让人。让与人就其让与的债权对受让人承担权利瑕疵的担保义务,此属于债权让与合同中的义务。《合同法》第 150 条规定:“出卖人就交付的标的物,负有保证第三人不得向买受人主张任何权利的义务,但法律另有规定的除外。”第 191 条第 2 款规定:“赠与人故意不告知瑕疵或者保证无瑕疵,造成受赠人损失的,应当承担损害赔偿责任。”上述两个条款中规定的权利瑕疵担保责任,在债权让与的场合可参照适用。需要注意的是,我国合同法并未规定独立的权利瑕疵担保责任,该种责任是通过违约责任的形式实现的。

3. 债权文书及担保物的交付义务。债权文书,即证明文书持有人享有债权的凭证,包括债务人出具的借据、票据、合同书、账簿,等等。根据债权让与合同,为保障债权让与的目的顺利实现,让与人应将其占有的全部债权文书及债权的担保物交与受让人,此为合同义务(双方有明确约定的场合)或附随义务(双方无明确约定的场合)

---

① 该批复于 2010 年 12 月 16 日由最高人民法院审判委员会第 1506 次会议通过,于 2011 年 1 月 7 日公布,自 2011 年 2 月 1 日起施行,发文字号法释[2011]2 号。

的必然要求。

4. 必要事项的告知义务。根据诚信原则,转让人应将与合同标的物相关的重大事项告知受让人。在债权让与的场合,此重大事项为受让人主张债权而应当知道的一切必要情况。例如债务的履行期限、履行地、履行方式、债务人的住所及其可能主张的抗辩、债权担保的方式,等等。①

**二、债权让与的对外效力**

(一)债权让与的通知

债权让与,对让与合同当事人之外的第三人,尤其是对债务人所发生的法律效力,很大程度上与债权让与通知密切相关。关于让与通知的效力,存在三种立法模式:一为"准物权行为模式",以德国、我国台湾地区为代表。该种模式规定,债权让与的合意一旦达成,受让人即取得债权,同时对第三人发生效力,但债务人在未受通知前对原债权人所为的清偿行为有效。二为"纯粹意思主义模式",以瑞士、奥地利为代表。该种立法例认为,债权让与基于让于双方的合意即告生效,通知与否对债权让与本身不产生影响。三为"通知对抗要件模式",以日本、法国为代表。该种模式认为,债权让与在未通知债务人的情况下,在让与合同当事人之间发生效力,但不得对抗善意的债务人及其他第三人。② 我国《合同法》第 80 条第 1 款规定:"债权人转让权利的,应当通知债务人。未经通知,该转让对债务人不发生效力。"对该条应作如下理解:第一,债权让与未通知债务人的,对债务人不发生效力。对于债务人而言,其仍受原合同约束,应当向原债权人作出履行,有权拒绝来自受让人的履行请求。第二,债权让与虽未通知债务人,但对于债务人以外的人,即让与人、受让人以及其他第三人,均发生法律效力。任何一方不得以债权让与未通知债务人为由,随意否定和推翻已生效让与契约的效力。

(二)债权让与对债务人的效力

债权让与经通知而对债务人生效。让与通知前,债务人对让与人所为的清偿或其他免责行为,或让与人对债务人所为的免除或抵销行为,均为有效。③ 但前述行为的有效以债务人的善意为前提,如果债务人明知债权已经发生了转移,仍与原债权人为损害合法权利人利益的行为,则受让人可以主张债的保全。债权让与通知不当损害债务人利益,给其造成额外负担的,债务人可要求让与人负担所增加的费用、赔偿

---

① 参见崔建远主编:《合同法》(第四版),法律出版社 2007 年版,第 213 页。
② 参见王利明:《合同法研究》(第二卷),中国人民大学出版社 2003 年版,第 229~230 页。
③ 参见韩世远:《合同法总论》(第三版),法律出版社 2011 年版,第 478 页。

损失或给予一定的履行宽限期。[1] 让与通知后，则对债务人发生以下法律效果：

1. 履行对象变更。债权让与的通知到达债务人后，其合同权利人便有效变更为受让人，债务人应当根据原合同内容，向新债权人作出履行。债务人不得再向让与人即原债权人履行债务，否则不能发生清偿的后果，且不得以此对抗受让人的履行请求，即须承担再次履行的风险。对于原债权人接受的履行，债务人可依据不当得利请求其返还。

2. 抗辩权仍可援用。债权让与不得对债务人发生不利影响，债务人在接到债权让与通知时已经享有的、对抗原债权人的抗辩权，仍可以对受让人援用。例如，债权从未发生的抗辩、债权业已消灭的抗辩、债务履行的抗辩、诉讼时效完成的抗辩，等等。[2]《合同法》第 82 条规定："债权人接到债权转让通知后，债权人对让与人的抗辩，可以向受让人主张"。《合同法司法解释一》第 27 条规定："债权人转让合同权利后，债务人与受让人之间因履行合同发生纠纷诉至人民法院，债务人对债权人的权利提出抗辩的，可以将债权人列为第三人。"

3. 抵销权仍可主张。债务人在接到债权让与通知时已经享有或期待享有的、对原债权人的抵销权，可以继续向受让人主张，此亦为"不因债权让与而增加债务人负担"之立法目的的应有之意，实质上属于抗辩权的一种。《合同法》第 83 条规定："债务人接到债权转让通知时，债务人对让与人享有债权，并且债务人的债权先于转让的债权到期或者同时到期的，债务人可以向受让人主张抵销。"此时，受让人可能因未能获得来自债务人的足够清偿而遭受损失，其有权以违背权利瑕疵担保义务或重大事项告知义务为由，向让与人主张违约责任。

4. 诉讼时效中断。让与通知在性质上虽为观念通知，即对债权让与事实的告知，但根据司法解释的规定亦得发生主张权利的效果。根据《最高人民法院关于审理民事案件适用诉讼时效制度若干问题的规定》第 19 条第 1 款规定，债权转让的，应当认定诉讼时效从债权转让通知到达债务人之日起中断。

(三)债权让与对其他第三人的效力

债权让与合同生效时，债权即从让与人转移至受让人，让与通知仅作为债务人对抗受让人权利主张的抗辩事由，以及其构成善意无过失清偿的正当性基础。让与人、受让人、债务人以外的其他第三人不得以债权让与未向其公示或未通知债务人为由而主张让与合同无效。但合同行为具有相对性和非公示性，从维护交易安全和秩序的目的出发，存在一个善意第三人的保护问题。在利害关系人代为清偿的场合，根据

---

① 参见王海勇：《试论债权转让合同通知义务的履行》，载《政法论丛》2008 年 2 月期。

② 参见郑玉波：《民法债编总论》，中国政法大学出版社 2003 年版，第 444 页。

台湾“民法”第312条的规定，虽非债务人而就债之履行有利害关系的第三人，例如连带债务人或保证人，于债权让与通知前，对于债权人（让与人）为清偿时，亦应解释为有效。① 在债权二重让与的场合，由于第二次的债权让与属于无权处分，故在后的受让人欲取得债权，应遵循无权处分的有关规则。但除有价证券之情形外，受让人之善意取得债权原则上并不可能，因为债权并无可资认定权利存在的外在表征，故任何人受让一般债权时，系以自己的风险为之，其可以向让与人主张权利瑕疵担保责任，但不能向债务人主张善意取得而使后者陷于不利。②

**【拓展适用】**

**一、债权的可转让性**

在权利的分类上，依权利与权利主体的关系不同，可分为专属权与非专属权。财产权一般都是非专属权，可以转让和继承。债权的可转让性来自于财产权的可转让性。

（一）债权让与制度的历史沿革及立法目的

旧的法律制度将债务人受拘束归因于宗教的根源（宣誓）和侵权行为的根源（复仇法）。这样一来，债权就是受当事人人身拘束的东西。③ 早期罗马法认为，债是连结债权人与债务人的法锁，人身专属性极强，变更其任何一端，都将使债的关系失去同一性，因而绝对禁止债权让与。④ 随着观念的更新，债权本身实现了从主观人身关系到客观经济关系的推进，债务人的人身责任逐渐演化为纯粹的财产责任。于是，债权自身取得了完全的财产价值，和物权、知识产权等一同归属于财产权的范畴，债权由此失去人的色彩而实现了独立财产化，完成了从对人的直接支配性到非人格化的转变。⑤ 债权的非人格化、财产化、资本化和债权让与的商业实践使得债权不得让与原则逐渐被突破。

在我国，债权让与制度的确立同样经历了复杂的过程。计划经济时代制定的《中华人民共和国经济合同法》仅在第三章第27条第3款规定，企业合并、分立条件下，由合并后的当事人承受或分立当事人分别承受原合同的债务。综观《民法通则》以前

---

① 史尚宽：《债法总论》，中国政法大学出版社2008年版，第734页。

② 参见黄立：《民法债篇总论》，中国政法大学出版社2002年版，第611页。

③ ［德］迪特尔·梅迪库斯：《德国债法总论》，杜景林、卢谌译，法律出版社2004年版，第537页。

④ 申卫星：《试论合同权利转让的条件》，载《法律科学》1999年第5期。

⑤ 参见［日］我妻荣：《债法在现代法中的优越地位》，王书江等译，中国大百科全书出版社1999年版，第48～49页；梁慧星：《民法总论》，法律出版社2007年版，第72页；佟柔主编：《中国民法学·民法总则》（修订版），人民法院出版社2008年版，第45页、第48页；崔建远主编：《民法总论》，清华大学出版社2010年版，第240页、第243页。

的合同立法,都没有对当事人协商转让合同权利作出规定,相反,司法解释将“倒卖合同”、“买空卖空”、“合同转包渔利”等规定为无效,将许多合同转让行为认定为违法行为。[①]《民法通则》第91条明确规定了合同权利转让的基本规则,此后在特别法和司法解释中均有关于合同权利转让的规定。[②]《合同法》对合同权利转让制度作了较为系统、详尽的规定,与《民法通则》相比,有了明显的进步。

债权让与制度确立的意义在于:第一,体现了债权人对自己权利的处分自由,符合民法的私法自治理念;第二,有利于债权作为财产权发挥其经济效益,实现资源的最优配置,促进社会财富的增长;第三,使得无形的债权能够成为交易的标的,丰富和增加了可供交易的财产内容和范围,促进资金的流通和债权的担保化,成为债权回收的手段;[③]第四,在国际经济法领域也得到很好的运用,比如国际保理制度,促进国际贸易的发展。

(二)可让与的债权类型

能够转让的债权,是真实存在且并未消灭的债权,但并不是意味着该债权一定能够实现,让与人不负有保证债务人能够清偿的义务。但是,让与人负有告知债权真实情况的附随义务,违反这一义务将产生违约或缔约过失责任。从尊重当事人意思自治的角度出发,对于有效债权的理解应当从宽,具体包括以下几种:

1. 具有完全效力的债权。只要债权本身合法有效,且不违反法律的强制性规定和公序良俗,以及当事人禁止转让的特约,则均是可以让与的。法律承认和保护债权让与的法律效力。

2. 自然债。超出诉讼时效而不受法律强制力保护的债权,因其效力不齐备,学理上称为“不完全债权”。根据《民法通则》第138条的规定:“超过诉讼时效期间当事人自愿履行的,不受诉讼时效限制。”不完全债权虽然丧失了请求力,但是作为债权其仍旧具有受领力和保有力。因此,受让人受让自然债并非不利益,但这以让与人如实告知债权真实情况和双方自愿为前提,否则受让人有权以欺诈为由请求撤销债权让与合同,并要求让与人承担缔约过失责任。

3. 可撤销的债权。可撤销合同在权利人行使撤销权之前,并非当然无效,在实际效果上与有效的债权无异,具有现实的财产利益,因而可以成为债权转让的标的,

---

① 参见杨明刚:《合同转让论》,中国人民大学出版社2006年版,第7页。

② 如《最高人民法院关于审理经济合同纠纷案件有关保证的若干问题的规定》第23条,《担保法》第22条。

③ 参见韩世远:《合同法总论》(第三版),法律出版社2011年版,第458~459页;杨明刚:《合同转让论》,中国人民大学出版社2006年版,第5~6页。

这也符合鼓励交易的原则。在债权人享有撤销权的场合,只要其不行使撤销权便可维持债权的有效性。在债务人享有撤销权的场合,如其在债权让与后行使了撤销权而使债权消灭,则让与人因构成履行不能而须承担违约责任。同样,该类交易的有效性以双方对债权真实情况的知悉和自愿为前提。

4. 将来的债权。该类债权指现在尚未存在,但将来有可能发生的债权,主要包括三种类型:一是基础法律关系已经存在,但须待将来特定事实的发生才能确定的债权,是一种期待权。如附条件或附始期的合同债权。二是基础法律关系尚不存在,但债权成立的要件已经部分存在,待将来补正其要件时便可成立的债权。如将来行使的撤销权、解除权、买回权等等。三是基础法律关系尚不存在,仅有将来发生的可能性的债权,被称为"纯粹的将来债权"。[①] 将来的债权是否确定发生,常伴有较大的风险,故并非都可以成为债权让与的标的。判断的标准在于:一是将来债权转化为现实债权的可能性;二是受让人对债权真实情况的了解程度;三是法律制度的强行性规定。只要该债权的发生具有较大的确定性,[②]受让人知悉让与标的的真实情况并自愿交易,且不违法,则交易应当是有效的。如让与过程中存在重大误解、显失公平等情形,则受让人享有撤销权。如债权在将来并未发生,则让与人构成履行不能,应承担违约责任。

5. 集合债权。债权让与的对象不限于单一的债权,在营业财产的整体转让等场合,集合的债权也可以构成债权让与的对象。集合债权中既可以有现实存在的债权,也可以包括将来的债权。[③] 这是债权的财产属性和鼓励交易市场原则的必然要求。

另有其他可得让与的债权,如内容不确定的选择债权、双务合同中的债权等等。[④]

(三)不得让与的债权类型

各国立法一方面确认债权人对债权的自由处分权,另一方面则基于对债务人之利益的保护和债务关系的维护或社会政策、公共秩序的需要,将某些债权划入不得让与之债权的范围,在一定程度上限制了债权让与的自由。[⑤] 但该类债权可经当事人约定由第三人代为受领,不过这与债权让与存在实质区别,因为代为受领的第三人并未

---

① 参见孙森焱:《民法债编总论》(下册),法律出版社2006年版,第781~782页。

② 所谓债权发生具有较大确定性,指前述基础法律关系已经存在,但须待将来特定事实的发生债权才能确定,或者基础法律关系尚不存在,但债权成立的要件已经部分存在,待将来补正其要件时债权便可成立,具体由法官根据案件实际情况自由裁量。

③ 参见韩世远:《合同法总论》(第三版),法律出版社2011年版,第470页。

④ 详见史尚宽:《债法总论》,中国政法大学出版社2008年版,第710~714页。

⑤ 徐涤宇:《债权让与制度中的利益衡量和逻辑贯彻——以双重让与为主要分析对象》,载《中外法学》2003年第3期。

替代原权利人成为合同关系的主体。同时，不得让与的债权经债务人同意后，原则上可以转让。这种同意的效力可依一般法律行为的效力判断标准进行认定，即在不违反法律法规强行性规定和社会公序良俗的前提下，应当尊重当事人的意思自治。《合同法》第79条规定："债权人可以将合同的权利全部或者部分转让给第三人，但有下列情形之一的除外：(一)根据合同性质不得转让；(二)按照当事人约定不得转让；(三)依照法律规定不得转让。"具体而言，不得让与的债权包括以下三种：

1. 根据合同性质不得转让的债权。某些合同依其性质，受到债权人人身的狭窄拘束，只能在特定当事人之间发生法律效力，如果转让给第三人，将会使其内容发生实质性变更，从而使转让后的合同内容与转让前的合同内容失去同一性，且违反了当事人订立合同的目的。[①] 此类债权通常包括：第一，基于个人信任关系而发生的债权。雇佣、委托、租赁等合同债权，建立在特定当事人之间的信赖关系基础上，具有强烈的人身性，故不得转让，擅自转让通常可构成合同解除的原因。第二，以特定权利人为基础而发生的债权。如权利人对义务人所享有的按月领取抚养费、赡养费、退休金的权利，在其实际发生并特定化为某一笔债权之前，基于社会公共政策和公序良俗的考虑，不得由权利人概括性地把以后领取费用的权利全部转让给第三人。又如存在交互计算约定的场合，因交易双方可相互行使抵销权，仅就约定期间后确定的差额部分负担给付义务，故该类债权不得让与，否则将损害对方利益。第三，不作为债权。不作为债权通常是为特定债权人的利益而存在，如竞业禁止的约定。如果允许债权人让与不作为债权，无异于为债务人设定新的义务，显然对债务人不公，故原则上不得转让。也有例外，如在企业兼并的场合，原企业所享有的不作为债权应当转移至兼并企业。[②] 第四，从债权。根据"从随主"的一般规则，从权利不得与主权利相分离而单独转让，否则将有悖于其辅助主权利行使的性质，如担保债权。例外的情形，如已届清偿期的利息债权，可以单独转让。

2. 根据当事人禁止转让的特别约定不得转让的债权。合同领域遵循私法自治，不违反法律和公共利益的约定具有优先适用的效力。让与债权的权利可以通过债权人与债务人之间的协议排除，这种约定既可以在合同订立之时约定，也可以在债权发生之后为之。但以双方在合同中有明确的特别排除约定为前提，否则债权人原则上享有向第三人转让债权的权利。即便存在禁止特约，如债权人让与权利并通知债务人，债务人同意的，视为对禁止特约的解除，第三人不得以该特约的存在否定债权让与的效力。同时，禁止转让的特约仅具有相对效力，属于内部约定，不能够对抗

---

① 王利明：《合同法研究》(第二卷)(修订版)，中国人民大学出版社2011年版，第209页。

② 参见崔建远主编：《合同法》(第四版)，法律出版社2007年版，第207页。

善意的第三人。违反禁止约定向他人让与债权的,由原债权人对债务人承担违约责任。

3. 根据法律禁止转让的特别规定不得转让的债权。法律法规明文规定债权不得让与的,依其规定,此时让与人与受让人签订的债权让与合同自始无效。法律法规明文规定应当由国家批准、登记方得生效的合同,其合同权利的转让亦需经原审批机关的批准,否则该转让不能生效。当然,依据《合同法司法解释一》第9条的规定,在一审法庭辩论终结前,当事人能够将批准手续或者批准、登记等手续办理完毕的,人民法院仍应认定让与合同有效。

## 二、债权的可分性

### (一)债权的可分性判断标准

债权能否部分让与,与债权是否可分具有密切的关系。债权可分性的判断标准在于:债权被分割之后是否符合原合同订立的目的,是否违背债权让与制度设计的初衷,是否违背当事人的约定,是否符合交易习惯,是否造成债务人不合理的负担,等等。[①] 债权的可分性与民事权利尤其是财产权利的可处分性相联系,通常来讲债权都是可分的,例外的情形在于:第一,根据合同的性质和目的而不可分的债权。某些债权的给付和履行在性质上不可分,如分割就会损害其价值或者无法实现债权设立的目的。例如,基于人身信任关系而订立的租赁合同,租赁人不得擅自将房屋部分房间的居住权转让他人,否则出租方有权解除合同。第二,基于当事人的意思自治而不可分的债权。当事人在合同中明确约定其债权不可分割,则该等约定应当得到双方的遵守。即便原本为可分之债,债权人亦不得违背约定将债权分拆转让。第三,根据法律的禁止性规定而不可分的债权。如《物权法》第204条规定:"最高额抵押担保的债权确定前,部分债权转让的,最高额抵押权不得转让,但当事人另有约定的除外。"故在最高额抵押所担保的债权确定前,主债权虽发生部分转让,但除非有当事人的特别约定,否则最高额抵押权不得被分拆而部分随同主债权转让。具体而言:

1. 交付财物。在买卖、互易、租赁、保管等合同中,均以财物的交付为其给付的具体形态,此为最常见的给付方式。根据交付的财物是否可分以及分割是否将损害标的物的价值来判断,多数财物都具有可分性。如买方向卖方订购数批货物,后将其中一批货物的受领权转售第三人,并不会损害货物的价值。也有不可分的财物,如债的标的为某一特定物,则其不能将半个物品的受领权让与他人。

2. 交付金钱。金钱之债具有可分性,这一点几乎是共识。有争议的是金钱债权

---

① 参见杨立新:《债法总论》,高等教育出版社2009年版,第130页;王利明:《合同法研究》(第二卷)(修订版),中国人民大学出版社2011年版,第223页。

与其孳息，即利息债权，是否可以分开转让。通说认为，已届清偿期的利息债权可以与本金债权相分离而单独让与。

3. 移转权利。移转权利是指不伴随物的交付而单纯将某项权利移转给他人的情形，如转让债权、股权、知识产权、他物权等合同。权利的移转是否可分需要依情况而定，如权利人可以将其知识产权中的著作财产权转让他人，而保留其著作人身权；股东依据法律和公司章程规定的程序对外出售股权的，除非有特殊约定或法定要求，否则其可以将股权分别转让给不同的买受人。

4. 提供劳务。在以自己的劳力或者设备、知识、技术等提供他人消费或者为他人提供服务的雇佣合同、委托合同、运输合同、技术服务合同等合同中，都是以债务人提供特定的劳务或者服务作为给付形态的。[①] 非以当事人的信任关系和人身专属性为基础的劳务合同，原则上可以部分转让，因为只要债务人履行的内容相同，单纯服务对象的改变并不会增加其成本。

（二）债权的部分让与

根据《合同法》第 79 条前段的规定："债权人可以将合同的权利全部或者部分转让给第三人"，可见我国法律承认债权的部分让与。由于债权让与的实质在于合同内容不变的前提下仅就合同权利主体发生的变更，故在履行内容、履行时间、履行地点等均不发生改变的情况下，理论上不会为债务人增添额外的负担。同时，债权只要具有可转让性和可分性，不论是全部让与还是部分让与均无需经过债务人的同意。故债权的全部让与和部分让与并无实质区别，没有必要剥夺或限制部分让与债权的权利。问题的关键在于，如果在实际履行中，部分让与确实导致履行费用的增加，则增加的费用应当由谁承担。[②] 由于债权让与合同中并未包含债务人的意志，即便对债务人生效也仅以通知为要件，故让与行为以不损害债务人现存利益为前提。对债务人的保护和促进债权的自由流转，是债权让与制度的一个问题的两个方面，故应确立"债务人不能因债权让与而受到损害"的原则和理念。[③] 因债权部分让与而导致债务人成本和负担增加的，应由让与人和受让人共同承担该损失。当然，这种费用应具有合理性，且系为向让与人和受让人分别履行债务而增加的必要费用，具体由法院根据诚信原则，结合个案情况进行认定。上述增加费用的负担规则同样适用于债权全部让与的场合。

---

① 参见张广兴：《债法总论》，法律出版社 1997 年版，第 116 ~ 119 页；刘保玉等：《债法总论》，科学出版社 2001 年版，第 11 ~ 12 页。

② 参见王利明：《合同法新问题研究》，中国社会科学出版社 2011 年版，537 页。

③ 参见崔建远主编：《合同法》（第四版），法律出版社 2007 年版，第 213 页，第 217 页。

**【典型案例】**

**大连远东房屋开发有限公司与辽宁金利房屋实业公司、辽宁澳金利房地产开发有限公司国有土地使用权转让合同纠纷案**

上诉人(原审被告):大连远东房屋开发有限公司,住所地辽宁省大连市沙河口区民权北二街2号。

法定代表人:刘秉强,该公司董事长。

委托代理人:于沄,辽宁大连大显集团有限公司副总经理。

委托代理人:许振国,海南金裕律师事务所律师。

被上诉人(原审原告):辽宁金利房屋实业公司,住所地辽宁省沈阳市沈河区十三纬路58号。

法定代表人:白宝山,该公司经理。

委托代理人:葛长胜,辽宁盛京律师事务所律师。

委托代理人:张建华,辽宁人民律师事务所律师。

被上诉人(原审原告):辽宁澳金利房地产开发有限公司,住所地辽宁省沈阳市沈河区十三纬路58号。

法定代表人:宛吉廷,该公司董事长。

委托代理人:华泽耕,该公司职员。

委托代理人:张建华,辽宁人民律师事务所律师。

〔基本案情〕

辽宁省高级人民法院经审理查明:1991年12月20日,大连远东房屋开发有限公司(以下简称远东公司)与案外人中国国际游艇俱乐部(以下简称游艇俱乐部)签订《共同开发金石滩合同书》(以下简称《开发合同书》),约定游艇俱乐部将其开发区域内的10万平方米的土地使用权以每平方米80元的价格转让给远东公司,转让年限49年,转让总价款800万元。该合同仅载明地块为公建区西侧南海边1、2、3组团,未标明转让面积的四至,并约定具体位置以规划图为准。1992年10月8日,游艇俱乐部与大连市土地管理局签订《国有土地使用权出让合同》,约定大连市土地管理局将位于金石滩国家旅游度假区内的46万平方米土地出让给游艇俱乐部,出让年限为49年,出让金每平方米20元。该《国有土地使用权出让合同》未标明出让地块的四至,仅载明详见附件地块地理位置图,而地理位置图中圈定的绿线面积位置与游艇俱乐部转让给远东公司的地块并不在同一位置。

1993年1月29日,远东公司与辽宁金利房屋实业公司(以下简称金利公司)签订《联合开发土地有偿使用协议书》(以下简称《联合开发协议》),约定远东公司将已购得使用权的金石滩游艇俱乐部会员别墅区8.6万平方米的土地使用权有偿转让给金利公司,使用期限48年,转让价格每平方米320元,转让总价款2752万元(转让土地面积以双方认定最后测量的规划红线内面积为准)。远东公司应向金利公司提供转让地块的土地使用证明,附图及经过修订并定稿的详细规划图和规划要求。协议签订后5日内,金利公司须向远东公司交纳定金200万元,1993年3月末前不少于1800万元,同年4月末前付清全部转让费用。如不能按期交付应付款项,金利公司除承担远东公司经济损失外,远东公司可将未交付部分的土地使用权收回。转让地块红线内的配套费由金利公司负责,红线外的配套费由金利公司按游艇俱乐部的要求提前交给远东公司,远东公司统一交给游艇俱乐部。

1993年1月31日,远东公司为金利公司自行印制《土地使用证》一份,该《土地使用证》载明,金利公司在金石滩游艇俱乐部规划用地范围内共同开发游艇俱乐部会员别墅区项目,使用土地面积8.6万平方米,使用年限49年。

为履行上述协议,金利公司向远东公司支付了200万元定金,并陆续支付转让费用1150万元,合计付款1350万元。其中,1993年4月30日支付的1000万元为金利公司向案外人中国有色金属进出口公司辽宁分公司(以下简称金属公司)拆借而来,由金属公司直接汇给远东公司,远东公司于1994年7月31日为金利公司出具收款凭证。

1995年2月27日,远东公司以书面形式向辽宁澳金利房地产开发有限公司(以下简称澳金利公司)发出《关于催缴土地配套费的通知》,"该通知载明的通知对象为澳金利公司(原辽宁金利公司)",主要内容为:你方已交土地款1350万元,折合土地42187.5平方米,用地范围外配套费每平方米220元,应交9281250元,按游艇俱乐部要求,配套费应在1995年3月底前全部付清。如你方愿意保留土地42187.5平方米,就应按规定时间付清配套费,否则土地无法保留。如用已交款1350万元支付土地款和配套费(每平方米540元),你方应得土地2.5万平方米。如选择第一方案,请按时付清全部配套费,否则按第二方案划给你方土地2.5万平方米,并为你方办理2.5万平方米的土地证。

1995年3月5日,澳金利公司给远东公司回函(双方均未能提供澳金利公司的回函)。1995年3月10日,远东公司给澳金利公司复函称:1995年3月5日回函收悉,鉴于当前情况及贵公司回函意见,提出两个办法请贵公司选择后告知我方:贵公司已交款1350万元,应划给土地2.5万平方米,因规划调整,位置稍有变动,有一块土地面积为27800平方米可全部划给你方并将土地证办给贵公司,多出2800平方米的经济问题以后再说。这样,贵公司可独立或者双方联合运作;另一种办法是土地交给我方统一运作好后,退还给贵公司本金1350万元,如运作获利,考虑付给贵公司部分或者全部利息,如运作不好,只付本金不付利息。1995年11月17日,远东公司给澳金利公司出具的函中称:远东公司于1992年分期借澳金利公司资金1350万元,目前暂时偿还不了,经双方协商,同意此借款于1996年分四期偿还:1月还400万元,3月还500万元,6月还300万元,9月还150万元。1995年11月18日,白宝山(当时为金属公司的财务主任,并协助管理澳金利公司的财务工作)为远东公司出具书面《资金占用说明》称:此件为双方利益需要,作为内部使用,我作为一方经办人员特此说明。白宝山在一审法院于2004年3月12日审结的(2003)辽民一房终字第310号澳金利公司诉远东公司土地使用权转让纠纷案件开庭审理时,当庭认证了该说明的真实性,并指出"此件"指的是1995年11月17日远东公司为澳金利公司出具的分期还款函件。1996年8月30日,远东公司出具《协议书》致函澳金利公司称:远东公司于1992年开始分期收到澳金利公司资金1350万元,如经济形式出现转机,分三期于1999年7月返还完毕,如经济形式未出现转机,返还计划按年度顺延。

1997年4月22日,游艇俱乐部向大连金石滩国家旅游度假区管理委员会(以下简称度假区管委会)递交《关于土地调整的报告》称:游艇俱乐部获批的1141197平方米建设规划用地被度假区管委会占用338361平方米,被占用的土地中涉及另外三家已付价款的合作开发单位,现合作开发单位多次要求拨付土地进行开工建设。望度假区管委会归还占用土地以利我们与合作开发单位协调运作,如不能归还,建议将我部区域边缘的地块调整给我们,以保持我部项目的完整性。1997年9月24日,远东公司与游艇俱乐部签订《合作开发大连金石滩土地合同书》,表明该合同为1992年10月游艇俱乐部与大连市土地局签署《国有土地出让合同》第五条所确定可转让46万平方米范围内的转让合同之一。并约定游艇俱乐部将其拥有的100万平方米总体规划区内的7万平方米转让给远东公司,转让年限49年,土地转让金每平方米80元,配套费每平方米220元,合计每平方米转让价款为300元,转让总价款为2100万元。

1999年3月24日,游艇俱乐部与度假区管委会签订《调换建设用地协议书》约定:度假区管委会占用和应补给游艇俱乐部建设用地总面积为317844平方米,度假区管委会以游艇俱乐部建设用地相邻地调换给游艇俱乐部235217.74平方米。因度假区管委会调整了游艇俱乐部的建设用地,造成远东公司不能向金利公司依约交付靠海边的地块。

1999年7月,远东公司取得大金度国用(1999)字第00006号和第00007号《国有土地使用证》,土地使用权面积合计7万平方米(该两份土地使用证项下的土地不是远东公司与金利公司在协议中约定的地块)。

1999年7月2日,案外人金属公司以澳金利公司和远东公司为被告向辽宁省沈阳市中级人民法院提起诉讼称,澳金利公司向金属公司拆借1000万元资金支付给远东公司并拖欠不还,要求判令澳金利公司和远东公司尽快还本付息。澳金利公司认可自己拆借了金属公司的资金。远东公司认为其与金属公司没有法律关系,不应承担还款责任。辽宁省沈阳市中级人民法院作出(1999)沈经初字第440号民事判决,认定金属公司与远东公司之间不存在借款法律关系,判决澳金利公司偿还本金。该判决已经发生法律效力。

澳金利公司曾于2000年以远东公司为被告向辽宁省大连市中级人民法院提起联建土地开发纠纷之诉,后又于2000年4月4日,以诉讼主体有误为由申请撤诉,2000年4月10日,辽宁省大连市中级人民法院作出(2000)大民房初字第29号民事裁定,准许其撤诉。

2002年3月12日，澳金利公司向远东公司公证送达由金利公司和澳金利公司共同加盖印章的《催收欠款通知书》，内容为：债权主体是澳金利公司，并正式通知大连大显集团有限公司和远东公司，已经向远东公司支付的1350万元土地使用权转让价款都是澳金利公司提供的，此通知可作为权利转让之用，澳金利公司要求远东公司尽早还本付息。

2002年9月23日，澳金利公司再次向辽宁省大连市中级人民法院提起诉讼，请求确认远东公司与金利公司签订的《联合开发协议》无效，要求远东公司返还投资款1350万元，并承担占用该款期间的利息。辽宁省大连市中级人民法院于2003年10月16日作出(2002)大民房初字第109号民事判决，认为远东公司在签订合同时虽未取得土地使用权，但在起诉前已经取得土地使用权，因此认定合同有效。远东公司的三份还款协议不是真实意思表示，判决驳回澳金利公司的诉讼请求。澳金利公司及远东公司均不服，向辽宁省高级人民法院提起上诉。澳金利公司的上诉理由是一审判决认定远东公司的三份还款协议不是真实意思表示错误，请求撤销一审判决，支持澳金利公司的诉讼请求。远东公司的上诉理由是一审判决适用法律错误，应当裁定驳回澳金利公司的起诉。辽宁省高级人民法院于2004年3月12日作出(2003)辽民一房终字第310号民事裁定，认定在远东公司与金利公司及澳金利公司之间没有形成合同权利和合同义务一并转让的法律关系，《联合开发协议》的主体是金利公司，合同以外的当事人无权请求认定他人之间的合同无效，故裁定驳回澳金利公司起诉。

一审法院另查明：澳金利公司是由金利公司、金属公司和澳大利亚中澳资源有限公司合资成立的公司。1992年9月14日，金属公司的主管公司中国有色金属工业沈阳公司下发了中色沈办字(1992)348号文件，决定成立中外合资企业澳金利公司。辽宁省对外经济贸易委员会于1992年12月14日以辽外经贸资字〔1992〕654号文件，批复同意由金利公司、金属公司、辽宁意达国际投资服务公司（以下简称意达公司）与澳大利亚亚太资源有限公司（以下简称亚太公司）合资成立澳金利公司，注册资本为1000万元人民币。该1000万元总投资额中，金利公司投资350万元，金属公司投资300万元，意达公司投资100万元，亚太公司以美元现汇出资折合人民币250万元。澳金利公司于1993年6月17日经辽宁省工商行政管理局批准并登记注册。

金利公司与澳金利公司于2004年4月6日向一审法院起诉称，金利公司是澳金利公司的大股东，金利公司于1993年1月29日代理澳金利公司与远东公司签订《联合开发协议》后，金利公司陆续向远东公司汇入土地转让款1350万元，远东公司自制一份《土地使用证》，开具了4张白条收据交给澳金利公司，澳金利公司将1350万元投资款计入本公司在建工程投资成本项目，4张白条收据一并挂在对应的投资项目下。由于远东公司没有获得合同约定的土地使用权，曾三次以书面材料向澳金利公司承诺偿还1350万元投资款，但并未实际还款。远东公司长期占用该款，给金利公司及澳金利公司造成利息及其他损失合计1700万元。远东公司应当承担交易不当的过错责任，请求判令远东公司返还投资款本息合计3050万元并承担案件全部诉讼费用。

一审诉讼期间,金利公司及澳金利公司在一审法院第二次开庭时增加诉讼请求,要求认定双方于1993年1月29日签订的《联合开发协议》无效。

远东公司答辩称,金利公司在起诉书中主张其是澳金利公司的代理人,远东公司认为代理人无权主张实体权利,不具备诉讼主体资格,应驳回金利公司的起诉。澳金利公司在起诉书中主张其是合同的主体,是实际投资者和付款人,而辽宁省高级人民法院(2003)辽民一房终字第310号民事裁定书,认定其无权向远东公司主张权利并驳回澳金利公司的起诉,故本案亦应驳回澳金利公司的起诉。

远东公司在一审法院开庭审理后补充答辩称,金利公司作为实体权利人主张权利已过诉讼时效,双方签订的合同合法有效,要求金利公司继续履行合同或者承担违约责任。

〔一审裁判理由与结果〕

一审法院认为,双方签订《联合开发协议》的性质为国有土地使用权转让合同。最高人民法院《关于审理房地产管理法施行前房地产开发经营案件若干问题的解答》第七条规定:"转让合同的转让方,应当是依法办理了土地使用权登记或变更登记手续,取得土地使用证的土地使用者。未取得土地使用证的土地使用者为转让方与他人签订的合同,一般应当认定无效,但转让方已按出让合同约定的期限和条件投资开发利用了土地,在一审诉讼期间,经有关主管部门批准,补办了土地使用权登记或变更登记手续的,可认定合同有效。"因为远东公司与金利公司签订《联合开发协议》时未能取得金石滩游艇俱乐部会员别墅区8.6万平方米的土地使用权,远东公司1997年7月19日取得《国有土地使用证》项下的土地亦不是约定转让地块的位置,所以,远东公司并未取得双方协议约定转让地块的土地使用权,双方所签《联合开发协议》应认定无效。远东公司作为国有土地转让合同的转让方,应承担合同无效的主要责任。金利公司在不清楚远东公司是否取得了土地使用权的情况下,就与其签订合同,对合同无效也应承担一定责任。金利公司主张合同无效,要求远东公司返还已支付的土地转让费1350万元,应予支持,但金利公司要求远东公司支付全部利息的主张,不能支持。因金利公司未能正确行使诉权,造成拖延诉讼长达12年之久,增加了利息损失,对增加的利息损失,金利公司应承担主要责任,但因双方在协议履行期间,远东公司曾多次给澳金利公司出具还款计划,也是造成澳金利公司以自己的名义提起诉讼的原因,因此远东公司对金利公司及澳金利公司不能正确行使诉讼权利也应承担一定的责任。综合双方当事人的过错及责任,远东公司负主要责任,承担利息损失的60%,金利公司负次要责任,承担利息损失的40%。

关于金利公司主张其代理澳金利公司签订《联合开发协议》的问题。该协议是由金利公司与远东公司于1993年1月29日签订的,虽然辽宁省经济贸易委员会于1992年12月14日批复同意由金利公司、金属公司、意达公司与亚太公司合资成立澳金利公司,但澳金利公司在工商行政管理部门登记注册的时间为1993年6月17日,澳金利公司的主体资格应起始于其登记注册的时间。金利公司与远东公司签订协议时,澳金利公司不具有法人的主体资格,金利公司不能代替没有主体资格的澳金利公司签订协议,故对金利公司提出其代澳金利公司签订协议的主张,不予支持。

关于澳金利公司是否有权向远东公司主张权利的问题。澳金利公司不是合同的主体,澳金利公司在另案中向远东公司主张权利,已经被法院裁定驳回起诉,故澳金利公司就同一案由再次向法院提起诉讼,不予支持。

关于金利公司是否主张了自己权利的问题。金利公司与澳金利公司作为共同原告提起诉讼,金利公司在庭审陈述及书面代理意见中均表示与澳金利公司共同主张权利。虽然在起诉状中金利公司主张是代澳金利公司签订合同,但从未表示放弃自己权利。当被告知金利公司代澳金利公司与远东公司签订合同的主张不成立时,金利公司表示,如果法院认定合同是金利公司与远东公司签订的,金利公司就明确主张自己的权利,因此,应认定金利公司在本案中已经主张了自己的权利,远东公司提出的金利公司未实际主张自己权利的理由不成立,不予支持。

关于金利公司主张权利是否超过诉讼时效的问题。远东公司于1994年7月31日为金利公司出具收款凭证后,自1995年2月27日至1996年8月30日4次以书面形式向澳金利公司发出通知,协商或承诺偿还1350万元,其中第一次通知载明的对象为澳金利公司(原金利公司),最后一次还款承诺书,承诺还款时间为1999年7月,并表示如经济形式未出现转机,返还计划按年度顺延。2000年4月,澳金利公司向辽宁省大连市中级人民法院提起诉讼,后撤诉。2002年3月12日,金利公司及澳金利公司共同向远东公司发出《催收欠款通知书》。2002年9月23日,澳金利公司再次提起诉讼,辽宁省高级人民法院于2004年3月12日作出终审裁定。2004年4月6日,金利公司与澳金利公司共同以远东公司为被告向一审法院提起诉讼。根据上述事实,金利公司于本案中主张权利并未超过诉讼时效。

综上,依照《中华人民共和国民法通则》第五十八条、第六十一条及最高人民法院《关于审理房地产管理法施行前房地产开发经营案件若干问题解答》第7条之规定,判决:(一)远东公司与金利公司于1993年1月29日签订的《联合开发协议》无效;(二)远东公司于判决生效后十五日内向金利公司返还1350万元土地转让费,并按中国建设银行同期贷款利率向金利公司支付该款利息的60%(支付利息的起始时间为:200万元自1993年1月31日起至该款给付之日止,1000万元自1993年4月30日起至该款给付之日止,100万元自1993年10月30日起至该款给付之日止,50万元自1994年1月11日起至该款给付之日止);(三)驳回金利公司的其他诉讼请求;(四)驳回澳金利公司的诉讼请求。案件受理费162510元,诉讼保全费68020元,合计230530元,由远东公司负担180000元,由金利公司负担50530元,其他差旅费用5000元,由远东公司负担。

〔当事人上诉及答辩意见〕

远东公司不服一审判决,向最高人民法院提出上诉称,一审法院审理本案程序违法、认定事实错误、适用法律不当,请求:1. 撤销一审判决;2. 驳回金利公司的诉讼请求;3. 诉讼费用由金利公司和澳金利公司负担。其主要理由:(一)一审法院程序违法。首先,一审法院受理本案违反一事不再理的民事诉讼基本原则。2002 年 9 月 23 日,澳金利公司以远东公司为被告,向辽宁省大连市中级人民法院提起诉讼,请求确认《联合开发协议》无效并判令远东公司返还投资款 1350 万元及占用该款期间利息 600 万元。辽宁省大连市中级人民法院作出(2002)大民房初字第 109 号民事判决,驳回澳金利公司的诉讼请求。澳金利公司不服该判决,向辽宁省高级人民法院提出上诉。辽宁省高级人民法院以(2003)辽民一房终字第 310 号民事裁定驳回了澳金利公司的起诉,该裁定已发生法律效力。澳金利公司如不服该生效裁定,应当通过审判监督程序解决。此后,金利公司以澳金利公司代理人身份与澳金利公司作为共同原告,又向辽宁省高级人民法院提起本案诉讼,其原被告主体、诉讼请求及理由等均与被(2003)辽民一房终字第 310 号民事裁定驳回起诉案件中的相关事实完全相同。据此,一审法院应当依据《中华人民共和国民事诉讼法》第一百一十一条第一款第(五)项之规定,对本案不予受理或者驳回起诉。其次,金利公司不是本案的适格主体。金利公司递交起诉状至一审庭审结束,始终称自己为澳金利公司代理人,从未以自己的名义主张过权利。(二)金利公司主张权利已过诉讼时效。金利公司从 1993 年至一审庭审结束前并未以自己名义向远东公司主张过权利。远东公司为澳金利公司出具的 3 份还款函,是应对方要求所为的虚假材料,目的是澳金利公司用于应付财务检查及对付金属公司索要欠款。白宝山给远东公司出具《资金占用说明》,已经明确表示该还款函不能作为最后处理问题的法律依据。2002 年,澳金利公司和金利公司向远东公司送达的《催收欠款通知书》,已经明确表示债权主体不是金利公司而是澳金利公司,说明金利公司已放弃了自己的权利。(三)一审判决错误地将《联合开发协议》认定为无效。一审法院认为远东公司 1999 年 7 月 19 日取得的《国有土地使用证》项下土地并非远东公司与金利公司约定转让的地块,据此认定远东公司并未取得双方约定地块的土地使用证,与事实不符。实际上,远东公司 1999 年 7 月 19 日取得的《国有土地使用证》,其项下土地就是双方约定的土地。远东公司与游艇俱乐部签订《开发合同书》时,因辽宁省大连市政府正对金石滩地区进行重新规划,远东公司取得地块的准确位置当时无法确定,故双方特别约定具体位置以最终的规划图为准。远东公司与金利公司签订《联合开发协议》中只约定为“金石滩中国国际游艇俱乐部会员别墅区的土地”,具体位置待辽宁省大连市政府规划图出来后再定。同时,远东公司还将与游艇俱乐部签订的《开发合同书》复印件交给金利公司,以便让其准确了解有关转让地块的具体情况。1995 年 3 月 10 日,远东公司发函给金利公司,通报因政府规划调整的需要,原约定地块位置稍有变动,金利公司对此未提异议。1995 年 11 月 18 日,白宝山在出具的《资金占用说明》中明确表示："对前期合同未履行项目今后将继续履行"，足以说明金利公司对地块位置调整是认可的。远东公司于一审起诉前取得了对方认可的规划调整后的地块的《国有土地使用证》，依据最高人民法院《关于审理房地产管理法施行前房地产开发经营案件若干问题的解答》第6条规定，远东公司与金利公司所签《联合开发协议》应认定有效。

金利公司和澳金利公司答辩称，一审判决认定事实清楚、适用法律正确，应予维持；请求二审法院依法驳回远东公司的上诉。其主要理由：（一）一审法院受理金利公司的起诉符合最高人民法院《关于适用〈中华人民共和国民事诉讼法〉若干问题的意见》第142条"裁定不予受理、驳回起诉的案件，原告再次起诉的，如果符合起诉条件，人民法院应予受理"之规定。金利公司与澳金利公司是一审的共同原告，在本案中都有诉权。辽宁省高级人民法院（2003）辽民一房终字第310号民事裁定并不涉及金利公司，同时该裁定书并未对澳金利公司的实体权利作出处分。本案其诉讼请求与（2003）辽民一房终字第310号案件中澳金利公司所提诉讼请求不同，此前所提诉讼请求中就本金1350万元所主张的利息为600万元，本案中金利公司就本金1350万元所主张的利息为1700万元。因此，一审法院受理本案符合法律规定，并非一事再理。（二）金利公司作为签订合同的一方当事人，理应依法享有诉权。一审法院已查明签订《联合开发协议》主体为远东公司与金利公司，并非如远东公司所言需要申请才能享有诉讼权利。（三）本案并未超过诉讼时效。土地使用权转让合同案件中，只要出让土地一方没有获得转让金，或受让一方没有获得土地，其诉讼时效就存在中断的理由，金利公司与澳金利公司从未放弃过对远东公司要求返还合同款本息的权利。（四）一审判决对《联合开发协议》效力的认定是正确的。远东公司1999年7月取得的《国有土地使用证》，其项下土地并非远东公司与金利公司约定的土地，且远东公司也未就双方约定的土地取得合法手续。一审判决认定双方所签合同无效，是正确的。

**〔最高人民法院查明的事实〕**

最高人民法院查明的事实与一审法院查明的事实基本一致。

**〔最高人民法院裁判理由与结果〕**

最高人民法院认为，解决本案纠纷，首先应正确认定金利公司和澳金利公司何者依法享有向远东公司主张返还1350万元本金及利息的权利。

（一）关于金利公司提起本案诉讼应否支持的问题。

《联合开发协议》虽系金利公司与远东公司所签，但后来围绕联合开发所发生的往来函件、付款等一系列民事行为，主要是澳金利公司以其名义与远东公司之间展开。

从各方履行《联合开发协议》的实际情况看，该协议中约定的地块位置因政府规划变更而有所调整，远东公司将此事告知对方后，对方并未提出异议，表明对远东公司提供地块有所变动之事，金利公司和澳金利公司是知道并认可的。金利公司和澳金利公司不断地催要本金及利息并为此事专门进行公证，远东公司多次就对方催款事宜作出愿意归还的书面承诺，证明各方均已无意继续履行《联合开发协议》，并且对远东公司向澳金利公司偿还1350万元本金及利息形成一致的意思表示。因此,远东公司的合同义务已由向对方交付土地转变为向对方归还本息。

依据已查明的案件事实,2002年,金利公司和澳金利公司向远东公司送达《催收欠款通知书》,明确表示债权主体只有澳金利公司且此通知可作为权利转让之用,说明金利公司已经将其基于《联合开发协议》享有的要求远东公司还本付息的权利转移给了澳金利公司。按照《中华人民共和国合同法》第七十九条、第八十条之规定,债权人可以将合同权利全部或者部分转让给第三人,转让只需通知到债务人即可而无需征得债务人的同意。根据前面所述双方履行《联合开发协议》的实际情况,金利公司依法享有向远东公司要求还本付息的权利且无需再履行其他义务,故其有权将该权利在不损害远东公司合法权益的前提下予以转让。本案中金利公司和澳金利公司就《催收欠款通知书》的内容及送达过程专门进行了公证,足以证明该转让行为系出于其真实意思表示,该转让内容不违反法律规定,应予认可。远东公司收到《催收欠款通知书》后未持异议,应视为当事人对《联合开发协议》中的权利主体变更已经达成共识。公证机关为此出具了正式的具有较强公示效力的《公证书》,此权利转让已经完成,权利主体已由金利公司变更为澳金利公司。金利公司此后已经丧失了以自己名义作为债权人向远东公司主张还本付息的主体资格。2004年4月6日,金利公司以自己名义向远东公司主张其已经转让了的权利,远东公司对此提出抗辩的理由成立,应予支持。

有鉴于此,金利公司主体不适格,不享有提起本纠纷之诉权,对其起诉应予驳回。

(二)关于澳金利公司提起本案诉讼应否支持的问题。

根据查明的事实,在一审法院受理本案之前,澳金利公司于2002年9月23日向辽宁省大连市中级人民法院提起诉讼,请求确认远东公司与金利公司签订的《联合开发协议》无效并要求远东公司返还投资款1350万元及相应利息。该案由辽宁省高级人民法院以(2003)辽民一房终字第310号民事裁定,驳回了澳金利公司的起诉。

2004年4月6日,澳金利公司作为原告提起本案诉讼,仍然要求确认《联合开发协议》无效并由远东公司返还投资款1350万元及相应利息,除了利息数额有所增加以外,与(2003)辽民一房终字第310号民事裁定驳回起诉案件的诉请和理由均相同。利息数额因时间推移而增加,并不属于最高人民法院《关于适用〈中华人民共和国民事诉讼法〉若干问题的意见》第142条规定中具备符合起诉应予受理的情形,故对澳金利公司就同一诉讼标的重复提起的本案诉讼,应当驳回其起诉。

当事人对已经发生法律效力的判决不服,除依法通过启动审判监督程序对案件重新审理外,不得在以后的诉讼中主张与已生效判决相反的内容,亦不能就同一诉讼标的重复起诉。因此,澳金利公司如认为其有权向远东公司主张权利,应当另寻法律途径解决。

综上,依照《中华人民共和国民事诉讼法》第一百零八条、第一百一十一条第(五)项、第一百四十条第一款第(三)项之规定,裁定如下:

一、撤销(2004)辽民一房初字第9号民事判决；

二、驳回辽宁金利房屋实业公司2004年4月6日对大连远东房屋开发有限公司提出的起诉；

三、驳回辽宁澳金利房地产开发有限公司2004年4月6日对大连远东房屋开发有限公司提出的起诉。

一审案件受理费50元、二审案件受理费50元共计100元，由辽宁金利房屋实业公司和辽宁澳金利房地产开发有限公司各负担50元。

**规则20（债务转让）债权人对债务转移承诺书未予接受，亦未在债务转移协议书上签章的，应认定债权人未同意债务转让**

——中国工商银行股份有限公司三门峡车站支行与三门峡天元铝业股份有限公司、三门峡天元铝业集团有限公司借款担保合同纠纷案[1]

**【裁判规则】**

债务人将合同的义务全部或者部分转移给第三人的，应当经债权人同意。债务人向债权人出具承诺书，表示将所负债务全部或者部分转移给第三人，而债权人对此未予接受，亦未在债务人与第三人签订的债务转移协议书上加盖公章的，应当认定债权人不同意债务转让，债务人与第三人之间的债务转让协议对债权人不发生法律效力。

**【规则理解】**

**一、债务承担的法律内涵**

（一）债务承担的含义

债务承担，谓不变更债务之同一性，由第三人承受该债务或加入债之关系而为债务人之意。[2] 债务转移可基于法定或约定的原因发生，基于合同而发生的债务转移，学理上称为债务承担。其特征在于：第一，债务的内容具有同一性，仅债务人发生了变化；第二，债务承担基于当事人之间的承担协议而发生；第三，转移的对象是债务而非债权，债务既可以全部转移也可以部分转移。

债务承担分为免责的债务承担与并存的债务承担，前者以原债务人所负担之债

---

① 《中华人民共和国最高人民法院公报》2008年第11期，最高人民法院(2008)民二终字第81号民事判决书。

② 孙森焱：《民法债编总论》(下册)，法律出版社2006年版，第800页。

务,移转于新债务人为目的,由第三人替代债务人负担其债务,原债务人脱离债务关系;后者乃以使第三人加入债务关系,与原债务人并负同一内容之债务为目的,原债务人并未脱离债务关系,与第三人为连带债务人。[①] 一般所说的债务承担是从狭义上理解的,仅指免责的债务承担,而广义的债务承担则既包括免责的债务承担,也包括并存债务承担。

(二)债务承担的产生与发展

早期罗马法认为,债是人与人之间具有人身属性且不可分离的关系,因此债的主体不可变更,债权与债务都是绝对不能转移给他人的。在罗马共和国时期,继承是债务转移的唯一方式,债务不能以任何其他方式转移给第三人承担。

直到公元2世纪,罗马法开始引入债的更新制度,承认债务在债权人同意的情况下,可由第三人与债务人达成要式协议,并明确宣布新协议是原债的更新,从而将债务转移给第三人承担。此处债的更新与债的转移有着本质区别,是一个旧债消灭、新债产生的过程。在此基础之上产生了债的保证制度,即债的免除性承保(或称第三人介入)与债的合并性承保,前者与免责的债务承担类似,而后者则相当于并存的债务承担。

《法国民法典》继承了债务更新制度,规定进行债的更新的意思表示应当以书面形式明确作出,而不得推定,具体有两种方式:一是简单地同意接受新的债务人履行义务,但并不免除原债务人的义务,这样便发生债务的并合;二是接受新债务人的同时,免除原债务人的义务,这样便构成完全意义的债务移转(债的更新),该法典至今没有规定债务承担制度。《德国民法典》中则正式规定了债务承担制度,第三人可以根据第414条的规定通过与债权人订立契约,代替原债务人承担债务;也可以根据第415条的规定通过与原债务人订立契约,该债务承担契约经债权人同意后方可生效。

**二、债务承担的有效要件**

(一)债务有效存在

债务承担契约,系以移转债务于第三人为目的之契约,故先以有债务之存在为前提。[②] 发生移转的债务应当是合法有效的,我国并不承认债务承担为准物权行为及其无因性理论,基础关系无效、被撤销、被解除、不被追认,使得作为债务承担标的的债务不存在时,债务承担契约将因自始失其目的而失去意义。但对于具有可撤销因素的债务,其有效性的判断时点为承担发生时,故其在未被撤销以前可以成为债务承担的标的,因为此时债务在法律上仍然是有效的,并可因撤销权人放弃撤销权或者除斥期间经过而保持其效力。

---

① 史尚宽:《债法总论》,中国政法大学出版社2008年版,第740页。

② 黄立:《民法债篇总论》,中国政法大学出版社2002年版,第628页。

（二）债务具有可移转性

债务承担的实质为债务人的变更，发生移转之债应具有可让与性，使原债务人以外的第三人也可以履行和实现债务。某些债务基于其性质以及法定或约定的原因而不得转让，该类债务不能成为债务承担的标的。具体包括两种情形：1. 基于债务的性质而不具有可转移性。金钱债务和交付非特定物的债务一般具有可移转性，而对于某些基于人身依赖关系而发生的债务，由于其内容与特定主体的身份、人格密切相关，需要债务人亲自履行，故不能成为债务承担的标的。如劳务契约之债、基于债权人对债务人的人格依赖或信任关系而订立的合同之债、基于债权人与债务人的特定身份关系而发生的债务，等等。2. 基于禁止转让的特约而不具有可移转性。在当事人就禁止债务承担作出了特别约定的场合，应尊重私法的自治，纳入交互计算的债务即属其例。法律就禁止债务承担的问题尚未有直接规定，但有学者认为可以从某些法律规定中间接解释出禁止债务承担的精神，如《合同法》第 371 条第 1 款前段关于保管人原则上不得将保管物转交第三人保管的规定。[①] 需要注意的是，由于债务承担以债权人同意为要件，即便基于债务的人身性质或禁止转让的特约而不得转让的债务，一旦有债权人的同意，便意味着对债务可移转性限制的解除，[②]而这种解除属于权利人自由处分权的范畴，法律没有禁止和干预的必要，如《合同法》第 371 条第 1 款后段就规定了“但当事人另有约定的除外”。只有在特定情况下，某些债务基于公序良俗的考虑而不可移转，如基于抚养或赡养义务而产生的债务。

（三）债务承担合意的达成

债务承担就其本质而言，是一种契约行为，“债务承担者，乃以转移债务为标的之契约也。”[③]最完整的债务承担契约自然是债权人、债务人以及作为承担人的第三人之间共同达成的合意，该合意一次性完成了债务移转的程序，避免了因其中一方当事人不同意而可能发生的纠纷。除此之外，债务承担契约既可以发生在债务人与第三人之间，也可以发生在债权人与第三人之间，但该等契约因缺少了一方当事人的参与，需通过缺席方一定的意思表示补足在合意上的瑕疵。《民法通则》第 91 条前段即规定：“合同一方将合同的权利、义务全部或者部分转让给第三人的，应当取得合同另一方的同意。”

1. 债务人与第三人达成债务承担协议的，经债权人同意而发生债务承担的效力。“债务承担不能够简单地以债权让与平等的方式通过原债务人和新债务人之间

---

① 参见韩世远：《合同法总论》（第三版），法律出版社 2011 年版，第 487 页。

② 参见本城武雄：《债权法总论》（第 2 版），嵯峨野书院 2001 年版，第 225 页。

③ 郑玉波：《民法债编总论》，中国政法大学出版社 2003 年版，第 447 页。

的合同来约定。至于为什么会是这样,是由于一项债权的价值取决于债务人,故债权人的利益亦因债务人的更替而受妨害。因此,为实行债务承担,需要债权人共同参与。”[①]我国《合同法》第84条规定:“债务人将合同的义务全部或者部分转移给第三人的,应当经债权人同意。”此处需要注意的是:第一,关于债权人同意的时间和对象。法律对此并无特别要求,债务人既可以先与第三人订立转移债务的合同,后通知债权人以取得其同意;也可以先取得债权人的同意,而后与第三人订立债务承担合同。债权人既可以向债务人做出同意的意思表示,也可以向第三人表示该种意思。第二,关于债权人同意的形式。债务承担本质上属于合同的一种,得以适用《合同法》关于合同成立与生效的规定,在法无明文特别要求的情况下,应认定债务承担合同为非要式合同,即债权人可以通过书面、口头或者行为的形式订立合同。当事人之间就是否存在债务承担产生纠纷时,应由主张债务已发生移转的一方当事人承担举证责任,故司法实践中应当注意对债权人是否作出了同意的意思表示进行认定。同意的意思表示可以通过明示的方式作出,如明确表示接受、在债务人与第三人签订的债务转移协议书或通知书上不持异议地加盖公章;也可以通过行为的方式作出,如债权人虽未明确表示同意,但已经将第三人作为其债务人要求其履行或接受其履行。推定的同意必须有明确的证据以证明当事人具有该种意思方能成立,故对默示意思表示的推定应当加以严格限制,只有在法律明文规定以及依当事人的特定行为、交易习惯、常识能够明显推知时才能认定行为人已经作出了意思表示。否则,行为人的沉默或单纯的不作为原则上不具有意思表示的价值。[②] 司法实践中,债务人向债权人出具承诺书,表示将所负担的债务全部或者部分转移给第三人,债权人明确表示拒绝的,该债务承担合同当然无效;如债权人未予明确答复,亦未在债务转移协议书上加盖公章,不能推定出其具有同意的意思。债权作为一种权利,只有债权人才具有处分权,债务人与第三人自行订立债务承担合同的行为可以认定为一种无权处分的行为,参照《合同法》第48条第2款关于效力待定合同中相对人催告权的规定,债务人或第三人可以催告债权人在合理的期间内表示是否同意,债权人未作表示的,视为拒绝同意。[③] 第三,关于并存债务承担中债权人的同意。免责的债务承担中,由于发生了债务人的更替,对债权的实现影响较大,故须以债权人的同意为要件。而对于并存的债务承担,

---

① [德]迪特尔·梅迪库斯:《德国债法总论》,杜景林、卢谌译,法律出版社2004年版,第566页。

② 参见韩世远:《默示的承诺与意思实现》,载《法律科学》(西北政法学院学报)2003年第1期,第80~85页。

③ 参见韩世远:《合同法总论》(第三版),法律出版社2011年版,第488-489页。

由于第三人加入债的关系，与原债务人共同对债权人承担连带责任，一般来说对债权人并无不利，故传统民法理论认为在此情况下无须债权人同意。但是，该等契约在性质上属于利益第三人的合同①，合同中确定的权利是否真的对债权人有利，外人无从判断，不排除存在损害债权人利益的特殊情况，故债权人是否接受仍应由其自行决定。否则，在债权人有确切理由证明第三人的加入将对其明显不利的情况下，违背债权人的意思认为债务已经移转，没有正当性基础。② 债权人在知道或应当知道并存的债务承担契约存在的情况下，未在合理期限内表示反对，即可认定其具有同意的意思。此处同意意思的认定与免责的债务承担相比较为宽松，以债权人知悉后不提出异议即可。第四，债权人不同意的法律后果。第三人与债务人订立债务承担契约，如未经债权人承认，仅对债权人不生效力而已，非谓订约之当事人不受其约束。台湾"民法"即规定债务人或承担人如欲撤销此项承担契约，必须践行法定定期催告债权人承认之程序，待债权人拒绝承认后，始得撤销其承担契约。③ 此时如果第三人仍愿意代债务人履行义务，可以作为债务履行辅助人，这属于履行承担的情形。第三人代为履行如果不会对债权人造成不利或增加负担，则根据诚信原则债权人不应拒绝。

2. 债权人与第三人达成债务承担协议的，债务人知悉后未明确表示反对即发生债务承担的效力。我国《合同法》对于债权人与第三人达成协议的情形没有明文规定。传统理论认为，债的关系以外的第三人与债权人订立协议，约定向债权人履行原债务人应当履行的义务，这一行为属于第三人与债权人之间独立的合同关系，对债务人并无不利，原债务人无权加以干涉。至于债务人因此而脱离原债的关系，其本质上属于债的免除行为，经债权人的单方通知即告生效，债务人的反对无效。此时债权人与第三人负有的仅是依照诚实信用原则通知债务人的义务，从而避免债务人无债清偿或者因债务履行的准备工作而导致额外的支出，通知前债务人向债权人所为的清偿行为有效。但是，从本质上讲，债权人与第三人所达成的债务承担契约，属于利他合同，债务人是该合同的受益人。除非债权人作出了债务免除的意思表示，否则该契约是否实际有利于债务人，应由债务人自行判断。在免责的债务承担中，债务人可能对债权人享有抵销权或者抗辩权，故不愿意第三人替代其位置作出履行。在并存的债务承担中，债务人可能不愿意第三人清偿债务后取得求偿权，从而成为自己的债权

---

① 利益第三人的合同，又称利他合同或为第三人利益订立的合同，指合同当事人约定由一方向合同关系以外的第三人为给付，该第三人因此取得直接向合同义务人请求给付权利的合同。详见王利明：《合同法新问题研究》，中国社会科学出版社2011年版，第388~403页。

② 参见王利明：《合同法研究》（第二卷），中国人民大学出版社2003年版，第255~256页。

③ 参见黄立：《民法债篇总论》，中国政法大学出版社2002年版，第629页。

人。因此,在债务人有正当理由并明确提出异议的情况下,不应强迫其接受债权人与第三人之间的债务承担契约。尤其在债权人与债务人之间订有禁止债务转移特约以及债务转移将增加债务人负担时,应当经过债务人的同意。《日本民法典》第474条第2项规定,没有利害关系的第三人,不得违反债务人的意思进行清偿。循此精神,日本通说认为,如果债务人有反对的意思,则合同不能发生债务承担的效力。[①] 当然,在债务人对于该债务承担契约的达成或实际履行知悉的情况下,如果其未明确表示异议,应认定其具有同意的意思,该债务承担有效。

(四)符合合同形式要件

《合同法》第87条规定:"法律、行政法规规定转让权利或者转移义务应当办理批准、登记等手续的,依照其规定。"对于合同的成立,我国采取国家有限干预的制度。即通常情况下合同自成立时生效,但对于涉及国家或社会公共利益的场合,法律法规中规定特定合同应当办理批准、登记等手续方能生效。此时对于合同义务的承担,亦应办理相关的法定手续。但是从鼓励交易的角度出发,合同形式的瑕疵可以通过一定的途径予以修补,此即理论上所称的履行治愈规则,[②]故对于不符合法定形式要件的合同行为不应一概认定为无效。当事人之间对合同形式有特别约定的场合,如需办理公证手续,债务承担契约只有在符合约定形式要件后方得生效。

**【拓展适用】**

**一、并存的债务承担与部分债务的承担**

并存的债务承担在我国现行法中尚无直接规定。根据《合同法》第84条的规定,债务人可以"将合同的义务全部或者部分转移给第三人",对于该规定中的"部分转移"是否意味着并存的债务承担,理论上不无争议。

并存的债务承担和部分债务的承担是根据不同的标准对债务承担进行的分类。从原债务人的责任是否完全免除的角度进行分类,债务承担可以分为免责的债务承担与并存的债务承担。前者指第三人取代原债务人的位置,承担其全部债务,使原债务人得以脱离债的关系;后者指在原债务人不脱离债的关系的前提下,第三人加入该债务关系,与债务人共同承担债务。从第三人承担债务多少的角度进行分类,债务承担可以分为全部债务的承担与部分债务的承担。前者是指由第三人承担债务人的全部债务;后者是指第三人仅承担债务人的一部分债务。

由于分类的标准不同,免责的债务承担与并存的债务承担、全部债务的承担与部

---

① 参见韩世远:《合同法总论》(第三版),法律出版社2011年版,第488页。

② 参见王利明:《合同法新问题研究》,中国社会科学出版社2011年版,第122~128页。

分债务的承担之间不是一种简单等同的关系，而属于交叉关系。在债务部分转移的场合，如果债务人对发生移转的债务不再承担责任，则该部分债务对其而言属于免责的债务承担，原债权实质上被划分为两个部分，债务人和第三人按照各自的份额向债权人承担责任，对于相互应承担的份额并不承担连带责任；如果债务人对发生移转的债务仍需承担责任，则该部分债务对其而言属于并存的债务承担，债务人与第三人之间成立连带责任。在债务全部转移的场合亦是如此，如果债务人因此而得以脱离债的关系，则属于免责的债务承担；如果债务人的清偿责任未能因此而获得免除，仍需与第三人共同对债务负责，则属于并存的债务承担。无论如何理解，从《合同法》第84条中确实可以解释出并存的债务承担，该制度在大陆法系及英美法系国家中均得到了实质承认，只不过英美法国家将并存的债务承担视为一种保证关系，而大陆法系国家则对两者进行了区分。

## 二、债务承担与履行承担

### （一）债务承担与履行承担的内涵

履行承担，是第三人与债务人之间的一种合同，根据该合同的约定，第三人对债务人负担代为向债权人进行履行的义务。由于这种履行义务的承担没有得到债权人的同意及承认，因此仅在债务人与第三人内部发生效力，对债权人没有拘束力，故又称为对内的债务承担，属于广义债务承担的一种。履行承担中存在两个合同，即债权人与债务人之间的债权债务合同，以及债务人与第三人之间的代为履行合同。根据合同的相对性规则，当事人之间根据其各自的合同承担相应的权利义务，两个合同之间在主体、内容和责任上不发生替换或交叉。履行承担属于我国《合同法》中规定的第三人代为履行的情形，该法第65条规定：“当事人约定由第三人向债权人履行债务，第三人不履行债务或者履行债务不符合约定，债务人应当向债权人承担违约责任。”

### （二）债务承担与履行承担的区别

债务承担与履行承担最主要的区别在于，发生移转的仅是履行的义务而非债务本身，具体而言：第一，是否存在债务承担契约。债务承担发生于债权人、债务人与第三人之间，三方当事人就债务承担事宜达成了合意。债务人与第三人达成债务承担协议的，经债权人同意而得以发生债务承担的效力。债权人与第三人达成债务承担协议的，债务人知悉后未明确表示反对，亦得发生债务承担的效力。而履行承担发生于债务人与第三人之间，虽然该两方当事人就债务人原履行义务的承担事宜达成了合意，但未经或未能得到债权人的同意，故不能对抗债权人。履行承担协议如能够得到债权人的同意和认可，在一定条件下可以转化为债务承担协议，判断标准在于合同中是否确立了债权人对第三人的直接请求权，而不是仅仅将第三人作为债务人的履行辅助人。第二,第三人是否成为债的关系主体。债务承担一旦生效,第三人即取得债务人的身份,成为债的关系的主体,其或者成为独立的新债务人,或者与原债务人共同充当债务人。而履行承担中,第三人只是充当履行主体,属于债务人的履行辅助人,不具有主债权债务合同当事人的身份。从这一意义上讲,债务在法律上并没有真正发生移转。第三,债权人对第三人是否享有直接的请求权。债务承担中,第三人成为与债权人相对的合同当事人,债权人有权根据主债权债务合同的约定,直接要求第三人履行合同义务,并在其不履行或不适当履行时要求其承担违约责任。而履行承担中,第三人不是主债权债务合同的当事人,债权人无权直接要求第三人履行债务,而只能请求债务人履行;在第三人履行不适当时,债权人只能要求债务人而不是第三人承担违约责任。

### 三、法定的债务转移

#### (一)法定债务转移的内涵

债务转移,依据其发生的原因,可以分为约定的债务转移与法定的债务转移。前者是指基于债权人、债务人与第三人之间达成的协议将债务人的债务移转给第三人承担;后者是指基于法律的直接规定将债务人的债务移转给第三人承担。[①] 我国法律虽无关于法定债务转移的直接规定,但在权利义务的概括移转中涉及基于法律规定而发生债务转移的情形。由于债务转移是在债的内容同一的情况下,作为债的主体的债务人所发生的变更,故在民事主体发生变更或消灭的情况下,法律往往规定由权利的继受者来承继原主体的债务。由于这种债务转移非基于当事人的意志发生,根据权利义务相统一的规则,法律往往同时规定债务转移以继受者承继的权利范围为限。

#### (二)法人法定债务转移的情形

就法人而言,法定的债务转移主要发生在以下情形:第一,企业合并或分立。《民法总则》第 67 条规定:“法人合并的,其权利和义务由合并后的法人享有和承担。法人分立的,其权利和义务由分立后的法人享有连带债权,承担连带债务,但是债权人和债务人另有约定的除外。”《民法通则》第 44 条第 2 款规定:“企业法人分立、合并,它的权利和义务由变更后的法人享有和承担。”《合同法》第 90 条规定:“当事人订立合同后合并的,由合并后的法人或者其他组织行使合同权利,履行合同义务。当事人订立合同后分立的,除债权人和债务人另有约定的以外,由分立的法人或者其他组织对合同的权利和义务享有连带债权,承担连带债务。”在企业合并的情况下,由于原主体已不复存在,故属于免责的债务承担。在企业分立的情况下,分立后的两个主体承

---

① 季秀平:《债务承担与保证人的担保责任》,载《判解研究》2001 年第 4 期。

担连带债务,故属于并存的债务承担。第二,营业转让。营业转让是商行为的一种,指在保持营业资产整体性的前提下,将营业资产由权利人转让给受让人的行为。营业转让适用合同法的一般原理,但商事规则的特别规定将获得优先适用,营业债务承担的特则就是其中的一种。营业受让人在吸收原债务人向其转让的财产和营业的同时,也要概括承受债务人的资产和负债,受让营业的第三人与债务人对债权人承担连带责任,此为法定的并存债务承担。因为在营业受让人继续使用让与人商号的情况下,债权人未必知道营业转让的事实,或者认为受让人承担了营业上的债务;即使知道营业转让的事实,营业财产也是债务的一般担保,债务应当随着营业财产的转让而转让。[①]《德国民法典》第419条规定:"依契约承受他人财产者,该他人之债权人,于原债务人之转让仍继续外,得对于承受人,自契约订立时起,主张其时业已成立之请求权。承受人之责任以所承受之财产之现状及依契约归属于承受人之请求权为限。"《日本商法典》第28条规定:"营业之受让人,虽不续用让与人之商号,而以承担因让与人营业所发生之债务之旨为公告时,债权人对于受让人得为清偿之请求。"[②]因营业转让而发生的法定债务承担,只需对债权人为承担的通知或公告即告生效,而无需依民法规则办理债务承担的变更手续。所以如此者,盖此种概括的承受,其中债务部分,若一一须经债权人之承认,既不胜其烦,而因资产之一并移转,及原债务人暂不脱退,对于债权人又无不利,故无须经其承认之必要。[③]

(三)自然人法定债务转移的情形

就自然人而言,法定的债务转移主要发生在继承的场合。继承人应当根据法律的规定承担对被继承人债务的清偿责任,这种债务既包括税收等公法债务,也包括一般的私法债务,且以其所继承遗产的范围为限。我国《继承法》第33条规定:"继承遗产应当清偿被继承人依法应当缴纳的税款和债务,缴纳税款和清偿债务以他的遗产实际价值为限。超过遗产实际价值部分,继承人自愿偿还的不在此限。继承人放弃继承的,对被继承人依法应当缴纳的税款和债务可以不负偿还责任。"

此外,还存在其他法定的债务转移情形,同样是在权利义务的概括转移中规定的。如根据《合同法》第229条买卖不破租赁的规定,租赁房屋的买受人受原租赁契约之约束,此种义务的负担非基于当事人的意思,而是基于法律的直接规定,故属于法定的免责债务承担。

---

① 参见叶琳、黎建飞主编:《商法学原理与案例教程》,中国人民大学出版社2006年版,第117页。

② 参见王利明:《合同法研究》(第二卷),中国人民大学出版社2003年版,第265页。

③ 郑玉波:《民法债编总论》,中国政法大学出版社2003年版,第456页。

**四、债务承担的法律效果**

(一)第三人取得债务人地位

债务承担合同一旦生效,作为承担人的第三人即取得债务人身份,成为债的关系的主体。就债务本身而言,其同一性并不改变,此为与债的更新之区别所在。在免责的债务承担中,如果债务全部发生转让,则原债务人脱离债的关系,第三人成为新的债务人,按照债务承担当时的状态向债权人承担义务;如果债务仅部分发生转让,则原债权实质被划分为两个部分,债务人和第三人按照各自的份额向债权人承担责任,相互之间不承担连带责任。在并存的债务承担中,原债务人并不因此而免责,第三人加入到债的关系中,与债务人共同负担同一内容的债务。就债权人而言,其取得对第三人的直接请求权,包括债务履行请求权以及违约责任请求权,此为与履行承担之区别所在。在免责的债务承担中,原债务人就债务承担后债的履行情况不再对债权人承担义务和责任,其对第三人的偿还能力也不承担担保义务。在并存的债务承担中,债权人既可向债务人主张权利,也可向第三人主张权利,后两者间承担连带责任。

(二)抗辩权随之转移

附随于债务之抗辩事由,以承担人承担债务当时之状态,移转于承担人,因此承担人得以之对抗债权人,乃属当然。[①] 能够发生转移的抗辩事由,须是债务承担生效时已经存在的事由。在奉行物权行为理论的国家,债务承担被认为是准物权行为,原因行为的瑕疵不影响权利变动的后果,故承担债务的第三人不得援用原债务人与债权人之间合同关系中的事由进行抗辩,如我国台湾"民法"第303条第2项之规定。而在不奉行物权行为主义的国家和地区,债务承担多采有因原则,由于债权的同一性并未发生改变,自债权人与原债务人之间的法律关系所发生的抗辩事由,新债务人均得向债权人主张。我国《合同法》即属此例,其第85条规定:"债务人转移义务的,新债务人可以主张原债务人对债权人的抗辩。"根据该条规定,债务人转移义务的同时,新债务人取得原债务人的抗辩权,而无需合同的特别约定。但专属于合同当事人的合同解除权和撤销权,非经原合同当事人的同意,不能自行移转给新的债务人。[②] 抗辩事由通常包括债务合同不存在或无效的抗辩、债务的履行抗辩,等等。

(三)从债务随之转移

从债务的特点在于从属性,其附随于主债务,不能与其相分离而单独存在。由于债务人的更替并不改变债的同一性,原则上从债务随同主债务一并转移至第三人。在免责的债务承担中,第三人独立承担从债务的履行义务;在并存的债务承担中,原

---

① 孙森焱:《民法债编总论》(下册),法律出版社2006年版,第808页。

② 王利明、杨立新、王轶、程啸:《民法学》,法律出版社2008年版,第570页。

债务人与第三人对从债务承担连带责任。《合同法》第 86 条规定:“债务人转移义务的,新债务人应当承担与主债务有关的从债务,但该从债务专属于原债务人自身的除外。”从债务通常包括利息债务、违约金债务和损害赔偿金债务,等等。但专属于原债务人的债务,如劳动报酬债权,因具有人身属性,原则上不能一并转移。

(四)从权利随之转移

债务承担不同于债权转让,承担债务的第三人的资信能力将直接影响债权的实现,从而影响担保人的责任承担。对于债的担保能否随债务一并转移,不能一概而论,而须具体分析:1. 约定的债务承担。(1)免责的债务承担。债务承担契约当事人自行提供或设立担保的场合,因其对债务的转移以及担保的存在均处于知悉和认可的状态,原则上该担保得以一并转移。第一,就原债务人自己设定的担保物权,如债务承担系基于其意志或经其同意而发生,除有反对的意思表示之外,应推定当事人有使该担保物权继续存在的意思。第二,就作为承担人的第三人设定的担保,既然其基于债务承担契约而自愿进入债的关系中,对该担保的转移亦应推定为同意。第三,就法定担保物权如留置权,多设立在原债务人的财产之上,且不问其意思如何,仅依法律的特别规定而发生,在债务不失其同一性,因承担而移转于第三人时,该担保应解释为继续有效。[①] 第四,唯在债务承担契约当事人以外的民事主体设立和提供担保的场合,未经担保人书面同意不得对其发生不利影响,故该担保并不随之转移。我国《担保法》第 23 条即规定:“保证期间,债权人许可债务人转移债务的,应当取得保证人的书面同意,保证人对未经其同意转让的债务,不再承担保证责任。”(2)并存的债务承担,原债务人既未脱离债之关系,第三人提供之担保自亦不应有何变动。[②] 2. 法定的债务转移,与依契约之债务承担同其效力,惟担保虽为第三人所提供,仍不消灭。[③]

(五)求偿权的产生

在免责的债务承担中,第三人履行债务后对于原债务人有无求偿权及其求偿之范围,全依第三人与原债务人之间对内的法律关系定之。[④] 在并存的债务承担中,债务人与第三人之间成立连带责任,一方履行义务后,可要求另一方偿付应当由其承担的份额,因为任何连带责任关系的内部均是按份的,在无特别约定的情况下,各应承担 50% 的责任份额。

(六)诉讼时效中断

《民法总则》第 195 条规定:“有下列情形之一的,诉讼时效中断,从中断、有关程

① 参见韩世远:《合同法总论》(第三版),法律出版社 2011 年版,第 491 页。

② 黄立:《民法债篇总论》,中国政法大学出版社 2002 年版,第 638 页。

③ 史尚宽:《债法总论》,中国政法大学出版社 2008 年版,第 750 页。

④ 参见史尚宽:《债法总论》,中国政法大学出版社 2008 年版,第 750 页。

序终结时起,诉讼时效期间重新计算:(一)权利人向义务人提出履行请求;(二)义务人同意履行义务;(三)权利人提起诉讼或者申请仲裁;(四)与提起诉讼或者申请仲裁具有同等效力的其他情形。"《最高人民法院关于审理民事案件适用诉讼时效制度若干问题的规定》第19条第2款规定:"债务承担情形下,构成原债务人对债务承认的,应当认定诉讼时效从债务承担意思表示到达债权人之日起中断。"

**【典型案例】**

**中国工商银行股份有限公司三门峡车站支行与三门峡天元铝业股份有限公司、三门峡天元铝业集团有限公司借款担保合同纠纷案**

上诉人(原审原告):中国工商银行股份有限公司三门峡车站支行。住所地:河南省三门峡市崤山中路7号。

负责人:董超群,该支行行长。

委托代理人:柴轶,中国工商银行三门峡分行职员。

委托代理人:许欣海,北京市远东律师事务所律师。

被上诉人(原审被告):三门峡天元铝业股份有限公司。住所地:河南省三门峡市东风南路10号。

法定代表人:李和平,该公司董事长。

委托代理人:宋东珉,该公司职员。

委托代理人:郭亚平,河南世纪通律师事务所北京分所律师。

原审被告:三门峡天元铝业集团有限公司。住所地:河南省三门峡市东风南路10号。

法定代表人:朱强,该公司董事长。

〔基本案情〕

河南省高级人民法院审理查明:2000年9月22日,中国工商银行股份有限公司三门峡车站支行(以下简称三门峡车站工行)与三门峡天元铝业集团有限公司(以下简称天元集团公司)签订(2000)三工车信字第010号借款合同,约定天元集团公司向三门峡车站工行借款1700万元,借款用途为借新还旧,借款期限自签约当日至2002年9月21日。同日,三门峡车站工行向天元集团公司发放了该笔借款。2002年9月11日,天元集团公司偿还了该笔借款。次日,双方又签订了(2002)三工车信字第039-1号、第039-2号借款合同,分别约定天元集团公司向三门峡车站工行借款900万元和800万元,用途均为借新还旧,借款期限自签约当日至2003年9月5日。三门峡车站工行于签约当日发放了该两笔借款。2003年9月3日,天元集团公司偿还了该两笔共计1700万元借款。2003年9月5日,双方签订了(2003)三工车信字第039号借款合同,约定天元集团公司向三门峡车站工行借款1600万元,用途为购原材料,借款期限自签约当日至2004年8月25日。三门峡车站工行于签约当日发放了该笔借款。2004年8月3

日,天元集团公司偿还了该笔借款。2004 年 8 月 5 日,双方签订(2004)三工车信字第 37 号借款合同,约定天元集团公司向三门峡车站工行借款 1590 万元,用途为购原材料,借款期限自签约当日至 2005 年 8 月 3 日。

2000 年 9 月 25 日,双方签订(2000)三工车信字第 009 号借款合同,约定天元集团公司向三门峡车站工行借款 1647 万元,用途为借新还旧,借款期限自签约当日至 2002 年 9 月 24 日。三门峡车站工行于签约当日发放了该笔借款。2002 年 9 月 11 日,双方签订了(2002)三工车信字第 038 -1 号和(2002)三工车信字第 038 -2 号借款合同,分别约定天元集团公司向三门峡车站工行借款 1200 万元和 800 万元,用途均为“还旧借新,购原材料”,借款期限自签约当日至 2003 年 9 月 10 日。三门峡车站工行于签约当日发放了该两笔借款。天元集团公司收到 2000 万元借款的次日偿还了(2000)三工车信字第 009 号借款合同项下的 1647 万元借款。天元集团公司于 2003 年 8 月 4 日向三门峡车站工行偿还了 220 万元,于 2003 年 9 月 8 日向三门峡车站工行偿还 1200 万元、800 万元。2003 年 8 月 7 日,双方签订(2003)三工车信字第 35 号借款合同,约定天元集团公司向三门峡车站工行借款 710 万元,用途为购原材料,借款期限自签约之日至 2004 年 8 月 6 日。2003 年 8 月 29 日,双方签订(2003)三工车信字第 38 号借款合同,约定天元集团公司向三门峡车站工行借款 1490 万元,用途为购原材料,借款期限自签约之日至 2004 年 8 月 29 日。该两笔借款均于签约当日发放。天元集团公司于 2004 年 8 月 5 日分别偿还了该两笔借款。2004 年 8 月 6 日,三门峡车站工行与天元集团公司又签订了(2004)三工车信字第 38 号和第 39 号借款合同,分别约定天元集团公司向三门峡车站工行借款 1480 万元和 700 万元,该两笔借款于 2005 年 8 月 5 日到期。上述三笔借款均由原三门峡天成电化有限公司(已破产终结,以下简称天成电化公司)提供连带责任担保。

原审法院另查明:三门峡天元铝业股份有限公司(以下简称天元股份公司)于 2000 年 8 月由天元集团公司、白银氟化盐有限责任公司、焦作市冰晶石厂、河南省第六建筑工程公司、焦作市焦铝碳素厂五家法人股东设立的股份有限公司,注册资金 6800 万元。天元集团公司出资 65176184 元,占总股本的 95.84%。亚太评估事务所以 1999 年 11 月 30 日为基准日对天元集团公司的资产进行评估,结论为天元集团公司的净资产为 9232.6 万元。2000 年 9 月 21 日,天元集团公司向三门峡车站工行出具的承诺书载明:天元集团公司以现有优良资产(电解一分厂、电解二分厂、动力车间等辅助车间)作为股份投入,投资金额占 95.84%。2000 年 11 月 16 日,天元集团公司和天元股份公司共同向三门峡车站工行出具《债务转移协议补充承诺》,该书面承诺第二条内容为:“为了使三门峡车站工行的债权不受天元集团公司改制的影响,确保三门峡车站工行信贷资产安全,天元集团公司再以十万吨电解铝扩建工程竣工后总资产作为偿还三门峡车站工行债务的保证,如果天元集团公司确实无力归还三门峡车站工行的债务,那么由天元股份公司负责归还。”天成电化公司已于 2007 年 5 月 12 日破产还债。

三门峡车站工行于2006年8月28日向原审法院提起诉讼,请求判令:天元集团公司和天元股份公司共同偿还贷款本金3770万元,利息3754860.16元(该利息计算至2006年7月20日,此后利息继续计算);判令天成电化公司对上述债务在其担保的范围内承担连带清偿责任。

〔一审裁判理由与结果〕

原审法院经审理认为:三门峡车站工行诉请天元集团公司偿还3770万元本金及3754860.16元利息,提供了借款合同、借据及逾期贷款催收通知书,证据充分,对三门峡车站工行的该项诉讼请求予以确认。天元股份公司与天元集团公司于2000年11月16日向其出具的《债务转移协议补充承诺》中关于“如果天元集团公司确实无力归还三门峡车站工行的债务,那么由天元股份公司负责归还”的承诺,该承诺具有保证的性质。因本案贷款是2000年的旧贷款经多次以贷还贷逐步演化而来并非2004年发生的新贷款,天元股份公司在2000年11月承诺与天元集团公司共同偿还的借款已经偿还,天元股份公司不应对2004年发生的本案贷款承担保证责任。从天元集团公司2000年9月21日向三门峡车站工行出具的承诺书中载明的“天元集团公司以现有优良资产(电解一分厂、电解二分厂、动力车间等辅助车间)作为股份投入”的内容可以认定,天元集团公司以其优良资产与他人组建了天元股份公司。从天元股份公司的工商登记材料看,其主要股东是天元集团公司,其投入天元股份公司65176184元,占总股本的95.84%,而经亚太评估事务所以1999年11月30日为基准日对其资产进行评估,其净资产价值为9232.6万元,由此可以认定天元集团公司将其大部分资产投入了天元股份公司。故天元集团公司应以其资产包括其拥有的天元股份公司的股权对三门峡车站工行的债务承担责任。由于本案贷款是2000年的旧贷款经多次以贷还贷逐步演化而来的,三门峡车站工行不能举证证明保证人天成电化公司对以新贷偿还旧贷明知或同意,也不能证明旧贷款的保证人同为天成电化公司,根据最高人民法院《关于适用〈中华人民共和国担保法〉若干问题的解释》第三十九条第一款关于“主合同当事人双方协议以新贷偿还旧贷,除保证人知道或者应当知道的外,保证人不承担民事责任”的规定,天成电化公司对本案借款不承担保证责任。

原审法院依照《中华人民共和国合同法》第二百零五条、第二百零六条,《中华人民共和国担保法》第二十四条,最高人民法院《关于适用〈中华人民共和国担保法〉若干问题的解释》第三十九条第一款,《中华人民共和国民事诉讼法》第一百三十条、第一百三十四条、第一百三十八条、第一百四十七条、第二百三十二条之规定,判决:一、天元集团公司于判决生效后十日内向三门峡车站工行偿还借款3770万元本金及3754860.16元利息(该利息计算至2006年7月20日,自2006年7月21日起的利息按照中国人民银行规定的同期逾期贷款利率计算至本判决限定的债务履行期限届满之日止)。对上述给付款项,当事人如果未按照本判决指定的期间履行给付金钱义务,应当依照《中华人民共和国民事诉讼法》第二百三十二条的规定,加倍支付迟延履行期间的债务利息;

二、驳回三门峡车站工行的其他诉讼请求。一审案件受理费217284.3元，由天元集团公司负担。

〔当事人上诉及答辩意见〕

三门峡车站工行不服原审法院上述民事判决，向最高人民法院提起上诉称：一、原审法院已支持了三门峡车站工行关于本案3770万元贷款本金实际上形成于2000年，是2000年旧贷款经多次以贷还贷的方式演化而来，并非是2004年新发生的贷款的主张，却又认定天元股份公司在2000年11月承诺与天元集团公司共同偿还的借款已经偿还，据此判决天元股份公司不应对2004年发生的本案贷款承担还款责任，缺乏事实依据。天元集团公司至今尚欠车站工行借款本金共计达23081万元，天元股份公司提供的证据中没有任何一份能够证明三门峡车站支行在本案中主张的3770万元贷款，已由其或天元集团公司偿还完毕。天元股份公司应当依据《债务转移协议补充承诺》承担还款责任。二、原审判决认定三门峡车站工行不能举证证明天成电化公司对本案以新贷偿还旧贷明知或同意，也不能证明旧贷款的保证人同为该公司，故天成电化公司对本案贷款不承担保证责任的认定违反了“谁主张，谁举证”的举证责任分配规则。对以贷还贷的事实是否明知以及前贷与后贷的保证人是否同一的事实，依法应由天成电化有限公司承担举证责任。天成电化有限公司作为担保人未能举证证明上述事实，应依法对本案贷款承担连带的还款责任。请求二审依法改判由天元股份公司对天元集团公司所欠借款本金3770万元及利息承担连带还款责任；改判天成电化公司对上述贷款本金及利息承担连带保证责任。

在最高人民法院二审过程中三门峡车站工行提出：鉴于天成电化公司已于2008年1月22日被河南省陕县人民法院裁定破产终结，申请撤回对天成电化公司的上诉请求。

被上诉人天元股份公司答辩称：一、2000年7月，天元集团公司系与其他五家法人共同发起设立天元股份公司。天元集团公司以其经评估价值为3亿余元的资产作为股权投入天元股份公司。为了通过上市公司资格认证，天元集团公司于2000年9月21日向三门峡车站工行出具《承诺书》，提出其投入天元股份公司的设备资产只对该行的2550万元债务承担责任，其余的债务仍由天元集团公司承担，三门峡车站工行对此予以认可。天元集团公司和天元股份公司及三门峡车站工行签署了5份涉及金额为2550万元的《债务转移协议》。2000年11月16日天元股份公司的《债务转移协议补充承诺》是基于天元股份公司接收天元集团公司股权财产的不可分割性，而对其中2550万元有抵押的三门峡车站工行的债务出具的承诺，并不构成对三门峡车站工行2000年11月以后与天元集团公司之间其他借款承担责任的承诺。天元股份公司不应对本案所涉及的2004年8月天元集团公司与三门峡车站工行及担保人天成电化公司间的借款承担民事责任。天元股份公司为了履行上述《债务转移协议补充承诺》，于2001年9月14日与三门峡车站工行签订了借款用途为“为支持企业上市，转移贷款”，借款金额为2550万元的三份《借款合同》。该2550万元借款分别于2001年9月25日、26日全部偿还,该事实证明《债权转移协议补充承诺》已实际履行,双方间的权利义务关系已解除。二、本案所涉及的三笔贷款是2004年8月天元集团公司因生产购买原材料与三门峡车站工行及担保人天成电化公司之间发生的新的借贷法律关系,天元股份公司不是该借贷法律关系的当事人,没有法律上的直接关系,不存在与天元集团公司承担共同偿还责任的事实和法律依据。原审判决认定事实和适用法律正确,请求二审法院予以维持。

原审被告天元集团公司经最高人民法院合法传唤,未到最高人民法院参与二审诉讼。

〔最高人民法院查明的事实〕

最高人民法院二审除确认原审查明的事实外,另查明:天元股份公司系在河南省注册,在香港特别行政区创业板上市的股份有限公司。2000年9月21日天元集团公司向三门峡车站工行出具盖有该公司公章并由该公司董事长李永正签字的《承诺书》称:"为争取企业上市,谋求更大发展,于2000年7月改制,经河南省体改委批准发起成立了天元股份公司,天元集团公司以现有优质资产(电解一分厂、电解二分厂、动力车间等辅助车间)作为股份投入,投资总额占股份公司总股本的95.84%。同时,为了通过上市公司资格认证,确定将股份公司应承担的大部分负债留在集团公司,股份公司只承担银行债务8232万元(其中有贵行2550万元),贵行原贷给我集团公司的13420万元中所剩余的10870万元债务仍由集团公司承担。为确保贵行的10870万元信贷资产不因我公司改制而遭受损失,并使该贷款正常还本付息,我集团郑重承诺,对此10870万元债务,我集团公司以十万吨一期电解铝扩建工程(3.1万吨)竣工后总资产作为偿还贵行债务保证,若该资产以后需要进入股份公司,贵行债权将随同该资产同步转移"。三门峡车站工行对该承诺书的真实性无异议,但称其从未接受该承诺,不同意天元股份公司只承担天元集团公司13420万元债务中的2550万元的请求。

天元集团公司和天元股份公司签署5份涉及上述三门峡车站工行2550万元贷款的《债务转移协议》。在该五份协议的"银行信贷部门签章"处,三门峡车站工行未加盖公章。

2000年11月16日,天元集团公司和天元股份公司向三门峡车站工行出具《债务转移协议补充承诺》。该补充承诺第一条称:三门峡车站工行与天元集团公司、天元股份公司三方所签的债务转移001、002、003、004、005号协议仅是为了支持企业上市,不作为债务转移的实质依据,与车站工行的债权无关,集团公司与股份公司共同对车站工行的债权负责;第三条称:如十万吨电解铝工程竣工后资产需进入股份公司,车站工行债权随同该资产同步转移。

根据天元股份公司2005年10月27日在香港联交所发布的《非常重大收购及关联交易公告》,天元集团公司自2004年6月13日起租赁天元股份公司的3.1万吨电解铝设备。双方于公告日签订协议，天元股份公司以承担天元集团公司所欠金融机构（不包括车站工行）债务、应收账款、采购定金及现金支付等方式，以3.9078亿元为对价收购天元集团公司3.1万吨电解铝生产线及辅助设施及天元集团公司的部分土地使用权。其中3.1万吨电解铝生产线及辅助设施作价3.1496亿元。天元集团公司已将持有的天元股份公司全部股权（占天元股份公司总股本的67.2%）转让给案外人天瑞公司。

2007年5月25日，河南省陕县人民法院裁定天成电化公司破产还债。2008年1月22日该院裁定：宣告终结该破产案件，未得到清偿的债权不再清偿。根据该案破产管理人的破产资产分配方案，该案普通破产债权人的受偿比例为零。

**〔最高人民法院裁判理由与结果〕**

最高人民法院认为：天元集团公司未依约偿还三门峡车站工行贷款3770万元本金及利息，构成违约。本案各方当事人对该项事实均无异议，故原审判决关于天元集团公司的民事责任部分最高人民法院予以维持。本案二审的焦点问题是：天元股份公司是否应对天元集团公司的本案欠款承担共同偿还责任。

（一）《中华人民共和国合同法》第八十四条规定："债务人将合同的义务全部或者部分转移给第三人的，应当经债权人同意。"天元集团公司以其优良资产与他人组建天元股份公司，将净值9232.6万元的资产投入到天元股份公司，导致其偿还银行债务的责任财产减少，清偿债务的能力削弱。在股份制改造过程中，天元集团公司向三门峡车站工行出具《承诺书》，提出其投入天元股份公司的设备资产只对该行共计13420万元债务中的2550万元债务承担责任，其余的债务仍由天元集团公司承担。对此承诺，三门峡车站工行未予接受，也未在天元集团公司和天元股份公司签署的5份涉及三门峡车站工行2550万元贷款的《债务转移协议》上加盖公章，故该债务转移协议对三门峡车站工行未发生法律效力。

（二）天元集团公司和天元股份公司于2000年11月16日签署的《债务转移协议补充承诺》实际上向三门峡车站工行承诺了以下三项内容：其一，前述天元集团公司、天元股份公司所签订的债务转移协议仅是为了企业上市需要所作，不是债务转移的实质依据，即双方已否定了五份债务转移协议的法律效力，并承诺天元集团公司与天元股份公司共同对车站工行的债权负责；其二，天元集团公司以十万吨电解铝扩建工程竣工后总资产作为偿还三门峡车站工行债务的保证，如果天元集团公司无力归还三门峡车站工行的债务，该债务由天元股份公司归还；其三，如十万吨电解铝工程竣工后资产需进入股份公司，车站工行债权随同该资产同步转移。该承诺意思表示明确，第一条为并存的债务承担，即债的加入，天元集团公司不脱离原来的债务关系，天元股份公司加入到天元集团公司对三门峡车站工行的债务当中，承诺与天元集团公司共同承担还款责任。第二条为债的保证，即天元集团公司以十万吨电解铝的资产作为还款保证，在其不能偿还债务的情况下，天元股份公司承担保证责任。第三条实际为附条件的免责债务承担,即以十万吨电解铝的资产进入天元股份公司为条件,当该条件成就时,天元集团公司脱离原来的债务关系,天元股份公司直接向三门峡车站工行承担还款责任。三门峡车站工行认可《债务转移协议补充承诺》,根据十万吨电解铝的资产其中6.9万吨资产在天元股份公司成立时即进入该公司,另3.1万吨资产自2004年6月13日起由天元股份公司租赁,并于2005年10月27日以承担天元集团公司债务和支付部分现金等方式收购的事实,认为《债务转移协议补充承诺》所附条件已经成就,要求天元股份公司承担天元集团公司本案债务的还款责任的上诉请求,最高人民法院予以支持。同时,天元集团公司的还款责任本可以免除,但由于其未对此提起上诉,加之《债务转移协议补充承诺》第一条的承诺,故天元股份公司与天元集团公司应对本案3770万元本息承担共同偿还责任。

(三)关于天元股份公司提出的本案所涉及的三笔贷款是2004年8月天元集团公司因生产购买原材料与三门峡车站工行及担保人天成电化公司之间发生的新的借贷法律关系,天元股份公司不是该借贷法律关系的当事人,不应承担民事责任问题。最高人民法院认为,根据本案查明的事实,从本案合同约定的贷款目的及贷款、还款的操作方式,可以认定:本案车站工行所诉天元集团公司的三笔贷款即(2004)第37号、38号、39号借款合同均系借新还旧借款合同。(2004)第37号1590万元借款合同是经数次借新还旧后对双方2000年之前1700万元借款的借新还旧,而(2004)第38号1480万元借款合同、第39号700万元借款合同系经数次借新还旧后对双方2000年之前1647万元借款合同的借新还旧。原审判决认定本案贷款是2000年的旧贷款经多次以贷还贷逐步演化而来是正确的。借新还旧系贷款到期不能按时收回,金融机构又向原贷款人发放贷款用于归还原贷款的行为。借新还旧与贷款人用自有资金归还贷款,从而消灭原债权债务的行为有着本质的区别。虽然新贷代替了旧贷,但贷款人与借款人之间的债权债务关系并未消除,客观上只是以新贷的形式延长了旧贷的还款期限,故借新还旧的贷款本质上是旧贷的一种特殊形式的展期。本案天元集团公司的相关旧贷实际并未得到清偿,天元股份公司对天元集团公司的上述三笔贷款仍应依其承诺,承担民事责任。

(四)天元股份公司在最高人民法院二审中提出,本案《债务转移协议补充承诺》是对天元股份公司同意接收的天元集团公司2550万元债务对三门峡车站工行出具的承诺,并不构成对三门峡车站工行与天元集团公司之间其他借款承担责任的承诺。为了履行上述《债务转移协议补充承诺》,天元股份公司于2001年9月14日与三门峡车站工行签订了转移贷款2550万元的三份借款合同,且该2550万元借款已全部偿还。《债权转移协议补充承诺》因已实际履行,双方间的权利义务关系已解除。对此,最高人民法院认为,《债权转移协议补充承诺》并未明确约定天元股份公司只对天元集团公司的2550万元债务对三门峡车站工行承担民事责任。天元股份公司在二审中向最高人民法院提交了三份还款凭证,证明2000年9月25日、2000年9月26日、2000年9月26

日以转移贷款名义，代天元集团公司向三门峡车站工行还款2550万元。对此，三门峡车站工行未予否认，双方均认可该还款并非本案欠款的还款，故最高人民法院对此事实予以确认。但三笔还款均发生于2000年11月16日天元股份公司向三门峡车站工行出具《债权转移协议补充承诺》之前，难以据此得出该项还款是为履行上述补充承诺的结论。故天元股份公司关于三门峡车站工行实际上默认了天元股份公司只承担天元集团公司2550万元债务的请求，该协议因履行得以解除的主张，最高人民法院不予支持。

（五）关于天成电化公司的主体资格和民事责任问题。鉴于在最高人民法院二审审理前，天成电化公司已于2008年1月22日被河南省陕县人民法院裁定破产终结，其民事主体资格因破产程序终结归于消灭，天成电化公司不能再作为本案的当事人。综上，原审判决部分事实认定不清、责任判处不当。最高人民法院依照《中华人民共和国民事诉讼法》第一百五十三条第一款第（三）项之规定，判决如下：

一、维持河南省高级人民法院（2006）豫法民二初字第44号民事判决第二项；

二、变更上述民事判决主文第一项为：三门峡天元铝业集团有限公司、三门峡天元铝业股份有限公司于本判决生效后十日内向中国工商银行股份有限公司三门峡车站支行偿还借款本金3770万元及利息3754860.16元（计算至2006年7月20日，自2006年7月21日起，按照中国人民银行规定的同期逾期贷款利率分段计付至付清之日止）。上述给付义务人如未按照本判决确定的期间履行给付义务，应当依照《中华人民共和国民事诉讼法》第二百三十二条的规定，加倍支付迟延履行期间的债务利息。

本案一审案件受理费217284.3元，由三门峡天元铝业集团有限公司、三门峡天元铝业股份有限公司共同承担；二审案件受理费217284.3元，由三门峡天元铝业集团有限公司、三门峡天元铝业股份有限公司共同承担。

**规则21（孳息的变动）** 除法律有特别规定或者当事人有特别约定外，取得孳息的权利随着主物所有权的转移而转移

——福州商贸大厦筹备处与福建佳盛投资发展有限公司借款纠纷案①

**【裁判规则】**

银行利息作为主债权的收益，属于法定孳息，除法律有特别规定或者当事人有特别约定外，取得孳息的权利随着主物所有权的转移而转移。债权虽经两次转让，但合

① 《中华人民共和国最高人民法院公报》2006年第7期，最高人民法院（2005）民二终字第147号民事判决书。

同当事人均未明确表示放弃债权转让之后的利息,故债务人应向债权人支付利息,而计息标准应按照中国人民银行同期逾期贷款利率分段计付。

**【规则理解】**

## 一、利息与利息之债

### (一)利息的内涵及法律特征

利息者,债务人使用他人之金钱或代替物,所应给付之补偿,其额度以主债权之事先特定或可得特定比例,按使用之期间而决定。[①] 利息的概念,在经济学和法学上有不同的含义。兹就法律上之意义言之,则利息者乃比例主债权数额,及其存续期间,而依一定比率,以金钱或其代替物为给付之一种法定孳息也。[②]

利息的法律特征在于:第一,利息的性质是一种法定孳息。孳息是由原物所生之物或收益,根据其系基于自然规律抑或法律关系而产生,可分为天然孳息及法定孳息。利息,从权利客体的角度看,与原物相对,是主债所产生的法定孳息。第二,利息的数额是根据主债权的金额及其存续期间,依照一定的利率计算得出。债权人基于主债权的存在而得以享有一定的收益,我国《合同法》第 196 条规定:“借款合同是借款人向贷款人借款,到期返还借款并支付利息的合同。”可见,利息从法律关系的角度看,是债务人使用或占有债权人的金钱或其他代替物所应给付的对价或补偿。该对价与主债权的数额、使用期间及利率息息相关。第三,利息的给付以金钱或者其他替代物为标的。与利息相对的原物及利息本身,均不限于金钱,还包括其他的代替物,但利息通常以货币的方式计算和支付。

### (二)利息之债及其性质

利息之债,即以给付利息为标的的债务。利息之债是与主债权相对应的概念,必然先有主债权的存在,利息之债方能发生。相对于主债权来说,利息债权是一个从债权,[③]其在性质上既具有从属性,又不失独立性。

1. 利息之债的从属性。利息之债系主债权之从权利,原则上与主债权同其命运,[④]具体表现在:第一,利息之债在存在和效力上依附于主债权。利息之债基于主债权而产生,主债权不成立、无效或被撤销,利息请求权亦不能发生。主债权消灭,利息之债也随之消灭,权利人不能在丧失主权利的情况下单独享有从权利。[⑤] 第二,利息

---

① 黄立:《民法债篇总论》,中国政法大学出版社 2002 年版,第 352 页。
② 郑玉波:《民法债编总论》,中国政法大学出版社 2003 年版,第 205 页。
③ 崔建远、韩世远、于敏:《债法》,清华大学出版社 2010 年版,第 25 页。
④ 黄立:《民法债篇总论》,中国政法大学出版社 2002 年版,第 355 页。
⑤ 刘凯湘:《民法总论》,北京大学出版社 2006 年版,第 88 页。

之债附随于主债权而转让。根据“从随主”的转让规则，如果主权利被转让，则从权利一般也随之发生转让，受让人在取得主权利的同时也取得该主权利之上业已存在的从权利。故在当事人无特别约定的情况下，尚未支付的利息之债将随同主债权一并转移。第三，主债权的担保及于利息之债。主债权之上附有保证或其他担保物权的，在无相反约定的情况下，该担保及于利息之债。我国《物权法》第173条规定：“担保物权的担保范围包括主债权及其利息、违约金、损害赔偿金、保管担保财产和实现担保物权的费用。当事人另有约定的，按照约定。”《担保法》第21条第1款规定：“保证担保的范围包括主债权及利息、违约金、损害赔偿金和实现债权的费用。保证合同另有约定的，按照约定。”

2. 利息之债的独立性。利息之债尚未届清偿期时，虽附从于主债权，然既已发生的利息，债权人得请求其利息之支付时，则生独立之利息债权。[①] 已届清偿期的利息之债具有相对的独立性，体现在：第一，权利主张上的独立性。债权人可单独就利息之债主张权利，请求债务人履行，或追究其迟延支付利息的违约责任。第二，权利处分上的独立性。已经实际发生的利息之债，可以与主债权分离而单独转让。债权人可以单独免除利息之债，而仅要求债务人承担债务本金的偿还义务，法院调解或执行和解中常见此情形。第三，权利消灭上的独立性。已发生之利息债权，有独立之时效期间，故得先于原本债权或后于原本债权而消灭。[②] 主债权消灭后，利息债权仍可独立存在。第四，清偿上的独立性和优先性。债务人可以单独就利息之债作出履行，且在无特别约定或指明的情况下，法律推定债务人的履行优先用于偿还利息之债。但是，利息之债的独立仅具有相对性，表现在：一方面，主债权的担保仍及于利息债权；另一方面，主债权转让时如其利息尚未支付，则在无相反约定的情况下推定该利息随同主债权一并转让。

**二、利息之债的变动**

利息之债的变动，是指利息之债的发生、变更、转让和消灭。我国《物权法》第116条第2款规定：“法定孳息，当事人有约定的，按照约定取得；没有约定或者约定不明确的，按照交易习惯取得。”利息作为一种法定孳息，其不同于天然孳息的一个重要方面，在于后者的收取由物权法规定，而前者的收取由债权法规定。[③] 利息的归属及变动，既受到物权法的调整，又应遵循相应的合同法规则，故在具体的法律适用时应注意法规竞合的问题。

---

① 史尚宽：《债法总论》，中国政法大学出版社2008年版，第262～263页。

② 史尚宽：《债法总论》，中国政法大学出版社2008年版，第263页。

③ 参见陈晓燕：《物权法研究》，人民出版社2008年版，第35页。

(一)利息之债的发生

利息之债,根据其发生的原因,可分为约定利息之债与法定利息之债。第一,基于当事人的合意而发生的利息之债为约定利息之债。除法律有特别规定外,利息之债均是从交易关系中产生的。《合同法》第205条前段规定:"借款人应当按照约定的期限支付利息。"除借款合同外,具有金钱给付义务的合同当中常常将利息作为迟延履行的违约金或损害赔偿金进行约定。例如买卖合同或建设工程施工合同中经常约定,负有货款或工程款给付义务的一方当事人如果迟延履行,则应按一定标准给付逾付款项的利息。约定利息的数额或计算标准由当事人自行决定,没有约定、约定不明或约定违法的情况下,采用法定标准计息。第二,基于法律规定而当然发生的利息之债为法定利息之债。法律明文规定的利息之债虽名为利息,但往往带有对权利人法定孳息损失的赔偿或补偿性质。台湾民法学者认为,法定利息之债可分为迟延利息、垫费利息、拟制利息和附加利息四种,①该四种法定利息在我国法律及司法解释中亦有所体现。当事人之间虽无明文约定,但在符合法定情形时,权利人的利息请求将得到法院的支持。

(二)利息之债的变更

利息之债作为一种财产权利,债权人享有处分权,该种处分在不违背法律和社会公共利益的情况下应受到法院的尊重。利息之债的内容和客体均可因法定或约定原因而发生变更。当事人可通过合同约定改变利息之债的计息标准、利息期限、给付期间;增加或减少利息给付数额,等等。当事人的约定利息违反法律规定的情况下,法院将依职权对利息金额或计息标准进行调整,此时亦发生利息之债的变更。如《合同法》第200条规定:"借款的利息不得预先在本金中扣除。利息预先在本金中扣除的,应当按照实际借款数额返还借款并计算利息。"《最高人民法院关于审理民间借贷案件适用法律若干问题的规定》(以下简称《民间借贷规定》)第25条规定:"借贷双方没有约定利息,出借人主张支付借期内利息的,人民法院不予支持。自然人之间借贷对利息约定不明,出借人主张支付利息的,人民法院不予支持。除自然人之间借贷的外,借贷双方对借贷利息约定不明,出借人主张利息的,人民法院应当结合民间借贷合同的内容,并根据当地或者当事人的交易方式、交易习惯、市场利率等因素确定利息。"第26条规定:"借贷双方约定的利率未超过年利率24%,出借人请求借款人按照约定的利率支付利息的,人民法院应予支持。借贷双方约定的利率超过年利率36%,超过部分的利息约定无效。借款人请求出借人返还已支付的超过年利率36%部分的利息的,人民法院应予支持。"第27条规定:"借据、收据、欠条等债权凭证载明

① 参见郑玉波:《民法债编总论》,中国政法大学出版社2003年版,第207~208页。

的借款金额，一般认定为本金。预先在本金中扣除利息的，人民法院应当将实际出借的金额认定为本金。"第28条规定："借贷双方对前期借款本息结算后将利息计入后期借款本金并重新出具债权凭证，如果前期利率没有超过年利率24%，重新出具的债权凭证载明的金额可认定为后期借款本金；超过部分的利息不能计入后期借款本金。约定的利率超过年利率24%，当事人主张超过部分的利息不能计入后期借款本金的，人民法院应予支持。按前款计算，借款人在借款期间届满后应当支付的本息之和，不能超过最初借款本金与以最初借款本金为基数，以年利率24%计算的整个借款期间的利息之和。出借人请求借款人支付超过部分的，人民法院不予支持。"第29条规定："借贷双方对逾期利率有约定的，从其约定，但以不超过年利率24%为限。未约定逾期利率或者约定不明的，人民法院可以区分不同情况处理：（一）既未约定借期内的利率，也未约定逾期利率，出借人主张借款人自逾期还款之日起按照年利率6%支付资金占用期间利息的，人民法院应予支持；（二）约定了借期内的利率但未约定逾期利率，出借人主张借款人自逾期还款之日起按照借期内的利率支付资金占用期间利息的，人民法院应予支持。"第30条规定："出借人与借款人既约定了逾期利率，又约定了违约金或者其他费用，出借人可以选择主张逾期利息、违约金或者其他费用，也可以一并主张，但总计超过年利率24%的部分，人民法院不予支持。"第31条规定："没有约定利息但借款人自愿支付，或者超过约定的利率自愿支付利息或违约金，且没有损害国家、集体和第三人利益，借款人又以不当得利为由要求出借人返还的，人民法院不予支持，但借款人要求返还超过年利率36%部分的利息除外。"

（三）利息之债的转让

利息之债作为一种从债，与主债同其命运，在主债权被转让后，原则上利息之债也将随之转移。债权让与合同生效后，受让人替代让与人取得债权人的法律地位，让与人脱离原债的关系，受让人成为新的债权人。根据"从随主"的一般民法原理，除具有人身属性而专属于债权人自身的从权利外，包括利息之债在内的与债权有关的从权利均一并移转。具体可分为三种情形：第一，未届清偿期的利息之债。利息债权若尚未届期，自然属于从权利，应随主债权一同移转。第二，已届清偿期且已支付的利息之债。利息之债在实际发生后具有独立性，债务人可单就利息之债作出履行。在获得清偿之后，利息之债自然归于消灭。此时即便债权人转让主债权，利息之债亦不能随同主权利一并转移，[①]否则将造成债务人重复清偿，对其有失公允。第三，已届清偿期但尚未支付的利息之债。此时的利息之债基于其独立性，与一般从权利并不相同，不当然随同主债权转移，当事人可就其归属单独作出约定。不过，利息债权毕竟

① 参见杨立新：《债法总则研究》，中国人民大学出版社2006年版，第230页。

为主债权之扩张,与主债权相伴为其常态,故我国台湾“民法”第295条第2项规定:“未支付之利息,推定其随同原本移转于受让人。”如果当事人对此推定提出异议,则应当承担举证责任:将其推翻者,认定利息之债没有一并转移;不能推翻者,推定转移成立。[①] 故在债权让与合同中未就利息移转及支付事宜作出约定或约定不明时,尤其在当事人未明确表示放弃债权转让之后的利息的情况下,债务人应向债权受让人支付利息。《最高人民法院关于审理借款合同纠纷案件若干问题的规定(征求意见稿)》第3条第2款规定:“金融不良债权受让人自债权转让协议签署生效后,享有对借款人依照原借款合同约定收取利息的权利。”

(四)利息之债的消灭

利息之债可因一切债的消灭原因而归于终结,如清偿、提存、混同、免除、抵销等等。需要注意的是,相对于主债权,利息之债在受偿顺序上具有优先性。如果给付的种类相同,债务人的履行又不足以清偿全部债务本金及利息,在无特别约定或指定的情况下,利息之债将获得优先受偿,此为法定的清偿抵充。[②] 关于债务清偿的法定顺序,间接体现于《担保法司法解释》关于实现抵押权的规定中,其第64条规定:“债务履行期届满,债务人不履行债务致使抵押物被人民法院依法扣押的,自扣押之日起抵押权人收取的由抵押物分离的天然孳息和法定孳息,按照下列顺序清偿:(一)收取孳息的费用;(二)主债权的利息;(三)主债权。”第74条规定:“抵押物折价或者拍卖、变卖所得的价款,当事人没有约定的,按下列顺序清偿:(一)实现抵押权的费用;(二)主债权的利息;(三)主债权。”《合同法司法解释二》第21条在总结以前立法经验的基础上,就此问题作出了直接规定:“债务人除主债务之外还应当支付利息和费用,当其给付不足以清偿全部债务时,并且当事人没有约定的,人民法院应当按照下列顺序抵充:(一)实现债权的有关费用;(二)利息;(三)主债务。”但是,在破产程序中,利息之债与主债在清偿上又存在差别待遇。破产程序开始后产生的利息,有的国家将其作为劣后债权而仅能后于普通破产债权获得分配,如德国、日本;有的国家将其作为除斥债权而被排斥在破产程序之外,不得从破产财产中受偿,如法国。[③] 我国

---

① 参见林诚二:《民法债编总论——体系化解说》,中国人民大学出版社2003年版,第498页。

② 清偿抵充,是指一人负担数宗债务,而给付的种类相同的,如清偿人提出的给付不足以清偿全部债务时,由清偿人在清偿时指定其抵充的债务。抵充的顺序原则上由当事人约定或由清偿人指定,没有约定或指定时,应根据法定顺序对债务进行抵充。详见王利明:《合同法研究》(第二卷),中国人民大学出版社2003年版,第321-323页。

③ 关于破产程序中的劣后债权与除斥债权,详见王欣新:《破产法》,中国人民大学出版社2007年版,第275页。

采取的是后一立法例，《中华人民共和国企业破产法》第46条第2款规定："附利息的债权自破产申请受理时起停止计息。"

综上所述，主债权转让后，除法律有明文规定或者当事人有相反约定的情形之外，债务利息随同主债权一并转移，债务人应向债权受让人支付利息。

**【拓展适用】**

**一、利息之债在民事借贷与商事借贷中的不同规则**

民事活动注重伦理性，而商事活动侧重于盈利性，无论采取民商合一还是民商分立的立法体例，均需承认两种行为之间除共性之外仍存在个性。就借贷关系而言，分为民事借贷与商事借贷。民事借贷指一般民事主体，主要是自然人之间发生的借贷关系，其在发生上具有偶然性，贷款人并不以放贷为业，仅因借款人急需而偶尔为之。商事借贷指商事主体，即从事营业和营利活动的法人、合伙、个人之间发生的借贷关系。与一般民事主体相比，商事主体具有职业性、营利性、技能性特征，其对外放贷通常以盈利为目的，且具有与此相关的足够专业技术和法律知识。故各国法律在对待民事借贷与商事借贷时，往往采取不同的规则。我国法律上虽无民事借贷与商事借贷的严格区分，但也针对民间借贷与金融机构借贷的不同特点而分别进行了规定。例如，在合同的生效上，《合同法》第210条即规定："自然人之间的借款合同，自贷款人提供借款时生效"，将民事借贷合同规定为实践性合同，签订后并不立即生效，直至实际给付借款时才发生效力，使贷款人能够有充分的考虑时间；而商事借贷则严格遵循私法自治和合同信守的精神，合同签订后即告生效，双方当事人均受合同效力的约束。

在利息的给付请求权问题上，商事借贷享有法定的利息请求权，而民事借贷则需以当事人的合同约定为前提。民事行为基于其伦理性，利息请求权须通过"另有约定除外"的方式予以确认，民间借贷若无特别约定，应作无偿推定。我国《合同法》第211条前段规定："自然人之间的借款合同对支付利息没有约定或者约定不明确的，视为不支付利息。"《最高人民法院关于依法妥善审理民间借贷纠纷案件促进经济发展维护社会稳定的通知》①第6条规定："出借人依照合同约定请求支付借款利息的，人民法院应当依据合同法和《最高人民法院关于人民法院审理借贷案件的若干意见》第6条、第7条的规定处理。"《民间借贷规定》第25条规定："借贷双方没有约定利息，出借人主张支付借期内利息的，人民法院不予支持。自然人之间借贷对利息约定不明，出借人主张支付利息的，人民法院不予支持。除自然人之间借贷的外，借贷双

---

① 法[2011]336号，2011年12月2日发布及实施。

方对借贷利息约定不明，出借人主张利息的，人民法院应当结合民间借贷合同的内容，并根据当地或者当事人的交易方式、交易习惯、市场利率等因素确定利息 。”再次重申民间借贷的利息请求须以合同约定作为基础和依据，但因逾期还款而产生的迟延利息属于法定利息，不以当事人约定为前提。[①] 商事行为遵循有偿性判断规则，此为商事主体营业活动的自然延伸，利息请求权已转变为一般规则，其成立不以交易双方当事人之间的事先约定为必要条件，商事借贷若无相反约定，则须支付利息。[②] 当事人如未就计息标准达成合意，则应由法官按照市场公允价格确定利息，各国商法典中还往往规定了法定利率条款，可供参考、适用。在我国，中国人民银行亦定期公布银行贷款和存款利率，法院依职权计算利息时，常以此为标准。

**二、法定利息之债**

基于法律规定而当然发生的利息之债，不以当事人的事先约定为权利人请求的前提，其往往具有损害赔偿或补偿的性质。法定利息之债主要包括以下四种：

（一）迟延利息

义务人逾期履行金钱债务将产生迟延利息。该种利息一方面可因其损害赔偿的功能而具有补偿性，用以弥补因迟延履行而给权利人造成的法定孳息损失。《合同法》第207条规定：“借款人未按照约定的期限返还借款的，应当按照约定或者国家有关规定支付逾期利息。”《民法通则意见》第123条规定：“公民之间的无息借款，有约定偿还期限而借款人不按期偿还，或者未约定偿还期限但经出借人催告后，借款人仍不偿还的，出借人要求借款人偿付逾期利息，应当予以准许。”《最高人民法院关于依法妥善审理民间借贷纠纷案件促进经济发展维护社会稳定的通知》第6条规定，当事人主张自逾期还款之日起的利息损失的，依法予以支持，利率按照合同约定的利率或中国人民银行同期同类贷款基准利率计算。《最高人民法院关于审理建设工程施工合同纠纷案件适用法律问题的解释》第17条规定：“当事人对欠付工程价款利息计付标准有约定的，按照约定处理；没有约定的，按照中国人民银行发布的同期同类贷款利率计息”；第18条前段规定：“利息从应付工程价款之日计付。”《民间借贷规定》第29条规定：“借贷双方对逾期利率有约定的，从其约定，但以不超过年利率24%为限。未约定逾期利率或者约定不明的，人民法院可以区分不同情况处理：（一）既未约定借期内的利率，也未约定逾期利率，出借人主张借款人自逾期还款之日起按照年利率6%支付资金占用期间利息的，人民法院应予支持；（二）约定了借期内的利率但未约

① 详见下文关于迟延利息的论述。

② 参见叶林：《商法规范的法律特征》，载米健主编：《中德法学学术论文集》，中国政法大学出版社2006年版。

定逾期利率,出借人主张借款人自逾期还款之日起按照借期内的利率支付资金占用期间利息的,人民法院应予支持。”第30条规定:“出借人与借款人既约定了逾期利率,又约定了违约金或者其他费用,出借人可以选择主张逾期利息、违约金或者其他费用,也可以一并主张,但总计超过年利率24%的部分,人民法院不予支持。”另一方面,部分迟延利息还具有明显的惩罚性质,用以惩罚义务人的违约或违法行为。如《民事诉讼法》第253条前段规定:“被执行人未按判决、裁定和其他法律文书指定的期间履行给付金钱义务的,应当加倍支付迟延履行期间的债务利息。”《最高人民法院关于执行程序中计算迟延履行期间的债务利息适用法律若干问题的解释》第1条规定:“根据民事诉讼法第二百五十三条规定加倍计算之后的迟延履行期间的债务利息,包括迟延履行期间的一般债务利息和加倍部分债务利息。迟延履行期间的一般债务利息,根据生效法律文书确定的方法计算;生效法律文书未确定给付该利息的,不予计算。加倍部分债务利息的计算方法为:加倍部分债务利息 = 债务人尚未清偿的生效法律文书确定的除一般债务利息之外的金钱债务 × 日万分之一点七五 × 迟延履行期间。”

(二)垫费利息

行为人为他人垫付费用后,得请求受益人给付相应的利息,该种利息主要具有补偿性质。最典型的情形莫过于无因管理,管理人在无法定或约定义务的情况下为本人之利益管理其事务,如该管理对本人有利且不违反社会常识,则管理人有权要求本人支付其因此所支出的必要费用及该费用的利息。另一种情形出现在委托合同中,受托人为处理委托事务而垫付的费用及其利息,如系为完成委托事项所必须,则受托人有权请求委托人予以偿还。《合同法》第398条规定:“委托人应当预付处理委托事务的费用。受托人为处理委托事务垫付的必要费用,委托人应当偿还该费用及其利息。”

(三)拟制利息

为了自己的利益使用他人的金钱应支付相应的利息,此为拟制利息。从法律关系的角度看,利息是债务人使用或占有债权人的金钱或其他代替物所应给付的对价或补偿。虽无约定之债,但实际使用了他人的金钱,法律上假定双方之间存在借贷关系,使用人应根据法定利率支付利息。如无因管理人为了自己的利益而使用本人的金钱,受托人擅自使用委托人的金钱牟利的,均应给付相应的利息。

(四)返还利息

对于他人负有返还财产义务者在返还财产时应一并给付相应的利息,此为返还利息。缔约过失责任的承担中,常常发生返还利息,因为在合同被宣告无效或被撤销后,将产生返还财产和赔偿损失的问题。一方面,当返还的标的为金钱时,有过错的一方应一并给付占有该金钱期间的利息。《民间借贷规定》第29条规定:“借贷双方对逾期利率有约定的,从其约定,但以不超过年利率24%为限。未约定逾期利率或者约定不明的,人民法院可以区分不同情况处理:(一)既未约定借期内的利率,也未约定逾期利率,出借人主张借款人自逾期还款之日起按照年利率6%支付资金占用期间利息的,人民法院应予支持;(二)约定了借期内的利率但未约定逾期利率,出借人主张借款人自逾期还款之日起按照借期内的利率支付资金占用期间利息的,人民法院应予支持。”第30条规定:“出借人与借款人既约定了逾期利率,又约定了违约金或者其他费用,出借人可以选择主张逾期利息、违约金或者其他费用,也可以一并主张,但总计超过年利率24%的部分,人民法院不予支持。”另一方面,如合同当事人为准备合同的履行而支付了一定的费用,则有过错的一方还应一并赔付该费用的相应利息。合同法以外的其他法律也有关于返还利息的规定,如《物权法》第243条前段规定:“不动产或者动产被占有人占有的,权利人可以请求返还原物及其孳息”;《中华人民共和国国家赔偿法》第36条第7项规定:“返还执行的罚款或者罚金、追缴或者没收的金钱,解除冻结的存款或者汇款的,应当支付银行同期存款利息。”

**三、利息之债的计算**

利息是根据主债权的金额及其存续期间,依据一定的比率,计算得出的法定孳息。2009年5月18日起实施的《最高人民法院关于在执行工作中如何计算迟延履行期间的债务利息等问题的批复》中直接规定了迟延双倍利息的计算公式,即:“清偿的迟延履行期间的债务利息=清偿的法律文书确定的金钱债务×同期贷款基准利率×2×迟延履行期间,”2014年8月1日起施行《最高人民法院关于执行程序中计算迟延履行期间的债务利息适用法律若干问题的解释》第1条规定:“根据民事诉讼法第二百五十三条规定加倍计算之后的迟延履行期间的债务利息,包括迟延履行期间的一般债务利息和加倍部分债务利息。迟延履行期间的一般债务利息,根据生效法律文书确定的方法计算;生效法律文书未确定给付该利息的,不予计算。加倍部分债务利息的计算方法为:加倍部分债务利息=债务人尚未清偿的生效法律文书确定的除一般债务利息之外的金钱债务×日万分之一点七五×迟延履行期间。”可见,利息的计算主要基于三个要素,即主债权的金额、借贷期间和利率。

(一)债权本金

利息作为使用或占有债权人的金钱或其他代替物所应给付的对价或补偿,其金额与债权本金往往成正比关系,借贷的本金越高,则利息也相应越高。借款金额以实际发生的金额为准,具体为:借款合同与借款借据记载的金额不一致的,以借款借据所记载的金额为确认依据;借款借据记载金额与实际发放金额不一致的,以实际发放金额为准。同时,法律不允许借款时将利息计入本金收取复利。所谓复利,俗称“利滚利”,指将已实际发生的利息计入本金,一并计算利息,以此计算的利息之债即为复利之债。《合同法》第200条规定:“借款的利息不得预先在本金中扣除。利息预先在本金中扣除的,应当按照实际借款数额返还借款并计算利息。”《民间借贷规定》第27条规定:“借据、收据、欠条等债权凭证载明的借款金额,一般认定为本金。预先在本金中扣除利息的,人民法院应当将实际出借的金额认定为本金。”第28条规定:“借贷双方对前期借款本息结算后将利息计入后期借款本金并重新出具债权凭证,如果前期利率没有超过年利率24%,重新出具的债权凭证载明的金额可认定为后期借款本金;超过部分的利息不能计入后期借款本金。约定的利率超过年利率24%,当事人主张超过部分的利息不能计入后期借款本金的,人民法院应予支持。按前款计算,借款人在借款期间届满后应当支付的本息之和,不能超过最初借款本金与以最初借款本金为基数,以年利率24%计算的整个借款期间的利息之和。出借人请求借款人支付超过部分的,人民法院不予支持。”各国法律对于复利问题也存在原则上的禁止性规定,但在合乎法定条件和商业习惯的例外情况下允许计收复利。德国民法第248条规定:“事前约定复利之协议,其约定为无效。储蓄银行、信用银行及银行业主,得预约将存款到期未提取之利息,视为新生之存款。信用银行对其放出金额发行生息之无记名证券者,得就此放款,预约迟延利息再生利息。”日本民法第405条规定:“利息迟付一年份以上,经债权人之催告,而债务人仍不偿还其利息时,债权人得以之滚入原本。”瑞士债法第314条第3款规定“以利息滚入原本再生利息之预约,除商人间之利息计算,如交互计算,尤其储蓄银行及其类似之业务经营,以复利之计算为习惯者,不生效力。”台湾“民法”第207条规定:“利息不得滚入原本,再生利息。但当事人以书面约定,利息迟付逾一年后经催告而不偿还时,债权人得将迟付之利息滚入原本者,依其约定。前项规定,如商业上另有习惯者,不适用之。”[①]《最高人民法院关于审理借款合同纠纷案件若干问题的规定(征求意见稿)》第17条关于复利的规定中确定:“在金融信贷合同、资金拆借合同、委托贷款合同、信托贷款合同中,除根据行政规章可以计收复利的外,复利不予计算。借款到期后,借款人没有归还应付本金和利息,对逾期本金部分按同期贷款的罚息标准计算违约金;对逾期利息不再计算复利。借款到期后当事人签订展期协议或重新签订借款合同,约定将所欠的利息计入本金重新计算利息,予以认可。”[②]可见,我国在商业实践和司法审判中对于复利均采取原则禁止、例外认可的国际通例。

---

① 郑玉波:《民法债编总论》,中国政法大学出版社2003年版,第210~211页。

② 该规定仍在征求意见阶段,尚未正式生效。

(二)借贷期间

借贷金额使用期限的长短,直接决定利息的金额,计算利息的期间原则上由当事人的合同约定,并以实际借款期间为准。《合同法》第 205 条规定:"借款人应当按照约定的期限支付利息。对支付利息的期限没有约定或者约定不明确,依照本法第六十一条的规定仍不能确定,借款期间不满一年的,应当在返还借款时一并支付;借款期间一年以上的,应当在每届满一年时支付,剩余期间不满一年的,应当在返还借款时一并支付。"第 206 条规定:"借款人应当按照约定的期限返还借款。对借款期限没有约定或者约定不明确,依照本法第六十一条的规定仍不能确定的,借款人可以随时返还;贷款人可以催告借款人在合理期限内返还。"除合同约定的借款期间外,当事人还可提前还款或展期,这也将影响到利息的计付。第 208 条规定:"借款人提前偿还借款的,除当事人另有约定的以外,应当按照实际借款的期间计算利息。"第 209 条规定:"借款人可以在还款期限届满之前向贷款人申请展期。贷款人同意的,可以展期。"《民间借贷规定》第 32 条规定:"借款人可以提前偿还借款,但当事人另有约定的除外。借款人提前偿还借款并主张按照实际借款期间计算利息的,人民法院应予支持。"《最高人民法院关于执行程序中计算迟延履行期间的债务利息适用法律若干问题的解释》第 2 条规定:"加倍部分债务利息自生效法律文书确定的履行期间届满之日起计算;生效法律文书确定分期履行的,自每次履行期间届满之日起计算;生效法律文书未确定履行期间的,自法律文书生效之日起计算。"第 3 条规定:"加倍部分债务利息计算至被执行人履行完毕之日;被执行人分次履行的,相应部分的加倍部分债务利息计算至每次履行完毕之日。人民法院划拨、提取被执行人的存款、收入、股息、红利等财产的,相应部分的加倍部分债务利息计算至划拨、提取之日;人民法院对被执行人财产拍卖、变卖或者以物抵债的,计算至成交裁定或者抵债裁定生效之日;人民法院对被执行人财产通过其他方式变价的,计算至财产变价完成之日。非因被执行人的申请,对生效法律文书审查而中止或者暂缓执行的期间及再审中止执行的期间,不计算加倍部分债务利息。"基于法律的规定而发生的利息,其计算期间应具体分析:迟延利息从发生迟延给付之日起算,垫费利息从管理人或委托人支出垫付费用之日起算,拟制利息从使用他人金钱之日起算,返还利息从义务人付返还义务之日起算,前述利息均计至实际给付之日止。应当注意的是,加倍部分债务利息的计算期间以日为计算单位,"履行期间届满之日"和"法律文书生效之日"作为期间开始日均不计算在期间内,而是从次日计算加倍部分债务利息。当事人不服生效判决而根据《民事诉讼法》第 200 条申请再审的案件,人民法院对当事人申请再审申请的处理结果,将会对加倍部分债务利息的计算产生相应的影响,应根据不同的再生裁判结果来确定加倍部分利息的起算时间，具体可以分为四种情形予以讨论，[①]第一，关于驳回当事人再审申请，再审维持原判决生效文书或者再审维持原生效文书部分判项的处理。(1)人民法院裁定驳回再审申请的，原生效法律文书效力不受影响，加倍部分债务利息仍然按原生效法律文书确定的履行期间届满之日或者法律文书生效之日起计算。(2)人民法院经再审审理认为原生效法律文书裁判结果正确予以维持的，加倍部分债务利息按原生效法律文书确定的履行期间届满之日或者法律文书生效之日起计算，再审中止执行期间的加倍债务利息，根据《最高人民法院关于执行程序中计算迟延履行期间的债务利息适用法律若干问题的解释》第 3 条的规定处理。(3)人民法院经过再审审理，维持了部分判项的，该维持部分确定义务的加倍部分债务利息，按原判决确定的履行期间届满之日或者判决生效之日起计算。再审中止执行的期间，根据《最高人民法院关于执行程序中计算迟延履行期间的债务利息适用法律若干问题的解释》第 3 条的规定处理。第二，关于再审撤销原生效法律文书或再审撤销原生效法律文书部分判项的处理。再审撤销原生效法律文书，驳回债权人诉讼请求或驳回债权人起诉的，原生效法律文书的效力归于消灭，则表明被执行人的债务自始不存在，债权人要求债务人支付加倍债务的利息的基础不复存在，故原执行案件不应对债务人计算加倍部分的债务利息。如果原被执行人已经向原申请执行人部分履行或者全部履行债务的，符合执行回转条件的，应当依法执行回转，并根据《最高人民法院关于执行程序中计算迟延履行期间的债务利息适用法律若干问题的解释》第 6 条的规定处理，即"执行回转程序中，原申请执行人迟延履行金钱给付义务的，应当按照本解释的规定承担加倍部分债务利息"要求原申请执行人承担加倍部分的债务利息。再审撤销原法律文书部分判项的，被撤销部分判项确定义务的加倍利息不予计算。第三，关于再审重新作出判决或判项以及变更判项的处理。再审撤销原生效法院文书重新作出判决或者撤销部分判项重新作出判项的，应当按照再审判决重新确定的给付内容和履行期间，结合债务人实际履行的情况，确定债务人是否需要履行给付义务以及是否存在迟延履行的问题。再审判决变更原生效法律文书判项的，债务人应当按照变更后的判项履行给付义务，同时应当考虑债务人已经履行义务的情况，确定债务人是否还需要继续履行以及是否构成迟延履行的问题。由于再审重新作出判决或者判项以及变更原判决、判项后，债务人的给付义务既可能超过原生效法律文书确定的义务，也可能较原生效法律文书确定的义务有所减少。为此，应当分别不同情况讨论：一是再审判决确定的给付义务超过原生效法律文书确定的内容。债务人应根据再审

---

① 参见最高人民法院执行局编著：《最高人民法院关于执行程序中计算迟延履行期间债务利息司法解释理解与适用》，人民法院出版社 2014 年版，第 57～61 页。

判决确定的给付期间履行,给付义务超过履行期间未履行的,则构成迟延履行,应当按照司法解释的规定,自再生判决确定的履行期届满之日起计算加倍部分的债务利息,已经履行的部分从计算基数中作相应扣减。再审判决未确定履行期间的,加倍部分的利息自再审判决生效之日起计算,已经履行的部分,从计算基数中作相应扣减;二是再审判决确定的给付内容少于原生效法律文书确定的内容的,债务人尚未按原生效法律文书履行的,或者已经履行的数额尚不足再审判决确定的数额,则债务人应根据再审判决确定的给付义务和履行期间进行履行,逾期不履行的,构成迟延履行。自再审判决确定的履行期间之日起计算加倍部分债务利息,已经履行的部分应从计算基数中做相应扣减,再审判决未确定履行期间的,加倍部分债务利息自再审判决生效之日起计算,已经履行的部分从计算基数中做相应扣减。若债务人已经按原生效法律文书履行完毕,或者已经履行的数额超过再审判决确定的数额的,则涉及执行回转的问题,应当按执行回转的相关规定处理。第四,关于再审撤销二审判决,维持被二审否定的一审判决或者维持被二审否定的一审判决部分判项的处理。如果二审判决是撤销一审判决,重新作出判决的,在再审判决生效前,对债务人而言,其履行义务的内容和履行期间都是由二审判决确定的,并非依据一审判决,如果在再审判决中撤销二审判决,维持一审判决,二审判决的效力被否定。一审判决由于再审判决的生效才成为有效判决,其法律效力源于再审的生效,换言之,一审判决的生效时间是基于再审判决对二审判决的改变来确定的,其生效时间确定一审判决生效时间,即再审判决生效时间为一审判决生效时间。因此,应根据再审判决生效时间,结合一审判决确定的给付内容和履行期间,计算债务人迟延履行期间的加倍部分债务利息。一审判决未确定履行期间的,自再审判决生效之日起计算。基于上述同样的理由,如果再审维持二审判决否定的一审判决的部分判项,也应根据再审判决生效时间结合一审判决被维持的判项内容和履行期间,计算债务人迟延履行期间的加倍部分债务利息。一审判决未确定履行期间的,自再审判决生效之日起计算。

(三)利率

利率是利息与债权本金之间的一定比例,依利率计算利息通常以一年为标准,按其百分比以定之。利率根据其产生的方法,亦有法定利率与约定利率之分,但该两者与法定利息和约定利息不能混为一谈。法定利息因是基于法律的直接规定而当然发生的,其金额计算自是适用法定利率。但即便是约定利息,如果当事人对利率没有约定、约定不明或者约定违法的情况下,仍将适用法定利率。具体而言:第一,法定利率。《最高人民法院关于审理涉及金融资产管理公司收购、管理、处置国有银行不良贷款形成的资产的案件适用法律若干问题的规定》第7条规定:“债务人逾期归还贷款,原借款合同约定的利息计算方法不违反法律法规规定的,该约定有效。没有约定或者不明的，依照中国人民银行《人民币利率管理规定》计算利息和复息。”可见，我国法律和司法解释并无关于法定利率数额的直接、明确规定，往往转引中国人民银行确定的商业银行存贷利率。司法实践中，在垫款利息、拟制利息和返还利息的确定上，因无明确标准，各地法院处理不一，有的按照同期银行贷款利率计算，有的按照同期银行存款利率计算，有的按照定期存款利率计算，有的按照活期存款利率计算。在德国、日本等国家和我国台湾地区，成文法或判例法均确立了法定利率的具体数额，如不得超过“周年 20%”、“年利率 30%”等等。我国可参考这些立法例，在法律中直接规定具体的利率，以统一法律适用，该利率应适当高于一般借贷利率。因此，最高人民法院在制定《民间借贷规定》时参考了上述国家和地区的立法例，以不得超过“年利率 24%”和“年利率 36%”两个标准进行了规定，即第 26 条规定：“借贷双方约定的利率未超过年利率 24%，出借人请求借款人按照约定的利率支付利息的，人民法院应予支持。借贷双方约定的利率超过年利率 36%，超过部分的利息约定无效。借款人请求出借人返还已支付的超过年利率 36% 部分的利息的，人民法院应予支持。”第 28 条规定：“借贷双方对前期借款本息结算后将利息计入后期借款本金并重新出具债权凭证，如果前期利率没有超过年利率 24%，重新出具的债权凭证载明的金额可认定为后期借款本金；超过部分的利息不能计入后期借款本金。约定的利率超过年利率 24%，当事人主张超过部分的利息不能计入后期借款本金的，人民法院应予支持。按前款计算，借款人在借款期间届满后应当支付的本息之和，不能超过最初借款本金与以最初借款本金为基数，以年利率 24% 计算的整个借款期间的利息之和。出借人请求借款人支付超过部分的，人民法院不予支持。”第 29 条规定：“借贷双方对逾期利率有约定的，从其约定，但以不超过年利率 24% 为限。未约定逾期利率或者约定不明的，人民法院可以区分不同情况处理：（一）既未约定借期内的利率，也未约定逾期利率，出借人主张借款人自逾期还款之日起按照年利率 6% 支付资金占用期间利息的，人民法院应予支持；（二）约定了借期内的利率但未约定逾期利率，出借人主张借款人自逾期还款之日起按照借期内的利率支付资金占用期间利息的，人民法院应予支持。”第 30 条规定：“出借人与借款人既约定了逾期利率，又约定了违约金或者其他费用，出借人可以选择主张逾期利息、违约金或者其他费用，也可以一并主张，但总计超过年利率 24% 的部分，人民法院不予支持。”第 31 条规定：“没有约定利息但借款人自愿支付，或者超过约定的利率自愿支付利息或违约金，且没有损害国家、集体和第三人利益，借款人又以不当得利为由要求出借人返还的，人民法院不予支持，但借款人要求返还超过年利率 36% 部分的利息除外。”第二，约定利率。利率原则上由当事人任意约定，但法律为了保护债务人的合法权益，防止债权人利用债务人之急需谋取不正当利益，往往就利率的上限进行规制。超出法定利率上限的部分，将不能获得法律的保护，此为“高利贷”之禁止。台湾“民法”第205条规定：“约定利率，超过周年20%者，债权人对于超过部分之利息，无权请求。”德国法区分消费者信贷和企业信贷而进行不同程度的利息管制，对消费者信贷，利息管制相当严格，年利率值超过30%（在利率较低的年代，超过18.6%）通常即可被认为满足了暴利的客观要件；而对企业借贷，法院在认定暴利的问题上通常采取较为宽松的态度，如在年利率为94%甚至180%时，也不认为当然构成违反善良风俗或暴利。[①] 在我国，就金融机构借贷而言，《合同法》第204条规定：“办理贷款业务的金融机构贷款的利率，应当按照中国人民银行规定的贷款利率的上下限确定。”《商业银行法》第38条规定：“商业银行应当按照中国人民银行规定的贷款利率的上下限，确定贷款利率。”就民间借贷而言，《合同法》第211条后段规定：“自然人之间的借款合同约定支付利息的，借款的利率不得违反国家有关限制借款利率的规定。”《民间借贷规定》第26条规定：“借贷双方约定的利率未超过年利率24%，出借人请求借款人按照约定的利率支付利息的，人民法院应予支持。借贷双方约定的利率超过年利率36%，超过部分的利息约定无效。借款人请求出借人返还已支付的超过年利率36%部分的利息的，人民法院应予支持。”第29条规定：“借贷双方对逾期利率有约定的，从其约定，但以不超过年利率24%为限。……”第30条规定：“出借人与借款人既约定了逾期利率，又约定了违约金或者其他费用，出借人可以选择主张逾期利息、违约金或者其他费用，也可以一并主张，但总计超过年利率24%的部分，人民法院不予支持。”

**【典型案例】**

**福州商贸大厦筹备处与福建佳盛投资发展有限公司借款纠纷案**

上诉人（原审被告）：福州商贸大厦筹备处。住所地：福建省福州市象园路72号。

法定代表人：林志亮，该筹备处总经理。

委托代理人：王云英，福建新世通律师事务所律师。

委托代理人：周军芳，福建新世通律师事务所律师。

被上诉人（原审原告）：福建佳盛投资发展有限公司。住所地：福建省福州市五四路温泉大饭店723房。

法定代表人：陈乃雄，该公司总经理。

委托代理人：许金利，福建大中律师事务所律师。

委托代理人：程浩，福建大中律师事务所律师。

---

① 参见许德风：《论利息的法律管制——兼议私法中的社会化考量》，载《北大法律评论》2010年第11卷第1辑。

〔基本案情〕

福建省高级人民法院查明：1993年11月30日，中国工商银行福州市南门支行（以下简称南门工行）与福州商贸大厦筹备处（以下简称筹备处）签订一份最高额授信借款合同—1993年93015号流动资金借款合同。合同约定：南门工行向筹备处发放6000万元的最高额授信借款，期限自1993年11月30日至1998年12月27日，借款利率为月9.15‰，如遇国家调整利率，按调整后的利率计算。借款实际发放和期限以借据为凭，并在特别约定条款中明确贷款发放采取逐笔核贷。逾期还贷，则按中国人民银行有关规定计收利息等。福州民天集团有限公司（以下简称民天公司）、福州市台江百货大楼（以下简称台江百货）、福州榕福糖酒副食品批发公司（以下简称批发公司）作为保证人，为筹备处提供连带责任保证。上述最高额授信借款合同签订后，南门工行先后向筹备处发放五笔贷款。一、1993年11月30日，南门工行向筹备处发放人民币1000万元贷款，借款到期日为1995年6月27日，用于商业网点建设，借款利率为月9.15‰。民天公司、台江百货、批发公司作为保证人，为筹备处提供连带责任保证。上述贷款发放后，筹备处无法按期还款，后上述贷款经两次展期，第一次展期自1995年6月27日至1996年6月27日，利率月10.98‰。第二次展期自1996年6月27日至1998年6月27日，利率月12.45‰。民天公司、台江百货、批发公司继续为筹备处提供连带责任保证。但展期后，筹备处未偿还借款。二、1994年12月9日，南门工行与筹备处签订94014抵押借款合同，向筹备处发放人民币1500万元贷款，借款期限自1994年12月9日至1996年12月13日，用于试桩、施工等，借款利率为10.98‰，如遇国家调整利率，按调整后的利率计算。逾期还贷，则按中国人民银行有关规定计收利息等。上述借款由筹备处提供坐落于八一七北路东侧总面积为4860平方米的土地使用权（土地证号：榕证地（1993）137号）作为借款的抵押担保并在福州市土地管理局办理抵押登记，领取了榕抵证（1994）字第136号土地使用权抵押证书。上述合同签订后，南门工行依约发放贷款，但筹备处至今无法还款。三、1995年11月，南门工行与筹备处签订95021抵押借款合同（即榕房押字第950098号在建房地产抵押贷款合同），向筹备处发放人民币700万元贷款。借款期限自1995年11月30日至1997年11月23日。用于商业网点设施，借款利率为12.06‰，如遇国家调整利率，按调整后的利率计算。逾期还贷，则按中国人民银行有关规定计收利息等。上述借款由筹备处提供坐落于八一七北路东侧在建工程总面积用于抵押担保。上述抵押物已在福州房地产交易管理所办理抵押登记。上述抵押借款合同签订后，南门工行依约发放700万元贷款，但筹备处至今无法还款。四、1996年4月22日，南门工行与筹备处签订96011抵押借款合同（即榕房押字第960064号在建房地产抵押贷款合同），向筹备处发放人民币150万元贷款，借款期限自1996年4月25日至1998年4月3日，用于商业网点设施，借款利率为10.95‰，如遇国家调整利率，按调整后的利率计算。逾期还贷，则按中国人民银行有关规定计收利息等。上述借款由筹备处提供坐落于八一七北路东侧在建工程总面积用于抵押担保。上述抵押物已在福州房地产交易管理所办理抵押登记。上述抵押借款合同签订后,南门工行依约发放150万元贷款,但筹备处至今无法还款。五、1996年12月26日,南门工行与筹备处签订编号为96040人民币短期借款合同,向筹备处发放人民币200万元贷款。借款期限自1996年12月26日至1997年12月26日。借款利率为9.24‰,如遇国家调整利率,按调整后的利率计算。逾期还贷,则按中国人民银行有关规定计收利息等。上述借款由福州颐丰集团公司(以下简称颐丰公司)提供连带责任担保。上述借款担保合同签订后,南门工行依约发放200万元贷款,但筹备处至今无法还款。颐丰公司亦未履行担保义务。

2000年6月21日,中国工商银行福建省分行(以下简称福建工行)与中国华融资产管理公司福州办事处(以下简称华融福州办)签订《债权转让协议》。由福建工行将南门工行所享有的前述五笔债权及其相应的担保从债权全部转让给华融福州办。上述债权转让已告知筹备处及相应保证人。

2003年6月26日,华融福州办与中信信托投资有限责任公司签订《华融资产处置财产信托合同》、《信托财产委托处置协议》,将上述债权设定为信托财产,华融福州办仍有权处置上述财产。华融福州办在管理上述债权期间,多次通过报纸公告或邮寄送达等方式向筹备处及相应保证人催收。

2004年11月,华融福州办将上述已设定为信托财产的五笔债权全部转让给福建佳盛投资发展有限公司(以下简称佳盛公司)。上述转让事实已由中信信托投资有限责任公司与华融福州办共同通知筹备处及相应保证人。佳盛公司为实现债权,于2004年11月26日向原审法院提起诉讼,请求判令:筹备处返还尚欠佳盛公司的贷款本金3550万元,并按中国人民银行有关规定支付至实际还款之日止的利息、罚息(利息、罚息暂计至2004年9月21日为28746682.79元);佳盛公司对筹备处用于担保的抵押物(坐落于八一七北路东侧总面积为4860平方米的土地使用权)有优先受偿权,从处置上述抵押物所得价款中优先清偿佳盛公司在94014抵押借款合同项下享有的债权(本金1500万元及相应利息、罚息);佳盛公司对筹备处用于担保的抵押物(坐落于八一七北路东侧的在建工程)有优先受偿权,从处置上述抵押物所得价款中优先清偿佳盛公司在编号为榕房押字第950098在建房地产抵押贷款合同项下享有的债权(本金700万元及相应利息、罚息);佳盛公司对筹备处用于担保的抵押物(坐落于八一七北路东侧的在建工程)有优先受偿权,从处置上述抵押物所得价款中优先清偿佳盛公司在编号为榕房押字第960064号在建房地产抵押贷款合同项下享有的债权(本金150万元及相应利息、罚息);筹备处承担本案的诉讼费用。

**〔一审裁判理由与结果〕**

福建省高级人民法院认为,本案属于债权转让而产生的欠款纠纷,佳盛公司在2004年11月29日从华融福州办受让取得债权本金人民币3550万元及利息。债权债务转让合法有效。佳盛公司取得合法有效的债权即人民币本金3550万元及利息,包含了该债权债务上述的五份借款合同及三份抵押合同。至于2000年6月20日华融福州办从福建工行受让取得的债权本金人民币3550万元及利息11030159.17元,也是合法有效的,其从2000年6月20日始本金3550万元产生的利息应归于新的债权人即华融福州办。华融福州办在2004年的债权转让也是将2000年6月20日后的利息与本金转让给佳盛公司,明确指出转让后债权所产生的利息也一并随之转让。因此,佳盛公司取得债权后也同时取得本金人民币3550万元及利息11030159.17元,以及本金3550万元从2000年6月20日起至诉讼时的利息。关于划拨地能否抵押问题,该院认为,筹备处将自有的土地用于抵押,根据《中华人民共和国城镇国有土地使用权出让和转让暂行规定》第45条规定,经市、县人民政府土地管理部门批准,其土地使用权和地上建筑物,其他附属物所有权可以转让、出租、抵押。筹备处在借款时已经福州市土地管理部门批准并办理抵押登记手续,因此,抵押合同及抵押登记是合法有效的。其他两项在建工程的借款抵押合同,用于抵押的在建工程也是筹备处自有的财产,并经有关部门登记合法有效。关于能否合并审理问题。根据《中华人民共和国民事诉讼法》的规定,本案五笔借款属于同一种类,同一当事人,合并审理符合法律规定。

综上,原审法院认为,佳盛公司与华融福州办的债权转让协议合法有效。筹备处与南门工行签订的三份借款抵押合同,是双方当事人的真实意思表示,合法有效。该债权转让后抵押合同也一并转让给佳盛公司,根据《中华人民共和国担保法》的规定,佳盛公司对抵押的土地及其土地上的在建工程享有优先受偿权。因此,佳盛公司要求筹备处返还欠款的请求,符合法律规定,应予支持。筹备处的抗辩无事实和法律依据,不予支持。据此,原审法院根据《中华人民共和国民事诉讼法》第一百三十八条,《中华人民共和国合同法》第八十条、第八十二条、第二百零六条、第二百零七条,《中华人民共和国担保法》第三十三条、第四十一条、第四十六条、第五十六条的规定,判决:一、筹备处应在该判决生效之日起十日内返还尚欠佳盛公司的借款本金人民币3550万元及利息11030159.17元。借款本金人民币3550万元从2000年6月21日债权转让后所产生的利息按日万分之二点一支付至实际还款之日止。二、佳盛公司对筹备处用于担保的抵押物(坐落于八一七北路东侧总面积为4860平方米的土地使用权)有优先受偿权,从处置上述抵押物所得价款中优先清偿佳盛公司在94014抵押借款合同项下享有的债权(本金1500万元及相应利息、罚息)。三、佳盛公司对筹备处用于担保的抵押物(坐落于八一七北路东侧的在建工程)有优先受偿权,从处置上述抵押物所得价款中优先清偿佳盛公司在编号为榕房押字第950098在建房地产抵押贷款合同项下享有的债权(本金700万元及相应利息、罚息)。四、佳盛公司对筹备处用于担保的抵押物(坐落于八一七北路东侧的在建工程)有优先受偿权,从处置上述抵押物所得价款中优先清偿佳盛公司在编号为榕房押字第960064号在建房地产抵押贷款合同项下享有的债权(本金150万元及相应利息、罚息)。本案一审案件受理费331244元,由筹备处承担。

〔当事人上诉及答辩意见〕

筹备处不服原审法院上述民事判决,向最高人民法院提起上诉称:原审判决认定事实不清,适用法律不当。一、原审判决对于债权转让范围之事实认定错误。2000年10月,南门工行及华融福州办联合送达给筹备处的债权转让通知书表明:南门工行转让的是"截至2000年6月20日止"尚未履行偿还义务的主债务及担保债务,转让金额合计人民币46530159.17元,被上诉人佳盛公司从华融福州办随之受让的债权也不应超出此范围,这充分说明受让方华融福州办对筹备处仅享有人民币46530159.17元的债权,筹备处有权依据上述债权转让通知书及我国合同法的有关规定抗辩佳盛公司超出部分的诉请。二、原审将五个独立之诉合并受理及审理存在程序上的不当。三、原审判决上诉人筹备处全额承担一审受理费不公。综上,故请求撤销原审判决第一项中"从2000年6月21日起债权转让后产生借款本金人民币3550万元的利息计算按日万分之二点一支付利息至实际还款之日止"部分,驳回佳盛公司相应主张;依法判决佳盛公司承担本案诉讼费用。

被上诉人佳盛公司答辩称:一、2000年6月21日福建工行转让给华融福州办的债权已经包含了2000年6月20日后的利息,原审判决的认定是正确的。(一)根据2000年6月21日福建工行与华融福州办签订的编号为1-2-2-2-2010《债权转让协议》第一、二、三条之约定,债权转让后,"华融替代工行在借款合同中的债权人地位,享有在借款合同项下相应的债权",因此,2000年6月20日后的利息已经归于新的债权人华融福州办。(二)根据福州市公证处(2000)榕公证内民字第8299号《债权转让通知书》,福建工行与华融福州办在上述债权转让通知中已明确告之筹备处,"我分行决定将贵借款人和担保人截至2000年6月20日止尚未履行偿还义务的主债权及担保债务,即我分行的贷款主债权及担保债权转让给华融福州办,并已签订《债权转让协议》编号1-2-2-2-2010。"上述债权转让通知中明确将贷款主债权及担保债权已全部转让给华融福州办。(三)2000年12月8日,福建工行与华融福州办在福建日报B2版所发债权转让公告,也明确告之筹备处:"中国工商银行福建省分行及所属分、支行已经合法将下述企业的贷款主债权及相应的从权利转让给中国华融资产管理公司福州办事处。"(四)根据最高人民法院《关于审理涉及金融资产管理公司收购、管理、处置国有银行不良贷款形成的资产的案件适用法律若干问题的规定》第七条:"债务人逾期归还贷款,原借款合同约定的利息计算办法不违反法律法规规定的,该约定有效。没有约定或者不明的,依照中国人民银行《人民币利率管理规定》计算利息和复息"。根据该司法解释,在债权转让给华融福州办后,华融福州办有权依原合同约定向筹备处收取2000年6月20日后的利息。(五)根据主从债关系,主债权转让,作为从债权的利息亦随之转让。二、本案是基于同一债权转让之事实而产生的诉讼,应合并审理。三、原审判决筹备处全额承担一审受理费是正确的。综上,请求驳回上诉,维持原判。

〔最高人民法院查明的事实〕

最高人民法院二审除认定原审法院查明的事实外，另查明：华融福州办于2004年11月29日向原审法院出具《债权转让证明》载明："……上述合同项下的债权本金为人民币3550万元，利息（暂计至2004年9月21日）为28746682.79元。上述转让的债权本金及利息合计人民币64246682.79元。2004年9月22日起的利息随之转让"。

〔最高人民法院裁判理由与结果〕

最高人民法院认为，本案双方当事人对于两次债权转让协议中确认的债务本金3550万元及其计算至2000年6月20日的利息11030159.17元均无争议，故最高人民法院对原审判决主文第一项中关于该部分的判决内容予以维持。本案争议焦点在于筹备处对于2000年6月21日之后的利息是否应予给付问题。首先，从债权转让合同的约定看，2000年6月20日，华融福州办从福建工行受让前述五份借款合同、三份担保合同项下未受清偿债权之时，并未明示放弃债权受让之后的利息之债；2004年11月29日，佳盛公司从华融福州办转让取得相同债权，亦未明示放弃相应利息之债。其次，华融福州办向筹备处出具的数份《催款通知书》上写明的无具体数额的"相应利息"，以及华融福州办于2004年11月29日向原审法院出具《债权转让证明》中关于"债权本金3550万元、利息（暂计至2004年9月21日）及2004年9月22日之日起的利息随之转让"的表述，亦能说明华融福州办从未放弃2000年6月21日之后的利息之债。况且，银行利息是主债权的收益，属法定孳息，除法律有特别规定或当事人有特别约定外，取得孳息的权利随着主物所有权转移而同时转移。本案债权虽经两次转让，但合同当事人均未明确表示放弃债权转让之后的利息，故原审判决判令债务人筹备处偿还债权人佳盛公司自2000年6月21日起至给付之日止的利息并无不当，最高人民法院应予维持，但计息标准应按照中国人民银行同期逾期贷款利率分段计付。原审判决统一按照日万分之二点一计付未能考虑中国人民银行逾期贷款利率的变动情况，最高人民法院予以纠正。

关于本案合并审理问题。最高人民法院认为，本案是基于债权转让而产生的诉讼，佳盛公司基于同一份债权转让合同、同一法律关系而向同一债务人提起诉讼，不涉及合并审理问题。

综上，原审判决认定事实清楚，除逾期罚息的计付标准表述不当而应予调整以外，其余适用法律并无不当，最高人民法院予以维持。上诉人筹备处的上诉理由不能成立，最高人民法院不予支持。最高人民法院依照《中华人民共和国民事诉讼法》第一百五十三条第一款第（一）、（二）项之规定，判决如下：

一、维持福建省高级人民法院（2004）闽民初字第67号民事判决主文第二、三、四项；

二、变更原审判决主文第一项为：福州商贸大厦筹备处偿还福建佳盛投资有限公司借款本金3550万元、利息11030159.17元及逾期罚息（自2000年6月21日起至实际给付之日止按照中国人民银行同期逾期贷款利率分段计付)。

上述应付款项于本判决送达之次日起10日内给付。逾期给付则按照《中华人民共和国民事诉讼法》第二百三十二条之规定办理。

本案一审案件受理费267710元按照一审判决执行;二审案件受理费267710元,由上诉人福建商贸大厦筹备处承担。

# 第五章 诉讼时效、管辖

**规则22（诉讼时效）** 商业秘密权利人在检察机关侦查终结前并不知晓权利被侵犯，此后对泄露商业秘密人提起民事诉讼，应认定未超过诉讼时效

——罗定市林产化工厂、刘显驰与株洲选矿药剂厂技术秘密侵权纠纷案[①]

**【裁判规则】**

商业秘密权利人在检察机关侦查终结提出检察建议之前，没有证据证明其已知权利被侵犯，在检察机关侦查结束后对泄露商业秘密人提起民事诉讼，应当认定未超过诉讼时效。

**【规则理解】**

诉讼时效期间，是指权利人向人民法院请求保护其民事权利的法定期间。[②] 应当注意诉讼时效期间所具有的特点，第一，诉讼时效具有法定性，不能由当事人约定；第二，诉讼时效具有可变性，可以依法中止、中断或延长；第三，诉讼时效具有强制性，诉讼时效制度属于强制性规定，当事人不得约定延长或者缩短诉讼时效，也不得事先放弃诉讼时效利益。我国《民法通则》第135条规定："向人民法院请求保护民事权利的诉讼时效期间为二年，法律另有规定的除外。"同时，该法第137条规定："诉讼时效期间从知道或者应当知道权利被侵害时起计算。但是，从权利被侵害之日起超过二十年的，人民法院不予保护。有特殊情况的，人民法院可以延长诉讼时效期间。"2017年3月15日公布的《民法总则》对诉讼时效期间进行了调整，是对《民法通则》的重要修改。即该法第188条规定："向人民法院请求保护民事权利的诉讼时效期间为三

---

① 《中华人民共和国最高人民法院公报》2000年第3期，最高人民法院（1999年）知终字第5号民事判决书。

② 魏振瀛主编：《民法》，北京大学出版社2000年版，第196页。

年。法律另有规定的,依照其规定。诉讼时效期间自权利人知道或者应当知道权利受到损害以及义务人之日起计算。法律另有规定的,依照其规定。但是自权利受到损害之日起超过二十年的,人民法院不予保护;有特殊情况的,人民法院可以根据权利人的申请决定延长。”据此,诉讼时效期间的长短及起算直接关系到权利人的权利是否受到人民法院的保护。

**一、诉讼时效类型**

根据诉讼时效期间长短的不同,可以分为普通诉讼时效、特别诉讼时效和最长诉讼时效。

(一)普通诉讼时效

普通诉讼时效是指由民事基本法统一规定的,普遍适用于法律没有作特殊规定的各种民事法律关系的时效。① 我国《民法通则》第135条规定:“向人民法院请求保护民事权利的诉讼时效期间为二年,法律另有规定的除外。”近年来,社会生活发生深刻变化,交易方式与类型不断创新,权利义务关系更加复杂,要求权利人在两年内的普通诉讼时效期间内行使权利,不适应中国社会现状和司法实践,不利于保护债权人合法权益,不利于建立诚信社会,适当延长普通诉讼时效期间成为必然要求,但是同样也应看到,督促权利人在合理期间内行使权利,公平分配权利义务关系等都是诉讼时效的重要功能。立法机关在参照了世界各国的立法例和广泛征求各界意见的基础上,顺应世界各国民事诉讼时效的发展潮流,并兼顾与其他民事法律关系诉讼时效期间规定的有机衔接,在制定《民法总则》时将诉讼时效期间进行了适当延长,普通诉讼时效由二年变为三年,即该法第188条第1款规定:“向人民法院请求保护民事权利的诉讼时效期间为三年。法律另有规定的,依照其规定”。以上规定是关于我国普通诉讼时效的规定,在法律没有特殊规定的情况下,均适用三年的诉讼时效。

(二)特别诉讼时效

特别诉讼时效期间是指法律规定的仅适用于某些特殊民事法律关系的诉讼时效期间,其优于一般诉讼时效期间而适用。《民法总则》第188条第1款关于“法律另有规定的,依照其规定。”是允许特别法对诉讼时效作出不同于普通诉讼时效期间的规定,属于特别诉讼时效期间,根据特别规定优于一般规定的原则,优先适用特别规定,这些规定优于本条所规定的三年诉讼时效期间适用。特别诉讼时效期间可分为短期诉讼时效和长期诉讼时效。

1. 短期诉讼时效是指民事基本法或者特别法就某些民事法律关系规定的短于

---

① 王利明主编:《民法》,中国人民大学出版社2000年版,第131页。

普通诉讼时效期间的诉讼时效。根据《民法通则》第136条规定,下列的诉讼时效期间为一年:身体受到伤害要求赔偿的;出售质量不合格的商品未声明的;延付或者拒付租金的;寄存财物被丢失或者损毁的。此外,其他民事单行法也有关于短期诉讼时效的规定。有观点认为,《民法通则》上述规定的一年特殊诉讼时效,因《民法总则》的颁布而废止,不再适用,而应当统一适用变为三年的诉讼时效。对此,笔者并不赞同上述观点,在《民法通则》废止之前,《民法通则》的规定是有效的,当《民法总则》与《民法通则》规定不一致的,根据新法优于旧法的规定,应当适用新的规定。但《民法总则》第188条第1款关于"……法律另有规定的,依照其规定。"因此,在《民法通则》没有废止之前,上述关于一年的诉讼时效规定仍然有效,属于特别规定,应当适用。又如《海商法》第260条规定:"有关海上拖航合同的请求权,时效期间为一年,自知道或者应当知道权利被侵害之日起计算。"在法律特别规定某些民事法律关系适用短于普通诉讼时效期间的诉讼时效时,根据特别法优于一般法的原则,应适用特别规定。

2. 长期诉讼时效。所谓长期诉讼时效是指民事基本法或者特别法就某些民事法律关系规定的长于普通诉讼时效期间的诉讼时效。如《合同法》第129条规定:"因国际货物买卖合同和技术进出口合同争议提起诉讼或者申请仲裁的期限为四年,自当事人知道或者应当知道其权利受到侵害之日起计算……"《海商法》265条规定:"有关船舶发生油污损害的请求权,时效期间为三年,自损害发生之日起计算;但是,在任何情况下时效期间不得超过从造成损害的事故发生之日起六年。"因为国际货物买卖合同和技术进出口合同有效期长,涉及金额大,具有涉外因素,适用2年的普通诉讼时效往往不够用,因此,法律赋予这两种合同以比较长的诉讼时效期间。[①]《保险法》第26条第2款规定的人寿保险请求给付保险金的请求权规定的五年特殊诉讼时效期间,其优于三年适用。

(三)最长诉讼时效

《民法通则》第137条规定,诉讼时效期间从知道或者应当知道权利被侵害时起计算。但是,从权利被侵害之日起超过二十年的,人民法院不予保护。有特殊情况的,人民法院可以延长诉讼时效期间。《民法总则》第188条第2款规定:"诉讼时效期间自权利人知道或者应当知道权利受到损害以及义务人之日起计算。法律另有规定的,依照其规定。但是自权利受到损害之日起超过二十年的,人民法院不予保护;有特殊情况的,人民法院可以根据权利人的申请决定延长。"关于该条文中"二十年"的性质,有不同学说:第一种观点认为,20年是除斥期间;第二种观点认为,这是关于

---

① 彭万林主编:《民法学》,中国政法大学出版社2002年版,第147页。

权利的最长保护期限;第三种观点认为,这是诉讼时效。笔者认为20年仍是关于诉讼时效的规定,理由是:一是从体系上看,该规定在《民法通则》《民法总则》中与诉讼时效规定在同一条款中;二是20年仍是人民法院保护的期间,而不是权利消灭的期限。不过,该规定与其他诉讼时效仍有不同之处:第一,其他诉讼时效自知道或应当知道诉讼权利被侵害之日起算,而该条规定的20年自权利被侵害之日起计算;该规定的"权利受到侵害之日"即为客观主义的起算标准。第二,其他诉讼时效可以中止、中断,而该条规定的20年不适用时效中止、中断的规定。同时,这种最长权利保护期间并非一种独立的期间类型,是制度设计上的一种补充,在性质上是不变期间。

**二、诉讼时效期间的起算**

(一)诉讼时效期间起算的意义

1. 诉讼时效期间起算是诉讼时效制度发挥功能的前提。诉讼时效制度存在的目的在于督促行为人积极行使权利,维护社会秩序的稳定,进而保护社会公共利益,但该制度的最终发挥作用有赖于合理确定诉讼时效期间的起算点,否则无所谓诉讼时效期间的长短、诉讼时效期间的经过及诉讼时效期间的法律效力。如果诉讼时效期间的起算点设置不合理,则诉讼制度不能发挥应有的作用,甚至可能产生相反的作用,如促使义务人滥用诉讼时效制度以达到逃避义务的目的,或违背依法依约履行义务的诚实信用原则。

2. 诉讼时效期间起算直接关系当事人的权利义务分配。尽管各国法律对诉讼时效期间经过的法律效果规定有所不同,但均认可权利人未在诉讼时效期间内行使权利应承担一定的不利后果,故诉讼时效期间何时起算,直接关系到诉讼时效期间是否经过,权利人的权利是否丧失或者遭到减损。我国诉讼时效的法律效力采取抗辩权发生说,因此,诉讼时效期间的起算关系到债务人抗辩权是否成立,权利人的权利是否受到法律的保护。

(二)我国法律关于诉讼时效期间起算点的原则性规定

《民法通则》第137条规定:"诉讼时效期间从知道或者应当知道权利被侵害时起计算……"《民法总则》第188条第2款规定:"诉讼时效期间自权利人知道或者应当知道权利受到损害以及义务人之日起计算。……"诉讼时效的存在是为了督促权利人积极行使权利,维护社会秩序的稳定,如果权利人尚不知晓或不应当知晓权利受到侵害,自不可能积极行使权利,因此也不应当开始计算诉讼时效。知道权利受到侵害,指权利人现实地于主观上已明了自己权利被侵害事实的发生;①"应当知道"则是

① 王利明主编:《民法》,中国人民大学出版社2000年版,第132页。

一种法律上的推定，不管当事人实际上是否知道权利受到侵害，只要客观上存在知道的条件和可能，即使当事人因主观过错，应当知道而没有知道其权利受到侵害的，也应当开始计算诉讼时效期间，这一规定的目的，是为了防止权利人以不知道权利被侵害为借口而规避诉讼时效。[①] 但如果权利人对权利是否受到侵害存有疑惑，则应自其确定权利受到侵害之时起计算，如涉嫌泄露商业秘密的案件，在检察机关侦查终结提出检察建议之前，没有证据证明商业秘密权利人已知权利被侵犯，则在检察机关侦查结束后对泄露商业秘密人提起民事诉讼，应当认定未超过诉讼时效。

我国民法规定诉讼时效自权利人知道或者应当知道权利受到侵害时起算，并非不考虑权利人能否实际上行使权利。诉讼时效的起算与诉讼时效中止、中断、延长制度相结合，可以较好地解决虽知道权利受到侵害，但因客观原因无法行使权利的情况下对权利人的保护问题。

(三)我国法律关于诉讼时效起算点的其他规定

《民法通则》第137条和《民法总则》第188条第2款对诉讼时效的起算做出了原则性的规定。但是，司法实践中个案千差万别，对于诉讼时效的起算经常存在争议。对此，《民法总则》和有关司法解释对于诉讼时效的起算做了一些明确规定。

1.《民法总则》第189条规定："当事人约定同一债务分期履行的，诉讼时效期间自最后一期履行期限届满之日起计算。"第190条规定："无民事行为能力人或者限制民事行为能力人对其法定代理人的请求权的诉讼时效期间，自该法定代理终止之日起计算。"第191条规定："未成年人遭受性侵害的损害赔偿请求权的诉讼时效期间，自受害人年满十八周岁之日起计算。"第199条规定："法律规定或者当事人约定的撤销权、解除权等权利的存续期间，除法律另有规定外，自权利人知道或者应当知道权利产生之日起计算，不适用有关诉讼时效中止、中断和延长的规定。存续期间届满，撤销权、解除权等权利消灭。"

2.《民法通则意见》的相关规定。该意见第168条规定："人身损害赔偿的诉讼时效期间，伤害明显的，从受伤害之日起算；伤害当时未曾发现，后经检查确诊并能证明是由侵害引起的，从伤势确诊之日起计算。"

3.《最高人民法院关于审理民事案件适用诉讼时效制度若干问题的规定》的相关规定。具体如下：(1)该解释第5条规定："当事人约定同一债务分期履行的，诉讼时效期间从最后一期履行期限届满之日起计算。"(2)该解释第6条规定："未约定履行期限的合同，依照合同法第六十一条、第六十二条的规定，可以确定履行期限的，诉讼时效期间从履行期限届满之日起计算；不能确定履行期限的，诉讼时效期间从债权人

---

① 魏振瀛主编：《民法》，北京大学出版社2000年版，第198页。

要求债务人履行义务的宽限期届满之日起计算,但债务人在债权人第一次向其主张权利之时明确表示不履行义务的,诉讼时效期间从债务人明确表示不履行义务之日起计算。"(3)该解释第7条规定:"享有撤销权的当事人一方请求撤销合同的,应适用合同法第五十五条关于一年除斥期间的规定。对方当事人对撤销合同请求权提出诉讼时效抗辩的,人民法院不予支持。合同被撤销,返还财产、赔偿损失请求权的诉讼时效期间从合同被撤销之日起计算。"(4)该解释第8条规定:"返还不当得利请求权的诉讼时效期间,从当事人一方知道或者应当知道不当得利事实及对方当事人之日起计算。"(5)该解释第9条规定:"管理人因无因管理行为产生的给付必要管理费用、赔偿损失请求权的诉讼时效期间,从无因管理行为结束并且管理人知道或者应当知道本人之日起计算。本人因不当无因管理行为产生的赔偿损失请求权的诉讼时效期间,从其知道或者应当知道管理人及损害事实之日起计算。"

4. 其他民事特别法的规定。关于诉讼时效的起算,其他法律有特别规定的,应当适用特别规定。如《海商法》第257条到265条对相关请求权诉讼时效期间的起算做出了特别规定。

以上是我国法律对诉讼时效起算的明确规定,在法律有明确规定的情形下,应当适用法律关于诉讼时效起算的明确规定。

**【拓展适用】**

**一、关于诉讼时效起算的立法例**

目前关于诉讼时效期间自何时起算,主要存在三种立法例。

(一)自请求权产生时起算

如德国债法改革前的《民法典》第198条规定:"时效自请求权成立时起算,请求以不行为为目的者,时效自有反对行为时起算。"①

(二)自权利人知道或者应当知道权利受侵害时起算

如《俄罗斯民法典》第200条规定:"诉讼时效期间自当事人获悉或者应当获悉自己的权利被侵犯之日起算。本规则的例外情况由本法典和其他法律规定。"②我国《民法通则》《民法总则》也采纳该观点,《民法通则》第137条规定:"诉讼时效期间从知道或者应当知道权利被侵害时起计算……"《民法总则》第188条第2款规定:"诉讼时效期间自权利人知道或者应当知道权利受到损害以及义务人之日起计算。……"

---

① 郑冲、贾红梅译:《德国民法典》,法律出版社1999年版,第39页。

② 李艳斐:《论诉讼时效期间的起算》,华东政法学院硕士学院论文,载中国优秀硕士学位论文全文库。

（三）自请求权可行使时起算

如我国台湾地区“民法”第128条规定：“消灭时效，自请求权可行使时起算。以不行为为目的之请求权，自为行为时起算。”①此外，日本民法、意大利民法，以及我国澳门地区民法也采此立法例。②

## 二、对不同立法例的评析

（一）诉讼时效期间自请求权产生时起算

自请求权产生时起计算采用的是客观标准，容易认定，且诉讼时效制度的目的是督促权利人行使权利，以促进权利的确定与交易安全，而权利人行使权利的前提即为请求权的产生。

但是，诉讼时效期间自请求权产生时起算仍然存在不足之处，因为诉讼时效制度主要是限制怠于行使权利之人的权利，而请求权产生后，权利人未行使权利并不一定是因为其怠于行使权利，也可能是其不知道权利受到侵害，或者不能行使权利，如果自此时开始计算诉讼时效期间，对债权人并不公平，正如有学者所言：“如自请求权成立之时起算，则对于权利人未免失之过苛故也。”③且请求权产生说中的请求权是指权利人请求债务人履行债务的权利，还是债务人拒绝履行债务时，权利人的救济权并不明确。

（二）诉讼时效期间自权利人知道或应当知道权利受侵害时起算

认为诉讼时效应自权利人知道或者应当知道其权利受到侵害时起算的主要理由为：“权利人知道自己的权利遭到了侵害，这是其请求法院保护其权利的基础，从这一时间点开始计算诉讼时效期间，符合诉讼时效是权利人请求法院保护其权利的法定期间的本旨”。④

该观点的不足之处在于：（1）权利人知道权利受到侵害是主观标准，司法实践中难以判断，尽管加入“应当知道”这一规定，但是否应当知道需要综合案件的客观情况，以及权利人的主观判断能力来综合认定，仍属主观标准，其随意性较大；（2）权利人虽然知道权利受侵害但不代表权利人可以立即行使权利，也可能存在权利人知道权利受侵害却不能行使权利的状态，此时确定诉讼时效开始计算，对权利人有失公平；（3）部分权利受侵害之日存在难以明确的问题。在侵害物权、人身权等绝对权时，

---

① 王泽鉴：《民法总则》，中国政法大学出版社2001年版，第530页。

② 参见汪渊智：《完善我国诉讼时效制度的思考》，《民商法前沿》系列讲座现场实录第272期，载中国民商法律网，网址：http://www.civillaw.com.cn/article/default.asp? id=31074，2011年11月6日访问。

③ 胡长清：《中国民法总论》，中国政法大学出版社1997年版，第360页。

④ 彭万林主编：《民法学》，中国政法大学出版社2002年版，第148页。

权利受侵害之时尚好确定,而在合同之债中,对权利受侵害之时的认定存在困难,特别是在无因管理之债、不当得利之债中,认定权利受侵害似有不妥。

(三)诉讼时效期间自权利人能行使权利时起算

认为诉讼时效期间应从权利人能够行使请求权时起算的理由是:“诉讼时效期间是权利人请求人民法院保护其民事权利的法定期间,那么它就应从权利人能够行使请求权时起算。只有当权利人可以行使而怠于行使请求权以致逾越时效期间的,权利人才应承担相应的法律后果。如果权利人只知道或应当知道权利被侵害的事实,但却不知道被谁侵犯时,其请求权就无法行使。这时如要权利人承担时效完成的法律后果,显然与时效制度的宗旨相悖。所以,我国在制定民法典时,宜规定诉讼时效期间,自权利人能够行使请求权之日起计算。”①

规定诉讼时效期间自权利人能行使权利时起算更有利于保护权利人,但对于权利人能行使权利是指法律上能行使权利,还是事实上能行使权利仍有争议,有待于进一步明确。

**三、诉讼时效完善的设想**

从诉讼时效制度督促权利人行使权利,同时禁止权利滥用,维护社会交易秩序的稳定,进而保护社会公共利益,但并非否定权利的存在与行使的立法目的看,笔者认为,规定诉讼时效期间自权利人能行使权利时起算更为合理。其理由主要有如下几点:第一,与诉讼时效督促权利人行使权利,禁止滥用权利的立法目的相符合,只有权利人可以行使权利的前提下才存在是否滥用权利或怠于行使权利的问题。第二,该规定可以克服请求权产生说对权利人明显不公平的弊端。第三,我国《民法通则》《民法总则》虽然规定诉讼时效期间自权利人知道或应当知道权利受侵害时起算,但其他民事特别法和司法解释仍体现自权利产生可行使之时起算的精神。《最高人民法院关于审理民事案件适用诉讼时效制度若干问题的规定》第 8 条规定:“返还不当得利请求权的诉讼时效期间,从当事人一方知道或者应当知道不当得利事实及对方当事人之日起计算。”第 9 条规定:“管理人因无因管理行为产生的给付必要管理费用、赔偿损失请求权的诉讼时效期间,从无因管理行为结束并且管理人知道或者应当知道本人之日起计算。本人因不当无因管理行为产生的赔偿损失请求权的诉讼时效期间,从其知道或者应当知道管理人及损害事实之日起计算。”《海商法》第 258 条规定:“就海上旅客运输向承运人要求赔偿的请求权,时效期间为二年,分别依照下列规定计算:(一)有关旅客人身伤害的请求权,自旅客离船或者应当离船之日起计算;

① 马俊驹、余延满:《民法原论》,法律出版社 2005 年版,第 257 页。

(二)有关旅客死亡的请求权,发生在运送期间的,自旅客应当离船之日起计算;因运送期间内的伤害而导致旅客离船后死亡的,自旅客死亡之日起计算,但是此期限自离船之日起不得超过三年;(三)有关行李灭失或者损坏的请求权,自旅客离船或者应当离船之日起计算。”基于以上理由,笔者认为我国法律规定诉讼时效自权利人可以行使权利时起算更为合适。此外,借鉴其他国家的立法例,应进一步明确:以“作为”为内容的请求权,自请求权可行使时起算;以“不作为”为目的之请求权,自为行为时起算。①

**四、请求权可行使的认定**

如果规定诉讼时效期间自权利可行使时起算,如何认定权利可行使必须予以明确。笔者认为,权利可行使应具备两个条件:请求权的产生及权利可行使的事实。

(一)请求权的存在

根据有关法学理论,请求权应当包括两个层面的意思:其一为权利人行使原权利的请求权,其二为原权利受到侵害时,权利人所享有的救济性请求权。笔者认为,此处的请求权可行使应是指救济性请求权可行使。因为原权利的行使有时候需请求相对人履行一定的义务方可实现,有时候无须义务人实施一定的行为予以配合,故原权利的存在并不必然导致权利人向义务人行使请求权,但当原权利受到侵害时,权利人要保护其原权利,就必须行使请求权以保护其原权利,或获得相应的损害赔偿,此时,权利人享有的权利为救济性请求权。按此理解,在不当得利、无因管理、侵权之债中,请求权的产生时间容易认定,一般而言,不当得利之债自不当得利行为发生之日起产生,无因管理之债自无因管理行为终了之日起产生,侵权之债则自侵害行为发生之日起产生。合同之债的请求权何时产生则需根据不同的情况分别认定:有履行期限的合同之债,自履行期限届满未履行债务时,救济性请求权产生;没有约定履行期限的合同之债,则债权人可以随时要求债务人履行债务,如果债权人给予债务人履行义务的合理时期,该合理时期届满,或者债务人明确表示或者以行为表示拒绝履行债务则债权人的救济性权利产生。附条件或者附期限的合同之债,在条件成就或期限到达之前,因为债务人享有不履行债务的抗辩权,债务并未到期,债权人不得请求债务人履行债务,因此,也不存在债务人拒绝履行债务时,债权人救济性请求权产生的问题,只有条件成就或期限到达时,债务人仍未履行债务,债权人的救济性请求权才产生。

(二)请求权可行使应当考虑的因素

请求权产生后,如果权利人基于客观障碍无法行使权利,则不应当由其承担未行

---

① 参见台湾地区“民法”第128条。

使权利的不利后果。请求权是否可行使还应考虑以下几方面因素：

1. 权利人是否知道请求权的存在。权利人不知请求权的存在是否影响诉讼时效的起算，应根据具体情况而定。权利人不知请求权的存在，可能是基于其对引起请求权发生的事实不知情，也可能是基于其对引起请求权发生的事实所应适用的法律不知道，因而对不知道请求权的存在，应区别对待。如果权利人基于对事实的不知情，从而不知道请求权的存在，如权利人长期居住在国内，不知道他人对其房屋进行了无因管理，更不知道因为管理人不当无因管理行为造成其损害，则其不可能知道赔偿损失请求权的存在，如果要求权利人因不知情而承担诉讼时效期间的法律后果，对权利人显然不公平，故一般而言，如果权利人对事实不知情，应当属于请求权不能行使的理由。事实上，《最高人民法院关于审理民事案件适用诉讼时效制度若干问题的规定》第9条第2款体现了权利人知晓请求权产生的事实方可起算诉讼时效的要求。而如果权利人基于对法律的规定不了解，因而不知道其可以行使请求权要求赔偿损失，则不应影响诉讼时效的起算，因为法律是国家颁布的具有普遍适用性的行为规范，一经颁布即具有强制执行力，任何人均不得以不知法为由而免除相应的法律责任。

为了避免权利人以其不知道为由主张不得起算诉讼时效，在某些情况下，应当可以推定权利人应当知道请求权存在的事实，而是否应当知道又应当以与其具有相当认知能力的人尽到一般注意义务为标准。如果与权利人处于相同地位的人尽到一般的注意义务即可知道请求权的产生，则推定权利人知道该事实，权利人不得以其不知道请求权的存在而主张诉讼时效未开始计算。

权利人是否知道请求权产生的举证责任应由权利人自行承担。超过诉讼时效系义务人的抗辩事由，如果义务人主张该抗辩权，应由义务人承担举证责任，但是，义务人只需证明自请求权产生已过诉讼时效期间即可，如果权利人主张其不知道请求权的产生，则应由权利人举证证明。

2. 权利人是否知道义务人的存在。《民法总则》第188条第2款规定"诉讼时效期间自权利人知道或者应当知道权利受到损害以及义务人之日起计算。法律另有规定的，依照其规定。但是自权利受到损害之日起超过二十年的，人民法院不予保护；有特殊情况的，人民法院可以根据权利人的申请决定延长。"可见，权利人应当明知义务人存在。我国《民事诉讼法》规定的起诉条件中要求有明确的被告，法律规定的最低标准是权利人通过起诉的方式主张权利必然要求其知道义务人的存在，否则人民法院将不予受理。事实上，权利人以任何方式行使请求权均需要知道义务人的存在，否则权利无从行使，因此，权利人不知道义务人的存在构成权利人行使权利的障碍，在此情况下，不应起算诉讼时效。同样，权利人是否知道应以与其处于相同地位的人尽到一般注意义务为标准。《最高人民法院关于审理民事案件适用诉讼时效制度若干问题的规定》第 8 条规定:“返还不当得利请求权的诉讼时效期间,自当事人一方知道或应当知道不当得利事实及对方当事人之日起计算。”即体现了诉讼时效起算以权利人知道义务人的存在为条件。

3. 权利人从法律上是否可行使请求权。一般认为,请求权可行使时,权利人于法律上并无障碍,而得行使请求权。① 如果权利人从法律上不能行使请求权,则不应开始计算诉讼时效。我国现行法律亦体现了这一原则。如《民通意见》第 172 条规定:无民事行为能力人和限制民事行为能力人的权利被侵害,诉讼时效从监护人知道或者应当知道权利被侵害时起计算;没有监护人或者监护人是侵权人的,从设定、变更监护人后监护人知道或应当知道之日起计算,或者从被侵权人具有完全民事行为能力之日起计算。《最高人民法院关于审理民事案件适用诉讼时效制度若干问题的规定》第 20 条规定“有下列情形之一的,应当认定为民法通则第一百三十九条规定的“其他障碍”,诉讼时效中止:(一)权利被侵害的无民事行为能力人、限制民事行为能力人没有法定代理人,或者法定代理人死亡、丧失代理权、丧失行为能力;(二)继承开始后未确定继承人或者遗产管理人;(三)权利人被义务人或者其他人控制无法主张权利;(四)其他导致权利人不能主张权利的客观情形。”由于民事行为能力受限而无法行使权利,应当属于法律上不可行使请求权。

4. 权利人从事实上是否可行使请求权。一般而言,均认为权利人从事实上是否可行使请求权不影响诉讼时效期间的起算。如台湾学者史尚宽先生认为:“可行使而不行使,谓无妨碍请求权行使之法律上障碍,而不为行使。所谓法律上之障碍,谓内在于权利之障碍,权利人本身所存之个人的障碍或一般使权利行为不能为事实上障碍,不包括在内。权利人个人之障碍中,如为事实的障碍之疾病、不在、权利存在之不知,不停止时效进行。”②笔者认为,一般情况下权利人个人之障碍不应成为影响诉讼时效的起算的理由,因为诉讼时效关系到社会秩序的稳定及公共利益的维护,不能因为个人的特殊原因而导致诉讼时效普遍性地不起算,只能作为例外情形对待,而不能产生普遍意义。在特殊情况下,权利人因事实上的原因导致权利不能行使的,也可能影响诉讼时效的起算。如《海商法》第 258 条第 1 款第 1 项规定,就海上旅客运输中旅客人身伤害的请求权,自旅客离船或者应当离船之日起计算。法律之所以作出如此规定的理由可能是考虑到在事实上任何旅客在离船之前均无法请求人民法院保护其民事权利。

---

① 王泽鉴:《民法总则》,中国政法大学出版社 2001 年版,第 530 页。

② 史尚宽:《民法总论》,中国政法大学出版社 2000 年版,第 635 页。

【典型案例】

**罗定市林产化工厂、刘显驰与株洲选矿药剂厂技术秘密侵权纠纷案**

上诉人(原审被告):广东省罗定市林产化工厂。

法定代表人:黄向宁,该厂厂长。

委托代理人:潘灿,广东省罗定市人民政府法制局干部。

上诉人(原审被告):刘显驰。

被上诉人(原审原告):株洲选矿药剂厂。

法定代表人:徐林坤,该厂厂长。

委托代理人:周守康,该厂副厂长。

委托代理人:张廷智,北京天元律师事务所律师。

〔基本案情〕

株洲选矿药剂厂(以下简称株洲厂)自1966年开始生产"黄药"。自1975年起,该厂对黄药生产合成技术中存在的质量不稳定、物料泄漏、温度控制难、容易起火等问题开始进行攻关研究,1981年,对黄药生产的关键设备"混捏机"与"球磨风选系统设置"进行了重新设计、制造、安装,降低了生产成本,提高了生产的安全性和产品质量。该厂所生产的黄药系列产品质量稳定,其丁黄药在1982年、1987年获国家银质产品奖,1981年、1989年获湖南省名牌产品;乙黄药于1983年、1988年获部优产品奖,1982年、1985年、1990年获湖南省优质产品奖。

株洲厂对该厂的技术成果采取了保密措施,颁布了《保密、档案工作制度》、《科技档案管理标准》,规定科技档案不得擅自复制、抄录、转借等,非经领导批准科技档案一般不得外借。

刘显驰毕业于武汉钢铁学院,历任株洲厂CS(黄药原料)车间技术员、药剂车间副主任、CS车间主任、厂设计室副主任兼设计室黄药工艺组组长。1990年10月,广东省罗定市林产化工厂(以下简称罗定厂)找到刘显驰,要求其提供黄药生产的设备图纸及技术。双方口头约定,由刘显驰承担技术工作,罗定厂付酬金4万元,其中交完图纸付2万元,试车成功后再付2万元。此后,刘显驰在1991年5月底前向罗定厂黄武毅交付全部设备图纸(共包括底图、蓝图、白图四本181张),刘显驰在图中标明设计人为柳顺直(刘显驰谐音),单位为园利来技术开发公司(该单位并不存在),并取得约定的2万元整。罗定厂即将这些图纸委托给广州市昆仑公司加工,期间,刘显驰应罗定厂的要求曾到昆仑公司指导设备生产。设备生产出来后,罗定厂又请刘显驰去安装,刘显驰则请株洲厂三位退休工人一起到罗定厂进行安装,还单独到罗定厂指导试车。1991年11月,试车成功,罗定厂又付给刘显驰2万元。刘显驰为罗定厂设计了二台车共1200吨的生产能力,罗定厂又根据图纸再安装了二台车,生产能力达到2000吨,主要产品有乙黄药、丁黄药等。罗定厂使用上述设备生产黄药至1997年4月拆除设备止。

本案一审期间,原审法院委托湖南省科委组织技术鉴定,鉴定结果为:1、株洲厂黄药生产工艺的关键设备混捏机是该厂集多年生产经验自行设计的设备，在国内处于领先地位，属该厂专有技术；2、株洲厂黄药生产用球磨风选系统是自行设计、调试而逐步形成的技术成果，属该厂技术诀窍；3、罗定厂所取的黄药生产合成工艺的关键设备混捏机图纸是株洲厂图纸的复制品；4、罗定厂所获取的黄药生产球磨风选系统设计图纸，系使用了株洲厂的技术诀窍（抄袭了图纸）。

原审法院在本案重审过程中，委托湖南省科委再次组织鉴定，鉴定结论是：1、株洲厂黄药生产合成工艺的关键设备混捏机系该厂凭多年生产经验自行改进、设计、制作的设备，具有密封性能好、有效防爆、控温准确、变载性能可靠、出料阀独特等五项技术；该厂自行设计、调试并逐步形成的球磨风选系统所具有的封闭循环流程、重力分离器、鼓风机的改造、球磨机进出口端部的封闭装置和管道配置等五项技术，均系处于秘密状态，不为公众知悉，具有实用价值和相对进步性，能为权利人带来经济利益，又被该厂采取保密措施的技术秘密。2、罗定厂所获取并使用的黄药生产工艺的关键设备混捏机图纸和黄药生产球磨风选系统设计图纸，实质上是株洲厂图纸的复制品。

原审法院在本案重审期间，委托湖南省湘司审计师事务所对罗定厂生产销售黄药的获利情况进行了审计，结论是：罗定厂自1992年1月至1997年12月底，黄药销售收入35355011.44元，产品销售利润为5167753.47元，减去管理费用、财务费用等，利润总额为1292060.89元。所得税后净利润为412358.74元。根据审计报告结论和当事人提供的账目资料，自1993年1月至1997年4月，该厂销售黄药收入共计29988782.92元，产品销售利润为4206430.80元，营业利润为816736.99元。

1992年6月，株洲厂根据群众揭发线索，向株洲市北区人民检察院举报刘显驰出卖该厂技术资料、贪污犯罪的问题。该检察院在侦查过程中将刘显驰收受的4万元予以追缴后交给了株洲厂，并于1994年12月20日向株洲厂发出一份检察建议书，称刘显驰案已侦查终结，建议株洲厂对刘显驰和罗定厂的侵权行为向人民法院提起诉讼。

1994年12月20日，株洲厂向湖南省株洲市中级人民法院起诉罗定厂和刘显驰，追究其共同侵犯技术秘密的法律责任。在罗定厂提出管辖争议后，由最高人民法院指定湖南省高级人民法院审理。

最高人民法院二审期间，株洲厂认可其赔偿请求数额可以在1993年至1997年4月间计算。

**〔一审裁判理由与结果〕**

原审法院经重审认为：株洲厂在其黄药生产设备混捏机和球磨风选系统方面拥有自己的技术秘密，这一事实已经湖南省科学技术委员会鉴定确认，最高人民法院予以认定；株洲厂对其技术秘密采取了严格的保密措施，从未向外公开，且该技术秘密用于生产后，产生了较好的经济效益和社会效益，故株洲厂的上述技术秘密尚不属于社会公知技术，依法应予保护。罗定厂明知株洲厂生产黄药，采用不正当手段，通过刘显驰共同实施侵权行为，应承担法律责任。罗定厂获取技术秘密的目的是制造设备进行黄药生产,自1991年11月试车生产开始至1997年8月底拆除设备,其行为已构成持续侵权。依据《中华人民共和国民法通则》第六十一条第二款、第一百一十八条、第一百三十九条、第一百四十条之规定,判决:一、广东省罗定市林产化工厂赔偿湖南省株洲选矿药剂厂经济损失人民币4155882.07元,此款限在本判决生效之日起十五日内一次性支付。二、刘显驰赔偿湖南省株洲选矿药剂厂经济损失人民币5万元(含罗定厂支付的报酬4万元)。本案案件受理费、财产保全费共计5万元,鉴定费1.5万元,审计费8万元,共计14.5万元,由广东省罗定市林产化工厂承担。

〔当事人上诉及答辩意见〕

罗定厂不服该判决上诉称:重审判决对技术秘密是否存在的事实认定不清,认定罗定厂与刘显驰构成共同侵权错误,本案已经超过诉讼时效,判决罗定厂赔偿415万余元没有事实和法律依据,判决显失公正,诉讼费、鉴定费和审计费的承担不合理。要求二审法院撤销原判,驳回株洲厂的诉讼请求。

刘显驰不服该判决上诉称:重审判决对本案的技术论证不足,案件超过诉讼时效,罗定厂所付酬金四万元只能部分上缴。

株洲厂答辩称,原审判决事实清楚,适用法律正确,应予维持;两上诉人所侵犯的是无形财产,只要其不停止使用设备,其侵权行为就一直在持续发生,故本案没有超过诉讼时效,且时效应自1994年12月检察机关提出司法建议时起算,我厂也只有在检察机关将刘显驰案件侦查终结后才掌握充分的证据材料。

〔最高人民法院查明的事实〕

最高人民法院二审查明的事实与一审法院查明的事实相同。

〔最高人民法院裁判理由与结果〕

本案争议所涉及的技术经过两次鉴定,确认了株洲了黄药生产合成工艺的关键设备混捏机具有密封性能好、有效防爆、控温准确、变载性能可靠、出料阀独特等五项技术;该厂自行设计、调试并逐步形成的球磨风选系统具有的封闭循环流程、重力分离器、鼓风机的改造、球磨机进出口端部的封闭装置和管道配置等五项技术,均系处于秘密状态,不为公众知悉。罗定厂、刘显驰对上述鉴定结论提出异议称上述技术秘密已经公开,但未提供充分的证据,其所提供的有关技术资料,未发现载有上述技术秘密的内容,故上述鉴定结论应当采信。株洲厂为保护其技术秘密,订立了严格的保密措施;这些技术秘密能够应用于生产并产生了实际效益,株洲厂的上述技术秘密符合《中华人民共和国民法通则》和《中华人民共和国反不正当竞争法》规定的保护条件,应当依法受到保护。罗定厂明知株洲厂是生产黄药的专业厂家,为取得该厂生产设备的技术,私下找到该厂掌握此项技术的人员刘显驰,要求其提供有关技术,并在取得株洲厂的技术图纸后,进行了复制和抄袭,用于制造设备生产并销售黄药,其行为构成侵犯他人商业秘密;刘显驰为获得酬金,将株洲厂严格保密的技术图纸提供给罗定厂,披露了株洲厂的技术秘密,与罗定厂共同构成侵犯商业秘密行为,罗定厂与刘显驰应当承担共同侵犯商业秘密的法律责任。罗定厂虽然于1991年5月就从刘显驰处获得了有关技术,随后即制造了设备,但是其使用设备进行生产的侵权行为和结果一直持续发生到1997年4月拆除设备为止。在此期间,罗定厂通过对设备的使用,一直在利用株洲厂技术秘密的效能,保证了生产的安全、正常进行和产品的质量。虽然,株洲厂仅向检察机关举报要求追究刘显驰的法律责任,未向人民法院提出追究罗定厂侵权责任的请求,但是在检察机关侦查终结于1994年12月提出检察建议之前,没有证据证明株洲厂当时已经清楚知道其权利被罗定厂侵犯的情况,故株洲厂于同年12月20日起诉罗定厂,并没有超过诉讼时效;其根据群众揭发的线索向检察机关举报刘显驰,等待检察机关侦查结束后提起民事诉讼,应当认为诉讼时效自其举报时起中断,因此,株洲厂起诉罗定厂和刘显驰,均未超过诉讼时效。经征求双方当事人意见,株洲厂同意赔偿责任自1993年起算,故本案赔偿数额计算期间为1993年至1997年4月罗定厂拆除设备为止。株洲厂要求按照罗定厂的生产能力推算其获得的利润,为罗定厂提供的产品销售账目总账与明细账对不上,利润数字不可靠,审计事务所按照这样的账目进行审计,在此基础上的审计结论也不可取的意见虽有一定道理,但相对其“按照罗定厂的生产能力推算利润”的要求来说,以参考审计结果并综合全案情况来确定赔偿数额更为合理。原审判决除认定罗定厂拆除设备的时间有误外,其他事实认定正确;判决认定罗定厂与刘显驰共同侵犯了株洲厂的技术秘密,但却没有依据《中华人民共和国民法通则》第一百二十条的规定判决两当事人承担共同侵权责任不妥;此外,对罗定厂和刘显驰的侵权行为仅适用《中华人民共和国民法通则》的规定而未适用《中华人民共和国反不正当竞争法》的有关规定处理,以及侵权利润按照销售利润计算问题上也有失当。经最高人民法院审判委员会讨论决定,依据《中华人民共和国民法通则》第六十一条第二款、第一百一十八条、第一百三十条、第一百三十九条、第一百四十条和《中华人民共和国反不正当产竞争法》第十条第一款第(二)项、第二十条之规定,最高人民法院判决如下:

一、变更湖南省高级人民法院(1997)湘高经初字第25号民事判决第一项为:广东省罗定市林产化工厂赔偿株洲选矿药剂厂经济损失816736.99元及其从1997年4月至本判决执行之日的同期银行贷款利息,自本判决送达之日起十五日内支付,刘显驰对上述款项承担连带责任。

二、变更湖南省高级人民法院(1997)湘高经初字第25号民事判决第二项为:刘显驰赔偿株洲选矿药剂厂经济损失4万元人民币,此款已支付,不再另付。

一审案件受理费、财产保全费、鉴定费、审计费共计14.5万元,由广东省罗定市林产化工厂承担;二审案件受理费27010元,由广东省罗定市林产化工厂承担25010元,刘显驰承担2000元。

**规则23（合同无效的诉讼时效）** 当事人请求确认合同无效的，不应受诉讼时效期间的限制

——广西北生集团有限责任公司与北海市威豪房地产开发公司、广西壮族自治区畜产进出口北海公司土地使用权转让合同纠纷案①

**【裁判规则】**

只有人民法院和仲裁机构有权确认合同是否有效，合同当事人不享有确认合同效力的权利。合同无效系自始无效，当事人请求确认合同无效的，不应受诉讼时效期间的限制，而合同经确认无效后，当事人请求返还财产及赔偿损失的，应当适用法律关于诉讼时效的规定。

**【规则理解】**

**一、无效合同适用诉讼时效的立法现状与主要争议**

（一）无效合同适用诉讼时效的立法现状

《民法通则》第135条规定："向人民法院请求保护民事权利的诉讼时效期间为二年，法律另有规定的除外。"《民法总则》第188条第1款规定："向人民法院请求保护民事权利的诉讼时效期间为三年。法律另有规定的，依照其规定。"上述规定是我国民法关于诉讼时效期间的一般规定，《民法总则》与《民法通则》相比，只是将诉讼时效期间由二年变为三年。其中并未明确当事人请求确认合同无效是否适用诉讼时效的规定。此外，针对司法实务中出现的诉讼时效问题多样化、疑难化的趋势，最高人民法院于2008年9月1日起开始施行《最高人民法院关于审理民事案件适用诉讼时效制度若干问题的规定》。《民法总则》在制定中，吸收了过去司法实践中一些成功经验和做法。但《民法总则》和司法解释对无效合同有关诉讼时效适用的问题仍未予以明确。对此，最高人民法院民二庭负责人就《关于审理民事案件适用诉讼时效制度若干问题的规定》答记者问时进行了说明，认为"无效合同所涉请求权的诉讼时效问题的确是司法实务中急需规定的，但由于在讨论过程中，关于诉讼时效起算点问题争议颇大，未形成倾向性意见，故最高人民法院审委会决定对该问题暂不予以规定，待

---

① 《中华人民共和国最高人民法院公报》2006年第9期，最高人民法院（2005）民一终字第104号民事判决书。

进一步研究。”[①]

（二）无效合同适用诉讼时效的主要争议

目前关于请求确认合同无效是否适用诉讼时效的问题存在截然不同的两种观点。有观点认为确认合同无效应当适用诉讼时效的规定，其主要理由在于：我国《民法通则》只规定向人民法院请求保护民事权利的期限为两年，因此，一切民事权利受到侵害的民法上的保护时间都应该是两年；[②]如果确认合同无效的权利不受时间限制，那么基于无效合同而产生的所有法律关系就可能永远处于悬而未决的状态，交易安全得不到保障，已履行多年的合同仍可恢复到订立合同之初的财产状况的现象，这不利于维护财产流转关系的稳定，不符合诉讼时效制度的立法宗旨和目的。[③] 同时，也有观点认为对于违反法律法规的强制性规定的合同，确认无效不应当适用诉讼时效的规定，其主要理由在于：合同无效的确认是一个事实的确认，而不是时间对于权利的限制；对合同无效的确认适用诉讼时效，不符合法律设立诉讼时效制度的目的；对合同无效的确认任何时间都可以提出。[④] 笔者认为，在司法解释没有明确规定的前提下，确认合同无效是否适用诉讼时效的规定，应根据现行法律的目的与精神进行分析确定。

## 二、确认合同无效与诉讼时效规则的适用

对于确认合同无效是否适用诉讼时效规则，笔者认为，可以通过时效制度的客体、功能及无效合同的性质等诸多因素进行分析，可以确认合同无效不应适用诉讼时效制度的相关规定。

（一）时效制度的客体决定确认合同无效不应适用诉讼时效规定

诉讼时效的客体，又称为诉讼时效的适用范围，是指哪些权利适用于诉讼时效，或者说哪些权利能因诉讼时效的届满而消灭。[⑤] 关于诉讼时效的客体，各国立法并不一致，根据台湾学者史尚宽先生的总结，具体有如下几种：（1）以债权为客体，如瑞士债务法；（2）以债权及其他非所有权之财产权为客体，如日本民法；（3）以诉权为客

① “最高人民法院民二庭负责人就《关于审理民事案件适用诉讼时效制度若干问题的规定》答记者问”，载中国法院网，网址：http://www.chinacourt.org/html/article/200809/01/319542.shtml，2011年11月12日访问。

② 参见吕伯涛：《适用合同法重大疑难问题研究》，人民法院出版社2002年版，第306页。

③ 参见庞小菊：《无效合同的诉讼时效问题刍议》，载《广西政法管理干部学院学报》2003年第3期。

④ 参见王利明：《合同法研究》（第一卷），中国人民大学出版社2002年版，第636~637页。

⑤ 马俊驹、余延满：《民法原论》，法律出版社2005年版，第253页。

体,如法国民法;(4)以请求权为客体,如德国民法,台湾地区"民法"。[①] 笔者认为,从我国民法关于诉讼时效的客体来分析,请求确认合同无效不应适用诉讼时效的规定。

1. 适用时效期间的权利为请求权

根据权利的作用,民事权利可以分为支配权、请求权、抗辩权与形成权。其中支配权是指可以对标的物直接支配并排斥他人干涉的权利,抗辩权是对抗请求权或否认对方权利的权利,形成权则是指当事人一方可以以自己的行为使法律关系发生变动的权利,以上权利的行使无须权利人主动向义务人提出请求即可行使,故不存在权利人向义务人提出请求的问题,而诉讼时效期间却是法律规定的权利人向义务人请求履行义务以实现权利的权利,因此,以上权利不适用诉讼时效的规定。而请求权正是权利人请求他人为一定行为或不为一定行为的权利,只有请求权才需要主动向义务人提出请示以实现权利。因此,从权利的性质看,只有请求权方适用诉讼时效制度。

请求确认合同无效并不是向相对人提出的请求权,因为确认合同无效的权力在于法院或仲裁机构,当事人也是向法院或者仲裁机构提出确认合同无效,并非向对方当事人请求,而无需对方当事人履行义务以实现权利,故确认合同无效不属于诉讼时效制度的适用范围。

2. 适用诉讼时效的权利为救济性请求权

《民法通则》第135条规定:"向人民法院请求保护民事权利的诉讼时效期间为二年,法律另有规定的除外。"《民法总则》第188条第1款规定:"向人民法院请求保护民事权利的诉讼时效期间为三年。法律另有规定的,依照其规定。"可见,关于诉讼时效期间适用的权利是向人民法院请求保护民事权利的权利即救济性权利。根据权利产生的阶段,可以将权利分为原权利与救济性权利,原权利基于某种民事法律事实的存在而产生,而救济性权利则是基于原权利受到侵害而产生,根据《民法总则》《民法通则》的规定,诉讼时效期间是权利人向人民法院请求保护民事权利的法定期间,只有在原权利遭受损害或者可能遭受损害之时才需要向人民法院请求保护,故只有救济性权利才适用诉讼时效期间的规定。请求确认合同无效本身仅是对无效事实的确认,并不涉及救济性权利的行使,因此,也不应适用诉讼时效的规定。

(二)无效合同的性质决定确认合同无效不应适用诉讼时效规定

无效合同是指合同虽然成立,但因其在内容上违反了法律、行政法规的强制性规定和社会公共利益而无法律效力的合同。[②] 无效合同具有以下特点:

第一,无效合同具有违法性。《合同法》第52条规定:"有下列情形之一的,合同

---

① 参见史尚宽:《民法总论》,中国政法大学出版社2000年版,第629页。

② 王利明等:《合同法》,中国人民大学出版社2002年版,第146页。

无效:(一)一方以欺诈、胁迫的手段订立合同,损害国家利益;(二)恶意串通,损害国家、集体或者第三人利益;(三)以合法形式掩盖非法目的;(四)损害社会公共利益;(五)违反法律、行政法规的强制性规定。"第53条规定:"合同中的下列免责条款无效:(一)造成对方人身伤害的;(二)因故意或者重大过失造成对方财产损失的。"同时,《合同法司法解释二》第14条规定,"合同法第五十二条第(五)项规定的'强制性规定',是指效力性强制性规定。"根据以上规定可见,无效合同具有违法性,而且违反的是法律、行政法规的效力性强制性规定。

第二,无效合同具有国家干预性。无效合同因为违反法律、行政法规的强制性规定或违反公共利益而当然无效、绝对无效,因此,对于无效合同,不需要当事人主张,人民法院或者仲裁机构即可以而且应当依职权主动确认合同无效。如当事人一方请求另一方承担违约责任,另一方当事人主张其并未违约,不应当承担违约责任,而人民法院经审查认为合同具备无效因素,此时,即使当事人均没有请求确认合同无效,人民法院也应当认定合同无效。

第三,无效合同具有不可履行性。无效合同自始无效,不会因为当事人主动履行而变为有效合同,当事人也不得履行无效合同。如果当事人一方请求解除合同,在诉讼过程中,双方协商同意继续履行合同,而法院认为合同无效,此时,当事人不得通过调解或和解继续履行合同。

因为无效合同的违法性、国家干预性、不可履行性,故无效合同应是自始无效,该无效状态自合同签订之日即存在,法院或者仲裁机构仅是对于该状态的确认,而非因为法院或者仲裁机构的认定而使合同无效,且无论当事人是否提出请求,或是否经过法院确认,都不改变合同无效的事实,因此,请求确认合同无效不应受诉讼时效的限制。

(三)时效制度的功能决定确认合同无效不应适用诉讼时效规定

民事时效,是指一定事实状态在法定期间的持续存在,从而产生与该事实状态相适用的法律效力的法律制度。①

关于时效的作用,台湾学者王泽鉴总结了如下四种存在理由:1. 保护债务人,避免因时日久远,举证困难,致遭受不利益;2. 尊重现存秩序,维护法律平和;3. 权利上之睡眠者,不值保护;4. 简化法律关系,减轻法院负担,降低交易成本。② "诉讼时效制度虽具有督促权利人行使权利的立法目的,但其实质并非否定权利的合法存在和行使,而是禁止权利的滥用,以维护社会交易秩序的稳定,进而保护社会公共利益。维护社会交易秩序,保护社会公共利益是诉讼时效制度的根本立法目的,世界两大法

---

① 魏振瀛:《民法》,北京大学出版社2000年版,第190页。

② 王泽鉴:《民法总则》,中国政法大学出版社2001年版,第516~517页。

系的诉讼时效立法目的均体现了这一点。基于这一根本立法目的，诉讼时效制度对权利人的权利进行了限制，这是权利人为保护社会公共利益作出的牺牲和让渡……"①综上，从诉讼时效的功能看，请求确认合同无效不应适用诉讼时效制度。

第一、诉讼时效制度最根本的功能在于维持公共利益。无效合同无效的原因即在于对法律、法规的效力性强制性规定及公共利益的违背，如果允许无效合同因时间的经过而发生有效的后果，则意味着对公共利益的违背，与诉讼时效制度的根本目的相悖，且合同无效是法律对该合同的否定性评价，不应仅因时间的经过而改变。至于合同无效后财产的权利状态的恢复则因受到善意取得制度的限制，一般也不会因为权利人未行使权利而发生影响交易安全的情形，故不影响公共秩序的稳定。

第二、诉讼时效制度的功能之一在于促使权利人及时行使权利。诉讼时效期间的经过，将导致权利消失，或者权利减损的后果，这必将促使权利人及时行使权利，从而促进民事关系的进行，提高交易效率，推定社会经济的发展。而无效合同具有不得履行性，权利人不得主张无效合同所约定的权利，义务人亦不得履行无效合同约定的义务。因此，如果确认合同无效适用诉讼时效的规定，与诉讼时效促使权利人及时行使权利的目的亦不相符。

**三、合同确认无效后，请求返还财产及赔偿损失与时效规则的适用**

合同确认无效后，请求返还财产及赔偿损失应适用诉讼时效的规定。其理由主要有两点：

第一，《合同法》第58条规定："合同无效或者被撤销后，因该合同取得的财产，应当予以返还；不能返还或者没有必要返还的，应当折价补偿。有过错的一方应当赔偿对方因此所受到的损失，双方都有过错的，应当各自承担相应的责任。"根据该条规定，合同无效的，如合同已经履行，则因合同而失去财产的人享有返还请求权，因合同受到损害的一方享有赔偿损失请求权。该权利为请求权，权利人应向义务人请求返还或者赔偿，如果义务人不履行该义务，权利人还可请求人民法院判令义务人履行义务，权利人也可以直接向人民法院请求义务人履行义务。此外，合同无效，财产已经交付的或者损害已经发生，而义务人尚未返还或者予以赔偿的，表明权利人的原权利已受到侵犯，此时处于第二位的救济性请求权产生，其向人民法院请求保护的权利属于救济性的权利，因此，返还财产或者赔偿损失的权利属于诉讼时效期间的适用范围。

第二，合同无效后请求返还财产或者赔偿损失的权利更多地体现为当事人个人

① "最高人民法院民二庭负责人就《关于审理民事案件适用诉讼时效制度若干问题的规定》答记者问"，载中国法院网，网址：http://www.chinacourt.org/html/article/200809/01/319542.shtml，2011年11月12日访问。

的利益，而不涉及公共利益，如果权利人明知其权利受到侵害，仍不主张权利，则法律不再保护其权利符合诉讼时效制度促使权利人行使权利的目的。

**【拓展适用】**

**一、债权请求权与诉讼时效规则的适用**

对于债权请求权应当适用诉讼时效的规定，理论界与司法实务界并无多大争议。台湾学者王泽鉴先生认为："凡债权请求权，无论其发生原因及请求权内容为何，均得为消灭时效[①]的客体，包括契约履行请求权及债务不履行损害赔偿请求权，缔约上过失损害赔偿请求权、不当得利返还请求权，及侵权行为损害赔偿请求权等。"[②]我国规定了债权请求权适用诉讼时效的规定，但同时也做了除外规定。《民法总则》第196条规定："下列请求权不适用诉讼时效的规定：……（三）请求支付抚养费、赡养费或者扶养费；……"虽然给付抚养费、赡养费或者扶养费请求权具有交付财产的内容，但这首先体现为身份利益上的请求权，尤其是关系到人的基本生存权，也涉及对弱势群体利益的保护，义务人若以诉讼时效经过而不支付上述费用，这将使权利人的生活没有得到保障，这不仅违背公序良俗原则，而且有违基本的人文关怀，民法总则规定请求对上述"三费"支付权不适用诉讼时效的规定，更彰显对人权保护的原则。《最高人民法院关于审理民事案件适用诉讼时效制度若干问题的规定》第1条明确规定当事人可以对债权请求权提出诉讼时效抗辩，但同时也作了例外规定，即："当事人可以对债权请求权提出诉讼时效抗辩，但对下列债权请求权提出诉讼时效抗辩的，人民法院不予支持：（一）支付存款本金及利息请求权；（二）兑付国债、金融债券以及向不特定对象发行的企业债券本息请求权；（三）基于投资关系产生的缴付出资请求权；（四）其他依法不适用诉讼时效规定的债权请求权。""前两种请求权的实现关系到社会公共利益的保护，如果适用诉讼时效的规定，则将使民众的利益受到损害。缴付出资请求权不适用诉讼时效的规定，否则，有违公司资本充足原则。"[③]

**二、物权请求权与诉讼时效规则的适用**

关于物权请求权是否适用诉讼时效规则的问题，司法实务界争议较大，目前法律也没有明确规定，学者对此亦认识不一。有学者认为物权请求权应适用诉讼时效，[④]

---

① 台湾地区"民法"规定的"消灭时效"与我国民法规定的诉讼时效类似。

② 王泽鉴：《民法总则》，中国政法大学出版社2001年版，第522页。

③ "最高人民法院民二庭负责人就《关于审理民事案件适用诉讼时效制度若干问题的规定》答记者问"，载中国法院网，http://www.chinacourt.org/html/article/200809/01/319542.shtml，2011年11月12日访问。

④ 参见史尚宽：《物权法论》，台湾荣泰印书馆1980年版，第59页。

也有学者认为物权请求权不适用诉讼时效,[①]还有学者认为应对不同类型的物权请求权分别对待,有些适用诉讼时效,有些不适用诉讼时效。

认为物权请求权应适用诉讼时效的理由如下:因为物权请求权亦属于请求权,因此应适用诉讼时效;[②]时效制度创设的目的在于确保法律秩序的安定,如果物权请求权不能脱离基本物权而适用消灭时效,等于承认物权人并不负依诚实信用的观念而妥善行使物权及物权请求权的义务,从而招致滥用权利的后果,也不符合时效制度的精神。[③]

认为物权请求权不应适用诉讼时效的理由如下:第一,物权的请求权与物权不可分开,它与物权是同命运的,既然物权不能适用消灭时效,则物权的请求权也不能与物权分开而单独适用消灭时效;第二,物权的请求权通常适用于各种继续性的侵害行为,因此难以确定时效的起算点,只要权利人发现其权利受到了侵害或遭到妨害,就有权行使物上请求权,而不应适用诉讼时效;第三,物权的请求权虽不适用诉讼时效,但可适用取得时效,原权利人如果因适用取得时效而使权利人失去权利,也是对其不积极行使权利的一种制裁,在此情况下,无必要再适用消灭时效。[④]

而认为要根据权利的不同内容分别对待的观点又包括以下观点:第一,认为回复所有权之圆满状态的物权请求权不适用诉讼时效制度,因为:"所有权既不罹于诉讼时效,且以标的物的圆满支配为其内容,而具有回复所有权之圆满状态的物权之请求权,如果所有权仍然存在,则永随所有权而发生,自不罹于诉讼时效。"[⑤]第二,认为已登记不动产所有人的物权请求权不适用诉讼时效制度,未登记不动产及动产所生的物上请求权,仍应适用诉讼时效制度,因为"如果已登记之不动产回复请求权,得罹于时效而消灭,将使登记制度,失其效用。"[⑥]第三,认为物上请求权中的返还财产请求权、恢复原状请求权得适用诉讼时效,而排除妨害请求权、消除危险请求权、所有权确认请求权,一般不发生诉讼时效制度的适用。[⑦]

笔者认为,根据现有的法律,物权请求权作为请求权的一种应当适用诉讼时效的规定,但法律另有规定不适用的除外。首先,物权与物权请求权是两个不同的概念。物权是指权利人依法享有的直接支配特定物并对抗第三人的财产权利,物权是一种

① 参见王利明:《物权法论》,中国政法大学出版社2003年版,第129页。
② 参见马俊驹、余延满:《民法原则》,法律出版社2005年版,第253页。
③ 转引自王利明:《物权法论》,中国政法大学出版社2003年版,第129页。
④ 参见王利明:《物权法论》,中国政法大学出版社2003年版,第129~130页。
⑤ [日]我妻荣:《民法总论》,有斐阁1988年版,第378页。
⑥ 参见王泽鉴:《民法总则》,中国政法大学出版社2001年版,第522~523页。
⑦ 王利明主编:《民法》,中国人民大学出版社2000年版,第132页。

支配权，权利人可以依据自己的意志占有、使用或者处分其物，同时，物权也是一种对世权，权利人可以对抗一切不特定的义务人，在其未受损害之前，其可以自主行使权利，不存在请求义务人履行义务以实现其权利，故物权的行使自不适用诉讼时效的规定。而物权请求权则是指物权受到他人侵害时，为恢复物权之圆满状态为标的请求权，故物权请求权属于救济性的请求权，可以适用诉讼时效的规定。其次，诉讼时效的目的即在于促使权利人及时行使权利，以确保权利的法律状态与事实状态保持一致，从而维持法律秩序及社会公用利益。故物权受到损害时，督促权利人及时行使权利，以恢复物权之圆满状态，与诉讼时效的目的相符合。再次，与善意取得制度相结合，物权请求权适用诉讼时效同样不会引起法律秩序的混乱。

根据《物权法》第 3 章的规定，物权请求权主要包括确认物权请求权、返还原物请求权、排除妨害或者消除危险请求权、恢复原状请求权、损害赔偿请求权。根据请求权的具体内容不同，在诉讼时效的具体适用上应当区别对待。《民法总则》第 196 条规定："下列请求权不适用诉讼时效的规定：(一)请求停止侵害、排除妨碍、消除危险；(二)不动产物权和登记的动产物权的权利人请求返还财产；……"1.《民法总则》《物权法》《侵权责任法》都对停止侵害、排除妨碍、消除危险作了规定，民法总则和侵权责任法主要是从承担方式的角度规定，而《物权法》则从物权保护的角度规定，其实质是从物权请求权的角度进行规定。停止侵害、排除妨害、消除危险是所有权或其他物权的功能，其目的是解决对物权权能的障碍、发挥物的效用、恢复权利人对权利客体的支配为目的。根据物权的理论，无论经过多长时间，法律不可能任侵害物权的行为取得合法性。如果请求权请求停止侵害、排除妨碍、消除危险的权力适用诉讼时效，将会发生物权人必须容忍他人对其行使物权进行侵害的结果，这对权利人不公平，也违反《物权法》基本理论。因此，《民法总则》对这三种请求权作出不适用诉讼时效的规定。但应当注意的是，《物权法》在物权的保护中也规定了损害赔偿这一内容，依照本条规定的精神，损害赔偿请求权应当适用诉讼时效的规定。当然，依照本条的规定，对于其他绝对权利请求权如人身权、知识产权等涉及停止侵害、排除妨害、消除危险的，都是不适用诉讼时效的。2. 我国不动产采用登记生效主义，未经登记不发生法律效力。《物权法》第 9 条规定，不动产物权的设立、变更、转让或消灭，经依法登记，发生法律效力。未经登记，不发生法律效力，但法律另有规定的除外。信赖利益是民法上的重要利益。不动产物权一般用登记作为不动产物权享有和变动的公示方法。不动产登记部门是国家设立的，不动产一经登记具有强大的公示公信力，不动产登记簿上的登记就显示了物权的归属，任何人在与他人进行交易行为时负有注意和审慎义务，应当关注不动产的登记情况。通常，理性人对不动产登记簿上的登记产生信赖，只要登记簿记载的权利人与实际占有人不符，就会使他人对占有人是否为真正权利人产生疑问,而且只要登记簿上记载的权利人不改变,其无论经过多长时间都不会使他人对无权占有人产生信赖,认为其是合法物权人,并与之发生民事法律关系。在不动产登记制度条件下,如规定已经登记的物权人请求返还财产时适用诉讼时效规定,这必然导致时效制度与不动产登记制度相矛盾,动摇不动产登记制度的权威性。3. 动产是以交付占有和交付为所有权享有和变动的公示方法。理论上讲,他人无权占有动产后,动产即与所有人分离,动产物权的权利人如果长期不请求返还财产,他人基于占有公示就会产生越来越强的对抗力,随着时间的推移,第三人越发相信无权占有人就是事实上的动产所有人,进而基于这种信赖与之发生一定的法律关系,法律对这种信赖利益进行保护,有利于维护新产生法律关系的效力和整个经济秩序的稳定。但根据《物权法》第 24 条规定,船舶、航空器、机动车辆等物权的登记、变更、转让和消灭,未经登记,不得对抗善意第三人。由此可见,法律对船舶、航空器、机动车辆等动产登记采取了登记对抗主义,如果进行了登记,就与不动产一样产生了强大的公示公信效力,因此,《民法总则》规定登记动产物权的权利人请求返还财产不适用时效的规定。应当注意的是,动产物权的权利人请求返还财产,只有依法登记的,不限于船舶、航空器、机动车辆等,不适用时效的规定,而其他未登记的,则适用时效的规定。

**三、人身权与诉讼时效规则的适用**

在大陆法系的国家或地区,其民事立法一般均明确规定,亲属法上的请求权,以向将来恢复此相当关系状态为目的,除有特别规定外,不因时效而消灭,其理由主要是:亲属关系不因时效而有变更,其关系存续中,事实关系与权利关系有不符者,随时得请求回复之,且亲属关系有关于善良风俗道德上的义务,亦不因时效而消灭。①

关于人身权是否适用诉讼时效制度的问题应当从以下方面进行分析:

首先,应当具体确定人身权的范围。人身权,是人格权和身份权的合称,又称人身非财产权,是指民事主体依法享有的,与其自身不可分离亦不可转让的没有直接财产内容的法定民事权利。人身权是民事主体享有的最基本的民事权利,具有非财产性、不可转让性、不可放弃性、法定性、绝对性和支配性等特征。其中人格权包括民事主体就其人身自由和人格尊严、生命、健康、姓名或者名称、名誉、隐私、肖像等所享有的权利或利益,身份权包括亲权、亲属权、配偶权等。②

其次,以上权利中的原权利不适用诉讼时效的规定。首先,人格权系绝对权,可以对抗一切不特定的人,权利人可以向任何人主张人身权,并排斥他人的非法干涉;

---

① 参见马俊驹、余延满:《民法原则》,法律出版社 2005 年版,第 256 页。

② 参见王利明主编:《民法》,中国人民大学出版社 2000 年版,第 507～512 页。

并且,民事主体可以直接支配及人格利益,无须对方当事人为特定的行为,因此,人格权在未受侵害的时候,不需要向任何人请求履行义务,而诉讼时效制度是对权利人行使权利的时间限制,故人格权的行使本身不适用诉讼时效的规定。身份权系与权利主体特定的身份联系在一起,既需特定身份人履行义务以实现其权利,又具有排除与其有特定身份的人之外的任何人干涉的权利,而权利主体针对特定身份人之外的其他人的权利在未受到侵害之前,无须请求保护,因此也不适用诉讼时效的规则,其请求特定身份人履行相应身份上之义务的权利则因身份关系的持续存在一直享有,该原权利亦不应受诉讼时效的限制。

再次,人身权受损害后产生的救济性请求权是否适用诉讼时效的规定应具体分析。根据《侵权责任法》第 15 条的规定,承担侵权责任的方式主要有:停止侵害;排除妨碍;消除危险;返还财产;恢复原状;赔偿损失;赔礼道歉;消除影响、恢复名誉。其中,适应侵害人身权的责任方式有停止侵害、赔礼道歉、消除影响、恢复名誉、赔偿损失。具体分析如下:(1)请求停止侵害不应受诉讼时效的限制,因为侵害行为处于继续状态,则侵权行为不终了,如果适用诉讼时效规则,此时诉讼时效期间亦不起算,权利人不会因为诉讼时间期间而使权利人丧失请求法院保护的权利,如果侵害行为终了,则权利人亦无须再请求停止侵害。(2)请求赔礼道歉、消除影响、恢复名誉应适用诉讼时效规则。以上请求权系针对特定侵权人的债权请求权,属于诉讼时效的适用范围,且权利人权利受损后请求恢复其人格权圆满状态的权利,该权利的行使更多地体现为对权利人精神利益的补偿,与公共利益没有必然的关系,无须法律予以特殊保护,为了促使权利人尽快行使权利,理应让其适用诉讼时效规则。(3)请求赔偿损失应当适用诉讼时效规则。该请求权属于诉讼时效的适用范围,法律亦明确规定其适用诉讼时效规则。如《民法通则》明确规定,身体受到伤害要求赔偿的诉讼时效期间为一年。应当注意的是,《民法总则》对普通诉讼时效由二年调整为三年。同时,为保护未成年人的利益,《民法总则》对受性侵的未成年人的赔偿请求权的诉讼时效期间起算作出了特别规定,即该法第 191 条规定:“未成年人遭受性侵害的损害赔偿请求权的诉讼时效期间,自受害人年满十八周岁之日起计算”。适用上述规定应当注意两个方面:第一,解决核心问题是实践中未成年人遭受性侵害后,其家庭或者法定代理人“不愿意或不敢”站出来主张权利,受害人成年后愿意或者有能力主张权利时却诉送时效已经过了的问题。对于遭受性侵害之外的损害赔偿,不适用上述特别诉讼时效规定。第二,权利人受到侵害后,诉讼时效期间届满前的时间范围内,权利人都可以主张权利。对于未成年人遭受性侵害的,在年满 18 周岁之前,法定代理人代为行使权利,向人民法院提起请求的,人民法院依法作出的生效判决具有既判力。受害人在年满 18 周岁之后对相关处理不满意,要求再次处理的,应当符合《民事诉讼法》等法律的相关规定。如果年满18周岁之前其法定代理人选择与侵害人“私了”的方式解决纠纷的,受害人在年满18周岁之后,可以依据《民法总则》第191条的规定请求处理。第三,未成年人遭受性侵害的损害赔偿请求权的诉讼时效期间,适用《民法总则》第188条关于三年普通诉讼时效的规定,自受害人年满18周岁之日起计算三年。如果符合《民法总则》第194条、第195条有关诉讼时效中止、中断的情形的,适用诉讼时效中止、中断的规定。

最后,权利人对于身份关系相对人的请求人不适用诉讼时效规则。身份权包括亲权、亲属权与配偶权。亲权是指父母对未成年子女在人身和财产方面的管教和保护的权利和义务。[①] 如我国《婚姻法》第23条规定,父母有保护和教育未成年子女的权利和义务。亲属权则是指特定亲属之间基于其亲属关系而产生的权利。如《婚姻法》第21条第1款规定,父母对子女有抚养教育的义务;子女对父母有赡养扶助的义务;第28条规定,有负担能力的祖父母、外祖父母,对于父母已经死亡或父母无力抚养的未成年的孙子女、外孙子女,有抚养的义务。有负担能力的孙子女、外孙子女,对于子女已经死亡或子女无力赡养的祖父母、外祖父母,有赡养的义务。配偶权则指夫妻相互间基于配偶关系享有的权利,如夫妻双方享有要求对方扶助的义务。以上权利基于特定的身份关系而产生,也应自特定关系终止而消灭,且这些权利关系到公序良俗与公共利益,其受损害后请求保护的权利不应仅仅因为时效期间的经过而有所减损。因此,《民法总则》第196条规定:“下列请求权不适用诉讼时效的规定:……(三)请求支付抚养费、赡养费或者扶养费;……”

**【典型案例】**

**广西北生集团有限责任公司与北海市威豪房地产开发公司、广西壮族自治区畜产进出口北海公司土地使用权转让合同纠纷案**

上诉人(原审被告):广西北生集团有限责任公司,住所地广西壮族自治区北海市北海大道168号。

法定代表人:何玉良,该公司董事长。

委托代理人:张波,北京市天如律师事务所律师。

被上诉人(原审原告):北海市威豪房地产开发公司,住所地广西壮族自治区北海市四川路口岸大厦9楼。

法定代表人:刁江南,该公司总经理。

委托代理人:李崇文,北京市凯文律师事务所律师。

委托代理人:胡小顺,北京市凯文律师事务所律师。

---

① 参见李志敏:《比较家庭法》,北京大学出版社1988年版,第227~228页。

被上诉人(原审原告):广西壮族自治区畜产进出口北海公司,住所地广西壮族自治区北海市四川路口岸大厦9楼。

法定代表人:彭家龙,该公司总经理。

委托代理人:李崇文,北京市凯文律师事务所律师。

委托代理人:胡小顺,北京市凯文律师事务所律师。

〔基本案情〕

一审法院经审理查明:1993年3月3日,北生集团与威豪公司签订《土地合作开发协议书》约定,双方合作开发乡镇企业城范围内土地150亩;威豪公司按每亩20.5万元标准交付合作开发费用,共计3075万元;协议签订后两个工作日内,威豪公司支付北生集团土地合作开发费500万元作为定金,同时将原有的土地蓝线图正本和北生集团与广西壮族自治区北海市乡镇企业城招商中心(以下简称招商中心)签订的土地合作开发协议交给威豪公司保管;北生集团原则上在收到定金后,从招商中心办理好以威豪公司为该150亩土地占有人的蓝线图和转换合同,办理的手续费由北生集团负担;威豪公司在签约后10日内再付1000万元,其余的1575万元在1993年5月1日前付足;北生集团办理蓝线图及转换合同,最迟不能超过13日(自合同签订之日起),逾期北生集团赔偿给威豪公司100万元,同时本合同有效执行;威豪公司付清全款,北生集团根据威豪公司要求同意向威豪公司转让土地使用权,威豪公司提供办理红线图及土地使用权证所需的立项等全部文件,北生集团负责为其办理红线图及土地使用权证;协议自签字盖章,交纳定金之日起正式生效。同日,双方又签订《补充协议》约定,北生集团与招商中心合作开发该150亩土地,尚欠合作开发费50%即600万元。在1993年5月1日威豪公司支付全款前,北生集团欠交土地合作开发费的损失由其自行承担,如果招商中心提高土地价格,加价部分由北生集团承担;如果收回土地,北生集团应在损失发生时将所收的款项全部退还给威豪公司,并在5日内赔偿500万元;如威豪公司未能在1993年5月1日前付足款给北生集团,威豪公司则赔偿500万元。同日,北生集团将土地示意图正本交付给威豪公司。威豪公司法定代表人刁江南出具了收条。

合同签订后,威豪公司分别于1993年3月4日、3月13日及4月30日支付500万、1000万、1000万元给北生集团,北生集团开具了收款收据。但北生集团未依约办理蓝线图及转换合同,也未为威豪公司办理土地使用权证。北生集团至今未取得讼争土地的土地使用权,也未对讼争土地进行开发利用。双方当事人均当庭确认威豪公司在诉讼前一直未向北生集团主张过权利。

一审法院另查明,威豪公司系由北海公司申办成立,其性质为全民所有制企业法人,主管部门为北海公司。由于威豪公司未按规定申报工商年检,2003年11月26日,广西壮族自治区北海市工商行政管理局作出行政处罚决定书,决定吊销威豪公司的营业执照,但至今尚未成立清算组进行清算。北生集团在1997年1月1日前的名称为浙江广厦建筑集团北海公司;1997年1月1日变更为广西北海浙江广厦建筑有限责任公司;2002年8月23日变更为广西北生企业(集团)有限责任公司;2002年9月19日再次变更为北生集团。

一审法院还查明,2000年1月26日,广西壮族自治区北海市中级人民法院就柳州市恒通房地产开发公司(以下简称恒通公司)与威豪公司及成都三业投资开发股份有限公司(以下简称三业公司)土地使用权转让合同纠纷一案作出(1999)北民初字第66号民事判决,认定威豪公司转让给恒通公司的150亩土地是根据1993年3月3日其与北生集团签订的《土地合作开发协议书》受让而来。但威豪公司与三业公司未取得该幅土地的使用权即与恒通公司签订土地使用权转让协议,在一审期间也未补办土地使用权手续,因此,该土地使用权转让合同无效。遂判决威豪公司返还其从恒通公司取得的土地款2820万元及该款利息。该判决已为生效判决。

〔一审裁判理由与结果〕

一审法院经审理认为,本案争议焦点为:1. 北海公司是否为本案适格原告;2.《土地开发协议书》是否无效; 3. 威豪公司及北海公司的起诉是否超过了法定诉讼时效期间。

关于第一个争议焦点,即北海公司是否为适格原告的问题,一审法院认为,北海公司在本案中为适格原告。因为威豪公司系北海公司开办的全民所有制企业,威豪公司被工商管理部门依法吊销营业执照后,其民事行为能力受到一定的限制,且至今未成立清算组进行清算,北海公司作为该公司的开办单位、主管部门及唯一的出资方有权利及义务对威豪公司的债权债务进行清理。该公司作为共同原告参加诉讼并无不当。北生集团主张其是与威豪公司签订的合同,北海公司不是合同相对人,因而无权参加诉讼的理由不成立,不予支持。

关于第二个争议焦点,即《土地合作开发协议书》是否无效的问题,一审法院认为,威豪公司与北生集团签订的《土地合作开发协议书》,名为合作开发,实为土地使用权转让,该协议为无效合同。依据最高人民法院《关于审理房地产管理法施行前房地产开发经营案件若干问题的解答》第7条"未取得土地使用证的土地使用者为转让方与他人签订的合同,一般应当认定无效,但转让方已按出让合同约定的期限和条件投资开发利用了土地,在一审诉讼期间,经有关主管部门批准,补办了土地使用权登记或变更登记手续的,可认定合同有效"之规定,北生集团未取得讼争土地的使用权即与威豪公司签订协议转让该土地的使用权,且既未对土地进行实际的投资开发,也未在一审审理期间补办有关土地使用权登记或变更登记手续,因此,双方当事人签订的《土地合作开发协议书》无效。依据无效合同返还原则,北生集团应返还其收取的购地款2500万元及利息。

北生集团答辩认为,《土地合作开发协议书》合法有效,该协议的性质是合同权利义务的转让,即北生集团将其与招商中心签订的土地合作开发协议中的权利义务转让给威豪公司。但在一审审理期间,北生集团不能提供其与招商中心签订的协议或其他证据证明其与招商中心之间具有土地合作开发关系。而北生集团与威豪公司签订的《土地合作开发协议书》中也没有任何关于共同出资、共同经营、共担风险的约定。相反该协议书第六条约定威豪公司付清全款后，北生集团向威豪公司转让土地使用权，并为威豪公司办理土地使用权证。显然，威豪公司与北生集团之间的法律关系并非土地合作开发合同的权利义务转让，而是土地使用权的转让。即使《土地合作开发协议书》是合同权利义务的转让，北生集团的转让行为未得到原合同相对方的同意，该转让行为亦无效。所以，北生集团关于合同合法有效的抗辩主张没有事实和法律依据，不予采信。

北生集团还认为，威豪公司未按照《补充协议》的约定付足全部款项，致使其无法协助威豪公司取得该幅土地的使用权，威豪公司对此应自行负责。一审法院认为，依照最高人民法院《关于审理房地产管理法施行前房地产开发经营案件若干问题的解答》第7条的规定，北生集团作为土地使用权的转让方应当取得土地使用权后方可转让该土地使用权。北生集团在本案中的转让行为违反了上述规定。受让方未付清全部款项并不能使北生集团的违法行为合法化，也不是导致涉案合同无效的原因。北生集团的该抗辩主张与司法解释的规定相悖，不予支持。

关于第三个争议焦点，即威豪公司、北海公司的起诉是否超过法定诉讼时效期间的问题，一审法院认为，威豪公司、北海公司的起诉没有超过法定诉讼时效期间。当事人向法院请求保护民事权利的诉讼时效期间为两年，诉讼时效期间从知道或应当知道权利被侵害时起计算。首先，《中华人民共和国民法通则》规定的两年的诉讼时效期间适用于债权请求权，不适用于形成权。而威豪公司、北海公司关于确认合同无效的请求属于形成权之诉，不应受两年诉讼时效的限制。其次，因合同无效产生的财产返还请求权在性质上属于债权请求权范畴，理应受《中华人民共和国民法通则》关于诉讼时效期间的规定的限制，诉讼时效期间从原告知道或应当知道权利被侵害时起算。鉴于当事人并不享有确认合同无效的法定权力，合同只有在被法定裁判机关确认为无效之后，才产生不当得利的财产返还请求权及该请求权的诉讼时效问题。因此，威豪公司与北生集团签订的《土地合作开发协议书》被法院宣告无效后，威豪公司才享有财产返还请求权。如北生集团不予返还，威豪公司才知道或应当知道该权利受到侵害，诉讼时效才开始起算。以合同被宣告无效为无效合同诉讼时效的起点，威豪公司、北海公司的起诉没有超过法定诉讼时效期间。北生集团提出以合同被宣告无效为诉讼时效的起算点，可能会导致以无效合同为基础的民事关系长期处于不稳定状态，但诉讼时效原则体现的是国家公权力对私权的合理干预，以及在公共利益与私人利益产生冲突时，立法对公共利益的倾斜与保护。同时，在涉及无效合同财产返还的诉讼中，对《中华人民共和国民法通则》第一百三十七条如何适用，司法实践中还存在另一种诠释：即以无效合同的履行期限为确定诉讼时效的依据。其理由是无效合同的当事人通常在合同被法定机关确认为无效前，并不知道合同无效，当事人对无效合同约定的合同利益有合理的预期。如无效合同约定了履行期限,在该履行期限届满后;如合同未约定履行期限,在当事人主张权利后,合同相对方仍不能完全履行义务,当事人即知道或应当知道其"合同权利"受到侵害,则应积极地行使诉讼权利,维护自身利益。但由于本案双方当事人未对土地使用权转让的履行时间进行约定,威豪公司、北海公司从未向北生集团主张过权利,北生集团也从未告知过威豪公司不能办理土地使用权转让手续,威豪公司不知道也不应知道北生集团不能履约。所以,无论是以合同被法定裁判机关宣告无效,还是以无效合同的履行期限为依据确定诉讼时效的起算点,威豪公司、北海公司在2005年提起返还财产的诉讼,均未超过法定诉讼时效期间。

北生集团认为,《土地合作开发协议书》约定北生集团应在合同签订之日起13日内为威豪公司办理蓝线图和转换合同。北生集团未在该期限内履行上述义务,威豪公司就应当知道其权利受到侵害,诉讼时效即开始起算。一审法院认为,首先,合同的诉讼时效计算应以合同主要义务的履行期限为依据。《土地合作开发协议书》中约定的威豪公司支付购地款的对价是北生集团转让土地使用权给威豪公司,办理蓝线图等只是附随义务,其履行期限并不能替代合同主要义务的履行期限,也不应作为确定整个合同的诉讼时效的依据。其次,《土地合作开发协议书》约定,如果北生集团未能在合同订立之日起13日内办理蓝线图和转换合同,合同仍然继续有效执行。实际上在该时间之后,双方也还在继续履行合同。可见,未及时办理蓝线图及转换合同并不影响合同其他权利义务的履行。再次,从现实操作而言,土地使用权过户的全部手续通常也不可能在13日内能办理完毕。因此,无论从法理、合同约定、实际履约情况还是从现实操作的情况分析,在合同签订后的13日内北生集团虽未依约办理好蓝线图等,但并不能据此推断威豪公司就知道或应当知道北生集团不能履行转让土地使用权的义务。

此外,北生集团还认为,广西壮族自治区北海市中级人民法院作出(1999)北民初字第66号民事判决后,威豪公司就知道或应当知道其权利被北生集团侵害,诉讼时效期间即开始起算。一审法院认为,广西壮族自治区北海市中级人民法院审理的是威豪公司与恒通公司的争议,并未就本案原、被告之间的纠纷进行审理。广西壮族自治区北海市中级人民法院判决认定威豪公司与恒通公司之间的合同不能履行、合同无效,并不能推导出威豪公司与北生集团之间的合同不能履行或无效,两者之间没有必然的逻辑关系。依照最高人民法院《关于审理房地产管理法施行前房地产开发经营案件若干问题的解答》第7条的规定,威豪公司与北生集团之间的土地使用权转让协议在威豪公司提起诉讼时,实质上还处于效力待定状态,即如在本案一审诉讼期间北生集团能补办有关土地使用权的手续,合同仍然可以有效履行。此外,威豪公司与北生集团之间的合同没有约定办理土地使用权转让的履行期限,虽然威豪公司与恒通公司产生了诉讼,威豪公司仍未向北生集团主张权利,北生集团也未告知威豪公司不能办理土地使用权转让手续。所以,威豪公司虽在与恒通公司的诉讼中败诉,但并不能由此推定威豪公司知道或应当知道北生集团侵害了其权利，从而致使其不能履行与恒通公司之间的合同义务。

综上所述，北海公司作为威豪公司的开办单位、主管部门及唯一的出资方有权参加诉讼，对威豪公司的债权进行清理。威豪公司与北生集团之间的《土地合作开发协议书》名为合作开发，实为土地使用权转让，该协议违反了法律法规强制性规定，为无效合同。北生集团取得2500万元购地款及利息没有合法依据，应予以返还。威豪公司、北海公司提起诉讼，符合法律关于诉讼时效期间的规定，其诉权应依法受到保护。依照《中华人民共和国民法通则》第六十一条第一款、第九十二条、第一百三十五条、第一百三十七条及最高人民法院《关于审理房地产管理法施行前房地产开发经营案件若干问题的解答》第7条之规定，经一审法院审判委员会讨论决定，判决：(一)威豪公司与北生集团于1993年3月3日签订的《土地合作开发协议书》为无效合同；(二)北生集团返还威豪公司、北海公司2500万元及利息(利息计算从北生集团取得款项之日起至判决规定的履行期限届满为止，按中国人民银行同期一年期存款利率计算)。上述债务义务人应于判决生效之日起15日内履行完毕，逾期则应加倍支付迟延履行期间的债务利息。案件受理费282986元，由北生集团负担。

**〔当事人上诉及答辩意见〕**

北生集团不服一审判决，向最高人民法院提起上诉，请求:1. 撤销一审判决；2. 驳回威豪公司、北海公司的诉讼请求；3. 由威豪公司、北海公司承担本案的全部诉讼费用。

(一)北海公司不是本案适格原告。北海公司作为威豪公司的开办单位、主管部门及唯一的出资方，虽然有权利和义务对威豪公司的债权债务进行清理，但并无法律规定，在法人尚未注销时，其开办单位有权作为当事人代为或共同参加诉讼。这在根本上违背了法人独立的原则。法人的民事权利能力和民事行为能力，从法人成立时产生，到法人终止时消灭。威豪公司虽然系由北海公司申请开办，但被依法吊销了营业执照之后并没有在包括其开办单位北海公司在内的组织下进行清算，也没有办理注销登记。因此威豪公司仍然是一个依法独立存在的法人。被吊销营业执照并不影响威豪公司依法保持独立的民事权利能力和其他民事行为能力，威豪公司仍然有权且只能以自己的名义独立行使法律赋予的各项民事权利，包括参加诉讼。因此，一审法院认定北海公司为本案适格原告显属错误。

(二)威豪公司的起诉已过诉讼时效。1. 一审法院关于“原告确认合同无效的请求属于形成权之诉，不应受两年诉讼时效的限制”的认定，没有法律依据。关于请求确认无效合同是否适用诉讼时效的问题，我国法律没有明确规定，一直以来在理论界和实务界都存在一定的争议。我国是成文法国家，在法律没有明确规定无效合同不适用诉讼时效制度的情况下，人民法院不宜也不应该把存在争议的学理、学说作为定案的依据，应该同样适用法律关于诉讼时效的规定，即以2年为限。2. 一审法院认定“以合同被宣告无效为无效合同诉讼时效的起点”是错误的。一审法院认为，“鉴于当事人并不享有确认合同无效的法定效力,合同只有在被法定裁判机关确认为无效之后,才产生不当得利的财产返还请求权及该请求权的诉讼时效问题”。北生集团认为,合同是否有效并不影响当事人主张权利,故确认合同无效和返还财产请求权是可以分开且应该分开的两个问题。法院不能抛开法律规定,自行推定威豪公司何时知道其权利受损,否则诉讼时效将形同虚设。而且,合同无效虽然存在违法因素,但本案涉及的财产均为当事人自由处分的范围,属私权,不是国家必须主动干预的范畴。简单地以合同被宣告无效为财产返还请求权诉讼时效的起点,必然导致以无效合同为基础的民事关系长期处于不稳定状态,不利于整个社会经济生活的健康发展。3. 权利人的权利是否受到侵害是一个价值判断问题,应由法定裁判机关确定,但权利人知否其权利受到侵害则是一个事实问题,要靠证据来认定。威豪公司与恒通公司的土地转让合同被判无效,确实不能推导出本案合同无效,从而确定威豪公司的权利受到侵害,但可以据此认定威豪公司应当知道自己的权利受到了侵害。首先,北生集团对涉案土地并无使用权,也没有实际投资开发利用土地,经过十几年,仍然不能办理土地转让手续,其与威豪公司的土地转让合同违反法律的强制性规定,极有可能被判无效;其次,威豪公司已经向恒通公司承担了法律责任,遭受了巨大的经济损失。威豪公司权利受到侵害的事实已经发生。而威豪公司怠于行使自己的权利,从未向北生集团提出主张,致使诉讼时效期间届满。

威豪公司及北海公司答辩认为,一审判决认定事实清楚,适用法律正确,应予维持。北生集团的上诉请求不能成立,应予驳回。

(一)关于北海公司的主体问题。北海公司是威豪公司的开办单位,威豪公司已于2003年11月26日被广西壮族自治区北海市工商行政管理局吊销营业执照,并被责令由主办单位、投资人或清算组进行清算。威豪公司至今未成立清算组,因此作为主办单位的北海公司有权利有义务对威豪公司的债权债务进行清算工作。本次诉讼,亦是对威豪公司债权债务的清算工作之一,由北海公司同权利义务已受限制的威豪公司共同参加诉讼,符合法律规定。

(二)关于诉讼时效问题。威豪公司的起诉没有超过诉讼时效,威豪公司的诉讼请求应当得到法院的支持。1. 无效合同的确认不适用诉讼时效,无效合同产生的财产返还请求权的诉讼时效期间应自合同被确认无效之日起算。无效合同的确认不受诉讼时效期间限制。合同无效是法律所代表的公共权力对合同成立过程进行干预的结果。确认合同效力是价值判断的范畴,只要法律、行政法规认为合同是无效的或损害社会公共利益的,就应当认定合同无效,而不应考虑合同无效经历的时间过程。此外,诉讼时效制度适用于债权请求权,而确认合同无效则属于形成权,确认合同无效之诉属确认之诉,不适用诉讼时效制度。合同无效是一种法律状态,法律不应强求当事人随时随地对合同效力进行审视,从而使交易处于不确定的状态。当事人在善意履行合同过程中,不发生对合同效力认定及无效合同财产处理的主张起算诉讼时效问题。无效合同产生的财产返还请求权的诉讼时效期间应自合同被确认无效之日起算。如果说以“民事关系的稳定”为借口使无效合同经过时间的延续达到与有效合同相同的事实结果,这显然是违背立法宗旨。2. 即使无效合同的诉讼时效应从知道或应当知道权利被侵害之日起计算,北生集团有关威豪公司的诉讼请求已过诉讼时效的主张也是不能成立的。首先,威豪公司与北生集团之间的《土地合作开发协议书》未就主债务的履行约定履行期限。对于无履行期限的合同,根据我国民法通则与合同法的相关规定,诉讼时效的起算有如下几种:(1)债权人催告当时债务人就表示立即履行,实际上未履行的,诉讼时效自催告次日起算;(2)如果当事人协商一致,确定一个明确的履行期限的,诉讼时效自该期限届满之次日起算;如果当事人就履行期限协商不成,在任何一方提出了一个合理的履行期限后,诉讼时效自该合理期限之次日起算;(3)债权人向债务人主张债权,债务人当即明确拒绝,而该拒绝含有将来也不履行债务的意思,那么,诉讼时效应从该拒绝之日的次日起计算。本案中,上述几种情况均不存在,因此本案不存在威豪公司知道或应当知道权利被侵害的事实,诉讼时效并未起算。实际上,正是双方当事人结合北海市房地产业的状况,从最大限度维护双方利益的角度出发,共同认可合同处于一个持续的事实状态,因此不存在权利被侵害的情形。3. 威豪公司与北生集团之间的合同效力非经裁判机关裁决,当事人及任何第三人都无权认定合同效力,威豪公司也不能援引另案的判决,来主观推断其在本案合同中的权利被侵害。事实上,威豪公司与第三人订立合作开发合同时,对北生集团何时能真正取得争议地块的土地使用权并不明确,对由此产生的可能对第三人的违约早有合理预知,并愿意承担此种风险,因北生集团即便不能在威豪公司与第三方约定的期限内取得该地块的国有土地使用权,威豪公司也不能想当然的单方推定北生集团违约。况且,在威豪公司与恒通公司的争议经广西壮族自治区北海市中级人民法院(1999)北民初字第66号民事判决书判决后,北生集团在本案一审前,依然存在依法取得约定地块国有土地使用权,并依合同约定再转让给威豪公司的可能性。事实上,威豪公司与北生集团之间的合同并非绝对无效的合同,如果北生集团在本案一审期间能够取得争议土地的国有土地使用权,该合同仍可认定为有效合同。威豪公司未能在另一诉讼一审期间取得争议地块的国有土地使用权,并不等于北生集团不能在此后取得国有土地使用权。根据最高人民法院《关于审理房地产管理法施行前房地产开发经营案件若干问题的解答》的精神,如果北生集团在本案一审期间能够取得争议地块的国有土地使用权,双方的合作开发合同仍可以被认定为有效合同。事实上,当时威豪公司的权利也未遭受侵害,直到起诉前,威豪公司及北海公司仍希望北生集团继续履行交付土地使用权的义务,但北生集团至今无法完成该合同义务,直接导致了合作开发合同的无效。

〔最高人民法院查明的事实〕

最高人民法院二审查明的事实与一审法院查明的事实相同。

〔最高人民法院裁判理由与结果〕

最高人民法院认为，本案二审双方当事人争议焦点有二：其一，北海公司是否具备原告的主体资格；其二，威豪公司的起诉是否超过诉讼时效期间。

（一）关于北海公司是否具备原告的主体资格。

经查，威豪公司是由北海公司申办成立的。由于威豪公司未按规定申报工商年检，2003年11月26日，广西壮族自治区北海市工商行政管理局作出行政处罚决定书，决定吊销威豪公司的营业执照，但至今尚未成立清算组进行清算。根据《中华人民共和国民法通则》第三十六条的规定："法人是具有民事权利能力和民事行为能力，依法独立享有民事权利和承担民事义务的组织。法人的民事权利能力和民事行为能力，从法人成立时产生，到法人终止时消灭。"《中华人民共和国公司登记管理条例》第三十八条规定："经公司登记机关核准注销登记，公司终止。"威豪公司虽然系由北海公司申请开办，但被依法吊销了营业执照之后并没有进行清算，也没有办理公司的注销登记，因此威豪公司仍然享有民事诉讼的权利能力和行为能力，即有权以自己的名义参加民事诉讼。北海公司作为威豪公司的开办单位，虽然有权利和义务对威豪公司的债权债务进行清理，但在威豪公司尚未注销时，其开办单位作为当事人共同参加诉讼，没有法律依据。北海公司不是威豪公司与北生集团所签合同的缔约人，其与北生集团之间没有直接的民事法律关系。因此，一审法院认定北海公司为本案适格原告，于法无据。北生集团关于北海公司不具备本案原告的诉讼主体资格的上诉请求，应予支持。

（二）关于威豪公司的起诉是否超过诉讼时效期间。

一审法院认为，威豪公司与北生集团签订的《土地合作开发协议书》，名为合作开发，实为土地使用权的转让协议。因北生集团未取得讼争土地的使用权即与威豪公司签订协议转让该土地的使用权，且既未对土地进行实际的投资开发也未在一审审理期间补办有关土地使用权登记或变更登记手续，故双方当事人签订的《土地合作开发协议书》应为无效。一审法院上述关于合同性质及效力的认定，符合本案事实，适用法律正确。且双方当事人对合同效力亦无异议。

依照《中华人民共和国民法通则》第一百三十五条、第一百三十七条之规定，当事人向人民法院请求保护民事权利的诉讼时效期间为二年，诉讼时效期间从知道或者应当知道权利被侵害时起计算。最高人民法院认为，合同当事人不享有确认合同无效的法定权利，只有仲裁机构和人民法院有权确认合同是否有效。合同效力的认定，实质是国家公权力对民事行为进行的干预。合同无效系自始无效，单纯的时间经过不能改变无效合同的违法性。当事人请求确认合同无效，不应受诉讼时效期间的限制，而合同经确认无效后，当事人关于返还财产及赔偿损失的请求，应当适用法律关于诉讼时效的规定。本案中，威豪公司与北生集团签订的《土地合作开发协议书》被人民法院确认无效后，威豪公司才享有财产返还的请求权，故威豪公司的起诉没有超过法定诉讼时效期间。

北生集团主张，双方签订的《土地合作开发协议书》约定，北生集团应在合同签订之日起13日内为威豪公司办理蓝线图和转换合同，北生集团未在该期限内履行上述义务，威豪公司就应当知道其权利受到侵害，诉讼时效即开始起算。最高人民法院认为，双方当事人签订的《土地合作开发协议书》约定，如果北生集团未能在合同订立之日起13日内办理蓝线图和转换合同，合同仍然继续有效执行，只是北生集团应承担相应的违约责任，即赔偿威豪公司100万元。因此，合同仍处在继续履行状态，未及时办理蓝线图及转换合同并不影响合同其他权利义务的履行，而且，上述义务也不是双方合同的主要义务。故在合同签订后的13日内北生集团虽未依约办理好蓝线图等，但并不能据此推断威豪公司就知道或应当知道北生集团不能履行转让土地使用权的义务。北生集团的该点上诉理由，不能成立。

北生集团上诉还认为，广西壮族自治区北海市中级人民法院作出（1999）北民初字第66号民事判决后，威豪公司就知道或应当知道其权利被北生集团侵害，诉讼时效期间即开始起算。最高人民法院认为，一审法院对此问题的认定，理据充分。广西壮族自治区北海市中级人民法院审理的是威豪公司与恒通公司的争议，与本案没有直接的联系。广西壮族自治区北海市中级人民法院判决认定威豪公司与恒通公司之间的合同无效，并不能推导出威豪公司与北生集团之间的合同亦为无效。依照最高人民法院《关于审理房地产管理法施行前房地产开发经营案件若干问题的解答》第7条的规定，威豪公司与北生集团之间的土地使用权转让协议在威豪公司提起诉讼时处于效力待定状态，即如在本案一审诉讼期间北生集团能补办有关土地使用权的手续，合同仍然可以有效并得到履行。北生集团也未告知威豪公司不能办理土地使用权转让手续。所以，威豪公司虽在与恒通公司的诉讼中败诉，但并不能由此推定威豪公司知道或应当知道北生集团侵害了其权利。北生集团的该点上诉理由，亦不能成立。

综上，依据《中华人民共和国民事诉讼法》第一百五十三条第一款第（二）项之规定，判决如下：

一、维持广西壮族自治区高级人民法院（2005）桂民一初字第3号民事判决第一项；

二、变更广西壮族自治区高级人民法院（2005）桂民一初字第3号民事判决第二项为：广西北生集团有限责任公司于本判决生效后15日内返还北海市威豪房地产开发公司2500万元及利息（利息从取得款项之日起，按中国人民银行同期一年期存款利率计算）。

一审案件受理费、二审案件受理费共计565972元，由广西北生集团有限责任公司负担。

**规则24（合同撤销权的诉讼时效）当事人以显失公平为由要求撤销协议，已经超出时效的，依法不予保护**

——三和贸易有限责任公司诉中国平安保险股份有限公司南宁办事处水路运输货物保险合同纠纷案①

**【裁判规则】**

协议已经实际履行，事后当事人又以显失公平要求撤销该协议，已经超出法律或司法解释规定的保护时效的，依法不予保护。

**【规则理解】**

**一、显失公平的合同**

《民法总则》第6条规定："民事主体从事民事活动，应当遵循公平原则，合理确定各方的权利和义务。"《民法通则》第4条规定："民事活动应当遵循自愿、公平、等价有偿、诚实信用的原则。"显失公平的合同违背了民法的公平原则。

（一）显失公平合同的法律特征

显失公平的合同是指一方在订立合同时因情况紧迫或缺乏经验而订立的明显对自己有重大不利的合同。② 一般认为，显失公平的合同具有如下特点：

第一，双方当事人的权利义务明显不对等，一方获得的利益超过了法律所允许的限度。民事活动应遵循意思自治原则，一般情况下合同权利义务由双方当事人自愿协商确定，权利义务是否对等当事人自己最清楚，只有在双方当事人利益严重失衡，一方获得的利益超过了法律所允许的限度时，才构成显失公平的合同。强调的是获利的限度不得超过法律允许的限度。第二，订立合同时对一方当事人明显不公平，而不是订立合同后对一方当事人明显不公平。是否显失公平应以合同订立时的情况来看，如果是因为订立合同后出现的商业风险或情势变更导致履行结果不公平，则不构成显失公平的合同。突出强调的时间点是订立合同时，而不是其他时间。第三，一方当事人在订立合同时利用对方处于危困状态、缺乏判断能力以及缺乏经验或情况紧迫导致合同显失公平，即订立合同时，一方当事人因处于危困状态、缺乏判断能力、缺乏经验或情况紧迫，对合同的内容缺乏正确的认识，从而没有意识到合同明显不公

① 《中华人民共和国最高人民法院公报》2000年第5期。

② 王利明：《合同法研究》（第一卷），中国人民大学出版社2002年版，第691页。

平，或因为某种紧急情况，明知合同不公平而不得已同意对方的条件。关于该点是否为显失公平合同的特点，仍有争议。笔者认为，显失公平合同作为可撤销合同的一种，应具备可撤销合同的共同特点，即意思表示有瑕疵，故认为一方当事人缺乏经验或情况紧迫导致合同订立时显失公平应为显失公平的合同所具备的特点。

（二）显失公平合同的效力

我国《民法总则》第151条规定："一方利用对方处于危困状态、缺乏判断能力等情形，致使民事法律行为成立时显失公平的，受损害方有权请求人民法院或者仲裁机构予以撤销。"《民法通则》第59条第1款规定："下列民事行为，一方有权请求人民法院或者仲裁机关予以变更或者撤销：……（二）显失公平的。"应当注意的是，《民法总则》较《民法通则》而言，最大的变化是没有规定对该民事法律行为可予以变更，只规定了撤销。《合同法》第54条规定："下列合同，当事人一方有权请求法院或仲裁机构变更或者撤销：……（2）在订立合同时显失公平的……"可见，显失公平的合同为可撤销合同，一方当事人可以请求人民法院或者仲裁机构变更或者撤销。未被撤销前是具有法律效力的，一旦合同被撤销，其效力自始失去效力，依据《合同法》第58条的规定，因该合同取得的财产，应当予以返还；不能返还或者没有必要返还的，应当折价补偿，有过错的一方应当赔偿对方因此所受到的损失，双方都有过错的，应当各自承担相应的责任。

## 二、可撤销合同的撤销权

（一）合同撤销权概述

可撤销合同的撤销权，是指合同已经成立，但因当事人意思表示不真实，从而赋予一方当事人向人民法院或仲裁机构申请撤销，使合同溯及自始归于无效的权利。可撤销合同撤销权的对象为已经成立，但是因当事人意思表示存在瑕疵，而具备可撤销事由的合同。

1.《民法通则》关于可撤销合同的规定。我国《民法通则》第59条第1款规定："下列民事行为，一方有权请求人民法院或者仲裁机关予以变更或者撤销：（一）行为人对行为内容有重大误解的；（二）显失公平的。"《民法通则》规定的可撤销合同包括两种：因重大误解订立的合同与显失公平的合同。

2.《合同法》关于可撤销合同的规定。我国《合同法》第54条作了如下规定："下列合同，当事人一方有权请求法院或仲裁机构变更或者撤销：（1）因重大误解订立的；（2）在订立合同时显失公平的。一方以欺诈、胁迫的手段或者乘人之危，使对方在违背真实意思的情况下订立的合同，受损害方有权请求人民法院或者仲裁机构变更或者撤销。当事人请求变更的，人民法院或仲裁机构不得撤销。"根据该条规定，可撤销合同包括三类:(1)因重大误解订立的合同;(2)订立时显失公平的合同;(3)一方以欺诈、胁迫手段或者乘人之危,使对方在违背真实意思的情况下订立的合同。

3.《民法总则》关于可撤销合同的规定。《民法总则》第147条规定:“基于重大误解实施的民事法律行为,行为人有权请求人民法院或者仲裁机构予以撤销。”第148条规定:“一方以欺诈手段,使对方在违背真实意思的情况下实施的民事法律行为,受欺诈方有权请求人民法院或者仲裁机构予以撤销。”第149条规定:“第三人实施欺诈行为,使一方在违背真实意思的情况下实施的民事法律行为,对方知道或者应当知道该欺诈行为的,受欺诈方有权请求人民法院或者仲裁机构予以撤销。”第150条规定:“一方或者第三人以胁迫手段,使对方在违背真实意思的情况下实施的民事法律行为,受胁迫方有权请求人民法院或者仲裁机构予以撤销。”第151条规定:“一方利用对方处于危困状态、缺乏判断能力等情形,致使民事法律行为成立时显失公平的,受损害方有权请求人民法院或者仲裁机构予以撤销。”《民法总则》规定的可撤销合同包括四种:因重大误解订立的合同、受欺诈或者因第三人欺诈、受胁迫以及显失公平的合同。

《民法总则》《合同法》相比较《民法通则》而言,《合同法》增加了可撤销合同,即一方以欺诈、胁迫手段或者乘人之危,使对方在违背真实意思的情况下订立的合同,以及第三人实施欺诈行为,使一方在违背真实意思的情况下实施的民事法律行为,对方知道或者应当知道该欺诈行为,以欺诈、胁迫手段而签订合同的行为在《民法通则》中被规定为无效的民事法律行为。由于该类合同仅仅涉及当事人之间的利益,一般不涉及社会公共利益的违反,因此,应当允许合同当事人特别是受害方当事人决定是否愿意遵守合同,如果当事人不愿意遵守合同,则可以行使撤销权,如果其选择遵守合同,则合同继续履行。以上变化反映我国法律对当事人意思自治的干预程度的变化。

(二)可撤销合同撤销权的性质

一般认为,根据权利作用的不同,可以将权利分为请求权、支配权、抗辩权与形成权。其中请求权是指权利人要求他人为或不为一定行为的权利;支配权是指权利人直接支配权利客体并排除他人干涉的权利;抗辩权是指权利人对抗他人行使权利的权利;形成权则是指权利人依自己单方的意思表示,使民事法律关系发生、变更或者消灭的权利。大部分学者认为可撤销合同的撤销权是一种形成权,但也有学者认为,撤销权不是一种形成权,因为对可撤销合同而言,必须要通过诉讼程序才能确定是否应当撤销合同,所以即使撤销权人提出撤销合同以后,如果法院不予确认,仍然不能发生撤销的后果,因此,权利人还不能够完全依据自己的单方意愿而撤销、变更法律关系。[1] 笔者认为,撤销权的权利人向人民法院或者仲裁机构请求撤销或者变更合同的,经审查如果符合法律规定的条件,合同存在可撤销事由,则法院或者仲裁机构应当支持权利人的请求,因此,在存在可撤销事由的前提下,只要权利人行使撤销权则可依权利人的意愿而撤销合同,只是撤销权行使的方式是向人民法院或者仲裁机构提出请求。从这一角度说,仍可认为可撤销合同的撤销权是形成权。

（三）合同撤销权的行使主体

《民法通则》第59条规定:“下列民事行为,一方有权请求人民法院或者仲裁机关予以变更或者撤销……”,从文义解释上看,应当是双方当事人均有权请求撤销合同。同时,《合同法》第54条第1款规定,对因重大误解订立的合同和在订立时显失公平的合同,当事人一方有权请求撤销,但该条第2款却同时规定,一方以欺诈、胁迫的手段或者乘人之危,使对方在违背真实意思的情况下订立的合同,撤销权的行使主体为受损害方。因此,有人认为,根据文义解释和体系解释,可知,因重大误解订立的合同、订立时显失公平的合同撤销权的行使主体为当事人一方,而因欺诈、胁迫、乘人之危,使对方在违背真实意思的情况下订立的合同,撤销权的行使主体为受损害方,否则《合同法》没有必要对不同的可撤销合同的撤销权主体分别进行规定。

但是,对于以上规定,有学者提出质疑:“将因重大误解、显失公平而签订合同的撤销权,赋予合同双方当事人,有悖于设置撤销权的立法目的。因为设置撤销权的主要立法目的是为了保护受损害方的权利,就要尊重受损害方的意愿。受损害方可以从维护自己的合法权益出发,申请撤销;也可以放弃权利或利益而不申请撤销。如果将撤销权也赋予另一方,则有可能违背了受损害方的意愿,无异于又将其意志强加于受损害方。况且有时主张撤销,对受损害方可能更为不利。因此,在完善我国有关民事立法时,对于因重大误解、显失公平而签订合同的撤销权,也应规定受损害方或有瑕疵意思表示的一方才享有撤销权。具体而言,对于因重大误解订立的合同,误解方享有撤销权;对于订立合同时显失公平的合同,受损害的一方或不利益的一方享有撤销权。”[2]还有学者认为,因重大误解而订立的合同,撤销权人应为已为错误意思表示的表意人,但如果表意人对误解的发生具有故意或重大过失的,则不享有撤销权,而非误解方完全可以依据合同请求对方承担合同责任,从而获得充分的救济,因此也没有必要赋予其撤销权。[3] 笔者赞同以上观点,认为因重大误解而订立的合同,及显失

---

① 参见王利明:《合同法研究》(第一卷),中国人民大学出版社2002年版,第713页。

② 曲珍英:《合同撤销权问题研究》,山东大学硕士学位论文,载中国优秀硕士学位论文全文库。

③ 参见王利明:《合同法研究》(第一卷),中国人民大学出版社2002年版,第697页。

公平的合同,撤销权人应为受损害的一方当事人。应当注意的是,《民法总则》第147条至第151条所规定的是行为人、受欺诈方、受胁迫方、受损害方有权请求人民法院或者仲裁机构予以撤销,从文义解释上看,应当是特定的当事人有权请求撤销合同,并非所有的当事人都有权请求撤销合同。

**三、可撤销合同撤销权的行使期间**

"被诈欺或胁迫之意思表示,表意人得撤销之。惟此撤销权,若永久存在,则相对人及其他利益关系人得永久于不确定之地位,故各民法多设除斥期间之规定。"①为了使不确定的法律关系尽快予以确定,我国法律亦对可撤销合同撤销权的行使期限进行了规定。

《民法通则意见》第73条第2款规定:"可变更或者可撤销的民事行为,自行为成立时起超过一年当事人才请求变更或撤销的,人民法院不予保护。"《合同法》第55条第1款第(一)项规定"有下列情形之一的,撤销权消灭:(一)具有撤销权的当事人自知道或者应当知道撤销事由之日起一年内没有行使撤销权。"《最高人民法院关于审理民事案件适用诉讼时效制度若干问题的规定》第7条规定:"享有撤销权的当事人一方请求撤销合同的,应适用合同法第五十五条关于一年除斥期间的规定……"以上是我国法律关于可撤销合同的撤销权行使期限的规定。从以上规定可以看出,可撤销合同撤销权的行使期间为一年,但是,对该一年行使期间的起算,《民法通则意见》和《合同法》有不同的规定,其中《民法通则意见》规定"自行为成立日"起算,而《合同法》规定自具有撤销权的当事人"知道或者应当知道撤销事由之日"起算。由于《民法通则意见》系由最高人民法院审判委员会讨论通过,系司法解释,且于1988年4月2日即发布,而《合同法》是由全国人民代表大会讨论通过的法律,且自1999年10月1日起施行,而法律规范的效力等级首先取决于制定机关在国家机关体系中的地位,制定机关的地位越高,法律规范的效力等级也越高,即"上位法优于下位法"。即使同一机关就同一领域的问题制定了两个以上不同的法律规范时,后来制定的法律规范在效力上高于先前制定的规范,即"后法优于前法",根据以上法理,合同撤销权的行使期限应依照《合同法》的相关规定执行,自享有撤销权的一方当事人知道或者应当知道撤销事由之日起算,自该时起一年期间内未行使撤销权的,合同撤销权消灭。协议已经实际履行,而事后又以该协议显失公平提出撤销,但已经超出一年时效的,人民法院依法不予保护。《民法总则》第152条规定:"有下列情形之一的,撤销权消灭:(一)当事人自知道或者应当知道撤销事由之日起一年内、重大误解的当事人自知道

① 史尚宽:《民法总论》,中国政法大学出版社2000年版,第443页。

或者应当知道撤销事由之日起三个月内没有行使撤销权;(二)当事人受胁迫,自胁迫行为终止之日起一年内没有行使撤销权;(三)当事人知道撤销事由后明确表示或者以自己的行为表明放弃撤销权。当事人自民事法律行为发生之日起五年内没有行使撤销权的,撤销权消灭。"上述规定是在《民法通则》和《合同法》规定的基础上,借鉴其他国家或地区的立法例,对撤销权的除斥期间的明确。权利人应当在规定的期间内行使权利,否则撤销权消灭。第一,关于撤销权行使的一般规定。原则上应在权利人知道或者应当知道撤销事由之日起一年内行使,但自民事法律行为发生之日起五年内没有行使的,撤销权消灭。将期限的起算标准规定为权利人"知道或者应当知道撤销事由之日",有利于保护撤销权人的利益,防止其因不知道撤销权事由存在而错过撤销权的行使,同时辅之以"自民事法律行为发生之日起五年"的客观期间,有利于法律关系、交易秩序的稳定,也有利于交易安全的维护。第二,关于因重大误解享有撤销权的规定。因重大误解与受欺诈、受胁迫、显示公平等影响意思表示自由的情形相比,重大误解权利人的撤销事由系自己未尽到相应的注意义务的原因而造就,法律没有赋予重大误解的撤销权与其他撤销事由同样长的除斥期间,从过去的一年缩短为三个月,并以权利人知道或者自知道撤销事由之日起计算。权利人应当自知道或者应当知道撤销事由之日起三个月内行使,否则撤销权消灭。第三,关于因胁迫而享有撤销权的规定。因胁迫与欺诈、重大误解等其他事由相比,有其特殊性,受胁迫人在胁迫行为终止前,即使知道胁迫行为的存在,客观上仍然无法行使该撤销权,考虑到这一特殊情况,法律将因胁迫享有撤销权的期间起算时间从过去的"知道或者应当知道撤销事由之日"改为"胁迫行为终止之日",期间为一年,规定自胁迫行为终止之日起一年内行使,否则撤销权消灭。第四,关于权利人放弃撤销权。权利人知道撤销事由后明确表示或者以自己的行为明确表明放弃撤销权的,撤销权消灭,不受一年期限的限制。依据意思自治的原则,无论是明确表示,还是通过行为表示对撤销权的放弃,均属于对自己权利的处分,法律应当允许。同时,应当注意的是,《民法总则》2017年3月15日公布,自2017年10月1日起施行,根据"后法优于前法"适用规则,《民法总则》生效后,关于行使撤销权期间按照《民法总则》的上述规定执行。

**【拓展适用】**

**一、合同撤销权行使期间的性质**

根据《合同法》的规定,享有撤销权的当事人一方请求撤销合同的,应当自知道或者应当知道撤销事由之日起一年内行为。关于该一年期间的性质如何,最高人民法院司法解释已有明确认定。《最高人民法院关于审理民事案件适用诉讼时效制度若干问题的规定》第7条第1款规定:"享有撤销权的当事人一方请求撤销合同的,应适用合同法第五十五条关于一年除斥期间的规定。对方当事人对撤销合同请求权提出诉讼时效抗辩的,人民法院不予支持。"可见,我国法律和司法解释已明确规定撤销权行使期限为一年,且一年为除斥期间。应当注意《民法总则》对于不同情形的撤销权行使期间作出不同的规定,改变了过去一年的规定,重大误解的撤销权除斥期间从过去的一年缩短为三个月。所谓除斥期间,又称预定期间,是指法院规定某种权利预定存在的期间,权利人在此期间不行使权利,预定期间届满,便发生该权利消灭的法律后果。其制度价值在于:(1)促使表意人及时纠正意思表示的瑕疵;(2)促使民事行为当事人及时纠正行为标的的显失公平;(3)促使民事行为当事人及时确定不确定的权利义务关系;(4)促使民事行为人因不利于自己的情事发生时及时行使救济权。[①]除斥期间的法律效果在于该期间的经过,则权利本身消灭,就合同撤销权来说,则在于一年除斥期间经过后,当事人再向人民法院或仲裁机构申请撤销的,法律将不予支持。

关于除斥期间的起算,法律一般采取针对个别问题具体规定的办法。但理论界对此问题的通说为应自权利产生之日起算,其理由为:除斥期间是形成权的预定时间期限,为了尽快消灭形成权带给权利相对人的不确定状态,稳定社会法律关系,促进社会交易安全,对于设有除斥期间限制的形成权,自权利产生之日起便受到期限的限制。[②] 以可撤销合同撤销权为例 ,我国《民法通则意见》和《合同法》有不同的规定,《民法通则意见》第73条第2款规定,撤销权的行使期间自行为成立时起算,而根据《合同法》第55条第1款第1项的规定,撤销权的行使期间自知道或应当知道撤销事由起算。可见,《民法通则》的规定更符合除斥期间的立法目的与理论通说,更有利于交易秩序的维护,而《合同法》的规定则更着重于从权利人能否维护权利的角度考虑,更有利于保护撤销权人的利益。据前文分析,根据上位法优于下位法、后法优于先法适用的原则,可撤销合同撤销权的行使期限应自撤销权人知道或应当知道撤销事由之日起算。同时,注意《民法总则》的变化,前文中已进行了论述。

司法实践中,对于因重大误解而订立的合同、订立时显失公平的合同、因欺诈使对方在违背真实意思的情况下订立的合同,撤销权的行使期限自知道或应当知道撤销事由起算并无争议。但是对于因一方以胁迫或者乘人之危,使对方在违背真实意思的情况下订立的合同,撤销权的行使期限自知道或应当知道撤销事由起算存在不同看法。有人认为,自知道或应当知道撤销事由起算不利于保护受害人的合法权利,应自胁迫或危险状态终了之日起算。也有人认为除斥期间的立法目的即在于及时确定交易关系,因此应自知道或应当知道撤销事由起算。笔者认为,受胁迫人或因危难

---

① 魏振瀛:《民法》,北京大学出版社2000年版,第193页。

② 郝肖赞:《论除斥期间》,华东政法大学硕士学位论文,载中国优秀硕士学位论文全文库。

订立合同的受害人对于胁迫事由、危难状态必然是知情的，但是，胁迫或者危难持续存在，则受害人虽在法律上有请求撤销的权利，也可能实际上无法行使该权利，致使可撤销权对其形同虚设，故为了更好地保护受害人的利益，应规定撤销权的行使期间自胁迫或危险状态终了之日起算，但是，为了防止胁迫或危险状态一直未予消除而导致法律关系长期悬而未决，对撤销权的行使期间仍应规定最长的限制。因此，建议借鉴台湾地区“民法”第 93 条，规定受胁迫或乘人之危而订立的合同，撤销权的行使期限自胁迫或危难状态终止时起算，同时规定自行为之日起过一定年限，如 10 年，则即使胁迫或危难状态才终止也不得再请求撤销。[①] 应当注意的是，《民法总则》第 152 条解决了此问题，对于因胁迫享有撤销权的期间起算规定为“胁迫行为终止之日”起算。

**二、除斥期间与诉讼时效期间的比较**

合同撤销权行使期间在性质上属于除斥期间，而除斥期间与诉讼时效期间均为法律规定的对权利行使时间的限制，都具有督促权利人及时行使权利，维护交易安全和交易秩序的作用，除斥期间和诉讼时效的经过，均对权利人的权利产生一定的影响，但在法律上，两者明显不同：

（一）立法目的不同

除斥期间的立法目的在于维持原有之秩序，而诉讼时效制度的立法目的在于维持现在之新秩序。台湾学者郑玉波先生指出：“除斥期间与消灭时效之日，虽均在乎早日确定法律关系，而维持社会之秩序，但二者所维持之秩序，其本质恰属相反。申言之，除斥期间所维持之秩序，为继续存在之原秩序，盖因除斥期间经过而消灭之权利，以其行使为原秩序之变更，以其不行使为原秩序之维持故也；而消灭时效所维持之秩序，即反于原有秩序之新秩序，盖因消灭时效完成而消灭之权利，以其行使为原秩序之维持，以其不行为新秩序之建立故也。”[②]

（二）法律效果不同

“除斥期间，亦称为预定期间，谓因其期间之经过，当然使其权利消灭之期间”[③]；而诉讼时效期间的经过，不论采诉权消灭说，还是胜诉权消灭说，或者采抗辩权发生主义说，其权利本身并不消灭，只是权利的效力受到减损。我国《民法总则》第 152 条

---

① 台湾地区“民法”第 93 条规定：“前条之撤销，应于发现诈欺或胁迫终止后，一年内为之。但自意思表示后，经过十年，不得撤销。”参见王泽鉴：《民法学说与判例研究》(第三册)，中国政法大学出版社 2008 年版，第 30 页。

② 郑玉波：《民法总则》，三民书局 1997 年版，第 361 页。

③ 史尚宽：《民法总论》，中国政法大学出版社 2000 年版，第 626 页。

规定:“有下列情形之一的,撤销权消灭:(一)当事人自知道或者应当知道撤销事由之日起一年内、重大误解的当事人自知道或者应当知道撤销事由之日起三个月内没有行使撤销权;(二)当事人受胁迫,自胁迫行为终止之日起一年内没有行使撤销权;(三)当事人知道撤销事由后明确表示或者以自己的行为表明放弃撤销权。当事人自民事法律行为发生之日起五年内没有行使撤销权的,撤销权消灭。”《合同法》第55条第1款规定:“有下列情形之一的,撤销权消灭:(一)具有撤销权的当事人自知道或者应当知道撤销事由之日起一年内没有行使撤销权”,可见,除斥期间经过,则撤销权本身消灭,而根据《民法总则》第192条规定:“诉讼时效期间届满的,义务人可以提出不履行义务的抗辩。诉讼时效期间届满后,义务人同意履行的,不得以诉讼时效期间届满为由抗辩;……”第193条规定:“人民法院不得主动适用诉讼时效的规定。”《最高人民法院关于审理民事案件适用诉讼时效制度若干问题的规定》第1条关于:“当事人可以对债权请求权提出诉讼时效抗辩……”的规定,我国对诉讼期间经过的法律效力采抗辩权发生主义说,即诉讼期间经过后,权利人仍可以向人民法院主张权利,但义务人得援引诉讼时效抗辩权对抗权利人的请求,如果义务人未主张该权利,人民法院也不得主动援引诉讼时效的规定予以判决。

(三)适用对象不同

鉴于除斥期间本身并非法律用语,故法律对除斥期间的客体亦无明确规定,但学者认为,“除斥期间的客体,为形成权(如撤销权、解除权、终止权)。惟并非所有的形成权,‘民法’皆设有除斥期间的规定……形成权,指权利人依自己的行为,使自己与他人之法律关系发生变动的权利。如撤销权、解除权、追认权等”。[①] 诉讼时效的客体,世界各国的民法典亦有不同规定,我国《民法通则》未作明确规定,但一般认为诉讼时效仅适用于请求权,而不适用于支配权如所有权、人格权、身份权等,也不适用于形成权如撤销权、解除权、催告权及承认权等,至于何种请求权适用诉讼时效,则学者认识不同,争议较大。[②]

(四)构成要件不同

诉讼时效法律效力的实现必须同时具备两个要件,即法定期间的经过与权利人不行使权利的事实状态,而除斥期间法律效力的发生只需一个要件,即时间的经过,只要该期间经过,无论权利人是否行使权利,该权利均消灭,如果权利人行使了权利,则权利实现,无须再行使,如果权利人未行使权利,该权利亦灭失。

---

① 梁慧星:《民法总论》,法律出版社1996年版,第66页。

② 魏振瀛主编:《民法》,北京大学出版社2000年版,第195页。

（五）起算点不同

关于合同撤销权行使期间的起算，各国立法亦有不同规定，一般除法律另有规定外，都自权利发生之时起算。而诉讼时效的起算，有权利发生主义说、权利可行使说、权利受侵害时说，我国民法上撤销权包括可撤销合同撤销权、效力待定合同善意相对人的撤销权、赠予人撤销权等，以上三者撤销权的行使期限在我国一般为知道或应当知道可撤销事由之日起算，当事人受胁迫的撤销权，自胁迫行为终止之日起。关于诉讼时效起算的一般规定则是"自权利人知道或者应当知道权利受到侵害之日起算"。应当注意的是，对于无民事行为能力人或者限制民事行为能力人对其法定代理人的请求权的诉讼时效期间，自该法定代理终止之日起计算。对于未成年人遭受性侵害的损害赔偿请求权的诉讼时效期间，自受害人年满十八周岁之日起计算。

（六）是否可变不同

有人认为，除斥期间为不变期间，不因任何事由而延长，故称为预定期间，也有立法例就除斥期间分别规定了完全不认可中断及不完成事由的情况，及容许准用关于时效之规定或特别另有中断事由的情形。① 法律对于除斥期间没有规定中止、中断、延长等情形，而对于诉讼时效却明确规定了中止、中断和延长的法定事由及具体法律效果。

（七）长短不同

"除斥期间主要是针对撤销权、追认权等形成权而言的，其目的在于撤销已经成立的民事行为，或确认效力未定的民事行为，为稳定法律关系考虑，其期间通常较诉讼时效为短。"②我国民法关于可撤销合同撤销权的行使期限原则上规定为1年，因重大误解的行使期限为3个月，债权人撤销权的行使期限规定为1年，赠与人撤销权的行使期限亦为1年，而赠与人的继承人或者法定代理人撤销权的行使期限更短，只有6个月，但《民法总则》规定，当事人自民事法律行为发生之日起5年内没有行使撤销权的，撤销权消灭。但我国《民法总则》关于普通诉讼时效期间的规定为3年，最长达20年，《民法总则》没有规定1年短期时效，对于长于普通诉讼时效期间3年或短于3年的，在法律明确规定的特殊情况下适用。

**三、可撤销合同撤销权行使期间与其他合同法上撤销权行使期限之比较**

纵观我国合同法，除了规定可撤销合同的撤销权外，还规定了其他撤销权：(1)效力待定合同，善意相对人的撤销权。根据《合同法》第47条、第48条的规定，限制民事行为能力人订立的合同，相对人可以催告法定代理人在一个月内予以追认，合同被

---

① 史尚宽：《民法总论》，中国政法大学出版社2000年版，第626页。

② 魏振瀛：《民法》，北京大学出版社2000年版，第193页。

追认之前,善意相对人有撤销的权利;行为人没有代理权、超越代理权或者代理权终止后以被代理人名义订立的合同,相对人可以催告被代理人一个月内予以追认,合同被追认之前,善意相对人有撤销的权利。(2)债权人撤销权。根据《合同法》第74条的规定,债务人放弃其到期债权或者无偿转让财产,对债权人造成损害的;债务人以明显不合理的低价转让财产,对债权人造成损害,并且受让人知道该情形,债权人可以请求人民法院撤销债务人的行为。(3)赠与人的撤销权。根据《合同法》第192条的规定,受赠人严重侵害赠与人或者赠与人的近亲属、对赠与人有扶养义务而不履行或不履行赠与合同约定的义务的,赠与人可以撤销赠与;根据《合同法》第193条的规定,因受赠人的违法行为致使赠与人死亡或者丧失民事行为能力的,赠与人的继承人或者法定代理人可以撤销赠与。

尽管以上撤销权均属于形成权,其行使受除斥期间的限制,但法律对于以上撤销权行使期间的规定略有不同,具体如下:第一,根据《合同法》第55条第1款第1项的规定,可撤销合同撤销权行使期限为:具有撤销权的当事人自知道或者应当知道撤销事由之日起一年,该一年属于除斥期间,不得中止、中断和延长,法律亦没有规定例外情况。第二,根据《合同法》第47条、第48条的规定,限制行为能力人或无权代理人订立的效力待定的合同,善意相对人撤销权的行使期限为法定代理人或者被代理人做出追认之前,而法定代理人和被代理人追认的日期并不确定,故效力待定合同撤销权的行使期间并非固定不变的确定期间,这一点与可撤销合同撤销权的行使期限不同。第三,根据《合同法》第75条的规定,债权人撤销权行使的期间为自债权人知道或者应当知道撤销事由之日起一年内,但自债务人的行为发生之日起五年内没有行使撤销权的,该撤销权消灭。故债权人撤销权行使期间与可撤销合同撤销权行使期间的起算一致,期间均为一年,但不同的是,不论撤销权人是否知道撤销事由,债权人撤销权自债务人的行为发生之日起五年内均消灭,而可撤销合同撤销权的行使期限无此限制。第四,根据《合同法》第192条的规定,赠与人的撤销权,自知道或者应当知道撤销原因之日起一年内行使;根据《合同法》第193条的规定,赠与人的继承人或者法定代理人的撤销权,自知道或者应当知道撤销原因之日起六个月内行使。可见,赠与人撤销合同期间的起算日期与可撤销合同撤销权行使期间的起算日期一致,均为知道或应当知道可撤销事由之日起算,且与债权人撤销权的行使期限规定不同,均没有规定撤销权行使的最长期限。《民法总则》公布生效后,撤销权的行使期限有了新的规定,就其如何适用,应当注意的是,《合同法》《物权法》《继承法》《侵权责任法》《婚姻法》等经过适当的立法程序后作为民法典的一个个分编,与本法一样,同是民法典的一部分。它们在民法典上是总则和分则的关系,不构成一般法和特别法的关系,不能适用特别法优先的规则。本法生效后,各分编编纂工作完成前,如果本法的规定与《合同法》《物权法》《侵权责任法》等不一致时，基于新法优于旧法原则，应该适用本法的规定。①

**【典型案例】**

**三和贸易有限责任公司诉中国平安保险股份有限公司南宁办事处水路运输货物保险合同纠纷案**

原告：三和贸易有限责任公司。

法定代表人：杨瑞声，该公司董事长。

委托代理人：唐云，海湾律师事务所律师。

委托代理人：宋捷，国星律师事务所律师。

被告：中国平安保险股份有限公司南宁办事处。

负责人：还林生，该办事处主任。

委托代理人：樊树安、陈东，星辰律师事务所律师。

**〔基本案情〕**

原告三和贸易有限责任公司（以下简称三和公司）因与被告中国平安保险股份有限公司南宁办事处（以下简称保险办事处）发生水路运输货物保险合同纠纷，向广西壮族自治区南宁市中级人民法院提起诉讼。南宁市中级人民法院将此案移送至北海海事法院审理。

原告三和公司诉称：被告为原告承保的货物丢失后，被告不按保险协议承担保险责任。经原告多次索赔，被告又与原告于1997年4月15日、4月22日签订了两份新协议，约定由被告在赔付原告90万元的基础上，逐步补赔足“连机56”号轮所承运货物的全部保险金，但被告仍未按此约定执行。请求判令被告赔付原告保险金729711.32元及调查费用4万元，并承担违约金251750.41元。

被告保险办事处辩称：原告三和公司不能证明其对“连机56”号轮承运的货物享有保险利益，故其与被告签订的保险合同应属无效；况且原告在寻找合格的承运人方面有明显过错，以致被“连机56”号轮诈骗，应当自负其责。双方当事人于1997年4月15日、4月22日就双方之间的保险关系签订的协议，由于后协议是对“连机56号”号轮理赔案的结案协议，且被告已实际履行了该协议，“连机56”号轮理赔案已经了结，原告无权再要求被告赔偿。被告于1997年7月7日支付给原告的保险赔偿金，是赔付另一个与本案毫不相关的赔案，原告将其称为是对“连机56”号轮承运货物的补贴，是毫无根据的。法院应当驳回原告的诉讼请求。

北海海事法院经审理查明：

---

①　江必新、何东宁：《民法总则与民法通则条文对照及适用提要》，法律出版社2017年版，第6～7页。

1996年5月21日,原告三和公司就其所有的1万吨原糖的运输问题,与被告保险办事处签订了一份水路运输货物保险协议书。该协议约定:保险金额为总货值的110%,承保条件为一切险,保险责任期间为仓至仓,所承运的货物需分批装运,具体保险金额根据船公司所提供的船舶资料及装载量而定,三和公司将及时提供清单。若发生索赔,三和公司应及时提供有关单证,保险办事处将在确定损失金额后20日内向三和公司赔偿完毕。保险协议签订后,为了完成货物运输,三和公司通过防城港租用了包括“连机56”号轮在内的19条船舶承运1万吨原糖。对此,保险办事处签发货物运输保险单,确认了每条船舶承运货物的保险金额及保费金额。

1996年5月31日,原告三和公司与福建省石狮市轮船公司上海货运服务公司签订了航次租船合同,约定由“连机56”号轮承运450吨原糖。同日,货物装船,防城港务局代“连机56”号轮签发了托运人为三和公司、收货人为广州华侨糖厂、编号为96044的水路货物运单;被告保险办事处也签发了编号为N0. GX00B0031960000015的货物运输保险单(以下简称015号保单)。保单载明:运输工具“连机56”号轮,起运日期1996年5月31日,装运港防城港,目的港广州华侨糖厂,保险货物原糖450吨,承保条件为一切险,保险金额1642500元,运单号96044。6月4日,三和公司向保险办事处支付了015号保单项下的保险费4927.5元。

1996年6月1日,“连机56”号轮装载原告三和公司的450吨原糖驶离防城港,直至6月10日也未到达目的港。三和公司及时通知了被告保险办事处,并向防城港公安局、港监报案,支付调查费用4万元。6月20日,三和公司向保险办事处提出索赔,并提供了有关证据。嗣后,虽经三和公司多次索赔,保险办事处均以三和公司被“连机56”号轮所骗、未能履行告知义务为由拒绝理赔。直至1997年4月22日,三和公司与保险办事处经协商,就“连机56”号轮的原糖货损达成了一份《关于015号保单项下货损结案协议》,约定:经双方当事人同意,保险办事处一次性赔付三和公司90万元结束本案,三和公司将本案货损追偿权利交给保险办事处。同日,保险办事处向三和公司支付了90万元。

在此之前的1997年4月15日,原告三和公司还与被告保险办事处签订过一份《进出口货物运输保险协议》,约定:三和公司同意将其经营的进出口货物在保险办事处投运输保险,具体险别根据信用证或三和公司要求而定;各险别的责任范围,按照有关进出口货物保险条款的规定执行;每批货物到达目的地,不管是否发生索赔,保险办事处都要将保费的50%退还三和公司;本协议从签订之日起生效至三和公司损失被补偿完毕止。依该协议,保险办事处于1997年7月7日给三和公司退还了所交保费的50%,即103624.86元。此后,三和公司要求保险办事处继续赔付“连机56”号轮原糖货损中尚未赔付的保险金额,遭到拒绝。

以上事实,有原告三和公司提供的协议书、保险批单、保险单、保费收据、关于015号保单项下货损结案协议、保险金赔付凭证、退还保费凭证、出港签证报告单、往来函件、理赔申请书,有被告保险办事处提供的水路货物运单、货物交接清单、保险金赔付凭证、进出口货物运输保险协议书、航次租船合同、往来函件等证明,以及庭审笔录为证。所有证明经当事人质证和合议庭认证,均为认定本案事实的根据。

〔一审裁判理由与结果〕

北海海事法院认为:《中华人民共和国保险法》第十一条规定:"投保人对保险标的应当具有保险利益。投保人对保险标的不具有保险利益的,保险合同无效。保险利益是指投保人对保险标的具有的法律上承认的利益。保险标的是指作为保险对象的财产及其有关利益或者人的寿命和身体。"由原告三和公司向被告保险办事处投保、并交"连机56"号轮承运的450吨原糖,其所有权是三和公司的,该所有权是法律承认的三和公司的利益,三和公司对450吨原糖这一保险标的具有可保利益。《中华人民共和国民法通则》第八十五条规定:"合同是当事人之间设立、变更、终止民事关系的协议。依法成立的合同,受法律保护。"三和公司与保险办事处以三和公司所有的原糖为保险标的,于1996年5月21日签订的保险协议,以及保险办事处于同年5月31日向三和公司签发的保险单,均系双方当事人在平等自愿基础上的真实意思表示,其内容不违背国家法律,故合法有效,双方当事人就此450吨原糖形成的保险合同关系对双方均具有约束力。保险办事处辩称三和公司因对保险标的不具有保险利益而致保险合同无效的理由,不能成立。

原告三和公司托运原糖,都是通过防城港办理一切手续。受三和公司的委托,防城港负责找来"连机56"号轮并代该轮签发运单,这一系列作业都是水路货物运输的正常作业,无任何迹象表明其间存在三和公司与船方的恶意串通或保险欺诈。"连机56"号轮在承运三和公司的原糖后失踪,其原因可能是多方面的。既可能是该轮对三和公司实施诈骗,也可能是该轮已经在海上沉没,等等。这些原因对三和公司来说,都是外部因素造成其投保的货物损失。法律和双方当事人签订的保险合同条款中,都没有投保人对找船承担何种责任,或者投保人被船方所骗保险人可以不负赔偿责任的规定和约定。正是由于海上运输存在着诸多风险,投保人才有向保险人投保的需要,保险业才得以滋生和发展。"连机56"号轮的失踪,并非三和公司过错,也非三和公司所能预见,故被告保险办事处辩称三和公司对寻找承运人具有过错,其不应承担保险责任的理由,也不能成立。

"连机56"号轮承运货物后失踪,致使原告三和公司投保的货物出险,表明保险事故客观发生,而且正属于被告保险办事处承保的一切险责任范围,故保险办事处应当依约赔付保险金。

问题在于,原告三和公司与被告保险办事处于1997年4月22日签订了《关于015号保单项下货损结案协议》。该协议为双方当事人自愿签订,且意思表示明确,内容不违反国家法律。虽然4月22日协议所约定的赔偿额远未达到三和公司在保险事故发生后应当得到的赔偿,但因该协议是三和公司自愿的意思表示,且该协议是对015号保单项下货损的结案协议,因此应视为是对015号保单项下货损原赔偿协议的变更。《中华人民共和国民事诉讼法》第十三条规定:“当事人有权在法律规定的范围内处分自己的民事权利和诉讼权利。”双方当事人签订的4月22日协议,是三和公司对自己民事权利所做的处分,这种处分为法律所允许,是合法有效的,应当对双方当事人均具有约束力。

在此之前,双方当事人在4月15日签订的协议中约定“每批货物到达目的地,不管货物是否发生索赔,被告保险办事处都要将保费的50%退还给原告三和公司;本协议从签订之日起生效至三和公司损失被补偿完毕止。”由于该协议签订于4月22日协议之前,且4月22日协议是对015号保单项下货损的结案协议,根据后协议优于前协议、新合同优于旧合同的法律原理,无法得出4月15日协议与4月22日协议有必然联系的结论。

原告三和公司通过与被告保险办事处签订4月22日的协议,终止了双方于1996年5月21日签订的保险协议,放弃了其对015号保单项下货损保险金的全额索赔,解除了保险办事处对015号保单项下保险金的全额赔偿责任。保险办事处辩称“连机56”号轮承运货物的理赔工作已经了结的理由成立。

综上,北海海事法院于1999年12月22日判决:驳回原告三和公司的诉讼请求。案件受理费20203元,由原告三和公司承担。

〔当事人上诉及答辩意见〕

原告三和公司不服一审判决,向广西壮族自治区高级人民法院提起上诉称:1、双方于1996年5月21日签订的保险协议和5月31日签发的保险单,是合法有效的,被上诉人保险办事处应当足额赔偿上诉人保险金803125.19元、调查费4万元、违约金353375.08元。2、双方于1997年4月15日签订的《协议书》和4月22日签订的《关于015号保单项下货损结案协议》,违反了法律的规定,显失公平,是无效的,应当撤销;况且被上诉人于1997年7月7日还在按4月15日的协议退还保费103624.86元,是以其行为否认了4月22日结案协议的效力,表示其愿意按4月15日的协议履行义务。请求二审法院维护上诉人的合法权益。

被上诉人保险办事处答辩称:1997年4月15日签订的协议书,违反了《保险法》第一百零五条第四款关于“保险公司及其工作人员不得承诺向投保人、被保险人或者受益人给予保险合同规定以外的保险费回扣或者其他利益”的规定,因此是无效的。而4月22日签字的结案协议书,不存在任何无效的法定事由,是有效合同。两个协议之间存在着质的不同。不能认为被上诉人1997年7月7日仍在履行4月15日的无效协议,就认为该行为已经否定了4月22日签订的有效合同。一审判决是正确的,应当维持。

〔二审查明的事实〕

广西壮族自治区高级人民法院经审理查明,上诉人三和公司是1996年6月15日向法院提起一审诉讼,除此以外,二审确认了一审认定的全部事实。

〔二审裁判理由与结果〕

广西壮族自治区高级人民法院认为：上诉人三和公司与被上诉人保险办事处于1996年5月21日签订的保险协议，主体合格，意思表示真实合法，应为有效合同。在发生保险事故后，保险人应当根据该合同承担保险责任。为处理发生的保险纠纷，双方当事人又于1997年4月15日、4月22日签订了两个协议，其中4月22日协议约定，以保险办事处给付三和公司90万元、三和公司将货损追偿权利交给保险办事处为条件，结束015号保单项下货损保险纠纷。这一协议是双方当事人协商一致后的共同意思表示，不违反国家法律，不损害他人利益，应为有效合同。该合同是对1996年5月21日签订的保险合同的变更，双方均应信守。三和公司在4月22日协议已经实际履行、因015号保单项下货损引起的保险纠纷结案两年以后，又以该协议显失公平要求撤销，已经超出了最高人民法院在《关于贯彻执行〈中华人民共和国民法通则〉若干问题的意见（试行）》第七十三条第二款中规定的一年时效，依法不予保护。

由于1997年4月22日的协议签订于同年4月15日的协议之后，4月22日协议中只字未提与4月15日的协议有何联系，故被上诉人保险办事处虽然在1997年7月7日还执行4月15日的协议，但不能由此推定出双方当事人一致同意推翻了4月22日的结案协议。上诉人三和公司提出4月22日的协议已经被否认的理由，不能成立。

综上，广西壮族自治区高级人民法院认为一审判决认定事实清楚，适用法律正确，实体处理恰当，应当维持，遂依照《中华人民共和国民事诉讼法》第一百五十三条第一款第（一）项的规定，于2000年6月6日判决：驳回上诉，维持原判。二审诉讼费20203元，由上诉人三和公司负担。

**规则25（《民法通则》第137条规定的“特殊情况”）** 海峡两岸长期隔绝历史的原因，致使当事人在法定诉讼时效内不能行使请求权，属《民法通则》第137条规定的“特殊情况”

——李金连、李娜萍诉柯杰生房屋典当回赎纠纷案①

**【裁判规则】**

出典人所主张回赎的典当房屋，依照最高人民法院的司法解释关于典期届满逾期十年或典期未载明期限经过三十年未赎的规定，超过了回赎期限，原则上应视为绝卖。但是，最高人民法院的司法解释又规定，房屋典期届满，出典人由于不可抗力，使

---

① 《中华人民共和国最高人民法院公报》1993年第1期。

其不能回赎的,超过契约规定期限的时间,应予扣除,不计入回赎时效期间。在1987年11月台湾当局开放台胞回大陆探亲之前,由于历史的原因,海峡两岸长期隔绝,出典人无法主张回赎。这种情况应视为不可抗力,这段时间不应计入回赎期限。依上述规定,出典人主张回赎典当房屋的限期并未超过。同时,出典人由于同一原因在法定诉讼时效内不能行使请求权,属《民法通则》第137条规定的"特殊情况"。

**【规则理解】**

## 一、诉讼时效的概念与法律效力

### (一)诉讼时效的概念

诉讼时效,又称消灭时效,是指权利人在法定期间内不行使权利即丧失请求法院依诉讼程序强制义务人履行义务的权利的法律制度。[①]

### (二)诉讼时效的法律效力

关于诉讼时效的效力,即权利人丧失何权利的问题。综观各国民法典,主要有三种主张:(1)实体权消灭主义,即诉讼时效的经过直接导致实体权利本身的消灭,其代表为《日本民法典》。该法典第167条规定,债权因10年间不行使而消灭。(2)诉权消灭主义,即诉讼时效完成后,其权利本身存在,但诉权消灭。诉讼时效届满后的权利,因诉权消灭而成为自然债,《法国民法典》即采纳该主张。(3)抗辩权发生主义,即时效完成后,义务人取得拒绝履行的抗辩权,如义务人自动履行,视为放弃其抗辩权,该履行行为有效,采用此主张的有《德国民法典》等。[②]

我国《民法总则》第188条第1款规定:"向人民法院请求保护民事权利的诉讼时效期间为三年。法律另有规定的,依照其规定。"第192条规定:"诉讼时效期间届满的,义务人可以提出不履行义务的抗辩。诉讼时效期间届满后,义务人同意履行的,不得以诉讼时效期间届满为由抗辩;义务人已自愿履行的,不得请求返还。"第193条规定:"人民法院不得主动适用诉讼时效的规定。"《民法通则》第135条规定:"向人民法院请求保护民事权利的诉讼时效期间为二年,法律另有规定的除外",同时,该法第138条规定:"超过诉讼时效期间,当事人自愿履行的,不受诉讼时效限制"。此外,《民法通则意见》第171条规定:"过了诉讼时效期间,义务人履行义务后,又以超过诉讼时效为由翻悔的,不予支持";《最高人民法院关于审理民事案件适用诉讼时效制度若干问题的规定》(以下简称《诉讼时效司法解释》)第1条规定:"当事人可以对债权请求权提出诉讼时效抗辩……"第3条规定:"当事人未提出诉讼时效抗辩,人民法院

---

① 马俊驹、余延满:《民法原论》,法律出版社2005年版,第245~246页。

② 参见魏振瀛:《民法》,北京大学出版社2000年版,第193~194页。

不应对诉讼时效问题进行释明及主动适用诉讼时效的规定进行裁判"。根据以上法律规定可知,我国对诉讼时效的效力采抗辩权发生主义说,诉讼时效期间完成后,当事人的债权依然存在,债务人主动履行的,债权人并不构成不当得利,债务人履行后也不得再以超过诉讼时效为由主张返还;债务人未主动履行的,债权人可以向法院请求返还,法院应当依法受理,但是债务人可以诉讼时效经过为由提出抗辩,如果其理由成立,债权人丧失胜诉权,法院得以超过诉讼时效为由驳回原告的诉讼请求;但超过诉讼时效既为抗辩权,则权利人可以选择行使,也可以选择放弃,如果债务人未提出诉讼时效抗辩,法院不应对诉讼时效问题进行释明,也不得主动援引诉讼时效制度进行裁判。

此外,《诉讼时效司法解释》第 4 条还规定:"当事人在一审期间未提出诉讼时效抗辩,在二审期间提出的,人民法院不予支持,但其基于新的证据能够证明对方当事人的请求权已过诉讼时效期间的情形除外。当事人未按照前款规定提出诉讼时效抗辩,以诉讼时效期间届满为由申请再审或者提出再审抗辩的,人民法院不予支持。"可见,诉讼时效抗辩作为债务人的一种权利,有其行使的期限,如果未依法提出,则不得再以诉讼时效期间届满对抗债权人的请求。

## 二、诉讼时效期间

### (一)诉讼时效期间的内涵

诉讼时效期间,是指权利人向人民法院请求保护其民事权利的法定期间。[①] 该期间的经过,将导致诉讼时效期间届满,债权人请求人民法院判令债务人履行债务时,债务人得以行使诉讼时效抗辩权。

### (二)诉讼时效期间的特征

诉讼时效期间具有以下特征:

第一,诉讼时效期间是法定期间。一般认为,时效的存在,事关公益,故关于诉讼时效期间的规定为强行性规定,不允许当事人约定延长或者缩短。如台湾地区"民法"第 147 条规定:"时效期间,不得以法律行为加长或减短之。并不得预先抛弃时效之利益。"也有国家规定时效可以延长,但是不可以缩短,如德国《民法》第 225 条则规定:"时效不得以法律行为排除或加重之。但时效之减轻,尤其是时效期间之缩短,则许可之。"[②]我国法律对于诉讼时效的规定也属强行性规定。《民法总则》第 197 条规定:"诉讼时效的期间、计算方法以及中止、中断的事由由法律规定,当事人约定无效。当事人对诉讼时效利益的预先放弃无效。"《诉讼时效司法解释》第 2 条规定:"当事

---

① 马俊驹、余延满:《民法原论》,法律出版社 2005 年版,第 257 页。

② 参见王泽鉴:《民法总则》,中国政法大学出版社 2001 年版,第 517 页。

人违反法律规定,约定延长或者缩短诉讼时效期间、预先放弃诉讼时效利益的,人民法院不予认可。”

第二,诉讼时效期间是可变期间,当法定事由出现时,诉讼时效期间可以中止、中断或延长。我国《民法总则》第 194 条规定:“在诉讼时效期间的最后六个月内,因下列障碍,不能行使请求权的,诉讼时效中止:(一)不可抗力;(二)无民事行为能力人或者限制民事行为能力人没有法定代理人,或者法定代理人死亡、丧失民事行为能力、丧失代理权;(三)继承开始后未确定继承人或者遗产管理人;(四)权利人被义务人或者其他人控制;(五)其他导致权利人不能行使请求权的障碍。自中止时效的原因消除之日起满六个月,诉讼时效期间届满。”第 195 条规定:“有下列情形之一的,诉讼时效中断,从中断、有关程序终结时起,诉讼时效期间重新计算:(一)权利人向义务人提出履行请求;(二)义务人同意履行义务;(三)权利人提起诉讼或者申请仲裁;(四)与提起诉讼或者申请仲裁具有同等效力的其他情形。”第 188 条第 2 款规定:“诉讼时效期间自权利人知道或者应当知道权利受到损害以及义务人之日起计算。法律另有规定的,依照其规定。但是自权利受到损害之日起超过二十年的,人民法院不予保护;有特殊情况的,人民法院可以根据权利人的申请决定延长。”《民法通则》第 139 条规定:“在诉讼时效期间的最后六个月内,因不可抗力或者其他障碍不能行使请求权的,诉讼时效中止。从中止时效的原因消除之日起,诉讼时效期间继续计算”;第 140 条规定:“诉讼时效因提起诉讼、当事人一方提出要求或者同意履行义务而中断。自中断时起,诉讼时效期间重新计算”;第 137 条规定:“诉讼时效期间从知道或者应当知道权利被侵害时起计算。但是,从权利被侵害之日起超过二十年的,人民法院不予保护。有特殊情况的,人民法院可以延长诉讼时效期间”,以上法条规定了诉讼时效中止、中断及延长的法定事由及法律效力。

第三,诉讼时效期间是当事人请求人民法院保护其民事权益的期间。我国《民法总则》第 188 条第 1 款规定“向人民法院请求保护民事权利的诉讼时效期间为三年。法律另有规定的,依照其规定。”第 192 条规定:“诉讼时效期间届满的,义务人可以提出不履行义务的抗辩。诉讼时效期间届满后,义务人同意履行的,不得以诉讼时效期间届满为由抗辩;义务人已自愿履行的,不得请求返还。”《民法通则》第 135 条规定:“向人民法院请求保护民事权利的诉讼时效期间为二年,法律另有规定的除外”,同时,该法第 138 条规定:“超过诉讼时效期间,当事人自愿履行的,不受诉讼时效限制”。注意《民法总则》已将普通诉讼时效期间改为三年。可见,诉讼时效期间经过后,当事人的权利并未消灭,只是其请求人民法院保护的权利受到减损。

## 三、诉讼时效期间的延长

### (一)诉讼时效期间延长的概念、事由及特点

一般情况下,诉讼时效期间一旦经过,债务人即取得针对债权人请求法院强制其履行义务的抗辩权。但法律也规定了一定的例外,即诉讼时效的延长。诉讼时效的延长,是指在诉讼时效期间届满以后,权利人基于某种正当理由,向人民法院提起诉讼时,经人民法院调查确有正当理由而将时效期间予以延长。

《民法总则》第188条第2款规定:"诉讼时效期间自权利人知道或者应当知道权利受到损害以及义务人之日起计算。法律另有规定的,依照其规定。但是自权利受到损害之日起超过二十年的,人民法院不予保护;有特殊情况的,人民法院可以根据权利人的申请决定延长。"《民法通则》第137条规定:"诉讼时效期间从知道或者应当知道权利被侵害时起计算。但是,从权利被侵害之日起超过二十年的,人民法院不予保护。有特殊情况的,人民法院可以延长诉讼时效期间";《民法通则意见》第169条规定:"权利人由于客观的障碍在法定诉讼时效期间不能行使请求权的,属于民法通则第一百三十七条规定的'特殊情况'"。以上便是我国法律关于诉讼时效期间延长的规定。从上述规定可以看出,在诉讼时效期间届满以后,如果权利人未能行使权利是由于某种特殊情况造成的,人民法院可根据具体情况酌情延长诉讼时效。①

从我国现有法律规定可以看出诉讼时效延长有如下特点:第一,诉讼时效的延长,不仅适用于普通诉讼时效期间和特别诉讼时效期间,也适用于最长诉讼时效期间。第二,诉讼时效延长发生在诉讼时效届满之后,而在诉讼时效届满前,可以发生诉讼时效的中止、中断,但不是延长。第三,诉讼时效延长的条件为"特殊情况"。何为"特殊情况"法律没有明确规定,但根据司法解释,可以认定权利人由于客观的障碍在法定诉讼时效期间不能行使请求权属于"特殊情况"。而具体案件中,何谓阻止权利人在法定诉讼时效期间内行使请求权的客观障碍仍有赖于人民法院综合全案的具体情况予以认定。关于诉讼时效延长的"特殊情况"是否存在,以及需要延长诉讼时效的合理期间,应由主张诉讼时效延长的债权人承担相应的举证责任。第四,人民法院应当根据权利人的申请决定是否延长诉讼时效期间,诉讼时效期间的延长主要是为了保护权利人的利益,以更好地实现权利人和义务人之间权利义务的平衡。如果权利人自己都不申请人民法院延长诉讼时效期间,人民法院不应依职权主动延长。第五,延长的具体期间法律没有明确规定,一般情况下,应必须是权利人可以行使权利的合理期间,具体由人民法院酌情决定。

---

① 王利明等:《民法新论》,中国政法大学出版社1988年版,第574页。

关于诉讼时效延长的“特殊情况”是否存在,及需要延长诉讼时效的合理期间,应由主张诉讼时效延长的债权人承担相应的举证责任。

(二)诉讼时效延长的适用范围

关于诉讼时效延长的适用范围,学者有不同的观点:一种观点认为诉讼时效的延长只适用于普通诉讼时效,而不适用于《民法总则》、《民法通则》第137条规定的20年规定。该观点认为20年系除斥期间,不应再延长;另一种观点认为诉讼时效的延长仅适用于20年的特别规定,而不适用普通诉讼时效期间,因为普通诉讼时效期间可以中止、中断,无须再延长;还有观点认为诉讼时效的延长可以适用普通诉讼时效期间,也可以适用20年的特别规定。

笔者赞同第三种观点,理由如下:一是20年系法律规定的权利最长保护期限,但在20年的时间内,仍可能存在导致权利人客观上确实无法行使权利的情况,此时如果不再保护该权利,对权利人不公平;二是因为诉讼时效的延长与诉讼时效的中止、中断针对不同的事由,且法律效果并不相同,可以同时适用,故不存在可以适用中止、中断的普通诉讼时效,就不能适用诉讼时效延长的情况;三是《民法总则》第188条第2款、《民法通则》第137条并未排除某种诉讼时效期间对诉讼时效延长规定的适用。我国司法解释也认为诉讼时效的延长可适用于20年的特别规定,《民法通则意见》第175条第2款规定:“民法通则第一百三十七条规定的‘二十年’诉讼时效期间,可以适用民法通则有关延长的规定,不适用中止、中断的规定。”

**四、房屋典权回赎权行使期限**

我国现行民法未对房屋典权进行明确规定,通说认为,房屋典权是指“典权人支付典价,占有他人(出典人)的房屋,并对其进行占有、使用、收益的权利。”在典权法律关系中,出典人享有回赎权,即“向典权人提出以支付典价赎回出典房屋以消灭典权关系”的权利,该权利的行使“只须出典人一方的意思表示并支付原典价即生效力,而不必取得典权人的同意。”①

根据法学理论,出典人所享有的回赎权属于形成权,但是该权利的行使仍有一定的期限。根据《最高人民法院关于贯彻执行民事政策法律若干问题的意见》②第58条第2款的规定,典期届满逾期十年或典契未载明期限经过三十年未赎的,原则上应视为绝卖。因此,在以下两种情况下,视为绝卖:(1)如果双方对典期有约定,典权人在典权届满后十年未行使回赎权;(2)双方对典期没有约定,典权人经过三十年未行使回赎权。但是,以上期限并非绝对的。1986年4月11日最高人民法院答复北京市

① 王利明主编:《民法》,中国人民大学出版社2000年版,第219~221页。

② 最高人民法院1984年8月30日制定。

高级人民法院的请示，即《最高人民法院关于典当房屋在“文革”期间未能按期回赎，应作时效中止处理的批复》，依照该批复因为特殊历史条件造成无法按照典契载明的期限回赎的，不应计入回赎时效期内。此外，1986 年《最高人民法院关于房屋典当回赎中几个有关问题的批复》第 3 条第 1 款也规定：“如果典期届满，出典人未按契约规定期限提出回赎，是由于不可抗力使其不能行使请求权的，这种受客观原因影响的时间，应予扣除，不计入回赎时效期间；如果典期届满，出典人已提出回赎要求，但由于承典人的原因而逾期未能回赎的，这种情况，应自出典人提出回赎之日起重新计算回赎时效。”

海峡两岸长期隔绝，是特殊历史原因造成，这段期间，出典人无法主张回赎，应视为不可抗力，不应计入回赎期限。此外，该特殊历史原因，造成典权人无法在法定期限行使回赎权，是阻止权利人行使权利的“客观障碍”，属《民法总则》第 188 条第 2 款、《民法通则》第 137 条规定的“特殊情况”，可以引起诉讼时效期间的延长。

**【拓展适用】**

**一、诉讼时效的中止**

诉讼时效的中止，是指在诉讼时效进行中，因法定事由的发生而使权利人无法行使请求权，暂时停止计算诉讼时效期间。我国《民法总则》第 194 条规定：“在诉讼时效期间的最后六个月内，因下列障碍，不能行使请求权的，诉讼时效中止：(一)不可抗力；(二)无民事行为能力人或者限制民事行为能力人没有法定代理人，或者法定代理人死亡、丧失民事行为能力、丧失代理权；(三)继承开始后未确定继承人或者遗产管理人；(四)权利人被义务人或者其他人控制；(五)其他导致权利人不能行使请求权的障碍。自中止时效的原因消除之日起满六个月，诉讼时效期间届满。”《民法通则》第 139 条规定：“在诉讼时效期间的最后六个月内，因不可抗力或者其他障碍不能行使请求权的，诉讼时效中止。从中止时效的原因消除之日起，诉讼时效期间继续计算。”以上规定对诉讼时效中止条件、法律效力进行了规定。

(一)诉讼时效中止的条件

1. 诉讼时效中止的事由

根据《民法总则》、《民法通则》的规定，诉讼时效期间中止的事由包括不可抗力和其他障碍。

(1)不可抗力。根据《民法总则》第 180 条第 2 款、《民法通则》第 153 条的规定，不可抗力是指不能预见、不能避免并不能克服的客观情况。具体而言，不可抗力包括某些自然现象，如地震、台风、火山爆发、冰灾等，也包括某些社会现象，如战争。不可抗力不能预见、不能避免并不能克服，如果发生不可抗力，且该不可抗力导致权利人不能行使权利，则该段时间不应计入诉讼时效期间，因为如果此时仍计算诉讼时效，则与诉讼时效制度旨在督促权利人行使权利以维护公共利益的立法目的不符。

(2)其他障碍。《民法通则意见》第172条规定，权利被侵害的无民事行为能力人、限制行为能力人没有法定代理人，或者法定代理人死亡、丧失代理权，或者法定代理人本人丧失行为能力的属于引起诉讼时效中止的“其他障碍”。此外，根据《诉讼时效司法解释》第20条，以下情况可以认定为引起诉讼时效中止的“其他障碍”：第一，继承开始后未确定继承人或者遗产管理人；第二，权利人被义务人或者其他人控制无法主张权利；第三，其他导致权利人不能主张权利的客观情形。2017年3月15日公布的《民法总则》在总结现行规定实践经验的基础上作出统一的规定，该法第194条规定：“在诉讼时效期间的最后六个月内，因下列障碍，不能行使请求权的，诉讼时效中止：……(二)无民事行为能力人或者限制民事行为能力人没有法定代理人，或者法定代理人死亡、丧失民事行为能力、丧失代理权；(三)继承开始后未确定继承人或者遗产管理人；(四)权利人被义务人或者其他人控制；(五)其他导致权利人不能行使请求权的障碍。……”另根据有关理论及参考其他国家地区的法律规定，以下情形也可作为诉讼时效中止的“其他障碍”：当事人双方有婚姻关系，因相互依赖以至对权利行使多不计较；当事人之间有法定代理关系，监护人对被监护人的权利通常因法定代理关系的存在而不能。[①] 如我国台湾地区“民法”规定：夫对于妻或妻对于夫之权利，于婚姻关系消灭后一年内，其时效不完成；无行为能力或限制行为能力人，对于其法定代理人之权利，于代理关系消灭后1年内，其时效不完成。[②]

判断某些客观情况是否可以引起诉讼时效中止的根本标准为是否导致权利人不能行使请求权，只有导致权利人客观上不能行使请求权时才可引起诉讼时效中止。

2. 诉讼时效中止的时间

诉讼时效中止的事由必须发生在诉讼时效期间的最后六个月内，否则不能引起诉讼时效中止。如果中止事由发生在诉讼时效期间最后六个月之前，但延续到最后六个月之内的，从诉讼时效期间的最后六个月开始诉讼时效中止。[③] 这是因为，诉讼时效中止的原因是不可归责于权利人本身的法定事由出现导致权利人不能行使权利。如果此时仍计算诉讼时效，导致权利人丧失行使的机会，则对权利人不公平，而

---

① 参见史尚宽：《民法总论》，中国政法大学出版社2000年版，第696~699页；王泽鉴：《民法总则》，中国政法大学出版社2001年版，第538~539页；魏振瀛：《民法》，北京大学出版社2000年版，第199~200页。

② 史尚宽：《民法总论》，中国政法大学出版社2000年版，第696~697页。

③ 参见马俊驹、余延满：《民法原论》，法律出版社2005年版，第258页；魏振瀛：《民法》，北京大学出版社2000年版，第200页。

如果该事由不是发生在诉讼时效期间的最后六个月，则阻止权利人行使权利的事由消失以后，权利人仍有时间行使权利，无须中止诉讼时效期间的计算。

(二)诉讼时效中止的法律效力

诉讼时效中止的，以前经过的诉讼时效期间仍然有效，自诉讼时效事由出现时起，诉讼时效停止计算，从中止时效的原因消除之日起，诉讼时效期间继续计算，即诉讼时效中止前经过的期间与中止事由消除之日的期间合并计算诉讼时效期间。《民法总则》第 194 条第 2 款规定："自中止时效的原因消除之日起满六个月，诉讼时效期间届满。"

**二、诉讼时效的中断**

诉讼时效的中断是指在诉讼时效期间进行中，因为法定事由的出现而导致原已经过的诉讼时效期间无效，自中断时起，诉讼时效期间重新计算。我国《民法总则》第 195 条规定："有下列情形之一的，诉讼时效中断，从中断、有关程序终结时起，诉讼时效期间重新计算：(一)权利人向义务人提出履行请求；(二)义务人同意履行义务；(三)权利人提起诉讼或者申请仲裁；(四)与提起诉讼或者申请仲裁具有同等效力的其他情形。"《民法通则》第 140 条规定："诉讼时效因提起诉讼、当事人一方提出要求或者同意履行义务而中断。自中断时起，诉讼时效期间重新计算。"

(一)诉讼时效中断的法定事由

根据《民法总则》《民法通则》的规定，诉讼时效中断的法定事由包括三个方面：一是权利人提起诉讼或者申请仲裁，以及与提起诉讼或者申请仲裁具有同等效力的其他情形；二是权利人向义务人提出履行请求；三是义务人同意履行义务。

1. 权利人提起诉讼或者申请仲裁

权利人提起诉讼或者申请仲裁是指权利人通过向人民法院提出诉讼或者向仲裁机关申请仲裁的方式请求义务人履行义务。起诉表明了权利人以最有效的方式积极主张其权利，应导致诉讼时效中断。

(1)起诉及与起诉具有同等效力的事由

起诉应当包括提起诉讼与提起反诉。此外，根据《诉讼时效司法解释》第 13 条的规定，人民法院应当认定以下事由与提起诉讼具有同等诉讼时效中断的效力：第一，申请仲裁；第二，申请支付令；第三，申请破产、申报破产债权；第四，为主张权利而申请宣告义务人失踪或死亡；第五，申请诉前财产保全、诉前临时禁令等诉前措施；第六，申请强制执行；第七，申请追加当事人或者被通知参加诉讼；第八，在诉讼中主张抵销；第九，其他与提起诉讼具有同等诉讼时效中断效力的事项。

根据《诉讼时效司法解释》第 14 条、第 15 条的规定，权利人向人民调解委员会以及其他依法有权解决相关民事纠纷的国家机关、事业单位、社会团体等社会组织提出保护相应民事权利的请求,或向公安机关、人民检察院、人民法院报案或者控告,请求保护其民事权利的,也应视为与提起诉讼具有同等诉讼时效中断效力的事项。

(2)起诉自何时发生中断效力

关于该问题,存在三种观点:一种观点认为应自起诉状副本送达对方之日发生中断效力,因为起诉状副本送达对方,债务人方知权利人积极行使权利的事实,否则债务人对权利人积极行使债权的事实不知情,不能引起诉讼时效的中断;另一种观点认为自人民法院接受当事人的起诉,发出应诉通知书时发生中断效力,因为人民法院发出应诉通知书,表明原告起诉符合法律规定,起诉成立,此时诉讼时效中断;还有观点认为自当事人起诉之日起即应发生诉讼时效中断的效力,因为起诉的行为本身即表明债权人主张权利,而诉讼时效的功能之一即在于防止债权人怠于主张权利从而导致法律关系不确定,故只要债权人主张权利,即应引起诉讼时效的中断。笔者赞同第三种观点,认为只要债权人提起诉讼,则引起诉讼时效的中断。我国民法解释实际上也认同该观点,如《诉讼时效司法解释》第12条规定:"当事人一方向人民法院提交起诉状或者口头起诉的,诉讼时效从提交起诉状或者口头起诉之日起中断。"

此外,根据有关司法解释,权利人向人民调解委员会以及其他依法有权解决相关民事纠纷的国家机关、事业单位、社会团体等社会组织提出保护相应民事权利的请求,诉讼时效从提出请求之日起中断;权利人向公安机关、人民检察院、人民法院报案或者控告,请求保护其民事权利的,诉讼时效从其报案或者控告之日起中断。[①]

(3)起诉后又申请撤诉之效力

权利人起诉后又申请撤诉的,是否可以引起诉讼时效中断尚有争议。有学者认为,如果权利人起诉后又自动撤诉的,自然不能引起诉讼时效的中断;[②]也有学者认为,起诉后又撤诉的,也应中断时效。[③] 笔者认为,起诉后如果起诉状未经送达对方当事人,对方当事人不知权利人对其主张过权利,则该起诉不能引起诉讼时效的中断,但如果起诉状副本已经由法院送达对方当事人,则应可引起诉讼时效中断,因为当事人起诉后又撤诉,只能表明其不愿意采取诉讼方式主张权利,并不代表其不再主张权利,或者怠于主张权利,且起诉状副本经由法院送达对方当事人,可视为权利人已向义务人请求履行义务,而债务人亦知晓权利人尚在主张权利,此时诉讼时效应中断。

---

① 参见《最高人民法院关于审理民事案件适用诉讼时效制度若干问题的规定》第14、15条。

② 魏振瀛:《民法》,北京大学出版社2000年版,第201页。

③ 夏利民:《民法基本问题研究》,中国人民公安大学出版社2001年版,第252页。

2. 权利人向义务人提出履行请求

权利人提出请求是指权利人向义务人提出履行义务的请求。该请求仅需表达要求债务人履行义务的意思,而无须债务人承诺履行义务即发生诉讼时效中断的效力。权利人提出请求是权利人行使权利的方式,表明权利人并未怠于行使权利,应引起诉讼时效中断。

(1)请求的方式。请求可以采用书面形式提出,也可采用口头方式提出,但是请求应当到达债务人。就举证责任上看,不论采取何种方式提出请求,均应由权利人就已提出请求的事实承担举证责任,故为了举证方便,权利人一般应当采用方便保存送达证据的方式提出请求。

(2)请求主体及请求相对人。由债权人本人向债务人本人主张债权固然可以引起诉讼时效的中断,但根据民法的相关理论及有关法律规定,其他人同样可以成为请求主体及请求相对人。如请求主体应当包括债权人的法定代理人、指定代理人、委托代理人等,且连带债权人之一提出请求应当对其他连带债权人具有同样的效力。同时,请求相对人则应当包括债务人本人、债务人的代理人、保证人、财产代管人等。此外,对连带债务人中的请求,应视为效力及于其他连带债务人。

(3)其他情形的认定。根据有关司法解释,以下情形应认定为"当事人一方提出请求",产生诉讼时效中断的效力:第一,当事人一方直接向对方当事人送交主张权利文书,对方当事人在文书上签字、盖章或者虽未签字、盖章但能够以其他方式证明该文书到达对方当事人的;第二,当事人一方以发送信件或者数据电文方式主张权利,信件或者数据电文到达或者应当到达对方当事人的;第三,当事人一方为金融机构,依照法律规定或者当事人约定从对方当事人账户中扣收欠款本息的;第四,当事人一方下落不明,对方当事人在国家级或者下落不明的当事人一方住所地的省级有影响的媒体上刊登具有主张权利内容的公告的,但法律和司法解释另有特别规定的,适用其规定。①

3. 义务人同意履行义务

义务人同意履行义务是引起诉讼时效中断的事由之一。关于同意履行义务之主体及相对人、方式应与权利人请求的主体、方式类似,不再赘述。但是,义务人同意履行义务的举证责任同样归于权利人,因为权利人主张权利,如果义务人提出诉讼时效抗辩,则权利人必须证明其权利未经过诉讼时效期间,如其主张义务人同意履行义务,诉讼时效应中断,也应由其承担举证责任。

---

① 参见《最高人民法院关于审理民事案件适用诉讼时效制度若干问题的规定》第10条第1款。

此外,根据有关司法解释,义务人同意履行义务,包括义务人作出分期履行、部分履行、提供担保、请求延期履行、制定清偿债务计划等承诺或行为等情形。①

(二)诉讼时效期间重新起算的理解

《民法通则》规定,“从中断时起”诉讼时效期间重新计算,对于权利人向义务人提出履行请求、义务人同意履行义务两种情况,《民法通则》的上述规定重新计算诉讼时效期间是可以的,但对于提起诉讼或者申请仲裁引起诉讼时效中断的情形,由于诉讼或者仲裁需要的时间较长,有些诉讼时效从诉讼之日起自终审判决作出需要数年之久,甚至出现法律程序尚未结束而诉讼时效已届满的情形,究竟是从起诉之日起重新计算诉讼时效,还是判决生效之日起重新计算,《民法通则》没有明确规定,为了避免有违诉讼时效中断制度的目的以及相关制度上的缺陷,《民法总则》对此作出了规定,对于重新计算诉讼时效期间的起算点,应当根据不同的情况区别处理,即“从中断、有关程序终结时起,诉讼时效期间重新计算”。对《民法总则》的上述规定的理解应从两个方面把握,第一,关于“权利人向义务人提出履行请求,义务人同意履行义务”的方式中断诉讼时效,一旦权利人提出履行请求到义务人,或者义务人同意履行义务的意思表示到达权利人,就可以发生诉讼时效中断的效果,因此,以这个时间点为诉讼时效期间中断,重新开始计算。第二,关于“权利人提起诉讼或者申请仲裁,以及与提起诉讼或者申请仲裁具有同等效力的其他情形”的方式中断诉讼时效,权利人处于依据法律程序主张权利状态,对于这两种情形,以诉讼或者仲裁,以及有关程序终结时起,诉讼时效期间重新计算。

(三)诉讼时效中断的法律效力

诉讼时效因法定事由中断的,以前经过的诉讼时效归于无效,从中断之时起重新计算诉讼时效。此外,对于连带债权人中的一人发生诉讼时效中断效力的事由,应当认定对其他连带债权人也发生诉讼时效中断的效力;对于连带债务人中的一人发生诉讼时效中断效力的事由,应当认定对其他连带债务人也发生诉讼时效中断的效力。

**三、诉讼时效中止、中断、延长的区别**

诉讼时效中止、中断、延长均可引起诉讼时效变更的法律效果,但三者仍有较大差别。

(一)发生的时间不同

诉讼时效的中止必须发生在诉讼时效期间的届满前六个月,否则不发生诉讼中止的法律效果;而诉讼时效的中断可以发生于诉讼时效期间的任何阶段;诉讼时效的延长则发生于诉讼时效届满后。

---

① 《最高人民法院关于审理民事案件适用诉讼时效制度若干问题的规定》第16条。

（二）发生的事由不同

诉讼时效的中止因不可抗力或者其他障碍导致权利人不能行使请求权而发生；诉讼时效的中断则依债权人主张权利或者债务人同意履行义务而发生；诉讼时效的延长是因其他客观障碍导致权利人在诉讼时效期间内不能行使请求权而发生。

（三）法律效果不同

诉讼时效中止后，以前发生过的诉讼时效仍然有效，只是诉讼时效事由发生至消除之日的时间不计算诉讼时效；而诉讼时效中断则导致中断前经过的诉讼时效归于无效，自中断之日起重新计算诉讼时效；诉讼时效的延长则是指诉讼时效期间经过后，法院根据法律规定及案件的具体情况给予权利人行使权利的合理期限。

**【典型案例】**

**李金连、李娜萍诉柯杰生房屋典当回赎纠纷案**

上诉人（原审被告）：柯杰生。

委托代理人：陈秀珍（柯杰生之妻）。

委托代理人：曾华群，福建省厦门市第二律师事务所律师。

被上诉人（原审原告）：李金连。

被上诉人（原审原告）：李娜萍。

委托代理人：李启光，福建省厦门市开元区少年体校干部。

**〔基本案情〕**

上诉人柯杰生因房屋典当回赎纠纷案，不服福建省厦门市开元区人民法院第一审民事判决，向厦门市中级人民法院提出上诉。

柯杰生的上诉理由是：一、本案原出典人与承典人虽然新中国成立前分别居住在我国台湾省和菲律宾，但两地可以互相往来，讼争房屋典期届满36年后，出典方提出回赎，已超过回赎期限，根据有关规定，应视为绝卖。二、上诉人只是承典人的继承人之一，无权代表其他合法继承人参加诉讼，请求追加承典人柯伯行的其他继承人参加诉讼。

厦门市中级人民法院经公开审理，查明：坐落在厦门市北门外街10号平房系被上诉人李金连的丈夫、李娜萍的父亲李启经的产业。1948年11月，李启经将该院内的二房一厅及厅后一块空地共计140平方米，出典给上诉人柯杰生的祖父柯伯行。典期5年（自1984年11月至1953年10月），典金250美元。典期期间，李启经去台湾谋生，1975年去世。柯伯行去菲律宾，1960年去世。1989年10月，李金连、李娜萍以李启经早年去台湾谋生，因海峡两岸长期隔绝，致典给柯伯行的房屋在典期届满时难以回赎为由，向开元区人民法院提起诉讼。该院经审理判决：准予原告李金连、李娜萍回赎李启经出典给柯伯行的房屋；李金连、李娜萍于判决发生法律效力后七日内给付柯伯行的合法继承人、被告柯杰生典金人民币5000元。

〔一审裁判理由与结果〕

厦门市中级人民法院经审理认为：被上诉人李金连、李娜萍所主张回赎的典当房屋，依照最高人民法院的司法解释关于典期届满逾期十年或典期未载明期限经过三十年未赎的规定，超过了回赎期限，原则上应视为绝卖。但是，最高人民法院的司法解释又规定，房屋典期届满，出典人由于不可抗力，使其不能回赎的，超过契约规定期限的时间，应于扣除，不计入回赎时效期间。本案讼争的房屋，在1987年11月台湾当局开放台胞回大陆探亲之前，由于历史的原因，海峡两岸长期隔绝，出典人无法主张回赎。这种情况，应视为不可抗力，这段时间不应计入回赎期限。依上述规定，出典人主张回赎典当房屋的限期并未超过。同时，出典人由于同一原因在法定诉讼时效内不能行使请求权，属《中华人民共和国民法通则》第一百三十七条规定的"特殊情况"。台湾省当局开放台胞回大陆探亲之后，房屋出典的继承人、本案被上诉人李金连、李娜萍即办理了有关公证手续，委托了全权诉讼代理人，于1989年向人民法院提出回赎出典房屋的请求，其主张符合法律规定，应予准许。台湾与菲律宾两地虽可来往，但上诉人未提出出典人与承典人在典期届满时有何联系，或出典人有条件回赎出典房屋而不回赎的证据。上诉人是承典人柯伯行的继承人之一，并长期居住、管理讼争的房屋，由其参加本案诉讼，是不违背法律的。故上诉人的上诉理由不能成立。在第二审审理期间，被上诉人愿将典金增至人民币六千元，应予准许。据此，厦门市中级人民法院于1990年12月6日判决：被上诉人李金连、李娜萍给付上诉人柯杰生典金人民币六千元；维持原审准予李金连、李娜萍回赎出典房屋的判决。

**规则26（违约金的诉讼时效）按日累计的违约金属于一个整体的合同权利，不能按违约时间分别计算诉讼时效**

——泛华工程有限公司西南公司与中国人寿保险（集团）公司商品房预售合同纠纷案①

***【裁判规则】***

当事人在合同中约定违约延迟履行义务方所应缴纳违约金按日累加计算。该"累加计算"的延迟履行违约金是双方当事人在合同中所确定的一个整体的合同权利，而不是按照违约的天数具体分割为若干分别计算诉讼时效的独立权利。如果将

---

① 《中华人民共和国最高人民法院公报》2008年第2期，最高人民法院(2005)民一终字第85号民事判决书。

违约金请求权分割为若干独立的请求权，并以分别起算的诉讼时效予以限制，必将改变双方当事人在合同中约定的“累加计算”的本意，违背当事人意思自治的基本原则。

**【规则理解】**

**一、违约金的法律特征与确定方式**

（一）违约金的法律特征

违约金，是指由当事人通过协商预先确定的，在违约发生后作出的独立于履行行为以外的给付。[①] 我国《合同法》第 114 条第 1 款规定：“当事人可以约定一方违约时应当根据违约情况向对方支付一定数额的违约金。”本文讨论的违约金包括当事人事先协商确定数额的违约金，以及当事人事先协商确定计算方法的违约金。

违约金具有以下特点：第一，违约金是由当事人约定的，体现了当事人意思自治原则。只有在当事人约定的违约金低于或者过分高于违约所造成的损失时，经当事人的请求，法院或仲裁机构才会主动予以调整。第二，违约金具有从合同的性质，它以主合同的存在为前提，如果主合同不成立、无效或被撤销时，违约金条款也不能生效。第三，违约金的支付并不是合同原义务，只有合同原权利不能实现的时候，守约方才产生违约金的请求权，以救济守约方的损失。第四，违约金的存在有利于帮助当事人预计风险与成本，督促义务人履行义务，避免受害一方当事人在对方当事人违约后就实际损失承担过多的举证责任。

（二）违约金的确定方式

关于违约金的数额，一般通过两种方式予以确定：第一，当事人在合同中明确约定一旦发生违约，包括迟延履行、瑕疵履行、拒绝履行、履行不能时，违约一方向守约一方支付确定数额的违约金。该种方式下，违约金数额确定，且只要一方发生违约，守约一方即可请求对方支付该确定数额的违约金。第二，双方当事人没有在合同中明确约定违约金的具体数额，仅约定违约金的计算方法。一般在迟延履行时，按照迟延履行的时间计算违约金的情况较为常见，迟延履行的时间越长，应支付的违约金越多。如在房地产买卖合同中，常约定卖房人迟延交付房屋或迟延办理产权证，按日累计向购房人支付一定的违约金，同时，约定购房人如迟延支付购房款，亦应按日累计向卖房人支付一定的违约金。

双方在合同中明确约定了违约金的数额，或根据合同约定的计算方法在违约时即可确定违约金数额的，违约金请求权的诉讼时效应当在知道或应当知道违约之日起三年内起算，对此并无争议。但是，根据合同约定的计算方法，根据日期的经过则

---

① 王利明等：《合同法》，中国人民大学出版社 2002 年版，第 287 页。

持续递增的违约金，如按日、月、年累计的违约金诉讼时效应自何日起算则存在争议。文中将以按日累计的违约金为例分析持续递增的违约金的诉讼时效问题。

**二、按日累计的违约金适用诉讼时效规则之争议**

所谓按日累计的违约金，通常发生于迟延履行之时，是指合同双方约定，一方迟延履行时自违约之日起随时间的推移按一定标准不断增加的违约金。关于按日累计的违约金应当如何计算诉讼时效，目前法律没有明确规定，司法实践中做法不一，主要有以下几种做法。

（一）实践中的主要做法及理由

1. 自当事人应当履行义务之日起算诉讼时效。主张该方法的主要理由是：自违约时起，违约一方侵害守约一方合法权益的事实即已确定，守约人即知道或应当知道权利受到损害，根据《民法总则》《民法通则》关于诉讼时效自权利人知道或应当知道损害事实之日起计算的原则性规则，自然应当自违约之日起计算诉讼时效。

2. 分段计算诉讼时效期间。主张该方法者认为当事人在合同中约定以日或月为单位累计计算违约金数额的，应以每个个别的债权分别适用诉讼时效。其理由主要是在按日累计计算的违约金中，违约一日就有一日数额的违约金，违约二日便有二日的违约金，因此，可按照精确的方法，把一天的违约金作为一个‘个别债权’，单独地适用诉讼时效，起算点为次日。为了避免麻烦，还可以把一个月的违约金作为一个“个别债权”，每个月的违约金债权单独地适用诉讼时效，时效期间的起算点为下个月的第一天。①

3. 以债权人起诉之日倒推两年作为计付违约金诉讼时效的起算时间。主张该方法者认为法院保护守约一方起诉之日以前两年内的违约金。其主要理由是：一方面可以促使债权人尽快行使权利，有利于纠纷的尽快解决及法律关系的稳定，符合时效制度的宗旨；另一方面亦可在保障守约方的救济权利与违约方的时效利益之间实现平衡。② 同时，还有观点认为，按日累计的违约金可以参照《最高人民法院关于审理专利纠纷案件适用法律问题的若干规定》③第 23 条关于“侵犯专利权的诉讼时效为二年，自专利权人或者利害关系人知道或者应当知道侵权行为之日起计算。权利人超过二年起诉的，如果侵权行为在起诉时仍在继续，在该项专利权有效期内，人民法院应当判决被告停止侵权行为，侵权损害赔偿数额应当自权利人向人民法院起诉

---

① 参见孙旭明：《论违约金的诉讼时效》，载 http://yqxfy.chinacourt.org/public/detail.php?id=22，2011 年 11 月 19 日访问；崔建远：《继续性债权与诉讼时效》，载《人民法院报》2003 年 6 月 27 日。

② 陈嘉贤：《按日累计的违约金请求权诉讼时效何时起算》，载广东审判网，网址：http://www.gzcourt.org.cn/aljx/2011/09/05094549871.html，2011 年 11 月 19 日访问。

③ 2001 年 6 月 19 日最高人民法院审判委员会第 1180 次会议通过，法释[2001]21 号。

之日起向前推算二年计算”之规定,保护守约一方起诉之日起向前推算二年之内的违约金数额。此外,《最高人民法院关于审理著作权民事纠纷案件适用法律若干问题的解释》第 28 条①、《最高人民法院关于审理商标民事纠纷案件适用法律若干问题的解释》第 18 条②也有类似规定。

4. 自当事人要求债务人支付违约金而债务人不支付时起算诉讼时效。该做法将按日累计的违约金请求权看成一个统一的没有约定履行期限的债权,根据司法解释的相关规定,从债权人要求债务人履行而债务人不履行时,才起算诉讼时效。该观点认为:如果当事人约定了迟延履行违约金的履行期限的,自该期限起算,如果没有约定履行期限,则应当根据《最高人民法院关于审理民事案件适用诉讼时效制度若干问题的规定》第 6 条的规定,依照《合同法》第 61 条、第 62 条的规定确定违约金的履行期限,如果仍不能确定的,则应审查权利人在违约后有没有主张过违约金,若没有主张过,则诉讼时效从权利人向人民法院提交起诉状或口头起诉之日起计算;若主张过,则看权利人是否给义务人一定的宽限期,若有,则诉讼时效从宽限期满起算,若无,则从第一次主张违约金并被拒绝之日起计算。③

(二)对实践中主要做法的评析

上述四种方法均有其合理之处,但同时也存在不足之处。

第一,自当事人应当履行交付义务之日起算诉讼时效的不当之处在于:(1)与当事人的订约目的不相符。当事人约定按日累计违约金的根本目的在于督促义务人履行义务以减少违约金的数额,权利人的根本目的也不在于获得违约金,而在于促使义务人履行义务,故在合同义务存在履行可能,且义务人愿意履行的情况下,权利人一般不会单独请求支付违约金。(2)与按日累计的违约金的特点不符。按日累计的违约金不同于数额确定的违约金之处在于,数额确定的违约金源自双方约定,自一方违约之时即已确定,而按日累计的违约金虽源自双方约定的计算方法,但具体数额的确

---

① 《最高人民法院关于审理著作权民事纠纷案件适用法律若干问题的解释》第 28 条规定,侵犯著作权的诉讼时效为两年,自著作权人知道或者应当知道侵权行为之日起计算。权利人超过两年起诉的,如果侵权行为在起诉时仍在持续,在该著作权保护期内,人民法院应当判决被告停止侵权行为;侵权损害赔偿数额应当自权利人向人民法院起诉之日起向前推算两年计算。

② 《最高人民法院关于审理商标民事纠纷案件适用法律若干问题的解释》第 18 条规定,侵犯注册商标专用权的诉讼时效为二年,自商标注册人或者利害权利人知道或者应当知道侵权行为之日起计算。商标注册人或者利害关系人超过二年起诉的,如果侵权行为在起诉时仍在持续,在该注册商标专用权有效期限内,人民法院应当判决被告停止侵权行为,侵权损害赔偿数额应当自权利人向人民法院起诉之日起向前推算二年计算。

③ 张伟:《商品房买卖纠纷中迟延办证违约责任有关疑难问题的认定与处理》,载 http://wenku.baidu.com/view/13f7bf3610661ed9ad51f3df.html,2011 年 11 月 19 日访问。

定需根据违约的日期予以确定,在确定之前,违约金数额按日累计,不断增加。当事人违约之后,违约金按日增加,数额不断变化,最终要支付多少违约金尚未确定,此时开始计算诉讼时效对守约方并不公平。

第二,按日分段计算违约金虽然严谨,但是不符合按时累计违约金的整体性特征。按时累计违约金,虽然违约金每日不断增加,数额不断变化,但其产生的原因在于债务人特定的违约事实,相对应的是债务人的同一履行义务,故按日分段计算的违约金是当事人在合同中约定的一个整体权利,而不是按照违约的天数具体分割为若干分别计算诉讼时效的独立权利,并且,要求权利人在义务人履行合同义务之前,单独就违约金提出诉讼或仲裁也不符合社会公众在日常生活中遵循的公序良俗。此外,要求权利人就每天产生的违约金不断请求支付,过于麻烦,不符合诉讼经济和诉讼效率的要求。

第三,以债权人起诉之日倒推两年作为计付违约金诉讼时效的起算时间,实质上仍是将按日累计的违约金分为若干独立的债权,且按日累计的违约金与专利侵权有不同之处,不能简单地类推适用。

第四,自当事人要求债务人支付违约金而债务人不支付时起算诉讼时效,将按时累加的违约金与未约定履行期限的合同债权混同起来,并不妥当。首先,违约金请求权从性质上来说属于救济性的请求权,而不是合同原权利的请求权。原权利不履行时,权利人的救济性请求权随即产生,权利人可以请求义务人赔偿其损失,而违约金本身就是救济性的请求权,如果救济性损害请求权仍自权利人提出请求之日起算诉讼时效,则任何赔偿损失、恢复原状等请求权的诉讼时效均可自权利人请求义务人赔偿损失或恢复原状之时起算,如果这样的话,诉讼时效制度根本形同虚设。其次,如果权利人一直不要求违约方支付违约金,则诉讼时效将永不起算,该请求权只将受限于《民法通则》规定的20年最长保护期,而将永不超过诉讼时效。

**三、按日累计的违约金与诉讼时效规则的适用**

由于按日累计的违约金自何时起算诉讼时效期间没有法律的明确规定,故适用时应正确理解诉讼时效制度的目的和相关法律规定,从而正确地适用法律。笔者认为,按时累计的违约金应自迟延履行的时间确定之日起计算诉讼时效期间。

第一,按日累计的违约金应当作为一个整体计算诉讼时效期间。如前所述,按日累计的违约金源自同一合同法律关系,同一违约事实,具备整体性与同一性,不应分割为按日计算的各自独立的权利。

第二,迟延履行的时间确定之后,违约金的数额方可确定下来,权利人方可知其具体损失为多少,至此时起算诉讼时效,符合《民法总则》第188条第2款关于“诉讼时效期间自权利人知道或者应当知道权利受到损害以及义务人之日起计算”。以及

《民法通则》第 137 条关于“诉讼时效期间从知道或者应当知道权利被侵害时起计算”之规定的本意。此外，以损害确定之日起计算诉讼时效在其他司法解释中亦有体现。如《民法通则意见》第 168 条规定，人身损害赔偿的诉讼时效期间，伤害明显的，从受伤害之日起算；伤害当时未曾发现，后经检查确诊并能证明是由侵害引起的，从伤势确诊之日起计算。

第三，自迟延履行的时间确定之日起算诉讼时效期间，符合当事人订立合同的目的。当事人约定违约金的目的在于督促义务人按期履行义务，并在义务人迟延履行之时弥补自己的损失，而不在于获得违约金本身。如果一方虽然迟延履行，但仍同意履行并有履行之可能，此时，要求守约一方专门就违约金提起请求，不利于尽可能促成义务人履行义务，从而实现合同目的。

第四，诉讼时效制度就是对民事主体的自由进行限制的法律制度。依据讨论民法价值判决问题的实体性论证规则，唯有公共利益，才可以成为民法中对民事主体的自由进行限制的足够充分且正当的理由。① 权利人要求义务人继续履行合同本身表明其在积极行使权利，不存在权利人怠于行使权利的情况，而在一方当事人继续履行合同的义务仍然存在的情况下，一般不会让人产生其不存在义务的表象，从而不会招致善意第三人依赖利益的损失，亦不会影响交易秩序和公共利益，因此，自迟延履行的时间确定之日起算诉讼时效期间并不违背诉讼时效制度的目的。

第五，自迟延履行的时间确定之日起算诉讼时效期间符合日常生活常理及诉讼经济与诉讼效率的原则。在迟延履行的时间尚未确定，违约金的数额仍在不断变化之时，要求权利人就违约金提出请求，违背了生活中的常理，亦必将造成多次诉讼，增加当事人的诉累，浪费国家的司法资源。

基于以上理由，笔者认为按日累计的违约金应自迟延履行的时间确定之日起计算诉讼时效期间，而迟延履行的确定之日包括义务人实际履行义务之日和义务人拒绝履行之日。

**【拓展适用】**

**一、未规定履行期限合同债权与诉讼时效规则的适用**

关于未规定履行期限的合同债权自何时开始计算诉讼时效期间，我国《民法通则》未做明确规定，理论界与实务界对此存在争议。后来《最高人民法院关于贯彻执行〈民法通则〉若干问题的意见（修改稿）》第 193 条对此进行了规定：“因违反合同请

---

① 王轶：《诉讼时效制度三论》，载中国民商法律网，网址：http://www.civillaw.com.cn/article/default.asp? id =43507，2011 年 11 月 19 日访问。

求保护的诉讼时效,有履行期限的,从履行期限届满之日起计算;没有履行期限的,从权利人主张权利而义务人拒绝履行义务之日起计算。"2008 年的《最高人民法院关于审理民事案件适用诉讼时效制度若干问题的规定》第 6 条对该问题做了进一步明确的规定:"未约定履行期限的合同,依照合同法第六十一条、第六十二条的规定,可以确定履行期限的,诉讼时效期间从履行期限届满之日起计算;不能确定履行期限的,诉讼时效期间从债权人要求债务人履行义务的宽限期届满之日起计算,但债务人在债权人第一次向其主张权利之时明确表示不履行义务的,诉讼时效期间从债务人明确表示不履行义务之日起计算。"至此,在司法实务中对未规定履行期限的合同债权自何时开始计算诉讼时效期间的问题有了明确、统一的标准。

但是,理论界,对该规定是否妥当却仍存在争议。质疑者认为:如果未规定履行期限的合同债权,自权利人主张权利而义务人拒绝履行义务之日起算,则权利人可以一直"躺在权利上睡觉",只要其不主张权利,则诉讼时效永不起算,直至多年以后,权利人仍可随时向债务人主张权利,如此一来,诉讼时效的规定对未规定履行期限的合同债权形同虚设,诉讼时效制度督促权利人及时行使权利,并维护法律秩序及公共利益的价值目标根本无法实现。

对此问题,参考其他国家的法律规定,发现其他国家存在不同观点:1922 年苏俄《民法》第 45 条第 2 段曾规定:"关于由债权人提出索偿要求的债,诉讼时效期间自债产生时起开始。"对此,苏联学者认为,这是因为债产生之时已发生了提出请求的可能性,提出请求不应看作产生诉讼请求权的根据而是对已产生的诉讼请求权的实现,如果将提出请求之时作为起算时间,当事人就会采用拖延提出请求的时间的办法来延长时效,就会发生当事人随意延长期间的现象,这与时间的强制性不符。[①] 1966 年苏联《民法》出台以后,有学者主张债的履行未定期限,而是按照债权人的请求,则时效从给予债务人的 7 天履行期限届满之时起计算,但依法律、合同规定或债的实质,也可产生按债权人的请求立即履行的义务,此时,诉讼时效从债权人提出请求后次日开始计算。[②] 日本理论界与实务界则认为,未定清偿期的债权,原则上从债权成立时起进行,如关于特定物的寄托,若未约定寄托存续期间,时效应从为寄托行为之时开始进行。[③]

① 参见诺维茨基:《法律行为·诉讼时效》,中国人民大学出版社 1956 年版,第 191 ~ 192 页。转引自易军:《未定清偿期债权诉讼时效期间的计算》,载中国民商法律网,网址:http://www.civillaw.com.cn/article/default.asp? id = 18743,2011 年 11 月 20 日访问。

② 参见[苏联]B. П. 格里巴诺夫、[苏联]C. M. 科尔涅耶夫主编:《苏联民法》(上),法律出版社 1984 年版,第 253 页。转引同上注,易军文。

③ 参见[日]四宫和夫:《日本民法总则》,唐晖、钱孟珊译,朱柏松校,五南图书出版公司 1995 年版,第 316 页。转引同上注,易军文。

在我国台湾地区“民法”第315条规定债权未定清偿期者，债权人得随时请求清偿，因此，“此项请求权自债权成立时即可行使，应自债权成立时起算。”①

有学者主张未定清偿期债权时效期间自债权成立之日开始计算，在日本等国家和我国台湾地区是合理的，因为一方面，这些国家和地区在法律上规定诉讼时效期间原则上从请求权可行使之时起计算，而对未定清偿期的合同而言，债权人的返还请求权确实从合同成立之时即可行使，另一方面这些国家和地区法定的普通诉讼时效期间一般都较长，如德国为30年。但是，在我国，不宜采纳这种观点。因为，我国《民法通则》规定诉讼时效期间自知道或应当知道权利受侵害之时起计算，且我国普通诉讼时效过短。② 笔者赞同以上观点，认为依据我国现有法律制度，没有约定履行期限的合同债权，从权利人主张权利而义务人拒绝履行义务之日起计算诉讼时效期间并无不妥。对于权利人一直不提出请求的情况下，如何适用诉讼时效问题，则仍有待于理论界与实务界的进一步研究，及有关法律的进一步明确规定。

**二、分期履行合同之债与诉讼时效规则的适用**

有学者认为，分期履行之债是指在履行方式上具有特殊性、依据时间、地点、批次等因素多次性地加以实现的债，这种分期履行之债的典型形式有分期付款的买卖、租赁、雇佣关系中工资的按期支付等。③ 笔者认为，以分期买卖合同为典型的分期履行之债与以租赁、供水供电合同关系为典型的按期支付之债性质上有所不同，其对诉讼时效规则的适用亦有所不同，故后文对两者分别予以分析。文中所指分期履行合同之债权是指同一债务分期履行之情形。

（一）与按日累计违约金的差异

由于按日累计的违约金与分期履行之债均是因同一合同关系产生的债，且均会产生诉讼时效是整体自某一时间点开始计算，还是分别按期开始计算的问题，很多人将按日累加的违约金与分期履行之债相提并论，实际上，两者存在重大差别。首先，分期履行之债系原合同债务，而按日累加的违约金系原合同之债受损害后产生的救济性债权；其次，分期履行之债自债务成立之日即已确定，只是按期支付，而按日累计的违约金在数额上持续变动，与日俱增，需要等迟延履行的时间确定下来，违约金的数额方可确定下来；再次，分期履行之债的履行时间可在原合同中予以约定，也可在

---

① 王泽鉴：《民法总论》，中国政法大学出版社2001年版，第531页。

② 易军：《未定清偿期债权诉讼时效期间的计算》，载中国民商法律网，http://www.civillaw.com.cn/article/default.asp?id=18743，2011年11月20日访问。

③ 冯恺：《分期履行之债的诉讼时效适用基础——请求权的可分性分析》，载中国民商法律网，http://www.civillaw.com.cn/article/default.asp?id=18871，2011年11月20日访问。

合同履行过程中,双方协商确定,但当事人一般不会约定按日累加违约金的支付时间。由于存在以上差别,分期履行之债的诉讼时效与按日累加的违约金的诉讼时效亦存在差异。

(二)分期履行之债的诉讼时效

关于分期履行之债的诉讼时效期间,有人认为应当分别计算,每一期的诉讼时效自该期债务到期之时起算;有人认为应整体计算,自债务最后一期到期后开始计算;也有人认为"对这一问题的解决取决于分期履行之债的请求权形态:如果整个债可以依据某种标准分为数个独立的请求权,则所争议的期次的债能够分离出来,一个独立的期次之债对应一个请求权,一个请求权自然对应一个诉讼时效,那么依此法理,应从该期存在问题的债履行期满时(即知道或应知具体请求权受侵害时)起算期诉讼时效期间;如果不可分,则整个债权请求权只与一个诉讼时效对应,此时应从整个债权届满之时起算诉讼时效期间。"①

对于该问题,我国《最高人民法院关于审理民事案件适用诉讼时效制度若干问题的规定》第5条已予以明确,即规定"当事人约定同一债务分期履行的,诉讼时效期间从最后一期履行期限届满之日起计算"。对此,最高人民法院主流观点认为有以下三点理由:第一,符合同一债务的特征。当事人约定同一笔债务分期履行的,其订立合同的目的是对同一笔债务约定分期履行,该债务为一个单一的整体,具有整体性和唯一性。因此,尽管因为对整体债务分别约定了分期履行的期限和数额,使每一期债务具有一定的独立性,但该独立性不足以否定整体性,整体性和唯一性是该债务的根本特征。给付每一期债务请求权的诉讼时效期间从最后一期履行期限届满之日起算是同一笔债务具有唯一性和整体性的根本要求。第二,符合诉讼时效制度的立法目的。权利人没有在每一期履行期限届满后即主张权利,并非其怠于行使权利,而是其基于对同一债务具有整体性以及不同期债务具有关联性的合理信赖。其通常把每一次的履行行为看作是一个完整的合同关系的一部分,往往认为其可以从最后一期履行期限届满之日再主张权利。而且,当事人之间签订分期给付债务合同的目的在于全面履行合同约定的义务,因此,尽量维持双方的债权债务关系和信任关系是解决履行障碍的基本态度。为促进双方的友好合作关系,权利人也不愿或者不想在部分债权受到侵害后就立刻主张权利。因此,规定从最后一期履行期限届满之日起算诉讼时效期间,可以保护权利人的合理信赖利益,也不违背诉讼时效制度的立法目的。第三,有利于减少诉累、实现诉讼效率。规定诉讼时效期间从最后一期履行期限届满之日

① 冯恺:《分期履行之债的诉讼时效适用基础——请求权的可分性分析》,载中国民商法律网,http://www.civillaw.com.cn/article/default.asp?id=18871,2011年11月20日访问。

起算，可以避免当事人为主张权利而激化矛盾，避免频繁起诉，有利于节约司法资源，减少诉累，实现诉讼效率。① 立法机关认为，最高人民法院的上述司法解释规定，是在法律没有明确规定又在现实需要的情况下作出的解释，在司法实践中已经执行近十年，取得了较好的司法效果，为民法总则相关制度设计提供了实践资料，因此，立法机关在吸收司法解释的内容的基础上做出了明确的规定，即《民法总则》第189条规定："当事人约定同一债务分期履行的，诉讼时效期间自最后一期履行期限届满之日起计算"。

关于分期履行之债自最后一期履行期限届满之日起计算的适用上必须要注意的是，该债务系同一笔债务分期履行，就此可区别支付租金、水电费等债务的履行。

**三、按期支付债务与诉讼时效规则的适用**

文中所指按期支付债务主要是指继续性合同在履行过程中持续发生的债务，如租赁合同中租金的定期支付，供水、供电合同中水电费的按期支付等。按期支付合同与前文所述按日累加的违约金、分期履行合同均有所不同，故在诉讼时效规则的适用上也有所差别。

（一）按期支付债务与按日累计的违约金之债的差异

支付租金、水电费等按期支付的债务与按日累计的违约金之债并不相同。1. 支付租金、水电费系义务人的主合同义务，也是原合同义务，而支付违约金则是义务人未履行原合同义务的情况下，为补偿权利人的损害而产生的救济性义务；2. 支付租金、水电费与义务人每期使用房屋、水电等权利相对应，而支付违约金针对的是整个合同权利；3. 租金、水电费均有明确的履行期限，而按日累加的违约金没有明确的履行期限。

（二）按期支付债务与分期履行之债的差异

前文已提到分期履行之债与支付租金、水电费等按时支付债务存在差异，其关键点在于，尽管租金、水电费等也是按一定的期限，如按月或按年支付，但每期租金、水电费的支付都与当期其享有的合同权利相对应，在合同履行的过程中，权利和义务均不断产生，而前文所述的分期履行之债，各分期履行的债务均对应的是合同项下一个整体债权，该债权自合同成立并生效时即已确定。正因为这一点，按期支付的债权具有一定的独立性，因而，在诉讼时效的适用上与分期履行之债有所不同。

（三）按期支付债务的诉讼时效

如前所述，按期支付债务不同于分期履行之债与按日累计的违约金之债最根本

① "最高人民法院民二庭负责人就《关于审理民事案件适用诉讼时效制度若干问题的规定》答记者问"，载中国法院网，网址：http://www.chinacourt.org/html/article/200809/01/319542.shtml，2011年11月12日访问。

的特点在于，按期支付债务对应于其该期享有的权利，具有相对的独立性，因此，笔者认为，不同于其他两者，按期支付债务的诉讼时效期间一般情况下应自该期债务届满之日起计算。

**【典型案例】**

**泛华工程有限公司西南公司与中国人寿保险（集团）公司商品房预售合同纠纷案**

上诉人（原审被告）：泛华工程有限公司西南公司，住所地重庆市渝中区民族路15号。

法定代表人：张涛，该公司董事长。

委托代理人：王万吉，北京市信杰律师事务所律师。

委托代理人：陈晓莺，北京市信杰律师事务所律师。

被上诉人（原审原告）：中国人寿保险（集团）公司，住所地北京市西城区冠英园百区5号。

法定代表人：杨超，该公司总经理。

委托代理人：陈志刚，重庆百君律师事务所律师。

委托代理人：孙渝，重庆百君律师事务所律师。

〔**基本案情**〕

重庆市高级人民法院经审理查明：人寿（集团）公司原名为中保人寿保险有限公司，1996年9月经批准设立了中保人寿保险有限公司重庆市分公司（以下简称中保人寿重庆分公司）。1998年5月18日，泛华公司与中保人寿重庆分公司签订了《商品房预售（预购）合同》约定：泛华公司将其开发建设的重庆市渝中区新华路筷子街泛华大厦三区9楼至28楼房屋14400平方米和四区负一层车库600平方米，共计15000平方米以6624万元的价格预售给中保人寿重庆分公司。第一次缴付购房款在合同签字后付定金20万元；第二次在登记时付房款总额的20%（含定金）1325万元；第三次在工程进行到第九层时付总价的10%，共计662万元；第四次在工程每上升五层时付总价的10%，共计662万元。泛华公司在1999年8月31日将竣工并经验收合格的上述房屋移交给中保人寿重庆分公司。该合同关于违约责任的约定为：合同签订后，双方均不得擅自变更或撤销，中保人寿重庆分公司如违反约定的期限延迟缴付房款，应向泛华公司缴纳违约金，违约金每日按房价的0.2‰累加计算；泛华公司如违反约定的期限延迟交移房屋，应向中保人寿重庆分公司缴纳违约金，违约金每日按房价款的0.2‰累加计算。合同签订后，泛华公司和中保人寿重庆分公司在重庆市房地产交易所办理了预售合同登记，登记号为（98）预售（购）第0953号。1998年7月6日至1999年1月11日，中保人寿重庆分公司分八次向泛华公司共计支付了5875万元的房款。

2003年2月12日，泛华公司向中国人寿保险公司重庆市分公司（以下简称中国人寿重庆分公司）发出《商品房入住通知》称，现已按照中国人寿重庆分公司的变更要求及施工图完全竣工，设备安装已全部就位，并已调试完毕。请中国人寿重庆分公司即日起入住该楼，进一步完善精装修，尽快支付剩余房款，以便泛华公司尽早为中国人寿重庆分公司完善房屋产权证及国土使用证。但是，泛华公司至今未向人寿（集团）公司提交泛华大厦通过竣工验收和消防验收并达到合格可以入住的证据。

2003年10月28日，中国人寿重庆分公司称以邮件挂号的方式，向泛华公司送达了《关于催交我司购买的办公用房的公函》，但未向一审法院提交邮政送达的回执单据。

目前，讼争房屋已完成主体结构建设，尚未竣工验收，不具备交付使用条件。

1999年3月，中保人寿保险有限公司更名为中国人寿保险公司，同年4月，中保人寿重庆分公司更名为中国人寿重庆分公司。2003年6月，中国人寿保险公司独家发起设立了中国人寿保险股份有限公司，同年8月，中国人寿保险公司又更名为中国人寿保险（集团）公司。2003年9月18日，中国人寿保险股份有限公司设立了中国人寿保险股份有限公司重庆市分公司。2004年7月，人寿（集团）公司发文同意注销中国人寿重庆分公司及其所属分支机构营业执照，原中国人寿重庆分公司及其直属机构的相关债权债务由人寿（集团）公司承担。

2005年2月，人寿（集团）公司在向一审法院提起诉讼的同时，申请对泛华大厦的房屋予以诉讼保全。一审法院于2005年3月11日作出（2005）渝高法民初字第13号民事裁定书，查封了泛华大厦价值6624万元的房产。

**〔一审裁判理由与结果〕**

重庆市高级人民法院经审理认为，关于人寿（集团）公司是否属于适格原告问题。1998年5月18日，与泛华公司签订《商品房预售（预购）合同》的中保人寿重庆分公司，系由原中保人寿保险有限公司设立，原中保人寿保险有限公司变更名称为中国人寿保险公司后，原中保人寿重庆分公司也变更名称为中国人寿重庆分公司，其隶属关系没有变化。《中华人民共和国公司法》第十三条规定，分公司不具有企业法人资格，其民事责任由公司承担。目前，中国人寿保险公司又更名为人寿（集团）公司，且已下文注销中国人寿重庆分公司，其相关债权债务由人寿（集团）公司承担。因此，人寿（集团）公司以原告身份向泛华公司主张权利是正当的。

关于人寿（集团）公司主张的违约金请求是否超过了诉讼时效的问题。首先，本案违约金系基于泛华公司未按约履行交房义务的违约行为而产生的。按照双方当事人在《商品房预售（预购）合同》中的约定，泛华公司如违反约定的期限延迟移交房屋，应向人寿（集团）公司缴纳违约金，违约金每日按房价款的0.2‰累加计算。从该约定内容分析，延迟交房的违约金是根据违约行为持续发生的状况而“累加计算”的，即相对于购房方来讲，主张自合同约定的逾期交房之日至实际交房之日的违约金，是双方当事人在合同中所确定的一个整体的合同权利，而不是按照违约的天数具体分割为若干分别计算诉讼时效的独立的权利，购房方可以在该项整体权利没能实现时提出主张。如果将本案违约金请求权分割为若干独立的请求权，并以分别起算的诉讼时效予以限制，这必将改变本案双方当事人在合同中约定的“累加计算”的本意，违背当事人意思自治的基本原则;其次,本案中双方当事人在合同中仅约定了违约金的计算方法,并没有约定违约金的支付期限。对于没有支付期限的债务,债权人任何时候都可以主张,只有当债务人明确表示不履行时,才能认定债权人"知道或者应当知道权利受到侵害",诉讼时效才可依法起算;再次,就本案的实际情况而言,要求购房方在房屋交付之前单独就违约金债权提起诉讼或申请仲裁,均不符合社会公众在日常生活中所遵循的公序良俗。总之,泛华公司关于违约金债权应当按照违约时间分别计算诉讼时效的抗辩理由,因无现行法律、司法解释明文规定的支持,不予采纳。

综上,人寿(集团)公司与泛华公司签订的《商品房预售(预购)合同》符合法律规定,系双方真实意思表示,应当受到法律保护。泛华公司应当按照合同忠实履行义务,避免因违约造成其损失的扩大。人寿(集团)公司的诉讼请求及其理由成立,依照《中华人民共和国合同法》第六十条第一款、第一百零七条、第一百一十四条之规定,判决:(一)泛华公司在判决生效后三十日内按双方签订的《重庆市商品房预售(预购)合同》将验收合格的泛华大厦三区9楼至28楼房屋14400平方米和四区600平方米车库交付人寿(集团)公司,并办理有关产权过户手续。(二)泛华公司在判决生效后立即向人寿(集团)公司支付截至2005年1月31日的逾期交房违约金2543.62万元,并按每日6624万元的0.2‰向人寿(集团)公司支付从2005年2月1日起至履行本判决第一项交房义务时止的逾期交房违约金。案件受理费430960元、保全费331720元,共计762680元,由泛华公司负担。

〔当事人上诉及答辩意见〕

泛华公司不服一审判决,向最高人民法院提起上诉,请求撤销一审判决,改判驳回人寿(集团)公司的诉讼请求并由人寿(集团)公司承担本案诉讼费用。主要理由是:1.一审判决关于人寿(集团)公司享有本案诉讼主体资格的认定错误,人寿(集团)公司提供的证据不足以证明其享有《商品房预售(预购)合同》的权利,其无权提起本案的诉讼。据2005年5月18日,重庆市工商行政管理局出具的工商查询记录表明,截至该日,中国人寿重庆分公司仍为合法存续的经过工商登记的法人分支机构,并未办理注销、撤销及主体资格变更等手续。人寿(集团)公司提供的证据,不能表明人寿(集团)公司合法承继了中保人寿重庆分公司的债权债务,及人寿(集团)公司合法享有中保人寿重庆分公司在《商品房预售(预购)合同》中的权利。人寿(集团)公司提供的证据自相矛盾,无法体现中保人寿重庆分公司的债权债务究竟由谁承担。2.一审判决认定泛华公司违约并判令泛华公司承担违约责任错误。其一,根据人寿(集团)公司提供的泛华公司及中国人寿重庆分公司的往来函件,双方已对交房时间达成了新的约定,泛华公司并不存在违约行为。本案讼争房屋于1998年年底已主体封顶,1999年8月竣工并经结构验收合格,泛华公司已经具备依约交付房屋的条件,但因泛华公司前任法定代表人被撤销职务后,拒不交出全部工程资料,故泛华公司无法调取相应的证据。泛华公司在一审期间已向法院提出《调查取证申请书》,但一审法院未予理睬。人寿(集团)公司提出变更设计的要求是导致泛华公司未能按照《重庆市商品房预售(预购)合同》约定时间交付房屋的根本原因。中国人寿重庆分公司出具的《关于催交我司购买的办公用房的公函》表明,双方已就房屋交付的时间形成了新的合意,人寿(集团)公司不能再按照《商品房预售(预购)合同》的约定主张泛华公司违约。其二,假设泛华公司违约,人寿(集团)公司主张的违约金也已超过诉讼时效,已丧失胜诉权。《商品房预售(预购)合同》约定了明确的履行期限,即1999年9月1日起泛华公司应当给付违约金,本案违约金是有给付期限的。自约定交付房屋之日起至今近六年时间,人寿(集团)公司从未催促泛华公司交付房屋,更未主张过违约金,故人寿(集团)公司主张的违约金已经超过诉讼时效,法律不应保护。

人寿(集团)公司当庭答辩称:一审判决认定事实清楚,适用法律正确,应予维持。主要理由:1. 人寿(集团)公司主体适格。2.《商品房预售(预购)合同》约定泛华公司于1999年8月31日交付的房屋应为竣工验收合格的房屋,而不是主体封顶即可。人寿(集团)公司所发的两份函件本意为催交房屋,与变更交房时间非同一概念,双方从未就交房条件进行过变更。3.《商品房预售(预购)合同》未约定违约金的支付时间,故应从发生争议之日,即2003年10月28日和2004年4月13日,人寿(集团)公司分别发函至泛华公司催收房屋遭到拒绝之日开始起算诉讼时效。

**〔最高人民法院查明的事实〕**

最高人民法院二审查明的事实与一审法院查明的事实相同。

**〔最高人民法院裁判理由与结果〕**

最高人民法院认为,本案双方当事人争议焦点有二:其一,人寿(集团)公司的诉讼主体资格问题;其二,违约责任的认定及人寿(集团)公司主张违约金是否超过诉讼时效问题。

(一)人寿(集团)公司的诉讼主体资格问题。

经审查,本案所涉《商品房预售(预购)合同》的一方签约主体为中保人寿重庆分公司。该公司系属中保人寿保险有限公司设立的分公司。1999年3月22日,经中国保险监督管理委员会批准,中保人寿保险有限公司更名为中国人寿保险公司,随之,作为中保人寿保险有限公司分公司的中保人寿重庆分公司亦于同年4月20日变更公司名称为中国人寿重庆分公司。2003年7月8日,中国人寿保险公司再次更名为人寿(集团)公司。上述事实表明,人寿(集团)公司与本案签约主体中保人寿重庆分公司的总公司中保人寿保险有限公司仅为变更前后公司名称的差异,实系同一法人。人寿(集团)公司变更设立后,中国人寿重庆分公司虽未因之变更相应名称,但2004年7月14日,人寿(集团)公司向重庆市工商行政管理局出具《关于注销原中国人寿重庆市分公司及其所属分支机构的函》,申请注销中国人寿重庆分公司,同时表明原中国人寿重庆分公司及所属分支机构的相关债权债务由该公司承担。人寿(集团)公司申请注销中国人寿重庆分公司的行为,属公司基于经营发展需要对其分支机构的变更调整。根据

《中华人民共和国公司法》第十三条的规定,公司可以设立分公司,分公司不具有企业法人资格,其民事责任由公司承担。因此,公司分支机构于法人变更过程中是否已实际经工商注销完毕,不影响公司基于独立法人性质行使对其分支机构所享有的民事权利和民事义务。人寿(集团)公司于本案中以原告身份向泛华公司主张《商品房预售(预购)合同》项下的合同权利符合法律规定。泛华公司上诉提出的截至2005年5月18日,中国人寿重庆分公司未办理注销手续,仍为合法存续的法人分支机构,人寿(集团)公司不具备合法诉讼主体资格,无权提起本案诉讼的主张,与事实不符,亦无法律根据。一审判决认为人寿(集团)公司属于本案适格原告,认定事实及适用法律正确,予以维持。

(二)违约责任的认定及人寿(集团)公司主张违约金是否超过诉讼时效问题。

本案双方当事人签订的《商品房预售(预购)合同》约定,泛华公司应在1999年8月31日将竣工并验收合格的房屋移交给中保人寿重庆分公司。泛华公司上诉提出,根据泛华公司与中国人寿重庆分公司的往来函件,双方已对交房时间达成了新的约定,泛华公司不存在违约行为。经审查,中国人寿重庆分公司分别于2003年10月28日及2004年4月13日,向泛华公司发出两份函件,名称为《关于催交我司购买的办公用房的公函》。其中2004年4月13日函件的邮政送达回执单据上载明泛华公司拒收。该函件内容为中国人寿重庆分公司基于函发之日,泛华公司仍未完成工程竣工验收、消防验收和环境配套设施的整治工作的现状,为避免损失继续扩大而要求泛华公司尽快依约交付竣工验收合格房屋的催告。未见双方于此函件中对房屋交付期限存有明确具体的合意变更,且于此之外泛华公司亦没有再提供其他形式的证据证明其主张的本案双方当事人就讼争房屋交付时间存在协商一致的变更,因此,泛华公司的上述主张与事实不符,不予支持。泛华公司上诉亦提出,本案讼争房屋于1999年8月竣工并经结构验收合格,已具备依约交付的条件及人寿(集团)公司提出变更设计的要求是导致泛华公司未能按照约定时间交付房屋的根本原因两项主张,作为其不应承担违约责任的抗辩理由。经查,自本案诉讼伊始,泛华公司一直未能就讼争房屋已通过竣工验收合格及人寿(集团)公司于合同履行过程中存在不符合合同约定的设计变更提供有效证据。对此,泛华公司主张系由其前任法定代表人隐匿工程资料导致其举证不能所致。泛华公司法定代表人的变更属于其公司内部人员的调整变化,在公司依法存续期间,法定代表人的更迭不构成影响公司民事责任承担的法定抗辩理由,故泛华公司该项上诉主张亦不能成立。

按照双方当事人在《商品房预售(预购)合同》中的约定,泛华公司如违反约定的期限延迟移交房屋,应向人寿(集团)公司缴纳违约金,违约金每日按房价款的0.2‰累加计算。泛华公司上诉提出人寿(集团)公司从未催促泛华公司交付房屋,其关于违约金的主张已经超过诉讼时效,不应支持。结合本案查明事实分析,人寿(集团)公司购买泛华大厦的目的系为解决办公用房之需,因泛华公司一直未能交付讼争房屋,人寿(集团)公司至今仍于他处租赁房屋办公。于此情形下,依泛华公司的上诉主张人寿(集团)公司于房屋交付期限届至后长期不主张权利,既不符合本案《商品房预售(预购)合同》的订立目的,亦有违常理。且泛华公司于上诉请求中一方面主张,根据相互往来函件,双方已对交房期限达成了新的变更,另一方面又认为双方对交房事宜从来没有协商过,人寿(集团)公司从未催促过泛华公司交付房屋。该两项上诉主张,前后表述矛盾,最高人民法院不予采信。2004 年 4 月 14 日,中国人寿重庆分公司向泛华公司发出《关于催交我司购买的办公用房的公函》的函件,要求泛华公司于 2004 年 6 月底前交付竣工验收合格的房屋,对此泛华公司予以拒收,此时应视为权利人主张权利而义务人拒绝履行义务,权利人始知其权利遭到侵害,诉讼时效应从此发生争议之日起计算。故泛华公司关于本案违约金债权已经超过诉讼时效的上诉主张,与事实不符亦无法律依据,不予支持。

综上,一审判决认定事实清楚,适用法律正确。泛华公司的上诉理由不能成立,最高人民法院不予支持。根据《中华人民共和国民事诉讼法》第一百五十三条第一款第(一)项之规定,判决如下:

驳回上诉,维持原判。

如逾期不履行本判决确定之金钱给付义务,应当按照《中华人民共和国民事诉讼法》第二百三十二条之规定,加倍支付迟延履行期间的债务利息。

二审案件受理费 430960 元,由泛华工程有限公司西南公司负担。

**规则 27(补充协议与约定管辖)** 当事人在合同中明确约定由合同签订地法院管辖,虽然又在其他地方签订补充协议,但未修改原约定管辖条款,合同中约定管辖的条款仍具有约束力

——德国亚欧交流有限责任公司与绥芬河市青云经贸有限公司合作协议纠纷案①

**【裁判规则】**

涉外合同的当事人在合同中明确约定由合同签订地法院管辖,随后又在其他地方就合同的未尽事宜签订补充协议,但补充协议并未修改原约定管辖条款的,合同中约定管辖的条款的效力不因补充协议的签订而改变,当事人之间发生的合同纠纷应当由合同签订地法院管辖。

---

① 《中华人民共和国最高人民法院公报》2007 年第 6 期,最高人民法院(2006)民四终字第 8 号民事裁定书。

**【规则理解】**

## 一、补充协议的内涵

依法成立的合同,自成立时生效。合同生效后,根据《合同法》第60条、第107条的规定,当事人应当按照约定全面履行自己的义务,当事人一方不履行合同义务或者履行合同义务不符合约定的,应当承担相应的违约责任。但是,由于现实生活的多样性与复杂性,当事人往往不能对合同签订和履行过程中出现的各种情况作出全面的预见和安排,且随着合同签订后客观情况的变化,可能继续履行合同会产生困难或者不利后果,需要对双方的权利义务进行补充约定或者重新安排,因此,产生了签订补充协议的必要性。《合同法》第61条规定:“合同生效后,当事人就质量、价款或者报酬、履行地点等内容没有约定或者约定不明确的,可以协议补充……”根据该条规定,当事人可以对质量、价款或者报酬、履行地点等内容进行协议补充。补充协议具有如下条件:

### (一)补充协议以生效合同存在为前提

补充合同是在原有效合同的基础上,对没有约定的内容进行约定,对约定不明的内容予以明确。如果原合同不成立,或不生效,则不存在补充的基础。不过,如果原合同存在无效内容或部分,当事人通过补充协议的形式删除或者变更原合同中无效的部分,则原合同其他部分与补充协议应当有效。

### (二)补充协议须经双方当事人协商一致

合同是当事人协商一致的产物,补充协议也必须经双方当事人协商一致,任何一方不得将其意志强加于对方。如果一方当事人提出补充协议,未经对方当事人明确同意或以行为表示同意,则该补充协议对双方当事人不发生效力。

### (三)补充协议必须遵循法律规定的程序

补充协议作为协议的一种,其签订必须经过要约与承诺两个阶段。补充协议中的要约应是指合同一方当事人发出补充原有合同的意思表示,该意思表示的内容必须具体确定,并表明经对方当事人承诺,该意思表示即对发出补充合同要约方具有约束力。承诺则是指相对人同意要约人补充合同的意思表示。

### (四)补充协议必须遵循法律规定的方式

通常情况下,一经承诺补充协议即成立,并产生法律效力。但是,根据《合同法》第10条第2款的规定,法律、行政法规规定采用书面形式的,应当采用书面形式;当事人约定采用书面形式的,应当采用书面形式。因此,补充协议涉及的有关事项,如属于法律、行政法规规定采用书面形式或当事人约定采用书面形式的范围,该补充协议亦应采用书面形式。此外,根据《合同法》第44条的规定,法律、行政法规规定应当办理批准、登记等手续生效的,依照其规定。如果补充协议涉及的事项依法律、行政法规的规定,应当办理批准、登记等手续,则该补充协议须自办理批准、登记手续时方生效。

(五)补充协议必须符合法律规定的生效要件

补充协议与一般合同的区别在于补充协议是对合同内容的补充,但是归根结底,补充协议仍属于合同的范围,必须符合法律法规有关合同的生效要件,不得具有《合同法》规定的合同无效情形。具体而言,补充协议的签订人必须具备相应的行为能力,意思表示真实。同时,不得具有《民法总则》第153条规定的情形,即不得违反法律、行政法规的强制性规定,不得违背公序良俗的民事法律行为无效。《合同法》第52条规定的情形,即不得恶意串通,损害国家、集体或者第三人利益;不得以合法形式掩盖非法目的;不得损害社会公共利益;不得违反法律、行政法规的强制性规定。此处所指的法律、行政法规的强制性规定,应当明确为效力性的强制性规定。

**二、补充协议的效力**

补充协议是对原有协议的补充,通常情况下,其具备填补原合同漏洞的作用,此外,如果当事人对原合同内容进行补充的同时,规定了与原合同相冲突的内容,则涉及对原合同内容的变更,同时具备变更原合同的效力。

(一)对原合同内容的补充

对原合同内容的补充通常是针对合同漏洞而言的。合同漏洞是指当事人在合同中对于合同条款没有约定或者约定不明确的现象。① 合同漏洞的原因,一是合同的内容存在遗漏,二是合同中的约定不明确,或者约定前后矛盾。② 根据《合同法》第61条的规定,补充协议通常涉及原合同质量、价款或者报酬、履行地点等内容的补充。通常情况下,对原合同约定不明确或者没有约定的地方进行补充,只要该协议符合法律规定的有效条件,则该协议发生法律效力;原合同存在遗漏的部分以该合同的约定为准,双方确立了新的权利义务;原合同约定不明确或者存在矛盾的地方以该协议的约定为准,双方的权利义务依据补充协议的约定予以确定。对于补充协议的约定,双方均应遵守。当事人应严格依照协议的规定全面履行自己的义务,不得再以原合同没有约定拒绝履行义务,或以原合同约定不明做出不符合补充协议约定的行为。对于补充协议没有约定的部分,则仍以原合同约定为准。

(二)对原合同内容的变更

对原合同内容的变更应属于合同变更的范围。通常情况下也会发生对原合同的

---

① 参见王泽鉴:《债法原理》(第一册),中国政法大学出版社1999年版,第244页。转引王利明:《论合同漏洞的填补》,中国民商法律网,网址:http://www.civillaw.com.cn/article/de/awlt.asp?:d=qq//,2011年11月15日最后访问。

② 王利明:《论合同漏洞的填补》,载《法学前沿》2000第2期。

变更,却以补充合同的形式出现。在补充协议依法成立并生效的情况下,如果补充协议对原合同作出不同规定,则应当视为合同当事人对原合同内容的变更,双方权利义务自补充协议生效之日起重新确定,原合同与之相冲突的部分失效,补充协议未变更的部分则继续有效。不过,从严格意义上说,该类情况不属于合同补充,而属于合同变更。

**三、协议管辖与管辖的协议变更**

协议管辖是指双方当事人在纠纷发生前或纠纷发生后,以书面的方式约定管辖法院。因其是以当事人的意愿确定管辖法院,又称为合意管辖或约定管辖、意定管辖。[①] 协议管辖是当事人意思自治原则在诉讼管辖制度上的具体体现。《民事诉讼法》和《民事诉讼法解释》对协议管辖进行了明确的规定。《民事诉讼法》第34条规定,"合同或者其他财产权益纠纷的当事人可以书面协议选择被告住所地、合同履行地、合同签订地、原告住所地、标的物所在地等与争议有实际联系的地点的人民法院管辖,但不得违反本法对级别管辖和专属管辖的规定"。《民事诉讼法解释》第29条规定:"民事诉讼法第三十四条规定的书面协议,包括书面合同中的协议管辖条款或者诉讼前以书面形式达成的选择管辖的协议。"第30条规定:"根据管辖协议,起诉时能够确定管辖法院的,从其约定;不能确定的,依照民事诉讼法的相关规定确定管辖。管辖协议约定两个以上与争议有实际联系的地点的人民法院管辖,原告可以向其中一个人民法院起诉。"第31条规定:"经营者使用格式条款与消费者订立管辖协议,未采取合理方式提请消费者注意,消费者主张管辖协议无效的,人民法院应予支持。"第32条规定:"管辖协议约定由一方当事人住所地人民法院管辖,协议签订后当事人住所地变更的,由签订管辖协议时的住所地人民法院管辖,但当事人另有约定的除外。"第33条规定:"合同转让的,合同的管辖协议对合同受让人有效,但转让时受让人不知道有管辖协议,或者转让协议另有约定且原合同相对人同意的除外。"可见,我国民事诉讼法对当事人协议管辖规定了如下条件:(1)只能对一审法院进行协商确定,不能对二审法院或者再审法院进行约定;(2)只能适用于合同纠纷或者其他财产权益纠纷,对于合同或者其他财产权益纠纷以外的其他民事案件不得协议管辖;(3)是严格的要式行为,选择协议管辖必须以书面形式明确,包括书面合同中的协议管辖条款或者诉讼前以书面形式达成的选择管辖的协议,而不能以口头方式约定;(4)双方当事人协议管辖中管辖法院的范围限定于被告住所地、合同履行地、合同签订地、原告住所地、标的物所在地等与争议有实际联系的地点,而不能选择其他法院管辖;(5)双方当事人协议选择管辖法院,不得违反该法中关于级别管辖和专属管辖的规定。此外,

① 常怡:《民事诉讼法学》,中国政法大学出版社1999年版,第110页。

为了确定当事人协议选择的管辖法院,当事人对管辖法院的选择应当明确,如果选择管辖的协议不明确的,选择管辖的协议无效,仍应由被告住所地或合同履行地法院管辖;管辖协议约定两个以上与争议有实际联系的地点的人民法院管辖,原告可以向其中一个人民法院起诉。

当事人协议管辖通常在合同签订之时即在合同中予以确定,一旦该条款生效,则管辖法院确定,当事人双方必须受管辖协议的约束,在纠纷发生后,应按照协议的规定向双方选定的法院起诉,不得违反协议另行选择管辖法院,其他原有管辖权的法院也不得受理双方争议,否则当事人有权提出异议。

当事人选择管辖后,仍可以通过补充协议或者变更协议的方式改变原有的协议管辖法院。但是该变更仍应以书面形式进行,并必须符合法律法规规定的生效要件,同时,该变更必须是明确的、惟一的。例如当事人在合同中约定合同签订地作为管辖法院,如果约定时合同签订地只有一处,则自此时起,合同约定的管辖法院已明确,即使以后合同当事人签订补充协议,只要该补充协议没有对合同约定的管辖法院予以明确变更,就不产生变更管辖法院的效果,当事人亦不得以补充协议签订地也是合同签订地为由,主张补充协议签订地点为管辖法院。因为合同当事人订立合同时,约定管辖法院为协议签订地的法院,此时,合同签订地只有一处,则管辖法院自此确定,双方此时并不知道是否会签订补充协议,于何时何地签订补充协议,故当事人不可能预知另一协议签订地点及该地法院,因此当事人也并没有达成由将来发生的补充协议签订地法院管辖的合意,故当事人不得主张补充协议签订地法院有管辖权。

**【拓展适用】**

**一、补充协议中当事人真实意思的确定**

补充协议是对原合同没有约定或约定不明确的内容予以明确,但是,鉴于社会生活的多样性与语言的丰富性,补充协议的内容仍有可能存在歧义,或者可能出现补充协议仍不能填补原合同全部漏洞的情况,此时,如何确定合同当事人的真实意思?同时,就当事人的真实意思,是以表意人内心的真实意思,还是以其表现出来的意思作为判断标准?

(一)意思表示的解释对象

关于意思表示的解释对象有意思主义理论、表示主义理论和折中主义理论之分。意思主义理论认为,意思表示的解释,重在解释行为人的内在意思,即意思表示解释的目的仅在于发现或探索行为人的真意。表示主义理论认为,意思表示的解释,重在解释行为人所表示出来的意思,在表示与意思不一致时,以外部的表示为准;对于有相对人的意思表示的解释,应以相对人足以客观了解的表示内容为准,以保护相对人的信赖利益;折中主义理论认为,当内在意思与表示出来的意思不一致时,应审时度势,兼容并包含意思主义理论和表示主义理论的合理因素。[①] 笔者认为,一般情形下,意思表示的解释应以当事人表示出来的意思为对象,合同行为作为最重要的民事行为,对其解释亦应遵循该原则。在原合同与补充协议仍约定不明,或没有约定时,以及补充协议本身存在歧义的情况下,应综合多种方法解释合同当事人表示出来的真实意思。

(二)协议或补充协议不明解释方法的确定

对于协议或补充协议不明的内容,应根据《民法总则》关于意思表示的解释和《合同法》关于合同的解释方法方面的规定予以确定。《民法总则》第 142 条规定"有相对人的意思表示的解释,应当按照所使用的词句,结合相关条款、行为的性质和目的、习惯以及诚信原则,确定意思表示的含义。无相对人的意思表示的解释,不能完全拘泥于所使用的词句,而应当结合相关条款、行为的性质和目的、习惯以及诚信原则,确定行为人的真实意思"。《合同法》第 125 条第 1 款规定:"当事人对合同条款的理解有争议的,应当按合同所使用的词句、合同的有关条款、合同的目的、交易习惯以及诚实信用原则,确定该条条款的真实意思。"据此,对于补充协议的解释也应有以下几种方法。第一,文义解释。当事人对补充协议所使用的词句发生歧义时,应当按照通常的理解进行解释,即按照一个理性人的标准进行解释。具体而言,先应当按照当事人双方共同接受的含义进行解释,如果双方理解不一致,应当按照一个理性人在相同地位下可能产生的理解进行解释,如果词句是专业用语,就应当按照专业上的特殊含义来进行解释。第二,体系解释,即将全部合同的各项条款以及各个构成部分作为一个完整的整体,根据各个条款以及各个部分的相互关联性、争议的条款与整个合同的关系,在合同中所处的地位等各方面因素考虑,来确定所争议的合同条款的含义。[②] 第三,目的解释。当事人订立合同及签订补充协议,均应体现其从事交易之目的,当事人对协议条款发生争议时,应做符合合同目的的解释,正如有学者所言,"当事人为法律行为的目的,即其为法律行为所欲达成的期望,乃当事人真意所在,系决定法律行为内容之指针。若当事人意思表示之内容暧昧不明或者前后矛盾时,应使之明了调和,使符合当事人之目的"。[③] 第四,习惯解释。《合同法司法解释二》第 7 条规定:"下列情形,不违反法律、行政法规强制性规定的,人民法院可以认定为合同法所称:'交易习惯':(一)在交易行为当地或者某一领域、某一行业通常采用并为交易对方

① 参见王利明:《民法》,中国人民大学出版社 2000 年版,第 103 页。

② 王利明:《合同法》,中国人民大学出版社 2002 年版,第 305 页。

③ 杨仁寿:《法学方法论》,台湾三民书局 1968 年版,第 222 页。

订立合同时所知道或者应当知道的做法；(二)当事人双方经常使用的习惯做法。对于交易习惯，由提出主张的一方当事人承担举证责任。”对于当事人约定不明之处，可以根据交易习惯解释。第五，诚信解释。诚实信用原则是民事活动中必须遵循的原则，对合同条款的任何解释均不得违背诚实信用原则。

(三)补充协议解释的特殊之处

不论是原合同，还是补充合同，均可以适用上述解释方法进行解释。但是补充协议与原合同的解释上仍存在一定的差别。鉴于补充协议是原合同的补充，故补充协议不应完全脱离原合同的内容而存在，因此对补充协议的解释也应一定程度上受限于原合同。具体而言，对补充协议的理解上，首先应明确补充协议是否对原合同的内容进行了变更，如果补充协议没有提及的部分，应以原合同约定为准，补充协议与原合同不一致的地方，则考虑补充协议是对原合同内容的增加，还是对原合同内容的变更。增加或者变更的内容如发生歧义，在文义解释、体系解释、目的解释上都得考虑原合同的约定，如果原合同对词句的含义有确定的理解，则应以该含义为准，且对补充协议理解应考虑与原合同内容的整体性，并不得违背原合同的目的。以协议管辖为例，原合同有约定的，应先确定原合同约定的管辖法院，如果补充协议没有对此明确进行变更，则应以原合同约定为准，如果补充协议明确对管辖法院重新进行了约定，则应以补充协议为依据确定管辖法院，如果原合同没有约定管辖法院，补充合同对此有约定的，也依照补充协议的约定确定管辖法院。

**二、解释方法不能确定时补充协议内容之确定**

一般情形下，当事人通过合同约定及补充协议约定，对合同内容应有较为明确的约定，但是考虑到经济生活的复杂性、变化性，及当事人认识的局限性，合同履行签订后、履行过程中，仍有可能发生当事人没有预见到，且根据合同有关条款和交易习惯仍不能确定的情况，此时，应当适用《合同法》第 62 条的相关规定予以处理。该条规定：“当事人就有关合同内容约定不明确，依照本法第六十一条的规定仍不能确定的，适用下列规定：(一)质量要求不明确的，按照国家标准、行业标准履行；没有国家标准、行业标准的，按照通常标准或者符合合同目的的特定标准履行。(二)价款或者报酬不明确的，按照订立合同时履行地的市场价格履行；依法应当执行政府定价或者政府指导价的，按照规定履行。(三)履行地点不明确，给付货币的，在接受货币一方所在地履行；交付不动产的，在不动产所在地履行；其他标的，在履行义务一方所在地履行。(四)履行期限不明确的，债务人可以随时履行，债权人也可以随时要求履行，但应当给对方必要的准备时间。(五)履行方式不明确的，按照有利于实现合同目的的方式履行。(六)履行费用的负担不明确的，由履行义务一方负担。”根据以上规定，结合《合同法》第61条的规定,可以对合同履行标的、履行地点、履行期限、履行方式和履行费用有更明确的认定。

(一)履行标的

履行标的是指债务人给付的内容,包括支付实物、货币、提供劳务等。当事人必须全面、适当地按照合同标的履行。当事人对履行标的数量、质量等约定不明的,可以由当事人协议补充,不能达成补充协议的,可以按照合同条款或者交易习惯确定。如果仍不能明确,则按照法律的规定确定履行标的。

1. 合同质量的明确。对质量要求不明确的,应按照国家标准、行业标准履行;没有国家标准、行业标准的,按照通常标准或者符合合同目的的特定标准履行。此外,如果法律另有具体规定的依其规定。如《合同法》第169条规定:"凭样品买卖的买受人不知道样品有隐蔽瑕疵的,即使交付的标的物与样品相同,出卖人交付的标的物的质量仍然应当符合同种物的通常标准。"

2. 价款或者报酬的明确。对价款或者报酬不明确的,应当按照订立合同时履行地的市场价格履行;依法应当执行政府定价或者政府指导价的,按照规定履行。我国《合同法》第63条规定,执行政府定价或者政府指导价的,在合同约定的交付期限内政府价格调整时,按照交付时的价格计价。逾期交付标的物的,遇价格上涨时,按照原价格执行;价格下降时,按照新价格执行。逾期提取标的物或者逾期付款的,遇价格上涨时,按照新价格执行;价格下降时,按照原价格执行。

(二)履行地点

履行地点不但是义务人履行合同、权利人接受义务履行的地方,在合同法上还具有重要意义。如《合同法》第145条规定:"当事人没有约定交付地点或者约定不明确,依照本法第一百四十一条第二款第一项的规定标的物需要运输的,出卖人将标的物交付给第一承运人后,标的物毁损、灭失的风险由买受人承担。"第146条规定:"出卖人按照约定或者依照本法第一百四十一条第二款第二项的规定将标的物置于交付地点,买受人违反约定没有收取的,标的物毁损、灭失的风险自违反约定之日起由买受人承担。"结合以上规定,可见履行地点对于标的物毁损、灭失的风险、违约责任的认定均有重要意义。在履行地点不明确,当事人不能达成补充协议,按照合同有关条款和交易习惯也不能确定的,根据相关法律规定的精神,可以确定以下规则:给付货币的,在接受货币一方所在地履行;交付不动产的,在不动产所在地履行;其他标的,在履行义务一方所在地履行;此外,如果《合同法》分则有具体规定的,适用《合同法》分则的规定。如《合同法》第141条规定:"出卖人应当按照约定的地点交付标的物。当事人没有约定交付地点或者约定不明确,依照本法第六十一条的规定仍不能确定的,适用下列规定:(一)标的物需要运输的,出卖人应当将标的物交付给第一承运人以运交给买受人;(二)标的物不需要运输,出卖人和买受人订立合同时知道标的物在某一地点的,出卖人应当在该地点交付标的物;不知道标的物在某一地点的,应当在出卖人订立合同时的营业地交付标的物。"

(三)履行期限

履行期限是义务人履行义务和权利人接受义务人履行的时间,履行期限是判断当事人是否按期履行,是否构成迟延履行及承担违约责任的重要依据。如果当事人就履行时间没有约定或约定不明确,不能达成补充协议或补充协议对此仍约定不明,根据合同条款和交易习惯均不能确定履行时间,则债务人可以随时履行,债权人也可以随时要求履行,但应当给对方必要的准备时间。此外,如果法律对履行时间另有规定的,应遵守该规定。如《合同法》第161条规定:"买受人应当按照约定的时间支付价款。对支付时间没有约定或者约定不明确,依照本法第六十一条的规定仍不能确定的,买受人应当在收到标的物或者提取标的物单证的同时支付。"

根据法律规定,当事人应当按照合同约定的时间履行合同,那么,当事人是否可以在履行期限到来之前履行合同呢?《合同法》第71条规定:"债权人可以拒绝债务人提前履行债务,但提前履行不损害债权人利益的除外。债务人提前履行债务给债权人增加的费用,由债务人负担。"根据该条规定,在以下两种情况下,可以提前履行债务:第一,如果债务人请求提前履行,债权人同意的,可以提前履行;第二,如果债务人请求提前履行,不损害债权人利益,可以提前履行。合同法对此类情况还有专门规定。如《合同法》第208条规定:"借款人提前偿还借款的,除当事人另有约定的以外,应当按照实际借款的期间计算利息。"可见,债务人在弥补债权人的利益损失的情况下,可以提前履行合同。

(四)履行方式与履行费用

履行方式是债务人履行合同义务的方法,按照当事人的约定,当事人可以一次性履行,也可以分批次履行。如果合同对履行方式没有约定或约定不明确,不能达成补充协议,且根据合同有关条款或者交易习惯都不能确定的,则应按照有利于实现合同目的的方式履行。对于何为有利于实现合同目的的方式,则应根据诚实信用原则予以解释。

履行费用是债务人履行合同义务所支出的费用。双方当事人对合同的履行费用没有明确约定的,可以由当事人协议补充,如果不能达成补充协议,可以按照合同的条款或者交易习惯确定,如果仍不能确定,则由履行义务一方负担。

**【典型案例】**

**德国亚欧交流有限责任公司与绥芬河市青云经贸有限公司合作协议纠纷案**

上诉人(原审被告):德国亚欧交流有限责任公司(AEEXchange Gesellschaft für Wirtschaft, Ausbildung, Wissenschaft und KulturmbH /AEEXchange GmbH)。住所地,德

国波恩市 Poststr. 24,D－53111(Poststr. 24,D－53111 Bonn,Germany)。

法定代表人:夏畑,该公司总经理。

委托代理人:张起淮,北京市蓝鹏律师事务所律师。

被上诉人(原审原告):绥芬河市青云经贸有限公司。住所地,中华人民共和国黑龙江省绥芬河市长江路88号。

法定代表人:秦玉亮,该公司董事长。

**〔基本案情〕**

2005年10月27日,绥芬河市青云经贸有限公司(以下简称青云公司)向黑龙江省高级人民法院(以下简称原审法院)提起诉讼,请求解除其与德国亚欧交流有限责任公司(以下简称德国亚欧公司)之间签订的《"德国科隆中国商品批发市场D座"合作协议》,并请求判令德国亚欧公司返还进场费22400735.37元人民币、赔偿项目运作费用220482.94元人民币。

青云公司诉称,2004年6月30日,青云公司与德国亚欧公司在中国山东省青岛市签订《"德国科隆中国商品批发市场D座"合作协议》一份,约定双方就"德国科隆中国商品批发市场D座"的招商代理项目进行合作。该协议第八条第4项约定"甲乙双方如因本协议及本协议涉及项目产生纠纷,由双方协商解决,协商不成时,由协议签署地法院管辖仲裁";第5项约定"甲乙双方因本协议产生的纠纷,解决依据的法律为中国法律"。2005年1月26日,青云公司与德国亚欧公司在中国黑龙江省绥芬河市签署《"德国科隆中国商品批发市场D座"合作协议的补充协议》一份,就有关合作项目的商务考察签证和进场费等问题进行了约定。

德国亚欧公司对管辖权提出异议,认为本案系涉外案件,争议协议的履行地、被告住所地、争议涉及的不动产所在地及协议约定的管辖地均不在黑龙江省,依据《中华人民共和国民事诉讼法》第二百四十三条之规定,原审法院对本案没有管辖权,请求将本案移送有管辖权的法院审理或驳回起诉。

**〔一审裁判理由与结果〕**

原审法院审查认为:根据《中华人民共和国民事诉讼法》第二百四十四条之规定,"涉外合同或者涉外财产权益纠纷的当事人,可以用书面协议选择与争议有实际联系的地点的法院管辖。"本案纠纷所涉合作协议中,双方约定:"如因本协议及本协议涉及项目产生纠纷,……由协议签署地法院管辖仲裁。"该约定为双方当事人对协议管辖的真实意思表示,不违反中华人民共和国法律规定,合法有效。因此,因合作协议产生的纠纷应由该协议签署地法院管辖。本案双方当事人在山东省青岛市签订合作协议后,又在黑龙江省绥芬河市签订合作协议的补充协议,该补充协议属于合作协议的组成部分,故青岛市和绥芬河市均属于合作协议的签署地。因此,本案纠纷黑龙江省人民法院有管辖权。双方当事人约定管辖不违反级别管辖的规定,故该院管辖此案并无不当。综上,被告德国亚欧公司对本案管辖提出的异议没有事实和法律依据。该院依照

《中华人民共和国民事诉讼法》第三十八条规定，裁定：驳回德国亚欧公司的管辖异议。

〔当事人上诉及答辩意见〕

德国亚欧公司不服原审裁定，向最高人民法院提起上诉称：一、原审裁定认定事实不清，合作协议的签署地为青岛市，但合作协议的补充协议的签署地并不在绥芬河市。2004年11月3日，双方当事人的法定代表人在上海市就合作协议的起止时间等问题签订了补充协议（一），该补充协议（一）的签署地为上海市。2005年1月24日，双方当事人在绥芬河市就进场费等问题进行了协商并达成一致，由于夏烟未带公章，遂于1月26日返回北京时，将由青云公司起草并签字盖章的补充协议（二）带回北京，签字盖章后转给青云公司。根据中国相关法律规定，合同双方签字盖章不在同一地点的，最后签字或者盖章的地点为合同成立的地点。故补充协议（二）的签署地应为北京市。二、原审裁定适用法律错误。原审裁定引用《中华人民共和国民事诉讼法》第二百四十四条，认为本案应由补充协议的签署地法院管辖。补充协议属于主合同的组成部分，但并不导致补充协议的签订地等同于主合同的签订地。本案双方在签订合作协议时，约定由协议签署地法院管辖，因尚未签订任何补充协议，故双方的真实意思是指由主合同签署地法院管辖，并不包括补充协议的签署地，更何况补充协议的签署地也不在黑龙江省。三、本案合作协议第八条第4项约定，合作纠纷由协议签署地法院管辖，即本案应由主合同的签署地青岛市中级人民法院管辖。即使合作协议对于管辖约定不明，原审法院也没有管辖权，原审法院管辖本案并不符合《中华人民共和国民事诉讼法》第二百四十三条规定的情形。请求：驳回青云公司的起诉或将本案移交有管辖权的法院审理。

青云公司未作书面答辩。

〔最高人民法院裁判理由与结果〕

最高人民法院认为：本案纠纷为管辖权异议，属于程序问题，解决案件的程序问题应适用法院地法即《中华人民共和国民事诉讼法》。对此，《中华人民共和国民事诉讼法》第三条有明确规定，即"人民法院受理公民之间、法人之间、其他组织之间以及他们相互之间因财产关系和人身关系提起的民事诉讼，适用本法的规定"。

青云公司据以起诉的《"德国科隆中国商品批发商场D座"合作协议》第八条第4项约定："如因本协议及本协议涉及项目产生纠纷，……由协议签署地法院管辖仲裁。"本案双方当事人对该协议签订于山东省青岛市无异议。《中华人民共和国民事诉讼法》第二百四十四条规定："涉外合同或者涉外财产权益纠纷的当事人，可以用书面协议选择与争议有实际联系的地点的法院管辖。"因此，本案双方当事人在合作协议中选择协议签订地法院管辖本案，符合上述法律规定，该管辖条款应认定有效。根据约定，合作协议签订地法院即青岛市的人民法院对合作纠纷拥有管辖权。原审法院驳回德国亚欧公司管辖异议的理由是合作协议的补充协议是在黑龙江省的绥芬河市签订的，因此绥芬河市亦为合作协议的签订地，故原审法院对本案拥有管辖权。上述理由是错误的。本案并不是当事人之间签订的《“德国科隆中国商品批发市场 D 座”合作协议》存在多个签字地点应如何认定协议签订地的问题,而应该是当事人选择了管辖法院后该管辖条款是否有效以及当事人是否变更了管辖条款的问题。本案双方当事人签订合作协议时,明确选择了该协议的签订地法院作为合作纠纷的管辖法院,实际上,在当事人之间已经明确选择了青岛市的人民法院为管辖法院。虽然以后当事人之间又在其他地点对合作协议进行了补充,但补充协议并没有就管辖条款进行任何修改。因此,合作协议中的管辖条款对本案双方当事人具有约束力。在合作协议选择管辖法院条款有效的情况下,原审法院依据所谓补充协议的签订地对合作协议纠纷行使管辖权没有事实和法律依据。德国亚欧公司关于原审法院对本案纠纷没有管辖权的上诉理由成立,原审裁定应予撤销。最高人民法院于 1999 年 4 月 9 日发布的《关于各高级人民法院受理第一审民事、经济纠纷案件问题的通知》第二条第二款规定,山东省高级人民法院受理第一审涉外和涉港澳台的经济纠纷案件,争议金额不得低于 3000 万元人民币,而原审原告青云公司起诉的标的额为 2400 余万元人民币,因此,本案应由山东省青岛市中级人民法院管辖。

综上,最高人民法院根据《中华人民共和国民事诉讼法》第三十八条、第一百五十四条、第二百四十四条之规定,裁定如下:

一、撤销黑龙江省高级人民法院(2005)黑高商外初字第 1 号民事裁定;

二、本案由山东省青岛市中级人民法院管辖。

一审案件受理费 50 元人民币、二审案件受理费 50 元人民币,均由青云公司负担。

**规则 28(转让合同与协议管辖) 多次转让的债权转让合同,当事人未重新约定管辖法院,亦未排除之前合同对管辖权的约定,可以认定之前合同中解决纠纷的约定继续有效**

——中国昊华化工(集团)总公司与中企国际投资有限公司借款保证合同纠纷案①

**【裁判规则】**

当事人在订立合同中,为了解决可能发生的纠纷而明确约定了管辖法院。此后基于合同形成的债权几经转让,但新的债权人均未与债务人、保证人重新约定管辖法

① 《中华人民共和国最高人民法院公报》2007 年第 2 期,最高人民法院(2006)民二终字第 186 号民事裁定书。

院,亦未排除原合同关于管辖法院约定的,只要原协议管辖约定和纠纷解决方式不违反法律规定,则应认定继续有效。

**【规则理解】**

## 一、关于协议管辖的内涵及其目的

### (一)协议管辖的内涵

协议管辖,又称合意管辖或约定管辖,相对于法定管辖而言,是对法定地域管辖的变通和补充。所谓协议管辖是指双方当事人在民事纠纷发生之前或之后,用协议的方式来选择管辖他们之间争议的法院。协议管辖充分体现当事人意思自治,“是民事诉讼中处分原则的体现,它的设立意味着当事人的处分权进一步扩大,标志着我国民事诉讼制度民主性的进一步增强”。①

### (二)协议管辖的目的

协议管辖的目的是减少管辖争议,缩减诉讼成本,节省诉讼时间,杜绝法院之间互相推诿。协议管辖是法律把选择管辖法院的权利赋予了合同双方当事人,为此,合同当事人可以在法律规定的范围内自由地约定管辖法院,不受任何干涉。因此,如果合同双方当事人对地域管辖的约定合法有效的,应当优先适用;如果当事人没有进行约定,则原告有权按特殊地域管辖规定的范围来选择确定管辖法院。然而,绝对的当事人意思自治是不可能的。民事诉讼并不是完全由当事人自己处理私人事务的过程,而是渗透着国家意志和社会利益的公法程序。因此,在保障当事人意思自治原则的基础上,同时也要对涉及公共利益、公序良俗、专属管辖、级别管辖等方面加以适当的限制。

## 二、关于协议管辖适用的条件

根据我国《民事诉讼法》第 34 条规定,“合同或者其他财产权益纠纷的当事人可以书面协议选择被告住所地、合同履行地、合同签订地、原告住所地、标的物所在地等与争议有实际联系的地点的人民法院管辖,但不得违反本法对级别管辖和专属管辖的规定。”《民事诉讼法解释》第 29 条规定:“民事诉讼法第三十四条规定的书面协议,包括书面合同中的协议管辖条款或者诉讼前以书面形式达成的选择管辖的协议。”第 30 条规定:“根据管辖协议,起诉时能够确定管辖法院的,从其约定;不能确定的,依照民事诉讼法的相关规定确定管辖。管辖协议约定两个以上与争议有实际联系的地点的人民法院管辖,原告可以向其中一个人民法院起诉。”第 31 条规定:“经营者使用格式条款与消费者订立管辖协议,未采取合理方式提请消费者注意,消费者主

① 江伟主编:《民事诉讼法》,北京大学出版社 2000 年版,第 86 页。

张管辖协议无效的，人民法院应予支持。”第32条规定：“管辖协议约定由一方当事人住所地人民法院管辖，协议签订后当事人住所地变更的，由签订管辖协议时的住所地人民法院管辖，但当事人另有约定的除外。”第33条规定：“合同转让的，合同的管辖协议对合同受让人有效，但转让时受让人不知道有管辖协议，或者转让协议另有约定且原合同相对人同意的除外。”民事案件的协议管辖必须具备下列条件：

（一）在审理级别上，协议管辖仅适用于第一审民事案件

当事人在协议时只能变更第一审的地域管辖，不得变更级别管辖，不得将依法由基层法院管辖的诉讼约定由中级法院乃至高级法院管辖，或依法由中级法院乃至高级法院管辖的诉讼约定由基层法院管辖，否则，就会违背法律上有关审级的规定，造成审级关系的混乱，其管辖协议无效。对第二审民事案件，以及重审、再审的民事案件的管辖法院，只能依法确定，而不能由当事人协议变更。应当注意的是，管辖协议约定由一方当事人住所地人民法院管辖，协议签订后当事人住所地变更的，由签订管辖协议时的住所地人民法院管辖，但当事人另有约定的除外。

（二）在管辖类型上，协议管辖限于非专属管辖的诉讼

协议管辖不能违反法律关于专属管辖的规定，是因为专属管辖是按照诉讼标的的特殊性与管辖上的排他性确定的管辖，专属管辖具有强制性，不允许当事人通过协议改变。《民事诉讼法》第33条规定：“下列案件，由本条规定的人民法院专属管辖：（一）因不动产纠纷提起的诉讼，由不动产所在地人民法院管辖；（二）因港口作业中发生纠纷提起的诉讼，由港口所在地人民法院管辖；（三）因继承遗产纠纷提起的诉讼，由被继承人死亡时住所地或者主要遗产所在地人民法院管辖。”

（三）在表现形式上，协议管辖为要式行为，必须采用书面形式

当事人可以在订立合同时约定协议管辖，将协议管辖作为合同的内容之一，也可以在合同订立后，诉讼发生前以书面形式约定协议管辖。在合同中约定协议管辖的条款应被视为具有独立性的条款，如果合同被确认为无效，但协议管辖条款的效力亦不受影响。用口头形式约定管辖法院的，其约定无效，因为《民事诉讼法》第34条规定了协议管辖必须以书面形式约定，书面协议包括书面合同中的协议管辖条款或者诉讼前以书面形式达成的选择管辖的协议。同时，要注意的是，对于格式条款与消费者订立管辖协议要有合理提示，否则对消费者不产生效力。当人民法院在审查起诉时，如果发现本院无管辖权，应裁定不予受理。对于人民法院发现受理的案件不属于本院管辖的，应当移送有管辖权的人民法院，以及当事人有权对管辖权提出异议，应当根据《民事诉讼法》第36条的规定：“人民法院发现受理的案件不属于本院管辖的，应当移送有管辖权的人民法院，受移送的人民法院应当受理。受移送的人民法院认为受移送的案件依照规定不属于本院管辖的，应当报请上级人民法院指定管辖，不

得再自行移送。"以及第127条的规定:"人民法院受理案件后,当事人对管辖权有异议的,应当在提交答辩状期间提出。人民法院对当事人提出的异议,应当审查。异议成立的,裁定将案件移送有管辖权的人民法院;异议不成立的,裁定驳回。当事人未提出管辖异议,并应诉答辩的,视为受诉人民法院有管辖权,但违反级别管辖和专属管辖规定的除外。"上述规定是对无权管辖而受理立案的错误进行补救。

(四)在案件类型上,协议管辖只限于因合同或者其他财产权益纠纷提起的诉讼,对合同或者其他财产权益纠纷以外的其他民事案件和特殊合同纠纷不适用协议管辖

所谓合同或者其他财产权益纠纷案件,是指《民事诉讼法》第23条至第32条所规定的合同案件,包括因保险合同、铁路、公路、水上、航空运输和联合运输等特殊合同纠纷,商标权、著作权、专利权纠纷,票据纠纷;它不包括不动产纠纷、港口作业中发生纠纷、继承遗产纠纷、铁路运输合同纠纷及与铁路运输有关的侵权纠纷,以及与人身权密切相关的婚姻、收养、监护、抚养、继承纠纷、侵权纠纷等。应当注意的是,合同转让的,合同的管辖协议对合同受让人有效,但转让时受让人不知道有管辖协议,或者转让协议另有约定且原合同相对人同意的除外。

(五)在内容确定性上,协议管辖必须是确定的选择

当事人必须在法律规定的范围内进行选择,法律规定的可供当事人选择的法院是原告住所地、被告住所地、合同签订地、合同履行地、标的物所在地等与争议有实际联系的地点的法院。当事人须在协议中对管辖法院作出明确的约定,不明确则管辖无法依协议而确定,依照《民事诉讼法》的相关规定确定管辖。当事人在选择时只能选择上述原告住所地、被告住所地、合同签订地、合同履行地、标的物所在地等与争议有实际联系的地点法院中的一个,选择两个或两个以上与争议有实际联系的地点的法院管辖,原告可以向其中一个人民法院起诉。

**三、关于债权转让协议对协议管辖的影响及注意的问题**

债权转让案件确定案件管辖权应从案由确定、当事人诉讼地位确认等方面入手加以分析判断。一是准确确定案由。按照最高人民法院《民事案件案由规定》的规定,以当事人诉争的实质法律关系为基础进行确认,确定其内在性质,既是法律的需要,也是对当事人意思自治的限制和补充。二是准确确定当事人的诉讼地位。根据《最高人民法院关于在经济审判工作中严格执行〈中华人民共和国民事诉讼法〉的若干规定》第9条的规定:"受诉人民法院对与原被告双方争议的诉讼标的无直接牵连和不负有返还或者赔偿等义务的人,以及与原告或被告约定仲裁或有约定管辖的案外人,或者专属管辖案件的一方当事人,均不得作为无独立请求权的第三人通知其参加诉讼。"第10条规定:"人民法院在审理产品质量纠纷案件中,对原被告之间法律关

系以外的人,证据已证明其已经提供了合同约定或者符合法律规定的产品的,或者案件中的当事人未在规定的质量异议期内提出异议的,或者作为收货方已经认可该产品质量的,不得作为无独立请求权的第三人通知其参加诉讼。”以及第 11 条规定:“人民法院对已经履行了义务,或者依法取得了一方当事人的财产,并支付了相应对价的原被告之间法律关系以外的人,不得作为无独立请求权的第三人通知其参加诉讼。”当事人诉讼地位应与诉争的实质法律关系密切联系,严格依据法律和司法解释的规定加以区分,防止错、乱列被告和第三人的现象发生,防止当事人滥用诉权。

对于债权受让人以债权转让合同为依据起诉债权转让人的案件,因争议的实质法律关系不涉及债务人,案件管辖权可以依照双方之间的合同关系确定,并不得随意将债务人列为案件第三人。如果债权受让人主张实现债权,则应以债权转让后形成的债权债务关系或原合同关系确定案件管辖法院,应注意:

(一)对于债权受让人起诉债务人及债权出让人的案件,根据最高人民法院《合同法司法解释一》第 27 条的规定,应当将债务人作为被告,可以将债权出让人列为第三人,案件管辖权应以原告就被告的原则加以确定。

(二)对于债权转让合同中约定管辖条款,因其并非出于债务人意思表示或得到债务人的认可,对债务人不具有约束力,确定案件管辖权应以债权转让后形成的法律关系确定。

(三)债权出让人在债权转让合同中约定由其对转让债权承担连带保证责任的,根据《担保法》的有关司法解释,债权受让人可以一并起诉债务人和债权出让人,也应当根据主合同涉及的法律关系确定案件管辖权。

(四)《民事诉讼法解释》第 33 条规定:“合同转让的,合同的管辖协议对合同受让人有效,但转让时受让人不知道有管辖协议,或者转让协议另有约定且原合同相对人同意的除外。”如果原合同对协议管辖的约定,不存在违反法律的规定,符合协议管辖必须具备的条件时,应当认定原合同对协议管辖约定的合法性和有效性。一般而言,债权债务的全部转让属于原保证合同权利义务的概括转让。受让人在取得让与人原合同全部权利的同时,也应当承继履行让与人在原合同中的全部义务;受让人不仅取得了原合同约定的实体权利,而且取得了原合同债权人的程序权利,其中就当然包括将合同争议提交让与人与债务人已合法、明确约定的地域法院管辖。主债权经过转让后,如果相关的债权转让合同当事人均未与主债务人和保证人约定新的管辖法院,也没有排除原借款合同和保证合同中对管辖权的约定。根据最高人民法院法释[2001]12 号《关于审理涉及金融资产管理公司收购、管理、处置国有银行不良贷款形成的资产的案件适用法律若干问题的规定》第 3 条第 2 款之规定,“原债权银行与债务人有协议管辖约定的,如不违反法律规定,该约定继续有效。”以及最高人民法院法[2005]62号《关于金融资产管理公司收购、处置银行不良资产有关问题的补充通知》第1条之规定,“金融资产管理公司受让不良贷款后,通过债权转让方式处置不良资产的,可以适用本院发布的上述规定。”可认定原始借款合同和保证合同约定的纠纷解决方式对新债权人与债务人、担保人仍然有效。

**【拓展适用】**

**一、关于担保纠纷案件管辖确定的原则**

担保纠纷案件管辖的基本原则是“原告就被告”。但由于担保纠纷案件多数采取共同诉讼的模式,主从合同一并审理,被告为多人,在确定此类案件的管辖时,应当考虑主从合同关系。根据《担保法司法解释》第129条规定,“主合同和担保合同发生纠纷提起诉讼的,应当根据主合同确定案件管辖。”“主合同和担保合同选择管辖的法院不一致的,应当根据主合同确定案件管辖。”表明担保合同是主合同的从合同,将因从合同产生的诉讼作为因主合同产生的诉讼的“从属”,也具有从属性,均以主合同确定管辖,主合同的管辖地无非是债务人住所地或主合同履行地。仅在连带责任保证和权利质押担保中才不需要追加债务人参加诉讼,由担保人单独作被告,以被告住所地法院取得管辖权。

**二、关于债权人单独起诉担保人作为被告的案件管辖问题**

根据《担保法司法解释》的规定,债权人单独起诉担保人,担保人作为唯一被告的,仅存在于连带责任保证和权利质押担保中。连带责任保证中,依据《担保法司法解释》第129条的规定,“担保人承担连带责任的担保合同发生纠纷,债权人向担保人主张权利的,应当由担保人住所地的法院管辖。”体现了“原告就被告”原则。如果债权人向债务人和连带保证人一并主张权利的,根据主从合同关系,按照主合同来确定案件管辖。在权利质押中,质权人起诉出质人和出质债权的债务人的,出质人和该债务人为共同被告,相对于质权人而言,出质人与出质债权的债务人都是债务人的身份,两者的地位平等,不存在主从关系,确定案件管辖时,出质人与出质债权的债务人的住所地均可以成为案件管辖地,具体管辖法院由质权人选择。质权人仅仅起诉出质人或出质债权的债务人的,仍然依据“原告就被告”原则确定案件管辖。①

**三、债务人与担保人必须作为共同被告案件的管辖问题**

依据《担保法司法解释》的规定,债务人与担保人必须作为共同被告案件,包括一般保证纠纷案件和担保物权纠纷案件。在一般保证纠纷案件中,债权人仅起诉一般保证人,没有起诉债务人的,因一般保证人有先诉抗辩权,人民法院应当追加债务人

① 曹士兵:《中国担保制度与担保方法》,中国法制出版社2008年版,第389页。

为共同被告,因此,一般保证纠纷案件不能因当事人只起诉一般保证人而根据一般保证人的住所地来确定管辖法院,却应看成是必须作为共同诉讼进行的担保纠纷,应当根据主合同确定案件管辖。在担保物权纠纷案件中,担保物权合同也是主债权债务合同的从合同,也只能以主合同来确定案件管辖法院。

**四、关于担保合同与反担保合同协议管辖选择法院不同,担保人起诉时管辖法院的确定问题**

担保合同有反担保合同的,担保人承担担保责任后可以向债务人追偿,也可以要求反担保人承担反担保责任。担保人同时起诉债务人和反担保人的,如果担保合同与反担保合同协议管辖选择法院不一致的,由于反担保合同系担保合同的从合同,担保合同是主合同,可参照《担保法司法解释》第129条的规定:"……主合同和担保合同选择管辖的法院不一致的,应当根据主合同确定案件管辖。"以担保合同的约定来确定管辖法院。

**五、关于主合同协议仲裁管辖的效力能否及于从合同中的保证人问题**

在审判实践中,我们经常会遇到主合同中约定有仲裁条款,而从合同即保证合同没有约定仲裁条款,债权人单独对担保人提起诉讼时,是否应受主合同约定的仲裁条款的约束。存在两种不同的观点:第一种观点认为,担保合同发生纠纷提起诉讼的,主合同中约定的仲裁协议明确,排除了法院的管辖权,担保合同纠纷应根据主合同确定管辖,故履约担保纠纷应依据主合同的约定通过仲裁途径解决。第二种观点认为,债权人与保证人在双方签订的担保合同中并未约定仲裁条款。债权人起诉担保人的履约担保纠纷,与债权人和债务人之间的主合同纠纷系两个不同的民事关系。债权人与保证人之间形成的履约担保民事关系不受债权人和债务人之间主合同中约定的仲裁条款的约束,双方当事人在所签订的担保合同中并未选择仲裁方式解决纠纷。债权人的起诉符合法律规定,人民法院应当予以受理。笔者赞同第二种观点。

所谓仲裁是争议双方在争议发生前或争议发生后达成协议,自愿将争议交给第三者作出裁决,双方有义务执行的一种解决争议的方法。《民事诉讼法》第124条第(二)项规定:"依照法律规定,双方当事人对合同纠纷自愿达成书面仲裁协议向仲裁机构申请仲裁、不得向人民法院起诉的,告知原告向仲裁机构申请仲裁。"《仲裁法》第4条规定:"当事人采用仲裁方式解决纠纷,应当双方自愿,达成仲裁协议。没有仲裁协议,一方申请仲裁的,仲裁委员会不予受理。"第5条规定:"当事人达成仲裁协议,一方向人民法院起诉的,人民法院不予受理,但仲裁协议无效的除外。"从上述法律规定不难看出,当事人双方是否达成仲裁协议是确定纠纷究竟是以诉讼方式还是仲裁方式解决的唯一依据。而诉讼是基于"司法最终解决原则",任何纠纷和争议通过其他手段无法解决的,都可诉诸法院,请求法院给予救济。两者存在本质上区别,仲裁是协议管辖,更多地体现当事人双方的意定,必须建立在当事人自愿协商的基础上,是由当事人双方的意思自治决定的,当事人采用仲裁方式解决纠纷,应当双方自愿,达成仲裁协议。没有仲裁协议,不能通过仲裁方式解决。自愿原则是仲裁制度赖以存在与发展的基石,当事人发生纠纷,是否选择仲裁的方式解决,由当事人双方自己决定,任何一方不能将自己的意志强加于另一方,必须通过双方当事人平等协商达成书面协议。而诉讼是强制管辖,无需当事人的协商,是以国家强制力为基础。虽然仲裁与诉讼在性质上不同,但从法律属性上讲同属于程序法范畴,两者作为处理民商事纠纷的不同法律制度,两者互相联系,互相补充,互相制约,各自发挥着不同的社会、法律功能。

《担保法司法解释》确定的主合同和担保合同发生纠纷时,应当根据主合同确定案件管辖,是确定人民法院的案件管辖,并不确定案件的主管。在审查担保纠纷案件时,应当注意债权人与保证人是否有请求仲裁解决纠纷的意思表示,是否属于人民法院主管。如果债权人与保证人在双方签订的担保合同中有仲裁条款,或单独签订仲裁协议,说明双方有请求仲裁解决纠纷的意思表示,应当根据协议请求仲裁解决。如果债权人与保证人在双方签订的担保合同中没有仲裁条款,亦未单独签订仲裁协议,就不能说明双方有请求仲裁解决纠纷的意思表示,纠纷解决的主管不是仲裁机关。债权人与保证人之间因担保法律关系发生的纠纷,与债权人与债务人的主合同纠纷系两个不同的法律关系,主合同中的仲裁条款不能适用于担保法律关系发生的纠纷,也就是说,债权人与保证人之间的履约担保法律关系不受债权人与债务人的主合同中的仲裁条款的约束。债权人以担保纠纷起诉债务人,有管辖权的法院应当依法受理。笔者认为,在涉及仲裁的情况下,保证人提供担保的性质不影响担保纠纷案件的管辖。因为担保人提供的保证系何种性质的担保,属于实体审理的内容,应在依法受理后,人民法院根据案件的实际情况进行审理来确定。如果是一般保证,因保证人依法享有先诉抗辩权,在主合同纠纷未经审判或者仲裁,并就债务人的财产依法强制执行仍不能履行债务前,可以拒绝承担保证责任,人民法院可以裁定中止审理,待主合同纠纷解决后,再行判决;人民法院也可追加债务人为共同被告进行审理,但判决时一定要分出债务清偿的顺序,一般保证人只是第二顺序的债务人。如果是连带责任保证,如事实清楚不需待主合同纠纷解决,即可直接判决连带责任保证人是否承担相应的责任。

**【典型案例】**

**中国昊华化工(集团)总公司与中企国际投资有限公司借款保证合同纠纷案**

上诉人(原审被告):中国昊华化工(集团)总公司。住所地:北京市朝阳区小营路19号。

法定代表人:王印海,该公司总经理。

被上诉人(原审原告):中企国际投资有限公司。住所地:北京市朝阳区朝阳门外十里堡甲三号京港城市大厦都会国际32层。

法定代表人:秦英凯,该公司董事长。

**〔一审裁判理由与结果〕**

北京市高级人民法院审查认为:中国昊华化工(集团)总公司(以下简称昊华化工集团)与中国工商银行宜阳县支行(以下简称工行宜阳县支行)虽然在2000年签订的宜工银高保字第01号最高额保证合同第11条中约定"发生争议在乙方(即工行宜阳县支行)所在地法院通过诉讼方式解决。"但鉴于签订合同的债权人工行宜阳县支行已经通过债权转让的方式将该债权转让,中企国际投资有限公司(以下简称中企国际)系该债权再次转让的最终受让债权的主体,其与昊华化工集团之间形成了新的债权债务关系。昊华化工集团与工行宜阳县支行签订的最高额保证合同中就地域管辖的约定对新的法律关系的主体不具有约束力。在债权人中企国际与昊华化工集团双方未就解决纠纷的管辖问题作出约定的情况下,中企国际向昊华化工集团住所地法院即北京市高级人民法院提起本案诉讼,该院依法对本案具有管辖权。故昊华化工集团请求裁定将本案移送河南省高级人民法院审理的管辖异议无法律依据,该院不予支持。该院依照《中华人民共和国民事诉讼法》第二十二条第二款、第二十四条、第三十八条、第一百四十条第一款第(二)项之规定,裁定驳回昊华化工集团对本案管辖权提出的异议。

**〔当事人上诉及答辩意见〕**

昊华化工集团不服北京市高级人民法院作出的上述民事裁定,向最高人民法院提起上诉称:从中企国际已提交的两份转让协议内容看,两次债权转让均属于原保证合同权利义务的概括转让。包括中企国际在内的所有受让人,在取得让与人原合同全部权利的同时,也应当承继履行让与人在原合同中的全部义务,其中就包括将合同争议提交让与人与债务人已合法、明确约定的地域法院管辖。原保证合同并未对争议解决条款的适用作出除外的约定。在债权两次转让书面协议中,包括中企国际在内的受让人也均未对原争议解决条款的适用持有异议或作出过不受该条款约束的意思表示,故应依法推定接受原保证合同争议解决条款的约束是受让人真实的意思表示。请求二审法院依法撤销北京市高级人民法院作出的民事裁定,将本案移送河南省高级人民法院审理。

中企国际答辩称:一、债权转让使中企国际与昊华化工集团间产生新的债权债务法律关系,原保证合同地域管辖的约定不再约束新法律关系的主体。债权转让的后果是法律关系变更和原主体程序权利消灭。法律关系变更和原主体程序权利消灭的后果是原主体间有关程序权利的约定不再约束新法律关系的主体。原争议解决条款明确约定的是"乙方"即债权人所在地法院有管辖权而不是河南省法院有管辖权,该约定是相对的而不是绝对的,当河南省不是债权人所在地时依该约定河南省法院就没有管辖权。二、仅对原合同让与人与昊华化工集团有约束力的原保证合同的争议解决条款对本案当事人不具约束力,协议管辖约定的地点仅针对该法律关系中的主体。中企国际受让债权后,原债权债务法律关系消灭,原合同让与人工行宜阳县支行丧失实体权利,其程序权利亦不复存在。因此,中企国际也并未受让只属于原合同债权人的程序权利。请求二审法院驳回上诉,维持原审裁定。

〔最高人民法院裁判理由与结果〕

最高人民法院经审查认为:中企国际主张的债权受让自长城资产管理公司郑州办事处,该办事处又受让自工行宜阳县支行。本案所涉各原始借款合同和最高额保证合同均约定,如发生纠纷由工行宜阳县支行所在地法院通过诉讼方式解决。本案所涉主债权经过两次转让,相关的债权转让合同当事人均未与主债务人和保证人约定新的管辖法院,也没有排除各借款合同和最高额保证合同中对管辖权的约定。根据最高人民法院法释[2001]12号《关于审理涉及金融资产管理公司收购、管理、处置国有银行不良贷款形成的资产的案件适用法律若干问题的规定》第三条第二款"原债权银行与债务人有协议管辖约定的,如不违反法律规定,该约定继续有效"之规定以及最高人民法院法[2005]62号《关于金融资产管理公司收购、处置银行不良资产有关问题的补充通知》第一条"金融资产管理公司受让不良贷款后,通过债权转让方式处置不良资产的,可以适用最高人民法院发布的上述规定"之规定,可认定各原始借款合同和最高额保证合同约定的纠纷解决方式对本案双方当事人仍然有效。另外,审理昊华化工集团与中企国投之间因保证合同产生的纠纷,应当以相关的借款关系为基础,而原债权人工行宜阳县支行与主债务人洛阳中昊化学工业有限公司的住所地均在河南省,由河南省的有关法院审理本案便于查清案件事实。根据最高人民法院《关于各高级人民法院受理第一审民事、经济纠纷案件问题的通知》的有关规定,本案争议金额达到河南省高级人民法院受理第一审经济纠纷案件的争议金额标准,故本案应当由河南省高级人民法院审理。综上,昊华化工集团的上诉理由成立,最高人民法院予以采纳。原审裁定驳回昊华化工集团对本案的管辖权异议不当,应予撤销。最高人民法院依照《中华人民共和国民事诉讼法》第二十五条、第一百五十四条、第一百五十八条之规定,裁定如下:一、撤销北京市高级人民法院(2006)高民初字第1021号民事裁定;二、本案移送河南省高级人民法院审理。一、二审案件受理费各50元,共计100元,由中企国际投资有限公司承担。

# 第六章　其他

## 规则29（代位权）债务人在债务到期后与次债务人签订协议延长履行债务期限，明显损害债权人的合法权益，属于怠于行使到期债权

——中国农业银行汇金支行诉张家港涤纶厂代位权纠纷案①

**【裁判规则】**

1. 债务人在债务到期后，没有以诉讼或者仲裁方式向次债务人主张债权，而是与次债务人签订协议延长履行债务期限，损害债权人债权的，属于《合同法》第73条规定的怠于行使到期债权的行为，债权人可以以自己的名义代位行使债务人的债权。债务人与次债务人之间的具体债务数额是否确定，不影响债权人行使代位权。

2. 进入代位权诉讼程序后，债务人即丧失了主动处分次债务人债权的权利。代位权行使的后果直接归属于债权人，次债务人如果履行义务，只能向代位权人履行，不能向债务人履行；次债务人在诉讼中主动清结债权债务，属于故意逃避诉讼、规避法律。

**【规则理解】**

### 一、债权人代位权的内涵及法律特征

（一）债权人代位权的内涵及法律特征

债权人的代位权是指当债务人怠于行使其对第三人享有的到期债权，对债权人造成损害的，债权人为保全其债权，可以以自己的名义向人民法院请求代位行使债务人对第三人的债权。

（二）债权人代位权的法律特征

代位权制度于1804年由《法国民法典》正式规定后，日本、意大利和我国台湾地区均确认了这一制度。我国《合同法》为了强化对债权人的保护，维护市场经济秩序，也在借鉴大陆法系关于合同保全制度经验的基础上，于该法第73条确认了代位权制

① 《中华人民共和国最高人民法院公报》2004年第4期。

度。该条第1款规定:“因债务人怠于行使其到期债权,对债权人造成损害的,债权人可以向人民法院请求以自己的名义代位行使债务人的债权,但该债权专属于债务人自身的除外。”在债的保全制度实施以前,对债权的保障主要有两种制度,一是作为事先保障的债权担保制度,二是作为事后保障的民事违约责任制度,前者如涉及第三人须基于与第三人达成的合意,后者仅限于债务人的责任财产。而代位权作为一种法定权利,无论当事人是否进行了约定,债权人均可享有和行使,其效力突破了合同的相对性,能够对债的关系以外的第三人具有拘束力。此种权利必须通过提起诉讼的方式行使,由法院确认是否符合法律规定的行使要件,是一种特殊的权利。但是,代位权并不是程序法上的权利,而是实体法上的权利,其依附于债权,属于债权的一项权能,随着债权的产生而产生,随着债权的转移而转移,使债权在主要为请求权的内容之外,又具有了保全的权能。这一制度的特点在于:第一,代位权是债权人以自己的名义代位行使债务人的债权,是债权人向次债务人而不是向债务人提出请求。第二,代位权针对的是债务人消极不行使权利的行为,其行使是为了防止债务人责任财产的不当减少。第三,代位权的行使必须通过在法院提起诉讼的方式,经法院确认后以判决的形式允许债权人代位行使权利。第四,债权人的代位权是一种权利而不是义务,债权人可以基于自己的意志和需要,决定是否行使。

**二、代位权行使的要件**

在理解债权人代位权的构成要件时,应当注意“保护债权人的债权”和“保护债务人的经济自由”,即维护交易安全与尊重债务人的意思自由这两个价值目标之间的平衡。①《合同法司法解释一》第11条严格限定了债权人代位权的行使要件,规定:“债权人依照合同法第73条的规定提起代位权诉讼,应当符合下列条件:(一)债权人对债务人的债权合法;(二)债务人怠于行使其到期债权,对债权人造成损害;(三)债务人的债权已到期;(四)债务人的债权不是专属于债务人自身的债权。”

(一)债权人对债务人拥有合法有效的债权

《合同法司法解释一》第11条仅提出了债权的合法性要求,但实践中代位权的行使,还需符合债权的确定性要求。

1. 债权人债权的合法性。债权人的代位权是基于债权的保全权能而产生的一项从权利,债权人与债务人之间必须有合法有效的债权债务关系存在,这构成了代位者行使权利的正当性基础。只有在合法有效存续期间,债权人才能够行使保全的权利。如果债权基于当事人之间的意志已经消灭,或基于法律的规定而归于无效,则债

---

① 王闯:《对〈最高人民法院〈关于适用《中华人民共和合同法》若干问题的解释(一)〉的若干理解》,载《判解研究》2000年第1期。

权人对该债权的保全请求将不能获得法院的支持。

2. 债权人债权的确定性。债权债务人之间对于债权的存在和内容不应存有异议,或者该债权已经法院和仲裁机构裁判确定。认定债权的确定性时,应区分债权人和债务人之间的债务关系以及债务人与次债务人之间的债务关系,对于前者要求债权确定,而对于后者在起诉时并不要求债权确定。要求债权人和债务人之间的债权确定,主要是出于对次债务人权益保障的考虑。因为债的关系具有相对性和意定性,债的关系以外的第三人对于债的存在和内容很难了解,对于债的履行也无权干涉,而代位权作为一种债的保全方法使债的效力扩张至第三人,使次债务人的履行行为受到债权人意志的制约。如果债权人的债权本身就不确定,则其干预债务人与次债务人之间的合同行为便不具备正当性基础,且次债务人很难针对债权人和债务人之间的债权债务关系情况进行抗辩。而债务人与次债务人之间的债权是否确定,则并非债权人主张行使代位权的要件。因为对于债权人来说,其同样很难确切了解债务人与次债务人之间债权债务关系的情况,如果要求债权人在了解债务人债权的具体数额之后才能行使代位权,必然导致代位权行使的困难。况且,即使债务人的债权并不确定,在债权人提出请求之后,次债务人也可以主动提出抗辩。当然,该债权的具体数额属于代位权诉讼中法院应当查明的事实,在代位权诉讼结束时经法院判决将最终得以确定,从而明确代位者行使权利的范围。

(二)债务人迟延履行到期债务和怠于行使到期债权

无论是债权人对债务人的债权,还是债务人对次债务人的债权,都应当是到期的债权。债务人一方面消极地迟延履行对债权人所负有的债务,另一方面又不积极行使其对第三人享有的权利,该两个行为应当同时存在,这涉及债的保全的必要性问题。

1. 债务人迟延履行到期债务。未发生之债权自不待论,既发生之债权,债务人尚未陷于迟延的,债务人即使无资力,在履行之前尚有使责任财产获得充实的可能,尚不得谓"对债权人造成损害",如果允许债权人行使代位权,则对债务人的财产管理权干预过分。[①] 代位权针对的是债务人消极损害债权的行为,除保存行为外,债权人应在履行期限届满后,债务人迟延履行时,方可行使。《日本民法》第423条第2款规定,债权人在其债权的期限尚未届至期间,非依裁判上代位,不得行使前项的权利。但保存行为,不在此限。"台湾民法"第243条规定,债权人代位权非于债务人负延迟责任时,不得行使,但专为保存债务人之权利之行为,不在此限。保存行为,不同于实行行为,其行使不构成对债务人行为的干涉,而是有利于债务人的行为。例如,在债

---

① 韩世远:《合同法总论》(第二版),法律出版社2008年版,第289页。

务人权利将要届满时效时实行中断时效的行为，或在次债务人破产时申报债权，等等。债权人从事这些行为的目的在于防止债务人的权利变更或消灭，而非代位请求第三人向债务人履行义务，故可不受此要件的限制。① 但是对于保存行为应当进行严格限制，以如不及时代位进行保全将导致债务人权利的丧失之确有必要为限，否则必然会不适当地扩大代位权的客体范围，使债权人不适当地干预债务人的意思自由。

2. 债务人怠于行使到期债权。首先，债务人应对次债务人享有合法有效的债权，否则便谈不上权利的"代位"行使。其次，这种债权的履行期限应已届满，未到期的债权无所谓"怠于行使"。《合同法司法解释一》第 13 条规定："合同法第七十三条规定的'债务人怠于行使其到期债权，对债权人造成损害的'，是指债务人不履行其对债权人的到期债务，又不以诉讼方式或者仲裁方式向其债务人主张其享有的具有金钱给付内容的到期债权，致使债权人的到期债权未能实现。次债务人不认为债务人有怠于行使其到期债权情况的，应当承担举证责任。"据此，判断何为"怠于行使"应从以下三个方面进行考虑。第一，债务人未通过诉讼或仲裁的方式向次债务人主张权利。在非诉讼和仲裁方式下，权利行使与否更多地取决于债务人和次债务人是否承认，如果债务人实际上未行使权利却谎称已经行使，甚至两者恶意串通欺骗债权人，均不易查清，这就会增加债权人的举证难度，造成代位权的落空。因此，法律必须规定一种客观明确的标准，用以判断是否构成怠于行使权利，这就是诉讼与仲裁的方式。第二，债务人应当且能够向次债务人提出请求但没有及时提出。对于该点可以从应当行使、能够行使和及时行使三个层次上进行理解。应当行使指的是若不及时行使，则该权利将有消灭或丧失的可能。能够行使指的是债务人在债务到期后，不存在行使权利的障碍。及时行使指的是除非有正当理由，债务人应在合理的期限内主张权利。对于权利行使的障碍、正当理由、合理期限，均需结合案件实际情况及交易习惯等具体因素判断，如果债务人确有客观原因未能及时行使权利，可依法进行抗辩。第三，举证责任的分配。债权人欲行使代位权，应当举证证明其符合行使代位权的法定要件，故债权人必须就债务人怠于行使其到期债权进行举证。在债权人作出这种举证以后，如果次债务人不认为债务人有怠于行使其到期债权情况的，也应当承担举证责任。

### （三）具有债权保全的必要性

对债权保全应当具有必要性，必须符合司法解释所要求的"债务人怠于行使其到期债权，对债权人造成损害"。债权人代位权的目的既然在于债权的保全，就需要在债权人的债权有不能受偿的危险时才可行使代位权；债务人怠于行使其权利，如对于

---

① 最高人民法院经济审判庭：《合同法司法解释与适用》，新华出版社 1999 年版，第 314 页。

债权人的债权并无影响,法律就没有必要以突破合同相对性原则和干预债务人自由的重大代价而赋予债权人代位权。[①] 在掌握对债权人造成损害这一要件时,应作较严格的解释,具体应以债务人有无偿还资力为标准,故应重点审查债务人是否有其他财产可供清偿。即便债务人怠于行使权利,但其财产足以清偿债务,则债权人仅需向法院申请强制执行即可实现其债权,在此情况下债权人不能行使代位权对债务人合法处分自己权利的行为进行干涉。也就是说,债权人行使代位权应当具有必要性。所谓保全债权的必要性,一方面是指债权人只有在其债权具有不能实现的危险时,才得以行使代位权;另一方面是指如果债权人行使债务人的一项权利,已足以保全自己的债权,则不应就债务人的其他权利行使代位权。[②] 判断是否对债权人造成损害,应从三个方面进行考虑。第一,审查债务人是否构成迟延履行,旨在确定对债权人造成损害的前提条件,具体前文已述。第二,审查债务人是否具有偿还资力,意在确定对债权人造成损害的实际状况。应当注意的是,这种损害并非一定是对债权的严重损害或具体的实质性损害,只要切实影响到债权的实现,损害了债权人的利益,即可认定存在保全的必要。第三,审查债务人怠于行使权利的行为与其无清偿资力的结果之间是否具有一定的因果关系。[③] 一方面在客观上,债务人怠于主张其到期债权的行为致使其未能及时清偿对债权人的债务,损害了债权人的利益。另一方面债务人的外在行为反映出其在主观上是有过错的,即具有不愿意清偿对债权人的债务或损害债权人债权的故意或过失。

**三、代位权行使的法律效果**

债的关系具有相对性,其法律效力限于债权债务关系的当事人之间。而债的保全制度使债的效力扩张至债的关系以外的第三人,债权人因此得以向次债务人主张权利,次债务人的履行行为也因此受到债权人意志的制约。《合同法司法解释一》第20条规定:"债权人向次债务人提起的代位权诉讼经人民法院审理后认定代位权成立的,由次债务人向债权人履行清偿义务,债权人与债务人、债务人与次债务人之间相应的债权债务关系即予消灭。"具体而言,债权人行使代位权将产生以下四个方面的法律效果:

(一)对债权人的效力

因债权人行使代位权而取得的财产应当如何分配,理论上的主要存在"入库规则

---

① 邱聪智:《新订民法债编通则》(下册),中国人民大学出版社2004年版,第306页。

② 杜万华主编:《合同法精解与案例评析》,法律出版社1999年版,第153页。

③ 参见王闯:《关于合同法中债权人代位权制度若干重要问题》,载《民商事审判指导》(2004年第2辑),人民法院出版社2005年版。

说”和“优先受偿说”之争。“入库规则说”遵循传统民法理念,认为根据合同的相对性及债权的平等性理论,代位权诉讼的效力只能及于债务人与次债务人,而不能及于债权人。行使代位权取得的财产应先归入债务人的责任财产,而后依照债的清偿规则向债权人进行清偿,全体债权人均得以受益,行使代位权的债权人并不能够优先受偿,而只能与其他债权人平等受偿。对该学说的主要质疑在于,债权人可能根本不知道其他债权人的存在及其具体债权数额,且操作起来也过于繁琐,而让全体债权人搭便车也会使代位权制度对债权人的激励因素丧失殆尽。“优先受偿说”根据实践操作需要,认为代位权诉讼的效力可直接归属于代位债权人,行使代位权所取得的财产应当由行使了代位权的债权人优先受偿。对该学说的主要质疑在于,债权与物权最大的区别之一就在于其平等性,物权才具有优先性,代位债权人并不当然具有优先于其他债权人的权利,将代位权行使的效果直接归属于债权人不符合债权的本质属性。我国《合同法》在起草的过程中,曾经肯定了“入库规则说”,规定:“代位权行使的效果归于债务人”、“行使代位权取得的财产,归债务人后再清偿债权”。但该规定因“入库规则说”存在的上述缺点而受到诟病,最终《合同法》回避了该问题,没有作出明确的规定。《合同法司法解释一》赋予行使代位权的债权人以直接受领权和优先受偿权,其采纳的是“优先受偿说”。即如果没有其他债权人对债务人提起诉讼或已获得胜诉判决,则债权人可直接获得来自于次债务人的清偿。但是,如果有两个或者两个以上债权人以同一次债务人为被告提起代位权诉讼的,法院可以合并审理,如该两个或者两个以上债权人的代位权主张均能够成立,则次债务人清偿的财产应在获得胜诉判决的债权人之间按比例清偿。

(二)对债务人的效力

一方面,债务人的处分权因债权人代位权的行使而受到限制。进入代位权诉讼程序后,债务人即丧失了主动处分其对次债务人债权的权利。这意味着,首先,债务人不能再就其被代位行使的权利作出处分,也不得妨碍债权人行使代位权,否则其损害债权人权益的行为可被依法宣告无效。其次,即便债务人也提起诉讼要求次债务人向其进行清偿,也不能终止代位权诉讼的进行,因为正是由于债务人怠于行使权利的行为才导致债权人不得不进行债的保全,此时应优先保护债权人的利益。另一方面,次债务人向债权人清偿债务后,债权人与债务人、债务人与次债务人之间债权债务关系在债权人代位实现权利的范围内即告消灭。有学者认为,《合同法司法解释一》第20条的规定可以理解为,在金钱债务场合,借助于抵消制度,使代位权制度发挥了简易的债权回收手段的功能,从而代位债权人在事实上取得优先受偿的效果,但其在法律上并不当然地具有优先性,代位权行使的直接效果应归属于债务人,该效果借助于抵消制度间接地归属于债权人。① 无论如何理解，对于通过行使代位权而获得的财产，在清偿债权人的债权并扣除相关费用后仍有剩余的，应当返还给债务人，作为其一般责任财产。

（三）对次债务人的效力

进入代位权诉讼后，次债务人不能主动向债务人作出履行，因为债务人的债权已经受到了限制，债权人行使代位权的主张一旦获得法院的确认与支持，次债务人应当向债权人而不是债务人进行清偿。次债务人在诉讼中主动清结其对债务人的债务，属于逃避诉讼、规避法律的行为，不得以此对抗债权人。至于次债务人能否主动向债权人作出履行，关键取决于债务人的态度，如果债务人同意，可视为当事人之间达成了第三人代为履行的协议；如果债务人不同意，则债权人受到债的相对性制约，只能够通过代位权诉讼的方式要求次债务人履行。

（四）对其他债权人的效力

如前所述，我国《合同法》并未采纳传统民法理论中的"入库规则"，而是要求次债务人直接向代位行使权利的债权人履行债务，故代位权的行使效力并不及于其他债权人。其他债权人想要获得平等清偿，只能同时提起代位权之诉或提起破产程序，从而加入到对被代位财产的分配之中。

综上所述，债务人迟延履行其到期债务又怠于行使对次债务人的到期债权时，基于债权保全的必要性，债权人可依法主张行使代位权。代位权的行使并不以债务人与次债务人之间的具体债务数额的确定为要件。进入代位权诉讼后，债务人即丧失了主动处分次债务人债权的权利，次债务人在诉讼中主动清结债权债务，属于逃避诉讼、规避法律的行为，不得以此对抗债权人。

**【拓展适用】**

**一、债权人代位权与撤销权制度的结合运用和区分**

（一）代位权与撤销权制度的运用

合同成立后，债务人的所有财产就成了债权的一般担保，即责任财产，其财产的增加或减少对债权的实现有着极大的关系。当债务人与第三人的不当行为危及债权人的利益时，法律允许债权人突破合同的相对性规则，对债务人和第三人的行为行使一定的权利，以排除其对债权的损害。这便是债的保全制度，具体分为债权人的撤销权和代位权两种。这两种权利的行使都突破了传统的合同相对性规则，对债的关系以外的第三人产生了法律上的拘束力，都是基于法律的直接规定产生，在合法有效存

---

① 参见韩世远：《合同法总论》（第二版），法律出版社 2008 年版，第 296 ~ 297 页。

续期间内方可行使。一方面，法律为了保障债权的实现，允许债权人享有并行使代位权和撤销权，另一方面，为了防止权利滥用造成对合同自由的不当干涉，法律又要求代位权和撤销权必须通过提起诉讼的方式行使，由法院最终判断债权人的权利主张能否成立。

实践中，债权人往往既主张撤销债务人与第三人之间损害债权的行为，又要求代位行使债务人对第三人享有的权利，应注意这两种制度的结合运用和区分。例如债务人在债务到期后，没有以诉讼或者仲裁方式向次债务人主张债权，而是与次债务人签订协议延长履行债务期限，损害债权人债权的，既符合《合同法》第 73 条关于债权人行使代位权的规定，又符合《合同法司法解释二》第 18 条："债务人放弃其未到期的债权或者放弃债权担保，或者恶意延长到期债权的履行期，对债权人造成损害，债权人依照合同法第七十四条的规定提起撤销权诉讼的，人民法院应当支持"的规定。此时，债权人对于债务人消极不行使权利的行为，可以以自己的名义代位行使其对次债务人的债权；对于债务人积极施行的损害债权的行为，可以依法行使撤销权。

（二）代位权与撤销权制度的区分

传统民法根据债务人的行为是积极处分行为还是消极处分行为来划分代位权和撤销权制度的调整范围，凡是放弃和怠于行使权利的，由代位权制度调整，而处分现有财产的，则由撤销权制度调整。我国《合同法》及其司法解释部分修正了传统民法的制度分工，将怠于行使债权的行为由代位权制度调整，而放弃债权和处分现有财产的行为则由撤销权制度调整。[①] 故在具体适用时，应注意加以区别，避免发生混淆。代位权和撤销权的区别主要体现在构成要件和法律效果上，具体来说存在以下五个方面：

1. 针对的行为不同。代位权针对的是债务人怠于行使债权的消极行为，通过行使代位权旨在有效增加债务人的责任财产。而撤销权针对的是债务人不当处分自己财产的积极行为，行使撤销权旨在恢复债务人的责任财产。

2. 对于债权是否到期的要求不同。在行使代位权的情况下，除保存行为外，债权人对债务人的债务原则上应到期，然而在行使撤销权的情况下，并不要求债权人对债务人的债务到期。因为后者针对的是债务人积极损害债权的行为，如不及时行使，待债权履行期限届满后很可能已经无法进行补救。

3. 对于过错的要求不同。代位权构成要件中的过错是从客观上进行判断的，只要债务人存在怠于行使权利而使债权受到损害的行为，即"应行使并能行使而不行

---

① 宋海萍等：《合同法总则判解研究与适用》，人民法院出版社 2001 年版，第 485 页。

使”,便可予以适用,至于主观上“其有无故意过失或原因如何,在所不问”①。而撤销权的成立具有对主观要件的要求,债务人与他人行为时须具有恶意,即明知自己的行为有害于债权人的债权而仍然为之,这就提出了比代位权更高的过错程度与举证责任要求。

4. 诉讼时效不同。代位权的诉讼时效必须在债权履行期届满后两年内行使,并可适用时效中止、中断的规定;而撤销权应自债权人知道或者应当知道撤销事由之日起一年内行使,自债务人的行为发生之日起五年内没有行使撤销权的,该撤销权消灭。

5. 行使的效果不同。一方面,在债权人能否直接获得来自第三人的清偿问题上,债权人行使代位权的目的,就是使自己的到期债权获得清偿,故如无其他债权人同时向债务人主张权利,则债权人可以直接获得来自于次债务人的清偿;而债权人撤销权的目的在于保全将来的债务履行,在第三人与债务人之间的行为被撤销并向后者返还财产之后,如果债权人的债务尚未到期,不能要求提前清偿。另一方面,在债务人对其权利的处分能力问题上,进入代位权诉讼后债务人不得再就其被主张代位的权利进行处分,否则便属于逃避诉讼和规避法律的行为;而进入撤销权诉讼后,债务人如能主动与第三人协议变更或终止原损害债权的行为,则债权人的诉讼目的已达到,该种行为应当允许,但不免除因原行为而给债权人造成损害的赔偿责任。

**二、代位权行使的客体范围**

《合同法》第73条第2款规定:“代位权的行使范围以债权人的债权为限。”《合同法司法解释一》第11条和第13条将可代位行使的债权进一步限定为“不是专属于债务人自身的债权”和“具有金钱给付内容的到期债权”。据此,代位权行使的客体范围,应是债务人对次债务人所享有的,具有金钱给付内容的,非专属于债务人的,合法到期债权。

(一)我国代位权行使的客体限于债权

从国外立法例来看,可代位行使的权利十分广泛。《法国民法典》第1166条规定,“债权人得行使债务人的一切权利和诉权,但权利和诉权专属债务人的,不在此限。”日本和我国台湾地区的立法和理论认为,可代位行使的权利范围也十分广泛,除专属于债务人本身的权利以外,凡“属于债务人的权利”都可以由债权人代位行使。具体包括:作为支配权的物权,作为请求权的债权请求权、物权请求权、登记请求权,作为形成权的解除权、撤销权、抵消权、减买回权、选择权,以及债权人代位权、债权撤

① 史尚宽:《债法总论》,中国政法大学出版社2000年版,第465页。

销权等其他权利。[①] 而我国《合同法》将代位权行使的客体明确限定于债权，除此之外的其他权利不能够成为代位权的客体。这主要是由于代位权制度已经突破了传统的合同相对性原则，对第三人产生了约束力，故对于这一制度的适用范围必须有明确的限制，否则将会对合同法制度和物权法制度造成极大的冲击。且我国《合同法》是首次引进代位权制度，司法实践中对该制度的理解和适用尚有一个过程，盲目扩大代位权的行使客体，很容易造成权利的滥用，反而将引起新的纠纷。具体应注意：1. 物权原则上不应代位行使。物权与债权的区别之一就在于其属于绝对权，权利人无需向他人请求即可直接支配及享有权利，这就决定了物权人无需像债权人那样去积极地主张权利，仅需消极防御即可。由于我国并未引进消灭时效制度，物权人怠于行使权利，不会导致实体权利的消灭，故不会对债权人造成损害，后者可直接向法院申请强制执行债务人的财产以清偿债务即可，无需通过代位权制度来保全自己的权利。至于建设用地使用权、宅基地使用权、土地承包经营权、地役权等用益物权，以及抵押权、质押权和留置权等担保物权，本质上不属于债权，且其大都须经过登记设定，即使他物权人怠于行使权利，在绝大多数情况下也不会导致权利的消灭，故没有代位行使之必要。在特殊情况下，基于保存权利的需要，在债务人怠于行使物权将造成其实体权利消灭从而可能影响其清偿能力时，债权人可以代位行使债务人的权利，这就是前述的保存行为之例外。2. 诉讼上的权利不应代位行使。我国代位权行使的范围限于实体权利而不包括程序上的权利，该制度设定的目的在于保障债权而非诉权。债务人与他人发生了纠纷，是否起诉以及起诉后能否胜诉均具有不确定性，其怠于行使诉权不必然对债权人造成损害。例外的情况有二，一是债务人怠于以诉讼或仲裁的方式向次债务人主张具有金钱给付内容的到期债权，则债权人可以依法起诉次债务人，直接向后者主张权利，但此时法院应通知债务人参加诉讼，以保障抗辩权的行使。二是债务人不行使申请强制执行等诉讼上的权利，将造成其责任财产的减少，债权人为保存债务人的权利，可代位行使该等诉权。

（二）代位权行使的客体主要是具有金钱给付内容的债权

《合同法司法解释一》将代位权行使的客体严格限定于债务人对次债务人享有的金钱债权。据此，非以金钱为给付标的的债权如物的交付、以劳务为标的的债权、不作为债权等等均不能成为代位权的标的。作出这一限定的原因有二，一是鉴于债的保全制度是《合同法》新设定的制度，司法实践经验不足，这就有必要对代位权的适用范围予以限制，以避免代位权适用的扩大化倾向；二是出于实践操作的考虑，具有金钱给付内容的到期债权在内容上及清偿上均比较容易操作，避免了非金钱之债所可

---

① 韩世远：《合同法总论》（第二版），法律出版社2008年版，第292页。

能带来的转换、评估上的困难。在金钱债务场合,借助于抵销制度,使代位权制度能够发挥简易的债权回收手段的功能,其行使的效果借助于抵销制度可间接地归属于债权人,使后者得以从次债务人处直接受偿。但是,对于这种由司法解释人为地限缩代位权制度应有功能发挥的做法,也受到众多学者的诟病,不排除日后时机成熟时扩大代位权适用范围的可能。

(三)代位权行使的客体应当是合法且到期的非专属性债权

债务人的债权应具有合法性且已届清偿期,同时不能是专属于债务人自身的债权。因为专属性债权往往与公民的特定身份和不可或缺的生活需要紧密相连,故不允许第三人对该权利的处分进行干涉。《合同法司法解释一》第12条对于何为专属性债权进行了明确,规定:“合同法第七十三条第一款规定的专属于债务人自身的债权,是指基于扶养关系、抚养关系、赡养关系、继承关系产生的给付请求权和劳动报酬、退休金、养老金、抚恤金、安置费、人寿保险、人身伤害赔偿请求权等权利。”据此,不能由债权人代位行使的权利包括:第一,基于人格关系产生的利益以及人身伤害的损害赔偿;第二,基于身份关系产生的利益;第三,基于劳动关系产生的利益;第四,基于人身保险关系产生的利益;第五,其他不得扣押的权利,如不得强制执行的生活必需品等①。非专属性要求决定了债权人的代位权主要是代位合同之债,而不应代位侵权之债,因为大部分侵权之债都是专属于债务人自身的债权,不宜成为代位权的客体。

**三、代位权行使的抗辩**

债权人可以基于债权行使代位权,但其只能够行使债务人应当行使的权利,债务人不应行使和无权行使的权利不得代位行使。故代位权受到抗辩权的阻碍,债权人提起代位权诉讼后,债务人和次债务人均可以就债权人的权利主张进行抗辩。代位权行使的抗辩,分为债务人的抗辩和次债务人的抗辩。

(一)债务人的抗辩

债权人是否享有合法有效的债权,是代位权的行使要件之一,而代位权的行使范围又以债权人对债务人所享有的债权为限,故债权的存在、数额及履行情况,将直接影响到代位权的行使。针对上述情况,债务人均有权进行抗辩:1. 代位权行使要件欠缺的抗辩。如:债权债务关系不成立、已被解除或已消灭、因具备无效或可撤销的因素而应被宣告无效或被撤销、因诉讼时效已经过而成为自然之债、债权不确定或未届清偿期、债务人的债权未到期、债务人未怠于行使权利或虽怠于行使权利但并未对债权人造成损害、债务人的债权是专属于其自身的债权,等等。2. 双方之间债的内

---

① 参见王利明:《合同法研究》(第二卷),中国人民大学出版社2003年版,第143~144页。

容和履行的抗辩。《合同法司法解释一》第21条规定:“在代位权诉讼中,债权人行使代位权的请求数额超过债务人所负债务额或者超过次债务人对债务人所负债务额的,对超出部分人民法院不予支持。”故债务人可以以债权人所享有的债权数额、债务人已经实际履行的债务数额、债务人自身对次债务人所享有的债权数额来进行抗辩,还可以行使合同的履行抗辩、时效经过的抗辩,等等。

(二)次债务人的抗辩

代位权制度的设立,乃为保全和便利债权实现之需要,其行使不能以牺牲第三人的合法权益为代价。如果次债务人依法行使抗辩权并获得法院的支持,则债权人不能够突破合同的相对性直接向次债务人主张权利。次债务人主要可以从三个方面进行抗辩:1. 代位权行使要件欠缺的抗辩。次债务人首先可以以债权人行使代位权不符合法定的条件为由进行抗辩,从而使其请求权不能够成立。2. 次债务人对债务人的抗辩。次债务人可以用其对债务人所享有的抗辩事由,来对抗债权人的请求。《合同法司法解释一》第18条第1款规定:“在代位权诉讼中,次债务人对债务人的抗辩,可以向债权人主张。”这种抗辩是债的存在、内容及其履行的抗辩,包括:权利不发生或消灭之抗辩、债权未到期或抵消的抗辩、保证人的先诉抗辩、同时履行抗辩、债务免除的抗辩、权利瑕疵的抗辩,等等。[①] 3. 债务人对债权人的抗辩。次债务人还可以用前述债务人对债权人所享有的抗辩事由,来对抗债权人的请求。但次债务人不能以以下事由进行抗辩:第一,次债务人不能以债权人与其无合同关系为由提出抗辩。因为代位权作为法定的债权权能,已经突破了合同的相对性,是合同相对性的例外。第二,在债权人行使代位权以后,债务人与次债务人之间达成债务和解协议或处分协议的,次债务人不能以此为由对抗债权人。在进入代位权诉讼以后,债务人对其债权的处分权受到限制,其无权在债权人行使代位权以后与次债务人达成处分其债权的协议,次债务人也不能以此为由对抗债权人。

**【典型案例】**

**中国农业银行汇金支行诉张家港涤纶厂代位权纠纷案**

原告:中国农业银行哈尔滨市汇金支行。住所地:黑龙江省哈尔滨市道里区。

法定代表人:马滨华,该行行长。

被告:江苏省张家港市涤纶长丝厂。住所地:江苏省张家港市德积镇。

法定代表人:钱云楚,该厂厂长。

第三人:哈尔滨工艺品进出口公司。住所地:黑龙江省哈尔滨市道里区。

法定代表人:刘大英,该公司总经理。

---

① 王利明:《合同法研究》(第二卷),中国人民大学出版社2003年版,第153页。

〔基本案情〕

原告中国农业银行哈尔滨市汇金支行(以下简称汇金农行)因与被告张家港市涤纶长丝厂(以下简称涤纶厂)、第三人哈尔滨工艺品进出口公司(以下简称工艺品公司)发生代位权纠纷,向江苏省苏州市中级人民法院提起诉讼。

原告诉称:被告涤纶厂因从日本购买设备,于1997年7月通过第三人工艺品公司在我行申请向日本东京三菱银行开出信用证,我行为其购买设备垫付26425万日元,折合人民币2111万元。而工艺品公司一直怠于行使对涤纶厂的人民币2231.4万元到期债权。依据《中华人民共和国合同法》(以下简称合同法)第七十三条的规定,因债务人怠于行使其到期债权,对债权人造成损害的,债权人可以向人民法院请求以自己的名义代位行使债务人的债权。诉请判令:(1)被告代偿第三人欠款2231.4万元;(2)通知被告停止给付第三人欠款。

原告提供的主要证据有:

1. 哈尔滨工艺品公司开证申请书、信用证、垫付款凭证,用以证明汇金农行垫付了工艺品公司的信用证款项。

2. 1999年2月6日涤纶厂向工艺品公司出具的还款计划,用以证明涤纶厂和工艺品公司之间的债务已经到期。

3. 1999年6月21日涤纶厂与工艺品公司签订《关于抵押权变更协议》,用以证明涤纶厂与工艺品公司之间债务的数额。

被告辩称:根据我厂与工艺品公司2000年2月23日签订的还款计划,所欠债务尚未到期。我厂1999年6月21日与工艺品公司在《关于抵押权变更协议》中约定主债务为1400万元左右并不是准确的数字,工艺品公司在代理行为中有违约行为,造成了我厂的损失,故我厂与工艺品公司之间债务的具体数额尚未确定。故汇金农行不具备行使代位权的条件,不同意汇金农行的诉讼请求。

被告提供的主要证据有:

1. 1999年2月6日涤纶厂向工艺品公司出具的还款计划。

2. 2000年2月23日涤纶厂向工艺品公司出具的还款承诺,用以证明其与工艺品公司之间的债务未到期。

3. 涤纶厂与工艺品公司之间的往来函件,用以证明双方之间达成了延期还款的协议。

4. 有关付款凭证,用以证明涤纶厂已向工艺品公司先后还款110万元。

第三人工艺品公司未答辩。

庭审质证中,原告汇金农行根据提供的证据,重新确认其为第三人工艺品公司实际垫付的款项,不包含开证手续费等费用,再扣除已收取的保证金,折合人民币13886811.55元(不包含利息损失),因此变更其第1项诉讼请求为被告涤纶厂代偿工艺品公司的欠款1300万元。涤纶厂和工艺品公司均否认有违约问题。工艺品公司还否认汇金农行主张的信用证项下垫付款数额，认为应核对账目，但在诉讼过程中未能提供相应的财务账目。

苏州市中级人民法院经审理查明：

1997年7月，第三人工艺品公司因代理被告涤纶厂进口日本产聚酯FDY卷绕装置及配套设备，向中国农业银行哈尔滨市分行国际业务部申请开具信用证。原告汇金农行分别于1998年2月17日和7月30日、1999年1月26日，为工艺品公司申请的两份信用证垫付337555520日元，折合人民币23866811.55元。涤纶厂通过工艺品公司，向汇金农行支付信用证项下保证金998万元，并将所购设备抵押给工艺品公司。1999年2月6日，涤纶厂向工艺品公司出具分期付款资金安排计划函一份，承诺1999年4月30日、5月30日、6月30日、7月30日前分别还款30万元、8月30日前还款500万元、9月30日前还款30万元、10月30日前还款200万元、12月30日前还款30万元、2000年1月30日前付清工艺品公司垫付的信用证余款。对此，工艺品公司未表示异议。2000年2月16日，工艺品公司致函涤纶厂称：根据涤纶厂1999年2月6日的承诺，应在2000年1月30日前偿还全部欠款，现要求在2000年2月20日前全部归还。2000年2月18日，涤纶厂复函称：由于企业困难，请求允许其自2000年3月起每月支付10万元，其将在能力许可的范围内安排归还更多的资金。2000年2月23日，工艺品公司在涤纶厂的复函上签署"同意以上付款的意见"，并加盖了单位公章。

另查明，1999年2月6日，被告涤纶厂出具还款承诺后，先后支付给第三人工艺品公司110万元。同年6月21日，涤纶厂与工艺品公司就抵押设备签订了《关于抵押合同变更协议》，在该协议中双方明确：双方之间的债原为2380万元左右，现涤纶厂尚欠工艺品公司债务1400万元左右。

**〔一审裁判理由与结果〕**

苏州市中级人民法院认为，本案争议焦点为：(1)汇金农行能否提起代位权诉讼；(2)涤纶厂与工艺品公司之间债务的确定与否是否影响汇金农行行使代位权。

《最高人民法院关于适用〈中华人民共和国合同法〉若干问题的解释(一)》(以下简称《解释》)第十一条规定："债权人依照合同法第七十三条的规定提起代位权诉讼，应当符合下列条件：(一)债权人对债务人的债权合法；(二)债务人怠于行使其到期债权，对债权人造成损害；(三)债务人的债权已到期；(四)债务人的债权不是专属于债务人自身的债权。"本案中，原告汇金农行为第三人工艺品公司申请开具的信用证垫付款项13886811.55元的事实清楚，该债权合法且已到期，工艺品公司理应及时支付。被告涤纶厂欠工艺品公司的进口设备款项，按1999年2月6日双方签订的还款计划到期后，工艺品公司没有通过诉讼或仲裁的方式向涤纶厂主张到期债权，相反对涤纶厂2000年2月18日出具的延期还款计划予以认可。工艺品公司的上述行为，应当认定属怠于行使到期债权，且对汇金农行的债权造成损害，故汇金农行提起代位权诉讼，符合法定条件。第三人工艺品公司没有向原告汇金农行支付信用证垫付款，又怠于向被告涤纶厂行使到期债权,对汇金农行的合法利益造成了损害。汇金农行请求代位行使工艺品公司对涤纶厂的债权,应予支持。工艺品公司与涤纶厂之间具体的债务数额虽没有确定,但双方债权债务关系是明确的,故不影响汇金农行行使代位权。关于涤纶厂代为清偿的数额,根据该厂1999年2月6日出具的还款承诺,应认定为880万元,扣除此后涤纶厂汇付工艺品公司的110万元;剩余部分应由涤纶厂代为清偿;清偿之后,汇金农行与工艺品公司以及工艺品公司与涤纶厂之间的债权债务关系即予消灭。据此,苏州市中级人民法院于2001年7月30日判决如下:

一、张家港涤纶长丝厂在判决生效后十日内对哈尔滨工艺品公司结欠哈尔滨汇金农行的信用证垫付款770万元履行清偿义务。

二、驳回哈尔滨汇金农行的其他诉讼请求。

案件受理费121580元,由汇金农行负担79625元,涤纶厂负担41955元。

〔当事人上诉及答辩意见〕

一审宣判后,汇金农行和涤纶厂均不服,分别向江苏省高级人民法院提起上诉。

汇金农行的主要上诉理由是:(1)一审判决将涤纶厂与工艺品公司的债务确定为880万元的认定不当。该880万元,只是涤纶厂与工艺品公司约定,1999年12月30日前涤纶厂应偿还的债务数额。双方还约定,2000年1月30日前,涤纶厂应付清余款。这些余款也应计算在工艺品公司对涤纶厂享有的债权内。扣除涤纶厂已付的保证金,以及该厂1999年2月6日以后的付款110万元,我行实际为二份信用证的垫款还有12786811.55元。(2)本案是由于涤纶厂未能及时支付货款引起的,因此过错责任在涤纶厂,一审判决确认我行承担的诉讼费过多。综上,请求改判涤纶厂偿还工艺品公司欠我行的信用证垫款12786811.55元,并承担全部诉讼费用。

涤纶厂的主要上诉理由是:(1)工艺品公司与我厂之间签订的两份还款计划,说明工艺品公司一直在主张权利,并未怠于行使到期债权。(2)2000年2月23日双方认可的还款计划是双方的真实意思表示。根据该计划,我厂欠工艺品公司的债务尚未到期。(3)因为工艺品公司在履行进口协议时有违约行为,所以在还款计划中,双方并未明确债务的具体数额,债务处于不确定状态。一审判决后,我厂已与工艺品公司达成设备抵款协议,将价值22441200元的聚酯FDY卷绕装置抵偿给工艺品公司,抵清我厂结欠工艺品公司的全部债务。该协议已经履行,我厂与工艺品公司之间的债已经消灭,应驳回汇金农行对我厂的全部诉讼请求。

工艺品公司答辩称:考虑到我公司的违约因素,我公司与涤纶厂协议确定双方之间的债为950万元。在此基础上,我公司与涤纶厂签订了资产抵债协议。

〔二审查明的事实〕

江苏省高级人民法院经过审理,确认了一审法院查明的事实,并补充查明:涤纶厂与工艺品公司所签订的代理进口协议第四条约定:“日方同意推迟付款日期,日方银行应于装船后330天内将延期付款通知传递给开证行,收到银行通知后,双方按补充协议执行并修改信用证”，涤纶厂提供了与外商达成付款时间延长的协议，但未能提供上述条款约定的日方银行的装船通知，工艺品公司在二审中承认未要求汇金农行修改信用证、推迟对外付款，在履行代理进口协议时存在违约行为。

另查明：本案一审判决之后，涤纶厂与工艺品公司于2001年8月25日达成以资产抵债协议，确认在考虑工艺品公司违约因素后涤纶厂对工艺品公司欠款950万元，涤纶厂以价值22441200元的设备抵给工艺品公司；工艺品公司同意接受抵押物，以此抵清所欠950万元欠款。涤纶厂提交了该厂与工艺品公司签订的交接清单，证明协议已经履行。

**〔二审裁判理由与结果〕**

江苏省高级人民法院认为：

一、关于汇金农行能否行使代位权的问题。

《解释》第十三条规定：“合同法第七十三条规定的‘债务人怠于行使其到期债权，对债权人造成损害的’，是指债务人不履行其对债权人的到期债务，又不以诉讼方式或者仲裁方式向其债务人主张其享有的具有金钱给付内容的到期债权，致使债权人的到期债权未能实现。次债务人(即债务人的债务人)不认为债务人有怠于行使其到期债权情况的，应当承担举证责任。”本案中，债务人工艺品公司既未积极向债权人汇金农行履行到期债务，又未通过诉讼或者仲裁方式主张其对次债务人涤纶厂的到期债权，而在其债权到期后，通过签订延期还款协议，将还款时间延长8年之久，明显损害了债权人汇金农行的合法权益。工艺品公司的上述行为，导致汇金农行的债权不能实现，属于合同法第七十三条规定的债务人怠于行使债权。因此，一审认定其怠于行使债权并无不当。第二份还款计划明显损害债权人利益而应当认定无效，其所约定的还款期限亦无效。确定工艺品公司和涤纶厂的债务是否到期，应以双方签订的代理进口协议和第一份还款计划作为依据。根据该还款计划，应确定双方的债权债务已于2000年1月30日到期。债务人与次债务人之间的具体债务数额是否确定，并不影响债权人对代位权的行使。因为在诉讼中，作为次债务人的涤纶厂完全有权向债权人汇金农行行使抗辩，本案中工艺品公司也已作为第三人参加诉讼，涉及工艺品公司与涤纶厂之间的债权债务关系的事实可以在本案中一并查清并加以确认，并不损害涤纶厂的利益。

二、关于汇金农行代位行使工艺品公司对涤纶厂债权的具体数额。

《解释》第二十一条规定：“在代位权诉讼中，债权人行使代位权的请求数额超过债务人所负债务额或者超过次债务人对债务人所负债务额的，对超出部分人民法院不予支持。”汇金农行对涤纶厂行使代位权，其范围应当以其对工艺品公司的债权为限，同时不应超出工艺品公司对涤纶厂的债权。汇金农行对工艺品公司的债权，是其为信用证项下的全部垫款减去申请开证人已付的保证金，数额为13886811.55元。工艺品公司对涤纶厂的债权，是其对外支付的贷款和履行代理进口协议的代理费用，减去涤纶厂付出的保证金和1999年2月6日后偿还的110万元。1999年2月6日工艺品公司与涤纶厂签订的协议，并非是对双方之间全部债权数额的最终确认，只约定了涤纶厂应在

2000年1月30日前付清余款。1999年6月21日,工艺品公司与涤纶厂签订的《关于抵押权变更协议》中,双方约定的债务数额为1400万元左右,这是双方的真实意思表示。汇金农行在上诉期间,只向涤纶厂主张12786811.55元的代位清偿权,并未超过工艺品公司对涤纶厂的债权范围,应当予以确认。一审法院以1999年2月6日的协议,认定工艺品公司对涤纶厂的明确债权为880万元,扣除涤纶厂所付的110万元,确认汇金农行只能在770万元范围内对涤纶厂行使代位权,认定不当。虽然工艺品公司在二审中承认违约,但是由于其在代位权诉讼中处于第三人地位,因此其是否违约,应当由法院认定。

涤纶厂以工艺品公司在履行代理进口协议时违约而使债务数额不确定为由进行抗辩不能成立。因为在代理进口协议履行过程中,涤纶厂从未主张工艺品公司违约或要求对方承担违约责任,从汇金农行对外付款和代理协议履行完毕后,双方认可的两次还款计划和《关于抵押权变更协议》约定的内容看,亦无确认工艺品公司违约的事实和责任,相反,涤纶厂确认其对工艺品公司的债务数额超出了工艺品公司垫付款的范围,达1400万元左右。从代理进口协议及其履行的具体过程看,涤纶厂与外方协议约定推迟付款,同时还约定必须将外方银行延期付款通知传递给开证行,收到银行通知后,双方才可能按补充协议修改信用证并推迟付款。涤纶厂至今未能提供外方银行的延期付款通知书或修改信用证的相关证据,因此,可以认定,汇金农行按原合同约定对外付款,不是工艺品公司的过错,而是由于涤纶厂未能及时提供推迟付款、修改信用证的相关资料,工艺品公司在协议履行过程中不构成违约。故涤纶厂有关工艺品公司在履行代理进口协议中构成违约、双方的债权债务不能确定的抗辩不能成立。对于涤纶厂第一次还款计划之后支付给工艺品公司的100万元,应当从涤纶厂对工艺品公司的债务范围中扣减,但2001年5月18日所付的10万元属于代位权诉讼中的履行行为,与我国合同法代位权行使后果直接归属债权人的规定不符,该行为无效。汇金农行要求涤纶厂的偿还数额为12886811.55元,应予支持。

三、涤纶厂与工艺品公司上诉期间达成的设备抵债协议的效力及其法律后果。

涤纶厂与工艺品公司在一审判决之后达成以资产抵债的协议无效,不能产生导致本案终结的法律后果。《解释》第二十条规定:“债权人向次债务人提起的代位权诉讼经人民法院审理后认定代位权成立的,由次债务人向债权人履行清偿义务,债权人与债务人、债务人与次债务人之间相应的债权债务关系即予消灭。”代位权制度的立法本意是鼓励债权人积极行使权利。本案中,进入代位权诉讼程序后,债务人即丧失了主动处分次债务人债权的权利。代位权行使的后果直接归属于债权人,次债务人如果履行义务,只能向代位权人履行,不能向债务人履行。工艺品公司在诉讼中主动清结债权债务,存在逃避诉讼,规避法律的故意。此外,工艺品公司与涤纶厂达成以资产抵债协议,对该设备的实际价值并未进行评估,其所提供的双方在1999年6月办理抵押变更登记时所作的评估,并不能反映目前抵债协议签订时设备的真实状况,且代位权人汇金农行对该抵债协议不予认可,故对涤纶厂提出的这项上诉理由不予支持。

此外,依据《解释》第十九条关于"在代位权诉讼中,债权人胜诉的,诉讼费由次债务人负担,从实现的债权中优先支付"的规定,汇金农行提出一审法院判其承担的诉讼费过多的上诉请求,应予支持。

据此,江苏省高级人民法院于2002年2月5日判决如下:

一、撤销江苏省苏州市中级人民法院(2000)苏中经初字第191号民事判决;

二、涤纶厂在判决生效后十日内给付汇金农行为工艺品公司垫付的信用证余款12886811.55元;

三、驳回汇金农行其他诉讼请求。

一、二审案件受理费各121580元,均由涤纶厂负担。

**规则30(涉外民事案件当事人适用法律的选择规则)** 涉外民事案件当事人在协议选择适用法律时,必须符合我国法律对涉外民事案件法律适用顺序作出的强制性规定

——陆红诉美国联合航空公司国际航空旅客运输损害赔偿纠纷案①

**【裁判规则】**

尊重"当事人意思自治"是涉外案件法律适用的重要原则,但该原则具有相对性、限制性。主要体现在当事人所选择的法律必须与当事人或合同有实质性联系,不违反公共秩序和不违反强制性规定。当事人必须在不违反法律强制性规定的前提下,选择与其本身或者与其之间的合同有实质联系的法律,首先选用国际条约,其次选用国内法,再次适用国际惯例,是我国法律对涉外民事案件法律适用顺序作出的强制性规定,涉外民事案件当事人在协议选择适用法律时,必须符合上述规定。

**【规则理解】**

**一、国际民商事法律关系中法律适用的概述**

国际民商事法律关系,是指含有涉外因素的民商事关系,即在民商事关系的主体、客体和权利义务据以发生的法律事实中至少有一个或一个以上的因素与外国有联系。② 如何确定准据法是解决国际民商事纠纷的重要环节。

关于准据法的选择方法,主要存在以下十种方法:1. 依法律的性质决定法律的

---

① 《中华人民共和国最高人民法院公报》2002年第4期。

② 韩德培、肖永平编著:《国际私法学》,人民法院出版社2004年版,第1页。

选择;2. 依法律关系的性质决定法律的选择;3. 依最密切联系原则决定法律的选择;4. 依政府利益分析决定法律的选择;5. 依规则选择方法决定法律的选择;6. 依分割方法决定法律的选择;7. 依当事人的意思自治决定法律的选择;8. 依有利于判决在国外的承认和执行决定法律的选择;9. 依比较损害方法决定法律的选择;10. 依肯塔基方法决定法律的选择,依功能分析方法决定法律的选择。随着国际民商事关系日趋复杂化和多样化,任何一种法律选择方法均不可能解决国际民商法法律关系中的所有法律适用问题,因此,无论是立法者在制定冲突规范时,还是法院在处理国际私法案件时,都会综合考虑多种法律选择方法。其中,依当事人的意思自治决定法律的选择,是指允许当事人选择他们之间的法律关系所适用的法律,它产生于合同领域并已成为选择合同准据法的首要原则,成为整个国际私法领域中一个很重要的法律选择方法。①

## 二、我国涉外合同选择适用法律的立法概况

涉外合同关系是最为常见的涉外民商事法律关系之一,其法律适用问题一直是相关立法的重点。根据立法主体和立法部门的不同,可以将调整我国涉外合同关系法律适用的法律法规分为两类。

### (一)全国人民代表大会及其常务委员会立法

1. 1985 年公布的《中华人民共和国涉外经济合同法》

全国人民代表大会及其常务委员会对涉外合同的法律适用立法始于 1985 年的《中华人民共和国涉外经济合同法》(以下简称《涉外经济合同法》,已废止),该法第 5 条规定:“合同当事人可以选择处理合同争议所适用的法律。当事人没有选择的,适用与合同有最密切联系的国家的法律。在中华人民共和国境内履行的中外合资经营企业合同、中外合作经营企业合同、中外合作勘探开发自然资源合同,适用中华人民共和国法律。中华人民共和国法律未作规定的,可以适用国际惯例。”第 6 条规定:“中华人民共和国缔结或者参加的与合同有关的国际条约同中华人民共和国法律有不同规定的,适用该国际条约的规定。但是,中华人民共和国声明保留的条款除外。”上述法律规定了我国解决涉外合同法律适用问题的基本原则,即当事人意思自治为主,最密切联系地为补充。尽管该法已被 1999 年 10 月 1 日起施行的《合同法》第 428 条明确废止,但该法律所确立的原则被其后的法律所坚持。

2. 1986 年公布的《民法通则》

1986 年全国人民代表大会制定的《民法通则》第 142 条规定:“涉外民事关系的法律适用,依照本章的规定确定。中华人民共和国缔结或者参加的国际条约同中华

---

① 韩德培、肖永平编著:《国际私法学》,人民法院出版社 2004 年版,第 71 ~ 75 页。

人民共和国的民事法律有不同规定的,适用国际条约的规定,但中华人民共和国声明保留的条款除外。中华人民共和国法律和中华人民共和国缔结或者参加的国际条约没有规定的,可以适用国际惯例。”第 145 条规定:“涉外合同的当事人可以选择处理合同争议所适用的法律,法律另有规定的除外。涉外合同的当事人没有选择的,适用与合同有最密切联系的国家的法律。”可见,《民法通则》延续了《涉外经济合同法》以当事人意思自治为主,最密切联系地为补充的原则,同时,该法第 150 条规定,依照本章规定适用外国法律或者国际惯例的,不得违背中华人民共和国的社会公共利益,该条文是对当事人意思自治原则的限制。《民法总则》没有作出明确的规定。

3. 1993 年公布的《中华人民共和国海商法》

《中华人民共和国海商法》(以下简称《海商法》)对合同当事人意思自治和最密切联系地的原则进行了规定,并规定保留条款。该法第 268 条规定:“中华人民共和国缔结或者参加的国际条约同本法有不同规定的,适用国际条约的规定;但是,中华人民共和国声明保留的条款除外。中华人民共和国法律和中华人民共和国缔结或者参加的国际条约没有规定的,可以适用国际惯例。”第 269 条规定:“合同当事人可以选择合同适用的法律,法律另有规定的除外。合同当事人没有选择的,适用与合同有最密切联系的国家的法律。”

4. 1995 年公布的《中华人民共和国民用航空法》

《中华人民共和国民用航空法》(以下简称《民用航空法》)第 184 条规定:“中华人民共和国缔结或者参加的国际条约同本法有不同规定的,适用国际条约的规定;但是,中华人民共和国声明保留的条款除外。中华人民共和国法律和中华人民共和国缔结或者参加的国际条约没有规定的,可以适用国际惯例。”该条规定了法律适用的顺位,即首先适用国际条约,其次适用国内法,再次适用国际惯例。同时,该法第 188 条规定:“民用航空运输合同当事人可以选择合同适用的法律,但是法律另有规定的除外;合同当事人没有选择的,适用与合同有最密切联系的国家的法律。”该条仍然坚持当事人意思自治为主,合同密切联系地为补充的原则。此外,《民用航空法》第 190 条规定:“依照本章规定适用外国法律或者国际惯例,不得违背中华人民共和国的社会公共利益。”该条是对公共秩序保留的规定。

5. 1999 年公布的《合同法》

《合同法》的施行,废止了《中华人民共和国经济合同法》(以下简称《经济合同法》)、《涉外经济合同法》、《中华人民共和国技术合同法》,标志着我国法律对涉外合同关系和国内合同关系的统一调整。该法关于涉外合同法律关系的法律适用问题仍基本沿用了《经济合同法》的规定,肯定了当事人意思自治原则为主,最密切联系地为补充的法律适用原则,同时对三类特殊合同强调必须适用我国法律。但是该法的规定过于简单,仅用一个条文进行了规定,即第126条规定:"涉外合同的当事人可以选择处理合同争议所适用的法律,但法律另有规定的除外。涉外合同的当事人没有选择的,适用与合同有最密切联系的国家的法律。在中华人民共和国境内履行的中外合资经营企业合同、中外合作经营企业合同、中外合作勘探开发自然资源合同,适用中华人民共和国法律。"

6. 2010年10月28日公布的《中华人民共和国涉外民事关系法律适用法》

根据国家主权原则和空间效力。我国领域内的民事活动,一般情况下应当适用我国的实体法,然而并不绝对,为促进国际交往,我国法律体系中存在着冲突规范。于是调整涉外民事法律关系的法律适用问题,根据这些冲突规范的规定,涉外民事法律关系纠纷并不必然适用中国的实体法,而是允许适用外国法律。也就是说,具有涉外因素的民事法律关系,应当首先根据我国法律中的冲突规范的规定,明确实体法,该实体法律有可能是中国法,也可能是外国法。我国《涉外民事关系法律适用法》第1条规定:"为了明确涉外民事关系的法律适用,合理解决涉外民事争议,维护当事人的合法权益,制定本法。"第2条规定:"涉外民事关系适用的法律,依照本法确定。其他法律对涉外民事关系法律适用另有特别规定的,依照其规定。本法和其他法律对涉外民事关系法律适用没有规定的,适用与该涉外民事关系有最密切联系的法律。"第3条规定:"当事人依照法律规定可以明示选择涉外民事关系适用的法律。"

(二)司法解释

1987年最高人民法院针对《涉外经济合同法》作出《关于适用〈中华人民共和国涉外经济合同法〉若干问题的解答》①(以下简称《解答》)对涉外经济合同争议解决中,当事人选择适用法律的方式、时间、范围、国内法的强制适用情况等问题做出明确规定。1988年最高人民法院发布的《民法通则意见》②未对涉外合同法律适用问题做出专门规定,但是该意见第224条关于"当事人规避我国强制性或者禁止法律规范的行为,不发生适用外国法律的效力"的规定同样适用于涉外合同。

《涉外经济合同法》及《解答》废止后,"在涉外合同关系的法律适用方面,又要重新出现一片很大的空白"。③ 直到2007年《最高人民法院关于审理涉外民事或商事合同纠纷案件法律适用若干问题的规定》(以下简称《规定》)的实施,有些空白才得

① 该解答已被《最高人民法院予以废止的1999年底以前发布的有关司法解释目录(第三批)》(2000年7月13日颁布,2000年7月25日施行)所废止。

② 该意见已被《最高人民法院关于贯彻执行〈民法通则〉若干问题的意见(修改稿)》(1990年12月5日颁布,同日实施)修订,本文引用条文为修订后的条文。

③ 李双元:《关于我国新合同法几点新发展与一个亟待解决的问题》,载《浙江社会科学》1994年第4期。

以弥补。该《规定》第3条、第4条、第5条分别对涉外民商事合同纠纷选择法律适用的方式、时间及未选择适用法律时适用最密切联系原则确认适用法律的具体方法进行了明确规定。同时,该《规定》第6条明确规定当事人不得规避中华人民共和国法律、行政法规的强制性规定适用外国法律;第7条规定适用外国法律不得违反中华人民共和国社会公共利益;第9条对强制适用中国法律的九类合同进行了明确规定。

关于民事关系涉外因素的认定标准,《最高人民法院关于适用〈中华人民共和国涉外民事关系法律适用法〉若干问题的解释(一)》第1条规定:"民事关系具有下列情形之一的,人民法院可以认定为涉外民事关系:(一)当事人一方或双方是外国公民、外国法人或者其他组织、无国籍人;(二)当事人一方或双方的经常居所地在中华人民共和国领域外;(三)标的物在中华人民共和国领域外;(四)产生、变更或者消灭民事关系的法律事实发生在中华人民共和国领域外;(五)可以认定为涉外民事关系的其他情形。"

**三、当事人选择适用法律的限制**

在民事法律关系,只有具有涉外因素的情况下,在我国领域内的民事活动才有适用对我国生效的国际条约以及相关国际惯例的前提条件。如果案件是纯国内民事案件,则没有国际条约、国际惯例使用的余地。在涉外合同准据法确定上遵循当事人意思自治原则已被所有国家法律所接受,我国相关法律及司法解释在涉外合同法律适用问题上也坚持该原则。但是,该原则的适用在某些情况下会受到限制。

(一)当事人选择法律范围的限制

当事人根据意思自治原则所选择的法律应是实体法,而不包括冲突法,这是多数国家立法和国际公约所一致认可的。但是,对于当事人能否选择与合同没有客观联系的法律,则是一个有争议的问题。① 根据《规定》第1条的规定:"涉外民事或商事合同应适用的法律,是指有关国家或地区的实体法,不包括冲突法和程序法。"可见,当事人选择法律适用的范围仅限于实体法,排除了反致在当事人意思自治选择准据法时的适用。关于当事人能否选择与合同没有客观联系的法律,我国现有法律则未做出明确规定。

(二)公共秩序保留条款的限制

公共秩序保留制度是指一国法院依其冲突规范本应适用外国法时,因其适用会与法院地国的重大利益、基本政策、道德的基本观念或法律基本原则相抵触而排除其适用的一种保留制度,其实质就是一国在通过冲突规范调整涉外民商事法律关系时

---

① 参见韩德培、肖永平编著:《国际私法学》,人民法院出版社2004年版,第125页。

用以维护本国公共利益和重要法律秩序的重要工具。① 其作用体现在两方面:一是当本国冲突规范指定外国法的适用与本国公共秩序相抵触时,这种保留制度具有排除外国法的适用,起到否定或防范作用;二是由于涉及本国国家和社会的重大利益或法律和道德的基本原则,对于特定的涉外民事或商事法律关系必须直接适用本国法律中的强制性规定,而不用考虑依冲突规范去指定准据法的问题,从而具有排除外国法的适用而直接适用内国法的肯定作用。② 我国《民法通则》第 150 条关于"依照本章规定适用外国法律或者国际惯例的,不得违背中华人民共和国的社会公共利益"的规定,即表明我国确立了公共秩序保留制度。《中华人民共和国涉外民事关系法律适用法》第 5 条规定:"外国法律的适用将损害中华人民共和国社会公共利益的,适用中华人民共和国法律。"2007 年《规定》第 7 条重申了这一制度,明确规定:"适用外国法律违反中华人民共和国社会公共利益的,该外国法律不予适用,而应当适用中华人民共和国法律"。《最高人民法院关于适用〈中华人民共和国涉外民事关系法律适用法〉若干问题的解释(一)》第 9 条规定:"当事人在合同中援引尚未对中华人民共和国生效的国际条约的,人民法院可以根据该国际条约的内容确定当事人之间的权利义务,但违反中华人民共和国社会公共利益或中华人民共和国法律、行政法规强制性规定的除外。"

(三)强制性规定的限制

当事人选择法律体现的是当事人意思自治原则,但是当事人的自由是有限制的,当事人的选择不得违背我国强制性规定。强行法的适用侧重于保护一国的国家利益和社会利益。在一国法律对某类涉外合同纠纷明确规定适用某一国法律时,必须适用该国法律,当事人不得选择适用其他法律。如《合同法》第 126 条第 2 款规定,"在中华人民共和国境内履行的中外合资经营企业合同、中外合作经营企业合同、中外合作勘探开发自然资源合同,适用中华人民共和国法律。"该条规定属于强行性规定,以上三类合同当事人不得选择适用其他国家法律。《中华人民共和国涉外民事关系法律适用法》第 4 条规定:"中华人民共和国法律对涉外民事关系有强制性规定的,直接适用该强制性规定。"《最高人民法院关于适用〈中华人民共和国涉外民事关系法律适用法〉若干问题的解释(一)》第 10 条规定:"有下列情形之一,涉及中华人民共和国社会公共利益、当事人不能通过约定排除适用、无需通过冲突规范指引而直接适用于涉外民事关系的法律、行政法规的规定,人民法院应当认定为涉外民事关系法律适用法第四条规定的强制性规定:(一)涉及劳动者权益保护的;(二)涉及食品或公

---

① 参见韩德培、肖永平编著:《国际私法学》,人民法院出版社 2004 年版,第 84 页。

② 袁定波:《〈关于审理涉外民事或商事合同纠纷案件有关法律适用若干问题的规定〉出台最高人民法院有关负责人答记者问》,载《法制日报》2007 年 8 月 12 日,第 009 版。

共卫生安全的；(三)涉及环境安全的；(四)涉及外汇管制等金融安全的；(五)涉及反垄断、反倾销的；(六)应当认定为强制性规定的其他情形。"

**四、我国涉外合同适用法律顺序的原则**

国际私法的渊源包括国内法渊源，又包括国际法渊源。国内法渊源主要有国内成文法和国内判例两种形式，其中国内成文法是国际私法最主要的渊源，国内判例则在英美法国家成为法律的主要渊源。国际法渊源有国际条约和国际惯例两种形式。国际条约是由两个或两个以上国际法主体缔结的调整其相互间权利义务关系的协议，作为国际私法渊源的国际条约，是指那些含有国际私法规范的条约；①国际惯例是指在国际交往中逐渐形成的不成文的法律规范，它只有经过国家认可才有约束力。②

在涉外合同纠纷中，经常会出现以上法律渊源的适用顺序问题。对此，我国有关法律做了明确规定。如《中华人民共和国涉外民事关系法律适用法》第 2 条规定："涉外民事关系适用的法律，依照本法确定。其他法律对涉外民事关系法律适用另有特别规定的，依照其规定。本法和其他法律对涉外民事关系法律适用没有规定的，适用与该涉外民事关系有最密切联系的法律。"《民法通则》第 142 条规定："涉外民事关系的法律适用，依照本章的规定确定。中华人民共和国缔结或者参加的国际条约同中华人民共和国的民事法律有不同规定的，适用国际条约的规定，但中华人民共和国声明保留的条款除外。中华人民共和国法律和中华人民共和国缔结或者参加的国际条约没有规定的，可以适用国际惯例"；同时该法第 150 条规定："依照本章规定适用外国法律或者国际惯例的，不得违背中华人民共和国的社会公共利益"。此外，《海商法》、《民用航空法》也做了类似规定。根据以上规定，可见我国在涉外合同纠纷的法律适用中，遵循的是国际条约优先，国内法次之，国际惯例再次的原则，同时，如果国际条约或者国际惯例违背中华人民共和国公共利益的，不予适用。《最高人民法院关于适用〈中华人民共和国涉外民事关系法律适用法〉若干问题的解释(一)》第 3 条规定："涉外民事关系法律适用法与其他法律对同一涉外民事关系法律适用规定不一致的，适用涉外民事关系法律适用法的规定，但《中华人民共和国票据法》、《中华人民共和国海商法》、《中华人民共和国民用航空法》等商事领域法律的特别规定以及知识产权领域法律的特别规定除外。涉外民事关系法律适用法对涉外民事关系的法律适用没有规定而其他法律有规定的，适用其他法律的规定。"第 4 条规定："涉外民事关系的法律适用涉及适用国际条约的，人民法院应当根据《中华人民共和国民法通则》第一百四十二条第二款以及《中华人民共和国票据法》第九十五条第一款、《中华

---

① 韩德培、肖永平：《国际私法学》，人民法院出版社 2004 年版，第 9 页。

② 同上，第 10 页。

人民共和国海商法》第二百六十八条第一款、《中华人民共和国民用航空法》第一百八十四条第一款等法律规定予以适用,但知识产权领域的国际条约已经转化或者需要转化为国内法律的除外。”

**【拓展适用】**

**一、当事人选择有效法律的规则**

依据当事人意思自治原则确定合同准据法,首先面临的问题是,当事人是否做出了有效的法律选择,即当事人选择法律的效力如何。只有当事人选择法律的行为有效,当事人选择的法律才能成为解决当事人之间争议的准据法,如果当事人选择法律的行为本身无效,则不得依当事人的选择确定准据法。

通常认为,当事人是否作出了有效的法律选择是一个独立的问题,对其本身的准据法,国际上有多种主张:有的主张适用法院地法;有的主张适用当事人选择的法律;有的主张适用当事人没有作出法律选择时将会适用的法律;有的主张由法院自由裁量。[①] 以上方式均有其优势,亦有其弊端。适用法院地法认定法律选择协议的效力有利于裁判的稳定与诉讼效率的提高,简便易行,但从当事人的角度看,由于签订合同时不能预见法院地,不利于当事人意思自治原则的贯彻,且当事人为了获得有利于自己的判决,将出现挑选法院的现象;适用当事人选择的法律有利于当事人意思自治原则的贯彻,但在理论上将陷入矛盾,因为只有在法律选择协议有效的情况下,才适用选择的法律,如果无法确定法律选择协议的有效性,即以选择的法律来认定协议本身的效力将会导致循环论;适用当事人没有作出法律选择时将会适用的法律,则根据通常做法会根据最密切联系地原则确定适用法律,该方法提高了法律适用的灵活性,但赋予法官过大的自由裁量权;完全由法院自由裁量则虽然有利于法院综合各方面因素做出公正合理的裁决,但易导致主观随意性。

2010 年《中华人民共和国涉外民事关系法律适用法》公布前,我国法律与司法解释均未对当事人法律选择的效力认定问题做出明确的规定,但“在司法实践中存在一种适用我国法律进行审查的‘不自觉’的倾向”。[②] 也有学者认为,法律对于当事人选择法律效力的认定问题是不应该回避的,不妨在司法解释中规定:“如果当事人对于准据法选择行为的有效性存在争议,首先适用双方当事人合意选择的法律,双方当事人未选择或者未达成合意的,适用最密切联系的国家或者地区的法律。”[③]笔者认为,

---

① 韩德培、肖永平:《国际私法学》,人民法院出版社 2004 年版,第 124 页。

② 李春:《涉外民商合同关系中的法律选择协议》,载《人民法院报》,2004 年 8 月 11 日。

③ 马志强:《〈最高人民法院关于审理涉外民事或商事合同纠纷案件法律适用若干问题的规定〉之评析》,载《河北法学》2009 年第 4 期。

不论采取何种方式确定当事人法律选择的效力，均应由法律或司法解释作出明确规定，以便司法实践中适用法律时有明确依据，以及当事人诉讼时有良好的预期。《最高人民法院关于适用〈中华人民共和国涉外民事关系法律适用法〉若干问题的解释（一）》第6条规定："中华人民共和国法律没有明确规定当事人可以选择涉外民事关系适用的法律，当事人选择适用法律的，人民法院应认定该选择无效。"第7条规定："一方当事人以双方协议选择的法律与系争的涉外民事关系没有实际联系为由主张选择无效的，人民法院不予支持。"

## 二、当事人选择法律适用的方式

涉外合同纠纷中，当事人选择准据法的方式通常有两种：明示的意思自治和默示的意思自治。明示的意思自治是指合同当事人在缔约之前或争议之后，以文字或言词明确作出选择合同准据法的意思表示；默示的意思自治是指在合同中没有明确规定合同准据法的情况下，通过缔约行为或其他一些因素来推定当事人已默示同意该合同受某一特定国家法律的支配。[①] 对于明示选择，各国法律普遍肯定，而对于默示选择，则有的国家不予承认，有的国家有限度的承认，有的国家允许法官在审理时推定当事人的意图。[②]

《中华人民共和国涉外民事关系法律适用法》第3条规定："当事人依照法律规定可以明示选择涉外民事关系适用的法律。"《规定》第3条规定："当事人选择或者变更选择合同争议应适用的法律，应当以明示的方式进行。"由此可知，我国只承认明示的法律选择方式。对此，有观点认为，"我国司法实践中，对于法律选择方式应以明示方式进行没有争议"，[③]也有观点认为，"应当有限度地承认合同当事人默示选择法律的方式，不应否认当事人默示意思存在的可能性和依照默示意思确定准据法的意义"。[④] 笔者认为，在当前立法明确排除默示选择的情况下，司法裁判必须严格依照法律进行。

还有学者认为，通过当事人的诉讼活动推定当事人的默示选择是我国法院在实践中经常采用的推定方式，并认为当事人虽然没有明确选择某一国法律，但在诉讼开始后，各方当事人均引用某国法律作为其诉讼请求的法律依据，或者一方当事人依据

---

① 赵相林主编：《中国国际私法立法问题研究》，中国政法大学出版社2002年版，第251页。

② 韩德培、肖永平编著：《国际私法学》，人民法院出版社2004年版，第125页。

③ 袁定波：《〈关于审理涉外民事或商事合同纠纷案件有关法律适用若干问题的规定〉出台最高人民法院有关负责人答记者问》，载《法制日报》2007年8月12日，第009版。

④ 马志强：《〈最高人民法院关于审理涉外民事或商事合同纠纷案件法律适用若干问题的规定〉之评析》"，载《河北法学》2009年第4期。

某国法律提起诉讼,对方当事人没有提出异议,并且依此国法律进行了答辩,此时法院就可以推定当事人各方默示选择法律的效力。① 根据该观点,《规定》第4条实际上是承认了默示选择的方式。该条第2款规定:"当事人未选择合同争议应适用的法律,但均援引同一国家或者地区的法律且未提出法律适用异议的,应当视为当事人已经就合同争议应适用的法律作出选择。"如果将《规定》第4条第2款认定为对默示选择方式的认可,则该条规定必定与《规定》第3条相冲突。因此,有学者提出,从维护法律规定的连贯性、统一性出发,理应认为虽然当事人在争议发生前未选择合同准据法,但在庭审中"均援引同一国家或地区的法律且未提出法律适用异议的"方式就是明示选择法律方式的一种。② 笔者赞同这一观点。

**三、当事人选择法律适用的时间**

对于当事人选择合同纠纷准据法的时间,主要有两种规定方式,第一种方式是当事人对于法律的选择必须在合同订立之时做出,合同订立之后当事人不能再选择法律;第二种方式是当事人在合同订立后仍然可以对法律做出选择,大多数国家的立法和实践以及国际公约都采用第二种方式。我国亦采取第二种方式。

《最高人民法院关于适用〈中华人民共和国涉外民事关系法律适用法〉若干问题的解释(一)》第8条规定:"当事人在一审法庭辩论终结前协议选择或者变更选择适用的法律的,人民法院应予准许。各方当事人援引相同国家的法律且未提出法律适用异议的,人民法院可以认定当事人已经就涉外民事关系适用的法律做出了选择。"《解答》第2条第2款规定:"当事人在订立合同时或者发生争议后,对于合同所适用的法律未作选择的,人民法院受理案件后,应当允许当事人在开庭审理以前作出选择,如果当事人仍不能协商一致作出选择,人民法院应当按照最密切联系原则确定所应适用的法律。"根据上述规定,当事人选择法律的时间为合同订立时至开庭审理、一审法庭辩论终结以前。但在司法实践中,许多合同案件当事人在开庭审理、一审法庭辩论终结前并不能对法律适用做出一致选择,而是在开庭审理过程中做出选择,《最高人民法院关于适用〈中华人民共和国涉外民事关系法律适用法〉若干问题的解释(一)》和2007年《规定》对司法实践中出现的情形进行了回应。考虑到"在涉外民事或商事案件中,如果法律适用(准据法)在当事人之间存在争议,当事人往往会在庭审的辩论阶段对法律适用问题进行激烈的对抗,而经过辩论之后当事人有可能对法律

① 参见杜涛:《国际经济贸易中的国际私法问题》,武汉大学出版社2005年版,第172页。

② 裴悦君:《中国涉外合同法律适用立法与实践研究——兼论2007年最高人民法院〈关于审理涉外民事或商事合同纠纷案件法律适用若干问题的规定〉对我国涉外合同法律适用的承继和发展》,中国政法大学2009年硕士论文,中国优秀硕士学位论文全文数据库。

适用达成共识,从而会一致同意适用某一国家或者地区的法律”,[①]《规定》第4条第1款规定:“当事人在一审法庭辩论终结前通过协商一致,选择或者变更选择合同争议应适用的法律的,人民法院应予准许”。该条规定同时确认了当事人可以变更选择合同争议应适用的法律,更充分地体现了当事人意思自治原则。

## 四、排除当事人选择适用外国法的合同

根据维护公共秩序、国家利益的需要,一国法律可以直接规定某些合同应适用的准据法,而不允许当事人自己选择合同适用的法律,从而排除当事人意思自治原则的适用。我国法律对此也做了明确规定。

《合同法》第126条第2款规定:“在中华人民共和国境内履行的中外合资经营企业合同、中外合作经营企业合同、中外合作勘探开发自然资源合同,适用中华人民共和国法律。”《规定》第8条在此基础上,增加了强制适用中国法的五类合同,分别为:中外合资经营企业、中外合作经营企业、外商独资企业股份转让合同;外国自然人、法人或者其他组织承包经营在中华人民共和国领域内设立的中外合资经营企业、中外合作经营企业的合同;外国自然人、法人或者其他组织购买中华人民共和国领域内的非外商投资企业股东的股权的合同;外国自然人、法人或者其他组织认购中华人民共和国领域内的非外商投资有限责任公司或者股份有限公司增资的合同;外国自然人、法人或者其他组织购买中华人民共和国领域内的非外商投资企业资产的合同。增加以上五类合同为强制适用中国法律的合同,符合我国的国家利益与公共利益,与其他相关法律法规的规定相协调。

### (一)中外合资经营企业、中外合作经营企业、外商独资企业股份转让合同的法律适用

《中华人民共和国中外合作经营企业法》第10条规定:“中外合作者的一方转让其在合作企业合同中的全部或者部分权利、义务的,必须经他方同意,并报审查批准机关批准”;《中华人民共和国中外合资经营企业法实施条例》第20条规定:“合营一方向第三者转让其全部或者部分股权的,须经合营他方同意,并报审批机构批准,向登记管理机构办理变更登记手续”;《中华人民共和国外资企业法实施细则》第22条规定:“外资企业注册资本的增加、转让,须经审批机关批准,并向工商行政管理机关办理变更登记手续。”根据以上规定,中外合资经营企业、中外合作经营企业、外商独资企业股份的转让必须经过我国有关审查批准机关的批准,这体现了国家对这类企

---

① 袁定波:《〈关于审理涉外民事或商事合同纠纷案件有关法律适用若干问题的规定〉出台最高人民法院有关负责人答记者问》,载《法制日报》2007年8月12日,第009版。

业股份转让的干预与管理。如果以上几类合同争议的解决允许当事人选择适用外国法律,则必将导致我国上述法律规定形同虚设,起不到应有的管理和规范作用。

(二)外国自然人、法人或者其他组织承包经营在中华人民共和国领域内设立的中外合资经营企业、中外合作经营企业合同的法律适用

原对外经济贸易部、国家工商行政管理局于1990年发布的《关于承包经营中外合资经营企业的规定》第5条[①]第2项规定:"承包合同应依照中国的有关法律订立,并应符合原合营企业合同的宗旨和原则,不得修改合营企业合同中与承包经营无关的条款";第5条第5项规定:"承包经营合同及其变更、延期、中止、终止,均须经合营企业原审批机关批准";第7条第4项规定:"中外合作经营企业的承包经营参照本规定办理"。根据以上规定,承包经营中外合资经营企业、中外合作经营企业均应由原审批机关批准,并且承包合同应依照中国的有关法律订立,故以上合同不应允许当事人选择适用外国法律。

(三)三类外资并购合同的法律适用

商务部、国务院国有资产监督管理委员会、国家税务总局、国家工商行政管理总局、中国证券监督管理委员会、国家外汇管理局2006年发布的《关于外国投资者并购境内企业的规定》第2条规定:"本规定所称外国投资者并购境内企业,系指外国投资者购买境内非外商投资企业(以下称'境内公司')股东的股权或认购境内公司增资,使该境内公司变更设立为外商投资企业(以下称'股权并购');或者,外国投资者设立外商投资企业,并通过该企业协议购买境内企业资产且运营该资产,或,外国投资者协议购买境内企业资产,并以该资产投资设立外商投资企业运营该资产(以下称'资产并购')。"同时,根据该部门规章的规定,以上外资并购合同均必须遵守中国法律,并依法由我国具有审批权限的机关予以批准。因此,基于同样的理由,这三类合同不能由当事人选择适用外国法律,而必须适用中国法律。

综上,《规定》在《合同法》的基础上增加五类强制适用中国法律的合同,符合我国相关法律的规定,顺应司法实践的需要。

**【典型案例】**

**陆红诉美国联合航空公司国际航空旅客运输损害赔偿纠纷案**

原告:陆红。

委托代理人:段爱群、陈钧,上海市华益律师事务所律师。

被告:美国联合航空公司。

---

① 已失效。

公司驻上海办事处地址:上海市南京西路。

法定代表人:詹姆斯·爱德华·哥德温(JAMESEDWARDGOODWIN)。

委托代理人:金玉来、单少芳,上海市凯荣律师事务所律师。

〔基本案情〕

原告陆红因与被告美国联合航空公司(以下简称美联航)发生国际航空旅客运输损害赔偿纠纷,向上海市静安区人民法院提起诉讼。

原告陆红诉称:原告在乘坐被告的班机过程中受伤,虽经手术治疗,现仍遗留功能性障碍,必须进行相应的功能锻炼及物理治疗,待适当时机再行手术,效果尚难肯定。致原告伤残且经济损失惨重,完全是被告的责任。经与被告多次协商赔偿,没有结果。为此,原告根据《统一国际航空运输某些规则的公约》(以下简称华沙公约)、《修订一九二九年十月十二日在华沙签订的统一国际航空运输某些规则的公约的议定书》(以下简称海牙议定书)的规定,以及《蒙特利尔协议》所确定的7.5万美元赔偿责任限额,请求判令被告赔偿原告伤残补助费及生活护理费计7.5万美元。

诉讼中,原告陆红变更诉讼请求,要求被告按照"吉隆坡协议"规定的10万特别提款权(即132099美元)承担赔偿责任。判令被告承担护理费人民币14300元(含护理人员的交通费用7800元)、原告的误工损失人民币105877.50元、原告不能胜任岗位工作造成的工资损失人民币153750元、原告不能担任总经理职务的损失人民币713700元、精神安抚费人民币5万元、原告从现在起至70岁的护理治疗费人民币138000元、本案律师费人民币66299元、律师差旅费人民币3万元,并判令被告负担本案的诉讼费用。

被告美联航辩称:作为事故责任方,被告已支付医疗费用人民币86748.10元,但原告在事故发生半年之后提出其右膝半月板损伤,却无法证明这个损伤与此次航空事故有关联。原告提供的安徽省高级人民法院司法鉴定中心的鉴定书,是非法院依法委托进行的鉴定,不能作为本案的证据使用,应当对原告的伤情重新进行司法鉴定。本案应以法院委托的鉴定机构作出的鉴定书所确定的伤残标准为依据,在法律规定的范围内进行合理赔偿。对于赔偿标准,本案应适用"华沙公约"或者《中华人民共和国民用航空法》的规定。"吉隆坡协议"中的10万特别提款权,只是承运人实行客观责任制和是否行使责任抗辩的数额界限,不是对旅客的赔偿责任。"吉隆坡协议"既不是国际惯例,也不是国际条约,仅是作为国际航空运输协会成员的承运人之间订立的内部协议。原告只是一名旅客,并非该协议的签约主体,并且该协议的内容也未纳入旅客运输合同中,故无权引用该协议向被告索赔。

上海市静安区人民法院经审理查明:

1998年5月12日,原告陆红乘坐被告美联航的UA801班机,由美国夏威夷经日本飞往香港。该机在日本东京成田机场起飞时,飞机左翼引擎发生故障,机上乘客紧急撤离。陆红在紧急撤离过程中受伤,被送往成田红十字医院救护。经该院摄片诊断为右踝骨折。5月14日,陆红到香港伊丽莎白医院做检查,结论为右踝侧面局部发炎,不能立即进行手术。陆红征得美联航同意后,于5月16日入住安徽省立医院治疗,诊断为:陆红右侧内、外、后踝骨折伴粉碎性移位。该院先后两次对陆红进行手术治疗。1998年12月22日,陆红出院,休息至1999年3月底。陆红受伤住院期间,聘用两名护工护理;出院后至上班期间,聘用一名护工护理。陆红受伤前的工资收入是每月人民币12400元,受伤后休息期间的工资收入是每月人民币1255元,每月工资收入减少人民币11145元。陆红受伤后,美联航曾向其致函,表示事故责任在于美联航,美联航承担了陆红两次手术的医疗费用计人民币86748.10元。

审理中,法院应被告美联航的申请,依法委托上海市人身伤害司法鉴定专家委员会对原告陆红右下肢的损伤情况和伤残级别进行司法鉴定,结论为:1、陆红因航空事故致右踝三踝骨折伴关节半脱位,现右踝关节活动受限,丧失功能50%以上,长距离行走受限,参照《道路交通事故受伤人员伤残评定》4.9.F及附录A8之规定,综合评定为Ⅷ级伤残;2、根据被鉴定人的伤情,可酌情给予营养3个月,护理3个月;3、被鉴定人右膝关节麦氏征及过伸试验均阴性,送检的MRI片示未见半月板撕裂征象,仅为退行性变,与本次航空事故无直接的因果关系。

另查明,原告陆红所购被告美联航的机票,在“责任范围国际旅客须知”中载明:对于旅客死亡或人身伤害的责任,在大多数情况下对已探明的损失赔偿责任限度为每位乘客不超过7.5万美元。到达这种限度的责任,与公司方是否有过失无关。上述7.5万美元的责任限度,包括法律收费和费用。

以上事实,有原告陆红乘坐的被告美联航UA801航班飞机票、日本成田医院和香港伊丽莎白医院的报告、安徽省立医院的就诊报告及陆红的两次出院小结、陆红与美联航之间的往来信函等证实。以上证据经质证、认证,均可以作为认定本案事实的根据。

**〔一审裁判理由与结果〕**

上海市静安区人民法院认为:本案是涉外旅客运输合同纠纷与侵权纠纷的竞合。

1. 关于本案的法律适用。双方当事人对本案应适用的法律,一致的选择是“华沙公约”。

《中华人民共和国合同法》第一百二十六条规定:“涉外合同的当事人可以选择处理合同争议所适用的法律,但法律另有规定的除外。涉外合同的当事人没有选择的,适用与合同有最密切联系的国家的法律。”这是我国法律在涉外案件法律适用方面对“当事人意思自治”原则的体现,这已成为当今各国处理民商事法律关系的重要原则。“当事人意思自治”原则是相对的、有限制的。世界各国立法都对“当事人意思自治”原则有一定程度的限制,主要体现在三个方面:一是当事人所选择的法律必须是与当事人或合同有实质性联系;二是当事人选择的法律不违反公共秩序;三是当事人选择的法律不违反强制性规定。当事人必须在不违反法律强制性规定的前提下,选择与他们本身或者与他们之间的合同有实质联系的法律。《中华人民共和国民法通则》第一百四十二条第二款规定："中华人民共和国缔结或者参加的国际条约同中华人民共和国的民事法律有不同规定的，适用国际条约的规定，但中华人民共和国声明保留的条款除外。"第三款规定："中华人民共和国法律和中华人民共和国缔结或者参加的国际条约没有规定的，可以适用国际惯例。"由此可见，先国际条约，再国内法，再国际惯例，是我国法律对涉外民事案件法律适用顺序作出的强制性规定。当事人在协议选择涉外民事案件适用的法律时，必须符合这个规定。

我国与美国都是"华沙公约"和"海牙议定书"的成员国。作为公约缔约国，我国有义务遵守和履行公约，故本案应首先适用"华沙公约"和"海牙议定书"。根据"当事人意思自治"的原则，本案双方当事人也一致选择适用"华沙公约"。这一选择不违反我国在涉外民事案件法律适用方面的强行性规定，应当允许。

2. 关于违约责任与侵权责任的确定。原告陆红因乘坐被告美联航的班机受伤致残，而向美联航索赔，索赔请求中包括精神损害赔偿。乘坐班机发生纠纷，通常是旅客运输合同纠纷，解决的是违约责任。但因乘坐班机受伤致残，违约行为同时侵犯了人身权利，就可能使违约责任与侵权责任竞合。《合同法》第一百二十二条规定："因当事人一方的违约行为，侵犯对方人身、财产权益的，受损害方有权选择依照本法要求其承担违约责任或者依照其他法律要求其承担侵权责任。"由此可见，违约责任与侵权责任不能在同一民事案件中并存，二者必居其一，应由受损害方选择。陆红在请求美联航承担违约责任的同时，又请求精神损害赔偿，应视作对责任选择不明。在这种情况下，如何确定责任的选择，对为受害当事人提供必要的司法救济尤为重要。违约责任与侵权责任的重要区别在于，两者的责任范围不同。合同的损害赔偿责任严格按合同的约定执行，主要是对财产损失进行赔偿；侵权的损害赔偿责任按侵权造成的损害后果确定，不仅包括财产损失的赔偿，还包括人身伤害和精神损害的赔偿。从最大程度保护受害人利益的角度出发，法院依职权为受害当事人选择适用侵权损害赔偿责任。

3. 关于赔偿责任限额问题。"海牙议定书"规定，承运人对每一旅客所负的责任，以25万法郎为限，但旅客可与承运人以特别合同约定一较高的责任限度。本案中，双方当事人在机票上约定的承运人赔偿责任限额是7.5万美元。这个限额不仅体现了"当事人意思自治"的原则，也符合"海牙议定书"的规定。从主权国家应当遵守国际义务考虑，法院对双方当事人约定的这一最高赔偿责任限额应予认定。

人身伤害的损害赔偿，应以实际造成的损失为依据。原告陆红请求被告美联航赔偿护理费、误工费、伤残补偿费，对其中的合理部分，应由美联航赔偿。由于美联航的行为给陆红造成了一定的身体与精神上的痛苦，陆红请求美联航赔偿精神抚慰金，亦应允许。按照双方当事人的约定，7.5万美元的赔偿责任限额内包括法律收费和费用。因此，陆红请求赔偿的律师费用和律师差旅费，也应当根据实际情况酌情支持。由于以上各项的赔偿总额并未超过7.5万美元，故应予支持。

综上，上海市静安区人民法院于2001年11月26日判决：

一、被告美联航于本判决生效之日起10日内,赔偿原告陆红的护理费人民币7000元、误工费人民币105877.50元、伤残补偿费人民币18.6万元、精神抚慰金人民币5万元。

二、被告美联航于本判决生效之日起10日内,赔偿原告陆红聘请律师支出的代理费人民币16595.10元、律师差旅费人民币11802.50元。

鉴定费人民币11243元、实际执行费人民币6000元,由被告美联航负担。

第一审宣判后,双方当事人均未上诉,一审判决已经发生法律效力。

## 规则31(不当得利) 金融企业违反规定向当事人收取工本费以外的费用,构成不当得利

——喻山澜诉中国工商银行北京市宣武支行、中国工商银行北京市分行不当得利纠纷案①

**【裁判规则】**

根据《民法通则》第92条规定,金融企业在发放与行政机关行政管理职责相关的服务性集成电路卡时,违反收费管理办法,向当事人收取工本费以外的费用,构成不当得利。

**【规则理解】**

### 一、不当得利的内涵及历史地位

(一)不当得利的内涵

通说认为,不当得利为一方无法律上的原因而受利益,另一方则因此受损失,受益一方应将所得利益归还受损一方。郑玉波先生认为,"不当得利乃无法律上之原因,而受利益,致他人受损害者,应负返还义务。"②不当得利是引起债的发生的原因之一,在不当得利之债中,取得不当利益的一方(受益人)是债务人,负有返还不当利益的义务;受到损失的一方(受害人)是债权人,享有请求受益人返还不当利益的权利。不当得利制度奠基于衡平观念,对于当事人之间的财产流转关系起着调节作用,意在恢复当事人之间在特定情形下所发生的非正常的利益变动。

(二)不当得利的历史地位

不当得利是一项古老的制度,它起源于古罗马法,经历近代民法与现代民法的重塑和整合,成为债法领域的一项重要制度。在英美法系,不当得利制度自从在二十世

---

① 《中华人民共和国最高人民法院公报》2005年第6期。

② 郑玉波:《民法债编总论》,中国政法大学出版社,第89页。

纪获得承认后，已经成为除合同责任、侵权责任以外的第三种民事责任。[①] 台湾学者王泽鉴提出，不当得利法旨在调整无法律上原因的财产变动，与契约法、侵权行为法鼎足而立，为债的发生原因，及私法上的基本制度。[②] 不当得利制度的多重功能和久远的历史渊源，使得不当得利法律制度成为了一项最为纷繁复杂的重大民法基本问题。“民法上很少有一个制度，像不当得利那样，源远流长，历经两千余年的演变，仍然对现行法律的解释适用具有重大的影响。”[③]我国《民法总则》第 122 条规定：“因他人没有法律根据，取得不当利益，受损失的人有权请求其返还不当利益。”《民法通则》第 92 条规定：“没有合法根据，取得不当利益，造成他人损失的，应当将取得的不当利益返还给受损失的人。”《民法通则意见》第 131 条规定：“返还的不当利益，应当包括原物和原物所生的孳息。利用不当得利所取得的其他利益，扣除劳务费用后，应当予以收缴。”《民法总则》《民法通则》以及司法解释所确立的不当得利制度，是我国民事审判中裁判不当得利问题的基本依据，但其内容较简单，缺乏具体的可操作性。随着我国市场经济的确立和深入，为了更好地平衡社会物质利益的正常运转，为建设和谐社会，对不当得利返还请求权制度的研究显得更有必要。

**二、不当得利返还请求权的构成要件**

（一）必须是一方获得利益

它是指一方当事人因一定的法律事实而增加其财产或利益，并且必须是可以用金钱来衡量的利益，否则不能构成不当得利，如精神利益不能用于返还，则不能纳入返还的范畴。如一方当事人仅使他方的财产受到损害，自己并未从中获得利益，只会产生损害赔偿责任，而因不具备上述要件则不构成不当得利的返还责任。利益范围不仅仅包括财产，还应当包含劳务，甚至是权利。获取利益的方式主要体现为财产的积极增加和消极增加两种。基于不当得利制度的作用不在于惩罚受益者，也不在于弥补他方所受之损失，而在于返还所获得的利益。故各国立法普遍不以主观状态界定不当得利，而只在返还义务范围中作区分。[④] 即不当得利的成立，得利人主观上有

---

① 参见沈达明：《准合同法与返还法》，对外经济贸易大学出版社 1999 年版，第 63 页，第 230 页。

② 王泽鉴：《不当得利》，中国政法大学出版社 2002 年版，第 3 页。

③ 王泽鉴：《不当得利》，中国政法大学出版社 2009 年版，第 7 页。

④ 如《日本民法典》规定：“善意受益人于该利益存在的限度内负返还义务；而恶意受益人应返还其所受利益并附加利息，如有损害，负赔偿责任。”德国、瑞士均有类似规定。而我国《民法通则》和最高人民法院的司法解释中，并未区别受益人主观上的心理状态，而是一律规定：“返还的不当得利应当包括原物及原物所生的孳息；利用不当得利所取得的其他利益，扣除劳务管理费用后，应当予以收缴。”

无故意或过失在所不问。

1. 利益的积极增加,主要体现于利益、财产或权利的增加、债务的消减等形式。正如有的学者所言,财产之积极的增加,谓因权利的增强或义务之消灭,以增广其财产之范围,[①]具体表现为:(1)财产权利或财产利益的取得。例如,所有权、担保物权、债权的取得。(2)财产权利的扩张及其效力的增强。例如,财产权利人在原有的权利范围基础上扩大了行使权利的标的范围以及效力范围,造成权利扩张。(3)所有权或其他权利限制的消灭。例如,设立在所有物上的用益物权或担保物权的消灭,就免除了所有权人行使所有权受到的权利限制。(4)债务的消灭。债务人因债务的消灭,使其财产直接发生增加。

2. 财产利益的消极增加,是指财产利益本来应当减少,因一定法律事实的发生,而没有实际减少。具体表现为:(1)本来应当承担的债务或责任被免除或部分免除。(2)本应支出的费用无需支出或减少支出。例如,误将肥料施洒在他人耕地,耕地使用者支出费用,而他人减少支出施肥费用。(3)本来应当设定权利的负担而没有设定。例如,甲向乙借款,甲本应向乙交付金项链用于质押,后因丙提供担保而导致未向乙交付项链,免除了甲的质押义务。

*(二)必须是致他人受损害*

所谓损害,不仅包括减少他人现有的财产,还包括可得利益应增加而没有增加。其中可得利益增加不以必然增加为要件,能够增加即可。不当得利制度是在衡平理念的基础上比较和衡量得利和受损的现象之后所做出的法律选择。如果一方得利,而另一方没有损失,就不能构成不当得利。一方获益与他方受损是否为并存的要件,有不同的看法。有学者认为,虽受有利益,而未致他人受有损害者,不构成不当得利。[②] 我国立法则以“造成他人损失的”来表达此意。因此,一方获益与他方所受损害并存应成为不当得利的构成要件,其功能在于决定不当得利请求权当事人的范围。不当得利制度中的“损害”与侵权之债中的“损害”有所不同,侵权之债中的“损害”(Damage)一般是指权利人的实际损失和精神损失,而不当得利制度中的“损害”(At the expense of)通常指一方无法律原因所获得的利益,而另一方所受到损害,两者之间是对应的。在给付不当得利的情况下,一方因他方为给付所获得利益,就是权利人的“损害”。在非给付不当得利的情况下,一方取得依法律规定应当属于他方的利益,他方的利益就是“损害”。

---

① 史尚宽:《债法总论》,中国政法大学出版社2000年版,第72页。

② 史尚宽:《债法总论》,中国政法大学出版社2000年版,第71页。

(三)必须是受利与受损害之间存在因果关系

我国《民法总则》关于"取得不当利益,受损失的人有权请求其返还不当利益"与《民法通则》关于"取得不当利益,造成他人损失"的表述包含了一种因果关系,但对此并未予明确。实践中,不当得利制度中的"因果关系"与侵权之债中的"因果关系"不完全相同,侵权之债中的因素关系不严格要求取得利益与损失之间必须是原因、结果关系,有时并不要求一方当事人受损与另一方当事人受益同时发生。同时,不当得利之债与侵权之债二者的范围和形式也并不尽相同。理论上两者的因果关系存在不同理解,主要有直接因果关系说、非直接因果关系说及相当因果关系说等。"直接因果关系说"认为,一方之受利益与他方之受损害,须互为因果。其因果关系必须是直接的,而且应该以受益的原因事实与受损的原因事实是否为同一为判断标准。① "非直接因果关系学说"认为,获益与受损之间的因果关系不必以产生于同一法律事实为限,只要依照正常的社会观念二者之间存在牵连,因果关系即告成立。"相当因果关系说"认为,认定加害人对其侵害行为所生的损害,应否负损害赔偿,以合理分配危害,具有价值判断的性质,在侵害行为与损害后果之间应当存在一定的因果关系。以上学说各有利弊,如果机械套用某一种理论,均有不足。笔者认为,应区分不同情况予以适用。1. 在给付不当得利中,一方基于他方的给付而受利益,致他人损害,是否具有因果关系应以给付关系作为判断标准。以给付关系判断因果关系为"谁得向谁主张不当得利请求权"提供了一个简化明确的判断标准,并可以有效维护物权变动的稳定性和当事人之间的信赖关系。2. 在非给付型不当得利中,基于不当得利制度之目的在于使受益人返还无法律上原因而受的利益,其应考虑的不是不当得利的过程,而是保有利益的正当性,可采纳直接因果关系理论,明确可靠,可有效防止不当得利泛化。权益侵害不当得利仍应遵循"权益归属"之理念,只要因侵害应归属他人权益而受利益,即可认为基于同一原因事实致他人受损害,不以财产移转为必要。②

(四)得利必须无法律原因

尽管各国对不当得利的实体法规定有所不同,但实质要件都强调利益取得的不当性,即得利"无法律上的原因"。无法律上的原因在我国《民法总则》中表述为"没有法律根据"、《民法通则》中表述为"没有合法根据", 应当注意,《民法总则》与《民法通则》相较而言,《民法总则》强调他人没有"法律根据"时取得不当利益就应返还,比《民法通则》规定的没有"合法根据"更加严格。无法律根据,是指缺乏受益的法律上的原因,而不是指权利或者财产的取得没有法律上的直接原因。与无法律上原因

---

① 王伯琦:《民法债篇总论》,台湾中正书局1993年版,第55页

② 王泽鉴:《债法原理·不当得利》,中国政法大学出版社2002年版,第43页。

属于相同语义不同表达,强调得利不具有正当性是不当得利构成的核心要件。由于权利变动的正当性包括两层含义,第一,主观上的正当性,它说明的是当事人之间权利变动行为何以正当;第二,客观上的正当性,说明取得人保有所取得的财产利益的行为结果何以正当。[①] 在对得利不具有正当性的认识上,相对应的存在两种不同的学说,一是违法性说,该说认为一方受益致他方受损,"之所以构成不当得利,乃是因为得利行为具有不法性,不当得利请求权的发生系基于得利行为的不法性。"[②]二是无法律原因说,该学说认为,"不当得利制度之目的在于使受益人返还其无法律上原因而受的利益,其应考虑的,不是不当得利的过程,而是保有利益的正当性。"[③]即不论取得财产或者权利是否有法律上的原因,受益人继续保有其取得之利益欠缺正当性,即构成无法律上的原因。[④] 综上,得利不具有正当性是指对所受利益的保有不具有正当性。

"无法律上的原因"既可以是自始无法律原因,如无权人有偿处分他人之物而受益的不当得利,也可以是事后失去法律上的原因,如依据合同履行了给付,该合同后被确认无效,也成立不当得利。但对如何理解"无法律上的原因",理论上没有统一。日本学者加藤雅信提出"箱庭说"(又称"缩影说"、"法律关系说")颇具合理性,认为判断有无法律上的原因应考察构成财货移转基础依据的法律关系是否存在。这种法律关系包含在民法总论、物权、债权、亲属、继承等一切财产法中,故不当得利中"法律上的原因"是法体系的"箱庭(缩影)"。[⑤] 可以说,合同制度、物权制度、继承制度是从正向、积极的角度确定得利的"正当性根据",而不当得利制度是从反向、消极的角度体现民法的理念。前者就是以具体、例举方式明确得利的正当性根据的类型,而后者乃以抽象、概括方式明确得利的非正当性之所在。故不当得利制度无法律上原因得利的矫正乃是从整体上、根本性地体现了民法的"正当得利"的理念。[⑥]

### 三、不当得利请求权的主体、客体和返还范围

#### (一)不当得利请求权的主体

不当得利之债的主体包括债权人和债务人。债权人指遭受损失的一方,债务人是指造成债权人损失并受益的一方。具体来说,对于给付型不当得利,受损人为给付

---

① 田士永:《物权行为理论研究》,中国政法大学出版社 2002 年版,第 105 页。

② 王泽鉴:《债法原理·不当得利》,中国政法大学出版社 2002 年版,第 140 页。

③ 王泽鉴:《债法原理·不当得利》,中国政法大学出版社 2002 年版,第 140 页。

④ 邹海林:《我国民法上的不当得利》,转引自《民商法论丛》第 5 卷,法律出版社 1996 年版。

⑤ [日]加藤雅信《事务管理·不当得利》,东京三省堂 1999 年版,第 36 页。

⑥ 洪学军:《论不当得利制度的功能——一种体系化取向的民法学思考》,载《法律科学》2003 年第 6 期。

人，也是不当得利之债的债权人，是不当得利返还请求权的主体。受益人通常是与给付人存在给付关系的给付受领人，也是不当得利之债的义务主体，是不当得利返还请求的对象。对于非给付型不当得利，则应依据非给付型不当得利中的因果关系理论来确定各方当事人，债权人通常为因给付以外的行为或事件而受有损失的人，债务人通常为因给付以外行为而受有利益的人。[①] 不当得利的主体，尤其是义务主体为多数人时，一般各义务主体不承担连带责任。因"不当得利发生之债，并无共同不当得利之观念，亦无共同不当得利应连带负返还责任之规定。同时有多数得利人时，应各按其得利数额负责，并非负连带返还责任"。但在契约无效或被撤销的情况下，关于受领给付的不当得利返还义务人为多数人，且当事人之间有连带责任的约定时，应支持由多数义务主体承担连带责任。[②]

（二）不当得利请求权的客体

不当得利债权人就不当得利返还提出请求时，返还的客体应为所受之利益及本于该利益而更有所取得。[③] 不当得利项下的得利，根据其产生的原因可区分为原受利益和基于原受利益之所得两部分。这两种利益形态涵盖了所有无法律上原因而有所得的情形，该概念之用语系从我国台湾地区"民法典"条文本身而来。所受之利益，即受领人因给付或非给付所受利益本身，如某种权利、物的占有使用、土地登记、债务免除等。本于该利益而更有所取得包括原物的用益，孳息和使用利益；基于权利的所得，如受偿的债权，彩券中奖；原物的代价，因原物毁损取得的赔偿或保险金，征收的补偿费等。[④] 如果得利人所受之利益为代替物而灭失、部分毁损或已转移所有权的，造成原物不能返还的，此时所应返还的应为同种类物还是相应之价额。对此问题有两种观点，一种观点认为应返还同种类之他物，另一种观点认为应偿还相应价额。有学者认为，所谓原物乃指原所受领之物或权利，自不因其为代替物而异其性质，倘若不能返还原物，即应偿还价额，当无返还同种类之物之理由。[⑤] 笔者认为，在司法实践中处理该类问题时可以借鉴上述观点。

（三）不当得利请求返还范围

对于不当得利的返还范围，理论上普遍认为，当损害大于利益时，应以利益为限，当利益大于损害时，则以损害为限，反映了不当得利的利益去除功能。由于不当得利的

---

① 洪学军：《不当得利制度研究》，中国检察出版社2004年版，第130页。
② 参见王泽鉴：《债法原理·不当得利》，北京大学出版社2002年版，第237～241页。
③ 王泽鉴：《债法原理·不当得利》，北京大学出版社2002年版，第201页。
④ 王泽鉴：《债法原理·不当得利》，北京大学出版社2002年版，第202页。
⑤ 孙森焱：《民法债编总论》（上册），法律出版社2006年版，第151页。

功能在于不当利益的取回,是否构成不当得利与得利人有无主观过错无关,正是从此意义上,传统理论上有所谓不当得利不考虑主观过错的说法。但应明确的是:此所谓不当得利与主观过错无关,仅从构成要件的角度来考量,在具体的返还范围上面,当事人的主观状态,仍是一个必须重点考量的因素。传统民法关于不当得利返还范围的确定,主要是从得利人善意与恶意两种情况加以区分的,善意不当得利人应当就现存利益向受损人为返还义务,而恶意不当得利人应当就所有得利(包括获利和孳息等)向受损人为返还义务,这种根据得利人主观状态的善恶的二分理论,历来为中外多数学者和司法实务人员所认同,并对平衡得利人与受损人的利益得失起到了良好的法律效果。

**【拓展适用】**

**一、不当得利的类型**

非统一说将不当得利分为两种基本类型"一是给付不当得利,二是非给付不当得利",将其分为两种的目的是突显二者的不同之处。给付不当得利的所受利益,实际上是一方当事人自他方当事人处所受领的给付。所谓给付是有意识地基于一定目的而增加他人财产。① 财产权的取得、占有或登记、债务消灭、劳务或物的使用及债务承认均可作为不当得利请求权的客体。给付不当得利目的是为了矫正给付当事人之间欠缺给付目的的财产变动,诸如给付原因自始不存在、给付目的嗣后消灭、给付的目的不能实现等类型。非给付不当得利是指受益非系基于受损者的给付而生。② 发生事由包括行为、法律规定或事件。具体又可分为:基于受益者行为的不当得利、基于第三人行为的不当得利、基于损失者行为的不当得利、基于事件的不当得利、基于法律规定而产生的不当得利。包括权益侵害不当得利请求权、支出费用不当得利请求权和求偿不当得利请求权三种基本类型。应特别注重"权益侵害不当得利"这一类型,笔者认为,此类型不当得利请求权的成立,必须以侵害他人权益而"受利益"为基本要件,如果侵害他人权益未得利,则可能成立侵权之债,绝非不当得利。

**二、不当得利"合法依据"的判断**

所谓"合法依据",主要包括合同和法律上的依据,法律依据主要是指实体法上的依据,包括民法总论、物权、债权、亲属、继承等一切财产法上的规定,当然也包括程序法上依据。合同依据主要是当事人之间所订立的合同,也包括当事人之外利他合同所确定的内容。所谓"法律根据",往往是指法律上的明确规定,也往往指法律条文本身。就不当得利制度而言,其包含的内容是没有法律或者当事人约定的合法依据,其

---

① 王泽鉴:《债法原理·不当得利》,中国政法大学出版社2002年版,第37页。

② 王泽鉴:《债法原理·不当得利》,中国政法大学出版社2002年版,第138页。

往往针对的是一定的事实,也就是《民法通则》所指明的合法根据。当然,对于《民法总则》关于“法律根据”的最终解释需要经过一定的司法实践后才能得到进一步明确。笔者认为,对于“法律根据”的解释,可以参考《民法总则》第一百二十九条关于民事权利的取得来确定,即“民事权利可以依据民事法律行为、事实行为、法律规定的事件或者法律规定的其他方式取得”。只要当事人取得权利,基于上述合法的方式,就不构成不当得利。笔者还是就不当得利“合法依据”进行讨论。

(一)给付性不当得利“合法依据”的讨论

给付不当得利,是指受益人受领他人基于给付行为而移转的财产或利益,因欠缺给付目的(原因)而发生的不当得利。给付者给与财产为财产损益转移,或为其他给付,总有一定的目的(原因),或为债务的消灭,或为债权的发生,或为赠与,这里的目的或原因就成了受领给付者受取利益的法律上的根据。如果由于某种原因,给付目的(原因)不存在或不能达到,那么受领给付者的受有利益便会因为无法律上的原因而成为不当得利,给付不当得利在于矫正这种欠缺给付目的的财产变动。

1. 自始欠缺给付目的。给付行为发生时就不具有给付原因,最典型的是非债清偿与作为给付的原因不成立、无效或被撤销。非债清偿是指没有任何法律上的债务而以清偿为目的为一定给付行为。如甲对于其已清偿的欠乙的债务疏于注意又进行清偿,乙所受的第二次受偿,则构成非债清偿的不当得利。如果因给付行为的基础合同不成立、无效或被撤销,在采纳物权行为无因性的情况下,物权变动成立,构成不当得利。由于我国不承认物权变动的无因性,在通常情况下,合同无效,不发生物权变动的效果。所有人对其已交付的物仍享有所有权,该处的返还首先是基于所有权的物上返还请求权,当然由于标的物仍为受领人占有或登记于其名下,给付人的返还也可以是占有之不当得利返还请求权,该种返还包含两种不同性质的返还。其次,在标的物为货币、劳务、已被消费或由他人善意取得时,如双方合同约定的付款义务不明确导致一方支付的价款高于实际应支付的义务(通常在仲裁或诉讼中做出确认)的,此时的返还只能是基于不当得利的返还。理论和实践中均认为,在下列情形中,虽然没有给付原因,但亦不构成不当得利。(1)履行道德义务而为给付;(2)为履行未到期债务而清偿;(3)明知无债务而为清偿;(4)因不法原因而为给付。[①]

2. 给付目的的嗣后不存在。该种情形是指给付时有“合法的依据”,但后来该依

---

① 系参考我国台湾地区“民法典”第180条之规定:给付有下列情形之一者,不得请求返还:一、给付系履行道德上之义务者。二、债务人于未到期之债务因清偿而为给付者。三、因清偿债务而为给付,于给付时明知无给付之义务者。四、因不法之原因而为给付者。但不法之原因仅于受领人一方存在时,不在此限。

据丧失,该给付构成不当得利。属于这种不当得利的主要有:附解除条件或终期的法律行为,条件成就或期限届满,当事人一方因该民事法律行为受有另一方的给付;依双务合同交付财产后,因不可归责于双方当事人的事由致一方不能为对待给付,另一方所受的给付;合同解除后因先前生效合同而受有的给付。

3. 给付目的不达。该种情形是指为实现将来某种目的而为的给付,但因种种障碍,给付目的不能按照给付意图实现的,受领给付欠缺保有给付的正当性,构成不当得利。如预期条件的成就而为附条件债务的履行,结果条件不成就,因而不达给付目的。譬如聘金礼物于婚姻不成立时,构成不当得利。

(二)非给付性不当得利"合法依据"的讨论

由于非给付不当得利主要分为三类,对其无"合法依据"分别讨论:

1. 关于权益侵害不当得利之无"合法依据",不当得利制度关注的是持有利益的正当性,而不是就得利过程是否合法适当进行审查。故不以得利过程的合法性作为判断标准,而是以保有利益的正当性作为判断标准,符合不当得利的规范功能要求。

2. 关于求偿不当得利中的无"合法依据",首先,求偿不当得利,是指受损人向第三人给付,以便解除受益人对该第三人的债务,从而使受益人受益。这种不当得利需要与其他清偿他人债务的行为区分,其他清偿他人债务有两种情况:第一种情况为清偿人与债务人有合同安排,例如保险合同、银行合同或代理合同,受益有法律上的原因;另一种情况存在于无因管理中,清偿人主观上系为他人管理事务。而求偿不当得利不具备合同、无因管理或其他法定求偿要件,因受益人受益无法律上的原因,而发生不当得利。①

3. 支出费用不当得利的无"合法依据",指未经许可在他人财产上支出费用,从而使财产所有人得益。受损人之所以在他人之物上支出费用,是误认他人财物已成为自己的财产。这种不当得利须与给付不当得利和无因管理相区别,因其支出费用不具备给付的原因,不构成给付,受损人主观上是为自己的利益而支出费用,因此也不构成无因管理。受损人既无给付的意思,也无为他人管理事务之意,受益人当然欠缺受益的权利,因此构成不当得利。②

**三、对"合法依据"的举证责任分配**

对于不当得利应该如何举证,无论是实体法还是诉讼法均没有相关的具体的法律规范。不当得利的构成要件中一方获得利益,导致他人受到损失,取得的利益和他

① 许艳艳:《不当得利制度对财产归属和财产变动的调整》,对外经贸大学硕士学位论文。

② 丁进尧:《论不当得利及制度检视》,载于东方法律网,网址:http://www.east-law.com.cn/xswy/xueshulumwenol.htm,2012年3月12日访问。

人受到的损失之间存在因果关系等三个要件都是事实要件,按照“谁主张,谁举证”的一般举证责任规则,对该三个要件的证明责任应当由原告提出,不存在争议。但对应否由原告承担证明对方获得利益没有合法依据的举证责任,有学者提出反驳,理由是:取得利益是否有合法理由属于消极事实,所以应当按照举证倒置规则由被主张不当得利一方承担举证责任。消极事实是客观事实一种特殊的存在形态。积极事实发生了,在时间和空间的三维坐标系中总能找到属于其特定的那一点或者特定位置,而消极事实则是除了积极事实那一点或者位置之外的全部范围。在实践中存在争论,处置方法不一,造成同案不同判的情形。笔者认为,由于构成不当得利的情形具有多样性和复杂性,对不当得利有无合理依据这一法律要件的举证责任不能一概而论,应根据不当得利的种类,在遵循“谁主张,谁举证”这一规则的大前提下来确定不同的分配方式才较为合理。

(一)给付型不当得利“合法依据”的举证责任

该种情形是一方有给付行为,由给付行为引起的不当得利。有的法院在给付型不当得利诉讼中认为,对于被告有无合法依据获得利益这一法律要件的举证责任,应该由原告承担,比如本文讨论的喻山澜诉中国工商银行北京市宣武支行、中国工商银行北京市分行不当得利纠纷案,北京市宣武区人民法院认为,原告提供的证明对方没有合法依据的证据不足以支持其主张,驳回了原告的诉讼请求。说明北京宣武区人民法院在实践中是支持由原告承担被告有无合理依据获得利益这一法律要件的证明责任。但是也有法院认为,应当由被告承担证明自身有合法依据取得利益这一证明责任,如果被告无法证明这一要件,则要承担败诉的法律后果。

无论是自始无给付目的型与嗣后无给付目的型,给付方在行为的最初都有合理的给付目的,正是此目的而导致的财产转移,只是在财产转移后目的因为各种不同因素或者消失或者不成立,但是这并不影响刚开始初始目的的成立。给付目的消失或者不成立而受益人已经收到,说明受益人收益是没有法律依据的。在不当得利诉讼中,原告作为给付方是经历了出现给付目的,进行给付行为,给付目的消失这一整个过程,所以对给付目的的消失缘由非常了解,并对被告受益无合法根据的原因也有一定的认知。既然给付方对收到利益者占有利益现状的否定评价是建立在否定自身移转财产行为的基础上,那么给付方在不当得利诉讼中表现为原告,应该更有能力对自身的移转财产行为的每一个过程提供证据,对自己给付目的的消失收集证据也较容易。在诉讼过程中原告为了证明双方之间发生了不当得利之债,需要首先证明自己原先对财产占有或者所有的事实,对方获得此财产的事实以及自己将此财产转移给对方的事实,在这过程中必然要说明自己原本给付的初始目的以及目的没有实现的事实,为了证明这一说法的真实性,原告必然需要提供证据来证明,而这些证据也就证明了被告没有合法依据获得利益。因此,由原告证明被告没有合法依据获得利益比由被告来证明自己有合法依据获得利益要容易。在给付型不当得利诉讼中,由原告承担这一责任不仅仅符合法律的总体要求,而且在便利性和公平的角度也应当由原告承担这一责任。给付不当得利请求权人乃使财产发生变动的主体,控制财产资源的变动,由其承担举证责任困难的危险,实属合理。[①]

(二)非给付型不当得利"合法依据"的举证责任

非给付型不当得利,不是由一方给付行为而引起不当得利,该类型情形包括所有不是由给付行为而引起的不当得利,显得较为复杂。引起非给付型不当得利的事由可能来自受损人本人、受益人、第三人或者自然事件,因此,非给付型不当得利可以分类为由受损人引起的不当得利以及非由受损人引起的不当得利。

1. 因受损人引起的不当得利,是指因为受损人自己的行为而导致利益流失,而使此利益被他方获得。此时造成利益的损失是因为受损人自己的原因所致,所以受损人自己很清楚因为什么导致利益流失。基于受损人自己对整个利益流失的过程的了解与参与,其收集该方面的有关证据显得更加效率和便利,由主张方即原告来承担被告获得利益是否有合法依据这一法律要件的举证责任较为恰当。

2. 非因受损人引起的不当得利又可以分为由受益人自身引起的、第三人引起的、由法律规定引起的或者自然事件引起的等四类。由于引起不当得利的原因不同,不宜采用统一的举证责任分配原则,应区别对待。(1)自然事件发生的几率较小,事实也较容易查明,在举证问题上没有过于疑难的问题,应该遵循"谁主张,谁举证"的一般规则,由原告承担举证责任。(2)同理,由于法律规定而引起的不当得利,由于法律已有明确规定,举证并不复杂,适用"谁主张,谁举证"一般规则由原告承担举证责任。(3)由受益人自身引起的和第三人引起的不当得利在大多数情况下均与侵权行为有较密切的联系,在侵权型不当得利中,受损人一般只知道自身受到损失,对对方得到该利益,以及受损原因不是非常清楚,有可能是因为有偿的无权处分、出租某物引起的利益或者是盗窃但是因为证据不足无法立案转而认定为不当得利。鉴于受损人对于消极事实没有清晰的了解,要求原告收集近似于"实质上的消极事实"的无合法依据的证据,无疑对受损人(原告)而言,是一种非常困难,且有失公正衡平的责任承担。所以在这种侵权型不当得利的情况下,可以借鉴英美法律的利益衡量说来弥补法律要件学说在这个时候体现的不足,通过衡量具体案例中各方面的因素来适当调整双方承担的举证责任。有学者认为,"原本应归属于请求人的利益,现在却归属于受益人的利益,在当事人事先无合意的条件下,这种权益变动

① 王泽鉴:《债法原理·不当得利》,中国政法大学出版社2002年版,第57页。

是在何种情况下和基于何种原因发生的，应当属于受益人所支配的空间领域。为此，对这种权益变动存在法律上原因的事实，应由受益人担负证明责任，否则即可成立不当得利。”[①]同时，依据我国民法的公平原则，鉴于在侵权型不当得利中由原告举证将给证明案件事实造成极大的不便利甚至阻碍，应当在原告和被告之间合理分配责任，由被告承担较为合理。因此，在非由受损人引起的不当得利中的侵权型不当得利中，由被告承担其是否有合法依据取得利益这一法律要件的举证责任，充分体现了法律的合理公平。

**【典型案例】**

**喻山澜诉中国工商银行北京市宣武支行、中国工商银行北京市分行不当得利纠纷案**

原告：喻山澜，男，41 岁，中国工商报社记者，住北京市大兴区枣园小区。

被告：中国工商银行北京市宣武支行，住所地：北京市宣武区广安门外南滨河路。

负责人：果志刚，该支行行长。

被告：中国工商银行北京市分行，住所地：北京市西城区复兴门南大街。

负责人：李晓鹏，该分行行长。

〔基本案情〕

原告喻山澜因与被告中国工商银行北京市宣武支行（以下简称工行宣武支行）、中国工商银行北京市分行（以下简称工行北京分行）发生不当得利纠纷，向北京市宣武区人民法院提起诉讼。

原告喻山澜诉称：原告到被告工行宣武区支行所属的白纸坊储蓄所补领一张牡丹交通 IC 卡，该所按照被告工行北京分行制定的收费标准，向原告收取了 100 元费用。事后原告了解到，这个在北京市内所有工商银行执行的收费标准，没有报价格主管部门审批过，违反了《集成电路卡应用和收费管理办法》的第七条、第八条、第九条规定。按照这个收费标准向牡丹交通 IC 卡的补卡人收取费用，是没有合法依据的不当得利行为。请求判令工行宣武区支行给原告返还 100 元及此款至判决之日止的利息，工行北京分行立即停止执行其自行制定的这个收费标准，遵照有关规定向北京市价格主管部门报批牡丹交通 IC 卡的补卡收费办法，并负担本案诉讼费。

被告工行宣武支行辩称：既然原告将本被告的上级单位工行北京分行也列为本案被告，本被告的答辩意见就以上级单位答辩意见为准。

被告工行北京分行辩称：牡丹交通 IC 卡是本被告与北京市交通管理局于 1999 年联合推出，以北京市机动车驾驶员为使用对象的银行卡业务。该卡上记载着机动车驾驶员的驾驶档案信息、交通违章罚款信息，同时还有其他功能，科技含量较高。在此项

---

① 毕玉谦：《民事证据案例实务问题解析》，人民法院出版社 2009 年版，第 214 页。

业务推行之初,本被告承担了整个系统的开发和软、硬件投入,几年来累计免费发放了320余万张卡,投入资金达一亿元左右。1999年时,对集成电路卡的补卡、换卡应如何收费,没有法规规定。由于这一高科技产品的系统开发、维护投入大,制卡成本高,本被告根据《中华人民共和国价格法》第六条关于"商品价格和服务价格,除依照本法第十八条规定适用政府指导价或者政府定价外,实行市场调节价,由经营者依照本法自主制定"的规定,结合牡丹交通IC卡当时的成本情况,制定了补卡、换卡时收取100元手续费这一标准。原告据以起诉的《集成电路卡应用和收费管理办法》,是2001年9月28日才开始实施的。该办法没有规定其实施前的集成电路卡收费应如何调整,因此对以前的集成电路卡定价收费行为不具有溯及力。本被告是在没有法规规定的前提下,为牡丹交通IC卡的补卡制定了收费标准并据此收费,这显然不符合《中华人民共和国民法通则》第九十二条规定的不当得利定义,不是不当得利,故不同意原告的诉讼请求。

北京市宣武区人民法院经审理查明:2003年7月30日,原告喻山澜由于将牡丹交通IC卡丢失及需要审验机动车驾驶证,故到被告工行宣武支行下属的白纸坊储蓄所办理牡丹交通IC卡补卡手续。该所向喻山澜出示了被告工行北京分行制作的第3728814号牡丹交通IC卡领(补)卡通知单,此单上注有"本人自愿申领牡丹交通IC卡,并保证遵守牡丹交通IC卡金融服务的各项使用规定"的内容。喻山澜在此内容下方签字确认,并交纳100元的补卡费,该所为其补办了卡号为0000010270008317429的牡丹交通IC卡一张。喻山澜认为,二被告在补卡时收费的行为没有合法依据,属不当得利,故提起诉讼。经调解,双方各持己见。

另查:牡丹交通IC卡是被告工行北京分行于1999年推出发行的,该卡记载着机动车驾驶员的驾驶档案信息、交通违章罚款信息,同时还有金融、电子钱包和加油付款等功能。《集成电路卡应用和收费管理办法》是由国家计委、国家金卡工程协调领导小组、财政部、中国人民银行于2001年9月28日制定。

上述事实,有双方当事人的陈述,工行北京分行的牡丹交通IC卡领(补)卡通知单等证实。

**〔一审裁判理由与结果〕**

北京市宣武区人民法院认为:《民法通则》第九十二条规定:"没有合法根据,取得不当利益,造成他人损失的,应当将取得的不当利益返还受损失的人。"由此可见,不当得利是指没有法律或合同等合法根据,因他人财产受到损失而使自己获得的利益。《中华人民共和国合同法》第四十四条第一款规定:"依法成立的合同,自成立时生效。"第六十条第一款规定:"当事人应当按照约定全面履行自己的义务。"本案中,原告喻山澜在牡丹交通IC卡丢失后,到被告工行宣武支行下属的储蓄所办理申领补卡手续。储蓄所向其出示的补卡通知单上,载有"本人自愿申领牡丹交通IC卡,并保证遵守牡丹交通IC卡金融服务的各项使用规定"的内容。经喻山澜签字确认后,储蓄所按照被告工行北京分行的规定,向喻山澜收取了100元补卡费,为其补办了牡丹交通IC卡。双方当事人的上述行为,构成了在自愿基础上建立的一种服务合同关系。本案双方当事人均为完全民事行为能力人,整个交易过程都是双方真实意思的表示。喻山澜在补卡通知单上签字后,双方达成了合法有效的合同。后喻山澜交纳100元及储蓄所为其补卡,是双方对合同的合法履行。该补卡行为未违反法律强制性规定,亦符合社会公序良俗。储蓄所依据双方达成的合法有效合同,向喻山澜收取100元补卡费,因此该款不是不当得利。喻山澜起诉请求工行宣武支行返还不当得利100元并给付至判决之日止的相应利息,无事实根据和法律依据,不予支持。

《民法通则》第五条规定:"公民、法人的合法的民事权益受法律保护,任何组织和个人不得侵犯。"1999年,被告工行北京分行与北京市交通管理局联合推出牡丹交通IC卡业务,由于该卡功能较多、科技含量较高,工行北京分行根据自己的制卡成本高等实际情况,决定收取办卡费用,该决定不违反当时的法律法规。国家发改委等部门制定的《集成电路卡应用和收费管理办法》,于2001年9月28日开始实施。原告喻山澜以工行北京分行的收费决定违反了《集成电路卡应用和收费管理办法》第七条、第八条、第九条的规定为由,请求判令工行北京分行立即停止执行自行制定的收费办法,理由不能成立。

据此,北京市宣武区人民法院2004年7月26日判决:驳回原告喻山澜的诉讼请求。

案件受理费50元,由原告喻山澜负担,于本判决生效之日起7日内交纳。

〔当事人上诉及答辩意见〕

一审宣判后,喻山澜不服,向北京市第一中级人民法院提起上诉称:《集成电路卡应用和收费管理办法》对IC卡的收费有明确规范,牡丹交通IC卡的收费应当执行这个规范。一审判决认定事实不清,适用法律错误,请求撤销一审判决,改判满足上诉人在一审提出的诉讼请求。

被上诉人工行宣武支行和被上诉人工行北京分行同意一审判决。

〔二审查明的事实〕

北京市第一中级人民法院经审理查明:2001年9月28日,国家计委、国家金卡工程协调领导小组、财政部、中国人民银行制定了《集成电路卡应用和收费管理办法》。该办法第七条规定:"国家行政机关实施行政管理,为提高管理效率,方便服务对象而推广使用IC卡,可以按照核定的标准向用户收费。收费项目按照隶属关系分别报财政部、国家计委或省、自治区、直辖市财政、价格部门审批,收费标准报国家计委、财政部或省、自治区、直辖市价格、财政部门核定。"第九条规定:"金融企业与国家行政机关联合发行的IC卡,按本办法第七条规定执行。"第十条规定:"批准收费的IC卡及按规定不单独收费的IC卡,凡因丢失、损坏等原因要求补发的,均按IC卡工本费收取费用。"

二审审理中,被上诉人工行北京分行提交的证据证明,牡丹交通IC卡的制卡成本为每张30.80元。上诉人喻山澜对制卡成本没有异议,但认为补卡收费必须经过报批,否则不得收费。

除此以外,二审确认了一审查明的其他事实。

〔二审裁判理由与结果〕

北京市第一中级人民法院认为:上诉人喻山澜与白纸坊储蓄所签署的牡丹交通IC卡补卡通知单合法有效,双方均应遵照执行。该通知单中并未约定补卡收费,因此喻山澜的签署,不等于其必须接受每张100元的补卡价格。牡丹交通IC卡是北京市交通管理局为管理本市机动车驾驶员,与被上诉人工行北京分行联合发行的集成电路卡。该卡虽然在《集成电路卡应用和收费管理办法》实施前发行,但当《集成电路卡应用和收费管理办法》实施后,应当根据该办法第七、九、十条的规定,重新确定牡丹交通IC卡的补卡收费价格,即应按IC卡的工本费收取费用。根据工行北京分行出示的证据,牡丹交通IC卡的制卡成本为30.80元,而该行规定补卡收费的价格是每张100元。对规定多收的69.20元,工行北京分行不能出示合法依据。依照《民法通则》第九十二条的规定,该69.20元属不当得利,应当由收款人返还给交款人。喻山澜请求判令被上诉人工行宣武支行返还100元补卡费及利息,不能全部支持;请求判令工行北京分行立即停止执行自行制定的收费标准,并遵照有关规定向北京市价格主管部门报批牡丹交通IC卡补卡收费办法,不属本案审理范围,不予处理。

据此,北京市第一中级人民法院依照《中华人民共和国民事诉讼法》第一百五十三条第一款第(三)项的规定,于2005年1月25日判决:

一、撤销一审民事判决。

二、本判决生效后7日内,被上诉人工行宣武支行给上诉人喻山澜返还补卡费69.20元及利息(利息自2003年7月31日起至判决之日止,以69.20元为基数,按中国人民银行同期活期存款利率计算)。

三、驳回上诉人喻山澜的其他诉讼请求。

一、二审案件受理费各50元,由被上诉人工行宣武支行负担。

**图书在版编目（CIP）数据**

最高人民法院指导性案例裁判规则理解与适用．合同卷．二／江必新等著．—2版．—北京：中国法制出版社，2018.1（2019.12重印）

ISBN 978－7－5093－9157－0

Ⅰ.①最… Ⅱ.①江… Ⅲ.①最高法院－审判－案例－中国②最高法院－合同纠纷－民事诉讼－审判－案例－中国 Ⅳ.①D925.05②923.65

中国版本图书馆CIP数据核字（2017）第320223号

策划编辑：李小草（lixiaocao2008@sina.cn）
责任编辑：韩璐玮（hanluwei666@163.com）　　封面设计：蒋云羽

**最高人民法院指导性案例裁判规则理解与适用·合同卷二（第2版）**

ZUIGAO RENMIN FAYUAN ZHIDAOXING ANLI CAIPAN GUIZE LIJIE YU SHIYONG · HETONGJUAN ER（DI 2 BAN）

著者／江必新、何东宁等
经销／新华书店
印刷／北京京华虎彩印刷有限公司
开本／730毫米×1030毫米　16开　　印张／35.5　字数／573千
版次／2018年1月第2版　　2019年12月第3次印刷

中国法制出版社出版
书号 ISBN 978－7－5093－9157－0　　定价：108.00元

北京西单横二条2号
邮政编码100031　　传真：66031119
**网址：http：／／www.zgfzs.com**　　**编辑部电话：66070084**
**市场营销部电话：66033393**　　**邮购部电话：66033288**

（如有印装质量问题，请与本社编务印务管理部联系调换。电话：010－66032926）

| 书　名 | 定　价 | 订购册数 |
|---|---|---|
| 最高人民法院指导性案例裁判规则理解与适用·<br>婚姻家庭卷（第二版） | 68 元 | |
| 最高人民法院指导性案例裁判规则理解与适用·<br>房地产卷 | 98 元 | |
| 最高人民法院指导性案例裁判规则理解与适用·<br>担保卷（第二版）（上下册） | 139 元 | |
| 最高人民法院指导性案例裁判规则理解与适用·<br>合同卷一（第二版）（合同原则、履行、解除、违约责任） | 108 元 | |
| 最高人民法院指导性案例裁判规则理解与适用·<br>合同卷二（第二版）（合同订立、效力、解释、变更与转让、时效、管辖） | 108 元 | |
| 最高人民法院指导性案例裁判规则理解与适用·<br>合同卷三（第二版）（旅行合同、转让合同、居间合同、保兑仓合同、委托合同、借款合同、合同欺诈等） | 98 元 | |
| 最高人民法院指导性案例裁判规则理解与适用·<br>合同卷四（第二版）（预约合同、点击合同、买卖合同、拍卖合同、承揽合同、服务合同、银行卡等） | 98 元 | |
| 最高人民法院指导性案例裁判规则理解与适用·<br>物权卷 | 88 元 | |
| **总额和汇款方式** | | |
| **发票抬头** | | |
| **联系人和电话** | | |
| **联系地址** | （请注明邮编） | |

**中国法制出版社联系方式：**

市场营销部　贺　纬，电话：010－66062752

市场营销部　袁诗媛，电话：010－66026747

传真：010－66031119

**汇款：**开户行：工商银行北京市长安支行，收款人：中国法制出版社

账号：0200003309004647576，户名：中国法制出版社